人民文库 第二辑

中国资本主义发展史

（第三卷）

新民主主义革命时期的中国资本主义

许涤新　吴承明｜主编

人民出版社

出 版 前 言

1921 年 9 月,刚刚成立的中国共产党就创办了第一家自己的出版机构——人民出版社。一百年来,在党的领导下,人民出版社大力传播马克思主义及其中国化的最新理论成果,为弘扬真理、繁荣学术、传承文明、普及文化出版了一批又一批影响深远的精品力作,引领着时代思潮与学术方向。

2009 年,在庆祝新中国成立 60 周年之际,我社从历年出版精品中,选取了一百余种图书作为《人民文库》第一辑。文库出版后,广受好评,其中不少图书一印再印。为庆祝中国共产党建党一百周年,反映当代中国学术文化大发展大繁荣的巨大成就,在建社一百周年之际,我社决定推出《人民文库》第二辑。

《人民文库》第二辑继续坚持思想性、学术性、原创性与可读性标准,重点选取 20 世纪 90 年代以来出版的哲学社会科学研究著作,按学科分为马克思主义、哲学、政治、法律、经济、历史、文化七类,陆续出版。

习近平总书记指出："人民群众多读书，我们的民族精神就会厚重起来、深邃起来。""为人民提供更多优秀精神文化产品，善莫大焉。"这既是对广大读者的殷切期望，也是对出版工作者提出的价值要求。

文化自信是一个国家、一个民族发展中更基本、更深沉、更持久的力量，没有文化的繁荣兴盛，就没有中华民族的伟大复兴。我们要始终坚持"为人民出好书"的宗旨，不断推出更多、更好的精品力作，筑牢中华民族文化自信的根基。

人民出版社

2021 年 1 月 2 日

总　　序

一

《中国资本主义发展史》第一卷终于和读者见面了。

提起这部书，首先使人深深地怀念我们敬爱的周总理。

那是在1960年春，我参加了周恩来同志在广东从化召开的政治经济学学习班，这次学习班的主要任务是认识社会主义生产和社会主义建设的规律，但同时，也讨论到政治经济学中国化的问题。2月末，学习班快结束的时候，周恩来同志提出应该编写一部《中国资本主义发展史》，并把这个任务交给了我。他说："政治经济学中国化，是我们必须解决的问题。政治经济学中国化就是马克思主义普遍真理同中国实际的结合。我们现在的政治经济学在论述资本主义生产方式时，几乎都是以欧美特别是以英国的材料作为根据的，看不见中国资本主义经济的实际情况，当然也就谈不上马克思主义政治经济学的中国化。现在，中国资本主义工商业的改造已经完成，我们有条件对它作一个历史的总结。这本书如写得好，对学习马克思主义政治经济学有帮助，对中国青年的教育有重要意义。"

周恩来同志的提示，实际是执行毛主席的指示和心愿。早在1942年，毛泽东同志曾经指出："特别是在经济理论方面，中国资本主义的发展，从鸦片战争到现在，已经一百年了，但是还没有产生一本合乎中国经济发展的实际的、真正科学的理论书。"[①]1960 年，毛泽东同志在政治经济学的读书笔记中又说："很有必要写出一部中国资本主义发展史来。"[②]

据我所知，关于中国资本主义发展史，日本人长野朗曾写过一本；而中国人却还没有写过，实在有些说不过去。

那时候，我在负责中央工商行政管理局的工作；而改造资本主义工商业的行政管理工作，正是工商局的主要业务。社会主义改造基本完成后，承孙冶方同志的热心支持，由中国科学院经济研究所（冶方同志当时是所长）和中央工商行政管理局共同组织了一个"资本主义经济社会主义改造研究室"，人员都是工商局的，编制在经济所。我从广东回来后，就把编写《中国资本主义发展史》的具体工作交给了这个研究室。现在参加本书工作的吴承明、方卓芬、方行、胡铁文、汪士信、黄如桐、王水、石奇、简锐、郭太炎诸同志，都是当时工商局的成员；只有吴太昌同志是 1980 年参加的。

工作的第一步是收集、整理资料。资本主义工商业的社会主义改造基本完成了，软弱的中国资产阶级却没有给我们留下应有的记载。这也是中国资本主义发展史迟迟没有人入手的原因之一。为此，在 1958 年，中央工商行政管理局和中国科学院经济研究所拟定了一个《资本主义经济社会主义改造研究工作五年规划（草案）》，它首先就是一个收集、整理资本主义行业、企业历史资料的规划。同时，经中央宣传部和中央统战部发文给有关单位，要求有关党委领导和支持这一工作。随即在十来个资本主义企业比较集中的城市，以工商行政管理局和科研单位为主，成立资料班子，吸收工商联和老工商业者参加。其中上海、武汉、广州、重庆、青岛、哈尔滨等地都是比较有成绩的，陆续收集和整理出一批行业、企业的史料，其中有八部已由中华书局出版了。

我想重复一句，在这个工作中，许多老工商业者提供他们的亲身经历

---

① 《毛泽东选集》第三卷，人民出版社 1991 年版，第 813 页。

② 《毛泽东文集》第八卷，人民出版社 1999 年版，第 106 页。

和见解,有的还搬出多年老账册和文契,他们是有贡献的。现在,在上海社会科学院经济研究所领导下,还有十部工商行业史料正在进行整理和编写。

这时候,中国科学院经济研究所和不少地方的科研机构、大专院校,也在组织力量整理、编辑中国近代经济史资料,并陆续出版了一些史料书。其中有的是经过专家鉴定的文献资料,有的是经过广泛调查的资料。没有这些可贵的资料,本书的编写,是不可能的。

“文化大革命”中,这些工作都停止了。这本原应在十多年前就和读者见面的书,也难逃这一劫运!

当时,我丧失了进行这一工作的条件;研究室的同志都进了干校,也都丧失了继续进行这一工作的条件。但是,林彪、“四人帮”的这种残酷折磨,并没有使我们的脑子停止思考。我在牛棚里,重新学习《资本论》,写下了数十万字的笔记(后来以《论社会主义的生产、流通和分配》为书名,由人民出版社出版)。研究室的同志也没有停止思考,他们在干校努力(有时是偷着)学习,积累材料,研究问题。我还应提出,这时候史学界有些同志,在十分艰苦的环境下,利用研究《红楼梦》时代背景或打着“批儒评法”招牌,进行了大量史料工作,尤其是发掘了一批档案、碑刻材料和民间文书材料,对本书的编写是十分必要的。我们由衷地感谢这些同志们可歌可泣的劳动。

1973 年夏,我获得自由;翌年,原工商局的几位同志也恢复工作。我们立即把撰写《中国资本主义发展史》一书的任务重新挑起来了。周总理逝世的时候,我们的工作开始不久。在我们的小型追悼会上,大家含着热泪,表示要以完成周总理交办的这一任务,来纪念这位无私无畏地为中国革命、为共产主义事业而奋斗一生的巨人!“四人帮”被粉碎以后,邓颖超同志曾在电话中询问我家情况时,也问及这部书的问题,给我们以热情的鼓励。

原来,在整理资料的同时,我们就派出调查组,调查研究中国资本主义的生产关系,并于 1965 年写出一个初稿,包括有关资本来源、雇佣劳动制度、剩余价值的生产、积累和分配等方面。恢复工作后,我们首先就捡起这部旧稿，重新调查研究，完成了《旧中国的资本主义生产关系》一书，于 1977 年由人民出版社出版。这是《中国资本主义发展史》的一项准备工作，也是它的一个副产品。这本书是注重理论方面的，把它先行出版，用来听取读者和理论界对我们观点的批评和反应。接着，我们改写了《中国资本主义工商业的社会主义改造》一书（该书原有 1962 年的一个版本），于 1978 年由人民出版社出版。这本书则是我们心目中把它作为《中国资本主义发展史》最后一卷的内容，先行出版，也是为了求得读者的意见。

这时候，我已担任中国社会科学院经济研究所的所长。本书原来的工作班子也于 1978 年转入经济所。《中国资本主义发展史》也就成为经济所的重点科研项目之一。

《中国资本主义发展史》进入编写阶段，这却不是我们几个人所能胜任的。我们展开了协作。这项工作得到了上海社会科学院的黄逸峰、蔡北华、孙怀仁等同志和南开大学滕维藻、谷书堂等同志的赞助和热情支持。决定由上海、天津和我们三方共同完成周恩来同志这个遗命。上海社会科学院经济研究所有蒋立、徐新吾、唐传泗、陈正炎、徐雪筠、汝仁、黄婉兰七位同志参加编写。南开经济研究所有丁世洵、刘佛丁、朱秀琴、丁长清四位同志参加编写。他们很多是多年研究中国近代经济史的学者，并编辑过大量经济史资料。他们主要担任本书第二卷和第三卷的部分章节。南开经济研究所副所长丁世洵同志，不幸于 1981 年因病去世，竟看不到本书的出版！我们对于这位认真负责、谨严淳朴的学者，表示无限的哀思和怀念！

按照规划，本书分为四卷：第一卷是《中国资本主义的萌芽》，写到 1840 年为止；第二卷是《旧民主主义革命时期的中国资本主义》，断代自 1840 年到 1919 年；第三卷是《新民主主义革命时期的中国资本主义》，断代自 1920 年到 1949 年；第四卷是《中国资本主义经济的社会主义改造》，下限写到 1956 年。这是按照中国近代史的一般分期办法，对于写经济史来说并不十分合适。不过，此外也没有什么更好的分期标准；因此，我们打算在各卷的衔接上不拘泥于时限，使每卷仍能独立成书，事实上，它们也不能同时出版。

在上述三方的协作下，本书前三卷是同时展开编写工作的。不过，我们还是按顺序集中力量。现在出版的仅是第一卷；第二卷、第三卷准备在今后两三年内陆续完成。第四卷，因为已经有了一个本子问世，打算再经修订，最后出版。

以上就是这部书的编写经过。

二

《中国资本主义发展史》是一部历史书，它的要求，自然是如实地反映中国资本主义发生、发展的历史过程。但是，正如周恩来同志所说，它应是一个“历史的总结”。我们认为，这种总结应有它的政治意义和理论意义，而这也就是我们编写本书应有的目的。

资本主义，仅是近代中国社会的一种经济成分，而且不是占统治地位的经济成分。但是，它对于鸦片战争后百年来的中国历史，对于“中国向何处去”，有着重要的意义。毛泽东同志在论述这个问题时说：“帝国主义侵略中国，反对中国独立，反对中国发展资本主义的历史，就是中国的近代史。”①

从一定意义上说，中国资本主义的发展和不发展，决定着中国革命所走过的道路。显然，如果没有资本主义的一定的发展，没有中国资产阶级和中国无产阶级，就不会有鸦片战争以来资产阶级领导的旧民主主义革命，也不会有五四运动以来无产阶级领导的新民主主义革命。可是，如果中国资本主义有了充分的发展，革命也就不会是那样的曲折，甚至也不一定是走农村包围城市的道路。我国社会主义革命的道路，即新中国成立后从新民主主义向社会主义的转变，也是这样。没有资本主义所创造的

① 《毛泽东选集》第二卷，人民出版社 1991 年版，第 679 页。

社会化大生产，向社会主义过渡是不可能的。同时，如果中国原来是个发达的资本主义社会，过渡又将是另一种道路、另一种方式了。

毛泽东同志说："只有认清中国社会的性质，才能认清中国革命的对象、中国革命的任务、中国革命的动力、中国革命的性质、中国革命的前途和转变。"①资本主义在近代中国社会中并不占统治地位，但它的发展状况如何，对于认清中国社会的性质却极为重要。不用说，那些企图走欧美工业化老路的资产阶级理论家，以及抗日战争后提出"第三条道路"的民主论者，曾经对中国资本主义的发展有过幻想式的估计；即在号称"左派"的革命者中，也曾用臆断代替考察，来评价中国的资本主义，以致陷入反革命营垒去了。在第一次国内革命战争失败后，曾有一场关于中国社会性质的论战；稍后，在土地革命战争中，又有一场关于中国农村社会性质的论战。两场论战都是由当时占有一定势力的中国托洛茨基分子挑起的，而他们的论点都集中在这样一种对中国资本主义的评价上，即中国资本主义同侵入中国的外国资本主义是一丘之貉，因而，"中国在世界范围内已经发展到资本主义国家了"，中国农村也是"资本主义占优势，土地所有形态已被资本制生产屈服了"。这就从根本上取消了民主革命的任务，也取消了土地革命斗争。马克思主义者彻底批判了这些谬论，中国共产党领导的新民主主义革命才得以顺利进行。

中国共产党领导的中国革命，经历了长期的武装斗争，经过了曲折的道路。在长期的斗争中，共产党人也犯过各种错误，招致失败和损失。而其中几次重大的错误，从陈独秀的右倾机会主义错误到后来多次反复的"左"倾机会主义错误，又都是和对中国资本主义的认识分不开的，并集中表现在对中国资产阶级的态度上。毛泽东同志说："当我们党的政治路线是正确地处理同资产阶级建立统一战线或被迫着分裂统一战线的问题时，我们党的发展、巩固和布尔什维克化就前进一步；而如果是不正确地处理同资产阶级的关系时，我们党的发展、巩固和布尔什维克化就会要

---

① 《毛泽东选集》第二卷，人民出版社 1991 年版，第 633 页。

后退一步。”①

新民主主义革命胜利后，在向社会主义过渡中，资本主义仍然是一个重要问题。显然，要想正确对待外国资本、官僚资本和民族资本，都只有确切掌握它们发展的状况，才能提出正确决策并顺利实行。我国和平改造资本主义工商业的伟大胜利曾使世界人士惊异，而要探讨这一社会主义改造过程以及国家资本主义、对资产阶级的赎买等一系列政策，也都需要对中国资本主义的发展有明晰的观点和分析。

中国革命胜利了，中国资本主义也消灭了，中国已进入社会主义。但是，正像我们不能割断历史一样，社会主义也并不是与资本主义绝缘的。事实上，我们在社会主义建设中的一些失误，尤其是在“文化大革命”中发生的严重错误，在不少问题上，都是和对中国资本主义和资产阶级的认识分不开的。这种错误的认识，正是造成“左”倾路线的诸种原因之一。

可以看出，一部比较翔实的中国资本主义发展史，对于总结中国革命、总结革命的经验和教训，是十分重要的。因为经济毕竟是基础，对经济状况认识得越清楚，社会和上层建筑问题也就越能得到说明。这就是我们编写本书所应有的政治目的。

周恩来同志说：我们这本书如写得好，“对学习马克思主义政治经济学有帮助”，这就是本书的理论意义。我以为，编写本书的另一目的，就是为广义政治经济学准备材料和基础。

马克思主义的政治经济学是广义政治经济学。恩格斯在《反杜林论》中说：“政治经济学作为一门研究人类各种社会进行生产和交换并相应地进行产品分配的条件和形式的科学——这样广义的政治经济学尚待创造。”②

马克思主义政治经济学最初是从批判资产阶级经济学开始的。不过，恩格斯说：“要使这种对资产阶级经济的批判做到全面，只知道资本主义的生产、交换和分配的形式是不够的。对于发生在这些形式之前的

---

① 《毛泽东选集》第二卷，人民出版社 1991 年版，第 605 页。

② 《马克思恩格斯选集》第 3 卷，人民出版社 2012 年版，第 528 页。

或者在不太发达的国家内和这些形式同时并存的那些形式，同样必须加以研究和比较，至少是概括地加以研究和比较。”①

政治经济学是历史科学。广义政治经济学是从更广泛的历史上，研究人类社会相继发生的各种经济形态。广义政治经济学至少要包括三个研究领域：前资本主义部分、资本主义（帝国主义）部分、社会主义（共产主义）部分。至于那些“比较不发达的国家”的几种经济成分并存的经济，虽然不是一种单独的社会经济形态，在广义政治经济学中仍有重要意义。正是在这种经济中，生活着最大多数的人民，以致这种不发达本身就形成一个“世界”。在这种经济中，有前资本主义的生产关系，也有资本主义的生产关系，并常会有一些条件使它们能较早地过渡到社会主义的生产关系。对于这种经济的研究，必然会大大丰富广义政治经济学的上述三个领域；上述三个领域的政治经济学，缺少这一部分的研究，也将会是不完整的。

政治经济学是用科学抽象的方法研究社会经济关系的，它研究的是社会经济形态或生产方式一般的规律。但是，一般只能存在于个别之中，只能从丰富多彩的众多个别中抽象出来。政治经济学作为一种历史科学，是以人类的历史，尤其是经济史，作为研究基础的。这个基础越丰富，政治经济学的结论越准确。政治经济学虽是研究社会经济形态或生产方式一般，却不是说它的内容是一成不变的。人类的历史，人们对于过去历史的认识，都是不断发展的；政治经济学的内容，也是不断发展的。又由于人类社会的复杂性，不同时代、不同国家或民族，所形成的政治经济学，也必然有其各时代的和各民族的特点。这也是广义政治经济学的一个含义。广义政治经济学并不是要把政治经济学规定成为一个格局、一个公式。毛泽东同志说，要产生一本“合乎中国经济发展的实际的、真正科学的理论书”②，要有“中国作风和中国气派”③，对于政治经济学来说，也是这样。现在我们在社会主义政治经济学的研究上，就是走着这条道路；对

① 《马克思恩格斯选集》第3卷，人民出版社2012年版，第529页。

② 《毛泽东选集》第三卷，人民出版社1991年版，第813页。

③ 《毛泽东选集》第三卷，人民出版社1991年版，第844页。

于前资本主义的和资本主义的政治经济学，也应如此。

我在1947—1949年执笔并在1950年出版的三卷本《广义政治经济学》，就是在毛泽东同志上述指示下的一个尝试。该书把旧中国的半殖民地半封建经济，作为第二卷研究对象的一个部分；那时中国的社会主义经济，还刚在创建中。这部书不仅体系不全，而且有不少错误。现在我正在进行全面改写。广义政治经济学应该采用什么样的体系，是需要考虑的问题；但是，像近代中国这样的有一百年历史的半殖民地半封建经济，应该做专门的理论研究，则是毫无疑义的。

中国资本主义是半殖民地半封建中国的一种经济成分，它发展微弱，历史也不长。但是，我们同样看到它的原始积累、资本积聚，以至国家垄断资本主义诸过程；同样看到资本主义剩余价值规律、资本积累规律的作用。这些过程和规律的作用，又都具有中国的或者说半殖民地半封建的特征。并且，从所有制（帝国主义资本、官僚资本、民族资本）到生产、流通、分配，都有它的中国特殊内容。这是不可能从已有的经济学说，或者别国的经验中得到的。《中国资本主义发展史》首先就是提供这种经济实际，为政治经济学的资本主义部分准备理论研究的基础。周恩来同志在广东从化交办这一任务时指出："要写出中国化的政治经济学（资本主义部分），如果没有完整的中国资本主义发展史的著作，那是不可能的。"

中国资本主义的历史并不长，毋宁说是短命的。这种情况，正反映了它的一个特点。本书是从中国资本主义的萌芽开始的。在第一卷中，所考察的实际是从明代到清代的中国封建社会，是从封建社会生产力和生产关系的演变中来发掘那些微弱的、发展十分缓慢的资本主义生产关系的萌芽。本书是以资本主义生产关系的社会主义改造作结束的。这种改造，在世界史上具有首创性。而那是在人民民主专政的政权下，在强大的社会主义国营经济的领导下进行的。因而本书原定的第四卷，又是属于社会主义经济史、属于过渡时期经济史的范畴。因此，本书又是在所讨论的学科范围内，为中国化的政治经济学的封建主义部分和社会主义部分服务，为这两部分的理论研究提供某些内容。

人的正确认识来自社会实践，科学的抽象也必须以实践为基础，并且，人们的抽象力也是从实践中锻炼出来的。中国资本主义虽然历史不长，但它从头至尾，是经过中国革命（从鸦片战争算起）的实践检验过的。我们这一代人，如果从鸦片战争后开始建立近代资本主义企业算起，都是经历过或看到过它至少一半的实践过程。一方面，这是今天编写本书的良好条件；另一方面，也给我们提出更高的要求，鞭策我们，要尽可能把经过实践检验的实际知识，贡献给读者，贡献给研究广义政治经济学的学者。

对于任何经济现象，以至所有经济现象，只有从它的产生、发展和灭亡的全过程去考察，才会有全面的正确的认识。历史的东西与逻辑的东西的一致性，正在于此。中国资本主义虽然并不发达，它却是经历了这样一个全过程。本书的体制也正是从它的产生、发展和灭亡的全过程进行考察的。一方面，说明本书对于政治经济学研究的重要性；另一方面，同样是向我们提出更高的要求。这个要求，概括起来，就是周恩来同志所说的，要给它作一个“历史的总结”。

三

关于本书内容的设计，我们曾讨论过三个问题，下面分别做些介绍。

（一）基础和上层建筑

一部完整的资本主义发展史，应当是包括资本主义经济、资产阶级、资本主义意识形态这三个方面的历史。我们最初曾打算这样写的。我从20世纪40年代初期起，就同资本家打交道，后来长期从事对工商界的统战工作，对资产阶级的代表人物，颇为熟悉。工商行政管理局的同志，在对资本主义工商业的社会主义改造工作中处理阶级关系问题，也积累了不少的经验。但是，当我们试图把政治和经济写在一起时，却感到十分困难。这在一篇论文中比较好办，作为一部篇幅较大的书，则除非各自独立成卷，是很难构成体系的；而各自独立成卷，又分别是政治史和经济史了。意识形态更是一个专门领域，涉及文化的许多方面，我们也感到力所未逮。这里，我们体会到学术研究分科的意义。毛泽东同志说："对于近百年的中国史，应聚集人材，分工合作地去做……应先作经济史、政治史、军事史、文化史几个部门的分析的研究，然后才有可能作综合的研究。"①而所谓"综合的研究"，恐怕也是要经过一定的抽象，找出相互关系和共同规律，而不是把各种史编辑在一起。所以，最后我们还是决定把它写成一部经济史。

但是，并不是说就不去注意阶级和阶级斗争。作为一部经济史，本书还是比较重视写资产阶级以至他们的思想。但不是作为政治史和思想史来写，而是结合资本主义经济的发展，有重点地来处理。主要有以下几个重点。

第一，写中国资本主义的发展史，没法不同资产阶级的代表性人物发生关系。马克思多次指出：商品、资本本来是在物的外壳掩盖下的人的关系。从司马迁起，写人物就是中国史学的优良传统。但近代史学，尤其是经济史，似乎丢掉了这个优良传统；一个时期，甚至讳言人物，以免遭为资本家"树碑立传"之祸。我们打算改变一下风气。当然，我们不是为写人而写人，"这里涉及的人，只是经济范畴的人格化"②。限于篇幅，只能是某个经济范畴的代表人物，又只能是少数几个经济范畴的代表人物。

第二，我们把中国资产阶级在辛亥革命以前的政治活动和他们的经济思想，作为一个重点。这倒不仅因为他们是第一代，而是借此分析中国近代产业的资本来源，说明我国原始积累和剩余价值资本化的历程。也因为这一时期中国产业的发展，是在资产阶级革命运动的推动下进行的，他们政治活动的缺点也正是产业资本的弱点。这时期产业资本的发展，代表一定的自由资本主义的道路；而以后的历史，就不是这样了。

第三，关于工人阶级和资产阶级的关系，我们把重点放在生产关系

① 《毛泽东选集》第三卷，人民出版社 1991 年版，第 802 页。
② 《马克思恩格斯选集》第 2 卷，人民出版社 2012 年版，第 84 页。

上，在分析资本主义生产关系时做横断面的剖视，包括雇佣劳动制度、剥削关系、暴力统治、工人阶级贫困化等。资本家对农民和其他小生产者的剥削，也是中国资本主义的一个重要特征。但是，对于工人阶级本身、罢工斗争、无产阶级革命运动等，则除作为背景提到外，不能多说；因为一讲下去，便成中国革命史了。

第四，中国资本主义的灭亡，无论是对官僚资本的没收，或是对民族资本的改造，都是一场严重的尽管是特殊形式的阶级斗争，而其中又包括敌我矛盾、人民内部矛盾，以至工人阶级和资产阶级的联盟与合作。这种复杂的阶级关系和相应的意识形态领域的斗争，都是本书的重点。

（二）生产力和生产关系

20 世纪 50 年代，在关于经济史研究对象的讨论中，曾有一种意见，认为经济史研究的对象是生产关系，不包括生产力。或者说，经济史是"研究生产关系递变的科学"，而生产力只是一种条件。这显然是受当时苏联某些学者经济理论的影响。我们认为，这是不妥当的。生产力对生产关系起决定作用，并不仅是一种"条件"。马克思说："手推磨产生的是封建主的社会，蒸汽磨产生的是工业资本家的社会。"①不讲生产力，生产关系也就无规律可言了。

不讲生产力，经济史就变成抽象的历史，变成社会发展史。在 20 世纪 30 年代关于中国社会性质的论战中，有些学者就是从社会史的角度出发，或者用社会发展的一般规律来论证，往往缺乏说服力。其实，就是社会发展史，也是要研究生产力的。恩格斯的《家庭、私有制和国家的起源》等著作就是最好的范例。例如，我们讲石器时代、铜器时代、铁器时代，实际上也就是经济史。"各种经济时代的区别，不在于生产什么，而在于怎样生产，用什么劳动资料生产。"②政治经济学是研究生产关系的，但也离不开生产力。《资本论》在考察绝对剩余价值和相对剩余价值的

① 《马克思恩格斯选集》第 1 卷，人民出版社 2012 年版，第 222 页。

② 《马克思恩格斯选集》第 2 卷，人民出版社 2012 年版，第 172 页。

生产时，就做了大量生产力的分析。今天我们在研究社会主义的政治经济学中，对此感触尤深。因为前一个时期，我们在处理生产关系问题上的一些失误，特别是在农业方面，就常是由于忽视了生产力的实况所致。

西方经济史学者一般是重视生产力的，甚至专以生产力作为研究对象。例如有人说，经济史是研究“人们过去如何从事生产、分配、劳动诸问题，又要用不同方法测定其上述活动的相对效率”（美国经济史学会主席 Ralph W.Hidy）。近年来兴起的发展经济学和经济成长理论，也都是研究生产力的。他们注意资源和劳动力的利用，注意科学技术的发展，以及用计量方法研究各时期的生产效率，这是可取的。然而，他们的研究是以资本主义生产关系作为永久存在为前提的，其目的是掩盖私有制生产关系的矛盾。把资本主义生产关系作为永久存在的前提，忽视生产关系的变化，在历史问题上也会得出荒谬的结论。西方研究中国近代经济史的学者，常常按照资本主义社会来处理中国近代经济，以至把封建地租看成利润，把我国的小农经营说成是“家庭资本主义”等；更不用说他们否定帝国主义侵略，否定殖民地经济的一面了。

我们认为，经济史既要研究生产关系，又要研究生产力。生产关系一定要适合生产力的性质。反映这两者的适合或不适合，就是经济史的全部内容。

我们在本书中，是比较重视生产力的论述的，这也是因为前一时期的经济史著作太不注意这一方面了。当然，困难是很大的，主要是缺乏资料，尤其是技术资料和统计资料，我们只能尽力而为。

我们在研究中，希望尽可能地对旧中国资本主义生产力发展的水平提供一些具体内容，并对生产力发展的速度作出某些估量。在帝国主义的侵略和封建主义的限制下，生产力水平十分低下，这是近代中国经济落后的根本原因，也是中国资本主义经济的殖民地性和生产关系上许多特殊现象的一个重要因素。从生产力的研究上，可以解释生产关系上许多消极的特征。这种生产关系，又反过来阻碍着生产力水平的提高。另一方面，我们也注意生产力变化对生产关系的积极作用；尽管这种作用很微弱，作为历史借鉴，仍是重要的。例如，我们发现，在明清两代，凡是有资本主义萌芽的手工行业，原来它们的生产力都有一定的发展，乃至技术上有相当的改进，起码是工艺学上的改进。经过较大量的考察，我们知道在中国近代工业的建立中，同样存在资本主义发展三阶段的现象。尤其是工场手工业这一形式，在20世纪初有迅速的发展，并有不少重要行业由工场手工业向机器生产过渡；只是没有像西欧那样，有一个长达两个多世纪的工场手工业时期而已。我们还发现，在20世纪30年代经济危机中，有些行业，通过技术改革，扩大相对剩余价值生产的情况，同样是存在的，其提高劳动生产率的效果，甚至可达到外商工厂水平；只是限于少数企业，范围甚狭而已。

（三）外国资本、官僚资本、民族资本

本书所称资本主义，包括官僚资本、民族资本，也包括外国在中国的资本。这里发生两个问题：一是把帝国主义在中国的投资也作为中国资本主义的一种资本形态，写入中国资本主义发展史，是否恰当？二是官僚资本究竟包括哪些类型，它的性质如何，又怎样和民族资本划分？下面我分别作些说明。

第一个问题，把外国资本作为中国资本主义的一种资本形态，我们以为这是由中国半殖民地半封建的经济特点所决定的，也是历史决定的。

早期的外国资本是一种殖民主义制度。西方人在殖民地开金矿、办种植园、从事黑奴贸易和海盗行径，目的是攫取黄金。重商主义认为金银是财富的唯一形态，在早期，商品输出还不是主要的，更谈不上资本输出。直到19世纪60年代，西方还没有任何商品能在中国畅销（鸦片除外），对华贸易一直处于逆差。许多洋行，它们在本国并无资本，而是从战争、掠夺、鸦片贩卖和苦力贸易、投机冒险中，在中国取得原始积累，又投资在中国经营的。怡和、宝顺、旗昌、沙逊、美查等大洋行都是这样起家的。正如汇丰银行在它50周年时所说："就汇丰来说，中国是它的家。它在此地诞生，……它也在此地成长。它的根是寄生在中国的土壤，而不是在英国的土壤。"

19世纪末，随着外国商品的大量输入，在华的外资企业具有了为外

国产业资本服务的职能资本的性质，它们创办的船舶修造厂、茶厂、丝厂等也是为商品贸易服务的。20 世纪以后，它们又逐渐具有了资本输出的性质，新开的洋行、银行，有些已是外国托拉斯在中国的分支机构；并出现国际银行团，以债券形式输出资本和修建铁路。但是，即使在这个时候，资本输出仍然是很有限的。所谓外国资本，大部分仍然是在中国国土上聚集起来的，包括买办的资金和“附股”，在中国发行股票和债券，在中国吸收存款和发钞票，以至直接掠夺矿产和土地等。当日本在中国大举投资时，它本身还是个资本输入国；1913 年，它在中国的直接投资有 4 亿余元，约相当于它从中国获取的战争赔款加利息。

外国资本长期垄断着中国的进出口贸易，并通过买办的商业网控制着我国市场。外国银行垄断着中国的外汇，并以雄厚的财力，操纵中国的货币和金融市场。在铁路和轮船运输上，外国资本占有 85%左右的比重。它们在工矿业的投资并不多，但很集中，掌握了主要资源和能源。外国资本和中国资本的关系，从经济上看，实际是一个市场上垄断资本和中小资本的关系。两者是互相对立，又互相依存的矛盾统一体。它们互相竞争，矛盾尖锐，以至你死我活；这是资本的本性。同时，它们又互相依存。民族工业在技术设备、动力和若干原材料上依存于外商，有些就是专为外商加工或为推销外商商品而开设的。外商企业，如果没有众多的华商为它服务和推销商品，也不能单独存在。至于官僚资本，它和外国资本的关系就更密切了。

因此，我们认为，外国资本的存在，不仅是民族资本发展的一个外部条件，同时又是中国资本主义经济的一个内部因素。事实上，直到抗日战争前，外国资本都占最大比重，它是中国资本主义经济中最集中的、最具有垄断性的部分。我们在研究中国社会的性质时，在考察阶级关系时，显然不能把它排除在外。从历史的角度看，更是这样，如把它排除在外，就不能说明中国资本主义发展的道路了。

顺便谈及：“九一八事变”以后，东北成为日本帝国主义的殖民地；“七七事变”以后，广大华北和华中又成为日帝占领区。过去的经济史论述，也常把这些地区抛开，或仅略提及。这倒也不都是因为那里主要是外资，恐怕主要还是因为缺乏资料。我们自然也遇到这个困难。不过，我们认为这种殖民地区的经济形态是绝不能忽视的，我们打算专门收集一下这方面的资料，并在第三卷中以专节论述。

第二个问题，官僚资本，这是近年来争论较多的一个问题，在苏联和日本的学者中也有讨论，讨论又集中在它的范围、性质和作用上。这里只能简略介绍我们的基本观点，详细内容将在本书有关章节中论证。

官僚资本这个名称出现较晚，最早见于瞿秋白同志 1932 年所写的《中国之资产阶级的发展》，指早期的官办、官督商办等企业。这一名称的盛行，是在 1941 年以后，那是指国民党大官僚在抗日战争中搜刮民财、垄断工商业的事情。党在重庆的机关报《新华日报》多次在社论和专论中，揭批这种资本；其他进步的和中间的报刊，也揭批这种资本，弄得家喻户晓。1945 年，毛泽东同志在《论联合政府》报告中就指出"官僚资本，亦即大地主、大银行家、大买办的资本"①；1947 年在论述新民主主义革命三大经济纲领中关于没收蒋宋孔陈四大家族垄断资本时进一步指出，"这个垄断资本主义，同外国帝国主义、本国地主阶级和旧式富农密切地结合着，成为买办的封建的国家垄断资本主义"；又说："这个资本，在中国的通俗名称，叫做官僚资本。"②

官僚资本是个通俗名称，原义并不明确。但已为群众所接受，并因而用于党的正式文献（如《中国人民解放军宣言》《共同纲领》）。因此，我们以为可以用它来概括中国资本主义发展史中一个特定的范畴，即从清政府的官办、官督商办企业到国民党国家垄断资本这一资本主义体系；而它的实质，用政治经济学的术语来说，就是在这些不同政权下的国家资本主义。

近代国家资本主义是指资本主义发展到垄断阶段后，国家通过资本手段干预国民生产的两种形式：（1）国家通过信贷、补贴、减税、加工订货、收购产品等手段调节经济；（2）国家投资或与私人合资经营企业。但

---

① 《毛泽东选集》第三卷，人民出版社 1991 年版，第 1046 页。

② 《毛泽东选集》第四卷，人民出版社 1991 年版，第 1253、1254 页。

是，作为广义政治经济学的一个范畴，其含义并不止此。列宁指出，国家资本主义的性质决定于国家政权的性质，有资产阶级国家的国家资本主义，有无产阶级国家的国家资本主义。我们还可以看到，在第三世界，有些国家基本上还是封建政权，它们实行租让制，或与外国资本家合办企业，也是一种国家资本主义。清政府与法国资本家合营云南矿业公司（后因帝国主义瓜分中国矿权而中止），也属此类。可见，国家资本主义因政权性质不同，有不同的性质，但它们仍有共性，即国家通过资本手段或运用资本形式，从事经济活动。

我们用官僚资本这一名称来概括从洋务派企业到国民党国家垄断资本这一经济体系，并不是说它们的性质完全相同。清政府是个完全的封建政权，但洋务派企业，根据我们的分析，它的资金来源基本上已不属于封建积累（即地租的转化形态），而具有资本的原始积累的性质。但是，这种企业的封建官工业的烙印还很深，只能说是国家资本主义的雏形。北洋政府是帝国主义卵翼下的政权，它的官营企业也具有比较完整意义的半殖民地半封建国家的国家资本主义的性质，并奠定了以金融资本为中心来扩张经济势力的道路；但是它还不具备垄断条件。国民党政府沿着这条道路，从金融控制到产业垄断，扩张它的官僚资本，并于抗日战争后，发展到它的最高阶段，也是最后阶段，即买办的、封建的国家垄断资本主义。

我们对于这个问题的处理，是受恩格斯的启发，采取这样一种观点：一切经济现象都是一个过程，有它的继承性和发展阶段性。19 世纪，正是西方资本主义要按照自己的面貌改造世界，中国受到剧烈的冲击，资本主义的发展成为不可避免的现象。它怎样发展呢？走了两条道路：一条道路是继承封建官工业而来的洋务派企业，即官僚资本主义的道路。它经历了一个三阶段的过程，发展到最高阶段，即国家垄断资本主义。而它，又成为“走向社会主义的一个或一些步骤”①，经过革命，转化为社会主义。另一条道路是继承明清以来的资本主义萌芽而来的民间企业，即

① 《列宁选集》第 3 卷，人民出版社 2012 年版，第 265 页。

民族资本主义的道路。它也经历了初步发展、进一步发展等阶段，而最后进入困境。这种困境又成为它后来接受社会主义改造的条件之一。

必须指出的是：虽然我们认为中国资本主义的发展自始就有官僚资本和民族资本两个体系，但并非所有的资本都是“非此即彼”，都可以划归这个体系或那个体系。有一部分民族资本的企业是接受了官僚资本的投资的，可以说是一种两者合营的企业，是“亦此亦彼”的东西。有很大部分资本，尤其是非产业资本，并无明显的特征，它们是中间性的；或者从它们作为一种职能资本来看，也可以说是“亦此亦彼”的东西。还有一部分资本，是在运动过程中分化或者互相转化，而改变或者消失了它们原来的特征。这是事物本身的复杂性、运动性和对立统一规律所决定的。在本书中，我们并不去一一区别每家企业是官僚资本或民族资本，不去寻找这种形而上学的烦恼。只在必要时，例如在比较官僚资本和民族资本投资的比重时，才做一些计算，但也限于计算产业资本。

四

关于本书的方法问题，我想谈以下三点。

（一）马克思列宁主义和毛泽东思想的指导

马克思列宁主义和毛泽东思想是我们研究和写作中不可须臾离的指导思想。马克思、恩格斯创立的哲学，即辩证唯物主义和历史唯物主义，是自然界和人类历史的科学总结，因而是唯一正确的历史观和方法论，离开它，就会陷入唯心史观和形而上学的泥坑。马克思、恩格斯、列宁关于前资本主义、资本主义和帝国主义以及关于殖民地半殖民地的经济理论，即他们创立的广义政治经济学，是从人类具体社会中抽象出来的，是经过实践检验了的。以毛泽东同志为主要代表的中国共产党人，把马克思列宁主义的普遍原理同中国革命的具体实践结合起来，创立了毛泽东思想。

毛泽东思想是马克思列宁主义在中国的实践和发展，也是经过中国革命和建设证明了的。毛泽东同志关于中国半殖民地半封建社会的理论，关于中国近代史和革命史的论述，关于民族资本和官僚资本的分析，关于资本主义经济实现社会主义改造的理论，丰富了马克思主义理论宝库，都是编写本书的理论和方法的指导。

我们把马克思列宁主义和毛泽东思想作为本书的历史观和方法论，并不是说，要固守这些经典作家对某些社会经济或历史所作的论断，也不是说必须遵循他们根据这些论断所总结出来的原则，或根据这些原则去立论。原则，以至规律，是和立场、观点、方法有区别的。原则和绝大部分规律（包括自然规律）是在一定条件下才适用，而在其他条件下就不适用。我们研究历史，只能以历史事实为根据，只能用历史唯物主义的立场、观点、方法，从历史实际中得出结论，而不能从既定的原则中引出结论来。尽管有些原则，是从实际中抽象出来的，并且是经过实践检验的，对于某些学科来说，可以作为逻辑论证的依据，但对于历史学，特别是对于某个具体社会的历史研究来说，却不能这样。用一般原则来推导出历史结论，历史科学就无进步可言了；用一般原则来推导出某个具体社会的历史结论，那又是根本违反历史唯物主义的。

恩格斯在《反杜林论》中说："原则不是研究的出发点，而是它的最终结果；这些原则不是被应用于自然界和人类历史，而是从它们中抽象出来的；不是自然界和人类去适应原则，而是原则只有在符合自然界和历史的情况下才是正确的。这是对事物的唯一唯物主义的观点"①。

规律的运用，也和原则差不多。规律是现象间的本质的联系，具有客观性。但是，以经济规律而论，除了生产关系一定要适合生产力性质的规律外，都是在一定的经济条件下产生和起作用的，经济条件不同或有差异，规律也就不同或作用有差异。科学的规律可以用来指导人们的实践，或者用来预测未来、制订计划和制定政策；但是不能用来推导历史；只能根据历史的研究，来证明某项规律的正确性。

---

① 《马克思恩格斯选集》第 3 卷，人民出版社 2012 年版，第 410 页。

历史唯物主义是唯一科学的历史观。它证明,人们一切观念形态都是从生产和交换方式中引导出来的,因此,“唯物史观帮助了工人阶级”,“产生了适合于无产阶级的生活状况和斗争状况的世界观”①。无论作为无产阶级的世界观,即立场,或作为科学的历史观,即观点,对于从事科学研究来说,特别是对于研究某个具体社会的历史来说,又都是方法论。例如,要从物质关系上,而不是从道德或理性出发,来观察历史现象;要用发展的观点,量变和质变的观点,而不是静止的观点,去考察社会;以及经济基础和上层建筑、生产力和生产关系的相互作用;等等:在具体研究工作中,都可作为方法论看待。这会对我们的研究工作更为有益。

恩格斯说:“马克思的整个世界观不是教义,而是方法。它提供的不是现成的教条,而是进一步研究的出发点和供这种研究使用的方法。”②

列宁更明确地指出:“历史唯物主义也从来没有企求说明一切,而只企求指出‘唯一科学的’(用马克思在《资本论》中的话来说)说明历史的方法。”方法可以指正迷途,但不能从方法中得出结论。“从来没有一个马克思主义者在什么地方论证过:俄国‘应当有’资本主义,‘因为’西欧已经有了资本主义,等等。”③

(二) 史与论的结合

本书是历史的书,不是史论。但本书也不是史料书,它要给中国资本主义作一个“历史的总结”,它必须有论。“史”和“论”怎样结合呢?

历史唯物主义的观点是:历史的发展像自然的发展一样,有它自己的内在规律。因而,整个来说,历史的东西和逻辑的东西是一致的;作为认识的方法,历史的方法和逻辑的方法是统一的。但是,具体的历史的发展是曲折的、迂回的,有时十分缓慢,有时又跳跃前进,充满着偶然性。事实上,“在历史的发展中,偶然性发挥着作用”,只是在辩证的思维中,它们

① 《马克思恩格斯全集》第28卷,人民出版社2018年版,第611页。
② 《马克思恩格斯选集》第4卷,人民出版社2012年版,第664页。
③ 《列宁选集》第1卷,人民出版社2012年版,第13—14、58页。

才“融合在必然性中”。[①]“通过这些偶然性来为自己开辟道路并调节着这些偶然性的内部规律，只有在对这些偶然性进行大量概括的基础上才能看到。”[②]

今天，就《中国资本主义发展史》来说，有没有一个这样“大量概括的基础”呢？恐怕还差得很远。因而，我们的工作，不能从“论”开始，首先得放在对偶然性的研究上，也就是从对历史事物的研究开始。

恩格斯说：“必须先研究事物，尔后才能研究过程。必须先知道一个事物是什么，尔后才能觉察这个事物中所发生的变化。”[③]研究事物“是什么”的工作，大部分也就是史料工作，包括史料的发掘、整理、比较、鉴别等。“对于某一个时期的经济史的清晰的概观，决不能在当时就得到，而只有在事后，即在搜集和整理了材料之后才能得到。”[④]本书在一定程度上说，具有史料书的性质。当然，这些史料主要还是前人大量的劳动所积累和整理的，不过，我们也确在某些问题上，做了考证、鉴别和系统整理的工作。总的来说，我们主观上是比较重视史料的。

史料与论点的结合，我们反对“以论代史”，那就是不列出史料（不是说没有史料）来立论。我们也反对“以论带史”。“以论带史”实际就是“举例子”的方法，尽管这种方法颇为流行，却是不科学的，因为举例子往往会离开具体的历史过程。列宁说：“挑选任何例子是毫不费劲的，但这没有任何意义，或者有纯粹消极的意义，因为问题完全在于，每一个别情况都有其具体的历史环境。”[⑤]并且，“社会生活现象极其复杂，随时都可以找到任何数量的例子或个别的材料来证实任何一个论点。”[⑥]

“以史带论”或“论从史出”的方法，曾为史学界赞赏。司马迁的《史记》即“以史带论”，确有可取之处。“论从史出”实际是归纳法，是科学的

① 《马克思恩格斯选集》第 3 卷，人民出版社 2012 年版，第 924 页。
② 《马克思恩格斯文集》第 7 卷，人民出版社 2009 年版，第 938 页。
③ 《马克思恩格斯选集》第 4 卷，人民出版社 2012 年版，第 251 页。
④ 《马克思恩格斯选集》第 4 卷，人民出版社 1995 年版，第 506 页。
⑤ 《列宁全集》第 28 卷，人民出版社 2017 年版，第 364 页。
⑥ 《列宁选集》第 2 卷，人民出版社 2012 年版，第 578 页。

方法，但要注意辩证法才行。我们认为，“史”与“论”的有机结合，也就是历史与逻辑的结合，应当是辩证的结合。对于历史事物，必须实事求是，不容半点改易（当然可以考证、校勘），就这方面说，是历史的方法。但就历史过程尤其是大的历史过程来说，乃是可以批判的。也就是说，可以摆脱“起扰乱作用的偶然性”，探求历史真相，说明其发展的实质，在这种场合，“逻辑的方式是唯一适用的方式”。①

不过，由于史料缺乏，有时我们也不能不用“举例子”的方法；但总是在一定的条件、背景材料和逻辑的基础上采用，不能凭空举例，并要避免孤证。由于近代史的许多问题研究尚不深入，我们也常采用归纳的方法，尤其是在数据的处理上，这一般还是可行的。

这里，发生一个全书的体系或者结构问题。本来，一部书的叙述方法是可以和研究方法不同的。研究一旦完成，叙述时就可以按逻辑顺列，乃至像一个“先验的结构”。《资本论》就是这种结构。但是，历史书不能这样。恩格斯说：“我们的历史观首先是进行研究工作的指南，并不是按照黑格尔学派的方式构造体系的杠杆”②。他说的是历史的研究。照我们看，历史的叙述也应该与研究的方式一致，即历史书的体系应该是历史的，不是逻辑的。本书是严格按断代史编制的。前已提及，一个断代史的（有时是编年史的）体系并不适于经济史，因为经济发展阶段并不决定于政治事件和朝代更替。事实上，我们也遇到这种困难，只好另谋补救之道。在本书每卷中，都有导论和结论的章节；在第二卷和第三卷中，都有按某一基期做横断面分析的章节；在第四卷中，配备有理论章节：都是一种补救。

这里，还有一个创新的问题。科学研究就是要创新，而不是祖述先贤遗教，或重复前人论述。前若干年，社会对中国近代经济史著作有“抄书抄报”“炒冷饭”的批评，有一个时期确实是这样。因此，我们对于本书，曾有过这样一个标的，即在一些重要项目上，要有新的第一手的资料，要

---

① 《马克思恩格斯选集》第 2 卷，人民出版社 2012 年版，第 14 页。

② 《马克思恩格斯选集》第 4 卷，人民出版社 2012 年版，第 599 页。

研究新的问题，提出新的论点。当然，历史研究的创新，有它特定的含义。历史是过去的事，是不能创作的。前已提到，我们是比较重视资料工作的，这里只谈一下论点的问题。这两年来新论点确实很多，有中国的，也有外国的，因为过去没有介绍过，也变成新的。这是一个好现象，对本书的写作很有帮助。但是，论点能不能全是新的呢？我看不能；那做不到，做到了也要犯错误。所谓新论点是什么意思？应该是指对旧论点的扬弃，即否定旧的不合理的东西，保存和发展旧的合理的东西。像不能割断历史一样，历史研究也有继承性。不仅如此，马克思对于资产阶级的论点，对于古典政治经济学和古典哲学，也是扬弃，也是批判地继承的。在历史唯物主义指导下，全新的东西是没有的。

（三）定性分析和定量分析的结合

把数学的应用从经济学推广到经济史上，大体还是 20 世纪 60 年代以来的事，从此，在国外经济史学界出现了计量学派，一时颇为流行。这个学派在发展中，运用反拟研究法，提出各种历史上的假设和模型，也曾引起强烈的批评。我们无意在此评论经济计量学，也不反对把这门科学应用于经济史。因为经济事物一般是可以计量的，并多半表现为连续的量。但是，和计量经济学用之于当前经济的分析与预测不同，已成过去的历史是无法预测的。经济计量学必须根据过去实践的统计资料，即根据历史来设定数量关系或模型，而不像研究自然现象那样可以采用实验室模拟办法，这就是反拟研究的局限性。但是，对于经济史上已有的理论、观点、结论（也就是定性分析），用数学方法加以验证，肯定或否定它，即所谓回归分析，则完全是可能的，并且是十分有益的。近年来，把投入产出法应用于经济史上生产的研究，分析生产发展的有关因素，在一定范围内也是可取的。在微观上，例如用计量方法研究历史上的单位生产规模、经济效率等，也是有成绩的。

对于中国近代经济史，国外也有一些计量的著作，以至提出模型（主要还是数理模型）。但是，它们主要是从发展经济学的观点出发，而不是从历史唯物主义的观点出发；更重要的是，旧中国经济统计资料极端贫乏，这种研究过多地依靠估计和假设，更难考虑随机因素。因此，在本书中，我们认为运用经济计量学的条件还不成熟，我们提倡定性分析与定量分析相结合的方法。

历史本来是叙事的，是定性的，故常与文学结合，使性格突出，栩栩如生。但历史又是科学，并应首先是科学。科学的定性，不能脱离数量，一定的质，总是表现于一定的量。尤其是经济史，不做定量分析，往往流于空洞，抽象化、概念化。不做定量分析，也就可以把小事看成大事，把局部看成一般，把次要因素当作主要因素。有许多问题，往往争论不休，这就更需要做定量分析，以求分晓。

例如，历史上我国商业素称发达，商贾辐辏、店肆栉比的记载，令人目眩。可是，我国国内市场究竟有多大呢？我们计算了鸦片战争前后几个基期的主要商品量和商品值，力求从市场结构上来观察它的特点。又如，对于我国自然经济的解体，向来议论纷纷。究竟解体到什么程度？我们首先就洋纱洋布代替土纱土布的过程做了一个比较详细的计量分析，可以看出这种代替的几个阶段和每阶段的代替程度；再按阶段计算几项农产品的商品化程度，就可大体看出解体的过程了。再如，讲到民族资本的初步发展和进一步发展，从定性来说，似乎没什么问题了。但一经定量分析，比较一下各部门发展的速度，却看出许多问题。至于 20 年代和 30 年代的危机，以至“破产半破产”的提法，做一些简单的定量分析，所发现问题就更多了。

我们提出的要求是，凡是能够定量的，尽可能做一些定量分析，以发现问题，或验证定性的结论。

就本书《中国资本主义发展史》来说，最重要一个问题，就是中国资本主义发展的水平问题。鸦片战争一百年来，中国资本主义有所发展，但又未能充分发展，这是没有争议的。但它究竟发展到什么程度？各时期发展的水平如何？仍是模糊的。当然，资本主义的发展，包括生产力的发展，生产关系的扩大，资产阶级和工人阶级力量的对比等各个方面；我们进行定量分析，实际仅是其生产力方面，不过，这是具有重要意义的。

对资本主义发展水平做定量分析，首先是使人们对中国资本主义本身，对它的规模和发展速度，有个比较明确、具体的概念。其次，由于所谓水平是用它在国民经济中的比重来表示，这也就对于研究中国近代社会有重要作用。例如，我们说近代中国是半殖民地半封建社会，当然不是说各占一半。但是，究竟各占多少？比例关系有无变化？这对于研究中国革命，研究各阶级、阶层力量的对比，都是有用的。最后，了解资本主义发展水平，对于研究我国国民经济向社会主义过渡的问题，也是很重要的。从一定意义上说，我国对资本主义工商业的改造政策，就是根据它发展的程度制定的。

资本主义发展水平是个数量概念。这在资本主义发达国家，实际就是指其国民经济发展状况，可用国内生产总值来代表。在旧中国，却不能这样。由于资本主义并不是占统治地位的经济成分，并由于我们的目的是考察在帝国主义和封建主义的压迫与限制下，资本主义能有多大程度的发展，因而，所用指标，是看它在国民经济中的地位。这最好是看它在国内生产总值或在国民收入中所占的比重。但是，由于统计资料缺乏，这两项数据实际都不可能估算。因此，我们采用了我国通用的办法，即采用工农业总产值这个指标，而把其他经济部门略去。在旧中国，对于工农业总产值也是没有统计的，我们只能用间接方法予以估计。在估计中，资本主义部分，采用“产业资本”的概念，即工业、矿业、交通运输业（所谓“工交”）中的近代化企业，而把农业中的资本主义部分略去了。鉴于工场手工业有很大的数量，虽然资料更加缺乏，我们也另做估计，作为资本主义的另一个部分。所用基期，为1920年、1936年、1949年。一眼就可看出，这个估计是很粗糙的，简略甚多。但是，总算有个可以琢磨的概念，可看出大体的发展趋势。我们希望，随着我国近代经济史研究的进展，这个估计，以及本书的全部论证，都会经历一个不断批判和修正的过程，逐步臻于完善。

* * *

末了，还要重复说一句：这一部多卷本的著作，是上述各位同志（特别是吴承明同志）集体辛勤劳动的成果，在这里，我向同志们深致谢意！

许涤新

1983年5月24日

目　　录

图 表 目 录

前　　言

本卷《新民主主义革命时期的中国资本主义》是《中国资本主义发展史》的第三卷。本书第一卷《中国资本主义的萌芽》已于1985年出版；第二卷《旧民主主义革命时期的中国资本主义》于1990年出版。原计划的第四卷《中国资本主义经济的社会主义改造》已移入《当代中国》丛书；故《中国资本主义发展史》到本卷即告结束。

本卷叙述自1921年至1949年中国资本主义经济——包括外国在华资本、官僚资本、民族资本——的发展变化。全卷按章、节、目编制，共6章、18节、78目及附录甲、乙。以节为写作单位，每节一个专题。脚注文献凡本节已见者，再见时用“前引书(文)”；他节先见者仍注全称。表(图)则按章编号，共有表(图)166号，另列目录。小表不编号，散见文内。

编写《中国资本主义发展史》是1960年周恩来总理交代给许涤新同志的任务。当即组建调研室，于1963年开始征集、整理并邀请有关单位编写行业、企业史料，出版8种，旋以“文化大革命”停顿。“文化大革命”后恢复工作，并于1978年由中国社会科学院经济研究所、上海社会科学院经济研究所、南开大学经济研究所的22位同志组成编写组，开始本书写作。许涤新同志为本书的规划、组织竭尽心力。他为本书拟定了指导思想、编制体系和编写提纲；主持历届讨论会；并为本书撰写了《总序》；他是本书同人的导师。许涤新同志不幸于1988年2月病逝。本卷的编辑工作就只好由我一人承担了。

本书一、二、三卷是同时进行撰稿的。本卷初稿,除由我担任的首末两章外,于1984年浙江海宁会议上大体完成。这时,我在忙于第一、第二两卷的编辑、定稿,中间又有一段时间从事其他科研项目和国际文化交流任务,到1989年夏才重理本卷。这期间,中国近代经济史的研究十分活跃,不断有新资料、新观点、新著作出现。尤其有关东北殖民地经济和有关国民党经济政策方面,中外学者的研究成果陆续发表;我们原计划的10种民族资本行业、企业史料也由上海社会科学院经济研究所和其他有关单位完成和出版。而本卷原撰稿人都早已转入新的科研岗位。因而,全卷由我做了补充、修订,并调整部分章节,精简篇幅,以利出版。其中谬误不当之处,当由我负责。

本卷原撰稿人及所撰章节如下:

吴承明(中国社会科学院经济研究所研究员)	第一章、第五章第四节、第六章及附录
石　奇(中国社会科学院经济研究所副研究员)	第二章第一节、第四章第二节
黄如桐(中国社会科学院经济研究所副研究员)	第二章第二节、第四章第三节
刘佛丁(南开大学经济研究所教授)	第二章第三节
汝　仁(上海社会科学院经济研究所副研究员)	第二章第四节
王　水(中国社会科学院经济研究所副研究员)	第二章第五节

丁长清（南开大学经济研究所副教授）　第三章

胡铁文（中国社会科学院经济研究所副研究员）　第四章第一节

吴太昌（中国社会科学院经济研究所副研究员）　第四章第四节

朱秀琴（南开大学经济研究所副教授）　第四章第五节、第五章第三节

郭太炎（中国社会科学院经济研究所副译审）　第五章第一节

简　锐（中国社会科学院经济研究所副研究员）　第五章第二节

本卷书稿，经人民出版社经济编辑室主任韩忠本编审、张效英副编审、魏志强编辑详为审阅，并提供宝贵意见，谨此深致谢忱。简锐同志校阅书稿全文，并协助编辑工作，一并致谢。

吴承明

1991年4月

第一章
导论

本卷是《中国资本主义发展史》的第三卷，叙述新民主主义革命时期中国资本主义的发展变化。关于本书的指导思想和编写主旨已见第一卷许涤新所写的《总序》。这章导论是说明本书的主要内容，阐述我们对一些问题的看法，也涉及有关的方法论问题。本书是集体写作的，本章的有些看法则为编者所作，谬误也由编者负责。

一、关于本卷的内容

本卷的时限是1921—1949年，仍按前卷体系，分别考察外国在华资本、官僚资本和民族资本在这期间的发展变化。其中又以1937年和1945年为界，划分为三个阶段，即二三十年代、抗日战争时期和解放战争时期，分别构成第二章、第四章和第五章。中间第三章是专门考察农业中的资本主义生产关系。第六章即最后一章是探讨中国资本主义发展的速度和水平。

在本书前两卷中，都首先阐明我们的一个基本观点，即根据恩格斯的启示，一切经济现象都是一个过程，有它的继承性和延续性，在研究和叙事中，都不能割断历史。因而在本书的编写中，我们力求避免“事件构成历史”的传统方法，注重理清脉络。同时不去强调历史分期的原则性意义，而是根据不同课题，便宜行事。本卷中，如对官僚资本的考察是从

1927 年开始(这以前已叙入第二卷);对东北经济的论述是以 1931 年为界;对农业中资本主义关系的考察是自鸦片战争起直叙到 1949 年;对新民主主义经济的介绍是从建立中央革命根据地起直叙到新中国成立前夕;而探讨中国资本主义发展的速度和水平,又是从甲午战争起,按照另定的五个基期进行的。

在本书《总序》中曾说明,一部完整的资本主义发展史应当是包括资本主义经济、资产阶级和资本主义意识形态这三个方面的历史。因考虑到这样势必卷帙浩繁,我们也力有未逮,最后决定还是把它写成一部经济史;但仍要求结合经济发展,重点处理有关上层建筑问题。在前卷《旧民主主义革命时期的中国资本主义》中,我们原设有中国资产阶级的产生和资产阶级革命运动、中国工人阶级的成长和中国共产党的建立等节,并已写出初稿;但在编辑中因体系难以协调和篇幅已经过大而予以割爱。在本卷中,我们曾打算对于“五四”以来的社会思潮和新一代资本家的经营思想,对于 20 世纪以来的工资水平和工人阶级贫困化问题作专题研讨,也因限于篇幅和编者的才力未能如愿。这样,本书就变成了就经济论经济,未能完成《总序》的要求。这一点,自应由编者负责。

就经济论经济,原是经济史的大忌。20 世纪 60 年代以来,国外提出整体观史学,要求把环境、社会、文化直到群众生活纳入经济史研究。我们认为,作为思考方法(approach),这是对的。马克思在批判形而上学时曾指出:“谁用政治经济学的范畴构筑某种思想体系的大厦,谁就是把社会体系的各个环节割裂开来”①。但是,若说每部书都必须包括几个层次,叠床架屋,则并不可取。我们在前卷的《导论》中有段话说:“学术研究不是任何人的专利,各有其特点,才能互相补充,互相切磋。就每部书说,都必须有所舍,才能有所取,不能求全。”本卷仍本着这个主旨。这几年,有关中国阶级和阶级思想史的专著迭见,编者深受鼓舞。②

---

① 《马克思恩格斯全集》第 4 卷,人民出版社 1958 年版,第 145 页。

② 见刘明逵的多卷本《中国工人阶级历史状况》。黄逸峰、姜铎等的《旧中国民族资产阶级》,继他们的《旧中国的买办阶级》于 1990 年出版。赵靖主编的《中国近代民族实业家的经营管理思想》已于 1988 年出版。

上面屡提及篇幅问题，这确是个实际问题。目前学术著作出版困难，而又有一种出大书、出厚书的风气，颇以为异。我们认为，凡属专著，都应有其一定的可读规模，节约读者时间，亦利于突出特点，免蹈重复。英国麦克米兰出版社（Macmillan Press）出版本书第一卷的英文版，是改编成三个分册，每册不逾10万字，是为阅读便利，恐亦有利销售。本卷所讨论时期，论事远较前卷为繁，资料更远较前卷为多；如何压缩篇幅，如欧阳修在《新唐史》所说，“其事则增于前，其文则省于旧”，确是一大难题。除尽量精简文字外，我们提出三个意见：（1）放手舍掉一些专题，并剪除枝蔓。大约文章之长，泰半由于“舍不得”。（2）遇两难之处，留史削论。只要史实在，读者自可得出论点，有时多论反而治丝益棼。（3）利用统计。因多数统计表可以自明，省去解释，故西文于表后常云 self-explan-atory。话虽如此，本卷篇幅仍大超过原定计划；实在说，我们还未找到一个以简驭繁的诀窍，望读者指教。

注意数量，是本书一个特点。本书《总序》中曾要求，“凡是能够定量的，尽可能作一些定量分析”，并要求对中国资本主义发展的水平，作出量的分析。本卷计量之处，又超过前卷，几乎满篇数字。对此，识者亦有批评，名家并有“伪装精确的知识”之讥。① 不过，这是指经济学中应用数学模型的效果而言。本书所用，还限于统计学方法，而非历史计量学（cliometrics）方法。我们广泛用统计的目的之一，是想替代论史中的“举例子”方法，因为“社会生活现象极其复杂，随时都可以找到任何数量的例子或个别的材料来证实任何一个论点”。② 又在本卷所讨论时期，尤其是“四·一二”政变以后和20世纪30年代，对于中国资本主义的“发展”“不发展”议论不一。我们的做法是尽量收集各业的可比数据（如生产设备、实物产量等），逐年排列下来，供读者自行判断。此外，鉴于旧中国统计资料难觅，我们也有意在书中保存一些，供读者取用。

关于中国资本主义发展水平的探讨，是应用两种计量：一是各时期资

---

① 诺贝尔经济学奖金获得者F.A.哈耶克：《知识的虚伪》，见商务印书馆编辑部：《现代国外经济学论文选》第二辑，商务印书馆1981年版，第75页。

② 《列宁选集》第2卷，人民出版社2012年版，第578页。

本集成(形成)的数量和速度;一是各基期资本主义生产在工农业总产值和交通运输业总产值中所占的比重。这属于宏观考察,所需数据全凭估计。在旧中国统计资料极端贫乏、没有国情普查的情况下,这种估计的粗陋可以想见,我们在前卷中就说过:"人们可以从任何一个'漏洞'中攻破它。"正因如此,我们把这项估计和分析放在最后一章和附录中,而在前面几章也可说是本书的正文中,并不引用它,以保证各章研究的独立性。即使在最后一章,我们所用也主要是各时期的相对数(平均年增长率),而非其绝对值。只要各时期估计的范围和估价方法一致,相对数仍是有意义的。但是,就宏观研究说,我们所作实属有限。即以资本集成而言,我们并未能从国民收入、积累和投资上进行分析;资本主义的比重,也没有能从国民生产总值上进行比较。

最后,本卷作为本书最后一卷,我们未能对中国资本主义的发展作出总结,是最大的遗憾。这主要是因为:本书的指导者许涤新已先我们而去;本书编写组久已分散,并有 5 位辞世;而编者本人才疏识浅,难当此重任。本卷中,也曾对官僚资本和民族资本的发展道路及其前途作过一些讨论,但主要是叙史,尚非最后的总结。本书《总序》中转达敬爱的周恩来总理当时的指示说:"现在,中国资本主义工商业的改造已经完成,我们有条件对它作一个历史的总结。"我们未能完成周总理的指示。不过,原定本书第四卷的《中国资本主义经济的社会主义改造》,已移入《当代中国》丛书,一些原来本书的作者也参加了该书的编写。该书预定有结论一章。《当代中国》领导编写力强,组织面广,我们殷切希望在它的《中国资本主义工商业的社会主义改造》卷中,最后完成周总理的指示。

二、20 世纪 30 年代的经济危机和国内市场

1932—1935 年的经济危机,是除了外国发动的侵略战争外,中国经济遭遇到的最严重的一次打击和考验,也是本卷开始即第二章讨论的一个重大问题。

这次危机,是由于金本位国家货币贬值、国际银价动荡所引起的,及

至美国实行购银法案，白银大量外流，中国经济陷入深渊，故有人称为白银危机。在危机前和危机中，银价、汇价、物价变动诡谲；当时和事后论著如云，大多从这方面下功夫。我们也用了较大篇幅对它进行分析。不过，我们的看法是：这种变动中的许多反常现象，如银价与汇价偏离，金贵银贱时出口价反而下降，金贱银贵时进口价反而高于市价等，多半是由于中国外贸和金融的半殖民地性结构造成的，也就是一些论者所说 1929 年开始的资本主义世界经济危机向中国的转嫁。但是，它并不是中国 20 世纪 30 年代经济危机的根本原因。中国这次危机，和当时的世界经济危机一样，是资本主义发展中的危机，不过主要不是由于生产相对过剩，而是由于购买力的绝对减退，特别是农村购买力的减退和消失。而这又与中国农村的半封建和半自然经济的结构分不开。

中国的经济从来不是外向型的，中国资本主义的发展只能是依靠国内市场，尤其是广大的农村市场。因而，本书自第一卷起，就十分重视国内市场的分析，本卷更着重对国内市场的商品流向和价格结构进行分析。据我们估计，主要农产品的商品值，按不变价格计，1840—1894 年平均年增长率不足 1.3%；1895—1920 年约为 1.6%；在本卷讨论时期即 1920—1936 年约为 1.8%。就是说，农产品商品化的进展速度很慢，不能与工业的发展相适应。工业品的基本流向是由沿海口岸运往内地和农村，其价格水准是决定于口岸市场，经过批发、运转诸环节而逐级加价。农产商品基本上是由农村和内地流向大城市和口岸，但是，尽管是国内消费的，其价格水准也是决定于口岸市场，然后按照各流通环节逐级压价。如产地米价决定于上海米市，上海米价又决定于进口洋米价（其相关系数均在 0.80 至 0.90 以上）。这就使农产品的价格脱离生产成本，在交换中长期处于不利地位。

在工农业产品的价格变动中，大约 1895—1905 年长期间是不利于农产品的；1905—1912 年短期间是有利于农产品的。1913—1920 年，工业品价格的上升远快于农产品价格的上升，差距扩大了约 1/3；这时，就是当时工商界所称的“黄金时代”。进入本卷所讨论的时期，1921—1925 年短期间，这个差距缩小，农村得以稍苏。但 1926 年起，工业品价格的上升又远快于农产品,到1931年差距又达约1/3。1931年秋转入物价下跌,而农产品价格下跌远快于工业品价格的下跌,差距继续扩大。在这种情况下,农村输出的产品不足以抵偿由大城市输进的工业品,农村白银大量流入城市,以致金融枯竭,当时称为农村破产。故农村购买力的消失,实在是这次危机的根本原因。当然,“九一八”事变使民族工业丧失约15%的市场,以及1931年长江下游的大水灾,也造成购买力的消退。

危机期间,工商界人士奔走呼吁,要求救济,其情可悯。不过,受难深重的还是农民。据一项估计,危机最甚的1934年与危机前最高峰比,农业生产所得下降了31%,而工业生产所得下降仅5.9%;若用1931年不变价估计,农业生产所得下降20.8%,工业生产所得反增长11.9%。[①] 因此,危机中资本主义工业还能维持生产,那是以农民的利益为牺牲的。

牺牲农业以发展工业或工业化,几乎是资本主义发展的普遍道路。不过,在西方国家,或是把这种牺牲转移到殖民地和依附国,或是较快地转入依靠工业自身积累,这一过程也就基本结束。中国没有这种条件。在当时,要解决这个问题,只有依靠政府坚决的扶农政策;而就当时的政府来说,这又无异与虎谋皮。国民党政府曾在危机中设立农村复兴委员会,结果一事无成。这时日本人在东北的统治,更是肆意地损农助工,结果农业生产迄未恢复到“九一八”事变时水平,工业的五年计划也只好停留在纸上。然而,我们看到后来的一些新兴国家,乃至像20世纪二三十年代苏联的工业化,也是采取了牺牲农业的办法,则不免使我们经济史的研究陷入困惑了。

三、手工业和农业中的资本主义生产关系

中国的资本主义是在农业和手工业这两种传统经济的汪洋大海中生长的,它与传统经济的关系如何,也就是所谓二元经济问题,是经济史研

① 此估计见巫宝三等:《中国国民所得(一九三三年)》上册,中华书局1947年版,第17、19页;所称“所得”即净产值。

究应予解答的。为此，我们在本书第二卷中着重考察了手工业，本卷又专章讨论农业，对它们的生产和资本主义成分做了估量。

据我们考察，鸦片战争后迄 1920 年，中国手工业尤其是资本主义手工业（以工场手工业为主）几乎是与新式工业并行发展的，新式工业发展最快的时候，也是手工业发展最快的时候。两者之间自有矛盾，但也有互补。有些新式工业是以手工业为桥梁发展起来的，特别像棉纺织业将纱卖给农村织户，迅速扩大了市场；还有些新工业是从半手工或散工制入手，俾便创业。手工业方面，也在一些主要行业中引进新式工具，促进了工场手工业的发展。我们估计，到 1920 年，工场手工业的产值有 10.7 亿元，占全部手工制造业产值的 25%，比当时全部新式工业（包括外商）的产值还要大些，约为 55 与 45 之比。

进入本卷所考察的时期，即 20 世纪二三十年代，手工业发展的速度降低了。这一方面是它的产品渐为新式工业所替代；棉纺织厂也有力扩充布机，自行织布了。另一方面，部分手工业改用机器和电力，加入新式工业行列。但工场手工业仍有较大发展，估计到 1936 年，其产值为 19.6 亿元，占全部手工制造业产值的 30.6%；它与全部新式工业的产值比，则降低为 41 比 59。

抗日战争时期，新式工业遭到破坏，手工业和工场手工业对支持抗战和维持民用作出重大贡献。战后，新式工业逐渐恢复，工场手工业仍有发展。据解放后 1949 年的统计，工场手工业的产值为人民币 28.7 亿元，占全部手工制造业产值的 47%；它与新式工业的产值比，再次下降，为 27 比 73。①

机器大工业取代手工业（艺术品除外）是历史发展的必然，但怎样取代，每个国家都应当有自己的道路。我们的看法，在中国近代化过程中，手工业这种传统经济并不完全是消极因素，而是有它的地位和作用。在中国，本来可以走一条土洋结合、再进一步现代化的道路，以及通过工场

---

① 新中国成立后的统计和我们的估计不同，没有计入农家副业和自给性的手工业，故工场手工业占 47%的比重偏高。

手工业过渡的道路。这种道路,可使工业建设接近原料和市场,协调生产,均衡布局。20世纪初,张謇以大生纱厂的资力,扶持垦盐植棉,进而创办起包括农、工、商、运输、金融的"南通实业"体系,一时传为盛举。但是,自五口通商以后,占优势的就是一条以口岸为基地、以洋行为背景、以移植为标本的资本主义发展道路。这可说是一条半殖民地型的发展道路。于是,声势日赫的口岸经济与内地经济相对立,以内地为尾闾,湮没了上述土洋结合、协调发展的道路;张謇的乡土建设最后也败于这种口岸资本主义,陷于破产的境地。

对于农业中资本主义生产关系的考察,占有本卷四节的篇幅,结果却颇令人失望。据我们估计,迄抗日战争前,经营地主、富农经济、农业公司和农场这三种经营形式共约有自营地4亿余亩,占全国总耕地面积的近30%。回忆我们在第一卷考察农业中的资本主义萌芽时,在几百件农业雇工的资料中,能确定为资本主义户的只有11例;对比起来可谓大有发展了。但是,这三种形式中都有不同程度的封建性,其中有多少是资本主义户却无法肯定。我们不能像研究资本主义萌芽时那样逐户考察,也无法确定他们家工与雇工、自给生产与商品生产的比率。

我们重视传统经济中的资本主义关系,是因为这种新的生产方式能够提高生产力和促进生产的商品化、社会化——这两者是社会进化的标志。如果没有这种作用,也就失掉了研究的价值。因而我们着重考察了经营地主、富农经济、农业公司和农场的经营效益。结果是:三者在劳动生产率、组织效益、规模效益和选择性上,各有轩轾。但总的说,除在一些新垦区和园艺业外,实在看不出有多少贡献。尤其是经营地主,甚至不如佃农;农业公司以出租为主,仍是个体生产。这就是我们失望之所在。因而在最后的宏观估计中,我们把全部农业产值都列入了个体经济,权当作没有资本主义生产。

然而,我们并不是完全悲观的。中国以家庭为单位的小农生产原有较高的经营效益,至今我们还在利用这个积极因素,即家庭承包制。尽管有前述工农业产品交换中不利的情况,据我们考察,自鸦片战争迄抗日战争前,中国的耕地面积、复种率、灌溉指数和农业总产量,还是有所增长的,虽然增长十分缓慢,但基本上能够满足人口增长的需要。农业总产量和农产品商品化增长的缓慢,确实扯着工业发展的后腿。不过,农业结构有所改变,经济作物的产值占作物总产值的比重,由19世纪末的约10%增为1920年的17%,再增为1936年的23%。加以棉种、蚕种的改良和烤烟的种植,基本上能够满足工业发展对农业原料的需要;这是传统农业的另一个积极作用。其实,它也能满足我国当时工业化对粮食的需要;粮食进口的增加和不时出现的洋棉涌进,实乃是口岸经济的苦果。因此,我们认为,中国的传统农业也不是像刘易斯模式所设想的那种完全消极的东西[①],而是应该在中国的近代化过程中,发挥其积极作用。

鸦片战争后,中国农村社会发生很大变化,因而有20世纪30年代关于中国农村社会性质的论战。这里,我们同意薛暮桥的看法:这时中国的小农经营"大多既非典型的资本主义经营,也非典型的封建经营;它乃是一种过渡形态,也可说是'半封建'的农业经营"。[②] 这话也可作为我们研究农业中资本主义生产关系的概括。从封建到半封建,应该是个进步,"过渡"当然指过渡到高一级的生产方式。但是,从我们的考察看,这条道路似乎是行不通的。发挥传统农业(作为生产力看)的积极作用有个最大的障碍,即封建的土地制度。经营地主、富农经济对于改革土地制度都无能为力。农业公司虽可将土地所有权改为股份制,但它占有的耕地不到全国耕地的1%,且大部实行分租,直接生产者仍然没有土地。这也是它们未能提高效益的原因。在中国,乃至在所有国家,不经过一定的土地改革,就不能解放农业生产力,无论农业的资本主义化或现代化都无从谈起。19世纪70年代日本的地税改革和20世纪50年代中国的土地改革,都是最好的证明。在这种改革中,农业还都是传统农业,但其积极作用发挥出来,生产力大为增进。不过在50年代中国的情况下,它不是导向资本主义,而是导向社会主义了。

---

① 在获得诺贝尔经济学奖金的这个模式中,传统农业的边际生产率等于零,只是无限向工业供给劳动。见外国经济学说研究会编:《现代国外经济学论文选》第八辑,商务印书馆1984年版,第48—89页。

② 余霖:《中国农村社会性质问答》,《中国农村》第1卷第12期,1935年9月。

四、国家垄断资本主义

国民党政权下的国家垄断资本主义的兴起,是本卷所讨论的最重要的问题之一,它实际上改变了中国资本主义发展的道路。

国家垄断资本主义是个国际现象。第一次世界大战中,列宁就指出:"战争异常地加速了垄断资本主义向国家垄断资本主义的转变"①。战后,欧美各国解除了战时经济统制,国家对经济的干预减轻。但是,1929年资本主义爆发了空前的经济危机。德国首先废除金本位,管制金融,继而纳粹夺得政权,由国家直接控制经济。美国以"反经济危机法"于1933年实行"新政",通过财政—金融手段干预经济生活。这就形成了德、美两种类型的国家垄断资本主义。第二次世界大战后,为了复兴经济和抵制蓬勃发展的社会主义运动,资本主义各国普遍进入了国家垄断体制。国家垄断的实质是财政—金融资本对国民生产、分配和再分配的干预和调节。它主要有两种形式:一是国家通过贷款、补贴或加工、订货,并通过税收、福利等政策,干预和调节国民经济;二是国家参与企业投资或实行企业国有化。一般以前者为主,后者为辅。

有人认为资本主义的发展只能是由私人垄断然后进入国家垄断。实不尽然。主要资本主义国家进入国家垄断后,必然会影响其他国家,尤其是殖民地、半殖民地国家。更重要的是,它无异宣布自由资本主义道路的终结,因而第二次世界大战后有些新独立的国家也借外债建立了国家垄断资本。中国原有官僚资本的老传统。本书《总序》中就指出,中国官僚资本的实质就是在不同政权下的国家资本主义。并且,它主要是采取官办或国营、公营形式。这种国家资本主义,在一定的外部和内部条件下,发展成为国家垄断资本主义,是很自然的。北洋政府曾试图建立金融垄断,但由于这个政权的风雨飘摇,未能成功。1927年国民党建立南京政权后,才走上由金融垄断到工业垄断的道路。

① 《列宁选集》第3卷,人民出版社2012年版,第266页。

国民党国家垄断资本的发展，是和蒋介石暨南京政府的专制主义分不开的。蒋介石具有中国封建社会正统的政治思想，喜讲《大学》，推崇曾国藩；曲解三民主义，说“现在的孙文学说，就是从前的大学之道”①。他善用权术，排除异己，而与财阀孔祥熙、宋子文结成联襟，二人成为推行金融垄断的主将。有20世纪30年代起，蒋又崇慕德、意独裁政治，说“法西斯蒂的政治理论”是“统治最有效能者”，且“符合大同原则”。② 旋提出“以党治国”，后演变为“一个党，一个主义，一个领袖”的口号，实行“领袖制”。30年代，一些在“五四”运动中高唱民主、自由的资产阶级学者也转变论调，提出“强有力政府”的主张，介绍“全体主义”经济学。继之，以蒋廷黼、丁文江为首的一批教授、专家应邀参加南京政府。1935年，正式成立资源委员会，成为推行国家工业垄断的大本营。

国民党国家垄断资本的发展，又是与外国尤其是英美的帮助分不开的，这是它最重要的外部条件。原来，国家资本已经在交通运输业中占有垄断地位了，这是历届政府借外债修建铁路和电信设施的结果。国民党政权的前10年，致全力于财政，它的财政收入增大了10倍。其中最重要的是占财政收入一半以上的关税改革。这个改革，原是九国华盛顿会议提出的，现在在英美有意扶持国民党这个新政权的形势下得以实现(但受到日本的掣肘)。这就有可能使它在1935年的“银行风暴”中一举攫取了中国银行、交通银行两家最大银行和另外3家商业银行，完成金融垄断体制。但要实现垄断，还要借助于同年11月的币制改革，使国家银行独占白银储备和独占货币发行权。这次改革，又是由英国李滋罗斯爵士(Sir F.W.Leith-Ross)筹划、在美国三次购银协定的帮助下，才告完成的。

工业方面的垄断，却不那么顺利。资源委员会一成立，就拟定了利用德国、美国、英国、瑞士的资本和技术的计划，因战争爆发，皆成泡影。抗日战争中，国民党政府获得的外国借款几乎等于自清政府举借外债以来84年的总和，但都用于军事和维持外汇率与法币，难得直接投资于工业。

① 《革命哲学的重要》，见《蒋总统集》，1950年台北版。

② 《致国民会议开幕词》，《中央日报》1936年5月6日。

估计战时后方国、公营工业资本仅合战前币值3.85亿元，不过它已在钢铁、机器电器甚至在棉纱生产上占有垄断地位了。真正的工业垄断，是国民党政府在战后接收了巨额的敌伪产业，辅以日本赔偿和归还物资才完成的。这无异于日本资本的让渡。而这些敌伪产业以及收复的交通运输业的恢复和营运，又几乎完全是依靠美援，包括美国贷款、剩余物资、救济物资和美国顾问。这时候，国民党政府在军事、政治上全靠美国支撑，其所谓国家垄断资本，实际上也无异于美国支配的资本。

据我们在第六章的估计，在全国近代化工业和交通运输业资本（包括外商）中，官僚资本所占的比重，1894年为39.1%，约0.48亿元；1911年降为26.8%，约4.78亿元；1920年再降为26.0%，约6.70亿元。进入国民党政权后，1936年增长到35.9%，约19.89亿元（不包括东北）；战后1947/1948年，陡增至64.1%，折战前币值约42亿元。

在全国金融业资本（包括外商）中，1894年还没有官僚资本；1911年官僚资本仅占6.3%，约0.45亿元；1920年占16.0%，约2.33亿元。进入国民党政权后，1936年突占到58.9%，约5.64亿元（不包括东北）。战后1947/1948年更增至88.9%，可谓登峰造极；不过，在恶性通货膨胀下，银行已外强中干，其资产折战前币值仅3.44亿元。

国民党的国家垄断资本，不是像欧美国家那样以通过财政—金融手段干预和调节国民经济为主，而是继承官僚资本的老传统，采取国营、公营企业的形式（也有少数以私营面貌出现的豪门资本企业）。这种形式具有直接的排他性，因而，它实际上堵塞了民间资本即通称民族资本发展的道路。这种官办、国营、公营企业由于据有一定的特权和受软财政约束，它必然是低效率、高冗员，官僚主义十足。这种情况，历清王朝、北洋政府、国民党政府都无改变，乃至国民党逃亡到台湾后，迄今还是这样。①当一个国家的国民经济被这种浪费性的生产方式所盘踞——且不说它对于外国资本的依赖性，其祸患可想而知。

---

① 据台湾工商业普查报告，1981年公营工业的利润率为0.71%，而民营工业为3.21%；公营的资产运用效率为8.25%，而民营为23.45%。见《市场经济里的公营企业：台湾经验》，《经济研究资料》1988年第9期。

不过，这种形式的资本集中程度也高。我们估计，战后资源委员会、中国纺织建设公司两大集团的资本达战前币值9.38亿元，占国民党政府全部工业资本15.99亿元的58.7%，连同其他8家大企业共占63.5%。资本的高度集中意味着生产力的高度社会化。这就是列宁所说："国家垄断资本主义是社会主义的最充分的物质准备，是社会主义的前阶，是历史阶梯上的一级，在这一级和叫做社会主义的那一级之间，没有任何中间级"①。1949年中国革命的胜利，完全证实了列宁的这个判断。

五、民族资本主义

在中国近代经济史的研究中，人们很自然地把民族资本作为一个重点，我们也不例外。在中国的近代化产业中，民族资本产生最晚，一开始就受到外国资本的压力和官僚资本的排挤，它是这三种资本形态中最软弱的一个。但它也有业多面广，接近市场和社会积累，与传统经济关系密切等优势，可称为地利与人和的优势。据我们在第六章的估计，从甲午战争到第一次世界大战这段时间，即通称民族资本的初步发展时期，民族工业资本的年增长率为13.37%，高于官僚资本，略低于外国在华资本。在第一次世界大战到1920年间，即通称民族资本的进一步发展时期，外国在华工业资本的增长率降至4.82%，官僚资本更降至3.44%，唯民族资本仍保持两位数的增长率，为11.90%。到1920年，民族工业资本约有4.51亿元，为官僚资本的3.9倍，并直接追比外国在华工业资本（约5亿元）了。交通运输业方面，先是民办电报被清廷收归官办，继而民办铁路几乎全部被袁世凯收归国有，民族资本就只有轮船一行了。以轮船业而论，民族资本也是发展较快的。到1920年，投资约0.80亿元，为官僚资本的3.6倍，与外国在华船只的投资（约1亿元）也相差不多了。因而，我们在第二卷《导论》中说，民族资本"有旺盛的生命力，是中国工业化希望之所在"；但同时也指出它内涵"隐忧"，即将步入殆途。

---

① 《列宁选集》第3卷，人民出版社2012年版，第266页。

民族资本代表中国的自由资本主义经济。当19世纪下半叶,无论在世界或在中国,自由资本主义仍还是发展资本主义的最佳途径。中国民族资本的初步发展,是在甲午战败、国人震愤、“设厂自救”和收回利权运动的推动下,与从戊戌变法到辛亥革命的资产阶级革命运动同步进行的;因而有它坚实的社会基础。在它进一步发展时期,国际资本主义已走向垄断,情况就有所不同了。这一时期它的发展,主要是由于第一次世界大战中出现的进口减少、金贵银贱及由此引起的工业品价格上升幅度超过农产原料价格及工资的上升等一系列市场因素造成的。这时期被工商界称为“黄金时代”,是因为利润甚高,实际投资增长速度已不如前期了。

资本主义是市场经济,其盛衰自是受市场因素支配,但只是有了强大的资本力量,或者国家的保护政策,才能有效地利用市场有利因素,抵抗不利因素。中国没有这种条件,就只好凭国际风云支配。进入本卷所讨论的时期,大体就是这样。期初1921—1922年,市场条件尚可,借“五四”抵货之力,民族工业续有发展。1923—1924年,则受国际银价、汇率作用,物价下跌,陷入经济萧条。1925—1926年,“五卅”抵货运动起了推动作用;到1927年复归衰势。1928—1930年,金贵银贱,意外地获国外资本主义经济危机之利;民族工业的发展主要在这个时候。但1931年起,即陷入空前的国内经济危机,已如前述。

总的来看,1921—1936年这段时期,民族工业资本仍有发展,但增长率已大不如前,约为7.53%。1936年,不计东北,民族工业资本约有14.48亿元,为官僚资本的4.3倍,与外国在华工业资本(14.51亿元)相当;但若包括东北,则只有外国资本的74.4%了。再从生产上看,在前一时期,民族资本工业主要产品的增长年率约为11%—12%,与它们资本的增长率一致。本时期,则除棉布、电力外,都已落后于上述资本增长率;缫丝、生铁的生产且出现负增长,这是前所未有的事。民营轮船业的发展也不如前期,1936年资本约1.11亿元,比外国在华轮船(约3.35亿元)已相差远甚。

抗日战争时期,开发后方产业以支持抗战是一项庄严、伟大的任务,民族资本在艰苦的条件下作出了它的贡献。然而,官僚资本借战时统制经济肆意扩张，估计后方的工业资本中，官僚资本占 51.8%、民族资本占 48.2%。在主要产品的产值中，民营工业所占比重由 1938 年的 78.8%降为 1944 年的 46.3%；国家垄断之势已成。不过，在轮船业中，按吨位计，民营仍有 60%的优势。日本投降后，到 1947/1948 年，民营工业资本仅恢复到战前 1936 年水平的 78.6%，约合战前币值 14.85 亿元。官僚工业资本则突增至战前水平的 2.8 倍，约合战前币值 15.99 亿元。在主要产品产值中，民营工业仍占 73%的比重，则是因为国营、公营企业开工率低，经营窳败所致。在轮船业中，民营也丧失优势，按吨位计，退居 48%。这时候，国民党的国家垄断资本已与美国贷款和各种形式的美援合流，其他外国投资已不居重要地位。我们估计 1947/1948 年，全部工业和交通运输业资本中，外国资本占 11.2%、官僚资本占 64.1%、民族资本占 24.7%。单此即可显示，在国民党政权统治下，民族资本不会再有发展前途了。

对于民族资本的研究，一般集中于它所创办的近代化工业，因为它引进了新生产力。而实际上，民族资本的最大部分是商业资本，其数量大于工业资本数倍。[①] 因而有人认为我国近代商业是"畸形"发展的，以致是半殖民地经济的表现。在本书第二卷中，我们就提出不同的看法。因为中国商业资本所媒介的交易中，70%以上是农业、农家副业和手工业产品，它有促进商品经济发展的作用。这就是马克思所说，"在这里，正是商业使产品发展为商品"；而农产品的商品化，乃是社会进步的表现。当然，就全社会说，"生产越不发达，货币财产就越集中在商人手中"。[②] 到 1920 年，整个民族资本中有 58.9%是商业资本，正反映中国生产的落后。进入本卷所讨论时期，情况变化不大。我们估计，1936 年市场商品值中，农业和手工业品占 70.9%；近代化工厂和矿产品占 19.8%，比前略增；进口商品占 9.3%，较前略减（包括东北）。再从长期来看，商业资本总量（包括外商）的增长速度总是小于工业资本总量的增长速度。因而，商业

① 工场手工业是民族资本主义的一个重要部分，但因它是以劳动投入为主，我们未能把它计入工业资本。

② 《资本论》第三卷，人民出版社 1975 年版，第 366、365 页。

资本总量与工业资本总量比,1894 年为 9. 7 比 1;1913 年为 3. 5 比 1;1920 年为 3. 0 比 1;到 1936 年已为 1. 5 比 1 了(不包括东北,在东北工业资本已大于商业资本)。不过,我们对商业资本的估计是市场商品值一次交易所需资本(从而排除了非资本主义的个体商业),并非全部。但上述与工业资本相比的发展趋势应该是存在的,这种趋势看来是合理的。

在抗日战争和战后时期,在恶性通货膨胀下,市场投机猖獗,我们对商业资本的估计也失去意义。投机资本泛滥,是商业资本发展中一个逆流。还可指出,在战争时期,无论是在国民党统治区,或在日本统治区,都有一种实物经济的政策倾向,这也是经济发展中的一个逆流。

在中国的金融业资本中,直到国民党实行金融垄断以前,绝大部分是民族资本;这一点颇少为人注意。在这里,我们是把传统经济中的票号、钱庄都作为金融业资本,而不像有些人那样以"封建性"把它们排除在外。因为借贷资本,包括古老的高利贷资本,其运动自始就是以货币增殖更多的货币,而这正是"资本的真正职能",并且,它"对于商人的关系,也完全和他对于现代资本家的关系一样"。银行兴起以前,中国商业活动是靠票号、钱庄融通资金。银行兴起后,人们对于 1920 年以前商业银行的发展多是沿用《农商统计表》的数字,该项统计漏列甚多,这就显得 20 世纪 30 年代银行突增,因而有银行"畸形"发展之说。经过校正,我们认为中国银行业的发展,虽迭起风波,基本上还是正常的。估计在全国金融业资本总额(包括外商在华银行)中,民族资本在 1894 年占 75. 0%;在 1913 年占 73. 2%,在 1920 年占 71. 0%。工业尤其是商业的发展,主要是靠民营金融业的资助。民营金融业资本与商业资本一直保持着一定的比率,大体上是 1 与 3 之比;看来还是合理的。这种发展趋势维持到 30 年代初。但是,1935 年国民党政府完成金融垄断后,1936 年,民族资本就只占全国金融业资本总额的 21. 5% 了(不包括东北);抗日战争后,在 1947/1948 年更只占 5. 2%。垄断扼杀了民营金融业。

资本主义是个有机体系,对它要全面地考察和历史地评价。中国的民族资本主义经济,尽管发展十分微弱,但在历史上,有它不可替代的作用。它有限地但是比较广泛地引进和推广了新的生产力,并引导为数众多的手工业向工场手工业和机器工业发展;这不是那种在口岸城市孤零零地建立几个“示范”工厂所可比拟的。在流通领域,民族资本更几乎是单独地、责无旁贷地担负着促进生产商品化、社会化的使命。金融业方面,它们密切联系工商业者,与市场共呼吸;那些堂而皇之的外商银行也要假手它们才能施展威力。应用新的生产力,发展商品经济和货币经济,无论是从一个社会的近代化的历史看,或是从社会革命的长期性历史看,都是不可逾越的步骤,逾越了还要补课。中国广大农业中的资本主义生产关系也是属于民族资本的范畴的;尽管它在提高生产力上作用甚微,却也有重要的历史意义。这是因为,中国农村中没有公有制的因素,不可能跨越资本主义的“卡夫丁峡谷”。正如本书《总序》中所说:“如果没有资本主义的一定的发展,没有中国资产阶级和中国无产阶级,就不会有鸦片战争以来资产阶级领导的旧民主主义革命,也不会有五四运动以来无产阶级领导的新民主主义革命”。“五四”以后的时期,即我们前述“资本主义化”的时期,包括农村中的“半封建”化,可以说都是为中国共产党所领导的新民主主义革命准备着物质前提,甚至可以说是新民主主义革命产生的条件。

民族资本主义的发展是和民族资产阶级的成长分不开的。中国的民族资产阶级,总的来说,是一个爱国的阶级。他们办企业的思想,可概括为“实业救国论”。作为一种理论,它是虚谬的,因为在当时国际国内条件下,若说办实业能达到救国的目的,不过是幻想。但是作为一种行动指针,它有现实的积极的意义。因为“实业救国论”,不仅是有激发国人的爱国主义热情、为国货企业创造有利和获利条件的作用,也确实鼓励着资本家与洋货和洋商竞争,奋斗不息。为了这种竞争,民族资产阶级力图在地利与人和上找出路。如前所说,我们以为他们隐然在摸索着一条土洋结合、协调关系、再进一步现代化的道路。这条道路在口岸经济的压力下失败了。但是,不能轻易地以“落后”嗤之,而应作为一种中国式的工业化的尝试来看待。“五四”以后,即我们上述的资本主义化时期,民族资产阶级已进入第二代或第三代,他们也比较成熟了。他们在一些主要行业中进行了工厂制度和经营管理的改革,在某些行业中进行了生产设备和技术改革,都不无成就。他们引进了一些新工业,努力发展直接对外贸易,以及在集团化、联营、建立银行的联合和准备等方面,都积累了一定的经验。为了竞争,他们延揽人才,培育人才,民族资产阶级成为拥有知识分子和技术人员最多的、本身也是文化水平较高的一个阶级。这些经验和知识,都应该视为民族资本主义的精神遗产。

本书未能论述民族资产阶级的政治思想和政治活动,深以为歉。不过,在本卷最后一节关于新民主主义经济的部分,我们专目记述了民族资产阶级由一个本质上反对共产党的阶级,到出现民主思想和参加民主运动,最后接受共产党的领导这一寰宇惊诧的转变过程。这是中国共产党的新民主主义革命纲领和新民主主义经济政策的伟大胜利;当然,也有中国民族资产阶级内在的因素。民族资产阶级接受中国共产党的领导,民族资本主义经济也就成为新民主主义经济的一种经济成分:它们在经历了 20 世纪 80 年代的坎坷道路后,又获得了新生。

第 二 章

20 世纪二三十年代资本主义的发展

第一节　对外贸易的发展和外国在华资本的扩张

本书第二卷已分阶段论述了 1840—1920 年资本主义列强对中国的贸易活动和在华投资的发展过程。除了分析外国在华资本的特权性质与特征外,并在不同章节对它们的投资方式、发展不平衡性和资本来源做了专题探讨,这些我们在本卷中都不再重复。本节考察的时限是 1920—1936 年,适应这一时期的特点,我们在对外贸易部分将着重讨论银价、汇率变动和关税自主运动的作用;在外国投资部分着重考察它们的资本结构和在中国经济中的垄断地位。另外,以专目讨论这一时期外贸和外资对中国国际收支的作用。

一、对外贸易的发展

(一)进出口净值的变化和入超的增大

第一次世界大战中一度萎缩的进出口贸易,战后迅速恢复,自 1920 年

表 2—1　1920—1936 年中国对外贸易值及物量指数

项目 年份	进口净值 千关两	出口净值 千关两	入超 千关两	贸易总值		贸易总值		物量指数	
				千关两	指数	千美元	指数	进口	出口
1920	762250	541631	220619	1303881	100.0	1616813	100.0	100.0	100.0
1921	906122	601256	304866	1507378	115.6	1145607	70.9	124.8	106.4
1922	945050	654892	290158	1599942	122.7	1327952	82.1	148.4	109.4
1923	923403	752917	170486	1676320	128.6	1341056	82.9	143.0	115.1
1924	1018211	771784	246427	1789995	137.3	1449896	89.7	157.6	114.5
1925	947865	776353	171512	1724218	132.2	1448343	89.6	144.8	111.4
1926	1124221	864295	259926	1988516	152.5	1511272	93.5	171.9	118.3
1927	1012932	918620	94312	1931552	148.1	1332770	82.4	144.7	129.2
1928	1195969	991355	204614	2187324	167.8	1553000	96.1	173.3	130.8
1929	1265779	1015987	250092	2281466	175.0	1460138	90.3	184.3	125.1
1930	1309756	894844	414912	2204600	169.1	1014116	62.7	172.6	109.9
1931	1433489	909476	524013	2342965	179.7	796608	49.3	171.1	114.4
1932	1049247	492641	556606	1541888	118.3	524242	32.4	139.7	84.5
1933	863650	392701	470949	1256351	96.4	515104	31.9	128.5	104.5
1934	660889	343527	317362	1004416	77.0	528323	32.7	112.1	99.4
1935	589994	369582	220412	959576	73.6	542161	33.5	110.1	106.2
1936	604329	452979	151350	1057308	81.1	489534	30.3	102.6	105.3

附：东北地区

项目 年份	进口净值 千关两	出口净值 千关两	入超 千关两	贸易总值		贸易总值		走私值 千关两
				千关两	指数	千美元	指数	
1931	152676	322076	* 169400					30100
1932	171385	269085	* 98300	441070	100.0	149964	100.0	21200
1933	273434	236322	37112	509756	115.9	209000	139.4	86400
1934	332087	237272	94815	569359	129.1	299483	199.7	99200
1935	302975	188421	114554	491396	111.4	277639	185.1	134800
1936	397307	292613	104694	689920	156.4	319433	213.0	128400

资料来源及说明：

1. 正表进出口净值据海关贸易统计，1932 年 6 月以后不包括东北地区。物量指数据南开大学经济研究所：《1936 年南开指数年刊》，统计出版社 1936 年版，第 37—38 页，经改算基期。美元数按海关贸易统计折算率。
2. 附表进出口净值据《满洲国对外贸易年报，1932—1941 年》，引自郑友揆：《中国的对外贸易和工业发展（1840—1948）》中译本，程麟荪译，上海社会科学院出版社 1984 年版，第 60、62、249—250 页，经减除对关内的贸易数值，按海关贸易统计折算率折成关两。1931—1932 年有 * 记者为出超。走私系日本货经东北口岸走私运入关内之估计值，其资料来源见郑友揆：前引书，第 113 页。
3. 正表中 1931 年数值已包括东北地区，故附表不列该年贸易总值。

起,以年率5.5%的速度增长,至1930年前后达于高峰,贸易总额增长近80%,其数值见表2—1。不过,这是就海关统计的关两计算。这时银价剧跌,若按金价(美元)计算,则1920—1930年贸易总额并无增长,反而减少了40%左右,即以最高的1928年而论,也比1919—1920年的水平减少9.2%。按金价计,20世纪20年代中国对外贸易总值是徘徊在14—15亿美元水平,无大变化。其情况见表2—1。

表2—1所示的一个显著现象即贸易入超的增大。中国的贸易入超,20世纪早期平均每年在1.2亿关两的水平,最高的1905年为2.19亿关两,第一次世界大战期间降为数千万关两,而1920年突增为2.2亿关两,次年突破3亿关两,1930年突破4亿关两。从表中的物量指数也可看出,1920—1930年进口物量增加70%强,出口物量仅增加10%弱。不过,按金价计,1920—1930年,进口净值由9.45亿美元降为6.02亿美元,出口净值由6.72亿美元降为4.12亿美元,入超并未增加,反而减少30.4%。因而,20年代中国对外贸易的偿付能力,比第一次世界大战期间固已相差远甚,比之世纪初10年,则尚未严重恶化。按海关两计值,其情况见表2—2:

表2—2 1901—1930年中国对外贸易入超占进口净值比重 (单位:%)

1901—1905年	37.4	1916—1920年	14.1
1906—1910年	28.8	1921—1925年	25.0
1911—1915年	24.1	1925—1930年	20.7

20世纪30年代以降,情况大变。随着资本主义世界经济危机加深,1931年以后,英镑、日元、美元相继贬值,金贱银贵,我国贸易条件恶化。但由于外国物价水平上升,我国进口并未增加,而出口则大幅下降,入超突破5亿关两。而这时,另一个更大的打击是东北沦入日本帝国主义之手。东北是历史上中国唯一的贸易出超地区,每年出超数千万关两至1亿余关两,1931年出超近1.7亿关两,关内的贸易逆差赖以挹注。1932年夏伪满洲国接管东北海关,随之日本货大量拥入,1933年起东北也变成入超,并逐年扩大,到1935年超过1亿关两。同时,中国提高关税后,

从 1931 年起，走私进口增大，而后日本势力入侵华北，1935 年走私商品也超过 1 亿关两，这也是一种入超。这时期，按金价计，入超所占的比重也同样上升。各年比较情况见表 2—3。

表 2—3　1931—1936 年中国对外贸易入超占进口净值比重（单位:%）

项目 / 年份	进口净值（1）		入超（2）		走私进口（3）		$\frac{(2)+(3)}{(1)+(3)}\%$	
	百万关两	百万美元	百万关两	百万美元	百万关两	百万美元	按关两计	按美元计
1931	1433	487	524	178	30	10	37.9	37.8
1932	1049	357	557	189	21	7	54.0	53.8
1933	864	354	471	193	86	35	58.6	58.6
1934	661	348	317	166	99	52	54.7	54.5
1935	590	333	220	125	135	76	49.0	49.1
1936	604	280	151	70	128	59	38.1	38.0

由表 2—3 可知，20 世纪 30 年代入超的比重远超过世纪初期，乃至进口商品值的一半以上要靠贸易以外的手段支付。巨额入超对中国国际收支和国民经济的影响以后还要论及，这里仅指出，1932—1935 年入超比重最大之时，也是中国 30 年代经济危机最严重的时刻。

（二）银价、汇率和进出口价格的变动

这期间银价的剧烈变动，对中国国民经济发生的重要影响，以后再作申论。这里只讲它对进出口贸易的作用。先将本时期银价、汇率和进出口价格的变动列入表 2—4，并制图 2—1。

表 2—4　1920—1936 年银价、汇率和进出口价格的变动

项目 / 年份	银价	汇率	进口物价指数	出口物价指数	出口品购买力指数
	1 盎司 = 美分数	1 关两 = 美分数	1913 年 = 100		
1920	101.9	124	175.7	112.9	64.3
1921	63.1	76	167.4	117.6	70.3
1922	67.9	83	146.8	124.7	85.0

续表

项目 年份	银价	汇率	进口物价指数	出口物价指数	出口品购买力指数
	1盎司=美分数	1关两=美分数	1913年=100		
1923	65.2	80	148.7	136.3	91.7
1924	67.1	81	148.8	141.2	94.9
1925	69.4	84	151.0	145.9	96.6
1926	62.4	76	150.8	152.9	101.4
1927	56.7	69	161.7	148.9	92.1
1928	58.5	71	159.1	158.4	99.6
1929	53.3	64	158.1	169.8	107.4
1930	38.5	46	174.7	170.4	97.6
1931	29.0	34	192.9	166.3	86.2
1932	28.2	34	180.1	140.0	77.8
1933	35.0	41	173.2	121.4	70.1
1934	48.3	52.6	151.9	111.6	73.5
1935	64.6	56.5	138.1	112.4	81.4
1936	45.4	46.3	152.3	139.2	91.4

资料来源:银价、汇率见郑友揆:《中国的对外贸易和工业发展(1840—1948年)》中译本,程麟荪译,上海社会科学院出版社1984年版,第343页。进出口价格指数据南开大学经济研究所:《1936年南开指数年刊》,统计出版社1936年版,第37—38页。出口品购买力为:出口物价指数÷进口物价指数。

本时期中国是世界上唯一用银本位的大国,银价的变动关系对外经济往来至巨。而中国并非产银国,所需白银依靠进口,银价升降完全听命于国外。19世纪末期以来,银价总的趋势是向下波动的,唯在第一次世界大战中陡涨,1919年纽约银价升至每盎司1.121美元,达到最高峰。图2—1中的银价即是从这个高峰猛降,至1921年落于低点,但仍略高于战前水平。1921—1928年的波动,是一种调整性的下降,恢复到战前水平。这种调整对中国出口贸易是有利的,从图中出口物价指数的走势可知。表中也见1928年左右中国出口品购买力指数恢复并略超过战前水平。本书第二卷所述大战时期中国对外贸易所受不等价交换的损失,至此才得解脱。①

① 参见本书第二卷第五章第一节关于表5—1和图5—1的解释。

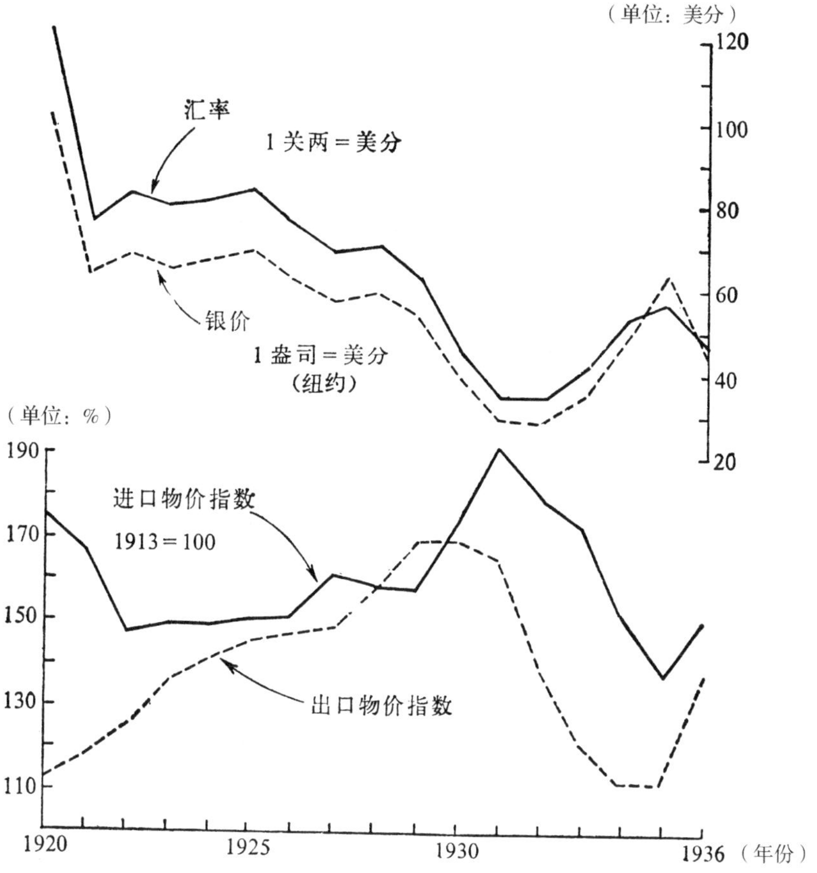

图 2—1　1920—1936 年银价：汇率和进出口物价指数的变动

资料来源：银价、汇率见郑友揆：《中国的对外贸易和工业发展（1840—1948 年）》中译本，程麟荪译，上海社会科学院出版社 1984 年版，第 343 页；进出口物价指数见南开大学经济研究所：《1936 年南开指数年刊》，统计出版社 1936 年版，第 37—38 页。

银价变动对贸易的作用是通过汇率实现的。中国既用银本位，其汇率即银汇率，必与银价亦步亦趋，在图 2—1 中清晰可见。但在一定情况下，它也会与银价发生差距。1928 年银价开始下跌，在资本主义世界经济危机中，跌势空前猛烈，1929—1931 年跌落 45.6%，而同期汇率跌落 46.9%。这本来应当使进口物价猛涨，进口萎缩，但因国外在危机中物价水平下跌，故上涨不是太大，进口值也只减少 10%。银币既经贬值，出口商品价格亦应同样上涨,使中国出口品的购买力提高。但实际上出口品价格没有上涨,反略下降①,出口品购买力也下降。这主要是因为出口价格为洋行所操纵,他们并不按照汇率的理论办事,而是趁银币贬值之际,压价收购中国出口品(主要是初级产品),而其生产者(主要是农民)却无能为力,白受损失。

1932年以后,由于英镑、美元等相继贬值,银价转涨,而汇率与银价的差距扩大(见图2—1)。1934年美国实行购银法案,高价收购白银,这无异于火上浇油。1932—1935年,银价上涨129.1%,汇率上升66.2%,白银外流4.25亿两,导致中国陷入严重的经济危机。1935年11月中国实行货币改革,废除银本位制,才开始扭转局面。

银价、银汇率既然上涨,进出口商品价格都应下跌。进口方面,因1932—1935年国外物价水平上升,加以洋行的操纵,进口物价指数下降了23.3%,远未达到汇率变动应有的幅度,以致在上海市场上出现进口商品市价反低于海关进口报价的现象。② 出口方面,这时有个特殊因素,即中国国内的物价下跌于1934年达于顶点,加以1934年14个省旱灾,1935年农产品价格上升,故1932—1935年出口的物价指数仅跌落19.7%,出口品购买力指数亦有增进。

尽管如此,从整个这一时期看,1928年以后,进出口价格的变动都是有利于洋货进口,不利于国货出口的。郑友揆曾编制1926—1936年中国进出口商品的理论价格指数与实际价格指数比较,如图2—2。③

---

① 这是据表2—2的南开指数;若据国定税则委员会的出口物价指数,则1929—1931年上升2.2%,同期进口物价指数上升39.5%。

② 1932—1935年,日货16支水月纱的市价逐年都低于进口棉纱的平均报关价;美货面粉的市价也逐年都低于进口面粉的平均报关价。见陈伯庄、黄荫莱:《中国海关铁路主要商品流通概况》上册,交通大学研究所1937年版,第404—405页。

③ 其计算方法是:

$$\text{进口商品理论价格指数}=\frac{\text{国外制成品和半制成品价格指数}}{\text{银汇率指数}}$$

$$\text{出口商品理论价格指数}=\frac{\text{国内原料和半制成品价格指数}}{\text{银汇率指数}}$$

国外制成品、半制成品、原料价格指数据《美国统计摘要》1935年、1941年刊。实际进口物价指数据上海国定税则委员会所编指数,与我们所用南开指数不同。所有指数均以1926年为基期。

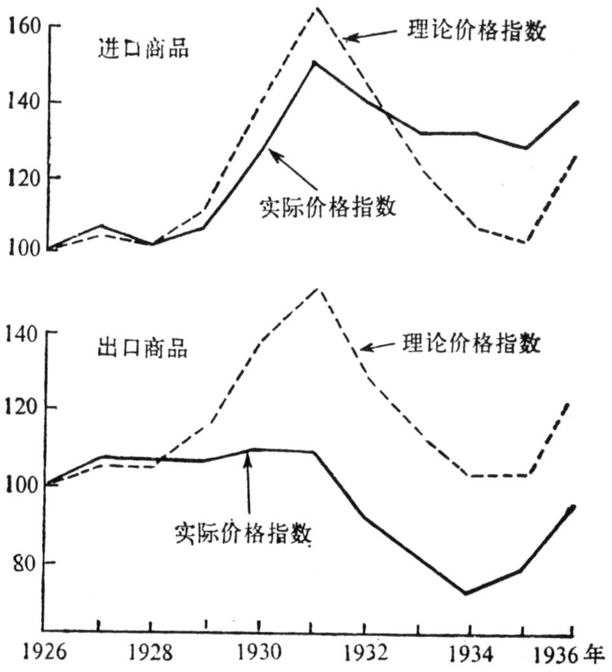

图 2—2　1926—1936 年进出口商品的实际价格和理论价格指数

资料来源：郑友揆：《中国的对外贸易和工业发展（1840—1948 年）》中译本，程麟荪译，上海社会科学院出版社 1984 年版，第 103、105 页。

图 2—2 清楚地显示：在 1929—1931 年物价上升的阶段，进口价格上升的幅度略缓于理论上应当上升的幅度，而出口价格的上升则大大落后于理论上应有的幅度，与理论水平出现极大的差距。在 1932—1935 年物价下降的阶段，进口价格的下降远小于理论上应该下降的幅度，出口价格则剧烈下降，与理论水平一致。无论在物价上升阶段或是在物价下降阶段，都对中国出口不利。事实上，不仅这个时期，在第一次世界大战中物价上升阶段，进出口的比价也与本时期 1929—1931 年的物价上升阶段同一模式；再早，1873—1881 年的物价下降阶段，又是与本时期 1932—1935 年的物价下降阶段同一模式，都是对出口不利的。① 这是由于我国进出

① 参见吴承明：《中国资本主义与国内市场》，中国社会科学出版社 1985 年版，第 277—278 页。

口商品结构的特点、出口商品在国际市场上丧失价格主动权以及贸易机构的洋行垄断等多种因素造成的,换言之,是由于中国对外贸易的半殖民地性特点造成的。当然,在近百年的历史中,也有进出口比价有利于出口的时候,但长期观察,学者们尽管有不同观点,都不能否定它不利于出口这个事实。①

(三)关税自主和进出口商品结构

我国自1842年丧失关税自主权后,协定关税税率值百抽五,实则不过3%—4%,成为世界上最低的进口税率。但中国的主要外债及巨额的庚子赔款均由关税偿付,关税收入过少对帝国主义列强亦有不利。1921—1922年的九国华盛顿会议决定召开关税会议商讨此事,会议于1925年在北京举行,草拟了一个七级附加税的方案,旋因北伐战争终止。南京国民政府成立后,于1928年与英国、美国、法国等11国订立关税新约,并按北京会议的附加税标准,制定了一个由5%至27.5%的七级税则,于1929年2月实行。唯日本反对,以日货为主的项目未能实行。后与日本达成中日关税协定,遂第二次修订税则,税率由5%至50%共12级,于1931年1月实行。同时废除厘金、常关税、子口税等,于是年6月开征转口税。1933年5月,中日关税协定满期,中国才获得法律上的关税自主权,同时再次修订税则,税率由5%至80%共14级。但又遭日本反对,乃于1934年7月作第四次修订,税率再增,但在项目上做了有利于日货的调整。1935年3月,南京政府准备再次修订税则,增10%的附加税,因日本反对未果。

---

① 根据1867—1936年南开进出口价格指数,Robert Dernberger计算,其不利于出口的趋势约为每10年下跌4个指数点。见所著The Role of Foreigner in China,见Dwight H.Perkins ed.:*China's Modern Economy in Historcal Perspective*,Redwood City:Stanford University Press,1975,p.33。侯继明据修正数值计算,认为在1936年间一定量出口品所换回的进口货约为1867年的71%,恶化程度亦为40%。见所著*Foreign Investment and Economic Development in China*,1849-1937,Cambridge:Harvard University Press,1965,p.197。Ralph W.Huenemann据修正数值计算,不利于出口的趋势约为每10年9个指数点,即在1936年间一定量出口品所换回的进口货仅为1867年的48%。见所著*The Dragon and the Iron Horse:The Economics of Railroads in China,1876-1937*,Cambridge:Harvard University Asia Center,1984,p.230。

关于南京政府的关税自主政策中外论述甚多,观点各异。但有一点是共同的,即其动机和主要目的是增加财政收入。1924—1928年平均每年关税收入是1.21亿元,到1931年增为3.88亿元(见表2—5),增加2.2倍。以后因东北沦陷和提高关税后进口减少,关税收入趋减,但仍保持3亿元以上水平。1931—1932年关税收入占南京政府全部税收的60.2%,占财政岁入的49.5%,到1936—1937年还分别占49.3%和30.3%。不过,在此期间,关税收入在扣除海关行政开支后,被指定用于庚子赔款和偿付其他外债的占43%,偿付内债的占42%,南京政府所能自由运用的只占15%,每年不过3000万—5000万元,这就十分可怜了。①原来,全部关税都是存入外商银行,改革后,先是将因调整税率增收的部分存入中央银行,1932年起全部存入中央银行。这也是关税自主的一项内容。

表2—5　1927—1936年关税自主中的财政收入　(单位:百万元)

项目 年份	海关收入			国民政府财政收入		
	进口税	出口税	总收入	关税	全部税收	岁入
1927	54	40	113			
1928	72	42	134	179	322	434
1929	167	57	245	276	462	585
1930	212	55	292	313	535	775
1931	315	48	388	370	615	749
1932	236	27	312	326	587	726
1933	266	23	340	352	659	896
1934	260	25	335	353	649	1031
1935	250	21	316	272	625	1182
1936	255	24	325	379	769	1251

资料来源:阿瑟·恩·杨格:《一九二七至一九三七年中国财政经济情况》,陈泽宪、陈霞飞译,中国社会科学出版社1981年版,第55、483—485页。

说明:海关收入为当年数字。国民政府财政数字系表列年7月1日至次年6月30日会计年度数字,1927—1928年无全年记录。

① 北洋政府时期,政府所能自由运用部分只占关税净收入的2%左右。

但是,关税自主的本意在于保护本国农工商业,多年来国人之奔走呼吁以此,在20世纪30年代的关税自主运动中,民族资产阶级、知识界、舆论界和政府内部的一些人士也都要求实行保护政策。而保护关税和财政关税之间又是有矛盾的,不仅在增税税目的选择上不同,1935年在废除转口税和减免出口税问题上争论尤为激烈。同时,实行保护关税的最大障碍乃是日本帝国主义的反对。①

20世纪30年代的关税改革有多大保护作用,郑友揆曾作过比较详细的研究。其方法是将进口货按其与国产品有无竞争分成两大类,非竞争性进口中再分为工业原料、机械、交通工具、必需品、奢侈品、杂项6类,竞争性进口中按其与国内产品的比重及国产品有无出口再分为5类。考察每类进口品的实际税准(即平均税率)和它占全部进口值的比重,以确定每次税则变动所起的作用。其考察结果见表2—6。②

表2—6　1927—1936年非竞争性和竞争性进口商品的实际税准及其占进口的比重

项目 年份	非竞争性进口商品(6类)		竞争性进口商品(5类)		总税准(%)
	实际税准(%)	占进口比重(%)	实际税准(%)	占进口比重(%)	
1927	4.9	19.7	3.7	80.3	3.9
1928	5.1	22.7	4.1	77.3	4.3
1929	17.2	22.9	9.0	77.1	10.9
1930	17.7	24.6	10.2	75.4	12.0
1931	21.5	26.2	14.4	73.8	16.3
1932	24.5	27.5	13.8	72.5	16.7
1933	29.7	33.0	19.9	67.0	23.1
1934	35.3	35.5	28.9	64.5	31.2
1935	35.0	36.6	30.4	63.4	32.1
1936	36.0	43.0	28.0	57.0	31.4

① 参见久保亨:《南京政府の关税政策とその历史意义》等著作,其结论见〔日〕中国现代史研究会编:《中国国民政府史の研究》,汲古书院1986年版,第243—244页。

② 郑友揆:《中国的对外贸易和工业发展》,程麟荪译,上海社会科学院出版社1984年版,第82—83页。

表 2—6 中非竞争性进口品的税准总是高于竞争性进口品的税准，这表现了整个税制是以财政收入为主要目的。非竞争性商品由于国内没有替代产品，故税准提高虽较快，但进口值和比重并未减少，反而增加，税收随之剧增。竞争性进口品的税准提高较慢，但已使该类进口量下降，从这点说，有利于国内产业的发展。不过，还应考虑到，由于税准提高，促进了外国在华投资的扩张。这期间日本纱布输华剧减，改为在华设厂制造，即属明证。

从关税的保护作用来说，郑友揆研究的结论是：1929 年的税则几乎是完全为了财政收入，非竞争性进口品的税准提高较大，而竞争性进口品的税准提高很少。1931 年的税则较具有保护性，竞争性进口品的税准提高较多，棉纺织品、呢绒、糖、纸烟等一类的税准提高到 28. 5%，在 1933 年的税则中这些商品的税准再提高到 47. 9%。但整个竞争性商品的税准仍偏低。1934 年的税则对日本商品做了让步，但使竞争性商品的平均水准提高，与非竞争性商品的平均水准差距缩小。但在 1935—1936 年，这个差距又扩大了。

税率的变动对进口的商品结构会发生一定的作用，但不是决定性的；国际市场的变动，国内工业和建设的发展，具有更大的作用。出口商品结构的变动，更少是关税的因素。现将这一时期主要进出口商品所占比重列入表 2—7，此表可与本书第二卷的表 5—2 衔接。表中进口商品中棉纱及棉制品由进口首位渐落至 1. 7%，实则这种趋势在 1913 年后即已明显，本期加甚而已。生产资料尤其是钢铁、机械进口的增长也是继续前期的趋势，反映国内工业和建设事业的发展。粮食进口增加，颇以引人警惕。出口商品中，丝及丝制品继续大幅度衰落，茶叶勉强维持。豆类及豆饼由出口第一位剧跌至不足道，则完全是东北沦陷所致。棉纱至 1936 年已变净进口为净出口，棉织品亦出入相抵，这是个值得重视的现象。

表2—7 1920—1936年主要进出口商品贸易比重 (占总值的%)

项目＼年份	1920	1925	1928	1931	1936
进口商品	100	100	100	100	100
棉纱及棉制品	32.4	20.7	15.8	7.9	1.7
米、麦、面粉	1.1	8.4	8.3	12.6	4.6
糖	5.2	9.5	8.3	6.0	2.2
烟叶	4.7	4.1	5.1	4.4	1.8
煤油及液体燃料	7.5	7.9	6.6	6.3	8.3
化学品及颜料	6.4	5.6	7.5	8.0	10.8
交通器材	2.6	1.9	2.3	2.3	5.6
钢铁和机械	11.5	6.5	7.2	9.3	19.6
其他	28.6	35.4	38.9	43.2	45.4
出口商品	100	100	100	100	100
丝及丝制品	18.6	22.5	18.4	13.3	7.8
茶叶	1.6	2.9	3.7	3.6	4.3
豆类及豆饼	13.0	15.9	20.5	21.4	1.3
籽仁及油	9.1	7.9	5.8	8.4	18.7
蛋及蛋制品	4.0	4.3	4.4	4.1	5.9
皮革及皮货	4.3	4.0	5.4	4.1	5.7
矿砂及金属	3.2	2.9	2.1	1.6	7.7
棉花	1.7	3.8	3.4	2.9	4.0
棉纱和棉制品	1.4	2.0	3.8	4.9	3.0
其他	43.1	33.8	32.5	35.7	41.6

资料来源:郑友揆:《中国的对外贸易和工业发展(1840—1948年)》,程麟荪译,上海社会科学院出版社1984年版,第41、43—44页。

由于各国输华的商品不同,所受中国调整税率的影响亦不一致。一般说,日本货受增税的影响最大,其次为美国货,再次为英国货。德国输华货物主要是钢轨、机械、化工品等,皆属低税率商品,所受影响最小。但是,各国对华贸易主要是以其在华势力为消长,关税的作用不大。在第一次世界大战中,英国对华贸易的优势地位已让位给日本和美国。第一次世界大战后一段时间,日本占到我国进出口总值的 1/4 至 1/3,“九一八”事变后,在关内贸易值中则占不到 20%,但走私猖獗。20 世纪 20 年代,美国已占我国进出口总值的 17%左右,到 30 年代,则占到 20%以上,跃居首位。德国在第一次世界大战中已与中国无贸易可言,但到 1936 年,已占我国进出口总值的 11%强,超过了英国。在本书第二卷表 5—4 中,我们已将英国、日本、美国的贸易比重列至 1925 年。至 30 年代,由于原占最大比重的中国香港一埠,业经海关按领事签证区分了其货物来源,这就使各国贸易得以更好地划分。现将 1935—1936 年各国和地区对华贸易比重列入表 2—8,见表自明,无须解释。①

表 2—8　1935—1936 年各国和地区对华贸易的比重　（占总值的%）

国家/地区 \ 年份 \ 进出口	进口		出口	
	1935	1936	1935	1936
总值(百万关两)	593.5	606.2	370.0	453.7
美国	18.9	19.6	23.7	26.4
日本	15.1	16.3	14.2	14.5
英国	10.6	11.7	8.6	9.2
德国	11.2	15.9	5.0	5.5
法国	1.4	2.0	5.1	4.3
中国香港	2.2	1.9	16.5	15.1
英属殖民地	11.9	9.0	7.8	8.1
南亚各国	16.2	12.2	3.3	3.6
其他	12.5	11.4	15.8	13.3
合计	100	100	100	100

说明:进出口总额不包括东北。日本部分不包括走私贸易。英属殖民地不包括中国香港。

资料来源:郑友揆:《中国的对外贸易和工业发展(1840—1948 年)》,程麟荪译,上海社会科学院出版社 1984 年版,第 58 页。

① 表中未包括日本走私货。除前所列 1931—1936 年走私额估计外,参见姚会元:《1933—1936 年日本在华北的走私活动》,《中国社会经济史研究》1986 年第 1 期。

二、外国在华资本的扩张

(一)外国投资的增长

1920—1936年是外国在华投资增加最多的时期。兹先将这一时期外国在华投资的估值列入表2—9,该表并回溯到1902年,以便比较。① 该表主要是根据吴承明的估值,其所用原则和方法已见本书第二卷,唯在本时期有两点应予说明。

第一,对于1930—1936年日本在东北的投资,我们改用了杜恂诚的估计。其间最大差别是,吴承明的估计采用"支配财产"的原则,将日本以贷款控制的伪满企业和日伪合资企业的财产全部计入日本投资,杜恂诚的估计则只计日本资本和合资企业中的日股。本书第四章第一节将专论东北经济,区别出伪满资本有好处,有关东北日资也将在该节详述。

第二,吴承明对苏联的投资没有估值,我们需予补作。苏联的投资主要在东北,在关内的是些小店,业主已多脱离苏籍,可以免计。苏联的最大投资是中东铁路,该路筑路成本达4.1亿卢布。② 唯其中1918—1929年的改良费用0.39亿已是贬值的卢布,无从计价,故我们按3.71亿卢布计,合1.903亿美元。旧俄的华俄道胜银行已于1926年停业。这时在哈尔滨有苏联政府的远东银行,1930年资本哈洋1000万元。日本满史会估计连同其他苏方金融机构共1500万日元,加上农矿工商等业共1.4亿日元③,合4060万美元。故1930年苏联投资估值2.309亿美元。中东铁路于1935年以1.4亿日元卖给伪满洲国。规模颇大的秋林公司也被汇丰银行查封。1936年俄人在北满的投资有多种估计,多在9000万满元(与日元同价)左右。④ 我们即以此数折成2610万美元,计入表2—9。这时

① 更早的1894年估值,见本书第二卷表2—34。

② 雷麦:《外人在华投资》,蒋学楷、赵康节译,商务印书馆1959年版,第442页。

③ 满史会编:《满洲开发四十年史》上卷,满洲开发四十年史刊行会1964年版,第80页。

④ 哈尔滨铁路局北满经济调查所:《北満た於けゐ外资の现状》,引自孔经纬:《东北经济史》,四川人民出版社1986年版,第357页。

苏联无对中国政府借款。

表2—9 1902—1936年外国在华投资的扩张 （单位：百万美元）

国家＼年份	1902	1914	1920	1930	1936
总计	812.7	1672.4	2017.7	3648.8	3941.4
直接投资	528.4	1096.4	1418.9	2751.6	3127.3
借款	284.3	576.0	598.8	897.2	814.1
日本	1.0	224.0	466.4	1489.7	1818.3
直接投资	1.0	186.6	351.9	1116.4	1560.1
借款	—	37.4	114.5	373.3	258.2
英国	264.4	626.9	745.7	1008.9	1020.8
直接投资	155.0	431.2	555.2	846.0	870.7
借款	109.4	195.7	190.5	162.9	150.1
美国	27.0	61.2	121.1	264.4	328.2
直接投资	22.5	53.9	90.0	213.6	263.8
借款	4.5	7.3	31.1	50.8	64.4
法国	97.8	193.9	197.7	246.3	276.3
直接投资	36.8	74.0	94.9	143.6	185.4
借款	61.0	119.9	102.8	102.7	90.9
德国	171.3	264.7	164.1	174.6	136.4
直接投资	93.0	137.6	68.8	81.0	47.0
借款	78.3	127.1	95.3	93.6	89.4
俄国（苏联）	246.2	258.2	213.1	230.9	26.1
直接投资	220.1	213.1	213.1	230.9	26.1
借款	26.1	45.1	—	—	—
其他国	5.0	43.5	109.6	234.0	335.3
直接投资	—	—	45.0	120.1	174.2
借款	5.0	43.5	64.6	113.9	161.1

资料来源：1902—1920年：见本书第二卷表5—6。

1930—1936年：除日本、俄国（苏联）外，均据吴承明：《帝国主义在旧中国的投资》，1955年版，第52—53页。

日本：直接投资据杜恂诚：《日本在旧中国的投资》，1986年版，第8、11页，按0.5和0.29汇率折合美元。借款据吴承明，前引书。

俄国（苏联）：见正文。

以上我们估计1930年外国投资共计36.48亿美元,1936年共计39.41亿美元。可参照的有:雷麦对1931年的估计是32.43亿美元,侯继明对1936年的估计是34.83亿美元。①

从表2—9可见,1920—1936年外国在华投资增加了95%,达39.4亿美元。为增加可比性,表2—10列出,各时期外资的年增长率。从中可见,本时期外资虽增加最多,但速度尚低于第一次世界大战前列强争夺殖民地的狂潮时期。又本期中外资增长最快的是20世纪20年代,到30年代初已甚慢,显系受资本主义世界经济危机的影响。不过,其中也有统计上的因素:1936年的统计是以日本东亚研究所的调查为基础,该调查以日元作价,而对老企业未必重估资产;这时日元已大幅度贬值,折成美元不免偏低。例如,以1930—1936年增长最多的日本的投资而论,按美元计年率仅5.7%,按日元计则年率达15.8%。

表2—10 1902—1936年外国投资平均年增长率 (单位:%)

年份	平均年增长率	年份	平均年增长率
1902—1914	6.2	1930—1936	1.3
1914—1920	3.2	1920—1936	4.3
1920—1930	6.1		

表2—9还可见,本时期外资的增长主要是直接投资,政府借款仅增加36%。这是因为中国在外债重压下,北洋政府时期已债信破产。国民党成立南京国民政府后,借外债更加困难,转而依靠内债。到1933年世界经济危机缓解后,才有较大的美国棉麦借款。需要指出,我们计算借款投资不是用借款额,而用各基期的结欠额,旧债逐年还清,比一般的外债统计自然要小。再有庚子赔款,原是中国最大一笔有息债务,本书第二卷屡有讨论。经过偿付、大战中停付和战后退还,到1928年债额还有1.28

① 雷麦:《外人在华投资》,蒋学楷、赵康节译,商务印书馆1959年版,第51页。Chi-ming Hou, *Foreign Investment and Economic Development in China, 1849-1937*, Cambridge: Harvard University Press, 1965, pp.10-17.

亿美元,1937 年减为 3300 万美元,未列入表内。

表中还可看出,日本投资 1920 年占各国投资总额的 23.1%,到 1930 年已占 40.8%,居第一位,到 1936 年占 46.1%,是这时期投资增长最快的国家,年增长率 8.9%。美国是第二个投资增长最快的国家,年增长率 6.4%,其 1936 年投资占各国总额的 8.3%。原执外资牛耳的英国,本时期投资增长率仅 2.0%,但到 1936 年,仍占有各国投资总额的 25.9%,居第二位。法国投资的增长率为 2.1%,德国和苏联都是减少的。发展不平衡状况,显然可见。不过,在本时期外资发展中,资本多元化的倾向也渐明显。例如,荷兰、丹麦的投资都增加颇快,瑞士可谓从无到有,表中其他国一栏的比重,由 1920 年的 5.4%增为 1936 年的 8.5%。

日本、英国、美国的投资下面还将论及,这里略述法国、德国。法国投资原以借款为主,那是同俄国合作的结果,世界大战后,丧失了这个优势,直接投资比重增大。法国的企业投资以滇越铁路为主,其次是金融业。中法实业银行虽于 1921 年倒闭,而以东方汇理银行为首的法国银行、保险、信托集团则颇有实力,1936 年调查,其投资还超过美国在华金融业。此外,由于上海法租界和内地天主教会关系,它在房地产的投资上也超过美国。德国的企业投资原以山东为据点,大战中为日本所据,借款则被中国收回。但从 1921 年以后,以钢铁、机械、化工为基础,对华贸易和贸易业投资发展很快。但也因其集中在贸易业,在世界经济危机中受打击较大,1936 年的投资额反见减低。

(二)外资的资本结构及其垄断地位

近代以来,中国本国的资本主义经济已有一定的发展,到本时期,外国资本虽然增长很快,但与中国资本相比,并不是太多。但是它们投资十分集中,并且集中于关键的部门,又集中在大企业或集团,技术设备和经营管理比较先进,在资金融通和沟通国内外市场上具有优势,加以帝国主义在华特权和政治势力的保护,因而在许多重要经济部门据有垄断地位。

本书第二卷中曾估计,到 1920 年,全国近代产业和商业、金融业资本共约有 72 亿元,其中本国资本 48.1 亿元,占 2/3 强,外国资本 23.9 亿元,占 1/3 弱。① 但是在个别行业中,情况就不同了。

外国在华投资,除政府借款主要是政治性者外,直接投资中,早期是以贸易及航运业为主。以后银行资本剧兴,并展开修建铁路和采矿高潮,不过到 20 世纪初,仍以贸易、金融业占最大比重。制造业投资原不多,因为它们要向中国输出制成品。30 年代,中国提高进口税,外国在华工业投资有所增加,但增加最多的是在已沦为日本殖民地的东北地区,以致东北外资的资本结构与关内迥异。本书将有论述东北经济的专节,因而在表 2—11 中不包括日本和苏联在东北的投资,以代表关内半殖民地形态的外国资本结构。

表 2—11　1936 年外国在华直接投资的资本结构

(不包括日本和苏联在东北的投资)

资本结构	投资额(百万美元)	占投资总额比重(%)		
		(A)	(B)	(C)
房地产(A)	540.26	23.22	—	—
贸易业	397.65	17.09	22.26	29.04
金融业(B)	727.44	31.26	40.72	—
银行业	565.64	24.31	31.66	—
保险业	45.88	1.97	2.57	—
投资业	115.92	4.98	6.49	—
金融业(C)	310.18	—	—	22.65
运输业	169.32	7.28	9.48	12.37
铁路	52.38	2.25	2.93	3.83
航运	111.72	4.80	6.26	8.16
航空	5.22	0.23	0.29	0.38
公用事业	132.33	5.69	7.41	9.66
电力	77.65	3.34	4.35	5.67
自来水	22.13	0.95	1.24	1.61
其他	32.55	1.40	1.82	2.38

① 本书第二卷表 6—3。传统产业即农业、手工业、旧式运输业无法估计资本额,但其产值约为近代产业的 10.7 倍(第二卷表 6—6),这方面,外国资本几乎全无地位。

续表

资本结构	投资额（百万美元）	占投资总额比重（%）		
		（A）	（B）	（C）
制造业	281.62	12.10	15.76	20.57
纺织	132.56	5.70	7.42	9.68
食品烟草	71.67	3.08	4.01	5.24
机器造船	28.23	1.21	1.58	2.06
其他	49.16	2.11	2.75	3.59
煤矿业	69.81	3.00	3.91	5.10
其他	8.33	0.36	0.46	0.61
投资总额（A）	2326.76（包括房地产，金融业按（B）计）			
投资总额（B）	1786.50（不包括房地产，金融业按（B）计）			
投资总额（C）	1369.24（不包括房地产，金融业按（C）计）			

说明：1. 房地产投资指非企业使用者，但包括房地产公司。

2. 金融业（B）为各企业实有资产值。金融业（C）为减除投放给外商部分，即 C＝B－（银行对外商的放款＋银行持有外商证券＋投资业资产）

3. 一业内细目的比重，为保持本业总比重，在0.01%范围内做了调整。

资料来源：吴承明：《帝国主义在旧中国的投资》，1955年版，第156、157、158、161、174页。

对外国投资的分行业调查，以日本东亚研究所所作的1936年调查较详细。表2—11即吴承明根据东亚研究所调查所作的修正的估计，修正中贯彻了“支配财产”原则，因而日本投资部分与前面引用的杜恂诚估计不同。但日本投资主要在东北，该表既不包括东北，所差就很有限了。

表2—11各部门投资所占比重有（A）、（B）、（C）三个数值，而（C）与前两者的差异在于从金融业中减除了重复计算部分。例如，某外国银行贷款10万元给某外商购货，在该商估值中已计入了10万元存货，在估值银行资本时就减除10万元。为了确定外国在华投资总额，这方法是必要的，如表2—9即用此原则。但是在考察各部门投资比重时，用此法就把金融业的投资削减太大（在表2—11中要削减4.17亿美元，占金融业投资一半以上），不合实际。因此，在考察各部门投资比重时，应以（A）和（B）为准。

表2—11仅提供各部门的投资额，至于该部门在中国经济中的地位

和是否具有垄断性,还要从它们的营业额或产值中来考察。这方面资料极为贫乏,我们只能就所知略作分析。

(1)房地产业。表2—11所示指非企业使用的房地产,包括房地产公司、外国政府和团体、外国教会和个人据有的房地产。从中国这样一个大国来说,外国所据有的房地产数量可谓微不足道。但它在外国直接投资中占有23.22%(A)的比重(1930年约占31%)。其价值之所以高,是因为外国租界的地价高,而它们正是从租界地价上涨中获取惊人利润的,沙逊、哈同都是以此起家。1930—1933年银价下跌,又给予外国资本注入上海不动产投机一个好机会。就上海房地产业来说,外国房地产公司确实据有垄断地位。

(2)银行业。占直接投资的24.31%(A)、企业投资的31.66%(B),都居首位。由于中国的银行兴起,在1936年,华商银行和中国国家银行的总资产已超过外国在华银行的资产,外国银行通过钱庄操纵金融市场的局面已有所改变。但是,在国际汇兑上仍是由外国银行垄断,并操纵汇率。在1934年美国实行购银法案以前,上海外国银行所存的白银仍然超过中国的银行①,更不用说外汇储备了。然而,外国银行的势力还不在此,它们干预中国财政的力量从未衰减。1920年,以美国为首,联合英国、法国、日本组成四国银行团,目的在于垄断对中国的信贷。由于内部矛盾,没有成功,但各国银团大肆活跃起来。1933年美国单独进行棉麦大借款后,继之是1934年德国银团(奥托华尔夫代表)、汇丰银行和中英银公司的铁路借款。一个打算"代替"四国银行团、以"导引资本的巨流有秩序地注入中国"为目的的中国建设银公司作为中国公司在1934年成立。② 接着,法国银团、比利时银团、捷克银团、美国进出口银行都加入了角逐。这些资本力量,绝大部分并未包括在表2—11的统计之内,那是中国银行业难以望其项背的。

(3)保险业。在外国直接投资中所占比重不大,但据有垄断地位。

---

① 1933年年底,外国银行存银合2.76亿元,中国银行存银合2.72亿元。

② 阿瑟·恩·杨格:《一九二七至一九三七年中国财政经济情况》,陈泽宪、陈霞飞译,中国社会科学出版社1981年版,第408页。

1936 年，中国资本的保险公司有 40 家（内有 10 家总公司在香港），共有资产 6286 万元。同年，20 家总公司在上海和香港的外国保险公司，共有资产 2.04 亿元，此外还有 129 家总公司在国外的外国保险公司。中外对比，如小巫见大巫。并且，华商保险公司的业务多是替外国保险公司分保的。据说 1930 年左右各埠水火保险费收入每年约有 2000 万两，其中约 90%为外商所得。①

（4）贸易业。占外国企业投资 22.26%（B），居第二位。中国进出口贸易原全为外商洋行垄断，20 世纪 20 年代以来华商力图越过洋行，直接进出国际市场。但到 1936 年，据日本人推测，出口的 80%和几乎全部进口仍为洋行经营。银行家陈光甫也认为，20 世纪 30 年代初期上海的进出口贸易 90%是由外商经营。1936 年，总公司在上海的外国贸易商平均每家资本 50 万元，而中国贸易商平均每家资本约只 5 万元。②

（5）铁路。表 2—11 所列仅系外国资本在关内直接投资建筑的铁路，未包括日本、俄国在东北建筑的，也未包括外国借款投资的铁路，故占比重甚小。若都包括在内，按铁路里程计，情况见表 2—12。

表 2—12　1919—1937 年中国铁路中的外国资本势力③

项目＼年份	1919		1931		1937	
	千米	%	千米	%	千米	%
中国资本修建	1020	9.3	1675	12.0	1964	9.0
外国直接投资	3772	34.5	4366	31.3	11431	52.5
外国借款投资	6134	56.2	7919	56.7	8366	38.5
合计	10926	100.0	13960	100.0	21761	100.0

其中，1937 年外国直接投资的铁路竟占到一半以上，是因为日本在

① 吴承明编：《帝国主义在旧中国的投资》，人民出版社 1955 年版，第 100 页。其中华商保险公司资本数有误，兹据吴承明：前引《中国资本主义与国内市场》，中国社会科学出版社 1985 年版，第 65 页更正。

② 吴承明编：《帝国主义在旧中国的投资》，人民出版社 1955 年版，第 100 页。

③ 宓汝成：《帝国主义与中国铁路（1847—1949）》，上海人民出版社 1980 年版，第 362—363 页。

东北修建了铁路5300余千米,我们并把苏联售与伪满的中东路1721千米也计算在内。至于完全是中国资本的铁路,就太可怜了,只占9%。

(6)航运。这时期外商航运已没有夹板船。就轮船运输说,外商占有绝对优势,从表2—13可知。1920年乘世界大战中外商轮船被征用之余,中国轮船尚占有23.7%的进出港吨位比重。到1930年,则外国船占80%以上,恢复到战前水平。1936年中国船比重增到30.5%,这是因为不包括东北各关,东北全为日本轮船垄断。从中还可看出,中国轮船主要是航行沿海和内河,外洋航线全为外商垄断。当然,这是设有海关的通商口岸的统计,其他港口进出的基本上是中国轮船和帆船。

表2—13 1920—1936年往来各通商口岸的中外轮船①

年份	总吨位	外国轮船		中国轮船	
	万吨	万吨	%	万吨	%
1920	9964.2	7601.0	76.3	2363.2	23.7
1930	15170.0	12556.2	82.8	2613.8	17.2
1936	14501.9	10084.7	69.5	4417.2	30.5
内:往来外洋口岸	4522.4	3789.8	83.8	732.6	16.2
往来国内口岸	9979.5	6294.9	63.1	3684.6	36.9

(7)航空。1936年时,中国有三家中外合资的航空公司,单从资本数看,见表2—14。但最大一家中国航空公司成立后,经营亏损,1933年由美国泛美航空公司接管,转趋繁荣。欧亚航空公司是与德国汉莎航空公司合作的。惠通航空公司则全由日本人经营,飞往“满洲”,中国人曾予抵制。② 还有一家西南航空公司则完全是中国资本,但因利用法国飞机,有法国势力渗入。

① 海关统计包括机帆船和部分帆船。本表1920年、1930年轮船数据严中平等编:《中国近代经济史统计资料选辑》,科学出版社1955年版,第221—222页,1936年在原书中国部分减除帆船300万吨。

② 阿瑟·恩·杨格:《一九二七至一九三七年中国财政经济情况》,陈泽宪、陈霞飞译,中国社会科学出版社1981年版,第361—363页。

表 2—14 1930—1933 年各航空公司资本额

航空公司	成立年	资本额(万元)	占比
中国航空公司	1930	1000	中 55%,美 45%
欧亚航空公司	1931	300	中 2/3,德 1/3(增资至 900)
惠通航空公司	1936	450	中 1/2,日 1/2
西南航空公司	1933	150	中国资本

(8)电力。20 年代,美商上海电力公司一家的设备容量、发电度数和投资额就超过 400 余家中国资本电厂的总和。到 1931 年,关内有 452 家华资电厂,设备容量 236464 千瓦;有 11 家外资电厂,设备容量 242241 千瓦,外资占 50.6%。但同时东北有 49 家华资电厂,设备容量仅 36549 千瓦,而 41 家外资电厂,设备容量达 152005 千瓦,占 80.6%。① 到 1936 年,关内电厂情况如下表。表见外资及合资电厂设备容量占 51%;但资本大,占 64.6%;运转效率高,发电量占 69.9%。东北方面,1936 年设备容量增至 518725 千瓦,发电量达 1350.5 千度,基本上都由日本控制。

表 2—15 1936 年关内中外电厂②

资本形式	家数	设备容量		发电量		资本额	
		千瓦	%	千度	%	万元	%
中国资本	447	309370	49.0	518.9	30.1	10896	35.4
外国资本	10	275295	43.6	951.4	55.1	18800	61.1
中外合资	4	46500	7.4	255.0	14.8	1077	3.5
合计	461	631165	100.0	1725.3	100.0	30773	100.0

(9)煤矿。表 2—11 所列投资限于关内外资煤矿,而东北是当时更重要的产煤基地。表 2—16 是比较完整的统计,外资在煤矿业中力量的

① 关内据《中国经济年鉴》,1936 年版,第 L.143 页;东北据东北物资调节委员会研究组:《电力》,东北物资调节委员会 1948 年版,第 16 页。

② 朱大经:《十年来之电力事业》,见谭熙鸿主编:《十年来之中国经济》,中华书局 1948 年版,第 J.14—20 页。

增长表内自明。该统计将中外合资矿的投资额和产量全部计入外资,并加入外资对中国煤矿的贷款,如对萍乡煤矿、中兴煤矿的贷款等,故投资额略高于表2—11。其统计范围,计1919年90个矿;1926年113个矿;1936年关内118个矿,东北23个矿。1936年东北各矿全部计入日资,盖因难于划分。我们仅知,这年满铁系统产煤1025万吨,占全东北产量1367万吨的75%,尚有满洲炭业会社等情况未详。①

表2—16 1919—1936年煤矿业中的外国资本

A. 煤矿业投资中的外国资本					
年份	投资额及占比	中国资本各矿	外国资本各矿	中外合资及外国贷款各矿	总计
1919	投资额(万元)	4984.7	5922.8	1752.5	12660.0
	占总数(%)	39.4	46.7	13.9	100.0
1926	投资额(万元)	9830.7	19570.4	5913.6	35314.7
	占总数(%)	27.8	55.4	16.8	100.0
1936	关内投资额(万元) 东北日资(万元)	8765.9	5945.0 18821.0	9561.2	43093.1
	占总数(%)	20.3	57.5	22.2	100.0

B. 煤矿业生产中的外资比重					
年份	全国机械采煤总产量万吨	外国资本各矿		中外合资及外国贷款各矿	
		万吨	%	万吨	%
1920	1413.1	441.6	31.2	643.5	45.5
1930	1989.2	737.8	37.1	766.3	38.5
1936	3379.4	1408.4	41.7	813.5	24.1

附:土法采煤产量:1920年为718.8万吨,1930年为614.4万吨,1936年为610.9万吨。

资料来源:严中平等编:《中国近代经济史统计资料选辑》,科学出版社1955年版,第124、132—133页。

① 东北物资调节委员会研究组:《资源及产业》下卷,东北物资调节委员会1947年版,第38页。

(10)铁矿及冶铁。中国的铁工业,除土铁外,几乎全部为日本资本所控制。汉冶萍公司在1920年仍属最大企业,早为日债所累,1924年、1925年汉阳、大冶两铁厂分别停炉,此后即仅以铁矿砂输日偿债。其他如安徽繁昌、当涂,湖北象鼻山诸铁矿亦多有日本借款,或合同收购矿砂输日。1930年,华资厂矿仅扬子、保晋两家,到1930年亦停产。而以中日合资出面之鞍山、本溪湖厂矿则全面发展。鞍山系由满铁经营,1933年并入日本昭和制钢所;本溪湖则主要是供日本海军用铁。各铁厂生产情况见表2—17。

表2—17　1920—1936年生铁产量①

年份 公司	1920	1930	1936
汉冶萍公司	126305	—	—
扬子公司	7624	11094*	—
保晋公司		2587	3600
六河沟铁厂			18000
鞍山钢铁公司	76115	288433	491500
本溪湖煤铁公司	48824	85060	156596

注:＊1929年。

(11)制造业。列强投资于制造业的资本不多,因为它们有过剩的制成品要向中国推销。1933年调查,包括东北,674家外商工厂的总产值占全国3841家中外工厂总产值的35.3%。不过在若干行业中,外资厂仍占优势。其中投资最多和对中国工业影响最大的是棉纺织业,我们将在本章第四节中讨论。其他一些行业见表2—18。这些行业中外商的优势,往往是因为有像耶松船厂、英美烟公司、和记洋行、利华肥皂公司等这些大规模企业的存在。

① 关内各厂均据日本人调查,见陈真编:《中国近代工业史资料》第四辑,生活·读书·新知三联书店1961年版,第746、756页。东北厂据东北物资调节委员会研究组:《钢铁》,东北物资调节委员会1948年版,第77—79、82页。

表 2—18　1933 年一些制造行业总产值①　(单位:万元)

行业	华资工厂	外资工厂	外资厂比重(%)
造船业	380.4	621.0	62.0
制烟业	8381.0	14449.4	63.3
肥皂业	704.6	2556.2	78.4
制蛋业	1180.6	1552.2	56.8
制革业	412.4	809.7	66.3
清凉饮料业	230.6	1178.0	83.6

综观上述,外国在华投资主要是在金融、外贸、近代化运输、能源和铁资源上占有垄断地位,这就控制了中国的经济命脉。

三、外国在华投资和中国的国际收支

1877 年以来,中国对外贸易年年入超,而且入超额不断加大。按理,中国需要有大量白银出口,以资抵偿。但是,自 1900 年海关有白银进出口统计以来,白银也是入超的,而且往往是商品入超最多时,白银入超也多,直到 1932—1936 年,才变成白银净出口。② 这就给研究中国国际收支提出一个难题。中国国际收支是怎样平衡的,学者们有不同的解释,实际也代表了不同的理论或学派。本书不是专门研究这个问题,对此亦不作评论,我们只是从外国在华投资的角度,来考察外资和中国国际收支的关系。先将有关本时期中国国际收支的估计以简化形式列入表 2—19。

① 据巫宝三:《中国国民所得,一九三三,修正》,《社会科学杂志》1947 年第 9 卷第 2 期,第 132—133 页。唯肥皂业经改算,见吴承明编:《帝国主义在旧中国的投资》,人民出版社 1955 年版,第 104—105 页。又造船业不包括日本海军造船厂和中国官办造船厂。

② 长时期内,黄金是出超的,但黄金流动数量很小。我们在计算国际收支时,是把金银按其中国货币的价值合计。表 2—19 中 1931 年的净出口是金出口所致,白银仍是入超。

表 2—19　1920—1936 年中国国际收支

（单位：百万元）

项目	1920—1923 年平均	1928 年	1929 年	1930 年	1931 年	1932 年	1933 年	1934 年	1935 年	1936 年
国际收入										
(1)商品出口	1003.8	1561.4	1637.8	1476.5	1726.9	921.9	673.0	615.5	662.2	811.6
(2)金银净出口	—	—	—	—	141.5	215.4	203.6	391.4	357.4	335.2
(3)华侨汇款	155.8	250.6	280.7	316.3	361.8	327.0	200.0	250.0	260.0	320.0
(4)外人在华开支	166.7	224.7	216.0	218.0	271.4	279.0	215.0	180.0	150.0	160.0
(5)外国在华直接投资	166.2	96.0	170.0	202.0	44.4	60.0	30.0	} 80.0	140.0	60.0
(6)政府借入外债	62.3	—	—	—	—	—	—			
(7)其他	—	4.0	—	—	57.6	5.0	5.0	—	—	90.0
总收入	1554.8	2136.7	2304.5	2212.8	2603.6	1808.3	1326.6	1516.9	1569.6	1776.8
国际支出										
(8)商品进口	1382.0	1794.0	1898.7	1964.6	2280.3	1668.0	1480.2	1184.2	1129.2	1141.5
(9)金银净进口	76.5	168.7	155.7	53.1	—	—	—	—	—	—
(10)中国在外开支	7.9	10.4	10.4	13.0	62.2	17.9	6.0	6.0	6.0	12.0
(11)外侨汇出款	46.7	0.5	0.5	1.0		0.9				

续表

项目	1920—1923 年平均	1928 年	1929 年	1930 年	1931 年	1932 年	1933 年	1934 年	1935 年	1936 年
(12)外资企业利润		179.0	198.5	206.0	88.8	63.8	20.0	15.0	45.0	70.0（(12)(13)两项合计）
(13)运输及保险费		15.0	15.0	20.0	22.1	18.1	10.0	5.0	10.0	
(14)偿付外债本息	93.5	63.0	79.1	111.4	137.6	90.1	93.0	112.6	107.4	127.8
(15)资本流出总支出								200.0	250.0	425.5
总支出	1606.6	2230.6	2357.9	2369.1	2591.0	1858.8	1609.2	1552.8	1547.6	1776.8
收支差额	-51.8	-93.9	-53.4	-156.3	+12.6	-50.5	-282.6	-5.9	+22.0	0.0

资料来源:1920—1923 年据 A.G.Coons:The Foreign Public Debts of China, Philadelphia,1930,pp.181-184。

1928—1930 年据雷麦:《外人在华投资》,蒋学楷、赵康节译,商务印书馆 1959 年版,第 165—166 页。

1931—1932 年据谷春帆:《银价变迁与中国》,1935 年版,第 76 页。

1933—1936 年据各该年次年之《中国银行月报》;资本流出额见林维英:《中国之新货币制度》,1936 年版,第 26 页。

说明:(1)1920—1923 年包括未载入海关册之边境陆路贸易,1928 年以后包括出口值低估。

(2)1930 年以后包括黄金走私估计数,1933 年以后包括白银走私估计数。

(4)包括国外在华使领馆、驻军、船舶停驻、旅游等费用,并包括教会、慈善事业之汇入款。

(7)1928 年为华侨持有国内证券;1931—1933 年为华人持有外国证券;1936 年包括出售金银的利润。

(8)1920—1923 年包括未列关册的军火进口;1931 年以后包括走私进口估计数。

(10)包括中国驻外使领馆、留学生及旅游费用。

(12)1930 年、1932—1934 年包括电影片租金。

1932 年以后不包括东北;(5)项、(12)项 1931 年以后不包括东北。

表 2—19 显示，收支相抵，每年都有个不小的差额。国际收支在理论上和实践上都应该是平衡的，不能“打白条”。差额的存在，小者可归之于统计上的误差，大者只能作“未能解释部分”。事实上，表 2—19 的各项，商品进出口和金银进出口是海关统计数字，其余都无统计，而是凭估计，不能解释全部真相。1933 年以前，差额都是支出大于收入，这在人们意想之中。1934 年起，忽有巨额的收入大于支出，这是令人十分惊异的。有些学者，在这几年的估计中，加入一个“资本外流”的项目，计 1934 年外流 2 亿元，1935 年外流 2.5 亿元，1936 年外流 4.25 亿元。有人估计，1936 年中国官方的资金转移国外达 3.5 亿元。① 这以后，中央银行的白银流动实行保密，情况就更难查悉了。

现在来讨论与本书有关的几个问题。

在表 2—19 的商品出口（1）中，包括“出口值低估”一个小项，其数占海关记录出口值的 5%—10%。这是从中国海关所记出口值低于外国对方所记进口值得出的，1920—1936 年合计，这一项共约值 15.8 亿元。② 国际贸易上出进两国记录不同属常事，但我国出口价格总是低估（无高估年份）和低估率颇大，就发生一个这 15.8 亿元到哪里去的问题。还未见学者对此问题的研究。我们认为，这是中国对外贸易由洋行垄断的结果。洋行压低出口报关价格，从而压低收购出口品的价格，在银价跌落的年份尤其是这样。如果这种解释是正确的，则这部分利益是归外商所有，而且是在他们的国外账上。

表 2—19 的金银流动（2）（a）是作为平衡项目，仅列净数。实际上流动值是相当大的，1920—1936 年进出口总额达 47.9 亿元，具体情况见表：

---

① 阿瑟·恩·杨格：《一九二七至一九三七年中国财政经济情况》，陈泽宪、陈霞飞译，中国社会科学出版社 1981 年版，第 295 页。

② 1928—1936 年为 11.2 亿元（表 2—19 已计入总计），1920—1927 年无估计，姑且按进口净值的 5%计为 4.6 亿元。

表 2—20　1920—1936 年黄金、白银进出口①　(单位:百万元)

货币	1920—1936 年		1930—1936 年
	海关进口	海关出口	走私出口
黄金	184.6	649.9	496.5
白银	1883.9	1286.0	293.4
合计	2068.5	1935.9	789.9

应说明的是,金银进出口是一种投机性强又风险小的交易,故利润大,走私利润尤大。表中走私估计限于 1930 年禁金出口后的黄金和 1934 年实行白银出口税后的白银,事实上,在这以前,走私就是经常性的。这种金银交易需要有灵通的信息、国外关系网和雄厚的资本,因而,它主要是由外国在华银行经营的,华商银行进出口金银也常通过外商银行。1934 年上海外商银行在美国国会通过购银法案后立即运出大量白银,华商银行则行动迟缓。1935 年 11 月 3 日中国政府宣布白银国有。在这以前一个月,上海外商银行的库存白银已从 1934 年 7 月(美国实行购银法)的 2.32 亿元减至微不足道的 0.43 亿元了。而华商银行的库存白银仍达 2.93 亿元,成为国有化的对象。② 由此可以推断,金银进出口交易的利润和投机、走私利益,主要归外商银行和洋行所有,并且,主要也是在他们的国外的账上。

表 2—19 中,与本书关系更重要的是外国在华直接投资(5)、政府借入外债(6)这两个资本项目和外资企业利润(12)、偿付外债本息(14)这两个经常项目。

外国在华直接投资,关键问题是在本书第二卷中曾专门讨论过的,即外资企业和房地产的资本主要是来自中国,而不是从国外汇入。③ 因而,有人用各时期外国在华直接投资的增加额来同贸易入超对比,作为平衡项目,是不恰当的。雷麦是注意到这个问题的,据他的意见,1902—1913

① 海关进出口据海关贸易报告。走私估计来源同表 2—19(表内已计入净出口)。

② 华商银行 1934 年 7 月原有库存白银 3.31 亿元。见郑友揆:《中国的对外贸易和工业发展》,程麟荪译,上海社会科学院出版社 1984 年版,第 104 页。

③ 本书第二卷第五章第一节第一目。

年外资企业(包括房地产)投资的增加额中,约有 50%是从国外汇来的;而 1914—1930 年外资企业投资的增加额中,约有 45%是从国外汇来的;就美国在华企业来说,只有 36%是从国外汇来的。① 我们对外资企业投资的估计是用支配财产的原则(1930—1936 年日本投资除外),因而,从国外汇来的比率还要小些。表 2—19 中,1920—1923 年的国际收支是采用孔士的估计,他大约没有注意到这一点,表见外国在华直接投资(5)平均每年达 1.662 亿元(合 8660 万美元),显然偏高了。②

外资企业利润很高,但主要用于再投资和分配给在华外国股东和中国股东。雷麦估计,外资企业利润汇出国外的部分约占企业投资总值的 4%。孔士没有外资企业利润(12)的估计,也没有偿付外债本息(14)的估计,大约是并入外侨汇出款(11)项下,平均每年仅 4670 万元,肯定偏低了。

外债的问题,在于其中有一部分是在国外支付,并未进入国内(早期有的借款几乎全部没有进入国内)。这方面,雷麦有一个 1896—1930 年逐年的外债实收入和还本付息实支出的估算,颇为详尽(见表 2—21)。

表 2—21　1894—1936 年外国在华投资与中国国际收支

(单位:百万元)

项目 年份	国际收入			国际支出		
	直接投资	政府借款	合计	企业利润	还债本息	合计
1894—1901		170.2	170.2		167.2	167.2
1902—1913	633.7	731.8	1365.5	831.6	1070.3	1901.9
1914—1927	782.5	404.4	1186.9	1784.1	952.1	2736.2
1928—1936	742.4	140.0	882.4	1001.3	922.0	1923.3
1928	96.6	—	158.3	194.0	63.0	257.0
1929	170.0	—	170.0	213.5	79.1	292.6
1930	202.0	—	202.0	226.0	111.4	337.4
1931	44.4	—	44.4	110.9	137.6	248.5

① 雷麦:《外人在华投资》,蒋学楷、赵康节译,商务印书馆 1959 年版,第 121、122 页。

② 孔士的书出版于 1930 年,他未及见雷麦的估算(1933 年出版),按雷麦估算,1914—1930 年外资企业新增的投资中,从国外汇来的部分平均每年为 7360 万元(合 3830 万美元)。见雷麦:《外人在华投资》,蒋学楷、赵康节译,商务印书馆 1959 年版,第 122 页。

续表

项目 年份	国际收入			国际支出		
	直接投资	政府借款	合计	企业利润	还债本息	合计
1932	60. 0	—	60.0	81.9	90.1	172.0
1933	30. 0	—	30.0	30.0	93.0	123.0
1934	80. 0		80. 0	20. 0	112. 6	132. 6
1935	140. 0		140. 0	55. 0	107. 4	162. 4
1936	60. 0		60. 0	70. 0	127. 8	197. 8
1894—1936	2158. 6	1446. 4	3605. 0	3617. 0	3111. 6	6728. 6
折合美元						
1894—1901		85. 1	85. 1		83. 6	83. 6
1902—1913	290. 7	335. 7	626. 4	381. 5	491. 0	872. 5
1914—1927	407. 6	210. 6	618. 2	929. 2	495. 9	1425. 1
1928—1936	247. 5	46. 7	294. 2	333. 8	307. 3	641. 1
1894—1936	945. 8	678. 1	1623. 9	1644. 5	1377. 8	3022. 3

资料来源及说明:

1. 1894—1927年据雷麦:《外人在华投资》,蒋学楷、赵康节译,商务印书馆1959年版,第118、123页之表;其中1914—1927年为表内1914—1930年之数减除同书第126页表内之1928年、1929年、1930年之数。
2. 1928—1936年据表2—19;其中1934—1935年之直接投资以1.4亿元划入政府借款(棉麦借款),余1.2亿元划入直接投资;又企业利润包括表2—19之运输及保险费(13)项。
3. 美元对元折合率:1894—1901年为2.00元;1902—1913年为2.18元;1914—1927年为1.92元;1928—1936年为3.00元。

因而,我们不用孔士的估计,而用雷麦的原估计来计算直接投资和外债的国际收入与国际支出。1928年以后,则用表2—19的数字,作成表2—21。1927年以前我们所以用雷麦原估计而不另行估算,是因为我们所估外国在华投资是用支配财产原则,包括外资企业中的华股和华资,而这部分并不进入国际收支,因而可以免计。前人已有用此法估算者,与表2—21大体一致。① 再者,国际收支是用本国货币计值,而我们估计外国在华投资是用美元,因而表2—21中也用平均汇率折成美元,以便比较。

① Chi-ming Hou, *Foreign Investment and Economic Development in China, 1849-1937*, Cambridge: Harvard University Press, 1965, pp.99-100.

不过，这样往复折算就不免有相当大的误差了。

表2—21说明，自甲午战争后外国资本大量向中国投资以来，迄抗日战争前，列强输入中国的资本约有16.24亿美元，而从中国取回去的企业利润和借款本息达30.22亿美元，为输入资本的1.86倍；同时，他们在中国至少还保有36.13亿美元的投资。①

借用外债，除还本外还要付利息，此尽人皆知。外人直接投资企业，即使不抽还资本，他们汇回去的利润也终必超过资本，问题在于时间。从表2—21看，1902—1913年12年，外人取回去的利润已达所投资本的131%，到1927年，则已达所投资本的185%。有人认为外国在华投资是平衡中国国际收支逆差的重要项目，显然不正确。外国在华投资之所以在短期内即能加剧中国国际收支的逆差，关键在于它们汇入中国的资本（资本输出）有限，更多地是利用中国资本，也在于它们有特权保护，利润很高。这也就是半殖民地中国外资的特性。

1928—1930年3年的情况有些特殊。这3年，银价猛跌、外国投资剧增，同时汇率不利、利润汇出未能成比例增长，对中国国际收支稍为有利。1931年以后6年的外国投资额不包括东北。在东北，情况相反，日本大量投资以掠取资源，所以在资本项下是国际收入大于国际支出；但在商品贸易项下，则一向是出超的东北突变为入超。这又是殖民地性质外资的一种典型了。

第二节　南京政府时期官僚资本的发展

本书第二卷所述北洋政府时期的官僚资本是叙至1926年，故本节内容是自1927年国民党在南京建立国民政府起，至1936年，抗日战争时期

① 表2—9中，1936年外国投资总额为39.41亿美元，因表2—21的国际收支不包括1932年以后的东北，我们姑将日本投资按1930年的数值计，则1936年的各国投资总额为36.13亿美元。

另见第四章。前屡言及,本书所用“官僚资本”一词是取其通俗含义,遵从历史习惯。这在前期主要是指官办、官督商办、官商合办企业,本时期则以南京政府所办国营企业为主,兼及地方政府所办企业和与政府关系密切的一些私营企业。本时期国营企业的发展以金融业最为突出,并已建立起国家银行资本的垄断体系;其次是铁路、公路等交通运输事业;而于工矿生产甚少建树。本节内容亦依此顺序。

一、南京政府的财经政策

对于抗战前10年南京国民政府的财经政策,近年来学术界颇多研讨,以非本书专业,我们不作全面评述。唯通观本时期南京政府的政策措施,实以财政为主,这对于本节所论国家金融垄断资本的发展关系密切,故先为简介。又1935年的币制改革,对于下节讨论20世纪30年代危机和民族资本主义的发展有密切关系,故亦作专题介绍。

(一)南京政府的财政政策

南京政府于1928年开始建立岁计制度,以当年7月1日至次年6月30日为财政年度。兹将其1929—1937年9个年度的岁计有关情况摘入表2—22。

表2—22可见南京政府在改善财政状况上确实是比较成功的。北洋政府1925年曾在预算草案中列岁需3.1亿元,而历年实收不过数百万元。南京政府于1927年4月成立,经一年努力,岁入即达3.3亿元,以后逐年增加,1936—1937年度达8.7亿元。这期间,政府整个经济政策可以说都是以增加财政收入为目标,政府聘请的众多外国顾问也基本上都是财政专家,他们也以改善财政的成绩自诩。①

① 美国顾问杨格(Arthur N.Young)于1971年发表《中国建国之努力》(China's Nation-Building,1927—1937,Chicago:Hoover Institution Press),结论称:国民党“在现代化和发展方面的作为自然只能是星星点点的”,但他们“作出非凡的财政变革,要想找到比这更动人的例子是困难的”。中译本名《一九二七年至一九三七年中国财政经济情况》,陈泽宪、陈霞飞译,中国社会科学出版社1981年版,第456页。

表 2—22 1929—1937 年南京国民政府的财政收支

（会计年度:前一年 7 月 1 日至表列年 6 月 30 日）

（单位:百万元）

年度 / 项目	1929	1930	1931	1932	1933	1934	1935	1936	1937
Ⅰ 收支和赤字									
岁入(不包括借入款)	333	438	498	553	559	622	745	817	870
岁出	413	539	714	683	645	769	941	1073	1167
赤字	80	101	216	130	86	147	196	256	297
占岁出百分比(%)	19.4	18.7	30.3	19.0	13.3	19.1	20.8	23.9	25.4
Ⅱ 赤字的弥补									
国内公债及库券	69	91	193	125	26	80	164	148	223
银行借款及透支	32	10	24	5	86	91	36	128	113
美国棉麦借款						8	25		
Ⅲ 税收									
关税	179	276	313	370	326	352	353	272	379
盐税	30	122	150	144	158	177	167	184	197
统税	30*	41	53	89	80	106	105	135	158

续表

项目 \ 年度	1929	1930	1931	1932	1933	1934	1935	1936	1937
全部税收	323	462	535	616	587	660	649	624	769
减稽征费用	10	46	61	66	55	67	—	—	—
税收占岁入百分比(%)	94.0	95.0	95.2	99.5	95.2	95.3	87.1	76.4	88.4
Ⅳ　财政支出									
军事费	210	245	312	304	321	373	368	390	521
占岁出百分比(%)	50.8	45.5	43.7	44.5	49.8	48.5	39.1	36.3	44.6
债务支出	160	200	290	270	210	244	356	294	305
占岁出百分比(%)	38.7	37.1	40.6	39.5	32.6	31.7	37.8	27.4	26.1
实业、交通、建设费	—	—	—	—	—	14	40	101	62
占岁出百分比(%)	—	—	—	—	—	1.8	4.3	9.4	5.3

*　包括卷烟、麦粉、煤油等特别税,1930 年并入统税及关税。

资料来源:杨荫溥:《民国财政史》,中国财政经济出版社 1958 年版。Arthur N.Young,China's Nation-Building Effort,1927-1937,Hoover Institution Press,1971。

说明:1. 1929—1935 年各书均据南京政府财政部报告,内容基本一致。1936—1937 年财政部报告未公开发表,各著作数字互异;本表采用杨格的数字,以其书较晚出,并称系"由财政部作为当时的最后数字交给作者的"。

2. 财政部报告,1934 年以前将税务稽征费用列为税收项下的减除项目,1935 年起稽征费用改入岁出项,因而有不可比性,杨格曾据此修正 1934 年以前之岁入岁出数。本表依国内习惯仍用财政部报告原数,唯于Ⅲ税收项下将稽征费用列出,读者可自行调整。

表中Ⅲ栏显示，这种岁入的增长95%是由增加税收所致，并主要由关税、盐税、统税组成。关税改革已详第一节。兹略述盐税。中国盐制大弊在于封建性的引岸制和世袭专商制度，晚清时盐税已大半被中饱。北洋政府以盐税充外债担保后，设盐务稽核所，首任英人会办丁恩（Sir Richard Dane）即提出，"如能将全国引岸一概化除，而实行提倡自由贸易之宗旨"，则政府盐税收入可达1亿元，并能减少开支，降低盐价。北洋政府曾在北方74县开放自由贸易。南京政府虽于1931年通过"盐就场征税，任人民自由买卖"的新盐法，实际并未执行，为急募税款，反而发展了包商，抬高盐价。[①] 表中盐税的增加部分地是把地方截留的部分转为中央收入，部分地是宋子文创办了一支近3万人的装备精良的税警队，严缉私贩。税率也确实提高了，据美国顾问杨格说，盐的零售价格中有3/4是盐税，比美国高两倍；因而，它和统税一样，"对广大群众负担沉重，而对于富豪之家则负担相对轻微"[②]。

统税包括卷烟、棉纱、麦粉、火柴、水泥、烤烟等税，于1930—1934年陆续开征。它体现了税务顾问罗哈脱（Oliver C.Lock-hart）关于集中对少数广泛消费品课税的主张，因而，在废除厘金和名目繁多的流通税上是有贡献的，但增加了广大消费者的负担，并引起生产厂家的不满。尤其是在数量最大的卷烟和棉纱税上（占全部统税的85%），采取了有利于外资在华工厂的措施。[③]

并且，所有关税、盐税、统税以及其他税收都是间接税。为使税制现代化，国民党早有开办直接税之意，但未成，顾问团长甘末尔（Ed-win W. Kemmerer）亦反对。最后于1936年试行所得税，而它"使收入处在低水

---

① 刘佛丁：《中国近代食盐运销制度的变化》，《南开经济研究所季刊》1985年第2期。

② 阿瑟·恩·杨格：《一九二七至一九三七年中国财政经济情况》，陈泽宪、陈霞飞译，中国社会科学出版社1981年版，第58、158页。

③ 棉纱税的受益者是日本在华纱厂，见第三节。卷烟税实际上是对英美烟公司让步和优惠的产物，国外评论者有Sherman G.Cochran、Y.C.Wang、Parks M.Coble Jr.多人，见Coble Jr.：*The Shanghai Capitalists and the Nationalist Government*，Cambridge：Harvard University Press，1980，pp.41、82-83、288、note 48。

平的人们造成的负担较重,而对由于不动产所得收益却撇开不征"①。同时,历史悠久的田赋属直接税,国民党将它划给地方财政,此固由于南京鞭长莫及,但委之地方军阀,暴敛在所难免。

南京政府努力增加财政收入,实为巨大军费支出所迫,关于这一点,看表中Ⅳ栏自明。财政部长宋子文曾于1928年6月和7月召开的全国经济会议和全国财政会议打算把军费限制在1.92亿元,但这个年度军费即超过2.1亿元,以后更有增无已,经常占全部岁出的近半数,历届财政部长无不为筹措军费而费尽心力。② 国民党统治的头10年是内战的10年。其中以前期的南北战争、蒋桂战争、蒋冯战争、蒋冯阎战争最为紧急,因为这时国库空虚,且系在大城市之间和铁路线上作战,破坏性极大。对于广东军阀、山东军阀、东北军阀的收买动辄几千万元。至于"围剿"共产党领导的革命根据地,兴师动众,但主要在农村作战,对国民经济的影响并不太大。

南京政府的另一巨大支出是债务费。原来国民党1924年的全国代表大会决定不承认"贿选僭越之北京政府"所借的巨额外债。蒋介石背叛孙中山的革命路线,实行"四一二"政变后,采取讨好帝国主义的政策,宣布承担偿还北洋政府的全部外债,这就使南京政府陷入沉重的债务负担。表2—22Ⅳ栏,债务费占全部岁出的近40%,末期才有所缓解。该栏中,包括对外赔款,每年约0.4亿元,1929—1937年共达3.48亿元。由于军事和债务的严重压力,南京政府用于经济发展的费用极其有限,表见仅1934—1937年列2.17亿元,且多属维持费,真正列入建设费者仅1.75亿元,占这4年岁出的5.7%(前5年无建设费项目,又借款修筑铁路不包括在内)。

南京政府的财政是赤字财政,年年亏空,9个财政年度的总赤字占总支出的21.7%。弥补赤字之法,不外举债;又因当时债信破产和资本主义世界经济危机,屡谋外债不得,只好依靠内债。原来在北伐战争中,上海

---

① 阿瑟·恩·杨格:《一九二七至一九三七年中国财政经济情况》,陈泽宪、陈霞飞译,中国社会科学出版社1981年版,第159页。

② 表2—22所列并非全部军费,因有些军用款列入教育、行政、工业项目中去了。

大资产阶级害怕工人运动的高涨,曾于 1927 年 4 月初资助进入上海的蒋介石 300 万元,“四一二”政变后又资助蒋 300 万元。① 南京政府成立后,立即于 5 月 1 日发行江海号二五库券 3000 万元。这时南京政府的募债办法全靠强制摊派,派至各工商团体以至企业和个人。又以国民党军事力量未能进入租界,转靠黑帮势力。蒋介石原与青帮头目黄金荣、杜月笙、张啸林关系密切。有人据美国国务院档案中的上海领事报告,1927 年 5 月至 7 月,包括荣宗敬在内的 7 起逮捕、绑架案共付赎金 212 万元(包括购国库券),内 4 起是绑架大资本家之子。对此,领事报告称:“每天都有人被捕,交款后释放。”②

1928 年 6 月在上海召开的全国经济会议,有 70 名银行界和工商界著名人士参加。财政部长宋子文提出限制军费、制定预算、建立中央银行、废除厘金等主张,资本家则要求退还被国民党军队占领的工厂、船只等财产。此后,就开展了以发行国库券和公债弥补财政赤字的新政策。据千家驹统计,自 1927 年 5 月到 1937 年 1 月,南京政府共发行国内公债和国库券 24.12 亿元。③ 总的说,南京政府的公债政策是成功的。虽因周转不灵,在 1932 年和 1936 年两度“整理”,改发新债,但终于渡过难关,在上海维持住一个真正的债券市场,并有一个由银行界组成的国库券基金保管委员会。比之北洋政府之一切依靠摊派勒索,可以说实现了赤字财政的现代化。

不过,南京政府是以高利息、大折扣来吸引银行购买公债的。通常是先由银行垫支,一般为公债面额的半数,公债正式发行后,由银行按市价(即折扣价)出售或自行持有,政府则按面额付息,1931 年以前平均利息率为 8.6%。以此利息率和公债的月平均行市计算,公债持有者的年收

---

① 第二笔资助 300 万元据 1927 年 4 月 25 日上海《钱业工会议案录》,见谟研:《“四·一二”反革命叛变与资产阶级》,《历史研究》1977 年第 2 期。唯有称为 700 万元者,见 F.C.Jones:Shanghai and Tientsin:With Special Reference to Foreign Interests,San Francisco,1940,pp.72-73。

② P.M.Coble Jr:*The Shanghai Capitalists and the Nationalist Government*,Cambridge:Harvard University Press,1980,pp.34-36.

③ 千家驹:《旧中国公债史资料》,财政经济出版社 1955 年版,第 370 页,不包括 1936 年整理旧债发行的统一公债 14.6 亿元。

益率,1931 年以前为 12.5%到 22.5%,1932 年因上海战事高达 25%。[①] 这时上海日折的最高行市为 5%—6%(1932 年的 7%),银行定期存款付息 8%—9%,放款最高息(商业)10%—20%。银行经营公债显然有利可图,除获 20%左右的收益外,还可在公债市场上获取投机利润,又可以公债充四成发行钞票的保证,获取发钞利益。反之,政府发行公债,则亏损很大。据朱偰统计,1927—1931 年南京政府共发行公债和国库券 10.06 亿元,政府实收仅 5.38 亿余元,即发行额的 53.5%。同期,按千家驹计算,政府所得仅为发行额的 50.9%。[②] 国外学者塔马格纳统计,1927—1934 年南京政府发行债券 14.65 亿元,实收 8.09 亿元,占 55.2%。杨格修订这一统计,结果政府所得亦只占债券额的 64%,最多占 76%。[③] 政府要按发行额还本付息,所以损失总在 30%—50%。

然而,政府之所失,正是银行之所得。因为政府是先以债券向银行借款(表 2—13 Ⅱ栏所列银行借款仅为余额,非全部借款),债券上市后,银行仍保有巨额投资。据吴承禧研究,在 1932 年,保守的估算,银行持有的政府债券约占流通额的 1/2 弱;章乃器则认为,银行持有者约占流通额的 2/3。[④] 总之,政府债券成为当时银行界最有利的投资,也是市场上热门的投机筹码。这一方面说明,南京政府的公债并未达到运用社会积累的作用,并未成为现代化财政,而是积存于银行。从另方面看,公债财政实际是银行财政。这就是南京政府要求掌握更多的大银行,以致实行国家金融垄断资本的原因。

---

① 此据前引千家驹《旧中国公债史料》计算。阿瑟·恩·杨格计算 1931 年以前为 14.8%到 19.3%,1932 年为 24.4%,1936 年为 11.6%,见前引书第 106 页。

② 朱偰:《中国财政问题》,商务印书馆 1934 年版,第 232 页;千家驹:《旧中国发行公债史的研究》,《历史研究》1955 年第 2 期。

③ Frank M. Tamagna 的计算和杨格反对他的计算均见阿瑟·恩·杨格:《一九二七至一九三七年中国财政经济情况》,陈泽宪、陈霞飞译,中国社会科学出版社 1981 年版,第 561—562 页注 23。又 Leonard Ting 和 T.K.Wu 的计算也是 50%强,见 P.M.Coble:*The Shanghai Capitalists and the Nationalist Government*,Cambridge:Harvard University Press,1980,p.77.

④ 吴承禧:《中国的银行》,商务印书馆 1934 年版,第 69—70 页;章乃器:《中国货币金融问题》,生活书店 1936 年版,第 68—69 页。

（二）币制改革

民国以来，中国货币之混乱，有加无已，各种货币不下 20 余种，铜币贬值，地方钞券更滥发无度。这固然是币制本身不良，也是军阀割据的结果。改革币制之议，先后有 10 余种，主要是改行金本位或保持银本位之争，然而没有统一的政治局面和强大的中央储备力量，一切都属空谈。1931 年下半年起，中国陷入经济危机，物价猛跌，工商业萧条，倒闭之风蔓延，农村受害尤烈。这次危机是 1929 年开始的资本主义世界经济危机的尾闾，将于第三节详述。其在金融方面则是由于国际银价暴涨，中国白银和资本外流，导致 1935 年的币制改革。

这次银价的剧烈变动对于中国进出口贸易的影响已于第一节论及。其对白银流动的作用则主要在于国内外银值的差距。我们用两组计算方法将这种差距表现在表 2—23。

表 2—23　1930—1936 年银元价格和白银购买力的变动

项目／年份	1 银元在国外的价格	1 银元在国内的价格	白银在国外的购买力	白银在国内的购买力
	（美分）	（美分）	（1926 年＝100）	
1930	29.1	29.5	71.4	78.9
1931	21.9	21.8	63.7	66.6
1932	21.3	21.8	69.8	71.3
1933	26.4	26.3	85.1	75.6
1934	36.5	33.8	103.3	75.7
1935	48.8	36.3	129.4	77.9
1936	34.3	29.7	90.1	70.6

计算式：1 银元在国外价格＝纽约每盎司银价（美分）×0.755
　　1 银元在国内价格＝1 关两合美分汇率×0.6418
　　白银在国外的购买力＝纽约银价指数÷美国批发物价指数
　　白银在国内的购买力＝100÷进口物价指数（国定税则委员会指数）

各项价格资料　见郑友揆：《中国的对外贸易和工业发展（1840—1948）》，程麟荪译，上海社会科学院出版社 1984 年版，第 108、343 页。1 银元＝0.755 盎司白银＝0.6148 关两。

原来，1931 年银元折上海银两的平均价为 7.532 钱，1932 年上半年陡跌至6.403钱,这就使得内地白银大量流入上海,加重农村的金融枯竭。加上前两年白银大量进口,上海白银存量由1931年年底的2.66亿元增至1932年年底的4.38亿元。① 1933年4月,南京政府宣布废两改元,将银元价值固定在7.15两,基本解决了银两银元的矛盾,为币制改革先著一筹。但农村继续对城市入超,白银集中大城市,上海存银于1934年4—5月达于最高峰5.94亿元。由表2—23可见,到1933年银元含银量的国外价格已超出它的国内价格,白银在国外的购买力大大高于在国内对进口货的购买力。这就必然招致白银一反过去内流状况,变成外流。事实上,1932年已净流出1039万元,1933年净流出1442万元。在此严峻形势下,美国于1934年4月实行购银法案,人为地将银价由每盎斯35美分上提,一度哄抬到81美分。白银外流加剧,自6月底到9月底,3个月内上海各银行存银从5.83亿元减至4.51亿元。10月,南京政府开始征收10%的白银出口税,而在日本势力包庇下的白银走私出口日益猖獗。到1935年4—5月,白银在国外价格超过国内价格的50%,政府加征14%的白银平衡税亦无济于事。1934—1935年,中国白银净流出约5.7亿元,资本外逃约4.5亿元(见表2—19)。通货紧缩,国内经济危机达于顶点。

购银法案是美国白银利益集团自1932年以来在国会活动的结果。我们无意评述美国在白银问题上的党派政治。在此期间,中国政府曾通过各种方式,包括同美国使华代表罗杰斯(James H. Rogers)洽谈,一再指出美国的购银政策将给中国带来巨大灾害。上海银行公会并于1934年2月电罗斯福总统,指出美国货币贬值已转移一次危机,再抬高银价,必将给中国亿万人民造成灾难。② 事实证明,4月罗杰斯来华不过是一场骗局,5月中旬罗斯福已与白银派参议员达成协议。

1935年春,形势所逼,中国必须整理币制,摆脱银本位(事实上中国

① 元两比价及上海存银量均见阿瑟·恩·杨格:《一九二七至一九三七年中国财政经济情况》,陈泽宪、陈霞飞译,中国社会科学出版社1981年版,第217、526页之表。

② 此电内容据《美国对外文件》1934年第三卷第424—425页,见阿瑟·恩·杨格:《一九二七至一九三七年中国财政经济情况》,陈泽宪、陈霞飞译,中国社会科学出版社1981年版,第233页;与白银派协议见同书第224页。

是银铜并行本位)，而就南京政府来说，此事无力自立，只能求助于列强。2月，南京正式商请美国政府给予一笔贷款，改革币制。4月，日本发表“天羽声明”，公开反对，并暗示由日本资助。6月，英国宣布派李兹罗斯(Sir F.W.Leith-Ross)来华，10月与南京政府达成协议，11月3日宣布币制改革。我们无意评述此事中的国际背景与纠葛，只指出李兹罗斯来华前先到加拿大和日本磋商，而币制改革方案实际是美国顾问起草的，这就够了。

币制改革的主要内容是：(1)自1935年11月4日起，以中央、中国、交通三银行发行的钞票为法币，所有完粮纳税及一切公私款项之收付概以法币为限，不得行使现金。其他银行发行的钞券逐渐以中央钞票换回。(2)白银国有，凡银钱行号、商店、公私机关或个人持有之银币、生银等均应交指定机构兑换法币。(3)由中央、中国、交通三银行无限制买卖外汇，以稳定法币对外汇价。11月4日，中央银行宣布英镑的买卖价格，平均为法币1元合英汇1先令2.5便士，其他按国际汇率套算，如美汇为29.5美分。

改革后的中国币制，是一种汇兑本位制，即政府(通过国家银行)以无限制供应外汇的方法来稳定法币的价值。在当时，以及近年来，评论者亦多集中在这一点，尤其是，法币是否盯住(Pegging)于英汇，从而纳入英镑集团。这方面的著述甚多。我们的看法是，就当时情况说，中国急于要摆脱白银危机，自不能坚持银本位制。又自1931年以来各国纷纷放弃金本位，竞相贬低本国币值，中国自亦不能改行金本位。而关键问题是，南京政府并不是一个强有力的全国统一的政府，无力以政府威信或物资储备发行自立的信用纸币，这就只有以外国货币(当时国际间行使最广的是英镑)为依附，实行汇兑本位制了。

然而，重要的事并不在于本位制，而在于有较雄厚的力量支持这种本位币值。1898年日本改行金本位，是借助于中国交付日本3800万英镑(合1.85亿美元)的赔款。[①] 稍后，印度改行金本位，实际也是以英镑为

① 《日本采用金本位报告书》，见雷麦：《外人在华投资》，蒋学楷、赵康节译，商务印书馆1959年版，第88页；阿瑟·恩·杨格：《一九二七至一九三七年中国财政经济情况》，陈泽宪、陈霞飞译，中国社会科学出版社1981年版，第194页。

支柱。中国实行汇兑本位,更需要一笔巨额外汇,供人用法币自由兑换,以维持法币价值。为此,南京政府曾向美、英要求提供1亿美元和1000万英镑的贷款,但均遭拒绝。这样,南京政府就只有以手中那笔国有化的白银在国外出售,以取得外汇;而当时能大量收购白银的只有美国。

南京政府国有化的白银主要有两个来源,一是银行的存银,一是向民间收兑。1935年10月底,上海中央、中国、交通银行存银23076万元,其他华商银行存银5865万元,外商银行20家存银4088万元,共33029.7万元。① 国有办法是,各银行向中央银行交存白银领取钞票,领钞额的60%以白银抵付,另40%以政府债券(按市价80%计)抵付。但对外商银行采取特惠办法,它们不向中央银行交政府债券,而由中央银行与它们互开存款账户,中央银行付给外商银行6厘年息,外商银行只付给中央银行1厘年息,两年为期。但日本银行拒绝执行,并秘密将存银运日本,到1937年才交售约半数。② 各省地方银行的白银规定由当地中国、交通或农民银行收购,换给钞票。唯南京政府政令未能全国通行,广东仍独立发行毫洋;东北货币亦自行其制;华北银行的存银则被日本军方扣留,达5000万元之巨;四川虽行币制改革,而其存银不过100万元;云南仍发行滇票。至于民间存银,据财政部称,实行法币后1年间共收兑2.25亿元。③ 以上两项,银行存银3.3亿元,民间收兑2.25亿元,共5.55亿元。④

南京政府于币制改革前即与美国财政部洽商出售白银,几经磋商,于11月签约出售5000万盎斯,价格65美分,南京实得3225.7万美元。1936年4月,南京政府派陈光甫赴美,与美方签约出售白银7500万盎斯,价格降为45美分,南京实得3403.3万美元。次年7月,再签约出售6200万盎斯,价格45美分,南京实得2813.2万美元。3次共得9442万美元。币制改革前,中国约有外汇储备3000万美元。币改初期,李兹罗斯曾协

---

① 周柏棣编:《白银问题与中国货币政策》,中华书局1956年版,第158、159、164页。

② 杨士鹏、王梅魁:《我国近十年来货币政策之演进》,1941年版,第18页。

③ 余捷琼:《中国的新货币政策》,商务印书馆1937年版,第82页。

④ 阿瑟·恩·杨格估计:上海银行存银2.3亿盎斯,其他各埠银行存银1亿盎斯,民间收兑1.7亿盎斯,共5亿盎斯,合6.62亿元。见阿瑟·恩·杨格:《一九二七至一九三七年中国财政经济情况》,陈泽宪、陈霞飞译,中国社会科学出版社1981年版,第267、269页。

助南京政府在伦敦出售一批白银，币改后又经美国同意，在伦敦出售 200 万盎斯。1936 年 6 月，孔祥熙在伦敦宣称，中国存于纽约的外汇相当于 1.2 亿美元，存于伦敦者相当于 2500 万英镑。①

南京政府利用这笔外汇基金稳定法币的对外汇价，相当成功，直到“七七”抗战，法币月平均最低值未超过 1 先令 2.25 便士或 29.44 美分。这期间国际汇兑市场曾有 3 次较大波动，引起国内外汇投机，中央银行随时调整买卖外汇价，得以应付过去。抗战爆发后，南京政府仍向美国出售白银，继续维持法币汇价，直到 1939 年夏因外汇基金枯竭而失败。

现在来看法币的对内价值，亦即它的购买力和通货膨胀问题。币制改革之时，正是各国纷纷贬低本国币值，以角逐于国际市场。南京政府决定将中国元的含银成色减为 0.5，铸造虚值 1 元和 5 角银币，但遭到美国的反对，只好按美国的意见，于 1936 年定为成色 0.72，即与旧银元等值。按照法币条例，银行可以缴存 60 元白银领取 100 元法币，这就使通货膨胀完全可能。至于是否通货膨胀，要从两方面来观察：一是货币流通量；二是物价的变动。

货币流通包括银币、铜币、钞票、银行存款等项。其中纸币发行量资料比较完整，见表 2—24，其 1936—1937 年数已包括尚未收兑的省市及私营银行发行额。银币流通量极难肯定，20 世纪 30 年代的估计从 12 亿元（戴铭礼）、14 亿元（千家驹）、17 亿元（海关）到 20 亿元（马寅初），主要指银元，又 22 亿元（耿爱德 Edward Kann）、33 亿元（中国银行），则包括银锭及银辅币。无奈，我们把 22 亿元作为 1931 年银币流通量，以后各年，减除各该年白银净出口及走私数，币改后收兑民间白银，则不影响作为流通的银量。铜币流通量亦无法肯定，前人估计自 1 亿至 4 亿元不等，但在货币总量中比重不大，我们姑且作 2.5 亿元。以上并见表 2—24。至于

① 沈雷春：《中国金融年鉴》，中国金融年鉴社 1938 年版，金银目。3 次出售白银协议见阿瑟·恩·杨格：《一九二七至一九三七年中国财政经济情况》，陈泽宪、陈霞飞译，中国社会科学出版社 1981 年版，第 267、269 页。又据杨格称，1937 年 6 月底中国在国外存有外汇 1.019 亿美元，1860 万英镑，35 万日元，又存国外黄金合 3280 万美元。

银行存款,在中国实际并未作为通货流通,银行间和批发市场的支票支付有时尚须贴息,故予免计。

表2—24 1931—1937年货币流通量估计 (单位:亿元)

年份 \ 项目	银币 (1)	铜币 (2)	纸币 (3)	流通 (4)	总量 (5)
1931	22.00	2.50	3.93	28.43	26.07
1932	21.90	2.50	4.72	29.12	26.29
1933	21.75	2.50	5.54	29.79	26.47
1934	18.95	2.50	6.67	28.12	24.12
1935	16.06	2.50	9.65	28.21	22.42
1936	13.16	2.50	16.31	31.97	22.18
1937	9.18	2.50	21.07	32.75	20.11

资料来源及说明:

(1)(2)见本文。白银净出口数来源同表2—19,原表为金银合计,此则仅取白银部分。1937年白银净出口为398.7百万元,见阿瑟·恩·杨格:《一九二七至一九三七年中国财政经济情况》,陈泽宪、陈霞飞译,中国社会科学出版社1981年版,第210页。

(3)据阿瑟·恩·杨格:《一九二七至一九三七年中国财政经济情况》,第538—539页;1937年年底数据张公权:《中国通货膨胀史(一九三七——一九四九年)》,杨志信译,文史资料出版社1986年版,第6页,政府银行发行16.4亿元,另加其他银行1937年6月发行数4.67亿元(杨格书第539页)。

(4)=(1)+(2)+(3)

(5)=(4)-0.6×(3)

本表不包括东北;纸币不包括外商银行发行额。

由表2—24可知,1931—1935年银币由于大量出口而减少,币制改革后因政府出售白银减少更甚。同时期纸币发行额递增,币制改革后增发更快,1937年年底较之1935年11月2日币改前的7.65亿元增发了13.42亿元,即增1.75倍(内政府银行发行额增11.82亿元,其他银行增1.60亿元)。但由于银币减少,货币总流通量1937年年底比之1935年年底只增加4.54亿元,比之1931年则只增4.32亿元(按表2—24中(4)项计算)。由于纸币发行有60%的现金准备,当时除少数省银行外,都遵循这一规定。随着纸币发行额增大,退出流通领域的准备金亦增大。表 2—24 中(5)项即按减出准备金计算,则 1937 年年底的货币流通量总额比之 1935 年年底反而减少 2. 31 亿元,比之 1931 年更减少 5. 96 亿元。[①]

表 2—24 的货币流通总量,无论(4)或(5)估计,在 1931—1935 年都是减少的。这和该时期中国银根紧缩、物价下跌、陷入经济危机的情况相符。表中不包括外商银行的钞票。20 世纪 30 年代,除东北外,外商银行的钞票流通量已大减,约不足 1 亿元,且主要是港元和日元钞券,作外汇看待,与法币的通货膨胀无关。

关于物价的变动,因直接关系工商业活动,我们放在第三节考察,见表 2—39。表见 1931 年以后物价连年下跌,1935 年 7 月和 9 月达于最低点。币制改革后,物价回升,但到 1936 年,仍比 1931 年平均低 9. 8%—14. 4%。到 1937 年“七七”抗战前,上海批发物价指数尚未恢复到 1931 年平均水平;华北则已超过 1931 年水平了。[②] 因而,还未见真正的通货膨胀。

二、金融垄断资本的建立

(一)中央银行

国民革命军在广东成立军政府时,即于 1924 年设立中央银行。其后武汉国民政府亦于 1926 年设立中央银行,目的皆在筹措军费,不具有中央银行的性质。南京国民政府成立后,于 1928 年的全国经济会议和全国财政会议上,都有设立中央银行的方案。10 月,南京政府颁布中央银行条例 20 条,规定该行有发行钞票、铸造国币、经理国库、募集或经理国内

① 慈鸿飞最近研究,币制改革前货币流通量约 32 亿元,改革后 1937 年约只 22 亿元,减少 10 亿元。他是把币改后的银币全部作为不流通了。见所著《关于 1935 年国民党政府币制改革》,《南开经济研究所季刊》1985 年第 5 期。

② 表 2—39 未载 1937 年的物价水平。此据中国科学院上海经济研究所上海社会科学院经济研究所编:《上海解放前后物价资料汇编》,上海人民出版社 1958 年版。

外公债等特权。中央银行于 11 月 1 日在上海开业。资本 2000 万元,由国库一次拨足,仿照英格兰银行传统,设业务局和发行局,并在南京和各重要城市设分行。银行设理事 9 人,均由政府选派,其中 3 人代表银行界、商界、实业界。首任总裁为财政部长宋子文,1933 年 4 月由孔祥熙接任,旋孔并接替宋为财政部长,直至抗战。

1935 年,中央银行资本增为 1 亿元。除原资本 2000 万元和公积金 2000 万元外,财政部拨现款 3000 万元及国库券 3000 万元,共 1 亿元。是年 5 月 23 日公布《中央银行法》。在币制改革中,提出将中央银行改组成为中央准备银行,于 1937 年 6 月在立法院通过改组条例,旋因抗战停止实施。

现代银行制度,应有健全的中央银行,以调节全国金融,所谓“银行之银行”。各国的中央银行不必为政府所有,唯须有一定的实力,通过信用、利率等调剂资金市场。发行钞券和代理国库,虽属各国中央银行常例,但应具有一定独立性,以监督政府财政。南京国民政府的中央银行,实际并未起到中央银行的作用。首先,它的实力有限。该行的资产总额,1928 年为 4747 万元,到 1935 年增至 9. 32 亿元,尚不及中国银行(9. 75 亿元)。至 1935 年,它的存款还远逊于中国银行或交通银行(见表 2—25),并且其中 75%是政府存款,而金融业存款只占 21%,起不到“银行之银行”的作用。中央银行实际变成政府的财政工具,它的总资产中,50%左右是政府债券和政府透支,行使“银行之银行”作用的商业银行存款只占总资产的 18. 9%而已。① 中央银行的钞票,在市场上信誉也不高,到 1935 年发行额仅及中国银行的 60%,与交通银行相仿(见表 2—25)。这年底币制改革后,中央银行因独占国有化白银的出口,独占新铸银币的发行和垄断外汇买卖,实力大增。但直到 1937 年 6 月底,其总资产亦不过 14. 77 亿元。

---

① 《1928—1937 年中央银行概况》,阿瑟·恩·杨格:《一九二七至一九三七年中国财政经济情况》,陈泽宪、陈霞飞译,中国社会科学出版社 1981 年版,附录 19。

表2—25　1928—1936年中央、中国、交通、农民四银行的发展

（单位:百万元）

A. 四行的存款和钞票发行额

项目/年份	中央银行		中国银行		交通银行		中国农民银行	
	存款	发钞	存款	发钞	存款	发钞	存款	发钞
1928	15	12	275	172	150	68		
1929	40	15	310	198	159	69		
1930	66	23	380	204	173	83		
1931	90	25	462	192	187	81		
1932	154	40	476	180	212	82		
1933	227	71	549	180	241	83	8	2
1934	249	86	547	201	287	103	16	6
1935	296	180	809	286	387	176	53	30
1936	714	340	1064	459	539	295	155	162

B. 四行在全国银行业中的地位

项目/年份	**1934**	**1935**	**1936**
实收资本:实数(百万元)	136.7	166.9	167.5
占全业百分比(%)	40	45	42
资产总额:实数(百万元)	1904.4	3072.6	4288.2
占全业百分比(%)	44	56	59
各项存款:实数(百万元)	1267.5	2106.3	2676.4
占全业百分比(%)	42	56	59
钞票发行:实数(百万元)	408.9	676.8	1270.2
占全业百分比(%)	66	78	78
纯　　益:实数(百万元)	18.0	14.5	22.0
占全业百分比(%)	45	39	44

资料来源及说明:A表见阿瑟·恩·杨格:《一九二七至一九三七年中国财政经济情况》,陈泽宪、陈霞飞译,中国社会科学出版社1981年版,第538—541页;B表见张郁兰编写:《中国银行业发展史》,上海人民出版社1957年版,第112页。两者所据原资料不尽相同,项目范围亦有不同,1934—1936年的存款、钞票发行额互异。如按杨格统计,这3年四行所占比重为:存款:42%、55%、77%;钞票发行:59%、70%、77%。

(二)中国银行和交通银行

由清代户部银行演化而来的中国银行,在北洋政府时期商股增至1971万元,官股陆续出卖,只余5万元。1916年中国银行上海分行抗拒北洋政府停止兑现命令后,信誉大增,实际成为商股经营的中国最大的银行。原来广东军政府和武汉政府设立的中央银行都曾发生纸币挤兑风潮,国民党在南京成立政府后,即由宋子文商请中国银行副总裁张嘉璈,将中国银行改为中央银行,并提出政府股份要多于商股的要求。张嘉璈婉予拒绝,建议另立中央银行,并提出将中国银行改组为“特许之国际汇兑银行”,与中央银行分工合作。1928年10月,南京政府公布中国银行条例24条,规定中国银行资本增为2500万元,由政府认购5万股即500万元,余由人民承购。组织由总裁制改为总经理制,由政府派李铭为董事长,张嘉璈为总经理。

这时,中国银行虽有20%的官股并接受财政部的管理,尚非完全的政府银行。在张嘉璈的主持下,除设立国外机构、开展国际汇兑业务外,主要仍是按一般商业银行经营,业务有很大的发展。它的存款逐年增长(见表2—25)。1930—1932年,存款总额中,机关存款由9.9%下降为4.5%,工商存款由54.2%下降为33.9%,而团体与个人存款由35.9%上升为61.7%,说明已具有相当的吸收社会资金的能力。放款也有相当的增长,1932年达3.35亿元,1934年超过6亿元。1930—1932年,放款总额中机关放款由50.0%减为43.8%,商业放款由20.1%增为22.4%,工业放款由6.6%增为11.5%(余为同业放款等)。工业放款比重仍低,但在同业中属数量最大者。尤其是对纱厂放款,1934年达3424万元,占其工业放款的62.9%。原来豫丰纱厂因债务被慎昌洋行租办,这年中国银行予以贷款赎回。鉴于农村金融枯竭,经济危机笼罩中国,1932年张嘉璈在股东会上提出资金下乡的主张,中国银行亦成为最早提倡农贷的商业银行。①

① 主要据中国银行1931年度及1932年度营业报告。

如前所述，当时各银行都大量经营政府债券以图厚利，张嘉璈对此却不以为然。有人统计，1931—1934 年，当各银行日益增加其“有价证券”（其中至少 2/3 是政府公债和国库券）投资时，中国银行却逐年减少了其证券持有额，4 年减少了 65%，情况见表 2—26。这也是南京政府在 1935 年决心要接管中国银行的原因之一。

表 2—26　1931—1934 年上海主要银行持有证券额①　（单位：百万元）

年份	1931	1932	1933	1934
中央银行	—	0.3	0.2	155.4
中国银行	72.0	64.5	32.0	25.4
交通银行	21.4	26.0	29.9	29.3
其他银行公会会员行	145.8	148.4	212.9	265.5
合计	239.2	239.2	275.0	475.6

1935 年 2 月 28 日，蒋介石、宋子文、孔祥熙密谋于汉口，决定发行金融公债，接管中国、交通两银行。3 月 20 日，国民党中央政治会议通过发行 1 亿元公债的决议。3 月 23 日，孔祥熙在上海发表谈话，称“此举完全为增厚银行资力，以便通融资金，安定市面。中央、中国、交通三行向为工商界融通资金之中心，唯博施济众，难于应付，故政府发行公债以充实三行资本”。又由财政部发言人说明，此项公债不流通市面，拨交三行资本之余额悉交中央银行为周转资金。② 3 月 28 日，财政部训令中国银行：该行原有官股 500 万元，应再增官股 2000 万元，以金融公债拨充，并即日召开董事会，修订该行条例，提交本月 30 日股东会办理。③

众所周知，银行的资力，原不在股本大小，1934 年，中国银行总资产

① P.M.Coble Jr：*The Shanghai Capitalists and the Nationalist Government*，Cambridge：Harvard University Press，1980，p.175.原据刘大钧：《上海工业化研究》，商务印书馆 1940 年版，第 300 页；徐农：《中国国民经济的全貌》，《新中华》1936 年第 4 期。

② 《银行周报》1935 年 3 月 28 日。

③ 中国银行档案资料。唯实际原拟增加官股2500万元。

有 9.75 亿元,存款 5.47 亿元,现金 1.54 亿元。故董事会开会时,董事纷纷提出异议,以本行并不缺乏资金,即使增股 2000 万元,商股也能募足;且以不上市之公债抵充股本,无异虚值,势必贬低银行信用,等等。张嘉璈发言,以孔财长已决定派宋子文主持中国银行,调他为中央银行副总裁,部行对抗,难免不牵动市面,他本人决定辞职,希各股东予以谅解云云。[①] 这样,董事会不得不接受官股。唯财政部原拟该行增资为 5000 万元,内官股 3000 万元,商股 2000 万元。在 3 月 29 日一次临时董事会上,李铭代表部分商股提出改为总资本 4000 万元,官商各半,孔祥熙表示接受。该行随即改组,董事长李铭、总经理张嘉璈辞职,由财政部长派宋子文为董事长,由宋子文提聘宋汉章为总经理。又改总经理制为董事长制,总经理秉承董事长之命办事。

张嘉璈在他的日记中曾记:“此次中国银行增加官股与变动人事,于 3 月中旬孔宋两先生自汉口归来后,方始知之。因在行二十三年,几乎年年在奋斗中过生活,……为中国银行已奠立坚固不拔之基础,眼看困难近在眉睫,何可因小愤而害大局。且因人事斗争更难登大雅之堂。况天下无不散之筵席,……所惋惜者,自国民政府成立之后,常望以中行之力辅助政府建立一完善之中央准备银行,一面能永保通货健全,一面能领导公私金融机关,分工合作,创造一力能发展经济之金融系统,……此志未遂,斯为憾事。”[②]张嘉璈在他后来的著作中又称:中国与交通“两行股东甚满意于商股主持下业务之进展,除在极度的威胁下,他们是不会让与政府接管的”[③]。

由清政府邮传部设立的交通银行,在北洋政府时期,实收资本增为 100 余万元,亦主要为商股,但由官府操纵,业务无大发展。唯该行原经营铁路、电信、航运等交通专款,有一定的独立性;尤其铁路财政,因外债关系,不受南京政府财政部支配。1928 年 10 月,南京政府在将中国银行

---

① 姚崧龄:《中国银行二十四年发展史》,传记文学出版社 1968 年版,第 193—195 页。

② 姚崧龄:《中国银行二十四年发展史》,传记文学出版社 1968 年版,第 193—195 页。

③ Chang Chia-ao, *The Inflationary Spiral: The Experience in China, 1939—1950*, Cambridge: MIT Press, 1958, p.181. 中译本此节删略。

改组为国际汇兑银行后，于11月颁发交通银行条例，特许该行为"发展全国实业之银行"，代理部分国库。同时将该行资本增为1000万元，内官股200万元。财政部长宋子文指派卢学溥为董事长，总经理一职，原拟由唐寿民充任，以银行界钱新之等人力荐、经蒋介石同意，由董事会选胡祖同担任。胡原为上海交通银行经理，曾使该行在政治变革中保持一定的独立性，任总经理后，向商业银行发展。1928—1932年，交通银行存款由1.50亿元增至2.12亿元；1932年发行钞票8200万元，为中央银行的两倍（见表2—25），信誉仅次于中国银行。

1933年4月，南京政府再次改组交通银行，终于将胡祖同调离交通银行，以唐寿民任总经理，并撤销上海分行，并入总行，设总行业务部和发行部，由唐兼业务部经理。唐为宋子文的亲信，自中央银行建行以来即为该行的董事及经理。唐接管交通银行后，该行成为经理政府债券的重要机构，其证券持有量由1932年的2600万元增至1933年的2990万元；存放款及发钞额也剧增。不过，此时交通银行已失去其独立性，一切听命于南京财政部了。

1935年，财政部长孔祥熙在接管中国银行的同时，接管了交通银行。由1亿元金融公债中，拨1000万元增加交通银行官股。这样，交通银行资本总额增为2000万元，其中官股1200万元，占60%。由于已有1933年的人事改组，交通银行的接管径直进行，原董事长胡笔江（1932年改派）、总经理唐寿民继续留任。至此，中国最大的两家银行，即中国银行和交通银行的官僚资本化或国家资本主义化，均已完成。

（三）中国农民银行

中国农民银行是由蒋介石亲自创办的。1932年蒋在"围剿"中国共产党领导的中央革命根据地时，即在他的"剿总"设立"农村金融救济处"，以郭外峰为处长。1933年4月正式成立豫鄂皖赣四省农民银行，以郭为总经理，资本750万元，由鸦片烟税拨250万元为官股。总行设在汉口，随着蒋军事行动的扩大，该行设分支机构16处。1935年4月1日，四省农民银行扩大改组为中国农民银行。依6月4日公布之该行条例，资本额为1000万元,有发行兑换券及农业债券的特权。蒋派徐继庄为农行总经理,竭力扩充,至1937年有分支机构87处。

依农民银行条例,该行业务为"供给农民资金,复兴农村经济,促进农业生产的改良与进步"。实则设立该行的首要目的是筹集蒋介石"围剿"工农红军的经费。直到1936年,该行的重要活动都在调运军饷,购买军粮,发行钞票和参与鸦片专卖以充军费。它的钞票发行额,1933年仅200万元,1935年即增至3000万元。该行发钞并不依法报告发行准备,故这年11月实行币制改革时,李兹罗斯不同意将该行钞票列入法币。徐继庄求之于蒋介石。但该行又没有无限制买卖外汇以维持币值之能力,财政部只好采取折中办法,即该行不作为法币发行银行,但其钞票可"与法币同样使用"。因而,币制改革后该行继续扩大发钞,1937年6月达2.08亿元。至于鸦片专卖,每年约有2亿元利润,蒋介石一向以之挹注军费,已成公开的秘密,农民银行参与此事,至少经手鸦片专卖收入,李兹罗斯亦曾言及。①

中国农民银行的使命,还在于推行蒋介石"围剿"中的"安抚"政策。蒋介石认为,军事进攻必须辅之以经济上的安抚,对地主富农发放救济贷款,以"安定人心",所谓"本军事三分政治七分之主旨,念农业之复兴,首在救济农村经济"②。财政部钱币司长徐堪在该行的训词中说,中国农民银行"不仅须发展本身业务,更要协助政府,推行国策,深入农村,宣扬主义,以防止异党思想在农村活动,……故农行应致力防止阶级斗争,实现永久和平"③。可见农行政治色彩的浓厚,亦因此使该行颇遭同业蹙首。1937年4月,孔祥熙不得不改组该行,自任董事长,以叶琢堂为总经理,并迁总行于上海,开展农贷。该行始跻身中中交农四行之列。

---

① Frederic Leith-Ross, Money Talks: Fifty years of International Finance, London, 1968, p.209;见P.M.Coble Jr.: *The Shanghai Capitalists and the Nationalist Government*, Cambridge: Harvard University Press, 1980, p.196。

② 四省农民银行《民国二十二年总行逐期营业报告》,见中国人民银行金融研究所编:《中国农民银行》油印稿第28页。

③ 中国农民银行《本行通讯》第55期,见《中国农民银行》油印稿第13页。

(四)中央信托局与邮政储金汇业局

南京政府的金融机构,除中中交农四银行外,尚有中央信托局和邮政储金汇业局,合称“四行两局”。

南京政府军费浩繁,很大部分用于购买外国军火,先是由外国洋行经手,1932 年孔祥熙赴欧美考察后,插手军火交易,由中央银行经理。这种贸易回扣很厚,有时高达 40%。1935 年 10 月,决定由中央银行拨 1000 万元为资本,设立中央信托局,孔祥熙兼董事长,任张嘉璈为局长,唯不到两个月即由叶琢堂接任。成立该局的原因在于:南京政府有许多事件需要委托商业机关经理,同时中央银行限于国家银行代理国库地位,在手续上诸多不便,所以,在中央银行之下,组织一信托事业独立机关,承办一切信托业务。该局设储蓄、采办、信托、保险、保管等业务机构,成为一完全的信托公司。这时其主要业务仍为军火贸易,尤其是与法西斯德国的易货贸易。至 1936 年年底,该行资产共值 8360 万元。这年 3 月,该局创建中央储蓄会,至年底有资产 8000 万元。①

中华邮政原办有汇款和储蓄业务,为邮政的主要财源之一。1930 年,成立邮政储金汇业总局于上海,直属交通部;次年,设上海、南京、汉口等邮政储金汇业局。1935 年,总局改为邮政储金汇业局,南京、汉口两局改为分局。该局不规定资本额,而以全国邮政收入为担保。该局办有储蓄、汇兑、放款、证券等业务,并办保险,无异银行。该局以能利用遍布城乡之邮局机构,经营小额储汇,群众称便,发展颇快,1936 年 6 月资产达 8520 万元。储汇业务盈利颇丰,自储汇业务独立后,中华邮政的总收支即转盈为亏,但储汇业务,又全靠邮局设施及人员支持,是以在储汇业务独立问题上颇有争议,也为储汇局机构屡变的原因之一。

(五)对其他一些银行的控制

中交两行之外,在 1935 年“银行风暴”之中,南京政府还控制了一些

---

① 中国银行经济研究室:《全国银行年鉴》,1937 年版,第 559、579 页。

较小的商业银行。这年夏,上海号称“小三行”的中国通商、中国实业、四明银行发生挤兑风潮,财政部趁机迫使它们的负责人辞职。结果,通商银行董事长由青帮头子杜月笙接替,中国实业银行总经理由中央银行国库局局长胡祖同兼任,四明银行总经理由叶琢堂兼任。1936 年春进一步对这三家银行加入官股,使之成为官商合办银行。三行原有商股每百元折合 15 元,即贬值 85%。依此,三行调整资本如见表 2—27。

表 2—27　1935 年三大行资本调整情况　　(单位:元)

银行名称	旧股折新股	加入官股	资本总额
中国通商银行	525000	3475000	4000000
中国实业银行	526110	3473890	4000000
四明银行	337500	3662500	4000000

调整后,三行资本中官股都在 85%以上以至 90%以上了。乃再作人事更动:中国通商银行董事长杜月笙,总经理胡以庸;中国实业银行董事长溥汝霖,总经理周守良;四明银行董事长吴启鼎,总经理李嘉隆。其中吴系财政部统税署长,胡、溥、周、李均为中央银行高级官员。三行在 1934 年时,资产总额共近 3 亿元,加入官股 1061 万元,遂全部由中央银行直接控制。①

1928 年创办的中国国货银行,有四成官股、六成商股,孔祥熙任董事长、宋子良任总经理,实为政府控制的银行。原由中国银行与交通银行于 1914 年创办的新华信托银行,随着中、交两行成为政府银行,新华亦由政府控制。1936 年 11 月,宋子文趁广东银行宣告搁浅之际,对该行进行改组,由宋任董事长,宋子安为董事;该行虽无官股,实际亦属官僚资本。

最后,我们可以归纳一下政府银行的垄断地位。

到抗日战争爆发前,南京政府的金融资本,除中央、中国、交通、农民四银行和中央信托、邮政储汇两局外,尚有它直接控制的中国通商、中国实业、四明、中国国货“小四行”,以及间接控制的新华信托、广东两银行。

① 参见谢菊曾:《一九三五年上海白银风潮概述》,《历史研究》1965 年第 2 期。

中央、中国、交通、农民四行除享有独占性的发行法币权外，其存款和资产总值已占全国银行业的59%，纯益占全国银行业的44%，已见表2—25。“四小行”和新华信托、广东二行中，中国通商、中国实业和四明三家缺1936年资产记载，兹以1934年、1935年的记载代替，则六家资产总值约4亿元。此外，尚有省市政府所办银行约20家，资产总值7亿余元。这样，国家行、局，省、市银行和上述政府控制的银行的资产总值共约54亿元，约占全部银行业资产总值的74%。[①] 其他私营银行约120家，仅占全部银行业资产总值的26%。官僚金融资本的垄断地位显然可见。

三、交通运输业的发展

（一）铁路

自1911年实行铁路国有化以后，我国的铁路，除外国资本直接修筑和经营者外，基本上都属官僚资本或国家资本主义性质了。本期内，除云南个碧石狭轨铁路向西修筑的100千米属商办铁路外，由李石曾、张人杰等组织的江南公司修筑江南铁路（南京—芜湖—宣城）332千米，由宋子文组织的淮南路矿公司修筑的淮南铁路（田家庵—裕溪口）215千米，实际上都仍属于官僚资本。关于中国国有铁路的一些特点和铁路运输的一些问题，在本书第二卷中铁路一目已讨论过[②]，本节依该目接述，以节约篇幅。

1928年南京政府成立后，接管了北洋政府的国有铁路，设铁道部。1929年1月，铁道部长孙科提出一个“庚关两款筑路计划”，拟6年中从庚子赔款和关税中集资4亿余元，修建铁路4000余千米。1931年，南京政府拟定了一个“十年工业计划”，到1936年又拟定投资近10亿元，修筑铁路7700余千米，并建黄河和钱塘江大桥。尽管有这些纸面计划，实际

---

① 此系根据中国银行经济研究室：《全国银行年鉴》，1937年版，第818—823页的数字计算；私营银行实数见下节。

② 参阅本书第二卷第五章第三节。

筑路仍和清末或北洋政府一样,依靠外债。这期间适逢资本主义世界经济危机,南京政府仅借得铁路外债9笔,款额约只有北洋政府铁路外债的一半,但筑成的铁路比北洋政府时期多44%,其比较如表2—28。这是因为北洋政府的铁路外债大量被挪作军政费,而本时期,铁路财政是独立于南京政府财政部的,由铁道部自理。如表2—28所反映,尽管是官僚机构,铁路财政独立也有好处。

表2—28　1896—1937年不同时期的铁路与外债①

时期	清政府时期 1896—1911年 (16年)	北洋政府时期 1912—1926年 (15年)	南京政府时期 1927—1937年 (11年)
修筑铁路(千米)	5107	3186	4598
借铁路外债(万元)	45924	38840	19488
平均每年修筑铁路(千米)	319.2	212.4	418.0
平均每公里借用外债(万元)	9.0	12.2	4.2

本期修建的铁路主要有浙赣路(杭州—南昌—萍乡)1004千米;粤汉路的株洲—韶关段450余千米;陇海路的灵宝—西安—宝鸡段400余千米;又湘桂路600余千米则系抗战爆发后赶工完成。东北在1928—1931年先后修筑齐齐哈尔—克山、洮南—索伦等路300余千米,则实际属地方政权所有;同蒲路970余千米亦为地方政权阎锡山所建。各年兴建铁路情况列入表2—29,为免割裂,此表直列到1946年。此外,本时期完成了连云港、钱塘江大桥、南京轮渡等工程。

据表2—29,1931年全国国有铁路13960千米,其中约40%在东北;除去外国直接经营者外,有9594千米,其中约18%在东北,计1718千米,

① 筑路里程及借款额均据宓汝成:《帝国主义与中国铁路(1847—1949)》,上海人民出版社1980年版,第668—669、671页。又据张嘉璈统计,南京政府迄1935年年底共筑铁路1095英里(不包括东北),此后他任铁道部长,至1937年7月增筑1262英里(不包括东北),共2357英里(合3792千米)。见所著*China's Struggle for Railroad Development*的中译本;杨湘年:《中国铁道建设》,商务印书馆1946年版,第41、97页。

“九一八”事变后，全部沦入日本帝国主义之手。①

表 2—29　1927—1946 年历年铁路修筑里程　（单位：千米）

年份	中国修筑	外国修筑	合计	累计长度
1926				12728
1927	419		419	13147
1928	430		430	13577
1929	5	177	182	13759
1930	48		48	13807
1931	153		153	13960
1932	190	369	559	14519
1933	213	372	585	15104
1934	174	655	829	15933
1935	1616	858	2474	18407
1936	726	876	1602	20009
1937	624	1128	1752	21761
1938	353	709	1062	22823
1939	302	497	799	23622
1940	141	620	761	24383
1941	370		370	24753
1942	270	280	559	25312
1943	296		296	25608

① 中国铁路里程无确切统计，本书系用宓汝成统计，唯宓汝成书无东北所占比重，改从 Ralph W.Huenemann 所作逐年筑路统计中计算，截至 1931 年，全国共筑 9375 英里，内东北 3680 英里。见所著 The Dragon and Iron Horse：The Economics of Railroad in China，1876—1937，Cambridge：Harvard University Asia Center，1984，Appendix A.我们计算如下（千米）：

项目	全国	关内	东北
（1）1931	13960	8376	5584（40%）
（2）外国直接经营	4366	500	3866
（3）中国所有 =（1）-（2）	9594	7876	1718（18%）
（4）1932—1937 增筑	7801	3543	4258
（5）1937 =（1）+（4）	21761	11919	4842（45%）

续表

年份	中国修筑	外国修筑	合计	累计长度
1944	71	61	132	25740
1945	942*		942	26680
1946	175		175	26857

注:＊接收台湾地区铁路里程(不包括一些专业线)。
资料来源:宓汝成:《帝国主义与中国铁路(1847—1949)》,上海人民出版社 1980 年版,第 671 页。
说明:1. 不包括矿区专用铁路和岔道。
2. 1926 年以前历年修筑里程见本书第二卷表 4—35、表 5—26。

1932—1937 年,关内修筑铁路 3543 千米,而日本在东北修筑 4258 千米,因而表 2—29 中所列 1937 年的 21761 千米铁路中,已有 45%在东北了。1937 年,南京政府(包括地方政权)所控制的铁路,实际只有 11419 千米,占表 2—29 所列总数的 52. 5%,其余全在外国资本控制之下(全部东北铁路及英资广九、法资滇越路)。

现在来看铁路的营运状况。这方面我们只有 14 条国有铁路的资料,本时期国有铁路约占中国所有铁路里程的 80%,故有代表性。国有铁路的营运,1912—1924 年颇有发展,货运量增长 88%,客运量增长 120%。1925 年以后受战争影响大幅衰落,1928 年达最低点,以后逐渐恢复,并有所增长。故表 2—30 中列入 1924 年数字,以便比较。

表 2—30　1924—1947 年国有铁路的营运

项目 年份	机车 台	货车 辆	货运量 万吨千米	客车 辆	客运量 万人千米
1924	1146	16831	457152	1789	358232
1928	640	9565	233600	1111	235077
1929	786	10684	249698	1291	318329
1931	1131	14504	445747	1755	434005
1932	1182	15671	445661	1895	345058
1933	1237	15755	477095	1971	403037
1934	1172	15296	626700	1987	405772

续表

年份\项目	机车 台	货车 辆	货运量 万吨千米	客车 辆	客运量 万人千米
1935	1243	15482	648880	2047	434885
1937	1000	15000	230807	2000	208534
1938	900	12000	124950	1200	91420
1939	500	10000	60520	1000	113103
1940	378	6045	49922	991	143758
1941	677	6379	51705	1161	155278
1942	416	4493	46501	916	147189
1943	281	4261	54575	603	210899
1944	207	2307	22919	446	100861
1945	2082	25864	36638	2741	181950
1946	1942	23984	375608	2561	1241989
1947	1954	26164	273556	2715	851798

资料来源：严中平等编：《中国近代经济史统计资料选辑》，科学出版社 1955 年版，第 194—195、207—208 页。原缺 1930 年、1936 年数字。1924 年以前见本书第二卷表 5—29。

从表 2—30 可见，以 1924 年为基数，到 1935 年（缺 1936 年报告），机车数仅增加 8.5%，客车增加 14.4%，货车反减少 8%；而在北洋政府时期，它们差不多都增长 1 倍。这是因为，1925—1928 年损毁太大，并因东北车辆沦入敌手。还应注意到，机车数量虽增长很小，其马力则仍有加大之势，北洋政府时期平均每台牵引力为 12650 公斤，南京政府时期增为 14445 公斤。① 又货车虽较 1924 年略减，其利用率则有所提高。京汉、津浦、沪宁、沪杭甬四路，1924 年时货车每吨容积平均年载运量为 43—55 吨，1935 年增为 72—82 吨；京绥和陇海二路，1924 年为 34 吨和 40 吨，1935 年增为 68 吨和 82 吨。② 不过，就总运输量来说，1935 年比之 1924 年，货运量增加 41.9%，客运量增加 21.4%，本时期国有铁路的营业发展

① 宓汝成：《帝国主义与中国铁路（1847—1949）》，上海人民出版社 1980 年版，第 384 页。

② 严中平等编：《中国近代经济史统计资料选辑》，科学出版社 1955 年版，第 197 页。

实属有限。

货运的内容,也与1924年比,情况见表2—31。表见中国铁路运输仍是以矿产品(主要是煤)为主,占物量一半以上。又见这期间制造品物量增加60%,反映工业有所发展,农产品仅增16%,林牧产品减少,则是东北沦陷之故。

表2—31 1924年与1936年国有铁路货运内容①

年份＼品别		矿产品	农产品	制造品	林牧产品	其他	合计
1924	万吨	1173	421	237	120	476	2427
	%	48.3	17.4	9.8	4.9	19.6	100
1936	万吨	1817	492	381	95	651	3436
	%	52.9	14.3	11.1	2.8	18.9	100

铁路是南京政府国营事业中唯一年年有盈利的事业,但其盈利程度很难确定。我们将有关项目列入表2—32,然后计算出两种账面收益率。先对这些项目作分析。

表2—32 1924—1936年国有铁路的收支和收益率 (单位:万元)

年份＼项目	运输收入(1)	营业费用(2)	运输成本(3)	账面资产(4)	成本收益率 $\frac{(1)-(3)}{(3)}\%$	资产收益率 $\frac{(1)-(2)}{(4)}\%$
1924	11851	6738	7140	64271	66.0	8.0
1928	11714	5779	7295	55730	60.6	10.6
1929	15175	9643	9985	52340	52.0	10.6
1930	13440	9139	9434	67793	42.5	6.3
1931	15274	10064	10480	67923	45.7	7.7
1932	14207	9708	10863	80913	30.8	5.6

① 严中平等编:《中国近代经济史统计资料选辑》,科学出版社1955年版,第211页。

续表

项目 年份	运输收入(1)	营业费用(2)	运输成本(3)	账面资产(4)	成本收益率 $\frac{(1)-(3)}{(3)}\%$	资产收益率 $\frac{(1)-(2)}{(4)}\%$
1933	14835	10610	10893	85525	36. 2	4. 9
1934	16752	10208	11356	85960	47. 5	7. 6
1935	17109	11074	11301	87479	51. 4	6. 9
1936	17109	11027		89922		6. 8

资料来源:(1)(3)见严中平等编:《中国近代经济史统计资料选辑》,科学出版社 1955 年版,第 200 页。(2)(4)见 Ralph W.Huenemann,The Draugon and the Iron Horse- The Economics in China,1876—1937,Cambridge,1984,p.179、184。两者均据铁道部:《中华国有铁路统计总报告(1932—1935年)》,唯报告中前后数字不尽一致,(2)之费用项目二氏选择略有不同;(3)之成本则为营业费用加车辆折旧而成。

(1)运输收入。是由货运收入和客运收入相加而成,其中客运收入常占总收入的 40%左右。这是我国经济落后,铁路不发达的表现,因铁路原应主要供货运。从财政收入看,客运似乎有利可图,但从铁路经济上看则不然。在铁路经济上,常以客运 3 人千米的运输力作为货运 1 吨千米的运输力,因而,客运比重大,就造成运输密度小,即浪费运输力。① 表 2—30 中曾见本时期货运量的增长幅度大于客运量的增长幅度,这是一个进步,但运输密度仍和 20 年代相仿,徘徊在 70 吨千米左右。

(2)营业费用。铁路会计上分列总务、车务、运务、维修等费,其中包括工薪、燃料、购置等,但不包括折旧。中国铁路的特点是总务费过高,而车务费过低。如 1927—1929 年,在总营业费中,总务费中国平均占 24. 8%,而日本占 2. 6%;车务费中国占 14. 6%,而日本占 32. 5%。② 维修(包括车具添置)是营业费用的一大项目,其支出 1924 年为 2770 万元,1931 年为 3937 万元,1936 年为 4214 万元;占总营业费的比重则递减,分别为 41. 1%、39. 1%、38. 2%。③ 这也是一个进步。但是,铁路管理的腐败

① 运输密度=(货运吨千米+1/3 客运人千米)÷铁路营业千米。

② 严中平等编:《中国近代经济史统计资料选辑》,科学出版社 1955 年版,第 199 页。

③ R.W.Huenemann:*The Dragon and the Iron Horse*:*The Economics of Railroads in China*,*1876-1937*,Cambridge:Harvard University Asia Center,1984,p.184.

有增无减。杨格在《建国的努力》一书中赞扬南京政府,对此也不得不说:"各铁路成为政治把戏的牺牲品。铁路人员过于臃肿,人浮于事,因为人事任用成为政治分赃";"这种结构也阻碍车辆的正常交换,并造成摩擦。因此铁路的经营运行成本昂贵,浪费很大。"①表2—32可见,1924—1928年营业费用占运输收入的53.1%,而在1935—1936年增为64.7%。

(3)运输成本。由营业费用加折旧费用组成。营业费用中原不包括国有铁路的最大一笔成本负担,即借用外债的利息,而折旧费只限于机车和车辆,不包括路基和路轨(部分由维修费补充)。因而,表列运输成本非实际成本,只是1915年所订铁路会计制度上的账面成本。由此所计算出的成本收益率(见表2—32)自属偏高。

(4)账面资产。是铁路和运输设备的账面累计值,不是各基期年的重估值。1928—1936年,建筑材料的价格指数无大变动,进口货价格指数则上升38.1%。更重要的是,一半左右的铁路为欧战前所造,当时造价便宜,如京奉、京汉、津浦三路平均每千米造价为4.26万元、4.86万元、4.74万元,清代所筑,平均每千米仅1.40万元。虽因维修有的列入资产,但仍低于时值。

因此,表2—32中的资产收益率大体亦属偏高。即以此项账面收益率而论,在1924年以前7年,其平均值为7.9%②,而1930—1936年7月,平均仅6.5%,即在本期内,亦有下降趋向。这反映国有铁路经营日趋窳败。可资比照者,本时期以私营公司方式经营的江南铁路,在抗战前才有短期营运,而其利润率达11%;完全民营的个碧石铁路年收入400万元,占投资额的19.3%。国有铁路与日本人经营的南满铁路比较,更相形见绌。1930—1931年是满铁经营困难的一年,其投资收益率仍有21.7%,

① 阿瑟·恩·杨格:《一九二七至一九三七年中国财政经济情况》,陈泽宪、陈霞飞译,中国社会科学出版社1981年版,第352、355页。

② 本书第二卷表5—32。

到1935—1936年则增为27.5%。①

国有铁路虽经营腐败，但每年有数千万元的账面盈余，在当时是一笔很大的数目。可是，铁路财务却经常处于困难境地，而且每况愈下，其中的两大困难，仍与北洋政府时期相同，即政府的干扰勒索与外债的沉重负担。

据铁道部汇编的《中华国有铁路统计总报告》，1928—1935年南京政府向铁路的提款共12695万元，平均占铁路营业净收入的30%以上，而1933年、1934年竟占到营业净收入的59.5%和55.2%。这种提款并不是按一定比率分取的，而是政府用铁路运输军需、物资和军队（1931—1935年军队运输占客运总人千米的12.9%），不付运费，所以是一种强制性提款，而在政府财政部的账上记入“国有事业收入”。此外，还有铁路拨给地方军队的协款，1930年达4500万元。② 又有在各铁路运费上加军事附捐，虽经南京政府屡令取消，并未停止。

铁路外债负担之沉重，论述甚多。前言国有铁路的账面资产收益率不过6.5%，而外债之平均利息为6.9%。南京政府所借铁路外债不是很多，但各路老债相加，使负担日重。据铁道部统计，1917—1927年国有铁路应付借款利息1.695亿元，平均每年1695万元，共占本时期铁路账面盈余额的39.2%。而1928—1935年应付债款利息2.249亿元，平均每年

① 南满铁路的营运如下（单位：万日元）：

项目 年份	账面投资额	营业净收入	投资收益率（%）
1920—1921	14138	4856	34.3
1930—1931	27023	5856	21.7
1935—1936	30520	8403	27.5
1938—1939	31747	8971	28.3

注：R.W.Huenemann：*The Dragon and the Iron Horse*：*The Economics of Railroads in China*，*1876-1937*，Cambridge：Harvard University Asia Center，1984，p.191。原据满铁：Report on Progress in Man Churia，1929年、1936年、1939年报告。

② 宓汝成：《帝国主义与中国铁路（1847—1949）》，上海人民出版社1980年版，第484、515、516页；阿瑟·恩·杨格：《一九二七至一九三七年中国财政经济情况》，陈泽宪、陈霞飞译，中国社会科学出版社1981年版，第484、489页注。

2811万元,共占本时期铁路账面盈余的55.8%。[①] 铁路盈余须以30%余交给政府,又以56%支付外债利息,根本无法发展。

还有一层,北洋政府时期,适值1916—1920年银价陡升,折合外汇,还债较易;故在1926年以前,铁路外债本息一般均能偿付。其后因战争停付。南京政府成立后,适值银价陡降,加重了债务负担,1931年以后银价虽升,而积欠过多,仍无法偿还。有人计算,1928—1935年,铁路外债本息按固定汇率应付21168万关两,而按各年实际汇率须付3.026亿关两,即须多付43%,铁路就更负担不起了。[②]

(二)公路

中国从1906年修筑第一条龙州至镇南关公路约50千米,至1922年只有公路1185千米。此后一段时期略有发展,南京政府成立后的1928年已有公路29127千米。这时公路均系各省自筑,到1930年约有4.5万千米。[③] 1931年全国经济委员会成立,曾拟订一个十年建设计划,蒋介石在该会的讲话,强调先从事公路及淮河水利工程。旋该会设公路处,请国际联盟交通组织派来顾问,先修筑京杭、沪杭、京芜、苏嘉、杭徽、宜昆六路,1933年11月完成,使苏、浙、皖三省公路联系成网。随后,修筑赣、鄂、湘、豫及川、陕、甘等省公路,则明显为军事目的。对此,1933年蒋介石曾提出"交通剿匪"政策,"我们(指军队)到一处地方,一定要政府、军队与人民合作,修好公路线,打通与后方的交通。……所以我们修后方的道路便如同筑前方的堡垒一样重要。"[④]1934年,全国约有公路8.5万千

① 宓汝成:《帝国主义与中国铁路(1847—1949)》,上海人民出版社1980年版,第506页。铁路会计的"借款利息"包括国内少量短期借款利息,为数甚小,无法划出。又铁路会计的账面盈余,因支出项目不同,有4年数字与表2—32中(1)—(2)所得净收入值有出入。

② R.W.Huenemann:*The Dragon and the Iron Horse*:*The Economics of Railroads in China*, *1876-1937*,Cambridge:Harvard University Asia Center,1984,pp.214-215.

③ 由于国路、省市路交错,中国公路里程有不同统计。我们主要据全国经济委员会公路处编:《中国公路交通图表汇览》的1935年统计及1939年《中国年鉴》英文版,第513—514页。

④ 中国现代史资料编辑委员会:《从"九一八"到"七七"国民党的投降政策与人民的抗战运动》,上海人民出版社1958年版。

米，内苏、浙、皖、粤、桂、闽、鲁、辽、吉、黑 10 个东部省有 43510 千米，占 51.2%，西部 10 省只有 14789 千米，占 17.4%。其后，红军转战西部。1935—1936 年南京政府又修筑西兰公路（西安至兰州）约 700 千米，西汉公路（宝鸡至汉中）250 余千米，汉宁公路（汉中至七盘关）150 余千米，共耗资 460 万元，其中由全国经济委员会贷款 300 万元。① 截至 1936 年年底，全国共有公路108117千米，1932—1936 年，全国经济委员会向 15 个省提供公路贷款 1200 万元。②

南京政府时期，修筑公路 8 万千米，对中国经济的发展有一定的促进作用。但由于着眼于军事，在路线选择、修筑质量和运输设备上都不能配合。南京政府顾问杨格评论说，南京是"在军事和战略的压力下修建公路，而不是出于经济上的理由"，路线所经往往是铁路或水运的途径，又系征发民工"为建造公路负担苛重捐税和提供大量劳动力的乡村人民，得到的直接好处微乎其微"③。

这些公路只有约 35%有路面，且主要是砂石路面。维修很差，往往军运需要过去后即无人管理。这时中国没有石油工业和汽车工业，所需均靠进口。1927—1936 年石油进口由 1300 万加仑增至 4600 万加仑，客货汽车平均每年进口四五千辆。按车辆登记数字，1927 年客车 16020 辆，卡车 1901 辆，公共汽车 1015 辆；1936 年为客车 27465 辆，卡车 11917 辆，公共汽车 8060 辆（军车除外）。可见，除军车外，公路运输主要是客运，货车只占车辆总数的 25%，拥有货运汽车 100 辆以上的省市不到半数。④汽车运输运价较昂，在整个运输业中无足轻重；主要由省市公路局和公用机构经营，私营汽车公司虽为数不少，但车辆则有限。

---

① 中央党部国民经济计划委员会：《十年来之中国经济建设》，南京扶轮日报社 1937 年版，第 9—22 页。

② 赵祖康：《中国的公路与运输》，1937 年版，第 157 页。

③ 阿瑟·恩·杨格：《一九二七至一九三七年中国财政经济情况》，陈泽宪、陈霞飞译，中国社会科学出版社 1981 年版，第 360 页。

④ 阿瑟·恩·杨格：《一九二七至一九三七年中国财政经济情况》，陈泽宪、陈霞飞译，中国社会科学出版社 1981 年版，第 360 页；吴志恒：《中国近代公路运输》，见中国大百科全书出版社编辑部编：《中国大百科全书·经济学卷》，中国大百科全书出版社 1988 年版，同条目的原稿。

(三)航空

南京政府首创中国航空事业,但所设中国航空公司、欧亚航空公司以及惠通航空公司实由外国资本操纵,已见第一节第二目。

1929年5月南京政府交通部成立中国航空公司,与美国航空发展公司签订合同,由中方提供机场地勤设备,美方负责飞航,按里程给予酬金。经营以来,月亏10万元。1930年8月,改组成立中美合资的中国航空公司。资本1000万元,交通部占55%,美国飞运公司占45%(美国航空发展公司将其在华资产让与美国飞运公司)。开业后仍亏损,1933年由泛美航空公司接办,1935年才转亏为盈。

中国航空公司首先开辟上海—南京—汉口线,后扩展到宜昌、巴县、成都,即沪蜀线。1931年开辟上海—北平线,1933年开辟上海—广州线。到1936年6月,该公司拥有洛宁、司汀逊、道格拉斯等型式飞机17架。1936年,该公司飞行246.6万千米,乘客18567人,1200万人千米,载运邮件70806公斤。

1930年2月,南京政府交通部与德国汉莎航空公司签订航空邮运合同,翌年2月成立欧亚航空公司。原定资本300万元,1935年增为750万元,1936年增为900万元,交通部占2/3,德方占1/3。1931年开辟上海—北平—满洲里航线,是为拟定飞往德国柏林的第一段,旋因日本侵占东北不得不放弃。后该公司开辟上海—兰州航线,亦因受阻于新疆,未能飞往欧洲。同时建立北平、上海、昆明之间的航空运输。该公司拥有容克型飞机7架,其中4架是租用的。1936年,该公司飞行91.1万千米,乘客5115人,312万人千米,载运邮件26961公斤。

1933年,由广东省、广西壮族自治区政府合组的西南航空公司开业,资本150万元,内拟招民间投资105万元。该公司经营华南航运,并与法国航空公司合作,租用法航飞机,飞往河内,与法航的欧洲航线衔接。

1936年11月成立的惠通航空公司,资本270万元,名义上为中日合办,中方出资50万元,日方出资220万元,实际上则全由日本人经营管理。总公司设在北平,经营与伪满洲国之间的航运,有天津—大连、北平—天津—锦州、天津—北平—承德、天津—北平—张家口、北平—沈阳5线，总长2500千米。因与伪满通航，引起群众及舆论界的抗议。[①]

（四）航运

民国以来，有由省航运局、港务局、铁路工程局等官办的航运机构六七处，但船只甚少，或供自用，航运业中最大者仍为招商局。招商局可称中国官僚资本企业的典型，本书第二卷中曾详记其历史，本节论述从简。

原来的招商局自1909年起，名义上已完全是商股商办，但始终由官僚主持，北洋政府时期成为政客斗争的工具，官督、国有之议不绝如缕。到南京政府时期，终于完成国有化，而其间整理、监督，诡谲变化，令人目眩。

1927年蒋介石率军进入上海时，当时招商局主要负责人、上海总商会会长傅筱庵以供给孙传芳军饷及轮运被国民党通缉。3月，南京成立清查整顿招商局委员会，11月，设立招商局监督办公处，由交通部长王伯群兼任监督，参事赵铁桥任总办。这时，招商局是由李鸿章之孙李国杰任董事长兼总经理，认为此举是“启官厅干涉商权之渐，不独股东在职人员惊慌失措，即上海其他商办公司亦为之疑虑不安”[②]，对于南京之监督抗不受命。1928年年初，监督处命令解散招商局董事会，设招商局管理处，由赵铁桥兼管理处总办，李国杰称病不出。8月，南京政府在全国交通会议上原则通过招商局国有的决议。李国杰则声称南京“非四百万现款不能入局”。[③] 1929年6月，国民党决定将招商局改隶国民政府，派专员整理，并令总办赵铁桥代行专员职权。1930年7月，赵铁桥被刺身死，南京数派专员，均为时甚短。

---

① 本目主要依据：中央党部国民经济计划委员会：《十年来之中国经济建设》，南京扶轮日报社1937年版，第36、42页；阿瑟·恩·杨格：《一九二七至一九三七年中国财政经济情况》，陈泽宪、陈霞飞译，中国社会科学出版社1981年版，第361—363页；东亚研究所：《日本の对支投资》上，东亚研究所1942年版，第553页。

② “李国杰破坏整理招商局及把持营私之供状”，引自金立成：《招商局史料》，《学术月刊》1982年8月号，第21页。

③ 金立成：《招商局史料》，《学术月刊》1982年8月号。

1932 年春,南京内部政争结果,将招商局拨回交通部管辖,派次长陈孚木为监督,李国杰任总经理,接收总管理处,继续经营。10 月,又决定将招商局收归国营,取消监督处,另设理事会及监事会,任刘鸿生为总经理。规定原招商局股票,以航业股二股、产业股一股合成一套,每套作价 50 两,由政府收买,共支付 200 多万两。按招商局当时有轮船 5.8 万余吨,房地产众多,总值近 2000 万两。① 有人认为,当时招商局每套股票至少值 300 两。这样,有 61 年历史的招商局,终被南京政府以约 1/6 的代价囊括而去。不久,陈孚木、李国杰又以私押局产被控,陈逃亡,李被捕入狱,判刑 3 年。②

招商局机构庞杂,管理腐败,弊窦丛生,除欧战数年间外,一直都在亏损,其情况见表 2—33。1929 年,资本主义世界经济危机爆发,海运萎缩,该局亏损达 200 余万元。1931 年,国内经济危机开始,长江舰运亦不景气,这也是南京政府得以轻易得手的原因之一。南京政府接管后,曾拨借中英庚款 36 万英镑,向英国订购海轮 4 只,并进行了一些改革,该局营业略有进展。1933 年货运、客运、货栈收入略有增加,该年免于亏损。但以积弊太深,又为 2000 余万元债务所累,1935 年又亏损 200 万元以上。该局海轮、江轮,由 1927 年的 28 只减为 1931 年的 24 只,国营以后,到 1935 年恢复到 28 只,因系新轮,吨位加大。1936 年,连同小轮拖轮共 8.6 万余吨,占全国 57.6 万余吨的 15%。

表 2—33　1927—1935 年招商局经营概况

项目 年份	海轮江轮 (只)	总吨位 (吨)	营业净损益 (元)
1927	28	62112	-1758042
1928	27	60266	-1194920
1929	26	58932	-2275046

① 1920 年估价 1626 万两,见本书第二卷第六章附录甲表二。

② 金立成:《招商局史料》,《学术月刊》1982 年 8 月号;又有关招商局内部斗争见尤质君:《我在招商局的见闻》,见中国人民政治协商会议全国委员会文史资料研究委员会编:《文史资料选辑》第 64 辑,中华书局 1979 年版。

续表

项目 年份	海轮江轮 （只）	总吨位 （吨）	营业净损益 （元）
1930	24	54535	-2094635
1931	24	54535	-1743722
1932	26	58237	-2278190
1933	25	56700	433708
1934	27	68100	-1467795
1935	28	71117	-2321700

资料来源：严中平等编：《中国近代经济史统计资料选辑》，科学出版社 1955 年版，第 252—253 页。原据《国营招商局七十五周年纪念刊》。

注：1926 年以前情况见本书第二卷表 5—35。

（五）邮电

本时期邮政和电信事业发展比较平稳，没有北洋政府时期那些事故，也无大的建设，故从简。

本时期邮政已基本上由南京政府管理，唯仍推行法国人黎帛等所定的邮区和全程全网通信制度，有较严格的服务规章，邮件能安全、准时投递，职工稳定，是唯一效率较高的国营事业。到 1936 年，不计东北，有邮政局所 72619 处，及于镇市，有职工 2.8 万余人，邮路 58.48 万千米。1920—1929 年，平均每年递送邮件 5.36 亿件，1930—1936 年增至 7.83 亿件；同期间，平均年收入由 2400 万元增至 4070 万元。唯 20 年代末邮政收入中，汇兑收入有五六百万元，邮政储金达 1800 万元。1930 年南京政府将储金汇兑事业从邮政分离出去后，邮政事业转为亏损。1935 年，邮政储金汇业局复归邮政总局系统，再转为盈利。1929 年核估邮政全部资产 2000 万元，1936 年连同邮政储金汇业局，当在 1 亿元以上。

电信方面，有线电报本期内甚少建设。1922 年全国有电报线路 9 万千米，电报局所 928 处，发报设备 2244 台；1936 年，电报线路仍维持 9.4 万千米（不计东北），电报局所 1272 处，发报设备 2443 台（1935 年）。唯本期内，结束了北洋政府时期地区分割的局面，由交通部统一管理，递送电报量由 1922 年的 250 万件增为 1934 年的 400 万件。同时，官电、军电比重由前期的1/3减为本期的1/5强,欠资和截留报费减少,有利于业务经营。

无线电报,北洋政府时期开始建设,但主要还是长波电台,本期转入短波,其设备以国际通信为主。沈阳的大功率短波电台,1928年才全部完工,惜不久沦陷。上海真如国际电台系北洋政府借外债建设,本期始得实用,发展较快,大量替代了外商水线。1936年,交通部所属电信职工共2.07万人。

市内电话原多属商办,本期内渐由交通部统一设局经营,较完备者有25个城市。1937年,电话交换机总容量104404门,并有长途电话线路5.3万千米。唯市内电话用户不过7.3万多户,还谈不上普及率,交换设备也属落后。①

四、工矿企业的发展

南京政府成立初期尚无力举办工矿企业,而主要是接收北洋政府的官营企业。在国民党进军东南中制定的“处理逆产条例”包括“部分逆产”企业,从而扩大没收范围。如山东峄县中兴煤矿因有北方军阀股份,即由蒋介石下令没收,经股东及上海银行公会交涉,报效军饷100万元,始将商股发还。其他有“逆股”之较小企业则改为官商合办。南京政府于1928年设建设委员会,为办理国营事业最早之机构,所办企业亦主要是接管或兼并原有企业而来。1931年南京政府成立全国经济委员会,国际联盟派沙特(Sir Arthur Salter)协助,才开始研究建设计划。该会设公路、水利、农业等处而不及工矿业。1935年资源委员会正式成立,才有了开发工矿企业的组织,唯该会所拟三年计划,未及实施而抗战爆发。故就抗日战争前而言,南京政府所办工矿企业实属有限,在全国工矿业的投资中,仅占15%左右。

① 邮电史编辑室编:《中国近代邮电史》,人民邮电出版社1984年版;赵梅庄:《中国近代邮电事业》,《中国大百科全书·经济学卷》,中国大百科全书出版社1988年版,第1337页;Chinese Year Book,1936—1937,Shanghai,p.1086、p.1109。

（一）军工业

中国的官僚资本是从创办军用工业开始的，并占洋务派企业投资的绝大部分。北洋政府时期，军用工业仍是官办企业的重要项目，不过已由洋务派“师夷长技以制夷”的口号变为军阀混战的工具。国民党定都南京后，内战不已，军工投资更扩大了。20世纪30年代，南京政府所属，大约有兵工署系统的兵工厂10余家，军需署系统的被服、粮秣、炼钢、化工等企业16家，海军部系统的造船、飞机等企业和工程处10个单位，航空委员会所属的飞机修理厂3处。① 其造船、炼钢等重要企业下面分述，这里只论兵工厂。

国民党对军工设施采取保密制度，故此时期的兵工业已不详悉。大约兵工厂中仍以汉阳为主，制造火药及各种兵器。河南巩县兵工厂原隶地方驻军，1929年归南京军政部直辖，加以扩充，制造由弹药转向枪械。济南兵工厂此时亦加扩充，以制造枪械为主。陕西华阴兵工厂属新厂，有一定规模。以上连同在技术上较强的上海、金陵，称六大兵工厂。但本时期发展更快的乃是湖南、广东、四川等地方兵工厂。这几处名义上尚属南京系统，唯如在四川，地方驻军自设者闻有100余家。山西兵工厂则纯为阎锡山所控制，自1920年扩建以来，发展甚快。张作霖于1920年筹设的沈阳兵工厂，不断扩充，成为设备较全、规模不下于汉阳的军工业，唯“九一八”事变后尽陷敌手。

本时期兵器是以进口为主，制造上甚少进步。原上海、汉阳所造克虏伯式快炮，稍有改进。欧战后新兴的迫击炮，制造较易，各厂均可仿造，以法国布朗德式为多，口径止于82毫米。沈阳厂仿造日本三八式75毫米野战炮和日式75毫米高射炮，属新产品，唯后者用途不大。炮弹原用生铁，1931年巩县兵工厂始用钢制开花炮弹，1934年创造钢制榴弹炮弹，迫击炮弹仍用生铁。枪的发展较为齐全。1912年曾以德式毛瑟枪改订成“元年式”步枪，但未能统一枪制。后日本三八式6.5毫米步枪流行较

① 此系日本人调查，见昭和二年版《新编中国年鉴》、昭和十年版《中国年鉴》。

广,20世纪30年代逐渐通用7.9步枪。金陵厂早已制造马克沁机关枪;后上海、汉阳、广东厂分别仿造了法式轻机关枪、美式水冷机关枪、美式冲锋机关枪;30年代沈阳、汉阳、巩县、广东等厂都造法式6.73毫米手提机关枪,称新产品。又各厂制配有木壳的法式白朗宁手枪,俗称盒子炮,尚实用。这些兵器远落后于世界标准,但用于内战已足应付。①

火药方面,有所改进。除栗色火药和无烟火药外,汉阳厂1922年制成黄色火药,1929年制成梯恩梯(硝铵火药),属新产品,并用于开花炮弹。硫酸、硝酸亦能自给。

(二)江南造船所、马尾造船所、汉冶萍公司

江南、马尾是南京政府两家最大的造船厂(余为厦门厂、大沽厂),而其命运迥异。

江南造船所隶南京政府海军部,调马尾造船所所长马德骥为所长。马是留美造船工程专家,结合该所有经验的技术专家陈藻藩、郭锡分等,改变了原来由英国人R. B. 毛根把持所务的局面(毛根的兄弟A. C. 毛根仍任总工程师)。1930年,海军部将海军轮电工作所(经管海军电信工程)并入江南造船所。1931年,又将原在马尾的海军飞机工程处并入江南,制成江鹤、江凤、江鹉、江鹟等侦察机和教练机。1932年,江南造船所添建三号船坞,至1936年全部完成,长647英尺,深26英尺,造价260余万元,成为当时全国最大的船坞。马德骥还改组了江南的组织机构,唯不免发生庞大臃肿之弊,不如英国人管辖下之精简。同时,废除锻工、铸工部门的包工制,改为计时工;废除旧有学徒制,改设艺徒训练班。

本时期,江南造船所仍执行商业性经营的方针。但与前一时期比,海军造修舰艇的业务显著增加。自1905年该所独立经营至1926年的22年间,新造海军舰艇只占造船总数的7.3%和排水总吨位的3.4%。本期则承造军用舰艇85艘,14568吨,分别占本期总数的37%和24%。本时

① 参阅张焯焄:《七十年来中国兵器之制造》,《东方杂志》1936年第33卷第2号;F.F. Lin:A Military History of Modern China,1924-1949,Princeton:Princeton University Press,1956,pp.154-155。

期，海军添造的万余吨舰艇，除平海、宁海两舰订自日本外，均系由江南承造。此外，江南还为海军改造废旧舰艇 11 艘，5989 吨。商业经营仍占主要地位，而其中为外商造船的比重减少，为本国航运公司及机关服务的比重增加。过去 22 年，承造本国民用航轮只占造船总数的 29.7%、总吨位的 22.2%，本期则分别占 36.5%和 42.3%，计 85 艘、25756 吨。这反映本国航运业的发展，尤其是承建了民生公司大小江轮 11 艘、6300 余吨，江南也以造川江浅水轮船技术闻名。

本时期江南造船、修船及财务收支状况见表 2—34。

表 2—34　1927—1937 年江南造船所的生产和财务收支

项目／年份	造船		修船进坞只数	财务收支（万元）		
	只数	排水量（吨）		收入	支出	盈余
1927	8	749	142	235.1	222.6	12.5
1928	39	10646	252	553.8	444.2	109.6
1929	25	4303	249	411.1	462.4	-51.3
1930	25	8854	229	423.2	427.1	-3.9
1931	17	4474	247	428.7	445.2	-16.5
1932	12	4937	216	374.2	250.6	123.6
1933	23	5800	266	559.7	566.7	-7.0
1934	15	2562	303	345.0*		-10.0*
1935	25	5153	267	400.0*		40.0*
1936	21	5049	277	500.0*		50.0*
1937	20	8315				
合计	230	60842	2448			

注：* 1934 年以后无公告记录，系据有关材料估计数。
资料来源：上海社会科学院经济研究所：《江南造船厂厂史》，江苏人民出版社 1983 年版，第 183、186、199 页。
说明：修船数据老技工黄容保存的船名录，限于进坞修理者，又不包括海军舰艇的修理。
1926 年以前造船及财务情况见本书第二卷表 5—18、表 5—19。

据表 2—34，1927—1937 年江南平均每年造船 20.9 艘、5531 吨，而在过去 22 年，平均每年为 23 艘、7506 吨。财务状况，本期 11 年中有 4 年亏损，而过去 22 年中仅 1 年亏损。这种情况，首先是反映了 20 世纪 30 年代初的经济危机。表见1931—1934年造船数锐减;吨位减少更甚则是因为没有欧战时期为美国建造万吨运输舰那种生意,招商局也停购大型商轮。其次,为海军服务比重增加对江南收入的影响颇大。依规定,江南为海军部造船仅计成本价,不加利润。又海军部常拖欠价款,并须由江南造船所垫支修理费,此不见于表列收支,但影响利润。前期1912—1926年江南共垫支海军修理费168万余元,而本期1927—1933年7年已垫支330万余元(1934年以后无报告)。马德骥一度辞职由海军部长陈绍宽暂兼所长,即由于此。①

福州船政局在北洋政府时期已衰落不堪,1926年改称马尾造船所。南京政府接管后,仍隶海军部。该所经费仍是靠政府拨款,1927年减为每月1.4万元,1933年再减为0.8万元。本时期仅为当地机关造码头船、警艇5艘,造纸机一套,生产实处于停顿状态。唯曾以20万元修建第二号船坞;又在马德骥主持下,筹款105.7万元修建莲柄港电力灌溉工程,可灌田6万亩(实际供水量不到原计划的2/3)。左宗棠遗留下来的学堂,则一直继续下来。1931年改称海军学校,招收航海、轮机、造船学生,训练严格,并继续派留学生出国,许多海军名将和轮机工程师都是出身福州。②

汉冶萍公司1925年已全部停止炼铁,煤矿减产并停止炼焦,铁矿也减产,靠购买象鼻山铁砂输往日本,在日本借款压力下,实际是由日本人管理。但是,它拥有4000万元资产,仍是当时中国最大的“商办”工矿企业,北洋政府曾屡谋官办、官商合办未成。北伐战争时期,武汉国民政府接管了官办象鼻山铁矿,并于1927年3月成立整理汉冶萍公司委员会。由于日本干预和抗议,工作未能进行,仅利用安源工会力量,暂时接管了萍乡煤矿。武汉军事委员会又设筹备处,拟接管汉阳铁厂生产,亦因日本干预未果。宁汉合流后,南京政府于1928年1月重组整理汉冶萍委员会,拟予接管;日本领事提出抗议书,日本军舰开往大冶示威,日本外务部

---

① 江南造船所资料均据上海社会科学院经济研究所:《江南造船厂厂史》,江苏人民出版社1983年版。

② 资料据林庆元:《福建船政局史稿》,福建人民出版社1986年版。

派公森太郎来华交涉，南京政府屈服。5月，南京成立农矿部，再次谋求接管，并训令汉冶萍交出财产。1929年3—4月，日本通过驻沪领事重光葵三次提出抗议，公森太郎等再次来华，南京政府再次屈服。

本时期，萍乡煤矿勉强维持生产，年不足20万吨。大冶铁矿一度停工，旋部分恢复。1928年4月，日本昭和制铁所提出"改变历来对汉冶萍政策"，"今后只以汉冶萍供应矿石为满足"，而不要其生铁，因"此种办法与直接输入矿石，以之连续炼铁炼钢做法相比，甚不经济"；故汉冶萍的炼铁厂始终停废。铁砂输日，原有定价，昭和制铁所因世界经济危机，1930年将价格压至每吨5日元，1931年又压至每吨3.5日元。"九一八"事变后，汉冶萍公司继续以铁砂输日，引起各界舆论声讨，南京政府则不敢干预。1934—1936年，输日铁砂骤增，到1937年初，南京实业部才核定该公司输日铁砂以这3年的平均数为限。本期间，铁砂年产量已无过去70万—80万吨之高峰，而输日量仍旧，以致平均占产量的90%左右，汉冶萍变成纯粹供应日本铁砂的企业。情况见表2—35。公司继续借用日债，以应付庞大开支，1927—1930年共借日债5笔，计282.5万日元，"九一八"事变后始停借。①

表2—35　1927—1937年汉冶萍公司的铁矿砂产量和输日量

年份＼项目	产量（吨）	输往日本（吨）	输日占产量（%）
1927	243632	183193*	63.1
1928	419950	398410	94.9
1929	476096	391140	82.2
1930	377667	391380	103.6
1931	425000	254515	59.9
1932	382002	330000	86.4

① 南京拟接管的经过，据武汉大学经济学系编：《旧中国汉冶萍公司与日本关系史料选辑》，上海人民出版社1985年版，第十六、十七章；其余据同书第1041、1058、1060、1068、1119—1120页。

续表

年份 \ 项目	产量（吨）	输往日本（吨）	输日占产量（%）
1933	366339	368170	100. 4
1934	382800	468420	122. 4
1935	654366	536690	82. 0
1936	660180	533300	80. 8
1937	361639	277720	76. 8

注:1926 年以前的情况见本书第二卷表 5—21、表 5—24。
* 包括象鼻山铁砂 29414 吨。
资料来源:产量见陈真编:《中国近代工业史资料》第三辑,生活・读书・新知三联书店 1961 年版,第 440 页、第 4 辑第 742、755 页。
输日量据武汉大学经济学系编:《旧中国汉冶萍公司与日本关系史料选辑》,上海人民出版社 1985 年版,第 1122 页。

(三)建设委员会和中国建设银公司

建设委员会经营的事业主要有电厂和煤矿。

1927 年,南京政府接收原官办南京市电灯厂,改称首都电厂,交建设委员会经营。该会发行电气公债,予以扩建,并建下关新厂,业务扩至宁属 3 县,并增电力、电热供应。1936 年,该厂资本 640 万元,有发电机 4 座,发电容量约 30000 千瓦,总资产由原来的 50 万元增至 1300 万元。①

1928 年,江苏武进商办震华电厂因欠德商西门子洋行债务,被建设委员会接管,同时接管了与该厂有供电关系的商办无锡耀明电厂,改称戚墅堰电厂。1929 年,原两厂股东及一度由两厂合组的永兴公司向南京申诉,要求发还产权;建设委员会未予理会,唯以电气公债偿还商股及外债。戚墅堰电厂发展很快,以供应电力,对无锡工业发展颇有贡献,又办理电力灌溉,1929 年武进、无锡已有电灌面积 42874 亩。1936 年,该电厂有发

① 陈真编:《中国近代工业史资料》第三辑,生活・读书・新知三联书店 1961 年版,第 775 页;中央党部国民经济计划委员会:《十年来之经济建设》第 6 章,南京扶轮日报社 1937 年版,第 6 页。

电机 4 座,发电容量 17100 千瓦。①

浙江湖州商办长兴煤矿,资本 275 万元,银行借款 300 万元,因有浙江军人投资,1927 年被建设委员会接管。股东屡请发还产权,建设委员会不予理会,唯以债券偿还商股。河南焦作中原煤矿公司,资本 250 万元,内有河南盐捐公款 100 万元,商股 150 万元,1927 年由冯玉祥派人监管。1929 年蒋冯大战冯败走后,蒋介石令建设委员会接管,因股东及河南地方反对未果。②

1929 年,建设委员会开发安徽怀远县煤田,即淮南煤矿,1932 年投产,工程费 150 万元,主要以电气公债拨充。1933 年开始修筑由怀远至芜湖对岸裕溪口铁路,全长 215 千米,即淮南铁路。筑路工程费 510 余万元,以出让长兴煤矿价款 63 万余元,向上海银行团先后借款 370 万元及该会盈余拨充。又扩大矿区,与商办大通煤矿接壤。大通资本 140 万元,建设委员会于 1936 年收买其股份 4.57 万元,纳入淮南联营。淮南煤矿盈利逐年增加,1933—1937 年 6 月共盈利 236 万元,平均每年 50 余万元。至 1937 年 6 月,矿路资产总值 1080 万元,内建设委员会投资约 600 万元,工程设备共 900 万元。③

1937 年春,建设委员会以该会负债超过投资一倍半为由,经国民党中央政治委员会决议,将所办首都电厂、戚墅堰电厂、淮南煤矿、淮南铁路委托给中国建设银公司,招商经营。中国建设银公司系宋子文卸任财政部长

① 陈真编:《中国近代工业史资料》第三辑,生活·读书·新知三联书店 1961 年版,第 777 页;中央党部国民经济计划委员会:《十年来之经济建设》第 6 章,南京扶轮日报社 1937 年版,第 9 页;王方中:《旧中国农业中使用机器的若干情况》,《江海学刊》1963 年第 9 期。

② 陈真编:《中国近代工业史资料》第三辑,生活·读书·新知三联书店 1961 年版,第 704、776 页。中原公司于 1931 年蒋冯阎大战后,与英商福公司合组中福煤矿公司,由河南省派财政厅长李文浩任总经理。1934 年,福公司董事长吴德罗夫(Woodruff)面见蒋介石,不满河南省领导。蒋介石遂将中福公司改归军事委员会领导,派翁文灏、孙越崎为整理专员。1935 年,中福结束亏累局面,产煤 105 万吨,盈利 112 万元。因此,中原实亦属官僚资本范围。参见孙越崎:《中福煤矿的坎坷道路》、张仲霄:《英商福公司和道清铁路》,见中国人民政治协商会议全国委员会文史资料研究委员会编:《文史资料选辑》第 2 辑。

③ 陈真编:《中国近代工业史资料》第三辑,生活·读书·新知三联书店 1961 年版,第 782—784 页。

后于1934年6月创办,资本1000万元,孔祥熙、张嘉璈、宋子良及中国、交通、金城等银行均有股份,宋子文任董事长,宋子良任总经理。该公司属投资公司,以引进外资,对企业控股为目的。该公司接办首都电厂、戚墅堰电厂,并收买汉口既济水电公司股份,组成扬子电气公司。扬子资本1000万元,内保留建设委员会股本200万元,余由建设银公司募足(银公司自持股60%)。中国建设银公司接办淮南煤矿、淮南铁路后,成立淮南路矿公司,资本1000万元,内保留建设委员会股本200万元,余由建设银公司募足。①

中国建设银公司还于1936年与全国经济委员会、陕西省政府创办西京电厂,并拟与陕西省政府合办同官煤矿和修建同官—咸阳铁路。② 又于1936年与铁道部、四川省政府、法国银团合作创设川黔铁路公司,资本2000万元,并与法国银团签订3450万元借款合同,抗战前完成内江至重庆段路基及桥梁涵洞工程。③

1936年年底,中国建设银公司总资产3283.6万元,内各项投资750.4万元,放款752.8万元,现金892.9万元,当年纯益191.4万元。④

(四)实业部、资源委员会

1930年年末农矿、工商部合并为实业部。原拟办的中央钢铁厂,经4年谈判,1932年由实业部与德国喜望公司签订草约,后喜望公司变卦,终成泡影。1934年,我国经济危机最严重之时,实业部与棉业统制会调查申新资产,并予低价估值。当时"报载官息,屡有政府将申新等厂收归国营之说",纱厂同业电行政院抗议,其事遂寝。⑤ 1937年,实业部约集新

---

① 陈真编:《中国近代工业史资料》第三辑,生活·读书·新知三联书店1961年版,第788—789、1023页。

② 陈真编:《中国近代工业史资料》第三辑,生活·读书·新知三联书店1961年版,第1025、1027页。

③ 宓汝成:《帝国主义与中国铁路(1847—1949)》,上海人民出版社1980年版,第291、668页。

④ 陈真编:《中国近代工业史资料》第三辑,生活·读书·新知三联书店1961年版,第1034页。

⑤ 电文见陈真编:《中国近代工业史资料》第三辑,生活·读书·新知三联书店1961年版,第790—791页。

闻、出版界建立温溪造纸厂，资本 320 万元，官商合办，旋以抗战军兴，未果。抗战前，实业部建成的企业有下列 3 厂。

中央机器制造厂，1932 年筹办，1936 年投产，资本 310 万元，由英庚款项内拨付。厂设上海，机器设备购自英国。①

中国酒精厂，实业部与华侨黄江泉、沪商赵晋卿合办，1933 年筹办，1935 年投产。资本 130 万元，内官股 15 万元，由英庚款项内拨付。厂设上海，机器设备购自英国，日产量 3 万公升。酒精生产后跌价倾销，上海华商酒精厂抗议，1936 年该厂再次跌价，又引起抗议。②

中国植物油料厂，由实业部与川、鄂、湘、浙、皖、赣 6 省政府及油商合组，1936 年成立。资本 200 万元，先收 100 万元。抗战前，该厂主要是经营桐油出口，并在上海、汉口、芜湖、万县、重庆设炼油厂；如芜湖厂资本 10 万元，有新式榨油机 3 部，日可出油 10 吨。③

资源委员会是南京政府办理工矿事业最重要的机构，其发展主要在抗战以后，将于第四章第三节详述。抗战前，它主要是经办钨锑的对外贸易，建立了少数重工业机构。

钨锑都是战略物资，并为中国特产。1930—1933 年，中国钨产量占世界钨产量的 41.4%，同期中国锑产量约占世界锑产量的 70%强。④ 德国在希特勒执政后，扩军备战，急需储备钨锑。而这时蒋介石在军队以至警察、特工的组训上都刻意师法法西斯德国。1935 年，德国派特使克兰（Klien）见蒋介石，随后由孔祥熙与德国签订了“中德经济合作条约”，两国实行易货贸易。蒋介石将此事交资源委员会办理，1936 年 2 月与德国经济部签订了一个 1 亿金马克的借款合同。资委会从这笔借款中获得不

① 中央党部国民经济计划委员会：《十年来之中国经济建设》，南京扶轮日报社 1937 年版，第 2—89 页。

② 陈真编：《中国近代工业史资料》第三辑，生活 · 读书 · 新知三联书店 1961 年版，第 793—797 页；中央党部国民经济计划委员会：《十年来之中国经济建设》第 2 章，南京扶轮日报社 1937 年版，第 93 页。

③ 陈真编：《中国近代工业史资料》第三辑，生活 · 读书 · 新知三联书店 1961 年版，第 797—800 页。

④ 陈真编：《中国近代工业史资料》第四辑，生活 · 读书 · 新知三联书店 1961 年版，第 963、980 页。

足1/10(981.944万马克)的款项用以建设工业,其余都用于购买军火和兵工厂器材。借款由中国以桐油、猪鬃和钨、锑偿还,即所谓易货偿债。桐油、猪鬃由中央信托局收购和出口,钨、锑由资委会办理,各拨给1000万元周转金;同时宣布对四种物资实行贸易管制。

中国钨矿主要在江西,次为广东、湖南,锑产集中在湖南,均手工开采,由省管理机构和商人收购。资源委员会接手后,即于南昌设钨业管理处,长沙设锑业管理处,与地方机关共同收购;于上海、汉口设国外贸易事务所,垄断出口。德方则于上海设合步楼公司(Hapro Co.),办理易货。1936—1937年资委会出口钨16697吨,内易货5183吨,出口锑8583吨,内易货1247吨。由于此时自销量大于易货量,又值价格上涨,资委会颇获盈利。①

工业建设方面,资委会于1935年拟订五年计划,分冶金、燃料、化学、机器、电子五个部门,计需资2.7亿余元,除请国库拨款外,均利用外资,并利用外国技术。1936年夏政府拨款1000万元,次年再拨2000万元。资委会陆续设立了25个企事业单位,列入表2—36。其中6个是与省政府或其他部门合办,矿业多是在接办或收买原民矿基础上扩建的。抗战军兴,25个企事业单位中有9个结束或停办,5个迁往内地。它们大多于1938年以后才形成生产力,将于第四章中再详为介绍。

表2—36 1936—1937年资源委员会抗战前设立的企业事业单位

设立时间	企事业名称	所在地	附注
1936年1月	锑业管理处	长沙	
1936年2月	钨业管理处	南昌	另与省府合办钨矿工程处,1938年11月结束
1936年	国外贸易事务所	上海、汉口	1938年迁中国香港
1936年6月	中央钢铁厂	湘潭	1938年6月停办
1936年6月	茶陵铁矿探勘队		1938年11月停办

① 吴太昌:《国民党政府的易货偿债政策和资源委员会的矿产管制》,《近代史研究》1983年第3期。

续表

设立时间	企事业名称	所在地	附注
1936 年 7 月	彭县铜矿筹备处	四川彭县	接收原官矿，与重庆行营联合投资
1936 年 8 月	江西钨铁厂	江西吉安	存沪机器被毁，停办
1936 年 8 月	阳新大冶铜矿探勘队	阳新、大冶	1938 年 2 月结束
1936 年 9 月	中央机器制造厂	湘潭	1938 年迁昆明
1936 年	中央电工器材厂	湘潭	有 4 厂，1938 年迁滇桂
1936 年	中央无线电制造厂	湘潭	与湘省府及广播事业委员会合办，1938 年迁川
1936 年	中央电瓷制造厂	长沙	与交通部合办，1938 年迁川
1936 年	高坑煤矿局	江西安源	收买民窑，1938 年 10 月结束
1936 年	湘潭煤矿公司	湘潭	与中福公司合办，收买民矿，1938 年 11 月结束
1937 年 1 月	灵乡铁矿探勘队		1938 年 3 月结束
1937 年 2 月	天河煤矿筹备处	江西天河	与省府合办，收买民矿
1937 年 7 月	龙溪河水电厂	长寿	
1937 年 9 月	水口山铅锌矿探勘队	常宁	1938 年 8 月结束
1937 年	四川油矿探勘处	巴县	
1937 年	中央炼铜厂	昆明	后改称昆明炼铜厂
1937 年	重庆炼铜厂	重庆	
1937 年	云南锡矿工程处	个旧	
1937 年	青海金矿办事处	西宁	与省府合办
1937 年	四川金矿办事处	松潘	
1937 年	宜洛煤矿	宜城洛阳	接办原企业，战后停

注：原国防设计委员会 1926 年接办的延长石油矿未包括在内，该矿 1936 年 5 月停采。

资料来源：资源委员会编：《资源委员会沿革》，1947 年油印本，参考其他资料修订。

（五）地方官僚资本企业

地方官僚资本也主要是在抗战中发展起来的。抗战前，仅在东北、广东和山西形成一定的规模。

张作霖父子在东北的经营，除农田、铁路、金融、兵工等外，以矿业为主。到“九一八”事变前，隶属于东北矿务局的五大矿，全都是接收、收买民办矿而来。辽宁黑山县八道壕煤矿，资本 117 万元，日产煤 250 吨。辽宁复州煤矿,资本 200 万元,日产煤 600 吨。辽源县西安煤矿,资本 220 万元,日产煤 700 吨。此三矿 1930 年产煤 42.2 万吨。海城县大岭滑石矿,资本 10 万元,日产滑石 300 吨。辑安县宝马川金矿,资本 4 万元,年产矿砂 500 余吨(每吨约含金 2 两)。此外,东北矿务局还接办阜新孙家湾、米家窝堡煤矿,后转租给商办,又兴城县富儿沟煤矿亦被该局接管。

规模最大的黑龙江汤源县鹤岗煤矿,系官商合办,1927 年完成矿区至莲江口铁路 55 千米,用款 176.8 万元,至 1930 年,该矿有资本 300 万元,日产煤约 1000 吨。吉林省与俄人合办的穆棱煤矿,资本哈大洋 600 万元,1925 年以 130 万元建成连接中东路之运煤铁路 60 千米,1929 年产煤 30 余万吨。官商合办的尚有金沟煤矿、延和金矿等。东北最老的官矿辽阳县天利煤矿,此时亦有辽宁财政厅的投资,纳入张氏资本系统。1930 年张学良并接办热河朝阳县的北票煤矿,该矿资本 250 万元,年产煤 50.9 万吨。同时接办的还有海城县麻耳峪滑石矿,复县复州湾黏土矿等。

制造业方面,主要是 1920 年建立的奉天纺纱厂。该厂资本奉大洋 450 万元(合 338 万元),内商股 200 万元,除中国、交通银行、东三官银号投资外,亦有张氏家族股份。该厂有纱机 2 万锭,布机 200 台,1930 年增购纱机一万锭,历年获利甚丰,唯 1930—1931 年亏损。此外,尚办有缫丝厂、制瓷厂、纸厂、印刷厂、惠工公司等。奉天电灯厂经几度扩建,发电容量增至 7000 千瓦,并在各市和矿场设电厂。航运业方面,1925 年组设东北航务局,接办戊通航运公司设备值 160 万元;1926 年接管中东路轮船 11 只,拖船 30 只,设立海军江运部。1927 年成立东北联合航务局,有轮船 53 只,拖船 71 只,风船 16 只,占松花江船舶总吨位的 80%,居垄断地位。1927 年,东北航务局资产达 246.6 万元,1928 年成立造船所,至 1930 年造大小船 20 余只。

1931 年“九一八”事变后,东北官僚资本全部沦入敌手。①

陈济棠、余汉谋在广东经营公营工业,在 1930 年后竭力扩充,至抗战

① 主要据孔经纬、傅笑枫:《奉系军阀官僚资本》,吉林大学出版社 1989 年版。

前有20余处：

士敏土厂，1928年设，月产水泥600吨，资产574万元，省营，年盈余300万元。

造纸厂，1933年筹设，1936年投产，资产637万元，省营。

广州电力厂，原赎自英商，华商办理，资产约500万元，1932年收归市营，装置新机，投资200余万元。

纺织厂，月出纱600包，以及匹头等，资产373.8万元，年产值220万元，省营。

糖厂，市头、顺德、新造、揭阳共7厂，月产砂糖1.41万吨，资产1169.7万元，年产值3000余万元，省营。又军区经营东莞、惠阳糖厂2处，月产约3000吨，资产约500万元。

又有肥料厂、硫酸厂、缫丝厂、织麻厂、啤酒汽水厂等，资产共675.5万元，均省营。

粤北乳源县煤矿，原商办，停办。1933年收归省营，估计资本约50万元，年产煤2000吨。

陈济棠在广东实行糖、火柴、树胶等统制，国外及外省来货均由省收关税，招商承办，有类盐之专卖。又利用关税独立，走私进口，积累资本。在抗战前，据称工业投资共达5000万元。①

阎锡山长期统治山西，被称为土皇帝。1930年中原大战后，阎氏蓄意经营山西本土经济，1933年拟定十年建设计划，资金来源则主要靠鸦片、卷烟、食盐专卖，广设银号、发行钞券及向各县征发而来。1932年筹设西北实业公司，首先设西北贸易商行办理特产输出，发行实业公债，由各县向人民摊派。继整理已办企业和办理新设厂矿，原山西兵工厂亦分部纳入公司，除生产兵器外，组成机器厂。到抗战前，阎锡山经营的事业，除同蒲铁路和山西省银行外，纳入西北实业公司者共33个单位。其重要者有：

---

① 陈真编：《中国近代工业史资料》第三辑，生活·读书·新知三联书店1961年版，第1171—1174、1177—1180页，主要据广东省银行1940年年鉴。

煤矿一、二、三厂,月产能力124400吨。

定襄、宁武等铁矿6处,月产能力2.92万吨。

炼钢厂,月产能力生铁1.48万吨,钢材3600吨。

电厂,设备容量1.25万千瓦。

西北洋灰厂,月产能力1.4万吨。

西北铁工厂、西北铸造厂、育材机器厂,生产工具机及兵器,机器厂管理处生产枪枝,西北农工器具厂亦生产炮弹,化学工厂月产火药、炸药115吨。

西北毛织厂,月产能力毛呢3.6万码、毛哔叽7.2万码。

晋华卷烟厂,月产能力2000箱。

西北造纸厂,月产能力280吨。

余为机车修理、汽车修理、电机、酸碱、油脂、酒精、氧气、火柴、陶瓷等厂。

1936年,西北实业公司有职员2044人,工人19048人,1937年上半年获纯益300余万元。①

第三节 民族资本主义经济的发展

前节论官僚资本是从1927年南京国民政府成立开始,本节论民族资本则依本卷编制,从1921年开始,叙至1936年。本书屡已言及,我们所谓民族资本即通常所称民办、商办、华商等资本主义企业,行文亦用当时习惯称谓。唯本节内容限于工矿、航运和银行业,而商业资本的发展另于第五节考察,又资本主义农业和手工业也另设章节,读者可参阅。

---

① 陈真编:《中国近代工业史资料》第三辑,生活·读书·新知三联书店1961年版,第1199—1201、1208—1210页,主要据曲宪治:《西北实业公司之今昔》,《西北实业月刊》1946年8月号。

一、概　　述

我国民族资本主义工商业,经历甲午战争后的初步发展时期和第一次世界大战中的进一步发展时期以后,到本时期,实况如何,尚无定论。过去有“破产半破产”之说,但乏确证。大约银行业颇有发展(或说畸形发展),航运业亦有增进,可无疑义。重要部分在于工矿业。这可从两方面看:一是企业的创设和投资额,二是设备能力和实际产量的消长。

从企业的创设和投资看,据农商部公司注册统计,迄 1928 年共有工业公司 716 家,注册资本 46312.7 万元,平均每家 64.7 万元。1929 年至 1935 年 6 月注册工业公司 1966 家,资本额 56039.4 万元,平均每年 8621.4 万元,每家 28.5 万元。[①] 中国工业企业采取公司组织者并不普遍,此投资数亦未顾及币值变动因素。另一种统计是雇工在 30 人以上的工厂,1920 年有 808 家,1925 年为 1457 家,1930 年为 2651 家,而 1931—1934 年 6 月仅注册 435 家。[②] 以上两种统计都不限于中国资本。杜恂诚曾广泛收集中国资本创办的企业资料。因其资料至 1927 年为止,我们选其本时期的 7 年(1921—1927 年)与前一时期 7 年(1914—1920 年)对比;1928 年以后则用按工厂法注册的数字来代替,计至 1934 年,也是 7 年。又将各年的投资额(设立时资本额)都按物价指数折成 1913 年币值。统计结果见表 2—37。我们在本书第二卷中曾指出,欧战时期的所谓黄金时代主要指利润优厚,非指投资。从表 2—37 可见,二三十年代之平均每年投资额,折成 1913 年币值,并不低于欧战时期,设厂数目则趋增加,平均设厂规模无大变化。其中 1928 年因系南京政府成立后首办注册,可能包括前未注册工厂,致使数字偏高。至于本时期投资趋势中形成的高潮和低落与危机,下面再说明。

---

① 陈真编:《中国近代工业史资料》第四辑,生活·读书·新知三联书店 1961 年版,第 59 页。

② 1920—1924 年据郑友揆:《中国的对外贸易和工业发展,1840—1948》,程麟荪译,上海社会科学院出版社 1984 年版,第 37 页;余据申报年鉴社:《申报年鉴》,申报年鉴社 1936 年版,第 806—807 页。

表 2—37　1914—1934 年工矿企业的设立及其投资

年份＼项目	新设企业(家)	资本额		年份＼项目	新设企业(家)	资本额		年份＼项目	注册工厂(家)	资本额	
		当年币值(万元)	1913 年币值(万元)			当年币值(万元)	1913 年币值(万元)			当年币值(万元)	1913 年币值(万元)
1914	102	1487	1487	1921	184	7617	5480	1928	250	11784	7753
1915	114	1961	1691	1922	144	5401	3971	1929	180	6402	4104
1916	86	1391	1159	1923	120	2642	1822	1930	119	4495	2629
1917	105	2627	2325	1924	142	2860	2000	1931	113	2769	1465
1918	132	4475	3442	1925	135	2341	1582	1932	87	1459	874
1919	172	3674	2939	1926	119	1553	1008	1933	153	2440	1574
1920	173	4543	3090	1927	92	926	579	1934 *	82	1781	1228
7 年合计	884	20158	16133	7 年合计	936	23340	16442	7 年合计	984	31130	19627
平均每年	126	2880	2305	平均每年	134	3334	2349	平均每年	151	4789	3019
平均每家		22.8	18.3	平均每家		24.9	17.6	平均每家		31.6	19.9

注：* 6 月底止。

资料来源及说明：

1914—1927 年：杜恂诚：《中国资本主义两个部分的发展（1840—1937 年）》，未发表博士学位论文，1988 年打印本，第 171—172 页。

包括资本在 1 万元以上的民用工矿企业，包括有少量官办、官商合办及中外合资企业，无年份及资本记载者不录。

1928—1934 年：《申报年鉴》1936 年度，第 806—807 页，包括雇工 30 人以上的工厂，1932 年以后不计东北。折算 1913 年币值用唐启宇—何廉指数，1929—1934 年参用上海物价指数。

上述设厂或注册统计，未能考虑停工歇业因素，只表现投资能力，难见生产实况。现有生产的统计只限于少数产品。目前国外常用章长基的估计。他是用15种工矿产品按1933年不变价格估计总产值，1921年为42710万元，1926年为59420万元，1936年为122740万元；其年平均增长率，1923—1936年为8.7%，1931—1936年为9.3%（包括东北）或6.7%（不包括东北）。[①] 罗斯基最近的著作，估计1919—1936年中国近代工业固定资产投资的年平均增长率为6.5%，不包括东北为5.7%；又按1933年价格，1914—1918年至1931—1936年近代工业净产值的年平均增长率为8.1%（包括东北）。[②] 章、罗的估计都包括外资在华企业和官办企业，未能表现民族资本情况。又章长基所用15种产品中有9种为矿产品，而不包括面粉、缫丝、火柴、卷烟等有历史性的华商重要工业。为得到更明确具体的变化情况，我们不用产值数字，而将华商主要工业部门的生产能力和实际产量的历年变化列入表2—38。该表1932年以后的数字不包括东北（另见第四章第一节），并用年平均增长率作为可比值。这也是我们考察前一时期民族工业所用方法（可参见本书第二卷表5—45）。

表2—38　1921—1936年华商工矿企业历年生产设备和产量

项目 年份	棉纺织业				机器面粉业	
	纱机设备（锭）	布机设备（台）	棉纱产量（万件，包）	棉布产量（万匹）	日产能力（包，袋）	上海产量（万包，袋）
1921	1238882	6675	119.9	177.3	312643	1499
1922	1632074	7817	92.7	351.8	343953	843
1923					344318	988
1924	1803218	9481	103.2	426.6	364780	1761
1925	1846052	11121	116.3	249.1	365600	2054

① John K. Chang, *Industrial Development in Pre-Communist China: A Quantitative Analysis*, Chicago: Aldine Publishing Company, 1969, pp.60-61, 71, 103.

② Thomas G. Rawski, *Economic Growth in Prewar China*, Oakland: University of California Press, 1989, pp.251, 274.

续表

项目 年份	棉纺织业				机器面粉业	
	纱机设备(锭)	布机设备(台)	棉纱产量(万件,包)	棉布产量(万匹)	日产能力(包,袋)	上海产量(万包,袋)
1926					383320	2298
1927	2018588	12109	123.4	426.0	381620	1950
1928	2113528	16283	135.0	600.9	383760	1995
1929	2326872	15503	146.1	662.6	420595	2288
1930	2390674	16318	148.1	685.4	465715	1907
1931	2589040	18771	142.8	824.3	454987	3043
1932	2637413	19081	166.5	954.8	444787	2896
1933	2742754	20926	161.7	904.0	454057	3368
1934	2807391	22567	159.6	926.5	434110	2982
1935	2850745	24861	143.7	896.8	428020	2766
1936	2746392	25503	144.6	1099.2	452218	2045
平均年增长率(%)						
1921—1930	7.58	10.44	2.37	16.21	4.53	2.71
1931—1936	1.19	6.32	0.25	5.92	-0.12	-7.64
1921—1936	5.45	9.35	1.26	12.93	2.49	2.09

项目 年份	机器缫丝业		卷烟业(上海)		火柴业	水泥业
	运转丝车(架)	白厂丝出口(担)	卷烟机(台)	职工(人)	七省产量(箱)	产量(吨)
1921	108594	79068	104	5512	488920	176419
1922	113544	80215	97	5232		185032
1923	121040	70348	107	5552		285782
1924	106317	72950	113	5721		242788
1925	67714	90045	176	8615		242785
1926	122365	96796	318	14215		190972
1927	94463	91413	344	15781	496000	306109
1928	102059	104629	414	17913	645600	360967

续表

项目 年份	机器缫丝业		卷烟业(上海)		火柴业	水泥业
	运转丝车（架）	白厂丝出口（担）	卷烟机（台）	职工（人）	七省产量（箱）	产量（吨）
1929	108899	109228	416	17427	618900	440875
1930	103575	89871	543	19683	578500	448952
1931	91059	67962	540		684452	487919
1932	51913	40004	535		756386	589481
1933	59636	50776	519	17483	782690	593870
1934	38123	36040	495	17875	766253	604778
1935	43468	53146	482		732538	585226
1936	54449	46112	473	16078	688767	530209
平均年增长率(%)						
1921—1930	-0. 53	1. 43	20. 15	15. 19	1. 89	10. 94
1931—1936	-9. 77	-7. 46	-2. 61	-1. 66	0. 13	1. 68
1921—1936	-4. 50	-3. 53	10. 63	7. 39	2. 31	7. 61

项目 年份	电厂业		矿冶业(产量)					
	设备容量（千瓦）	发电量（万度）	煤（万吨）	铁矿石（万吨）	生铁（万吨）	钨砂（吨）	纯锑（吨）	锡锭（吨）
1921	41762	6264	1037	121. 7	31. 0	7452	13102	7174
1922	49245	7387	1009	119. 5	33. 5	7819	14593	10081
1923	72167	11074	1111	151. 4	24. 3	5517	16347	8979
1924	91519	14389	1166	154. 8	21. 3	6019	12977	8030
1925	96505	17651	1112	131. 8	22. 4	7474	18383	9936
1926	110499	20339	1080	99. 6	19. 1	8195	20065	10347
1927	117054	22915	1064	107. 9	18. 3	8500	20211	9684
1928	124701	25844	1101	134. 9	19. 0	8080	20315	7767
1929	136100	29099	1076	164. 4	14. 9	9864	21233	7652
1930	150938	33234	1098	142. 0	12. 5	6844	17963	7334
1931	182136	41569	1266	137. 2	13. 6	6868	14428	8778

续表

项目 年份	电厂业		矿冶业(产量)					
	设备容量(千瓦)	发电量(万度)	煤(万吨)	铁矿石(万吨)	生铁(万吨)	钨砂(吨)	纯锑(吨)	锡锭(吨)
1932		43400	1083	120.7	15.4	2245	14030	7370
1933		53100	998	113.6	17.3	5789	14156	8492
1934		59100	1219	136.0	15.6	6406	16326	8126
1935		66300	1089	184.7	16.1	14541	15899	9625
1936		77295	1769	184.0	16.2	9763	15600	12810
平均年增长率(%)								
1921—1930	15.35	20.37	0.64	1.73	-9.60	-9.40	3.57	0.25
1931—1936		13.21	6.92	6.05	3.56	7.87	1.57	7.85
1921—1936		18.24	3.62	2.79	-4.23	1.82	1.17	3.94

资料来源及说明:

1. 棉纺织业:纱锭、布机据丁昶贤:《中国近代机器棉纺工业设备、资本、产量、产值的统计》,《中国近代经济史研究资料》1987年4月第6期。棉纱、棉布产量据严中平等编:《中国近代经济史统计资料选辑》,科学出版社1955年版,第130页,唯1921年棉纱、1921—1924年棉布原缺,据下书补充:Kang Chao, The Development of Cotton Texitile Production in China, Cambridge, 1977, Table 41。
2. 机器面粉业:见表2—48。卷烟业:见表2—52。水泥业:见表2—43。
3. 机器缫丝业:见表2—51;运转丝车系上海、无锡、广东三地之和,白厂丝出口系上海、广州二港之和,代表三地缫丝产量。
4. 火柴业:见表2—53;七省指江苏、浙江、安徽、江西、广东、河北、山东,约占全国产量的85%。
5. 电厂业:据南京政府建设委员会统计,其1932年以前之统计不够完整,表据1936年《申报年鉴》工业第724—725页,1921—1922年发电度数系据设备容量推计。1932—1936年据严中平等编:《中国近代经济史统计资料选辑》,科学出版社1955年版,第130页,所列华商厂包括少数官营电厂,其发电度数占3%—9%。
6. 矿冶业:煤、铁矿石、生铁据严中平等编:《中国近代经济史统计资料选辑》,科学出版社1955年版,第102—103页之总数减除第123、127、129页之"帝国主义势力控制下"部分。故表列包括非机械采冶,计煤六七百万吨,铁矿石四五十万吨,生铁十余万吨,基本上属工场手工业性质。又减除数中包括外国借款控制的萍乡煤矿和六河沟煤矿,原可计入华商。萍乡1925年以前生产60万—80万吨,1926—1933年约10余万吨;六河沟1930年以前年产约30万吨,1931—1936年约50万吨。钨、锑、锡,据同书第139页,基本上属商业资本控制下的个体生产。

从表2—38可见,总的来说,本时期华商工矿业的生产仍是增长的趋势,唯平均年增长率远不如前一时期,20世纪30年代又不如20年代。

各业情况不一，下将分述。

至于影响本时期民族产业盛衰的原因，可归纳为四个因素。(1)政局变动。本时期内战频繁，常对工商业造成损害。但其主要损害在于捐税及征敛，大多转嫁给消费者。至于战争本身，因限于一定地区和时间，大约除1924年齐卢之战集中于江浙、1927年南北战争遍及20个省外，直接影响并不大。1928—1930年政局较稳，工商业发展较快。1931年东北沦陷，使民族轻纺工业失去市场15%左右，随即进入20世纪30年代危机。(2)抵货运动。本时期有多次抵货运动。五四运动的抵货，延至1921年，作用显著，本书第二卷已详析。1925年的五卅抵制日英货运动，对民族工业有强烈刺激作用，延至1926年。1927年、1928年、1931—1936年的抵货运动则效果有限，并为走私所抵消。(3)外商企业的压力。本时期进口洋货的压力有所减轻，转为外商在华企业的垄断性竞争。唯各行业情况不同，下文分论。(4)市场和价格因素，其影响最为普遍。本书第二卷中曾论及，同甲午战争后民族资本初步发展时期的背景不同，它在欧战时期的进一步发展，主要是由于市场价格变动因素促成的。"而这种变动是源于中国市场的半殖民地半封建性质，是由国外战争所引起的国际物价、汇价和贸易条件所造成的。"[①]这种分析也适用于本时期。不过，在前一时期，由于国外战争，对中国市场价格的影响多半是有利的因素。本时期，资本主义列强处于相对稳定时期，国际物价、汇价和贸易条件对中国市场的影响大半是不利的，而其中最重要的乃是1929—1933年的资本主义世界经济危机。

国际银价的激烈波动是影响本时期价格结构的基本因素。我们在本章第一节中已对此做了比较详细的考察，并列制成表2—4和图2—1。在那里，主要涉及的是汇率和进出口价格，以及白银的国际流动(见表2—19)。在此，则是考察它对国内市场价格的作用和白银在城乡间流动。兹将本时期国内物价指数和工农、城乡的对比列为表2—39和图2—3。

① 见本书第二卷第五章第四节第一目。

表 2—39 1921—1936 年国内物价指数 (1926=100)

年份＼项目	上海批发价格			天津批发价格			15 省农民售购价格	
	总指数	工业品	农产品	总指数	工业品	农产品	出售价格	购买价格
1921	104.6	99.0	75.4	88.9	96.9	77.7	90	88
1922	98.6	95.1	85.6	86.4	95.6	75.0	92	91
1923	102.0	100.5	91.7	90.4	98.7	81.6	98	95
1924	97.9	98.1	92.0	93.6	99.3	89.0	97	101
1925	99.3	99.4	94.5	97.3	97.9	100.0	102	101
1926	100.0	100.0	100.0	100.0	100.0	100.0	100	100
1927	104.4	104.2	102.6	103.0	105.4	102.5	95	103
1928	101.7	102.7	94.7	108.0	110.4	103.3	106	109
1929	104.5	103.8	99.4	111.1	114.2	106.8	127	118
1930	114.8	112.2	113.2	115.9	132.1	106.8	125	126
1931	126.7	129.7	105.8	122.6	137.8	95.7	116	135
最高	8 月 130.3			8 月 123.8				
1932	112.4	118.1	92.9	112.9	131.1	89.7	103	127
1933	103.8	108.9	80.7	101.0	119.5	73.0	71	109
1934	97.1	103.1	77.4	92.3	109.3	64.3		
1935	96.4	101.6	86.1	95.5	110.2	81.9		
最低	7 月 90.5			9 月 90.7				
1936	108.5	112.3	86.7	10.6	124.1	101.9		

资料来源:中国科学院上海经济研究所、上海社会科学院经济研究所编:《上海解放前后物价资料汇编》,上海人民出版社 1958 年版,第 126、135 页。天津:南开大学经济研究所:《南开指数资料汇编》,统计出版社 1958 年版,第 11、13 页。15 省农民价格:卜凯:《中国的土地利用》统计分册,1937 年版,第 149—150 页。

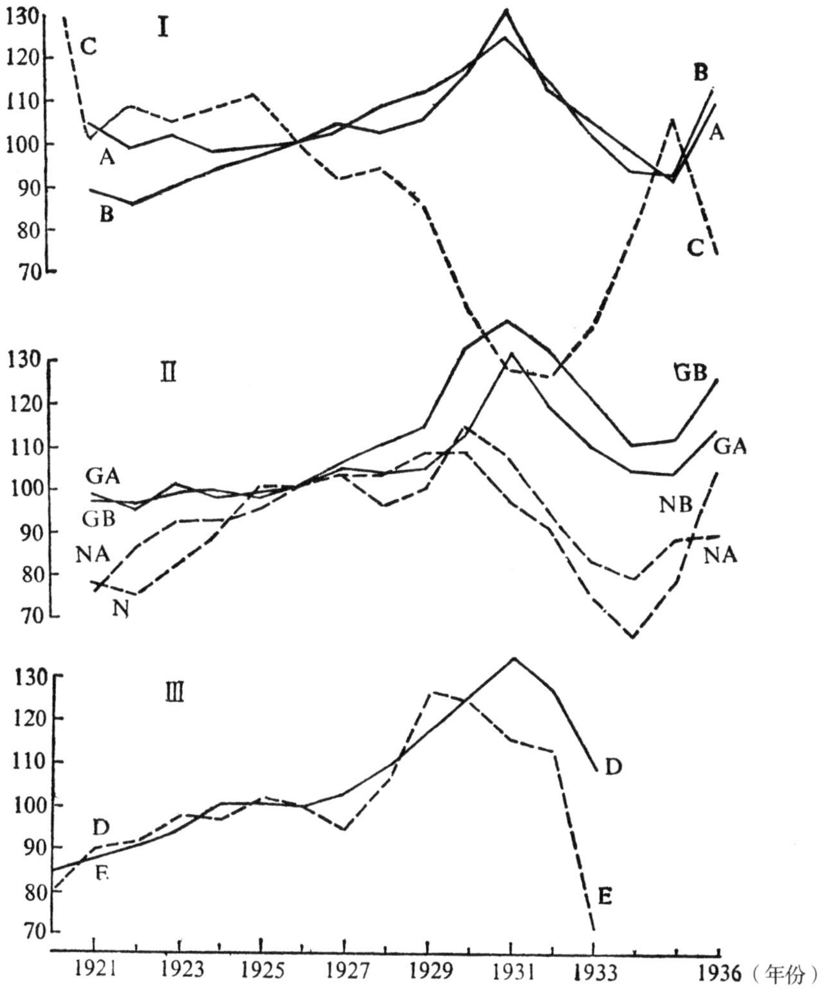

图 2—3　1921—1936 年价格指数

注：(1926＝100)

AA 上海批发物价指数　BB 天津批发物价指数　GA 上海工业品价格指数　GB 天津工业品价格指数　NA 上海农产品价格指数　NB 天津农产品价格指数　DD 15 省农民购买价格指数　EE 15 省农民出售价格指数　CC 纽约白银价格指数

资料来源：(银价见表 2—4)。

从表 2—39 和图 2—3 可见，本时期开始，国外银价是承前一时期的高峰下泄之时，1920—1922 年贸易条件(出口品购买力)增进 32%，市场看好。但对中国工业来说，则是农产品价格上升快于工业品，原料价高，加上国外银价回升,导致1923—1924年的市场萧条。1925—1926年受抵货运动的支持,1927年起工农业产品差价扩大,故工矿业的经营尚顺利。1928年起,银价开始连续4年的下降;1929年起开始资本主义世界经济危机,至1931年,各国物价下跌约1/3。而中国因用银大国,物价反上升1/4,于1931年8月达于最高峰。同时工农业产品差价于1930年后猛烈扩大。这都成为工矿业发展的有利条件。

1931年秋物价开始下跌,中国进入经济危机。这次危机,有列强将危机损失转嫁中国的因素,我们在第二节第一目中已予说明,主要有银汇率猛涨,出口陡跌,尤其是白银大量外流,以及资金外逃,通货紧缩等(见表2—19和表2—24)。这里需要分析的是,在这次危机中,农产品跌价的程度远甚于工业品,农民所受损失远大于工商业资本家,这从表2—39和图2—3的Ⅱ、Ⅲ中可一目了然。

这次危机,实际是从农业危机开始的,而农业危机又是从农村金融枯竭开始的。由于农产品价格的上升长期落后于工业品,农村输出的农产品不足以偿付它由大城市运进的工业品,农村只得以白银来抵付。上海银行的库存白银,1927年年底是1.42亿元,1931年年底是2.66亿元,到1934年5月初增为5.94亿元(这以后外商银行大量出口,库存猛降)。1931年中国已是白银净出口了,所以从农村集中到上海的白银至少有3.33亿元,另外还会集中到其他一些大城市。① 这种现象当时称为农村破产,南京政府亦不能讳言,特设农村复兴委员会,谋求救济。而对本书的研究来说,则是农村丧失了购买力,使工业生产进一步陷入危机。

我们还可引用下面两种估计,说明在这次危机中,农业所受损失要比表2—38所示工业所受损害大得多。如果说,在危机中民族工业大部分还能够勉强维持生产,那是因为以牺牲农民的利益为代价的见表2—40。

① 农村资金集中大城市,还有地方不靖、资金逃亡,地主富绅将资金运往城市、托庇于租界等因素,不过大量地还是工农业产品价格差扩大所致。

表 2—40　1931—1936 年农业总产值和 28 种作物净产值变动情况

项目 年份	农业总产值① 亿元	稻麦等 28 种作物净产值② 亿元
1931	244	121
1932	192	119
1933	154	99. 5
1934	131	89. 5
1935	147	102
1936	156	131. 5

危机中，物价连年下跌，企业纷纷停工、倒闭，报刊报道和工商界的呼吁连篇不绝。唯当时是在一种恐怖气氛中，所述不免夸张。表 2—40 和表 2—41 较为具体，可作参考。

图 2—3 表明，危机中的物价下跌与国外银价的上涨适成正比。1934 年美国实行的购银法案，人为地将银价提高 1/4 以上，进一步把中国经济危机推向深渊。上海批发物价于 1935 年 7 月达于最低点，天津批发物价于 1934 年 7 月和 1935 年 9 月两次达于最低点，直到 1935 年 11 月南京政府实行币制改革，废除银本位，才摆脱银价的困境，危机也宣告结束。不过，追溯中国陷入经济危机的原因，不能说全是由于国外银价上升引起的。危机时期，银根并非十分紧迫，利息率未见上升，银行存放款仍有增加。这次危机的根本原因并不在金融方面，而是在经济方面。它不同于一般资本主义国家的经济危机，即不是由于生产过剩，而是由于购买力不足，尤其是农村购买力的衰减和消失。而银价、银汇率的上涨，贸易条件和国际收支的恶化，加剧了市场的萧条，使危机步步深化。

① 刘大中 1946 年的估计，见阿瑟·恩·杨格：《一九二七至一九三七年中国财政经济情况》，陈泽宪、陈霞飞译，中国社会科学出版社 1981 年版，第 244 页。

② 巫宝三：《中国国民所得，一九三三年，修正》，《社会科学杂志》1947 年第 9 卷第 2 期。

表 2—41　1931—1933 年国货工业营业额指数①　(1930=100)

行业＼年份	1931	1932	1933
棉纺织业	78	52	35
染织业	125	110	80
棉织业	128	110	110
毛织业	89	65	85
丝织业	160	110	90
面粉业	120	85	50
火柴业	120	135	140
搪瓷业	158	126	95
化妆品业	120	75	85
调味品业	112	135	100
针织业	100	70	50
卷烟业	115	105	80
橡胶业	200	135	80
油漆业	128	137	185
机器业	125	81	73
热水瓶业	100	120	150

表 2—42　1933—1936 年上海工商企业倒闭数②

年份	1933	1934	1935	1936
工厂		83	218	134
商号		254	469	347
金融业		44	104	49
房地产、建筑业		6	12	8
其他		123	262	246
合计	214	510	1065	784

① 中国银行 1933 年营业报告所作调查,见陈真、姚洛合编:《中国近代工业史资料》第一辑,生活·读书·新知三联书店 1957 年版,第 68 页。

② 上海《经济统计月志》1937 年 9 月第四卷第九期,第 27 页;唯 1933 年据林维英月计数据推算,见 Lin Wei-Ying, *The New Monetary System of China: A Personal Interpretation*, Shenghai: Kelly and Walsh, Limited, 1936, p. 16. 均引自 Parks M. Coble Jr, *The Shanghai Capitalists and the National Government, 1927—1937*, Cambridge: Harvard University Press, 1980, p.159.

当然,中国资本主义经济的发展除受上述因素的作用外,还有更长期性因素的影响。如自然经济的分解和农产品的商品化进一步发展,以及部分手工业向机器工业过渡,经济结构有所变化;本期内交通运输尤其是金融业的发展对工业的作用日益显著;企业的创办者或经理人已是第二或第三代资本家,在经营思想和管理方法上有所改变;等等,这些下文都将提及。

二、工　业

(一)棉纺织工业

建厂情况。华商棉纺织业在前一时期利润优厚,关内外纷纷筹建或扩建纱厂,而向国外订购机器,大多在欧战后才起运,故在本时期形成一个设厂高潮。1921—1922年,有29家纱厂投产,共增纺机78.9万锭,年均近40万锭,为前所未有。上海永安、无锡申三、天津裕大和北洋、武昌裕华、汉口申四、唐山华新、石家庄大兴等厂,都在这两年建成。纱厂布局有由沿海向内地发展趋势,并且接近棉产区和销售市场。1923—1924年纱布萧条,仅增设2厂,纱机17万锭。1925年纱业有转机,迄至1929年5年间增加14厂,纱机52.3万余锭,年均10.5万锭。进入20世纪30年代,由于东北沦陷和经济危机,纱厂建设停滞,而出售、出租、改组频仍,1930—1936年,仅增9厂,年均增纱机不足6万锭。①

中国纱厂原多用英国机器,厂房则为砖木结构。欧战中,英厂不能供货,改订美国机器,自配辅助装备,设备略有改进。厂房亦多改用钢骨水泥,建锯齿形平房,采光较佳。30年代,已有大隆、中国等厂能造全套纺机,唯各厂甚少采用,仅作配件。建厂及安装,已全用本国工程师。又中国厂纱,原以销给农村手织户为主,大多14支、10支粗纱。至本时期,铁木机织布厂及改良土布盛行,纱厂制纱向细纱发展,大约20年代以16支为主,30年代则多纺20支纱。同时,机纱替代农村手纺纱的过程已告终

① 纱厂历年设备有多种统计,我们用丁昶贤最新订正之数,见表2—38。

结(所余手纺纱仅供农民织自用布),纱厂自行织布转而有利可图。1921—1936年,华商纱厂拥有的布机数由6675台增至25503台,增长了2.8倍,远超纱锭的增长(1.2倍)速度。此项布机多用美国货。

欧战后,日本因原棉不足,改对华输出纱布为在华设厂制造的政策,1929年中国提高进口税后,日本在华纱厂发展尤快。1921—1936年,日商纱厂的纺锭增长了4.7倍,达213.5万锭,几乎与华厂相等。而其资本额远大于华厂,设备较新,又系集中生产,故实力已大于华厂。在织布上,外资厂更有优势。其情况见表2—43。原来到20年代末,洋纱进口为数已微,30年代并出现净出超,中国棉纺织工业成功地抵制了洋货,但是,它又重新处于帝国主义在华纺织业的压力之下。

表2—43　1921—1936年中外纱厂对比

年份＼项目	总计	华商		日商		英商	
		实数	占比(%)	实数	占比(%)	实数	占比(%)
厂数							
1921	70	51		14		5	
1931	128	84		41		3	
1936	141	90		47		4	
纱锭(枚)							
1921	1870348	1238882	66.2	372180	19.9	259286	13.9
1931	4516898	2589040	57.3	1757248	38.9	170610	3.8
1936	5102796	2746392	53.8	2135068	41.9	221336	4.3
布机(台)							
1921	10814	6675	61.7	1986	18.4	2153	19.9
1931	40768	18771	46.0	19306	47.4	2691	6.6
1936	58439	25503	43.6	28915	49.5	4021	6.9
资本额(万元)							
1921	12962.1	9842.2	75.9	1967.1	15.2	1152.8	8.9
1931	26922.3	15251.8	56.7	10851.1	40.3	819.4	3.0
1936	39118.0	17294.6	44.2	19615.1	50.1	2208.3	5.7

资料来源:丁昶贤:《中国近代机器棉纺工业设备、资本、产量、产值的统计和估量》,《中国近代经济史研究资料》1987年4月第6辑。

生产状况。华商纱厂设备的增长已如上述，唯其生产状况则视市场和价格而起伏。本时期，1921 年生产正常，1922 年即遇困难，华商纱厂联合会决议自 12 月 18 日起停工 1/4，3 个月为期；1923 年 3 月又议决停工一半，2 个月为期。1925 年"五卅"惨案，抵制日货，华纱畅销，各厂纷纷增加生产。直到 1929 年，纱业都受抵货之利。[①] 1930—1931 年，受金贵银贱影响，物价上升，纱市仍见繁荣，此后进入经济危机，1932 年部分纱厂停工数周，1933 年 4 月纱厂联合会决议停工 23%，为期 1 个月，到期又决定各厂根据情况自行减工，或停夜班，或全停数周，主要在下半年。[②] 表 2—38 所见自 1932 年起华商纱厂纱产量逐年下降，不过因这时纱锭增多，故总水平尚高于 20 年代。

棉纺织业的生产，除受政局和经济危机等一般条件的影响外，主要受两种因素的作用：一是花纱比价，二是日本在华纱厂的压力。

粗支纱的成本中，棉花占 80% 左右，故花纱比价对生产利润至关重要。本时期一些花纱比价见表 2—44。表见 1923—1924 年的纱业萧条，确是由这种比价变动所致，表列系全年平均价，实际上纱花交换率 1923 年夏曾低达 376 斤，1924 年春达 381 斤。[③] 当时纱厂资本家都惊呼"花贵纱贱"，实则纱价跌落不大，花价则上升颇巨。花价上升的原因之一是日商收购运往日本。1925 年"五卅"抵货运动中，华纱市价走俏；1926—1927 年受战争影响，纱价跌落。但在此期间，花价也是下降趋势，纱花交换仍属有利。在 20 世纪 30 年代经济危机中，农产品价格低落幅度大于工业品，外国棉花在华倾销又加重了棉价的跌势，从表 2—44 可见，纱花交换率一直维持在 500 斤以上的较高水平。因此，危机中棉纺织业的困难不是由于花纱比价不利，而是由于社会购买力尤其是农民购买力的下降。事实上，它们之得以维持生产并开展出口竞争，是以牺牲棉农的利益为代价的。

---

① 上海社会科学院经济研究所编：《荣家企业史料》上册，上海人民出版社 1980 年版，第 149 页。

② 严中平：《中国棉纺织史稿》，科学出版社 1955 年版，第 230—231 页。

③ 上海社会科学院经济研究所编：《荣家企业史料》上册，上海人民出版社 1980 年版，第 146 页。

表 2—44　1920—1936 年棉花、棉纱、棉布价格

年份	上海			汉口			天津		
	16 支人钟元/件	通州花元/担	每件纱合棉(斤)	16 支万年青元/件	细绒花元/担	每件纱合棉(斤)	14 磅粗布元/匹	西河花元/担	每匹布合棉(斤)
1920	—	33.88					12.37	36.04	34.3
1921	213.11	32.27	660				10.76	35.54	30.3
1922	194.56	38.10	511				10.27	36.20	28.4
1923	215.22	47.42	454				10.74	49.36	21.8
1924	246.53	51.31	480	274.30	51.50	533	10.60	57.26	18.5
1925	227.53	46.58	488				10.78	50.18	21.5
1926	194.69	38.05	512				9.66	43.35	22.3
1927	192.92	39.63	487	222.86	35	637	9.47	45.99	20.6
1928	225.89	41.91	539	248.60	45	552	10.16	45.05	22.6
1929	237.54	41.71	570	257.14	51	504	10.60	48.09	22.0
1930	221.91	40.91	542	272	51	533	10.34	46.70	22.1
1931	237.60	44.24	537	270	46	586	11.26	48.03	23.4
1932	220.32	38.42	573	223	39.5	565			
1933	188.77	35.76	528	217	40.5	536			
1934	175.58	34.86	504	184	37	497			
1935	170.03	35.07	485	215	40.7	528			
1936	209.92	42.92	489	259.5	39.18	662			

注:(1)16 支人钟纱系申新出品。(2)16 支万年青纱系裕华出品。细绒花在 1930 年以前主要是湖北花,1931 年以后是陕西花和河南花,价格系裕华外庄买进价,非汉口市场价。(3)天津无纱价记录,以布价代替。

资料来源:上海:上海社会科学院经济研究所经济史组编:《荣家企业史料》上册,上海人民出版社 1962 年版,第 617 页。汉口:《裕大华纺织资本集团史料》编写组:《裕大华纺织资本集团史料》,湖北人民出版社 1984 年版,第 68、153 页。天津:方显庭:《中国之棉纺织业》,国立编译馆 1934 年版,第 83、127 页。

日商纱厂具有多种优势,这些优势也最后表现在价格上。棉纱征统税后,据税务署统计,全国纱厂在市场上出售的棉纱中,1932 年日商厂占 28.5%,1935 年增为 32.6%。不在市场出售部分,即自用纱,表现为在市场上出售的厂布,其中 1932 年日商厂占 55.3%,1935 年增为 63.7%。故厂布市场,全为日商厂控制。棉纱的总销售量中,13 支以下的粗纱和 23 支以上的细纱约各占 20%,粗纱基本上是由华商厂生产,细纱主要是日商厂生产。13—23 支中间的一档占销量的 60%,是双方竞争最激烈的区域。① 这一档可以 20 支纱为代表。据 30 年代初调查,20 支纱的纺制成本见表 2—45。

表 2—45　1930 年、1933 年中国纱厂与日本在华纱厂的比较

项目	华商厂	日商厂
Ⅰ. 规模及生产结构(1930 年)		
平均每厂资本额(元)	1714976	3463254
平均每厂纱机数(锭)	29947	39877
平均每厂布机数(台)	500	758
平均每万锭资本额(元)	572670	868484
平均每万锭动力数(千瓦)	403	372
平均每万锭工人数(包括织布工人)	741	450
Ⅱ. 20 支纱每包纺制成本(元,30 年代初)		
工资	10.50	5.80
动力	5.50	4.80
机械修配	1.80	0.60
其他修缮	0.40	0.40
消耗品	1.70	0.50

① 严中平:《中国棉纺织史稿》,科学出版社 1955 年版,第 214—216 页。

续表

项目	华商厂	日商厂
包装	1.50	1.20
职员薪金	1.20	0.60
卫生费	0.20	0.50
运输费	0.20	0.20
营业费	2.50	2.00
租税及利息	15.00	2.70
保险费	0.20	0.10
各项杂费	3.00	1.00
合计	43.70	20.40

资料来源:Ⅰ. 方显庭:《中国之棉纺织工业及棉纺织品贸易》,《经济统计季刊》1932年9月第1卷第3期。Ⅱ. 朱西周:《日本在华纺织工业的近况》,《中行月刊》1935年11月第11卷第5期。

从表2—45可见,华商厂每包纱的纺制成本比日商厂高1倍以上。其中最大的一项差别是利息支出。日商厂资本雄厚,华商厂则无不靠借债营运,利息负担极重。借债较多的申新,1934年各厂平均每包20支纱负担利息16.25元。① 其次是工资支出,华商厂比日商厂高81%,这是因为日商厂设备和管理先进,用工少。日商厂的这种优势,在经济危机中更为明显。1930年,日商内外棉的20支水月纱每包批发价原比永安的20支金城纱高0.81元,比申新的20支人钟高8.28元。经济危机爆发,各厂降价竞争,到1932年,水月竟比金城低47.29元,比人钟低27.03元;到1936年纱价恢复,水月仍低于金城和人钟。②

随着日商厂势力的发展,在本时期内,上海华丰、宝成一厂、二厂,天津裕元、华新、宝成三厂均被日商纱厂兼并,天津裕大、唐山华新也由日资经营或合营。这种兼并又多半是在20世纪30年代的经济危机中进行的。

---

① 上海社会科学院经济研究所编:《荣家企业史料》上册,上海人民出版社1980年版,第400页。

② 严中平:《中国棉纺织史稿》,科学出版社1955年版,第228页。

技术改进。本时期纱厂的创办人或经理人,多已为中国第二、第三代资本家。他们多已有一定的学历,有些是国外留学或考察归来,在激烈的竞争中,渐谋改进管理。大约在 30 年代初,已完成工头制的改革,即废除传统的文场、武场头目,总处设科室,车间由工程师管理。30 年代经济危机中,则主要是改进技术装备,即添换新式纱机,采用大牵伸和改用自动、半自动布机。添换新式纱机者甚少,但提高效率较大。如青岛华新于 1932 年购进英国迈斯雷式细纱机,每分钟转速 990 转(旧机为 590 转),每锭日产 16 支纱 1. 3 磅(旧机为 1. 1 磅),并使每件纱的成本从 54. 5 元降为 46. 09 元。采用大牵伸亦限于几家大厂,如申新、永安都购置不少大牵伸细纱机,裕华、申四的细纱机全部改为立达式大牵伸。另有些纱厂将旧机改造,其牵伸倍数达不到 11—12 倍,亦可达 8—9 倍。改用大牵伸后,可将纺制粗纱由三道改为二道,甚至一道,这样每万锭可减少工人一二百人,并节省空间和电力。至于自动布机,永安首先购入 228 台,使每一工人看机数由原来的 3 台逐步增加至 24 台。新建的大华纱厂,全用自动布机。其他厂多是将旧机添设停经装置,即断头时自动停车,当时称半自动布机。每一工人看机数可由 2—3 台增至 3—4 台。此外,在清花、梳棉、摇纱工序上也有改进,以及改集体传动为单马达传动,加长筒管,加大梭子等。抗日战争前,华商纺织技术有所改进,但仍远远落后于先进国,国外此时已通行单程粗纱机、超大牵伸细纱机、自动穿扣织布机以致无梭织布机了。①

技术和管理的改进以及工人技艺的提高,华商纱厂的劳动生产率有所增进。大约在欧战前,从清花、梳棉到出纱,每万锭需用工人 600 名,织布每百台机需用工人 236 名;20 年代,分别减为 550 名和 185 名,30 年代中期,再减为 220 名和 165 名。全国华商纱厂平均纺纱劳动生产率的增

① 朱仙舫:《三十年来中国之纺织工程》,见中国工程师学会:《三十年来之中国工程》,中国工程师学会 1946 年版,第 329—332 页。上海社会科学院经济研究所编:《荣家企业史料》上册,上海人民出版社 1980 年版,第 531 页。上海市纺织工业局、上海棉纺织工业公司、上海市工商行政管理局永安纺织印染公司史料组编:《永安纺织印染公司》,中华书局 1964 年版,第 148—149 页。《裕大华纺织资本集团史料》编写组:《裕大华纺织资本集团史料》,湖北人民出版社 1984 年版,第 138 页。

长情况见表2—46。①

表2—46 1921—1936年每一工人每年产纱量 (单位:件)

年份	产纱量	年份	产纱量	年份	产纱量
1921	6.7	1928	8.6	1933	10.4
1922	8.3	1929	9.0	1934	11.1
1924	7.9	1930	9.0	1935	11.1
1925	8.7	1931	8.2	1936	10.0
1927	8.9	1932	9.2		

织布方面没有全面统计。以两家大厂来说,申新厂1931年平均每一工人年产布76.7匹,1936年增为103.3匹;永安厂1928年平均每一工人年产布77.2匹,1936年增为94匹。全国平均,每一工人看普通布机的台数,1911年左右为每人1台,1922年左右为每工人3台,1936年左右为每人2—4台。

经营状况和资本集团。欧战时期,纱厂盈利甚丰,1919—1920年常在80%以至100%以上,故称"黄金时代"。② 进入本时期,情形迥异。据日本学者久保亨最新的研究,将15家重要纱厂的逐年纯益率列入表2—47和图2—4,其起伏状况一目了然,无须多赘。可注意到,各地区情况不同。上海、无锡各厂,实力较厚;天津各厂大多亏损累累,则是受日本厂商压力所致。内地产棉区各厂,受日货压力较小,尚属稳定,唯进入30年代经济危机后,亦屡见亏损。华商厂平均纯益率远落后于日商厂,唯1928—1929年略见优势,则主要是纱花比价有利所致。在经济危机中,各厂无不负债累累,表2—47所列15厂,有3厂由债权人(银行团)接管,3厂被日本厂兼并。

---

① 朱仙舫:《三十年来中国之纺织工程》,见中国工程师学会:《三十年来之中国工程》,中国工程师学会1946年版;上海市纺织工业局、上海棉纺织工业公司、上海市工商行政管理局永安纺织印染公司史料组编:《永安纺织印染公司》,中华书局1964年版,第273页。表据《中国棉纱统计史料》编制,见《旧中国的资本主义生产关系》编写组:《旧中国的资本主义生产关系》,人民出版社1977年版,第118页。

② 见本书第二卷表5—48、表5—52;1921年的盈利状况亦见该表。

表 2—47　1922—1936 年主要纱厂的资本纯益率

（单位:%）

年份	上海永安	上海申新一、八	无锡申新三	南通大生一	海门大生三	天津华新	天津恒源	天津裕元	天津北洋	青岛华新	唐山华新	卫辉华新	武昌裕华	石家庄大兴	榆次晋华	总平均	在华日本纱厂平均
1922	11.3	26.6	46.7	?	?	26.0	3.0	15.4	26.5	17.5	—	-8.6	?	—	—	12.7	51.3
1923	3.5	8.2	8.1	?	?	26.4	-1.2	-14.0	25.2	8.3	—	11.1	?	18.8	1.3	6.0	24.3
1924	6.7	?	-1.7	?	?	8.8	-0.1	-6.9	1.4	0.2	7.6	15.1	?	22.2	-33.4	3.4	24.0
1925	10.1	11.8	15.6	②	②	8.7	9.7	4.7	13.0	6.5	21.2	35.6	?	31.0	6.9	12.9	19.7
1926	9.6	10.3	?	?	?	-3.6	4.0	-5.4	-20.0	8.6	12.8	18.1	-8.3	30.2	41.7	6.2	11.7
1927	13.4	12.0	17.1	3.8	3.2	1.4	-3.5	-5.3	①	2.5	9.0	4.5	?	27.0	59.1	6.8	9.6
1928	33.9	15.5	43.4	2.8	1.0	7.5	-3.8	-3.4	-7.2	13.9	16.9	13.6	50.0	36.3	75.7	17.5	10.7
1929	63.6	24.1	40.0	14.1	9.6	9.6	-2.3	?	-1.8	12.3	14.9	6.9	30.1	29.8	24.7	22.3	48.4
1930	16.2	-0.5	?	2.9	9.6	2.2	-5.8	?	?	12.3	15.2	7.1	19.3	31.0	30.1	11.3	17.7
1931	18.6	28.1	?	9.9	9.4	7.0	-7.3	?	?	13.5	32.9	20.8	47.4	36.7	3.8	16.6	18.0
1932	12.7	14.3	33.3	-4.0	1.4	9.0	0.7	?	?	5.0	18.3	24.8	?	4.8	-3.5	8.6	7.9
1933	5.9	8.7	?	0.8	2.0	-6.1	-11.4	?	?	1.1	6.7	7.1	5.3	-9.1	-6.8	0.9	11.6
1934	2.8	5.9	?	-25.0	-7.6	-5.5	-11.5	?	?	2.2	4.6	-7.7	3.5	-4.7	4.6	-2.8	15.8
1935	0.6	10.2	9.4	6.3	-1.7	5.6	④	?	?	-2.3	1.4	-1.4	?	0.7	-3.0	2.6	19.5
1936	7.9	34.5	28.1	?	1.5	③		⑤	⑥	8.7	⑦	11.4	?	14.3	9.9	14.2	21.5

注:纯益率为纯益占实有资本的百分比。①小于 0.05%。②交银行团管理。③被日厂钟纺兼并。④由债权团接管。⑤被日厂钟纺兼并。⑥由债权团接管。⑦被日厂东洋纺兼并。“—”表示未开业或停顿中。“?”表示未详。

资料来源:久保亨:《近代中国棉业の地带构造と经营类型》,《土地制度史学》1986 年 10 月第 113 号。原据上海社会科学院经济研究所经济史组编:《荣家企业史料》上册,上海人民出版社 1962 年版,《永安纺织印染公司》1964 年版,《大生资本集团史》1963 年油印本,《裕大华纺织资本集团史料》编写组:《裕大华纺织资本集团史料》,湖北人民出版社 1984 年版,华新纱厂档案(中国社会科学院经济研究所藏),《晋华纺织公司晋生织染工厂总管理处三厂概况》1937 年版等;日本厂据高村直助:《近代日本棉业と中国》1982 年版。

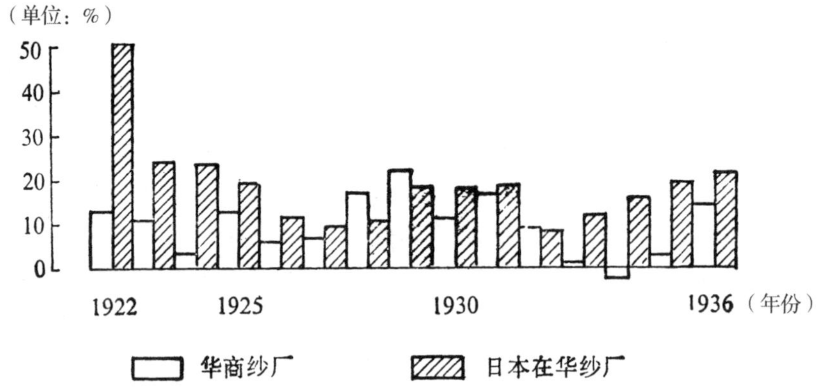

图 2—4 1922—1936 年纱厂纯益率

在激烈的竞争中兼并盛行,资本集团有了进一步的发展。最早形成的南通大生集团,在欧战时厚利的刺激下雄心勃勃,拟扩充为 9 个纱厂。其第三厂于 1921 年投产,唯 1922 年各厂即全告亏损,计划未实现,仅第八厂于 1924 年投产。这时大生一厂、二厂、三厂、八厂共有纱机 15.5 万锭,布机 1582 台;而财务状况极坏,次年即交由银行团管理。张謇创办的通海垦牧公司和通海实业公司所属十几个单位也因大生经营不利而受影响,资生铁厂于 1930 年停业。不过,由于大生的资力,毕竟形成了一个包括农、工、航运以至金融的地方实业系统①,至今仍为南通人所怀念。

前期形成的荣家资本集团在本时期发展迅速。该集团前期以面粉业为主,而纱业方面,1920 年亦已在上海、无锡有申新三个厂,有纱机 7.4 万锭,布机 1111 台。1921 年向汉口发展,建立申四;1925 年买进上海德大为申五,同年租进常州纱厂为申六;1929 年收买英商东方纱厂建立申七,1936 年买进厚生纱厂扩充申六,同年又买进上海三新为申九。到 1931 年,申新共有纱机 57 万锭,布机 5304 台,产纱约 32 万件,布 288 万余匹。申新的发展以兼并为主,并大量依靠银行贷款,以致债息极重,财务十分困难。1934 年一厂、二厂、五厂、八厂一度由银行团营运,1935 年二厂、五厂两厂又险遭南京政府棉统会接管。到 1936 年,终于恢复元气。

① 本书编写组:《大生资本集团史》1963 年油印稿。

这时，申新资产总值达7365.3万元，资本、公积和准备金1390.8万元，成为我国最大的棉纺集团。①

永安是本时期新出现的棉纺资本集团，不过，创办人郭乐兄弟早已有经营百货公司、旅馆业的经历。永安纱厂于1922年创设于上海，正值纱业萧条，该厂因资本较充实、设备较新、生产重视质量，而能在竞争中稳步发展。1924年收买大中华纱厂为永安二厂；1928年收买鸿裕纱厂为永安三厂；1930年建成永安四厂；1933年买下纬通纱厂全部股份为永安五厂；1935年建成大华印染厂。到1936年，永安共有纱锭25.6万锭，布机1542台，全套印染设备，资产总值3197.7万元，资本、公积、准备金1261万元。永安亦广事兼并，其财务状况胜于申新。②

裕大华也是本时期新出现的棉纺资本集团，其前身是租办湖北官纱布局的楚兴公司。1922年，徐荣廷、苏汰余、张松樵等创办武昌裕华纱厂和石家庄大兴纱厂，以能利用棉花产区便利，经营稳健，注意质量，在纱业有利和不利时期，都能不断扩充。1931年，裕华投资接办黄石市利华煤矿。1935年，大兴在西安建成二厂，1936年改为大华纱厂；裕大华集团正式形成。是年，共有纱机8.56万锭，布机1324台，资产总值2220.1万元，资本、公积、准备金1169.7万元。资本结构较好。③

华新资本集团，虽创办于前期，但至1922年，其天津、青岛、唐山、卫辉四纱厂始全部投产，共有资本836万元，纱机10.8万锭。因其地利之宜，纱棉比价较优，颇获厚利。唯集团创办人周学熙原藉北洋政府之力，1928年后政局变动，1931年四厂分裂，各自独立。同时，日商在天津扩大纱业，装设50余万锭；青岛原只日商纱厂一家，1931年后突增至9家；唐山、卫辉二厂受东北市场沦陷影响甚大，以致华新各厂均陷困境。最后，津、唐二厂均为日商兼并，青、卫厂勉强维持而已。不过，周学熙资本集团

① 上海社会科学院经济研究所编：《荣家企业史料》上册，上海人民出版社1980年版。

② 上海市纺织工业局、上海棉纺织工业公司、上海市工商行政管理局永安纺织印染公司史料组编：《永安纺织印染公司》，中华书局1964年版。

③ 《裕大华纺织资本集团史料》编写组：《裕大华纺织资本集团史料》，湖北人民出版社1984年版。

并非以纱厂为主,其启新洋灰公司、滦州煤矿、中国实业银行仍有利可图。①

(二)机器面粉工业

面粉是仅次于棉纺织的华商重要工业,前一时期利润优厚,投资踊跃,1920 年比 1913 年生产能力增加 2.5 倍。本时期则情况不佳。依我们计算,1921—1936 年共增设 145 厂,资本 3413.9 万元,日产能力 27.305 万包。而同时期停歇者竟达 117 厂,资本 2155.4 万元,日产能力 19.2805 万包。两者相抵,所增极其有限。幸一些老厂经营尚可,在此期间增资 1400 余万元,扩充日产能力 12 万包,故总的说仍是增长趋势,见表 2—48。从表 2—33 中可知,1921—1930 年生产能力的年均增长率仅 4.5%,而 1931—1936 年则为负增长 0.12%,全时期增长率仅 2.5%而已。

表 2—48　1921—1936 年华商机制面粉工业

项目 / 年份	新设厂			实存厂			上海厂产量(万包)
	厂数	资本额(万元)	日产能力(包)	厂数	资本额(万元)	日产能力(包)	
1921	14	566.8	45865	137	3256.9	312643	1499
1922	11	272.7	25910	146	3513.6	343953	843
1923	9	181.4	15550	144	3554.3	344318	988
1924	9	230.0	16482	151	3801.5	364780	1761
1925	10	158.0	12020	157	3874.5	365600	2054
1926	7	220.0	21200	153	4076.9	383320	2298
1927	2	20.0	750	153	4071.9	381620	1950
1928	8	148.0	14340	158	4114.3	383760	1995
1929	17	328.0	29275	174	4446.3	420595	2288
1930	17	397.0	27390	189	5111.3	465715	1907
1931	7	155.0	8690	179	5145.6	454987	3043

① 胡铁文:《华新资本集团总述》,1963 年手稿,藏中国社会科学院经济研究所。

续表

年份＼项目	新设厂			实存厂			上海厂产量（万包）
	厂数	资本额（万元）	日产能力（包）	厂数	资本额（万元）	日产能力（包）	
1932	3	160.0	11300	170	5078.8	444787	2896
1933	6	54.0	7050	170	5322.2	454057	3368
1934	3	18.0	2140	157	5275.8	434110	2982
1935	8	155.0	11010	154	5209.4	428020	2766
1936	14	350.0	24078	152	5282.2	452218	2045

资料来源及注：

1. 厂数、资本额、日产能力据上海市粮食局、上海市工商行政管理局、上海社会科学院经济研究所经济史研究室编：《中国近代面粉工业史》，中华书局 1987 年版，附录十一编制。实存厂数字计算法为：原有厂+新设厂-歇业厂+本年老厂增资及增加设备能力数，唯由此计算之数，与该书第 48、66 页所列 1921 年、1936 年数值略有出入，按该书之数值调整（该书本身各页所列数值亦略有不符者）。
2. 上海厂产量据中国科学院经济研究所、中央工商行政管理局资本主义经济改造研究室编：《旧中国机制面粉工业统计资料》，中华书局 1966 年版，第 53 页。唯 1934 年原缺，据上引《中国近代面粉工业史》，第 139 页补充。
3. 本表包括个别的地方官僚资本所设面粉厂，不包括外资厂。
4. 1920 年以前设厂和实存情况见本书第二卷表 5—54。

表 2—33 日产能力是按 24 小时计，实际上在面粉市场兴旺时亦不能全开三班。表 2—38 所列上海华商粉厂产量是目前所见唯一系统统计，其他资料均属零星，且限于 30 年代。上海统计实系销量，以代产量。依该统计，1921—1930 年年增长率仅 2.37%，而 1931—1936 年为-7.64%。又按日产能力计，1936 年上海厂仅占全国的 22.3%，而东北华商厂占 25.7%。东北产量 1929 年为 1267.9 万包，以后逐年下降到 1934 年仅 503.6 万包，年增长率达 -16.86%，1935 年才见恢复。① 故 30 年代华商面粉业的危机是很严重的。不过，上述资料当时记载，多限于大厂，与表 2—48 所列日产能力有相当大差距。依这些资料估计的产量一般偏低。新出版的《中国近代面粉工业史》采用另一办法，即设定 1921 年平均开

① 中国科学院经济研究所、中央工商行政管理局资本主义经济改造研究室编：《旧中国机制面粉工业统计资料》，中华书局 1966 年版，第 59 页。除上海、东北外，该书尚收集有天津、武汉及 1931—1933 年全国的产量（销量）资料，即下文 B 估计的依据。

工率为280天,1936年为240天,按各该年日产能力估计产量。① 我们把1931年亦作240天计,估算全国华商粉厂产量,即表A估计。再用现有产量、销量零星记载依各地区日产能力比例推计全国产量,即表2—49B估计。两者都仅供参考。

表2—49　1921—1936年华商机器面粉厂产量　（单位:万包）

产量＼年份	1921	1931	1936
A估计	8754.0	11177.1	10853.2
B估计	5013.3	10420.3	8565.6
其中东北		1106.8	1500.0

面粉厂生产受面粉与小麦比价影响,一如纱厂之受花纱比价所作用。现将本时期上海、天津粉麦比价列入表2—50。可见本时期粉麦比价变动不是太大,但比之前一时期显著缩小(见本书第二卷图5—6),面粉业已无前一时期之厚利。在上海市场与其他地区又有不同。上海市场麦价受国外麦价作用甚大,我们在本书第二卷曾有详细分析。本时期上海面粉厂使用洋麦比重增加,约占一半,尤其是1931—1935年,占70%以上。因转运成本过高,内地面粉厂很少使用洋麦。我们未能得到内地市场粉麦比价的系统资料,以天津市场而论,表见其麦价在20年代的上升与上海相仿,而30年代的下跌则远较上海为甚,1935年比1930年跌落41.7%,而上海最低的1934年比1930年跌落33.4%,这是因上海麦价受洋麦支持之故。虽然面粉价的跌落幅度小于麦价,面粉厂资本家在危机中仍以牺牲农民利益而获利,但因整个市场狭小,天津和内地面粉厂所受危机影响都大于上海。

① 上海市粮食局、上海市工商行政管理局、上海社会科学院经济研究所经济史研究室编:《中国近代面粉工业史》,中华书局1987年版,第104、111页。唯该书所计数字包括外资厂。

表 2—50　1921—1936 年面粉、小麦比价

项目 年份	上海			天津		
	绿兵船面粉（元/包）	汉口货小麦（元/市担）	每包面粉换小麦（市斤）	绿兵船面粉（元/包）	白麦（元/石）	每包面粉换小麦（石）
1921	2.95	3.94	74.9	2.98	8.80	0.339
1922	2.81	4.14	67.9	2.92	8.99	0.325
1923	2.93	4.17	70.3	2.98	9.43	0.316
1924	2.58	3.79	68.1	2.86	9.15	0.313
1925	3.17	4.68	67.7	3.41	10.25	0.333
1926	3.24	5.15	62.9	3.35	9.56	0.350
1927	3.22	5.05	63.8	3.35	11.11	0.302
1928	3.06	4.65	65.8	3.34	11.39	0.293
1929	3.15	4.77	66.0	3.38	11.69	0.289
1930	3.37	5.30	63.6	3.69	11.42	0.323
1931	2.96	4.64	63.8	3.05	9.96	0.306
1932	2.78	4.25	65.4	2.95	9.47	0.312
1933	2.40	3.63	66.1	2.52	7.69	0.328
1934	2.24	3.53	63.5	2.38	6.91	0.344
1935	2.55	4.01	63.6	2.66	6.66	0.399
1936	3.37	5.20	64.8	3.49	8.51	0.410

注:上海麦价各时期采样不同,基本上是汉口货。

资料来源:上海市粮食局、上海市工商行政管理局、上海社会科学院经济研究所经济史研究室编:《中国近代面粉工业史》,中华书局 1987 年版,第 389、391、393、395、396 页。

中国机制面粉市场不大,原因是中国民食原以米为主,而在食麦地区,农家仍然是自己磨麦食用。这一点与棉纺织业不同。据我们估算,到 1936 年,全国棉布消费量中机制布已占 56.8%,农家自织土布也有 75.9%是用机纱①;而全国面粉消费量中,机制面粉仅占 18.4%(详见第四节手工业部分表 2—74)。

棉纺织和机制面粉都是进口替代型的新工业。到 20 世纪 30 年代,

① 见本书第二卷第二章第六节附录乙表四、乙表五。

中国已成功地抵制了洋纱洋布的入侵,但又遇到国内日资纱厂这一劲敌。面粉方面,在本时期,外资在华粉厂的日产能力仅5万余包,集中在东北,对华商粉厂构不成压力。但洋粉进口大增,1922—1928年平均每年净进口590万关担,合1650万包;1929年净进口达1191万关担,合3300余万包,占华商产量的30%。洋粉价格通常低于华粉,对华粉市场形成威胁,上海粉厂不得不跌价与之竞争,天津粉厂则无力竞争。1930年以后,洋粉输入趋减,到1936年净进口仅余36万关担,而洋麦进口骤增,1930年净进口127万关担,以后3年平均在1800万关担以上,1936年才降到140万关担。洋麦进口最多的几年正是中国小麦产量增长的几年;因而,它完全是在资本主义世界经济危机中向中国倾销的结果,给中国麦农以重大打击。①

在粉市危机、粉厂大量停歇中,资本集团迅速发展。孙多森创办的上海阜丰面粉厂,1920年资本升值为100万元,日产能力6000包。1921—1929年获纯益163万元。1929年增设40英寸新钢磨26部(旧机为24英寸),1932年再增设40英寸钢磨39部,日产能力增至2.6万包;1930—1936年获纯益184万元。1936年创建圆筒自动麦仓,改进传动设备,被誉为远东第一。同年,资本升值为300万元。阜丰除于1916年在济南设济宁面粉厂、1919年在河南新乡设通丰面粉厂外,本时期又租办上海长丰厂(1923)、无锡泰隆厂(1924)、上海裕通厂(1926)、上海祥新厂(1935)、上海信大厂(1936)。1936年,阜丰、济丰、通丰和租办的五厂共有日产能力5.15万包,占全国华商厂的11.4%。阜丰面粉集团又与孙多森在1915年创办的通惠实业公司、1916年创办的中孚银行互相资助,形成通孚丰财团。阜丰属家族财团,以经营稳健著称。②

荣宗敬、荣德生创办的无锡茂新面粉厂,到1921年已有4个厂(茂四

① 1921—1929年,中国小麦产量维持在430亿斤左右,1930—1935年平均为460亿斤,1936年为480亿斤。对洋麦倾销的压力当时报刊反映强烈,见“调查国产麦滞销情形报告”,《农村复兴委员会会报》第5号,1933年10月。

② 上海市粮食局、上海市工商行政管理局、上海社会科学院经济研究所经济史研究室编:《中国近代面粉工业史》,中华书局1987年版,第196—205页。

在济南），他们创办的上海福新面粉厂已有 8 个厂（福五在汉口），共有钢磨 294 部，日产能力 2.235 万包。本时期初，茂福面粉集团颇有亏损。1924 年以后受抵货运动之益，各厂均有盈利。1925 年福一焚毁，以福三改称福一，增资扩充；同时福五扩建新厂；又于 1926 年收买上海华兴厂，重建福三。同年，茂二茂三焚毁，1927 年重建茂二，改用最新设备，茂三则空缺。这时粉市不利，1928 年虽见转机，但 1929 年济南茂四遭军阀勒索停机，1930—1931 年上海各厂均有亏损，投机美麦期货亦告失败。不过截至 1930 年，茂福系统仍是有发展的，粉磨增至 347 部，日产能力增至 2.895 万包；这以后，直到 1936 年，再无增长。1932 年，茂福面粉系统资本、公积、准备金共 1110.9 万元，资产总值 2615.8 万元①，以后大约无甚发展。唯茂福是与申新纱厂系统共同形成荣家财团，30 年代已是以申新为主。

值得注意的是，东北原是中国面粉工业最大的集中地，“九一八”事变以后已成为日本资本控制的天下，而华商双合盛、天兴福等大厂却仍有发展。其中哈尔滨双合盛制粉厂系张廷阁于 1915 年收买俄商地烈金粉厂组成，经整修原设备，日产能力由 1500 包增至 2200 包。1916 年张又购进哈尔滨附近的双城堡制粉厂，日产能力 3000 包。自 1921 年起，双合盛订购全套新式机器，加以扩充；1930 年起复改建新厂，增添设备，共有钢磨 50 部，日产能力 7000 包。该厂 1921 年实产面粉 89.7 万包，1930 年增至 99.4 万包，1936 年达 163.7 万包，其中除个别年份外，都是增长趋势。双合盛并不是一个单独面粉企业，而是与双城堡制粉厂、双合盛制革厂、双合盛制油厂、奉天航业公司、兴记船业公司等成为一个资本集团，北京的双合盛啤酒厂亦系该集团创办。1927—1936 年，该集团总公司共盈利 313 万元，仅 1930 年、1934 年亏损 23 万元。②

---

① 上海社会科学院经济研究所编：《荣家企业史料》上册，上海人民出版社 1980 年版，第 614、642 页和第四、五章有关史料。

② 中国科学院经济研究所、中央工商行政管理局资本主义经济改造研究室编：《旧中国机制面粉工业统计资料》，中华书局 1966 年版，第 203—205 页，上海市粮食局、上海市工商行政管理局、上海社会科学院经济研究所经济史研究室编：《中国近代面粉工业史》，中华书局 1987 年版，第 236 页。

(三)机器缫丝工业

中国机器缫丝工业集中在上海、广东、无锡三地,而上海、广州出口的白厂丝可代表三地丝厂产量。现将三地历年开工生产情况列入表2—51。

表2—51　1921—1936年上海、无锡、广东的机器缫丝业

项目/年份	上海		无锡		广东		上海、广州白厂丝出口量(担)
	开工厂数	丝车(部)	开工厂数	丝车(部)	开工厂数	丝车(部)	
1921	58	15770	15	4188		88636*	79068
1922	65	17260	19	6220	180	90064	80215
1923	67	18212	18	5828	194	97000	70348
1924	72	17554	18	5588		83175*	72950
1925	75	18298	20	6340		43076*	90045
1926	84	19490	24	7660	202	95215	96796
1927	93	22168	25	7980		64315*	91413
1928	104	24375	37	10062		67622*	104629
1929	104	23582	46	12862	146	72455	109228
1930	111	26175	49	15108	121	62292	89871
1931	70	18326	50	15478	111	57255	67962
1932	53	13476	27	8194	58	30243	40004
1933	44	10730	43	12618	68	36288	50776
1934	35	8270	38	10348	37	19505	36040
1935	39	9060	42	11952		22456*	53146
1936	49	11116	41	13090	57	30243	46112

资料来源:厂数、丝车数据徐新吾主编:《中国近代缫丝工业史》,上海人民出版社1990年版,第613页;唯广东有*记者原缺,系从广州白厂丝出口量中推算而来,1925年以前按每部车0.55担计,1927年以后按每部车0.72担计。白厂丝出口量据徐新吾:前引书,第692、704页;1934年以后海关统计按公担计,表中按1关担=0.6048公担折成(关)担。

原来欧战后欧美恢复丝织工业,华丝出口尚称顺利,1923年日本关东大地震,日丝出口减少,故1921—1930年中国丝厂颇有发展。发展最快的是新兴的无锡产区,1920—1930年新建38个厂,增丝车1万余部;薛南浔创办的永泰丝厂于1926年由沪迁锡,增大了无锡的优势。上海丝厂于1928—1930年达于极盛,3年新建15厂,丝车3858部;上海白厂丝出口量1928年起开始超过广州白厂丝出口量。这时期广东丝厂,则因设备简陋,经营保守,处于衰势。

进入20世纪30年代,因资本主义世界进入经济危机,丝的需求量大减,加以日本改进了制丝技术,华丝难与竞争,以及人造丝大量侵占真丝市场,中国蚕丝出口量由1929年的160461担跌至1932年的66745担。1933年国外经济危机大体结束,但银价陡升,上海生丝价格继续下跌,1930年每包1589元,1933年跌至875元,1934年更跌至510元(均6月份高价季节)。因而丝业大多无利或亏损,纷纷停工或歇业。表2—51所列系三个主要产区,现再增列其他一些地区的不完整统计,见表2—52。

表2—52　20世纪30年代经济危机中的缫丝业①

项目 年份	上海、无锡、广东丝车(部)	苏州、镇江丝车(部)	浙江丝车(部)	四川丝车(部)	山东丝车(部)	全国厂丝产量(担)
1929	108899	1544	6452			147768
1930	103575	1992	6756	6250	1702	116454
1931	91059	820	6632			118006
1932	51913	—	6478	5570	1132	
1933	59636	—	6642	4292	1642	
1934	38123	—	3314			
1935	43468	—	7598			
1936	54449	—	8597	1980	920	117346

由表2—52可知经济危机中浙江的丝厂似影响不大,但苏州、镇江的丝厂则1932年以后全部停歇;四川、山东的丝车也是剧减的。表列各省,1930年开工丝车120275部,1936年仅有65946部,减少近一半,这可代表全国情况。表中估计全国厂丝产量1936年比1929年减少20.6%,而同期上海、广州白厂丝出口量减少57.8%,这是因为经济危机中内销比重增

① 徐新吾主编:《中国近代缫丝工业史》,上海人民出版社1990年版,第613、661页。

加了。1929年以前厂丝内销占不到10%,1936年内销竟占58%。

中国江浙丝厂都是沿用意大利式直缫丝车,即将四绪或六绪丝自捻后,经互绞直接摇入大篗。这种丝含有断头,尤其篗角形成黏结,使用时成为废丝。欧战后,日本改用小篗缫丝,再经扬返工序摇到大篗上,虽多一道工序,却可接好断头,避免胶着,提高价格。20世纪20年代末,日本发明御法川式立缫车,能缫20绪,连续作业,大大降低成本,成为当时最先进的丝车。在30年代经济危机中,丝业为自保,亦倡改革。大约在20年代,上海丝厂已逐渐采用日本长工式或千叶式煮茧机(原为手工盆煮),1930年莫觞清设日新丝厂首先使用小篗返扬法。无锡丝厂也是先经用煮茧机和小篗扬返阶段,再进而自制或用丰田式立缫车。其中郑辟疆主持的省立女子蚕业学校在这方面颇有功绩。该校与乾胜、瑞纶、乾泰等厂订立改车合同,而各厂推行新制者大皆该校毕业生。1934年瑞纶全部改用立缫车。永泰则于1931年设华新制丝养成所(实为丝厂),全部采用立缫车。不过,这种技术改革非常有限,到1936年,无锡45家丝厂中仅有多绪立缫车870部,小篗扬返车536部,其余11596部仍为老式直缫车。① 上海改革情况大概还不如无锡。1935年华丝出口恢复到7.5万担,无锡丝厂复苏,上海则仍处于最低落状态,次年始稍见回升。广东丝厂墨守成规,经此危机,一蹶不振。此外,在改良茧种、设育种场、烘茧土灶改用烘机等,本期内亦略有进步,但功效不大。

机器缫丝业在竞争中也有资本集团出现。薛南溟在上海办永泰丝厂后,1912年购买无锡锡经丝厂改为锦记,1918年买进隆昌丝厂,又建永盛丝厂,1920年建永吉丝厂。1929年薛寿萱继承父业,改革扩充,1930年建华新制丝所,并租用民丰丝厂,永泰系统共有丝车2400多部,占无锡丝车1/5。1934年丝业危机严重,薛寿萱邀集同业组织兴业制丝公司,控制丝厂30余家。1937年兴业结束,其所营丝厂有11家由永泰继续租用,连同永泰自己5厂共16厂,共有丝车6000部,流动资金450余万元。

---

① 高景嶽、严学熙编:《近代无锡蚕丝业资料选辑》,江苏人民出版社、江苏古籍出版社1987年版,第333页。又本节无锡资料都取自该书。

(四)卷烟

本时期华商卷烟业的历史是一部与英美烟公司竞争的历史。最大的华商厂南洋兄弟烟草公司,1919年增资为1500万港元后,在1920—1922年仍有所发展,但在英美烟公司倾销下,盈利由1920年的480万元减为1924年的48万元。兴业、振华烟公司则在这期间倒闭。上海是华商卷烟业集中的地区,也是唯一与英美烟公司一争短长之地。1924年,外国烟已占据了90%的上海卷烟市场。"五卅"运动给英美烟公司以巨大打击,它的广告被撕毁,分销处经理被游街示众,纸烟店拒售其产品,卷烟进口也锐减。而南洋兄弟的产品则供不应求,日夜赶工,尚需委托他厂代制,其浦东厂改制高级烟,以替代英美产品。因此,1925年南洋盈利122万元,1926年更增至230万元。① 1920年成立的华成烟草公司也在这时迅速壮大。该公司资本120万元,于1925年设立二分厂,1926年设立三分厂,1925—1928年共盈利446万元,成为仅次于南洋的大厂。这4年是华商卷烟业的盛世,上海共有118家烟厂开业,卷烟机增至400余台,情况见表2—53。

表2—53　1920—1936年上海华商卷烟厂

年份＼项目	新设厂数	停业厂数	实存		
			厂数	卷烟机(台)	职工(人)
1920	7	2	14	105	5568
1921	1	2	13	104	5512
1922	—	1	12	97	5232
1923	—	1	13	107	5552
1924	3	—	16	113	5721
1925	38	2	52	176	8615
1926	15	3	64	318	14215

① 中国科学院上海经济研究所、上海社会科学院经济研究所编:《南洋兄弟烟草公司史料》,上海人民出版社1958年版,第220、275页。

续表

项目 年份	新设厂数	停业厂数	实存		
			厂数	卷烟机(台)	职工(人)
1927	22	19	67	344	15781
1928	43	9	101	414	17913
1929	9	10	100	416	17427
1930	7	13	94	543	19683
1931	11	26	79	540	?
1932	1	5	75	535	?
1933	6	23	58	519	17483
1934	2	7	53	495	17875
1935	3	7	49	482	?
1936	1	6	44	473	16078

注:? 为未详。

资料来源:中国科学院上海经济研究所、上海社会科学院经济研究所编:《南洋兄弟烟草公司史料》,上海人民出版社 1958 年版,第 254—255 页。

英美烟公司在 1922 年与郑伯钊合组永泰和烟草公司,利用“华商”建立由大区到县的五级销售网,遍及城乡。1928 年南京政府开征统税,英美以预付税款取得优惠权利;旋自身亦改名颐中烟公司,以避“洋烟”之名,收回并扩大了它在“五卅”运动后失去的市场。1936 年,它在华资本达 21554 万元,有 10 家卷烟厂、6 家烤烟厂以及印刷、包装材料、机械厂,年销 60 余万箱,超过全部华商。① 从表 2—53 可见,1929 年以后,上海华商烟厂递减,到 1936 年只余 44 家,仅为盛时的 2/5,卷烟机和职工也都呈减少趋势。不过,本时期卷烟日益普及,市场是不断扩大的。又因其制造较易,内地各省都纷设小型烟厂,卷制低级烟,主销农村。据税务署统计,1933 年有纳统税的华商烟厂 116 家,销烟 517991 箱,其中低级烟占 85%左右。同年外商卷烟厂销烟 685195 箱,皆颐中所产,而所产高中档烟较多,故销烟量外商占 56. 9%,按价值计则占 57. 9%。1935 年华商销

① 上海社会科学院经济研究所编:《英美烟公司在华企业资料汇编》第一册,中华书局 1983 年版,有关各页。

465023 箱，外商销 641891 箱，外商占 58%了。①

（五）火柴业

华商火柴业的发展，仅有个历年设厂数和资本额的资料比较系统，列入表 2—54。前一时期，值欧战中火柴业勃兴，我们即以其累计数作为发展的标志。本时期，先是受瑞典火柴倾销的压力，继受 30 年代危机的影响，停工歇业者累累，不能再用设厂累计数。因此，我们试求其产量，而资料零碎，只有用江苏、浙江、安徽、江西、广东、河北、山东 7 省 1928—1933 年的统计，勉强推算到 1936 年，为做比较，再粗略估一个 1921 年的数字，均见表 2—54。在 30 年代，这 7 省产量约占全国的 85%，有足够的代表性，不过，在 20 年代，尚有东北华商产量年有 10 余万箱，未予计入。

表 2—54　1921—1936 年华商火柴业

项目 年份	新设		七省华商产量（箱）	进口火柴（箱）
	厂数	资本（万元）		
至 1920 年累计	129	745. 9		
1921	6	46. 3	488920	86138
1922	9	98. 5		54060
1923	8	92. 5		44581
1924	4	4. 5		54789
1925	7	15. 5		57106
1926	7	22. 0		74063
1927	7	48. 0	496000	120516
1928	15	106. 5	645600	128540
1929	4	7. 0	618900	168253
1930	11	19. 7	578550	170164
1931	10	18. 3	684452	50503

①《近三年国内制造卷烟华商洋商销量分月比较表》，见巫宝三等：《中国国民所得（一九三三年）》下册，中华书局 1947 年版，第 132 页。

续表

年份＼项目	新设		七省华商产量(箱)	进口火柴(箱)
	厂数	资本(万元)		
1932	18	49.3	756386	7532
1933	3	4.0	782690	1459
1934	4	5.5	766253	
1935	6	3.1	732538	
1936	2	5.6	688767	

资料来源及说明:

新设厂:青岛市工商行政管理局史料组编:《中国民族火柴工业》,中华书局 1963 年版,第 20—21、37 页。内有 27 家缺资本记载,唯均系小厂,为数有限。

产量:1928—1933 年据上引书第 43 页。1927 年系用《申报年鉴》数字加山东省产量而成,见上引书第 29、35 页。1934—1935 年系按税务署统计的递减比率从 1933 年产量中推出,此项比率见严中平等编:《中国近代经济史统计资料选辑》,科学出版社 1955 年版,第 130 页。1936 年系按中华火柴联营社对华中规定比 1933 年减产 12%的比率从 1933 年产量中推出。

进口:青岛市工商行政管理局史料组编:《中国民族火柴工业》,中华书局 1963 年版,第 26—27、36 页,原单位为罗,按每 50 罗 = 1 箱折算。

瑞典火柴托拉斯于欧战后形成,以贷款取得欧洲、南美洲二十几个国家的经营专利权,进而排挤日本火柴在印度、南洋的市场,乃至渗入日本国内的火柴生产。中国进口火柴原以日本货为主,1927 年以后就以瑞典火柴为主了。中国华商火柴业在欧战时期有较快发展,1921—1927 年复增设 48 家,至此受瑞典火柴压力,纷纷停工歇业。各地火柴业呼吁自救,1929 年成立全国火柴同业联合会,派代表团向南京政府请愿,要求抵制外货和救济,以致议行火柴专卖。至 1931 年南京政府将火柴进口税由 7.5%提高至 40%,火柴进口渐降至微不足道地位(见表 2—54)。但瑞典火柴托拉斯于 1931 年在上海组成美光火柴公司,在美国政府注册,设有自动连续制火柴机器,年产 3 万箱,又成为华商一大劲敌。

1928—1932 年,华商火柴厂盲目发展,以致生产力过剩。据全国经济委员会 1935 年的《火柴工业报告书》估计,当时华商 92 厂,年生产能力有 182.7 万箱,尚有停工的 30 余厂设备未计在内,而过去 3 年平均年产不过 70 余万箱,尚难尽销。火柴业的另一突出现象即长期以来价格下降。上等乙级安全火柴,欧战时每箱高达 60 元,战后逐步降至 40 元、30

元，瑞典火柴跌价竞争后，1929 年降至 24 元。1931 年提高进口税和开征 15%以上统税后，瑞典火柴每箱涨至 70 余元，华商上述安全火柴亦升至 60 余元，唯次年即陡跌至 40 余元。1934 年统税增加 1 倍，火柴价格除增税部分外仍较上年跌 2 元。

正是在这种激烈的竞争下，火柴业的资本集中和联营有显著发展。刘鸿生在 1920 年于苏州创办鸿生火柴厂后，1923 年收买了苏州燮昌厂的设备并结束了上海燮昌厂，1930 年合并上海、镇江的荧昌厂和上海中华厂，成立大中华火柴公司，资本 191 万元。大中华添置较新设备，实行技术和管理改革，在竞争中处于优势，至 1934 年，先后兼并、收买九江裕生厂、汉口燮昌厂、扬州耀扬厂、杭州光华厂和上海华昌梗片厂，总资本增至 365 万元，年产火柴 15 万箱，成为全国最大的火柴公司。此外，丹华有天津、北平两厂，资本 125 万元，振业有济南、济宁、青岛三厂，资本 100 万元。华商火柴厂中有近 2/3 属工场手工业性质，资本甚微，因而几家资本集团愈显突出。

广东原是火柴业集中之地，1930 年曾组织维业堂，共同议定产销额，避免同业竞争。又由广东地方当局对外国和外省火柴征收内地消费税，形成地区垄断，维持偏安局面。东北华商和日商厂亦于 1931 年实行联营。并由东北当局实行火柴专卖，以抵制瑞典和关内火柴，旋因“九一八”事变中止。在关内，由刘鸿生倡导，几经周折，于 1935 年成立中华全国火柴产销联营社，议定每年总产量为 746543 箱，另有让给日本厂的份额。唯各区内部争执未已，仅华中区 21 厂实行。限产后，火柴价格提高，1936 年大中华扭亏为盈，一些中等厂也有好转，仍有些小厂亏累。①

（六）机器造纸业

中国机器造纸业在欧战中一度发展。本时期初，洋纸进口由 1921 年的 44552 吨增至 1924 年的 83915 吨，远超过欧战前进口量，中国造纸业陷

① 火柴业资料主要取自青岛市工商行政管理局史料组编：《中国民族火柴工业》，中华书局 1963 年版。

于困境。原来官办的武汉白沙洲、湛家矶等大厂先后停办。商办最大的上海宝源东西两厂也于 1923 年、1924 年停工。嘉兴禾丰和新创办的天津振华也停工出租。但 1925 年以后,造纸业又有起色。宝源改为天章,仍执造纸业牛耳。除官厂外,大多复工,迄 1930 年,新设纸厂和纸板厂有 9 家,民丰即于此时收买禾丰组成。进入 30 年代,至抗日战争前,又有七八家纸厂开设,包括资本较大的福州、上海大中华、山西晋恒等厂。建设中的广东省营厂和筹备中的温溪两家大规模厂尚不在内。30 年代危机,似与造纸业无关。这是因为,1931 年起到 1934 年进口洋纸价值递减了 40%,1935 年才略见回升;同时,随着文化逐渐普及,纸市场一直是扩大的。据不同调查,1931—1935 年国产机制纸的产量和产值见表 2—55。其中已无官厂,全属华商。

表 2—55　1931—1935 年机制纸的产量和产值①

项目 年份	印刷书写纸		纸	板
	产量 (吨)	产值 (万元)	产量 (吨)	产值 (万元)
1931	10965	324.6	20195	182.5
1932	8053	215.3	29496	255.1
1933(A)	12121	342.6	32601	289.9
1933(B)	100 余万令	738.8	34785	278.9
1935	25384	850.9	35010	300.8

中国民间用纸原以手工制造的传统纸为主。中国传统纸有许多优良品种,但因不宜两面印写又开幅较小,不能替代机制纸。随着工业发展,包装纸和制盒纸板亦全需机制。到 30 年代,纸的总消费量中,按价值计,

① 1931—1933 年(A),实业部调查;1935 年,全国经济委员会调查,共 18 厂;均见全国经济委员会:《制纸工业报告书》,1936 年 6 月。1933 年(B),统计经济研究所调查,26 厂,见刘大钧:《中国工业调查报告》中册,经济统计研究所 1937 年 2 月。均不包括东北。

已有 70%为机制纸。中国机器造纸厂原拟抵制进口洋纸,但自始即遭失败,在价格和质量上都不能与进口货竞争,因而改造连史、毛边以至海月等传统纸,实际是替代手工传统纸。到本时期,造纸原料逐渐改用木浆,中国无木浆厂。在表 2—55 的 1933 年(A)统计中,印刷书写纸中,连史、毛边、海月占产量的 43.1%、占产值为 52.0%。仅龙章、天章厂产道林纸,以及一些厂产书面纸、包装纸,属于洋纸。占进口量最大的白报纸,华厂尚无制造,而包装纸中的大宗牛皮纸,亦全赖进口。不过,也不是没有一点进步,在国内机制纸的市场中,国产品 1913 年占 10%,1919 年占 12.6%,1937 年占 23.9%,即 76.1%仍赖进口,而这年进口达 208076 吨,为 1913 年的 3.4 倍。①

以上指一般纸厂,纸板厂的情况却不同。制纸板也是用长网机或圆网机,而原料便宜,技术简单。自 1920 年第一家纸板厂华盛在苏州开业后,一连设立了 7 家纸板厂,日产能力共 120 余吨,且主要生产低级的黄纸板,形成生产过剩,跌价竞销。在竞争中,上海竞成厂的厂主王叔贤(王一亭之子)租进了嘉兴禾丰、杭州武林、天津振华、苏州华盛,组成了一个纸板企业集团。1931 年集团失败,次年以民丰、华丰(收买武林组成)为首成立了纸板厂联营所,限产统销,纸板价格上升 80%,各厂都能获利。1935 年民丰资本从 50 万元增至 125 万元,1937 年再增至 300 万元,同时华丰资本从 50 万元增至 150 万元。②

(七)水泥工业

水泥业是本时期发展较快的民族工业,我们估算各厂历年产量列入表 2—56。一些情况已于表内说明,这里只谈一下该业的资本集中和联营问题。

---

① 国产品 1913 年、1919 年用产值计,1937 年用产量计,见上海社会科学院经济研究所轻工业发展战略研究中心:《中国近代造纸工业史》,上海社会科学院出版社 1989 年版,第 91、102、146 页。

② 上海社会科学院经济研究所轻工业发展战略研究中心:《中国近代造纸工业史》,上海社会科学院出版社 1989 年版,第 128—131 页。

表 2—56　1920—1936 年水泥业产量估计　（单位:吨）

项目 年份	启新洋灰公司	华记湖北水泥厂	广东士敏土厂	上海华商水泥公司	南京中国水泥公司	广州西村水泥厂	合计
1920	109741	30000	25000	—	—	—	164741
1921	121419	30000	25000	—	—	—	176419
1922	130032	30000	25000	—	—	—	185032
1923	231782	30000	—	24000	—	—	285782
1924	127788	30000	—	60000	25000	—	242788
1925	127785	30000	—	60000	25000	—	242785
1926	75972	30000	—	60000	25000	—	190972
1927	191109	30000	—	60000	25000	—	306109
1928	153905	30000	—	60000	117062	—	360967
1929	233813	30000	—	60000	117062	—	440875
1930	226163	30000	—	75727	117062	—	448952
1931	265130	30000	—	75727	117062	—	487919
1932	241692	30000	—	75727	117062	125000	589481
1933	246081	30000	—	75727	117062	125000	593870
1934	256989	30000	—	75727	117062	125000	604778
1935	237437	30000	—	75727	117062	125000	585226
1936	182420	30000	—	75727	117062	125000	530209

资料来源及注:

1. 启新:南开大学经济研究所、南开大学经济系编:《启新洋灰公司史料》,生活·读书·新知三联书店 1963 年版,第 151—152 页。
2. 华记:按日产能力 600 桶计。计算法(日产能力桶×300)÷6=年产量吨。
3. 士敏土厂:按日产 500 桶计,1923 年因战事停产,设备老旧,处停顿状态。
4. 华商:1923 年 9 月投产,按日产能力 1200 桶 4 个月计,以后按全年计;1930 年扩建,按日产能力 1600 桶,年产应为 8 万吨,唯 1932—1935 年平均产量为 75727 吨,即按此数计。
5. 中国:1924—1927 年按日产能力 500 桶计;1928 年收购太湖水泥厂,日产能力 2500 桶,唯 1932—1935 年平均产量为 117062 吨,即按此数计。
6. 西村:为省办厂,时间较晚,一并列入,年产量按 1932—1935 年平均数计。以上 3 项平均数均见前引《启新洋灰公司史料》第 158 页。

中国水泥市场本来不大,约半数为进口水泥所据。启新洋灰公司于 1906 年成立后,即十分注意竞争,几经周折,终于 1914 年以贷款接管了湖北大冶水泥厂,改称华记。1923 年上海华商水泥公司和南京中国水泥公司相继投产，所产象牌、泰山牌水泥与启新的马牌水泥在江浙展开跌价竞争。1925 年，启新与华商达成联营、协定产额、销区和价格，一方面为了抵制日本水泥，另一方面是排挤当时生产能力尚小的中国厂。1927 年中国水泥公司收购了芜湖太湖水泥厂的设备，建新厂，又成劲敌。于是 3 家协议联营，但在分配销区上矛盾重重，1931 年 6 月才订立了一项草约，为期 1 年。满期后，协商继续联营未成，再展开三方跌价竞争，其关键在于江南水泥市场已呈饱和，各谋向它处发展。1935 年三家再议联营未成，中国与启新乃酝酿两家联营，而此时又有规模颇大的江南水泥公司将于 1937 年投产。1936 年以启新洋灰公司和江南水泥公司为一方、中国水泥公司为一方订立合作契约，分配产额，直到抗日战争后终止。

启新洋灰公司的资本，1921 年为 651.4 万元，后经 3 次增资，1930 年增为 1234.1 万元，增资主要来自利润积累，1921—1936 年共盈利 24524 万元。其日产能力 1920 年为 2100 桶，1923 年增为 4700 桶，1932 年增为 5500 桶。刘鸿生创办的华商水泥公司 1921 年资本为 120 万元，1928 年增为 150.51 万元，1931 年增为 163.86 万元；姚新记创办的中国水泥公司资本 100 万元，1928 年增为 200 万元；两公司日产能力见表 2—56。江南水泥公司为 1935 年颜惠庆等创办，厂址在南京栖霞山，资本 400 万元，购美国水泥机一套，日产能力 4500 桶。此时尚有致敬水泥公司，设于济南梁家庄，资本 20 万元，日产约 250 桶，销山东。又阎锡山所办西北水泥厂，日产能力 3000 桶；重庆水泥厂日产能力 6000 桶；但 1936 年尚未正式投产。以上 3 厂均未计入表 2—56。①

（八）电力工业

电力是本时期发展最快的工业，华商电厂发电量的年平均增长率达 18.2%，详见表 2—38。所需补充说明的是，此项建设委员会的统计中，1929 年以前的数字并不完整。1929 年全国有发电所 724 处，除工矿自备

---

① 本节有关资料大部分取自南开大学经济研究所、南开大学经济系编：《启新洋灰公司史料》，生活·读书·新知三联书店 1963 年版。

电厂149家外,有供电厂575家,其分项情况与1936年对比见表2—57。

表2—57　1929年与1936年不同资本项下的电厂数及发电容量比较

项目	1929年		1936年(关内)	
	电厂数	发电容量(千瓦)	电厂数	发电容量(千瓦)
外资	35	273262	10	275295
官营	17	47840	35	28352
民营	523	206138	415	327518
合计	575	527240	460	631165

中国电力事业原为外国资本所控制,上海美商电力公司一家的发电容量和发电度数即超过全部华厂的总和。但这是前一时期情况,到1929年,华厂总和已与外资厂旗鼓相当,1936年,不计已沦陷的东北,则华厂已占总容量的56%。唯上海沪西等6家中外合资厂未计算在内,6厂发电容量共46500千瓦,若计入外资,则外资反占51%了。再看官营与民营的对比,到1936年官厂已居微不足道地位。不过,这是将宋子文主持的扬子电气公司也计入民营,该公司所属各厂发电容量约有35000千瓦。

华商电厂分散在各城市,大多规模甚小,每厂资本一二十万元,小者仅数千元,发电容量四五百千瓦。动力主要用汽轮机,用透平机者不到10%,用内燃机者不到5%,水力发电大约仅昆明等一二厂而已。这些电厂主要供电灯用电,唯在江浙一带已普及镇市,对地方小工业的发展和手工厂改用马达具有推动作用。

(九)化学工业

基本化学工业酸、碱等制造是本时期新兴的重要工业。渤海化学工厂创办于1926年,资本50万元,厂设塘沽,年产盐酸500吨(1935年调查,下同)。得利三酸厂创办于1929年,资本5万元,厂设唐山,年产硫酸400吨。利中硫酸厂创办于1933年,资本20万元,厂设唐山,年产硫酸800吨。以上三公司总处均在天津,而规模较大者乃是上海的天原和开成。吴蕴初于1922年集资5万元创办天厨味精厂,1927年抵货运动中大展销路,有力地抵制了日本味素,日产能力达 1600 磅。他于 1929 年创办天原电化厂,资本由 20 万元递增到 105 万元,年产盐酸近 2500 吨,并产烧碱、漂白粉。他又创办天利淡气厂,资本 100 万元,1936 年投产,产硝酸 1600 吨。吴蕴初还办有炽昌硝碱公司、炽昌牛皮胶公司等,为著名的化学工业家。上海开成造酸厂于 1932 年投产,资本 75 万元,年产硫酸 3400 吨。另有上海江南、四川江北广益、成都裕川、西安集成四小厂,共产硫酸、盐酸、硝酸、醋酸 1100 余吨。此外,尚有广州、梧州、太原之省营厂,年产硫酸 8200 吨,盐酸 600 吨,而各大兵工厂皆产硝酸。由于制酸工业的发展,硫酸、盐酸、硝酸的进口量由 20 年代末的 6000 余吨降至 1936 年的 1680 吨,而醋酸和其他酸类进口则见增长。

制碱工业的发展较制酸尤佳。范旭东集中科技和管理人才创办久大、永利的事迹已详述于本书第二卷。其塘沽永利碱厂是 1924 年才正式投产(饮誉世界的侯德榜制碱法是 40 年代发明的)。永利产纯碱,1926 年产 4576 吨,1930 年产 19774 吨,1936 年达 56297 吨。1930 年添建烧碱车间,1933 年产 1159 吨,1936 年已达 4517 吨。永利原有资本 40 万元,累次增资,1936 年已超过 400 万元。永利之外,塘沽渤海化工厂和兴华泡花碱厂年共产泡花碱 4880 吨,上海天原电化厂年产烧碱 2200 吨,上海开源公司年产泡花碱 1730 吨。又有四川的同益、嘉裕、开济 3 个小厂,年共产纯碱 950 吨。此外,广东省营碱厂年产烧碱 1860 吨。至此,中国纯碱已可自给,永利产品并有出口,但烧碱仍感不足。纯碱进口由 20 年代末的 47617 吨降至 1936 年的 20715 吨;烧碱进口则由 20 年代末的 10660 吨增至 1936 年的 14835 吨。永利纯碱上市后,曾与原垄断中国市场的国际化工托拉斯卜内门展开跌价竞争,卜内门力谋投资永利,范旭东拒绝,后双方达成协议,卜内门在日本代销永利纯碱,永利则让与卜内门一定的国内市场。

硫酸铔(化肥)是我国化学工业的一项缺门,30 年代年进口量 1.2 万吨,价值 1300 万关两。实业部于 1931 年即延外国人设立硫酸铔厂,由于英、美、德三公司之间的矛盾而未成。1933 年,范旭东承担此任,投资 800 万元,在浦口卸甲甸建硫酸铔厂,1937 年 2 月投产,日产硫酸铔 120 吨,硝酸40吨,但在“八一三”战争中,被日机炸损停工。[①]

制药工业也是本时期新兴的化学工业。制药业集中在上海。原来的上海西药房已自配成药,独立组织的制药厂,大约始于1912年黄楚九设立的中华制药公司,但仍是附属于黄所经营的中法药房。自此到1920年,上海有47家制药厂社出现,但都设备简陋,主要是在欧战期间药价飞涨,为配制某一种药品而设立的,战后多被淘汰,成为昙花一现的陈迹。1922—1924年,上海有46家药厂开业,其中有一些后来成了著名的药厂。1922年五洲药房设立的五洲固本药皂厂,系收买德商开设的皂厂和臭药水厂组成,出品后即在与英商祥茂肥皂展开的跌价竞争中取胜,1929年日产1000箱,1936年达3000箱,资本增至40万元。1923年黄楚九创办的九福制药公司,生产“百龄机”,年营业额达50万元,资本增至20万元。1924年设立的唐拾义父子药厂,生产久咳丸、疟疾丸等,在天津、广州、香港设分厂,资本10万元。

上海制药业的发展主要在1925—1936年,1933年提高进口税后,发展尤快。到1936年,上海共有药厂58家,资本总额289万元,职工1500余人,年产值856万余元。[②] 其中1925年由中法药房设立的中法药厂,资本150万元,生产“艾罗补脑汁”“九一四”药膏以及各种成药和化妆品400余种。1926年许冠群创办的新亚药厂,从生产“十滴水”逐步发展为设备较完备的针剂、片剂厂,并设有玻璃厂制造安瓿瓶等,资本迭增至50万元。1930年鲍国昌等创办的信谊药厂,系收买德商药厂组成,生产针剂、片剂及成药,并设有橡胶厂制造医用胶布,资本迭增至60万元。这两厂都拥有较强技术力量,在抗战后继续扩大,并向原料药、试剂、医疗器械发展,新亚又广泛投资他业,形成新亚资本集团。

橡胶工业也可作为化学工业,它也是本时期的新兴工业。中国橡胶

---

① 基本化学工业资料主要据徐羽水:《中国基本化学工业之现状》、李尔康:《我国酸碱工业之概况与展望》,见陈真编:《中国近代工业史资料》第四辑,生活·读书·新知三联书店1961年版,第496—516页;又全国政协文史资料研究委员会等:《化工先导——范旭东》,中国文史出版社1987年版。

② 上海市医药公司、上海市工商行政管理局、上海市社会科学院经济研究所编著:《上海近代西药行业史》,上海社会科学院出版社1988年版,第122页,本节制药业资料均据该书。

工业始于1915年广州的广东兄弟树脂公司，但中心是在上海。上海1919年设中华橡皮厂，1921年设江湾模范厂，均不久停业。1925年以后，国外生橡胶价格不断下降，伦敦市价由每磅35便士降至1926年的31便士和1927年的19便士，于是国内橡胶厂纷纷设立。到1931年，上海开有大小橡胶厂48家，广州有21家，连同青岛等地全国共约70家。生橡胶的进口也由1927年的2599担增至1931年的51409担。值得注意的是，较大的橡胶厂，如上海的义昌（1927）、大中华（1928）、义生（1929）、正泰（1930）等都是原来经营日货橡胶制品的东洋庄投资的。橡胶业和制药业都是商业资本转向工业的先例。

中国橡胶厂主要制造胶鞋和日用橡胶品，上海胶鞋年产量最高达3000万双，广州亦有1000万双，包括套鞋和帆布鞋。国产胶鞋中有3/4是销在农村，代替老式木屐钉鞋，有利农作。1931年大中华厂开始生产轮胎，但立即受到垄断中国轮胎市场的英商邓禄普的排挤，在商标涉讼中大中华亦败诉。其后，仅上海、青岛二三厂生产轻车胎，大中华、正泰产汽车轮胎。这时，值30年代经济危机，农村购买力锐衰，日本胶鞋又跌价倾销，橡胶厂纷纷倒闭。到1933年，上海仅余34家，而开全工者仅1家。1934年、1935年生产继续下降。广州橡胶厂到1935年尚余17家，同业公议实行限产，并禁新厂设立。1936年始见恢复气象。

在竞争和危机中，新兴的橡胶工业也有资本集中。上海大中华设立时资本仅8万元，得到昌盛、鸿裕等东洋庄支持，1930年收买交通利记厂为二厂，并创办碳酸钙厂和加硫胶厂生产本业原料，1933年盘进日商泰山和春华厂为三厂、四厂，并创办氧化锌厂和鞋面布染织厂。这时，它资产总值达373.9万元，1931年曾增资为110万元，1937年再增为300万元。①

生产油漆、染料、漂白粉、碳酸钙、电石和化妆品等的日用化学工业，也是本时期所兴起的工业。它们多属小厂，但也有一些资本数十万元以

① 参见上海市工商行政管理局、上海市橡胶工业公司史料工作组编：《上海民族橡胶工业》，中华书局1979年版；《橡胶工业》，见广州市立银行经济调查室：《广州之工业》上篇，1937年版。

至百万元的组织。

此外,搪瓷、驼绒、毛线、电机织绸等也是本时期发展起来的工业,有铸丰搪瓷厂、唯一毛绒厂、东亚毛纺厂和拥有10个工厂的美亚织绸公司这些著名企业。

(十)矿冶业

本时期华商矿冶业颇不景气。我们已将其历年产量列入表2—38。表中煤、铁矿石的年增长率不过2%—3%,冶铁且为负数。这里略作补充说明。

1921—1936年,中国煤的总产量虽由2000万吨增至近4000万吨,但增产的主要是日本人控制的东北各矿和英国人控制的开滦、焦作等矿。本时期新开的较大煤矿如北票、鹤岗等亦在东北,且属官僚资本,“九一八”事变后尽失。关内虽有十几家公司开业,均属小矿或改组性质。刘鸿生以200万元接办的徐州贾汪煤矿也因内战和铁路运输困难无大成绩,这和1914—1920年矿场林立、华商煤矿产量增长近8倍的盛况不可比拟。本时期较有发展的可能只有山东中兴煤矿。中兴于1920年建成新井,1922年增资为1000万元,年产量由1920年的近70万吨增至1925年的近90万吨,年获盈余二三百万元,偿还了外债。不幸受内战和铁路中断影响,1928年全部停产。经借款500万元,1929年重新开采,产量恢复,1936年达173.5万吨,并由过去的30%依靠土窑改为全部机采,年盈利一二百万元。山西保晋煤矿,资本286万余元,也是遭到内战和运输困难,1925—1929年断续停产,连年亏损,1930年以后逐渐恢复,并由年产10余万吨增至30万吨,唯财务状况不佳。

1931年,中国机械采煤量2100余万吨,洋煤进口约200万吨,华煤出口约350万吨,可见,自给有余。华商煤矿之所以失败,实因外资垄断市场,这时日资和日、英参与投资的煤矿占总产量的69.1%。外资矿主要在沿海各省,可利用水运,运费和税款较低,华商矿主要靠铁路,不能与之竞争。日本煤以低价倾销,在上海每吨卖9.8元,而中兴煤为15元,在天津日煤每吨卖10元,国产煤为12.7元,在青岛日煤卖7.8元,博山煤为12

元;在汉口日煤卖 10 元,河南煤为 13 元。① 山西年产煤约 220 万吨,因正太、平绥铁路运费高且不畅,阳泉、大同煤均有积压,只能就地销售。日资势力在关内也扩张不已。山东鲁大侵凌华资博山,产量由 1923 年的 38.5 万吨增至 1936 年的 75.5 万吨。华商井陉、正丰矿抵押与日商,门头沟天佑矿因欠中日实业公司债被接管,河北临榆柳江矿让渡给中日泰记公司。②

铁矿情况更惨。较大之华商铁矿仅安徽当涂、察哈尔龙烟二处,余均年产不足万吨。龙烟长期处于停顿状态。当涂各公司 1928—1929 年生产发展,由 50 余万吨增至 180 万吨,危机中衰落,1936 年才恢复到 29 万吨。③

冶铁方面,欧战时期铁价奇昂,有和兴、阳泉、扬子、石景山 4 家华商铁厂创建,至本时期,仅扬子、阳泉 2 家生产。阳泉 1928—1931 年年产生铁四五千吨,颇有盈余,其后铁价跌落,生产衰退,至 1936 年回复到 3600 余吨。扬子 1921 年、1922 年产 1.5 万余吨,1923 年由六河沟接办,以后停产年多于生产年,年产最高不过 1.1 万吨,唯 1935 年、1936 年又超过 1.5 万吨。此时另有上海大鑫钢铁厂,仅电炉炼少量钢;又天津天兴制铁所,1936 年才建厂。

民族钢铁业失败也是由于日资的压力。若专就机械采矿和新法冶铁而言,1936 年日本投资和贷款控制的产量占铁矿总产量的 99.2%、生铁产量的 96.8%(包括东北)。④ 输出铁矿石、进口钢铁和器材,成为典型的半殖民地形态。

---

① 时间约为 1935 年或 1936 年初,据陈真编:《中国近代工业史资料》第四辑,生活·读书·新知三联书店 1961 年版,第 917 页。

② 鲁大产量指淄川矿区。各矿之受日资侵蚀情况见陈真编:《中国近代工业史资料》第四辑,生活·读书·新知三联书店 1961 年版,第 910、917 页。

③ 表 2—38 所列不包括日资贷款控制各矿,而包括官办及土法生产铁矿。当涂四公司均有日本订货款(贷款),这里作华商讨论,与表 2—38 口径不一。

④ 严中平等编:《中国近代经济史统计资料选辑》,科学出版社 1955 年版,第 127、129 页;若依表 2—38(包括土法采冶),日资比重为 86.3%和 80%。

三、航 运 业

本时期华商航运业的发展,尚无系统的研究。前节已知,国营招商局本期处于停滞状态,船只徘徊在6.2万—7.1万吨;因而,本期中国籍轮船净增之数,主要属于华商。不幸,中国轮船的注册数并不准确,亦不完整,有关几年情况见表2—58。

表2—58 1921—1937年中国轮船统计①

年份＼项目	船只	吨位	其中千吨以上轮船	
			船只	吨位
1921	2416	346332	102	189287
1924	2734	445997	141	260469
1928	1352	290791	117	213482
1930	2792	415447	138	247969
1932	3456	577257	178	342211
1935	3895	675173	208	461812
1937	3457	576000		

表2—58由三种不同统计组成。1928年的陡降,至少部分地是由于政权和注册机关变更所致;原缺1936年数字,以战后统计的1937年数字代替,该年船只和吨位减少较多,显系在战争中受损失所致。② 表2—58包括政府单位的船只,唯数量不大,且属小船(海关、港务局的巡逻、缉私、公事船等),大约连同招商局所有不过10万余吨。在表2—58的30年代总吨位中,千吨以上轮船占65%左右,百吨以上不满千吨者占20%左右,不满百吨的小船占不到15%。查商业用轮船,招商局所有平均在

① 1921—1924年为《交通史航政篇》数字,1928—1935年为国民政府交通部统计,均见严中平等编:《中国近代经济史统计资料选辑》,科学出版社1955年版,第228、229页。1937年据《全国轮船吨位数》,藏第二历史档案馆,廿—127—343。

② 据另一统计,1937年仅余1027只、118484吨,或为年底数字,见严中平等编:《中国近代经济史统计资料选辑》,科学出版社1955年版,第229页。

2000 吨以上，航行长江者一般在 1000 吨以上，唯川江浅水轮多只三四百吨，内河小轮仅数十吨。表见 1921—1935 年轮船总吨位增加 95%，其中千吨以上者增加 144%，后者更能反映商业用轮船增长的趋势。

据杜恂诚收集的资料，1921—1922 年新设华商轮船公司 28 家，资本额 485.2 万元（内缺 2 家资本额），平均每家 18.7 万元，为本时期增设最多的两年。1923—1926 年 4 年共增设 28 家，平均每年仅 7 家，资本额 315.8 万元（缺 11 家资本额），平均每家 18.6 万元，与前同。① 惜无 1927 年以后资料。据海关统计，1926—1927 年水运颇不景气，进出各港轮船吨位数较 1924 年高峰下降 18%，但 1930—1931 年即超过 1924 年高峰。1932—1936 年，往来外洋的吨位趋减，往来国内港口的则仍增加，长江货运量，30 年代危机中趋减，唯 1936 年仍超过 1929 年高峰。② 1927 年以后，华商船运业仍应有所发展。

杜恂诚所辑 1921—1926 年设立的 56 家轮船公司中，补充以其他资料，有船只记载者仅得 16 家，其情况见表 2—59。

表 2—59　1921—1926 年设立的华商轮船公司

项目	家数	资本（万元）	船只	吨位
设立总数	56	801.0（缺 13 家资本记载）		
其中有船只记载者	16	280.5	34	39279
其中有千吨以上轮船者	8	194.9	17	29983

有船只记载的资料虽少，但可看出有千吨以上轮船者占 16 家资本额的 69.5%，占 16 家轮船吨位的 76.3%，与上述全国轮船统计情况相符，说明前引中国轮船统计中 1921—1935 年吨位的增长大体可以反映华商航运业的发展。

① 杜恂诚：《中国资本主义两个部分的发展，1840—1937 年》，1988 年博士论文油印本附录。见严中平等编的《中国近代经济史统计资料选辑》（科学出版社 1955 年版）第 226 页表亦缺 1927 年以后的数字。

② 进出港轮船吨位据海关报告，长江货运量见严中平等编：《中国近代经济史统计资料选辑》，科学出版社 1955 年版，第 250—251 页。

上述1926年以前新设的轮船公司中,较大者仅大通兴、南华、和丰等几家,创办时亦只有千吨以上轮船三四只而已。朱葆三所设的舟山公司虽仅有大船1只,但与朱经营的越东、顺昌、镇昌、同益成一系统。1927年以后,大约无较大轮船公司设立。本时期华商航运业的发展,除民生公司外,主要是前期设立的企业的扩张。

1919年设立的戊通公司,有轮船29只,近3万吨,资产总值达430.5万元。该公司于1925年失败,改为东北航务局。航运是强烈竞争性事业(在东北三江主要是与日、俄船运业竞争),戊通失败的主要原因即由于人员冗滥,经营腐败。① 1920年注册的政记轮船公司,亦系以航运东北和华北各口岸为主,也遇到困难,在1925年改组。不过该公司完全是商人经营,有20余年的奋斗史,资本由4万元迭增至1000万元(实收500万元),故改组后仍有发展。它拥有海轮21只,4万余吨,改组后东北部分作价200万元,另招新股200万元,由张学良任发起人;山东部分加以整顿,继续营业,1931—1934年并购四五千吨大型海轮数只,航行日本和南洋各地。②

虞洽卿于1914年创办的三北轮埠公司,1919年增资到200万元,1922年设三北机器厂(造船厂),1923年收买湖南中华公司轮船,到1936年,已增资到250万元,有轮船19只,约3.25万吨。虞洽卿之子于1917年创办的宁兴轮船公司,本时期也有发展,到1936年,已增资到100万元,有轮船3只,约6400吨。虞洽卿于1918年收买英商的鸿安轮船公司,到1936年亦增资到200万元,有轮船8只,约8400万吨。虞洽卿的3家轮船公司形成一个仅次于招商局的资本集团,连同小船、拖船共65只,9万余吨,行驶宁波—上海、长江和沿海航线,并不定期航行南洋、日本。③

① 朱荫贵:《从戊通航业公司的历史看经营管理方式对中国近代企业发展的影响》,《中国经济史研究》1986年第3期。

② 孔经纬:《东北经济史》,四川人民出版社1986年版,第301页;参见中国人民政治协商会议辽宁省委员会文史资料研究委员会编:《辽宁文史资料》第六辑,辽宁人民出版社1981年版有关记述。

③ 上海市工商联史料档《虞洽卿事略》;陈来幸:《虞洽卿について》,同朋舍1983年版,第39页。

本时期航运业发展最快的是卢作孚于1926年创办的民生实业公司，创办时资本5万元，实收仅8000元，靠借贷订购70.6吨小轮1只，航行嘉陵江合川—重庆线，第一年便获利2万余元。以后不断发展，到1929年，资本增至25万元，有轮船3只，经营重庆至合川、涪陵、泸州短线，是年纯益达4.8万余元。1930年起，开始了卢作孚所称“统一川江”活动，至1935年，民生合并了重庆以上航线的7个公司，接收轮船11只，又合并了重庆以下航线上的7个公司，并高价收买军阀刘湘、刘文辉的船只，共收买华商轮船28只。在同怡和、太古、日清等外轮的竞争中，挤垮美商捷江公司，收买其大轮船5只，连同收买英商轮船，共收买外国轮船11只，并迫使怡和、太古退出川江。民生基本上垄断了川江航运。1935年，民生共有轮船40只，但多是川江小轮，总吨位16884吨，职工2836人，同时，资本增至120.4万元，主要来自本身积累，资产总值370万元。1937年，轮船增至46只，1.8万余吨，资本增至350万元，承担了长江上游70%的运输任务，并在15个企业投资40万元。而民生公司更大的发展还是在抗日战争以后。①

民生公司的成功与卢作孚的企业家精神和经营管理之得宜是分不开的。卢作孚自学成才，博学多闻，曾任报纸主笔和总编，提倡实业救国和现代化。他尊重人才，有一套适合中国情况的经营思想和管理方法，所办企业注重质量和技术，务使顾客满意。他善于调整人际关系，即使他吞并的企业，亦使原业主成为民生的股东，而他本人则无一文股份。卢氏曾著《工商管理》一书，并被聘在重庆大学讲课。②

四、银 行 业

（一）发展概述

银行业在本时期颇有发展，尤其在20世纪30年代危机中，工商萧

① 凌耀伦：《卢作孚与民生公司》，四川大学出版社1987年版，第78—82页。

② 毛泽东同志称张之洞、张謇、范旭东、卢作孚为“四个不能忘记”的实业界人物，见《状元改行》，《青年一代》1982年第2期。

条,银行独自繁荣,因此,被称为畸形发展。不过,由于中国银行开歇频仍,其发展实况我们尚不尽清楚。华资银行是在辛亥革命后蜂起的,过去的研究,一般采用表2—60中的数字。

表2—60 1921—1936年华资银行的开设与停闭①

时间	开设(家)	平均每年(家)	停闭(家)	停闭占开设的百分比(%)
(1)1912—1919年	66	8.3	44	66.7
(2)1920—1927年	120	15.0	91	75.8
(3)1928—1936年	134	14.9	31	23.1

由表2—60可知,1920年以后银行的开设剧增,但1928年以后才比较稳定,而这以前停闭数常达开设数的70%左右。不过,该表2—60中(3)比较准确,前两个8年的统计都不可靠,尤其是(1),主要依据北洋政府的《农商统计表》,该统计殊多漏列和差错,本书已屡言及。按1937年有华资银行164家,此数比较肯定。以此为基础,依该表推算,则1911年仅有银行7家,当非事实。尤其是依此统计,华资银行的实收资本额1920年为5197.8万元,比1912年(3625.5万元)仅增43%,显然偏低。②这样,就高估了1920年以后发展的趋势。最近,唐传泗、黄汉民对于自1897年以来实收资本5万元以上的银行逐家进行考察,整理出逐年开设、停闭、实存和资本额的统计,这是迄今最完整的统计。唯他们的研究到1925年为止,计该年实存华资银行158家。而按《全国银行年鉴》1928—1937年的统计,计算1927年实存华资银行应只有58家,两者不能衔接。我们只好将两项统计并列入表2—61。至于资本额,两项统计相差并不大,唯后者缺少逐年数字,我们仅取几个年份,并列入表2—61。

① 张郁兰编写:《中国银行业发展史》,上海人民出版社1957年版,第51、56页,原据中国银行总管理处经济研究室:《全国银行年鉴》1934年版;中国银行经济研究室:《全国银行年鉴》1937年版。

② 据《第九次农商统计表》。又1925年为1.5816亿元,见沈雷春主编:《中国金融年鉴》,中国金融年鉴社1947年版,第A7页。

表2—61　1912—1937年华资银行的发展

Ⅰ　1912—1925年(家数)

<table>
<tr><th>年份</th><th>开设</th><th>停闭</th><th>实存</th></tr>
<tr><td>1911</td><td></td><td></td><td>16</td></tr>
<tr><td>1912</td><td>23</td><td>2</td><td>37</td></tr>
<tr><td>1913</td><td>11</td><td>6</td><td>42</td></tr>
<tr><td>1914</td><td>8</td><td>3</td><td>47</td></tr>
<tr><td>1915</td><td>10</td><td>4</td><td>53</td></tr>
<tr><td>1916</td><td>10</td><td>4</td><td>59</td></tr>
<tr><td>1917</td><td>11</td><td>5</td><td>65</td></tr>
<tr><td>1918</td><td>16</td><td rowspan="3">22</td><td rowspan="3">103</td></tr>
<tr><td>1919</td><td>22</td></tr>
<tr><td>1920</td><td>22</td></tr>
<tr><td>1921</td><td>33</td><td rowspan="6">69</td><td rowspan="6">158</td></tr>
<tr><td>1922</td><td>36</td></tr>
<tr><td>1923</td><td>30</td></tr>
<tr><td>1924</td><td>13</td></tr>
<tr><td>1925</td><td>10</td></tr>
<tr><td>1921—1925</td><td>2</td></tr>
</table>

Ⅱ　1928—1937年(家数)

年份	开设	停闭	实存
1927			58
1928	16	5	69
1929	11	3	77
1930	18	6	89
1931	16	6	99
1932	13	4	108
1933	15	3	120
1934	22	4	138
1935	18	—	156
1936	5	—	161
1937	3	—	164

Ⅲ　实收资本(万元)

1912	2713.6
1920	8808.4
1925	16914.0
1932	27480.0
1936	39880.9

Ⅳ　平均年增长率(%)

年份	实存家数	实收资本(万元)
1912—1920	13.7	15.9
1920—1925	8.9	13.9
1925—1932	—	7.2
1932—1936	10.5	9.8

资料来源及说明:

Ⅰ　唐传泗、黄汉民:《试论1927年以前的中国银行业》,《中国近代经济史研究资料》1986年2月第4辑。

Ⅱ　中国银行经济研究室:《全国银行年鉴》,1937年版,第A8、19页。

Ⅲ　1912—1925年同Ⅰ;1932—1936年同Ⅱ。

从表2—61Ⅳ可见,1920年后,华资银行的发展速率,无论从实存家数或从实收资本来看,都低于前一时期,20世纪30年代虽有增长,但增长不大,从实收资本即投资能力来看,亦受经济危机影响。并且在1920年以前,中国银行、交通银行以及重要私营商业银行大多已经设立,南北两大银行系统已基本形成,本书第二卷第五章第四节已予论及。重要私营银行中,1921年后设立的仅中南(1921)、浙江实业(1923)、中华运通(1923)等数家而已。这就改变了过去的概念,而得到另一概念,即本时期银行业的发展与工商业的发展,在趋势上基本是一致的。

表2—61中包括官办和官商合办的银行,它们在本时期也有增长,但速率远不如私营银行,因而在官与私的比重上发生变化,而变化的关键年份也是1920年。在此以前,官方银行的实收资本远大于私营银行,1920年双方持平,其后就是私营银行资本大于官方银行了。据唐传泗、黄汉民的研究,其情况见表2—62。

表2—62　1912—1925年银行业的官私比重①

项目/年份	官办、官商合办			私营		
	实存家数	实收万元	资本%	实存家数	实收万元	资本%
1912	24	1966.6	72.5	13	747.0	27.5
1915	25	3268.7	72.3	28	1252.8	27.7
1920	22	4282.9	48.6	81	4525.5	51.4
1925	28	7605.3	45.0	130	9308.7	55.0

到20世纪30年代,情况变化。我们在前节第二目中曾详述了国民党统治时期金融垄断资本的建立。南京政府于1928年设立中央银行,但其四行两局金融垄断体系,是在1935年完成的。1928年,南京政府以政治压力取得中国、交通两大银行各20%的股权,但两行在经营上仍是偏

① 唐传泗、黄汉民:《试论1927年以前的中国银行业》,见中国近代经济史丛书编委会编:《中国近代经济史研究资料》第4辑,上海社会科学院出版社1985年版,第88页。

向于一般商业银行，这时它们还是半政府银行。同年设立的中国国货银行，南京政府实业部有其 40%的股份，也是个半政府的银行。1930 年成立邮政储金汇业局，从所有制说，完全是政府的金融机构了。1933 年设立的豫鄂皖赣四省农民银行，则是个典型的政府银行，并以帮助蒋介石的军事行动为目的。1935 年 3 月，南京政府经过密谋，一举攫取了中国银行、交通银行两大银行，两行投资设立的新华信托银行也随之变为政府银行。同年 4 月，扩大四省农民银行为中国农民银行；10 月，由中央银行设立中央信托局。“四行两局”的金融垄断体系遂告完成。1936 年春，南京政府改组商办的中国通商银行、中国实业银行、四明银行，官股占到 85%至 90%。同年 11 月，宋子文改组广东银行，虽无官股，而管理权全部入于官僚资本体系。这样，“四行两局”，中国国货、中国通商、中国实业、四明（称“四小行”），连同新华信托、广东银行共 12 家，共有资产约 47 亿元，占全国银行总资产的 64%。加上省市银行约 20 家，政府系统的银行共有资产约 54 亿元，占全国银行总资产的 74%。而私营银行约 120 家，仅占全国银行总资产的 26%。

本时期银行业的发展更表现在它们业务经营的数量和内容上，下将详述。现先补述唐传泗、黄汉民研究中的一项考察，即在 1920 年前后，银行资本的来源发生变化。在这以前，查明创办人或主要投资人出身的 42 家私营银行中，主要由官僚、地主、买办投资的有 25 家，而由工商界投资的不足半数。在 1921—1925 年创办的、并查明创办人或主要投资人的 46 家私营银行中，主要由官僚、地主、买办投资的只有 8 家，由官僚和工商业者共同经营的有 5 家，而由工商业界和金融界人士创办的达 33 家，占明显的优势。又如金城银行，1917 年创办时资本 50 万元，军阀官僚的投资占 90.4%，经几次增资，1927 年军阀官僚投资比重降至 50.5%，1935 年更降至 16.9%了。[①] 又本时期银行界的重要人物张嘉璈、陈光甫、李铭、

① 唐传泗、黄汉民：《试论 1927 年以前的中国银行业》，见中国近代经济史丛书编委会编：《中国近代经济史研究资料》第 4 辑，上海社会科学院出版社 1985 年版，第 70—71 页。中国人民银行上海市分行金融研究室编：《金城银行史料》，上海人民出版社 1983 年版，第 243—245 页。

徐新六、徐寄庼、王志莘等,都是在国外学习经济的,银行的经营管理也更加资本主义化了。

(二)资金来源

资本(股本)额不能代表银行的实际财力。前面我们提出总资产这一指标,但银行业的资产主要是指债权,而它们的自有资金和吸收的存款等都属于负债。唐传泗等提出一个银钱业"资力"的概念,即实收资本、公积金(包括未分配盈余),存款和发行兑换券之和(在会计上都是负债项目)。这是从信用的角度提出的。他们并估计了银行资力的增长过程,到1925年,情况见表2—63。

表2—63　1925年银钱业资力估计①　　(单位:万元)

项目	实收资本与公积金	资力估计
在华外资银行	24200	130390
其中:外商银行	19380	114120
中外合资银行	4820	16270
华资银行	20550	145370
其中:中国、交通两行	4000	54080
其他156家银行	16550	91290
钱庄	10000	80000

表2—63华资银行资力中,资本和公积金仅占14%,在中国银行、交通银行两行更只占7%,故银行资力主要是由存款和发钞构成的。又1925年时外资银行的资本和公积金远大于华资银行,而资力则不如华资银行,即因欧战中大户存款由外资银行退出,其钞票流通额也减少。20世纪30年代关税转存华资银行,外资银行钞票已居不重要地位,他们的

① 唐传泗、黄汉民:《试论1927年以前的中国银行业》,见中国近代经济史丛书编委会编:《中国近代经济史研究资料》第4辑,上海社会科学院出版社1985年版,第82页。

资力就更不如华资银行了。

不过，发行钞票是否银行资金的重要来源，还值得考虑。在 1926 年以前，确有不少银行滥发钞票（主要是地方官办银行），结果多半因挤兑而倒闭。这以后发钞比较谨慎。1926—1931 年，28 家主要银行（其中有 9 家发钞）的发钞额约占其总资产的 16.5%，1932—1935 年，全国银行的发钞额约占其总资产的 15%，比重并不很大。① 我们在表 2—24 中曾列有 1931—1937 年全国银行的发钞额，以 1935 年币制改革前为例，全部钞票 7.65 亿元中，政府的“四行”发行 4.58 亿元，约占 60%；省市官办银行发行 0.77 亿元，约占 10%；私营银行发行 2.30 亿元，约占 30%。全国 100 多家私营银行，发钞者仅 16 家，所发钞票的 80% 又集中到中南、中国实业、中国通商、四明、中国农工 5 家。② 其中除中南钞票系金城等四行联合担保外，余四家并不是资力很大的银行；反之，资力雄厚的上海商业、浙江实业、聚兴诚等银行，并不发钞。1935 年币制改革后，停止所有私营银行的发行权，他们以现金和保证准备向政府银行领取钞票，并没有影响他们的资力。③

因而，至少对私营银行或对正常的银行业经营来说，发行钞票并不是他们资金的重要来源。他们资金的主要来源是存款。20 世纪 30 年代存款约占银行总资产的 65%左右。银行存款无全面统计，我们试作 1921—1936 年全国银行的存款额估计列入表 2—64，估计方法已详表内。估计结果与一些零星年代的记载略有出入，不过，其长期趋势大体可代表本时期银行实际资力的增长，即 1921—1930 年年增长率约为 12.85%，1931—1936 年约为 18.53%，1921—1936 年约为 14.97%。

---

① 中国银行总管理处经济研究室：《中国重要银行最近十年营业概况研究》，中国银行总管理处经济研究室 1933 年版，第 2 页；中国银行经济研究室：《全国银行年鉴》，1937 年版。

② 阿瑟·恩·杨格：《一九二七至一九三七年中国财政经济情况》，陈泽宪、陈霞飞译，中国社会科学出版社 1981 年版，第 538—539 页。

③ 在历史上，钱庄的资力曾超过银行，到 1925 年，如上表所估，它们的资力仍相当于中国、交通以外的全部私营银行。钱庄是不发钞的，又因庄东负无限责任，实际信用能力大于私营银行。

表 2—64　1921—1936 年华资银行存款估计　(单位:百万元)

项目 年份	上海 24 家主要银行(1)	中国银行(2)	交通银行(3)	中央银行农民银行(4)	省市银行(5)	商业银行(6)	全国银行总估计(7)
1921	497.0	176.2					523
1922	525.1	187.0					553
1923	550.2	178.1					579
1924	622.1	199.9					655
1925	773.8	259.7					815
1926	917.7	328.5					966
1927	952.7	131*	116			205	1059
1928	1074.7	275*	150	15		568	1194
1929	1221.8	310*	159	40		672	1358
1930	1471.7	380*	173	66		834	1553
1931	1671.2	462	187	90		972	1811
1932	1713.4	476	212	154	103	979	1924
1933		549	241	235	118	1158	2301
1934		547	287	265	151	1376	2626
1935		809	387	649	251	1264	3360
1936		1064	539	869	350	1415	4237

资料来源:

(1)吴承禧:《中国的银行》,1934 年版,第 22 页。

(2)1921—1926 年,见本书第二卷表 5—36。1927—1936 年,据阿瑟·恩·杨格:《一九二七至一九三七年中国财政经济情况》中译本,陈泽宪、陈霞飞译,中国社会科学出版社 1981 年版,第 540—541 页;有 * 号者为修订数,即减除原含“预购期货”部分,约较银行原报活期存款数低 1/3。

(3)—(6)据杨格:《一九二七至一九三七年中国财政经济情况》。

(7)全国银行存款,1927 年以前系按(1)项比例估算,1930—1931 年酌加省市银行数。

1921—1926 年:(7)=(1)÷95%

1927—1929 年:(7)=(1)÷90%

1930—1931 年:(7)=(2)+(3)+(4)+100+(6)

1932—1936 年:(7)=(2)+(3)+(4)+(5)+(6)

银行的功能即在于集中社会储蓄,贷放给经济事业。但银行存款的增长往往是由放款而来的,因为借款者总是把所借款存入这家或那家银行,形成新的存款。按倍数理论,如果存款准备金为 20%,1 万元的原始存款,经过多次贷放,即可变成 5 万元的存款和 4 万元的放款。实际上不会这样,因总有部分现金支出。中国银行事业并不发达,工资支付和零售市场基本不用支票,我们在第二节表 2—24 中估计货币流通总量时也没有计入银行存款。① 又表 2—64 中的中、交两行存款总额中,1927—1930 年定期存款占 24. 6%,1932—1936 年定期存款占 40. 8%。定期存款一般具有储蓄性质。中国人民原有储蓄的美德,方式主要是窖藏和存钱于殷实商号;银行渐多后,城市居民也存储于银行。20 年代,已有以储蓄命名的银行,以及银行办理储蓄会等。中国银行于 1935 年设储蓄部,当年即收储 4314 万元,次年增至 8510 万元,有 14. 9 万个储户。② 表 2—65、表 2—66 也说明中国银行存款、金城银行存款中,属于储蓄性质的有增无已。因而本时期银行存款的急剧增加,不宜用倍数理论来解释,它表明银行发挥了集中社会储蓄的功能,这是一个进步。

表 2—65　1930—1936 年中国银行存款的来源③　（单位:%）

分业 年份	工商业	机关	团体与个人
1930	54. 2	9. 9	35. 9
1932	33. 9	4. 5	61. 7
1936	30. 7	7. 1	62. 2

表 2—66　1921 年、1936 年金城银行存款的来源

分业 年份	工商业	机关团体	个人
1921	16. 0	38. 0	46. 0
1936	16. 0	18. 9	65. 1

① 国外有的学者是把中外银行和钱庄存款都计入货币流通总量,因而否认中国 20 世纪 30 年代危机中的紧缩现象,以致否认危机本身。

② 《宋子文董事长致股东大会报告书》,《银行周报》第 995 号,1937 年 4 月。

③ 张郁兰编写:表 2—66《中国银行业发展史》,上海人民出版社 1957 年版,第 71 页;并据中国银行 1936 年和金城银行 1921 年的数字整理。

(三)资金的运用

银行资金的运用,表现在他们的资产账上。资产变动无系统统计。上海28家重要银行的总资产,1926年为13.91亿元,1929年为19.42亿元,1931年为25.70亿元,年增长率为13%。① 据比较完整的1934年全国性统计,其内容见表2—67。

表2—67 1934年全国华资银行总资产②

项目	金额(亿元)	占比(%)
现金	2.85	6.59
放款	26.24	60.71
证券	4.70	10.88
发行准备	7.40	17.12
建筑物、生财	1.25	2.89
其他	0.78	1.81
总资产	43.22	100.00

表2—67发行准备中,按规定可以用40%的有价证券充当,故证券总数约为7.66亿元,占总资产的17.72%,而其余60%为非流动的现金。故银行总资产中,约3/5为放款,1/5弱为有价证券,余1/5强可称为非生息财产。

放款中包括透支和极少量票据贴现。放款是银行最重要的业务,随存款的增长而增长。上海24家重要银行的放款额,1921年为5.15亿元,1927年为8.9亿元,1932年为14.5亿元,与表2—64比较,可知大体与存款的变动一致,有时略多,时常略少于存款而已。

放款的作用,因所放对象而异,但无系统统计数据。总的来说,中国银行放款中,对政府机关的放款比重偏大,对企业放款比重偏小,尤其是

① 中国银行总管理处经济研究室:《中国重要银行最近十年营业概况研究》,中国银行总管理处经济研究室1933年版,第2页。

② 中国银行经济研究室:《全国银行年鉴》,1937年版,第811页。

工业贷款和后期的农业贷款，比重甚小。这是中国银行业务不正常的表现。但各类银行情况不同。资料不足，只能就几家重要银行略作观察。

表 2—68　1930—1932 年中国银行各类放款比重①　（单位：%）

分业 年份	机关	团体与个人	商业	工业	同业
1930	49.97	6.44	20.14	6.57	16.92
1931	48.27	4.78	21.79	10.14	15.02
1932	43.80	3.44	22.38	11.46	18.92

这时中国银行具有半政府性质，其放款中与政府有关系的几乎占一半，工业放款仅占全部放款的 10%左右。不过，在上述 3 年中，其工业放款是增加的，1932 年实数为 3684 万元。其后，1933 年为 4947 万元，1934 年为 5444 万元，比 1932 年又增 47.7%，其中一半以上是对纱厂的放款。②

交通银行名义上是促进交通建设的银行，但在北洋政府时期它绝大部分放款是对政府的财政垫款。20 世纪 30 年代有所改变，其铁路、公路、航运、水利、电力等放款和投资 1932 年为 346 万元，1933 年为 726 万元，1934 年为 804 万元，1935 年为 1054 万元，1936 年为 1959 万元，5 年间增加 4.7 倍，但到 1936 年，亦只占其全部放款及投资额 37823 万元的 5%。③

私营银行早期业务以汇兑和商业放款为主，20 年代以后始渐从事工贷。如浙江兴业银行，系 1915 年从浙江铁路公司投资中分立出来的，1917 年工贷即占其放款总额的 28.9%，1927 年更占 37.2%，有 300 余万元。④ 1917 年创办的金城银行，工商业放款常占放款总额的一半左右，其

① 张郁兰编写：《中国银行业发展史》，上海人民出版社 1957 年版，第 73 页。

② 李紫翔：《我国银行与工业》，《四川经济季刊》第 1 卷第 3 期，1944 年 6 月。见陈真、姚洛合编：《中国近代工业史资料》第一辑，生活·读书·新知三联书店 1957 年版，第 766 页。

③ 交通银行 1936 年营业报告书，《银行周报》第 994 号，1937 年 4 月。

④ 唐传泗、黄汉民：《试论 1927 年以前的中国银行业》，见中国近代经济史丛书编委会编：《中国近代经济史研究资料》第 4 辑，上海社会科学院出版社 1985 年版，第 75 页。

工业贷款也是不断增加的。1919 年工业贷款占放款总额的 15%,1923 年占 32%,1927 年占 35%。工贷中 60%左右为纱厂贷款,1919 年 40 余万元,1923 年 207 万元,1927 年 322 万元,1937 年 6 月达 1282 万元。①

1915 年创办的上海商业储蓄银行,一开始就以商业放款为主,并比较注重工业放款。1931 年它的抵押放款(非全部放款)中,工业贷款占 34.3%,1932 年占 41.4%,其数值增长见表 2—69。

银行放款给纱厂,主要是厂基押款。纱厂经营失败,负债不大者,银行可取得经营权,所欠债务保本停息,往往另需新债充流动资金。负债与资产相若以至超过资产者,银行可将纱厂拍卖,或自行接管。在 20 世纪 30 年代经济危机中,中国、上海、金城等银行均接管纱厂,有六七家,接管后亦需贷给流动资金。故此时纱厂贷款的增加,实属不正常现象。

表 2—69　1931—1936 年上海银行的工业放款②

项目 年份	工业放款 (万元)	其中纺织业放款 (万元)	占比 (%)
1931	2299.1	1005.1	43.7
1932	3456.5	2136.1	61.8
1933	3454.9	2427.2	70.3
1934	3700.0	2621.7	70.9
1935	3378.0	2245.0	66.5
1936	3836.0	2581.6	67.3

证券实为投资,因银行投资采取有价证券形式,账上均列入证券。中国银行所持证券中,政府发行的公债、国库券至少占 2/3,这点最为人诟病,我们已在本章第二节第一目中做了评论。不过,这些政府债券约有一半是政府银行和有官股的银行所有,私营银行持有者,也是集中在几家大行,在他们全部资产中所占比重并不大。北洋政府时期,24 家重要银行

① 中国人民银行上海市分行金融研究室编:《金城银行史料》,上海人民出版社 1983 年版,第 157、367、369 页。

② 李紫翔:《我国银行与工业》,《四川经济季刊》第 1 卷第 3 期,1944 年 6 月。

(包括中国银行、交通银行两行)持有的证券投资约占其资产总额的6%—7%,约合其放款额的1/10弱。① 证券投资的增加主要在南京政府时期,就28家重要银行来说,1927年持有证券1.04亿元,1930年增为2.22亿元,1934年骤增为4.76亿元。② 1934年,据前述,全国银行的证券投资,连同作发行准备的证券,共约7.66亿元;其中以2/3为政府债券,计为5.11亿元,占全国银行总资产的11.8%,合放款总额的2/10弱。

银行界不愿公布其证券投资的内容。大约除政府公债外,不少是投资于保险业、贸易和其他金融机构,工业方面则主要为纱厂。此外,如浙江实业之投资于上海水电,上海银行之投资于各水泥厂,上海等8家银行认购民生公司100万元公司债以发展川江航运,上海、金城、中南等承购永利公司200万元股票以建设南京硫酸铔厂,则为银行界所乐道。据新中国成立后分析,金城银行1937年的证券投资见表2—70。

表2—70　1937年金城银行的投资③　(单位:万元)

金融	200.5	面粉	13.2
纺织	202.5	造船	12.5
公用	88.8	其他	146.5
化学	73.9	附属事业	208.3
煤矿	54.2	合计	1000.4

这时,商业银行还流行"真实票据"理论,即银行的投资应以能自动偿还和在证券市场上随时变现的证券为宜。当时中国还缺少适宜的证券市场,限制了银行的产业投资。有人认为这时中国已出现银行资本和产业资本的结合,恐怕言之过早。金城是产业投资较多的银行,观表2—70可知其数实在太少。银行之大量经办企业,是抗日战争以后的事。

① 吴承禧:《中国的银行》,商务印书馆1934年版,第74页。

② 沈祖杭:《吾国银行与政府内债》,《银行周报》第938号,1936年2月。

③ 中国人民银行上海市分行金融研究室编:《金城银行史料》,上海人民出版社1983年版,第173、376—379页。

此外,还有一项最受人指责的业务,即银行从事房地产投资,以及标金、外汇等投机买卖。表2—67中1934年全国银行总资产中建筑物和生财一项大约主要指银行本身所用,其房地产投机是包含在附属事业、储蓄部、信托部等业务中,有的并明设地产部。据查1923年上海10家银行的营业用以外房地产投资共2400余万元,以四行储蓄会、浙江兴业最多。[①]此外,如上海银行联合准备库资产5000万元,而有4000余万元投资于房地产。"一·二八"战役后,上海地价猛跌,这些银行都受损失。此后,地产投机之风稍戢。不过,房地产投机业务主要在上海,所投资金,约占银行总资产的1%—2%。

第四节　资本主义手工业的发展

手工业在中国工业生产中占有重要地位。到20世纪30年代,中国制造业总产值中,手工业仍占70%强,矿冶业总产值中,手工业约占25%弱。在本书第二卷中,我们曾论证过1880年至1920年中国手工业是颇有发展的,其发展趋势大体与机制工业相仿。本章讨论时期即1921—1936年的情况如何,尚难确论。新中国成立后,中央手工业管理局曾把旧中国手工制造业产值的最高峰暂定在1936年,但也有人提出不同意见。[②] 从我们下面的考察看,本时期各手工行业变化不同;但大体上是1920—1929年仍有发展,这以后则见衰退。1936年手工制造业的产值仍远高于1920年,手工采冶业则逊于1920年(在第六章中将再作全面估计)。不过,手工业的界限原不明确,本时期有些手工作坊已使用电力,但以未合《工厂法》的要求,统计上仍列为手工业。[③] 矿冶业中,大体土窑

---

① 吴承禧:《中国的银行》,商务印书馆1934年版,第86页。

② 楼启镳:《近代手工业史上的一个悬案》,《轻工业经济研究》1987年第3期。

③ 1929年《工厂法》规定:"凡用发动机器之工厂,平时雇佣工人在三十人以上者,适用本法"。

改用动力排水或卷扬的，统计上即列入新法开采了。

本节所要考察的不是全部手工业，而是其中资本主义生产的部分。前述中央手工业管理局的估计，是把雇工在4人以上、9人以下的生产作为资本主义手工业；依此，1933年手工制造业总产值中，资本主义生产占到56.2%。① 那里，是把雇工10人以上的生产都作为工厂，不计入手工业；同时，对农家自给性的生产也未计入手工业，因而资本主义比重甚高。在本书第一卷和第二卷中，我们是把具有工场手工业规模的生产和包买商（散工制）支配下的生产，作为资本主义性质的生产；而全部手工业生产则不仅指商品生产，也包括农家自给性的生产。因而资本主义的比重不那么高，在我们对1920年的估计中，大约只占手工制造业总产值的25%，连同矿冶业，约占28%。

我们所称工场手工业，一般是指有劳动力10人以上者（包括家工，因早期资料不能区分雇工与家工）。但在考察中，也按其使用电力、畜力和设备投资情况，不拘泥于10人的标准。我们所称包买商制，在30年代的著作中常称为商人雇主制，即由商人发原料，收成品，计给工资。不过，在本时期，这种发料收货者已不限于商号，有些本身即是手工厂以至近代化的工厂了；同时，受支配的手工业者也不限于个体户，有些已是雇工生产的手工厂了。

下面我们主要考察手工业中两个最大的部门，即纺织部门和食品部门，另外，对出口品专业的手工业和手工矿冶业部门也作些论述。这些部门已占到全部手工业产值的85%以上，有足够的代表性。其余手工业部门，限于篇幅，都从略。

一、纺织手工业

纺织是手工业中最重要的部门，包括缫丝、轧棉、丝织、棉纺、棉织、针

① 中央手工业管理局：《1936年手工业资料估计及说明》，1956年版，第2页。

织、毛纺织、麻纺织,其产值占手工制造业总产值的28%。① 其中毛纺织、麻纺织都占不到手工制造业总产值的0.2%,又手纺纱无资本主义生产形式,我们都略而不论。

(一)缫丝业、轧棉业

手工缫丝业中未见包买商形式,工场手工业则集中在广东、四川、山东和辽东,而在蚕丝生产区江浙反而罕见。本时期中国丝业原不景气,加以1923年以后人造丝进口迅增,排挤真丝市场,而1929—1933年受资本主义世界经济危机影响,生丝出口减少60%。在20年代,机器缫丝发展,厂丝大量代替土丝,30年代危机时期,厂丝所受打击超过土丝。1920年左右,全国丝产量约34万余担,内厂丝不过七八万担,手缫丝25万—26万担。1927年估计,全国蚕丝产量约29万担,内厂丝12.6万担,手缫丝16.4万担;手缫丝中约80%为蚕农自缫②,手工工厂所缫不过3万余担,资本主义成分甚小。1936年,全国生丝产量约29.7万担,内厂丝估计不到8万担,手缫丝可能有22万担。③ 仍以农民自缫80%计,手工工厂所缫约4.4万担。这期间,广东的"汽喉"厂已为机器缫丝所代替,其足踏机丝厂亦被淘汰。唯四川潼丝、手机改良丝在1932年以前颇有发展,惜无手工厂记载。山东、辽宁产柞蚕丝,因茧绸盛行,丝业有发展。1936年柞蚕丝产量约0.8万担,基本上是工厂所缫。蚕丝、柞丝合计,手工厂所产约5.2万担。

轧棉业情况与缫丝业不同。本时期,棉花产量增加,商品率也提高,轧棉业随之发展。我们曾估计,全国商品棉1920年为640.4万担,占棉花总消费量的58.9%,1936年增为1406.7万担,占87.1%(均指皮棉)。④

---

① 这里和下文所述手工业产值均指总产值即毛产值,又所用的是生产价格而非消费市场价格。其数值据巫宝三等研究1933年中国国民所得中的估计,但有些项目经我们修订,见本书第六章附录乙。

② 上海社会科学院经济研究所《江南近代缫丝工业史》编写组整理的资料。

③ 产量据行政院新闻局:《生丝产销》,行政院新闻局1947年版,第16—17页。厂丝产量据丝厂1927年与1936年开车数估计,见表2—38。

④ 本书第二卷第二章第六节附录乙表十。

商品棉基本上都是由城镇的轧棉厂坊轧制。1933 年调查,全国机器制棉厂仅 26 家,产皮棉 28.2 万担①,其余都是手工厂坊轧制。手工轧棉厂坊一般规模甚小,大多用皮辊轧花机或齿轮轧花机,甚易用马达带动,故在一些城市也用电力。这些厂坊,可估作 1/3 已具有工场手工业规模了。

(二)丝织业

丝织是中国古老的手工业,久享盛誉。本时期,虽有出口减退、进口人造丝织品的倾销、20 世纪 30 年代经济危机等不利因素,总的来看,生产仍是有所发展的,但各地情况不同。生产技术有改进,工艺方面尤多创新。本业中的资本主义生产原以江南产区的包买商形式即通称账房者为主,至本时期则以工场手工业形式为主了;手工丝织厂采用电力织机者渐多,向机器大工业过渡。下面分地区作些考察。

1. 江苏省

江苏丝织业集中在南京、苏州、盛泽、镇江、丹阳等地,而新兴的上海丝织业在本时期发展成为全国丝织中心。

南京原为中国三大丝织中心之一,本时期则大幅度衰退。我们将一些有关资料列入表 2—71。

表 2—71　1928—1936 年南京的丝织业

丝织业	年份	户数	资本（元）	织机（台）	织工人数	产量（匹）	产值（元）
织缎业	1928	60	1212100	2448	7344	39130	2405660
	1931	60	705350	1628	4884	26760	1499150
	1932	60	344020	1129	3887	17500	817300
	1933		850000	1101	3300	27500	962500
	1935	56	128470	720		15327	
	1936	54		700	2800		800000

① 巫宝三等:《中国国民所得(一九三三年)》下册,中华书局 1947 年版,第 89 页。

续表

丝织业	年份	户数	资本（元）	织机（台）	织工人数	产量（匹）	产值（元）
锦缎业	1929	47	21120	135	266	6560	184800
	1932	117	24950	498		5500	150000
漳绒业	1929	92	24590	159	582	3752	135072
	1932	4		13		166	
建绒业	1929	167	49430	329	1206	6189	230540
	1932	57		85		425	
漳缎业	1929	4	2000	8		193	7141
	1932	1		4		84 丈	3120
织绸业	1932	1	16000	43	150	1500	4500
染丝业	1929	49	141000	178 *	224	345 **	

注：* 染灶染缸数。

** 染丝数，万两。

资料来源：织缎业据彭泽益编：《中国近代手工业史资料》第三卷，生活・读书・新知三联书店 1957 年版，第 427 页，系各种调查综合。其他各业，1929 年据《首都丝业调查记》，彭泽益：前引书，第 9 页、第 668—669 页；1932 年据南京图书馆特藏部、江苏省社会科学院经济史课题组编：《江苏省工业调查统计资料》，南京工学院出版社 1987 年版，第 167—184 页。

南京丝织业主要是织缎，行包买商制，表列户数指账房，所列织机即其所支配之机户，大者如李久大有机 100 台，小者仅五六台而已。① 南京元缎驰名遐迩，1911 年盛时有机 6100 台，至本时期则一落千丈。其衰落有多种原因，而主要是其生产的保守性。本时期苏杭等地均已用铁轮机以至电力机，一般地区也改用手拉机，南京则仍用老式投梭机，每台每日仅产 4 尺上下。二三十年代，服用尚轻薄华丽，又人造丝大量进口后各地多掺用，成本低而花样翻新。南京仍墨守成规，全用真丝织单色缎，不能与杭缎竞争。这种保守性又与其长期由账房垄断有关。

表 2—71 中所列锦缎、漳绒、建绒业户数系独立织户，无包买商关系，属个体生产。唯 1932 年调查锦缎业 117 户中，有织机 4 台以上者共 50

① 账房除支配机户外，还支配其他劳动者，成一复杂体系，皆行计件工资。

户，占 42.7%，最多者有 60 台。南京织锦亦用老式木机，不用提花板，1 机需 3 人，4 机同开即需 12 人。又 1929 年调查漳绒、建绒业 259 户中，有织工 10 人以上者共 63 户，占 24.3%，亦接近工场手工业规模。故二业户数中约有 30%已带有资本主义生产性质。又织绸业 1 家，即利民绸厂，1914 年成立，1932 年已改称南京绸厂，仍用木机。前此尚有 1 家较大之绸厂，已歇。南京织绒业较缎业衰落尤甚，盖漳绒（天鹅绒）不敌进口货，建绒又不能与上海、苏州用人造丝织成之同类产品竞争。

苏州也是原来三大丝织中心之一，产品以熟货（即先染丝后织）纱缎为主，1911 年有织机 7000 余台，后衰，至 1936 年仅有 4000 台。唯其技术有革新，1916 年振亚公司引进日本铁轮提花机，有花板自动提综，省工 1 人。20 年代又改用电力驱动，1936 年电力织机已达 2100 台（振亚有 48 台），但老式投梭机仍占优势（见表 2—72）。又苏州丝织原用湖州丝为经，无锡丝为纬，20 年代后渐用厂丝为经，继用厂丝为纬，节省工力，并利提花。人造丝大量输入后，其价低于真丝过半，且色泽鲜艳，织户掺用，降低成本，并织成华丝葛、毛葛、美丽绉等交织品，风行一时。又用机纱为纬，其价亦仅真丝半数，织成华丝布、华丝纱等夹织品，着身挺爽。又用蜡线为纬，织成线绸，最适夏服。从此花样繁多，大部供女用，盖此时风尚，与早期之重男装袍褂者大不相同。

表 2—72　1936 年江苏、浙江的丝织业

项目 城市	绸厂（家）	账房（家）	机户（户）	电力机（台）	手拉机（台）	投梭机（台）	织机总数（台）
南京		54	600			700	700
苏州	89	77	650	2100	500	1400	4000
盛泽	10		5000	1100	8000		9100
丹阳			1000		4300		4300
上海	480			7200			7200
杭州	141		4000	6200	8000	500	14700
湖州	24		3000	931	585	3000	4516

续表

项目 城市	绸厂（家）	账房（家）	机户（户）	电力机（台）	手拉机（台）	投梭机（台）	织机总数（台）
双林			1000		1500		1500
绍兴	2		3200	34	2650	2000	4684
宁波	3			80	700		780
合计	749	131	18450	17645	26235	7600	51480

资料来源:上海社会科学院经济研究所、上海市丝绸进出口公司编写:《近代江南丝织工业史》待刊稿,第三章,上海人民出版社 1991 年版。

苏州亦行账房制,1929 年列名账户有 57 家,1932 年列名 23 家,唯 1936 年调查仍有 77 家,称纱缎庄。但苏州亦有现卖机户,非所有织机均属包买商,现卖户比例未详。苏州机户衰落,织绸厂则颇有发展。1926 年,苏州铁轮机织绸厂已近 100 家;1930 年,改用电力机者至少有 15 家,它们也仍保留手拉机;1936 年有绸厂 89 家,大多用电力机。若将电力机作为工厂所有,其他以 60%作为工厂所有或账房所控制,设电力机的生产力 3 倍于投梭机,则苏州丝织业中资本主义生产形式约达 90%(见表 2—72)。

邻近苏州的吴江盛泽镇,是后起的丝织区,但发展很快,1911 年约有织机 8000 台,超过苏州。技术改进也快,1913 年引进手拉机,至 1915 年投梭机已绝迹。1916 年开始用铁轮提花机,唯 1928 年才建电厂,开始有电力织机。所产以素绸为主,品位较低,本期内亦产各种交织品、夹织品,一如苏州。至 1936 年,盛泽有各式织机 9100 台,超过上海、苏州,仅次于杭州。

盛泽无账房制度,织户均现卖。唯绸庄收绸须经中间人领头之手,才能成交。绸庄常向领头赊欠,机户常向领头借支,领头具有垄断势力,但不能成为包买商形式。盛泽 1916 年即有经成公司,本时期绸厂渐多,民生电机织绸厂扩充为 4 家,资本 34 万元,工人近 200 人。至 1936 年,约有电机绸厂 10 家,电织机 1100 台,手织户 344 户,连农村织户共约 5000 户,有手拉机 8000 台。按电力机计,绸厂生产力占 22%,实则手拉机亦部分为绸厂所有。①

镇江是老丝织区，清末有织机3000余台，民国后衰落。1933年调查，有称绸厂者250家，工人3000人，平均每厂12人，其中公记较大，有百余人。丹阳是后起的丝织区，1911年有织机2000台，1936年增至4300台。1930年有中新、蔚成等较大绸厂5家，资本4.5万元，工人516人，除木机外，有铁轮机82台。又机户中，大者亦有机10余台。

上海是新兴丝织区，1911年还只有织机105台。1915年肇新厂引进瑞士电力织机，效率较手拉机高1倍，继又有美、日机进口，上海亦能仿造。从此上海的电力织绸厂迅速发展，1927年有20余家，内百台以上大厂有物华、锦云、文记、中华等。其后丝织业不景气，一些厂停闭，而小型电机绸厂兴起，至1931年达475家，其中21—30台者15家，11—20台者百余家，10台以下者350余家。小型厂以织造华丝葛、线绨等交织、夹织品为多。30年代经济危机中，上海丝织业亦不景气，1935年下半年恢复，1936年有绸厂480家，电力织机7200台，连同非会员厂可有7500台，日夜两班计，年产绸170万匹。

上海的丝织业，已不属于手工业范围了。但它展示丝织手工业发展的前景。如上海美亚绸厂，系丝业巨商莫觞清于1920年创办，初仅有织机12台。旋由其婿美国留学生蔡声白担任经理后，1924—1930年扩充为9个厂，并设印染、美术、制经纬等专业厂。1933年改组为股份公司，资本280万元，拥有电力织机1200余台，捻丝机1.5万余锭，职工3600余人，产品400余种，年产27万匹，营业额602万元。②

2. 浙江省

浙江丝织业集中在杭州、吴兴、嘉兴、绍兴、宁波等地，全省产量超过江苏。

① 苏州及盛泽资料主要据段本洛、张圻福：《苏州手工业史》，江苏古籍出版社1986年版；南京图书馆特藏部、江苏省社会科学院经济史课题组编：《江苏省工业调查统计资料》，南京工学院出版社1987年版。又本节以下所用资料，除另有说明者外，大多采自彭泽益编：《中国近代手工业史资料》第三卷，中华书局1962年版。

② 陈真、姚洛合编：《中国近代工业史资料》第一辑，生活·读书·新知三联书店1957年版，第469—471页。

杭州在原来三大丝织中心中发展最快,1911 年有织机 1 万台,居首位。技术改革也较早,1900 年左右开始用手拉机,十数年间基本代替了投梭机;1912 年引进铁轮提花机,1923 年即开始电力化,至 1936 年有电力机 6200 台,仅次于上海。本期内,杭州丝织业经过盛、衰、再盛、再衰、复兴的过程,见表 2—73。生产力发展,为全国之冠。

表 2—73 1911—1936 年杭州丝织业的织机数 (单位:台)

项目 年份	织熟货机户	织生货机户	织包工机户	手织机合计	工厂电力机	总计
1911				10000	—	10000
1921	4400	2500	1800*	8700	—	8700
1926	6000	2129	1500*	9629	136	9765
1928	5226	1894	1350	8470	222	8692
1929	3321	900	810	5031		
1930	4745	810	324	5888		
1931	6168	600	310	7078	3000*	10078
1932	2467	480	240	3187		
1936				8000	6200	14200

资料来源及说明:1911—1921 年见彭泽益编:《中国近代手工业史资料》第三卷,三联书店 1957 年版,第 83 页;1926—1928 年见同书第 84 页;1929—1932 年见同书第 390—391 页;1936 年见表 2—72。有 * 号者为据户数或工厂数估计之织机数。1932 年为 4 月开工数。

杭州机户例分生熟两业。熟货主要为缎类,机户大多为城内专业户;生货以绸、罗为主,机户多在城外,兼务农。按 1929—1931 年统计,平均有熟货机户 1997 户,平均每户资本 237.6 元,织机 2.4 台,织工 3.5 人;有生货机户 390 户,平均每户有资本 82.6 元,织机 2 台,织工 10.3 人。又据 1942 年满铁调查,"设备织机十台的是普通型的机户,机户大者设有织机二十台"①。此系指公会会员户(约 1500 户)。

表 2—73 中的包工机户是向绸庄领料,织成后按件计工资,属包买商形式的散工,所织多属生货。织绸工厂在 1921 年约有 20 家,1931 年 54 家,1936 年 141 家。工厂亦以织生货为主,故工厂兴后,生货机户和包工

① 彭泽益编:《中国近代手工业史资料》第四卷,中华书局 1962 年版,第 97—98 页。

机户均减少。电力绸厂、机户中具有工场手工业规模的大户、包工机户合计,生产力约占总数的70%。

吴兴(湖州)以产湖绉著称,乡间机户所织,皆现卖。1926年盛时有织机6000台,后衰,至1936年约减半。1911年始建绸厂,20年代华丝葛盛行,绸厂增至60余家,1934年存30家,1936年仅24家;唯厂型增大,电力机扩展至900余台。个体户年产绸约18万匹,值270万元,绸厂按半年开工(时值危机)计,产6.5万匹,值300万元。① 故按产值计,绸厂实占50%以上。

绍兴为新兴丝织区,1921年约有织机2000台,1930年增至6000台,经30年代经济危机,1936年存4684台,工具无大改进。机户殆皆个体,仅少量包工,不过百余户。工厂无发展,1935年仅2小厂,电力机34台,织工30人而已。

近吴兴之双林镇、嘉兴及桐乡濮院镇,原都是丝织区,各有织机一二千台,20年代即见衰落。衰落原因主要是保守老式投梭机,工艺亦少改进,受邻近盛泽镇产品的排挤。这些地区织户主要是农民,在双林尤其濮院也有包工户,由绸厂发给工资,各不过二三百户。也有手工作坊和雇工生产的机户,比重甚小。

宁波丝织业以宁绸著称,原不过数百户,本时期内渐为绸厂所代替,并产塔夫绸和厂缎。华泰等3厂有电力机80台,手拉机200台。又有绸庄设有手拉机绸厂,绸庄并向百余机户发料收货。生产关系几乎全部资本主义化。

3. 其他各省

广东省以产纱绸著称,集中在顺德、南海和广州。民初盛时有织机4万余台,1935年调查仅2.243万台,年产130余万匹,值2690万粤洋。广东有绸庄发料收货制度,所收白绸再加染成莨纱,唯其比重未详。广州有永和昌绸厂,置有电力机20余台,他处未闻。

四川产锦缎,以成都为主,盛时有织机1.1万台,1936年仅有机房300余家,织机900余台,年产5万匹,值90万元,而实际开工不足,不及

① 彭泽益编:《中国近代手工业史资料》第三卷,中华书局1962年版,第423页。

此数。又乐山产素绸,有木机2000余台,铁机数百台,年产2万余匹。

贵州产府绸,以遵义为主,称机房,1921年有62家,产值约50万元,其后递减,仅数万元。其中大户如协记,有织工二三十人,又义安公司,雇工200余人。①

河北省非丝产区,唯1933年天津等地有丝织厂11家,内7家兼织棉布,均用电力机,年产绸6.6万匹。

河南省亦有电力机绸厂2家,年产2000匹。

安徽阜阳产阜阳绸,1926年以后衰落,年产不过4000匹。唯有美纶绸厂,用铁轮机。

山东省产茧绸,集中在烟台、胶东一带。烟台在20年代末有大小绸厂50余家,多用辽宁灰丝,"九一八"事变后丝源断绝,至1933年,除家庭小厂外,仅余6家,织机370台,内电力机28台。胶东福山、栖霞、牟平等县,有机房500余家,织机8000台,皆木机。1929年开始征茧绸税,1932年后茧绸出口大减,生产亦受影响。又章丘县周村,为老丝织区,有机户1400余户,织机2500余台。20年代后,集中为机房,逐渐改用铁轮提花机,掺入人造丝及纱,织华丝葛、中山葛、素葛等。1933年调查,有261户,织机1203台,内有机10台以上者14户,188台;有机5—9台者82户,544台,余在4台以下。又有工厂2家,各有机百余台。对农村散户,绸庄行发料收货制。

辽宁省亦产茧绸。安东绸厂原用木机,后添汽机,1925年以后改用电力。1926年安东有绸厂5家,电力机117台;仍有手工绸厂10余家。1924年盖平有绸厂7家,铁轮机160台。1933年沈阳东兴染织厂有电力机400余台。

以上江浙以外各省资料零星,仅举例性质。大约除山东、辽宁外,这些省的丝织业都是衰落的。这是因内地丝织业受战乱影响较大,又多行销本省,受30年代经济危机和农村丧失购买力的影响也较大。加以它们

① 据林兴黔编著:《贵州工业发展史略》,四川省社会科学院出版社1988年版,第45—46页,所列织机数似有误,未用。

仍多沿用木机，不能与江浙尤其上海的产品竞争。江浙的丝织业，如表2—72所示，迄1936年电力机占织机总数的34.3%，仍有约15%的老式投梭机。但若以电力机、手拉机、投梭机的效率为3∶1.5∶1计（这是保守的估计），则共相当于投梭机10万台①，远超过民初盛世（5万余台）；这就足以抵偿其他各省的衰落而有余。加以工艺上的改进，成本降低和花色品种增多，本时期中国丝织业仍是有发展的。

（三）棉织业

棉织是最重要的手工业，占全部手工业总产值的10.5%。它包括织布、漂染、轧光。我们仅考察织布。按照我们的估计，本时期中国棉布产量约增加8%，但由于机制布增长，手织布减少了34.8%，内商品手织布更减少51.5%，情况见表2—74。

表2—74　1920年、1936年全国手织布的生产②

项目	折合标准土布：万匹	
	1920年	1936年
全国棉布产量	84295	91042
其中手织布产量	60232	39298
手织布中：改良土布（A）	5000	4000
农村土布	55232	35298
农村土布中：自给布	33106	26136
商品布（B）	22126	9162
手织商品布=（A）+（B）	27126	13162

① 三项折合投梭机为：52935台，39353台，7600台；共99888台。

② 本书第二卷第二章第六节附录乙表四、乙表九。标准土布指每匹3.6337平方码、重1.1641磅。我们估计1913年手织布占棉布总产量的65.2%，1920年增为71.5%，1936年降为43.2%，故本时期手织布衰落最甚。其他学者估计如下。

估计者	年份	机织%	手织%	来源
方显庭	1930	21.5	78.5	《中国之棉纺织业》，国立编译馆1934年版，第275页
巫宝三	1933	28.9	71.1	《中国国民所得（一九三三年）》下册，中华书局1947年版，第93、97、100页（不包括东北）
严中平	1935	39.0	61.0	《中国棉纺织史稿》，科学出版社1955年版，第311页

手织布的资本主义生产有工场手工业和包买商两种形式。本时期,随着商品布的减少,包买商衰退,织布厂则有发展。

江苏省织布厂最发达。上海在1925年有1500余家,布机约5000台,但不少是个体户,较大称染织厂者100余户,已用电力织机。上海以外,无锡最多,抗日战争前有36家,布机3522台,内丽新等3家使用电力机。其他19县有布厂100余家,布机4000余台,内武进、江阴都在1000台以上,常熟、南京、嘉定都在200台以上,常熟、常州已使用电力机。这些布厂都有一定规模,雇工数十人至二三百人。①

四川布厂也较发达,集中在重庆、成都。1929年重庆30里内有布厂3000家,布机2.4万台,唯多是个体户;重庆市约100家,有铁机1758台,木机2294台。1933年成都有布厂730家,布机5000台,大多是木机。

河北省,据1929年的调查,天津布厂328家,有布机4805台。唯布厂中有1/4雇工不到10人者,雇工百人以上的大厂有7家。1925年对北京的调查,布厂16家,有布机416台,内祥聚厂雇工达200人。30年代,高阳有布厂60家,宝坻有布厂2家,均布庄所设,规模较大,高阳已有电力机。

东北织布通行工厂制。"九一八"事变前,沈阳有布厂300余家,包括家庭户,唯有20余家使用电力机,内东兴染织厂有资本20万元,织机120台。营口有布厂87家,布机1200台。哈尔滨有5家,内3家用电力。新民有259家,皆小厂,布机不足1000台。永吉有8家大厂,资本共达29万元,系官办或官商合办。

此外,抗日战争前记载,广州有布厂90余家,佛山80家,有的已用电力。浙江杭州、永嘉、硖石、宁波共有50余家,内杭州已用电力,宁波恒丰厂有工人700余。福州有54家,桂林有97家,大部是家庭户。武汉有五六家,贵阳有四五家,则系对较大厂的调查。②

---

① 据《无锡市志,纺织工业卷》待刊稿及实业部国际贸易局:《中国实业志·江苏省》第八篇第一章,实业部国际贸易局1933年版。

② 布厂资料据彭泽益编:《中国近代手工业史资料》第三卷,中华书局1962年版;又据严中平:《中国棉纺织史稿》,科学出版社1955年版;实业部国际贸易局:《中国实业志·江苏省》第八篇第一章,实业部国际贸易局1933年版;孔经纬:《东北经济史》,四川人民出版社1986年版。

布厂资料零星，难窥全貌。1933 年调查 12 省 52 个城市有手织布厂 2281 家，布机 27430 台①，不少城市与上述记载不符。大约本时期布厂发展以 1925—1929 年最盛，其后衰落，1933—1934 年危机最深，后有恢复。粗略估计，迄 1936 年，具有工场手工业规模的布厂大约在 1000 家以上，布机 5 万台左右。20 年代布厂生产以改良土布、爱国布为多，其规格仿机制布，并与洋布竞争。时重花色、条纹、格子布颇流行。1925 年以后，以人造丝浸浆制成经，与棉夹织，称麻葛，花色鲜艳，并线呢、哔叽等，皆流行产品。天津明生、庆华厂所创明华葛，尤盛行一时。此种花色新产品需用铁轮提花机，一匹布需花板 1000 张，非个体户所能为，因有染织厂之称。至于纱厂机布，主要是白坯，与专业布厂不同。据棉业统制委员会 1934 年调查，上海和 7 省的 415 家染织厂，共使用电力织布机 11208 台，手工布机 11886 台，可见手工布厂向动力厂过渡，亦有相当成果。

包买商制主要行之于江苏江阴、常熟、常州；浙江平湖、硖石；河北高阳、宝坻；山东潍县；广西郁林；山西平遥等地。他们的起源以及放纱、放盘、收货、工资等情况，本书第二卷第二章第五节叙述较详，这里仅补充二三十年代变化。

江阴布庄放纱原为织小布（大布机户卖现货），20 年代后放织改良土布，又放染色纱织条布，并改写摺制（凭信用）为保证书制。改良土布工资较高，白斜纹每匹可得 7 角。1925 年以后改用脚踏木机，提高效率，布庄压低工资至每匹 3.5—4 角。30 年代盛行放盘（带机头放出），每匹工资只合 2 角。因而剥削增加。大布庄控制机户有达二三千台以至 5000 台者，放织改良土布后，机户减少。常熟放纱以 1930 年最盛，唯仍以放织标布（销北方）为多，改良土布则赊纱给小工厂，收布时计利息。如裕原丰布号控制小厂 30 家左右，获利甚丰，遂自办布厂。常州放织改良土布亦改放盘，一个盘头可织花色布 12 匹，快手每月可织两盘。浙江平湖的织布业 1927 年以后衰落。硖石放纱仍织稀布、扣布，无甚改变。以上这些地区放纱收布比重一般占农村织户的 70%以上。而放纱制在老土布

① 严中平：《中国棉纺织史稿》，科学出版社 1955 年版，第 300 页。

区如南通、无锡则罕见,可能是迩近纱厂之故。上海亦只在抗日战争时期才有在南翔放织条子布者。放纱皆用机纱,统一规格,有时发给布样,有利革新。唯如硖石,织户一直使用老式投梭机。又如慈溪,直到解放后农家自织,仍用土经土纬,其保守亦足惊人。①

河北高阳织布业在1921年以后衰落,年产低时仅150万匹。1926年从天津传入浆麻法,织花色麻布,导致高阳布业第二个兴盛时期,1929年产380万匹。这年高阳有平面机2.49万台,较前略少,有提花机4324台,较前大增。平织(棉布)方面如前,即85%的织户是替包买商织手工,称定机,15%织卖货。唯包买商中,除原来的布线庄外,新增染线工厂,这是因为条布盛行,先染后织。麻布方面,则行赊料制,即将麻丝(实为人造丝)赊给织户,交布时扣还价款,领下次原料,亦称定货。因织麻布户多为小工厂,故定货只占40%,而60%织卖货。1930年起,高阳织布业再进入衰落时期,至1933年仅开平面机7000台,提花机200台,可谓一落千丈。唯1934年起,又进入第三次兴盛时期,直到1937年。这除了农业年成好、农村购买力提高和抗日、抵货运动的促进外,主要是改变生产方向。即放弃原来生产的白布,大力发展花布和麻布。原来麻布用短丝,现改用软丝,增春绸、双丝葛、锦地绉、闪光缎、国华绨等新品种。花布也增抗日呢、自由布、新生活布、派力丝、纳夫妥、阴丹士林等新品种。同时,组成较大工厂,添置电力织机,以及机器染整,使用化学染料等。这样,织布厂和染线厂增多,包买制则衰退了。②

河北宝坻,包买商制与高阳相仿。1923年有做放纱的布庄67家,放纱布机8180台,占农民全部织机的71.8%。宝坻布产量与高阳相仿,唯系老式土布,87%销东北,东北沦陷后,伪满征进口税,宝坻布业大衰。布庄改行实物工资,发纱11斤,10日内交布10斤,即以1斤作工资。此时棉纱跌价,织户拒织。1933年,放纱布机仅375台,占全部开工织机的

① 本节主要据上海社会科学院经济研究所《江南土布史》1983年稿本。

② 1933年以前见吴知:《乡村织布工业的一个研究》,商务印书馆1935年版、《从一般工业制度的演进观察高阳的织布工业》,《政治经济学报》第3卷第1期;以后见丁世洵《1934年至1947年的高阳土布业》,南开大学经济研究所藏稿。

8.1%，包买制趋于瓦解。

山西平遥，1926 年有布机 7000 余台，概由布庄放纱，每匹工资 1—2 角。广西郁林，1933 年有布机约 2000 台，3/10 由布庄放纱或放盘，放纱每匹工资 8 分，放盘 7.5 分。山东潍县土布区亦有放纱收布给工资者；但多不给工资，而将纱和布都按时价作价，等于赊卖纱；又有赊卖纱而不必交布（自卖布）者，则收取利息。江西南昌，布庄亦放纱收布，称订货，唯更多为放价，即预付布价，按时交布。

以上所举仅是一些土布集中产区，包买商制较发达者。农民所织商品布必须卖给商人。织户缺钱买料，商人利在支配生产，故商业资本的控制普遍存在，只是未必都成为工资劳动者而已。我们如果把本目开始时所列表中的手织商品布的 50%、即 6581 匹作为工场手工业和包买商支配下的生产，不会过高；但因有大量自给性生产，此数仅占手织布总产量的 17%。

（四）针织业

针织是本时期兴盛起来的手工业，以织袜和毛巾为主，亦有衫裤、手套、围巾等。原以 19 世纪末洋袜、洋毛巾等进口日增，国人谋求自制，到本时期，洋货除高级品外几乎绝迹，国货且有出口，渐成大宗。1931 年出口袜及毛巾 115 万关两，经济危机中，毛巾减少，袜出口仍由 50 万余打增至六七十万打。

织袜业所用圆筒机，初为德国货，1912 年起上海即能仿造，以后南方流行放机制，实由此种国产手摇袜机而兴。较大袜厂所用平机和罗纹机亦有国产品，但仍多用美国货。1929 年上海 39 家较大袜厂有平机 1389 台，罗纹机 290 台，摇纱机 2530 台，均已用电力。织毛巾用木机，则系织布机略加改造。织手套、围巾等用横机，初为法、日出品，后亦用国产。但织袜用细纱和人造丝，都依赖进口。袜业的发展，初为男袜，继织女袜、丝袜，再兴童袜、花色袜、套袜，品种日多。衫裤中以卫生衣一项兴起，流传日广。故针织业所受 20 世纪 30 年代经济危机影响不如织布业之甚。

针织业遍及各省，而以江浙为盛，并以上海为中心。上海于 1921 年设织袜同业公会，有厂 20 家，1929 年增至 114 家，连同非会员厂约 130

家,职工6000余人。南汇在1935年有袜厂51家,职工3300余人,毛巾厂25家。无锡1929年有袜厂39家,职工1500余人。此系较大之厂,小厂作坊则动以百计,如南京1925年有毛巾厂200余家,扬州1926年有毛巾厂200余家,袜厂三四百家。浙江省毛巾厂不多,其织袜业据1932年调查共174厂,亦指较大之厂,内永嘉39、海宁32、平湖30、杭州11,余在宁波等12县。江浙以外的织袜业,天津1929年有大小厂145家,工人2000余人;广州20年代有较大厂11家;福州1933年有大小厂40家;武汉1927年有大小厂200家;南昌1926年有大小厂60家,九江同期有10家;昆明1935年有大小厂90家,东北在“九一八”事变前,辽阳有43家,安东有25家,哈尔滨有六七家。

以上为现有资料所见,尚难见全貌。如四川针织业颇盛,河北毛巾产量甚多,均未见厂家记载。再如广东的羊毛衫厂,以及各地织衫裤及其他针织品之厂,均不知其详。因而下面用一些实例来说明本业发展的几种类型。

上海景纶衫袜厂,创建于1886年,资本5万两,但迄1902年一直亏损。继改换新主,竭力经营,仍无起色。1910年以后,始见转机,1917年增资至16.8万元,添置新机器,1937年再增资至24万元,成为著名大厂。景纶的历史说明,在新兴的针织业中,这种按纱厂模式建立的近代化大工厂,需要一个开拓国货市场的过程。1917年建立的上海中华第一针织厂适值市场繁荣,遂得立足。到1933年,全国有这种近代化的针织厂110家,内专业和兼业袜厂75家,产袜542万打,毛巾厂3家,产毛巾6.4万打。[①] 但它们在中国针织业中仅占微小的比重,下文可见。

上海附近的南汇,1933年有大小针织厂150家,毛巾厂25家,全部手工生产,不用动力。它们年产袜266万打,已为上述近代化大厂之半,产毛巾28.5万打,为上述大厂的4.5倍。[②] 南汇袜厂的特点是,它们大多是由商号发料加工,并有29家是向上海的袜商袜厂领料加工。毛巾厂亦

① 据刘大钧:《中国工业调查报告》中册,经济统计研究所1937年版,第14表。

② 据蔡正雅调查报告,见彭泽益编:《中国近代手工业史资料》第三卷,中华书局1962年版,第485—486、649页。

然，上海三友实业社以发料收货形式在南汇一带支配毛巾织机有四五百台。所以，尽管这里的针织厂很多还不足工场手工业的规模，它们也大多进入资本主义体系了。

其他地方的针织厂多半是自备原料生产，有的已使用电力，但也常存在家庭厂为大厂加工的情况。在无锡，又有个奇特的制度。1929年无锡有袜厂37家，袜机1740台，除3家使用电力外，其他袜厂的袜机，大多是工人自备的，或者交押金向厂方租用，并由厂发料收货。这实际是本业中流行的放机制，因在城市，变成集中生产。

放机制可以浙江平湖为代表。平湖于1921年设光华袜厂，招女工40余人，产品竟供不应求。于是招女工租机、领纱，在家生产。到1925年，平湖有袜机约1万台，光华有1000台，大多是放给四乡农户，收货后，由厂雇工缝袜头、袜底并熨平。放机收押金6元及小租2元，以后每月租费2元在工资中扣除。按每机日产一打计，织户月工资合六七元，实得四五元，剥削甚重。时上海造袜机，每台约20元，有些织户可以自置，唯自置机者袜厂往往拒绝发纱，借以控制。①

针织全系商品生产。从上述几种情况可见其资本主义化的程度颇高，粗估大约在60%。

二、食品手工业

食品制造是中国手工业中最大的部门，其产值占全部手工制造业总产值的54.8%，而面粉、榨油、酿酒三业又占部门总产值的73.7%。它们的资本主义生产形式则基本上都是工场手工业。

（一）面粉业

中国近代面粉生产，最近研究有个全面估计，摘录入表2—75。

---

① 《浙江平湖织袜工业之状况》，见彭泽益编：《中国近代手工业史资料》第三卷，中华书局1962年版，第229—231页。

表 2—75 1913—1936 年各类型生产者的面粉生产量

项目	1913 年		1921 年		1936 年	
	万包	%	万包	%	万包	%
全国面粉产量	46806. 5	100	54754. 7	100	66950. 5	100
1. 商品面粉	21364. 2	45. 6	24719. 8	45. 2	30998. 1	46. 3
其中:机器面粉厂生产	4702. 2	10. 0	10051. 5	18. 4	12322. 0	18. 4
机器磨坊生产	90. 0	0. 2	620. 5	1. 1	1475. 5	2. 2
土磨坊生产	16572. 0	35. 4	14047. 8	25. 7	17200. 6	25. 7
2. 农家自产自用	25442. 3	54. 4	30034. 9	54. 9	35952. 4	53. 7

资料来源及说明:上海粮食局、上海市工商行政管理局、上海社会科学院经济研究所经济史研究室编:《中国近代面粉工业史》,中华书局 1987 年版,第 94、103、105—106 页。改正第 106 页错列处,并据原表百分比求出 1936 年全国面粉总产量。每包按 44 斤计。

由表 2—75 可见,中国面粉生产中,农家所制的自给粉始终占一半以上。商品面粉中,本时期机器面粉厂的生产有所增加,但并未挤代土磨坊,土磨坊的生产按同一比率增加。磨坊因是地产地销,成本低,又能兼磨玉米、高粱、豆等杂粮,并可替用户加工,是以不衰。但也因地区而异。如天津磨坊业,1916 年以前有 400 余家,石磨 2000 余台,机器面粉厂发展后,至 1927 年已不足 200 家,石磨六七百台。不过据 1930 年调查,仍有 245 家,并兼营秫粮。内地机器面粉厂甚少,所受影响不大。唯磨坊生产量并无统计,表 2—75 系按小麦产量推算,有可能偏高。

表 2—75 中机器磨坊一项,指使用机械动力但仍用石磨者。原来磨坊的进化曾经过人力、畜力、风力、水力等阶段,到用蒸汽动力时,仍是利用两片石磨转动的原理。20 世纪初发明钢筒滚轴制粉法(Rolling system,译称钢磨,实际已不是磨了),才实现制粉的革命。表 2—75 中机器制粉厂指此。但实际上三类界限并不明确。就土磨坊说,本时期已不是全用畜力了。如天津的土磨坊,1924 年有三四十家改用电力,1925 年有约百家改用电力,1926 年上半年又有五六十家改用电力。1930 年方显庭调查时,划出甲种磨坊 265 家,即用电力者,乙种磨坊 245 家。1926 年调查北平的磨坊,亦有 80 家使用电力。另一方面,机器磨坊也不完全是用石磨了。30 年代在青岛开设的 17 家机器磨坊即报有 25 台钢磨,这就

又与机器面粉厂混淆。不过，土磨坊大多在内地城镇，主要还是用畜力。1936 年山西 69 县调查，有畜力磨坊 1186 家，职工 4576 人，磨 1503 台；有机器磨坊 8 家，职工 334 人，磨 31 台。表 2—75 的产量，实际即是按山西调查的产量比例推算的。①

我们在第三节讲民族资本机制面粉工业时，没有包括机器磨坊，因而，这里把它们和土磨坊都计入手工业。依此，1936 年商品面粉中手工业生产应为 18676.1 万包，占 60%。这些手工业生产中有多少属工场手工业性质，很难确定。按山西的统计，机器磨坊平均每家职工 15 人，畜力磨坊仅 3.9 人。天津磨坊设备统计，208 家共有磨碾 633 台，其中有磨碾 3 台者占磨碾总数 48.8%，有磨碾 4 台以上者占 36.8%。土磨坊以畜力为主，不在人多，实际上所列雇工多为店员。如果以磨碾代表生产能力，按天津情况是相当集中的，内地则应较分散。我们姑将表 2—75 中机器磨坊的全部产量和土磨坊产量的 1/3 作为工场手工业生产，似不过高。此数为 7209 万包，占全部商品面粉产量的 23.3%，而在全部手工面粉产量中则比重甚微。

（二）榨油业

榨油业是个大手工行业，其产值仅次于面粉，超过织布，但不像后两者受人注意，一向缺少系统研究。现将目前所见资料摘入表 2—76。

表 2—76 中豆油以东北产量最多，计 324 万担，次为江苏、山东、湖北。菜油产量最大，遍及各省，农家自榨自用的也最多。花生油以山东、湖南为主，芝麻油以湖北为主。桐油不属食品，我们也一并讨论，主产在四川。其他包括柏油、蓖麻子油等，亦非全属食品。

表 2—76 列 1933 年植物油总产量 3123.3 万担，其中减除中外机器油厂 82 家（均在关内）所产 212.6 万担②，手工油为 2910.7 万担。再减

---

① 上海粮食局、上海市工商行政管理局、上海社会科学院经济研究所经济史研究室编：《中国近代面粉工业史》，中华书局 1987 年版，第 112、475—479 页；方显庭：《天津之粮食及磨坊业》，《经济统计季刊》第 2 卷第 4 期，1933 年。

② 据表 2—76A 同一资料，按产值比重 7.2%计。

去东北豆油324万担(其他油未详),关内手工油为2586.7万担。这里面有多少是手工油坊所产呢? 表2—76B所列352.7万吨为15省调查,缺四川等9省,若按耕地面积比例补充,应为597.8万担①,减除机器油厂212.6万担,为385.2万担。表2—76B不包括桐油,桐油基本上都是油坊榨制,或农民以桐子交油坊代榨(付加工费)。故关内油坊总产量为555.7万担,占手工油的21.5%。这些油坊有多少属资本主义生产呢? 表2—76B所见江苏厂坊平均每坊有工人15.3人,其他各省均不足10人。不过,油坊除榨油机外,尚有碾、蒸锅、压饼机、牲畜等,投资较大,有些采用螺丝榨、水力榨以至吸抽法,使用柴油机或电力了,故大部分可作工场手工业看待。

表2—76　1933—1935年榨油业概况

品名	A　1933年全国植物油产量(万担)		
豆油	523.3	棉油	183.3
菜油	1286.1	茶油	100.0
花生油	575.7	桐油	170.5
芝麻油	184.4	其他油	100.0
		合计	3123.3
	B　1933—1935年关内各省油厂(坊)		
省份	厂坊数	工人数	年产量(万担)
江苏	746	11389	78.34
浙江	323	1619	82.84
江西	230	1560	100.64
湖南	1545	7181	14.87
湖北	2420	6994	23.53
山东	942	2533	21.67
广西	954	4236	11.33
其他8省	1073	3936	19.52
合计	8233	39448	352.74

① 15省耕地占关内耕地总面积的59%,所缺9省占41%,据严中平等编:《中国近代经济史统计资料选辑》,科学出版社1955年版,第356页。

续表

	C　东北的油坊		
年份	厂坊数	豆饼出口(万担)	豆油出口(万担)
1923	606	3736	320
1925	448	3194	302
1929	472	2830	238
1931	400	3796	374
1935	365	2048	252

资料来源:A. 巫宝三等:《中国国民所得(一九三三年)》下册,中华书局1947年版,第83、145页。

B. 第四次《申报年鉴》,工业第152页,申报年鉴社1936年版。

C. 厂坊数据日本工业化学会满洲支部编等:《东三省物产资源与化学工业》中译本,中华书局1935年版,第132页,唯1935年据上引《申报年鉴》。出口数据Kungtu C.Sun, *The Economic Development of Manchuria in the First Half of the Twentieth Century*, Harvard University Press, 1973, p.29。

东北情况不同。东北大豆基本上都是油坊所榨。油坊规模较大,平均每家资本1.6万元,一般雇工30余人,牲畜10余口,有些已使用机器榨和蒸汽动力,可全作为资本主义生产。它们的生产以出口为主,表2—76C也以出口量代表产量。

本时期内,油料作物在20年代颇有增长,唯1931年前后分别有下降趋势。上述是1933年情况;到1936年,大豆、花生、芝麻产量均下降,菜籽略增。桐油在本时期发展较快,成为出口大宗;四川万县、忠县有油坊900家左右,有的已用机器生产。又本时期内,饼肥使用继续推广,制饼成为油坊生产的重要内容。榨花生或芝麻,油饼的产值约为油产值的16%;榨菜籽,饼值约为油值的30%;而榨大豆,饼值达油值的1.8倍。故大豆油坊实以制饼为主要业务。1933年豆油产值约6286万元,豆饼产值达11467万元,东北"大豆三品"的出口,实以豆饼为主。

(三)酿造业

酿造业也是个大手工业,但缺系统调查。所见仅是根据人均消费量的估计,即每人每年消费酒5斤、酱油3斤。这样,全国产酒2147.5万担,酱油1288.5万担,共3436万担。1933年,机器酿造厂所产仅约200

万担,即手工业生产3236万担。另有醋年产约240万担,可略而不计。①

手工业产量中有多少是厂坊生产的呢?我们只见有1933年左右江苏省的调查,除上海外,有酿造业厂坊3303家,年产酒、酱油103.7万担;又同期山东省的调查,有酒坊1715家,年产酒52.2万担。② 以两省人口按上述消费量计,江苏厂坊生产占消费量的37%,山东酒坊生产占消费量的25.9%。③ 此比重偏低,一则统计不全,二则两省生产黄酒,而全国则以白酒为主,白酒较少家酿。如将手工酿造业产量的50%作为厂坊生产,不会过高。

这些厂坊生产有多少属资本主义性质,更无资料可循。不过,酿造业厂坊虽属传统手工方式,而一般资本较大。上引江苏省统计中,平均每家资本额,南京为3.8万元,武进为1.2万元,太仓为1万元,余亦数千元。这是因为酿造业生产周期长,积压原料并需有较多设备以资周转。1926年,绍兴有酒坊700余家,产绍酒5万缸,平均每家每年70缸。北方烧锅用大缸,一般有三五十缸,麦曲的生产更集中在大户。四川大曲酒厂常需几个窖以至10余窖。酱园亦需多备酱缸和晒场。上海万字号4家酱园有缸1.8万只。

鉴于酿造业主要是地产地销,我们作如下粗略估计:(1)30个人口在20万人以上的大城市,共有人口1852万人④,按上述每人8斤计,需酒和酱油148万担。假定它们全部是由工场手工业生产的。(2)大城市以外酒和酱油,假定有50%是厂坊生产的,其中又有70%已达工场手工业规模,即1081万担。⑤ 两项合计,资本主义生产约占手工酿造业总产量

---

① 巫宝三等:《中国国民所得(一九三三年)》下册,中华书局1947年版,第136—137页,机器大工业产量按产值比重0.06%计。

② 实业部国际贸易局:《中国实业志·江苏省》第八篇,实业部国际贸易局1933年版,第454—457页;实业部国际贸易局:《中国实业志·山东省》,实业部国际贸易局1934年版,第286—377页。

③ 1933年江苏人口3490万,山东人口4030万,据德·希·珀金斯:《中国农业的发展》,宋海文等译,上海译文出版社1984年版,第282页。

④ 德·希·珀金斯:《中国农业的发展》,宋海文等译,上海译文出版社1984年版,第388—392页。

⑤ 计算式为(3236-148)×50%×70%=1080.8。

3236 万担的 38%。

（四）其他食品手工业

其他食品手工业，按产值计，依次为碾米、制烟、制茶、制盐、制糖等。限于篇幅，不作专门考察，仅略述梗概。

本时期，稻的生产是减少趋势，米产量亦减少。以 1936 年产稻 1034 亿斤计[①]，除 8% 留种，出米率 70%，可产米 666 亿斤。除 61 家机器米厂产 2 亿斤外[②]，手工业生产 664 亿斤，内绝大部分是农家自碾自用。现有的砻坊数和产量统计不实。[③] 如米的商品率为 15%，则砻坊产量约 100 余亿斤。[④] 这时部分砻坊已使用电力，估计其中至少 1/3 达工场手工业规模。

手工制烟指制烟丝的作坊，本时期已用手摇切烟机。本时期烟叶产量有所增加，但因卷烟发展，烟丝坊是衰落的。此种作坊多为烟商所设，有相当规模。《农商统计表》统计 1920 年制烟作坊 175 家，职工 6689 人，平均每家 38.2 人。以后无统计，唯大多属工场手工业。又本时期烤烟兴起，除卷烟厂设厂外，亦有手工烤烟房，1926 年以后由于英美烟公司压低价格，烤烟房无利可图。

制茶业指将毛茶制成精茶（毛茶由茶农焙成），出口茶由茶厂精制，内销茶由茶栈拣选。本时期，茶出口由 1921 年的 43 万担增至 1929 年的 94.8 万担，以后下降至六七十万担。同期，上海茶厂由三四十家增至 107 家，1933 年减为 44 家。它们雇工数十人至百余人，并多数用机器生产。福建祈门，20 年代盛时有制茶栈 180 余家，1933 年不足 80 家。湖北羊楼洞一带制红茶的茶栈也由 70 家减为 10 余家。张家口一带的砖茶厂 1924 年有 28 家，以后销俄茶减少，茶厂多停闭。而在浙江、江西、湖南、四川等

---

① 严中平等编：《中国近代经济史统计资料选辑》，科学出版社 1955 年版，第 360 页。

② 巫宝三等：《中国国民所得（一九三三年）》下册，中华书局 1947 年版，第 126 页，按每石合 156 斤折算。

③ 申报年鉴社：《申报年鉴》，申报年鉴社 1936 年版，第 144 页统计，13 省 94 县 6160 家砻坊产米 19.8 亿斤，仅占手工生产 664 亿斤的 3%。

④ 商品率据卜凯。砻坊除生产商品米外尚代农民加工。

产茶区,内销为主,仍能维持。茶栈拣茶、焙(烘)茶雇工常以百计,但系季节性工作,约100天。1933年全国约产精茶257.9万担①,内出口69.4万担,全属工场手工业生产;内销188.5万担,大部亦系工场手工业生产。资本主义比重当在70%左右。

制糖业在广东、四川基本是由糖坊生产,在广西、江西则由蔗民自制成红糖,卖给糖坊加工成白糖。糖坊投资较大,一般都具有工场手工业规模。土法制糖技术拙笨,成本高,出糖率低,不能与洋糖竞争。本时期,洋糖进口倍增,已超过国产糖,1933年以后又受日本走私糖打击,手工制糖业大为衰落,"糖城"内江的糖坊由1000多家减为三四百家。唯1933年以后,上海、广东机器制糖厂有所发展,1935年产35万担。全国糖产量以680万担计②,广东190万担,四川180万担全作为工场手工业生产,其他以一半作工场手工业生产,连同机器糖厂生产,约占总产量的80%。

盐为重要手工业产品,按销价计,达5亿余元,但按场价计,产值并不很大。盐的生产变化不大,而产量估计各异,我们采用6600万担这个数字。③ 其中,占11%的井盐和池盐可作为工场手工业生产。海盐盐场的生产方式则看法不一,我们姑以一半强计(主要指商灶)。这样,资本主义生产约占60%。

三、出口为主的手工业

表2—77所列8种手工业基本上可以出口量代替产量,其兴衰表内可见。

---

① 茶产量有多种估计。此据巫宝三等:《中国国民所得(一九三三年)》下册,中华书局1947年版,第130页,合毛茶427.8万担。本项所用其他资料十分零星,不一一注明。

② 巫宝三等:《中国国民所得(一九三三年)》下册,中华书局1947年版,第138页估计1933年为673.4万担,其后广东有发展。

③ 巫宝三等:《中国国民所得(一九三三年)》上册,中华书局1947年版,第54页。而《中国经济年鉴续篇》(工业第L63页)估计1934年产3750万担,相差悬殊。

表 2—77　1921—1936 年 8 种出口手工业品出口量值

项目 年份	地毯		草帽		金丝、麻草帽		草帽辫		花边衣饰（万关两）	抽纱（万关两）	挑花（万关两）	发网（万关两）
	条	万关两	万顶	万关两	万顶	万关两	担	万关两				
1921	90459	97.5	463.5	8.3			54398	345.2	523.0			
1922		330.0	1020.9	16.6			79557	528.1	564.1			
1923		469.1	860.2	16.4			83911	544.4	411.2			
1924		599.0	542.3	13.3			76552	551.6	464.0			
1925	179081	636.3	617.0	16.7			56606	389.6	427.1	75.0		
1926	180094	654.7	414.5	12.6			48740	305.0	458.5	84.9		
1927	176543	652.6	534.5	21.9			38020	261.2	469.4	100.8		
1928	158780	593.5	312.3	24.8			44825	274.8	313.2	216.9		
1929	160661	559.7	533.7	30.4			47316	215.2	270.6	256.3		
1930	122812	442.1	341.8	32.3			30443	153.9	319.6	374.0		
1931	133738	454.9	358.4	23.6	303.7	381.7	30687	150.5	354.0	486.4	375.8	99.6
1932	22347*	317.3	219.7	27.0	161.0	175.3	26801	258.1	220.8	516.2	321.5	136.0
1933	22040*	321.2	351.2	20.9	454.3	343.7	22139	131.2	209.0	310.4	411.0	99.3
1934	23057*	311.0	335.2	26.8	707.3	422.9	23072	121.7	195.1	389.6	348.5	97.4
1935	18571*	260.2	159.8	18.8	508.7	352.4	27425	146.7	209.5	338.3	548.9	66.5
1936	23897*	326.5	253.4	24.6	366.9	235.0	23515	147.0	374.0	139.9	1225.1	77.5

注：* 单位改为担。

资料来源：彭泽益编：《中国近代手工业史资料》第三卷，生活·读书·新知三联书店 1957 年版，附录及第 520、531 页，原据海关报告。

地毯生产以新疆、西藏、甘肃为多,但非以出口为主,大多是个体生产。出口地毯主要是天津、北京、上海及绥远、山东产品,均行厂坊制。一长方形木架即为织机,络经纬棉线,再用毛线手工编织;设备简陋,工在手艺。地毯厂坊可分大中小三种。大厂有织机数十架至百余架,亦有外商所设;中厂有织机数架;小厂实为家庭作坊,织机一二架而已。按天津调查,小厂承做出口商(主要是洋行)定货,由商人发给毛线及图样,经纬线自备,交货时按方英尺计给工价。中等厂亦做定货,毛线自备,但可向商人预支毯价30%以下的货款。大厂则仅领图样而已。出口商以厂坊自备毛线色泽不佳,常自向染坊加工毛线,卖给或贷给大中厂。其中洋行、买办剥削惨重。依此,出口地毯大部分系工场手工业产品,余则类似散工制(工资包括经纬线,约占成本8%)。① 北京情况相仿,并多天津定货;上海则主要是大中型厂。故就出口地毯说,基本上已属资本主义形式的生产。

草帽辫是出口大宗,用麦秆编成,主产区为山东莱州、青州等10县,山西潞城,河北大名、青县。出口后,国外制成草帽并输入中国。民国以后,国内草帽业兴起,替代了进口的巴拿马式草帽,草帽辫出口减退。同时,国人仿制欧美式草帽,输往国外,高时达1000万顶。草帽辫和草帽皆农村妇女手编,由小贩收购,辗转入洋行之手,未见资本主义生产形式。1905年后,外商将菲律宾金丝草、麻草、瑞士玻璃草等运至中国,由华商发给农妇,编成西式帽坯,计件给值,成为一种散工制。帽商加以漂剪熨磨,洋行再加修整,销往欧美。② 产地主要在浙江宁波、慈溪、镇海、余姚。洋行采隔年订货制,交货时操纵价格,华商中间剥削亦大,编工一年所得不过三四元。本时期此业大兴,唯1936年菲律宾禁金丝草出口,遂衰。

花边系用细纱线手织而成,属针织品。产值颇巨,主销美国,1922年美国提高进口税至90%,遂受打击。产地以烟台为主,亦最精,南方则有温州、宁波、无锡、川沙、南汇、萧山等产地。各地大多是由花边商(亦常

① 方显庭:《天津地毯工业》,南开大学社会经济研究委员会1930年版,第20—21页。

② 《鄞县通志·食货志》,1986年版,第57—59页。

称厂)发线给农村妇女,按指定花样织成,论码计给工资,属散工制。1936年烟台有花边商110家,从业者4.5万人;1930年南汇有花边商20家,领织户1.21万户。花边商与织户间常有中间人,在烟台称包工。1926年无锡有花边商50家,而每家有中间人10人之谱。花边商又常是出口公司或洋行的代理人。层次多,中间剥削大,织户所得甚微。浙江萧山,1923年织户工资每码可得8角,1929年降至5角,1931年再降至2.5角。

抽纱产于广东汕头、潮安、揭阳、海澄一带,料用英国细布或揭阳夏布,女工计算经纬,抽去若干线条,成梯格形,络成花纹,再用色线绣出花样。所制多为台布、手帕,亦有镂空花边。本业盛于1925年以后。1937年汕头有外商洋行设厂数十家,在厂工作女工2000余人,日工资3—8角。各县则由洋行设计图样,雇工绘于布料,将布料发给农村妇女抽绣,计件工资,再由厂洗熨成品。据说潮汕业此者达50万人,可能夸张。

挑花属刺绣,唯工细,并作西方花样,由洋行出口。产于宁波、温州及邻近各县;1923年有美商设挑花公司于长沙,利用湘绣女工制作,而苏绣、顾绣区则未闻。制作以台布、手帕为主,用夏布、十字布,后在裙、衫、裤上挑绣。1935年,宁波有绣货商30余家,挑花工2000余人,计件工资,月可得10余元。慈溪、镇海等县,则先绘图样于衫裤,发给农村妇女挑绣。温州亦实行发料收货制,台毯按花计资,挑花一朵,工资数角至1元。本业兴于20年代,30年代仍盛。

发网业于20年代初最盛,从业者达10余万人,其后因美国妇女流行剪发,渐衰退。初系洋行收集头发,运欧美酸化漂染,再运回中国结网出口,其后亦在国内化学鞣软。产区遍及山东各县,而以烟台、济南为中心,由青岛、上海出口。烟台盛时有发网厂110余家,工人七八万人,月可得工资10余元。而大批制作系发料给各县农户在家结网,有单圆、双圆、单长、双长式样不同,每捆(12打)工资2元上下不等。1人1日可结网1打,不足2角钱。若济南的发网厂,几全为修补工作,工资亦低,月不足10元。厂则资本颇大,常有10余万元,有达200万元者,盖从事贸易之故。

以上8项手工业,产值并不大,因其皆由出口而起,亦随国际市场变化兴衰,有其代表性。另有猪鬃、桐油、毛裘、皮革、草席等出口值较大,但属农畜业产品,亦经手工业加工,列简见表2—78。

表2—78　1919—1936年几种手工业品出口量或值①

项目	1919—1921年平均	1929—1931年平均	1936年
猪鬃(担)	31165	41033	52648
桐油(担)	317257	625306	867383
毛裘(万关两)	101.8	425.9	419.0
皮革(万关两)	118.9	115.2	91.5
草席(万关两)	327.0	534.2	338.4
67种手工业品合计(万关两)	19005.2	25775.5	15494.8

猪鬃为本时期出口增长较大的商品。产区主要在四川、湖南,次为江苏、江西。唯其经营与毛皮同属山货行业,抗日战争后才兴起独立的猪鬃公司。经营中有贩子、经纪人、山货号、堆栈以至出口洋行等环节,均属商业,加工不居重要地位。加工集中在重庆、南充、湘潭,又汉口、上海有厂。四川以产黑鬃为主,加工称洗房,制白鬃者称梳房,1936年重庆有30余家,南充约10家,大半为山货字号所设。其工作是将鬃拣选、洗净、烘干,按长短分级,梳排成捆,全用人工。湖南产黑白鬃相若,集中湘潭鬃厂,据抗日战争前调查,其小厂大约有工人10人,月产鬃5担;中等厂有20人,月产10担;大厂有50人,月产30担。故就雇工说,基本上都具有工场手工业规模。汉口、上海之鬃厂则有雇工一二百人者。

桐油亦为本时期出口增长较大的商品,产制中心亦在四川,以及湖南等省。其制作均经油坊,盖榨桐籽须高压,农民家庭不宜。桐油坊大多有一定规模,已见上述榨油业中。

毛裘出口亦是增长的,唯受30年代经济危机影响。主产区在西北,由皮毛行制作,亦称泡皮厂,隶属商业资本。1925年宣化有毛皮行60余

① 彭泽益编:《中国近代手工业史资料》第三卷,生活·读书·新知三联书店1957年版,附录及第520、531页,原据海关报告。

家，工人 5600 人，最大一家有 140 人，一般有 40—80 人。其作业分制、铲、硝、鞣、洗、裁、缝等工序，用大工、小工、男工、女工各有职司，颇具工场手工业规模。唯系季节工，每年做工 7—9 个月。他处之小作坊恐未必如是。毛裘内销亦巨，大于出口。

皮革（熟皮）的出口是衰落的，由 20 年代初的 70 余万关两降至 1936 年的 30 余万关两。这部分地是由于上海等地革制品业兴起，革制品的出口增加了，由 20 年代初的 30 余万关两增至 1936 年的约 60 万关两。表 2—78 所列系熟皮和革制品的合计数，其数也是趋降的。皮革中已有机器制革厂，1933 年上海有 10 家，另外商厂 4 家，连同内地共 27 家。手工制革的主产区在西北和西南，以张家口和重庆为中心。张家口制牛皮、马皮，以代替原来之生皮出口，有 10 余厂，组织情况未详。四川抗日战争前有 19 厂，主制牛皮。重庆的求新厂有工人 200 人，已用机器；中华厂有 170 人，复兴、泉鑫厂有 40 人，其余多数雇工不足 10 人。故手工制革厂大小参差，唯本时期内，大多已改用化学药剂鞣皮了。出口熟皮多为机制，手工皮大部内销。上海亦有皮坊 200 家，唯所制底皮、面子皮、箱子皮等系供皮件厂制造之用。

草席原为家庭副业，用手摇木制平机，二人共织。出口品则为改良席，或称花席，除选料加工较细外，并有诸种规格，供坐、卧、桌垫之用，大多系设厂制造，并用进口染料。出口席主产在浙江，次则广东、江苏。浙江温州、余姚的席厂盛于 1918—1922 年，其中华明、中一厂资本达 5 万元，中一有机 600 余架，雇工 2000 余人。又振兴厂曾创用脚踏机，1 人抵 2 人，惜 1922 年停办。此外有中兴、瓯美、杲记等厂，雇工均有数十人至一二百人。宁波在 1935 年有席厂六七家，以翔熊为大，年产龙须草帘 5000 条。江苏嘉定 1927 年有席厂 6 家，后衰落。广东 1925 年有席厂 25 家，规模均小，技术亦不如浙江。

表 2—78 列有 67 种手工业品出口值合计数字，其品种及数值见于彭泽益所编《中国近代手工业史资料》第三卷附录。依此统计，本时期手工业品出口值由 1.9 亿关两增至 20 年代末的近 2.6 亿关两（实际最高峰在 1926 年，近 2.8 亿关两），再降为 1936 年的 1.5 亿关两，指数为 100、136、

82。唯在此期内,银汇率剧跌,若按金价计,则并无增长,而是直线下降的,其指数应为100、58、33,即1936年只有20年代初的1/3。手工业品的出口可反映若干手工行业的盛衰,但不能夸大其作用,我们上面的论述主要用产品的数量,不用价值,其意在此。

四、手 工 矿 冶 业

本时期煤、铁的土法开采和生铁的土法冶炼情况列入表2—79;尚有钨砂的开采和锑、锡的采冶基本上也是手工业,已见表2—38。这些生产的消长可看二表。

表2—79　1921—1936年煤铁的手工采冶　(单位:万吨)

项目 / 年份	煤			铁矿			生铁		
	总产量	土法开采		总产量	土法开采		总产量	土法冶炼	
		产量	所占百分比		产量	所占百分比		产量	所占百分比
1921	2050.7	715.7	34.9	151.2	50.2	33.2	39.9	17.1	42.8
1922	2114.0	708.0	33.5	136.1	50.2	36.9	40.2	17.1	42.5
1923	2455.2	757.9	30.8	174.5	50.2	28.8	34.1	17.1	50.1
1924	2578.1	725.6	28.1	176.8	50.2	28.4	36.1	17.1	47.4
1925	2425.5	671.7	27.7	152.1	50.2	33.0	36.4	17.1	47.0
1926	2304.0	742.3	32.2	156.2	52.9	33.9	40.7	17.9	44.0
1927	2417.2	647.9	26.8	171.0	52.9	30.9	43.7	17.9	41.0
1928	2509.2	711.1	28.3	200.4	52.9	26.4	47.7	17.9	37.5
1929	2543.7	658.3	25.9	263.0	58.3	22.2	43.6	13.5	31.0
1930	2603.7	614.4	23.6	225.2	47.9	21.3	49.8	12.2	24.5
1931	2724.5	615.2	22.6	233.6	49.6	21.2	47.1	12.6	26.8
1932	2637.6	616.3	23.4	224.9	41.0	18.2	54.8	13.5	24.6
1933	2837.9	630.4	22.2	231.3	41.0	17.7	60.9	13.9	22.8

续表

项目 年份	煤			铁矿			生铁		
	总产量	土法开采		总产量	土法开采		总产量	土法冶炼	
		产量	所占百分比		产量	所占百分比		产量	所占百分比
1934	3272. 5	692. 4	21. 2	254. 5	41. 0	16. 1	65. 6	13. 5	20. 6
1935	3609. 2	599. 8	16. 6	333. 2	42. 7	12. 8	78. 7	13. 9	17. 7
1936	3990. 3	610. 9	15. 3	336. 0	43. 8	13. 0	81. 0	14. 0	17. 3

资料来源:严中平等编:《中国近代经济史统计资料选辑》,科学出版社 1955 年版,第 102—103 页。

这些手工矿冶的分布和经营方式在本书第二卷第五章第五节中已予介绍,本时期无甚变化。我们曾提出,手工采煤比重的减低并不是机器采煤排挤土窑的结果,而是土窑逐步向机械采煤过渡的结果。本时期仍有这种情况,但新成立的机采煤矿很少,煤产量的增长主要是旧矿生产的扩大,而土窑仍保持六七百万吨的开采量,故比重降低。本时期铁矿生产的增长是日本控制的矿山扩充的结果;华资铁矿是衰落的,1925 年以后年产不过几十万吨,有的年份甚至低于手工开采量(比较表 2—38 和表 2—79 可知)。这是个严峻的情况。煤和铁的手工开采,大体都已具有工场手工业规模。早期的个体窑户已基本上消失,煤区有些自采自用者原不在统计之内。

锡的开采只有个旧锡矿的资料,除个旧锡务公司雇工生产外,土矿和土冶也都雇工,从其十几万矿工来看,大体也都具有工场手工业的规模。本时期,锑的出口已全为炼制后的纯锑,并已形成独立的炼厂。就主产区湖南而论,开采概由各锑矿公司行包工制,由工头雇工,月产 10 吨之小矿亦需工 10 人以上,并须有风车、水车以至爆炸等设备,应有工场手工业规模。炼厂更需有较大投资。唯钨矿的开采,主要是个体户,公司收砂而已。以赣南论,本时期盛行合伙制,开采后按股分砂,属劳动合作,非资本主义组织。又有棚厂者,虽云雇工,实系棚主抽取若干产品,供给矿工之材料等亦作价收回。大约只有官办的工程处,属真正的雇工制。钨矿砂均出口,国内尚不能冶炼。

表2—79未列铜矿。铜之产量未详,以云南川东铜矿而论,1921年产达720吨,1930年减至186吨,唯以后略增,1933年有473吨,后又降。其生产均手工开采,用分包制,唯最小单位亦须6人挖掘、6人搬运,常用双班,足具工场手工业规模。产品卖给川东矿业公司,该公司已用新法冶炼。

本节对于手工业的考察,重点在其资本主义生产形式的发展。总的来说,手工业在20世纪30年代是衰退的趋势,但工场手工业形式和包买商形式仍有所发展。如本节开始时所说,我们只考察了少数行业,但其产值已占全部手工业产值的85%以上,有足够的代表性。关于产值的全面估计,以及资本主义成分的比重,将在第六章"中国资本主义发展的水平"中,再作评估。

第五节　国内市场的变化和商业资本的发展

一、国内市场的扩大和商品结构

(一)市场的扩大

1920—1936年,中国国内市场的经济条件应当说是有所改善的。这首先是交通运输条件的改进。尤其是铁路方面,粤汉、京包、浙赣、陇海(西至宝鸡)、同蒲等线的相继通车,东北铁路网基本完成。航运业也有所发展。1936年铁路货运量和商船吨位都比1920年增加40%以上。其次是银行信贷有了较大的发展,如前所示,1921—1936年全国银行存款约增加7倍,放款相应增加,放款中较大部分是商业贷款。此外,1929—1934年的4次提高进口关税,30年代的废除厘金和废两改元,以至1935年的币制改革,都有利于国内商业的发展。

但是,从政治动荡和国际条件来看,本时期的市场又可以说是处于险恶环境之中。这期间,内战连年不息,时常造成交通中断,地区封锁,祸及十几个省。1928—1936 年中央税由 7000 万元增至 7.8 亿元①,主要是流通税,地方的摊派征发更难确计。1931 年起日寇侵占东北四省,国内市场交易量丧失 15%—20%。本时期银价剧跌,市场波动,出现 1921—1922 年、1925—1927 年的市场萧条。1929—1933 年震撼整个资本主义世界的空前的经济危机,1931 年起波及中国,并以中国为尾闾,造成国内长达 5 年之久的经济危机。这期间,水旱灾害频仍,农村破产,投机盛行,加重了市场的大幅度动荡,从前列图 2—3 的价格变动可以显见。

本书第二卷第五章中,曾用海关统计的各关运出土货总值(代表国货)和进口洋货净值两项指标来反映 1876—1920 年市场交易量的增长(第二卷图 5—7)。兹继续用这两项指标制成表 2—80 和图 2—5。

表 2—80　1900—1936 年市场交易量的增长

项目 年份	各关运出土货		进口洋货	
	总值（万关两）	年增长率（%）	净值（万关两）	年增长率（%）
1900	23392		21107	
1905	36269	9.17	44710	16.20
1910	54551	8.51	46297	0.70
1915	63604	3.12	45448	-0.37
1920	92242	7.72	76225	10.90
1925	141633	8.95	94787	4.46
1930	162197	2.75	130976	6.68
1936　关内	76040	-11.85	60433	-10.29
东北	57928		61900	
合计		-3.14		-1.13

资料来源:数值均据海关贸易统计。"各关运出土货"即"各关贸易货价全数"中之土货出口数,包括内销和外销。此项统计于 1932 年停止。1936 年关内数据见韩启桐:《中国埠际贸易统计(1936—1940)》,中国科学院出版社 1951 年版。东北数见表 2—1,以该表之出口净值加向关内出口 7920 万关两作为东北运出土货值,以该表之进口净值(已减除由关内进口数)作为东北进口洋货值,并均折成元。

① 与表 2—5 不同,因该表所列系 1928 年 7 月至 1929 年 6 月财政年度数字,此系 1928 年年底数字,据 1929—1930 年《中国年鉴》。

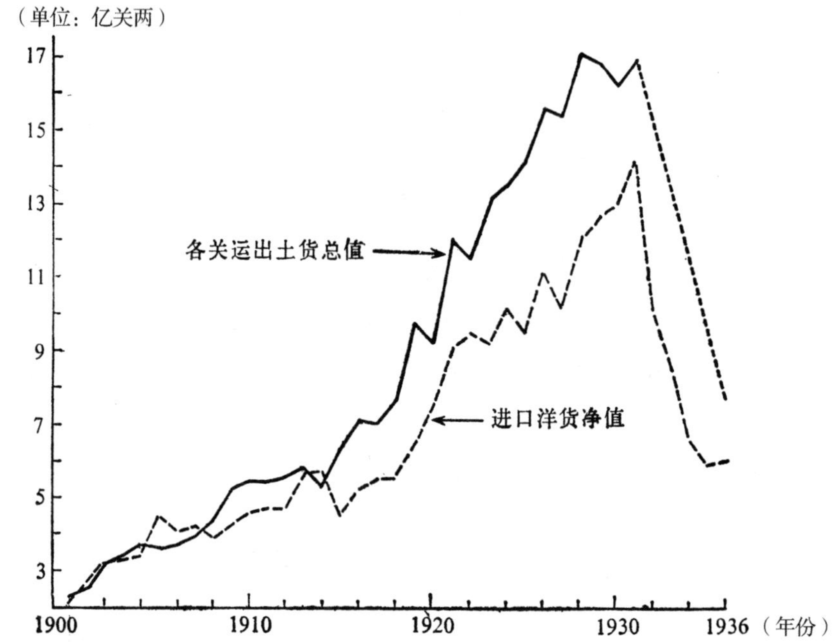

图 2—5　1900—1936 年市场交易量的增长

资料来源:同表 2—80。1932 年以后不包括东北。

从图 2—5 可见,在 1918 年以前,各关土货的运出(包括内销和外销)是平稳增长的;本时期内,波动加剧,洋货进口情况也是如此。表 2—80 表明,20 世纪以来,国内产品的埠际贸易长期保持着 8%左右的年增长率,1928 年达于高峰,1925—1930 年的增长率降为 2. 75%,20 世纪 30 年代经济危机中变成负增长,负数达 11. 85%之巨,加上东北的国内产品运销,仍有 3. 14%的负值。1936 年与 1930 年的物价水准几乎持平(见表 2—39),可见市场的衰败,实足惊人。不过,本时期洋货进口增长率减低,危机中亦出现负增长,国内市场交易中洋货的比重减轻了(第一节中曾提出,按金价计,本时期洋货的进口一直是下降的)。

表 2—80 和图 2—5 中的"土货"贸易额,仅是建有海关的各口之间的贸易,又是限于轮船运输的商品,大约只占铁路、轮船、汽车总运输量的 1/4,不能表示全部市场交易量。第二卷中,我们曾用各类商品的产值粗估 1920 年的市场商品值约为 92 亿余元。兹采取同样办法估计 1936 年

的市场商品值，并与1920年比较，见表2—81。该表是个概略的估计。因为除进口货外，各项产品的产值估计本不精确，而占最大份额的农产品和手工业品中，自给性生产和商品生产的比重，虽然基本上是按产品性质逐项估计的，终不免有主观成分。再则，我们的估计是用生产者价格，而它很少有现成的记录，不少是由消费市场或其他价格推算，这就增加了不准确性。又估计方法不同，结果也各异。如吴半农估计1930年国内生产商品的流通额仅24.64亿元，杜恂诚估计1933年市场商品流通额为108.6亿元，都与我们的估计有较大差异。①

表2—81　1920年、1936年国内市场商品值估计

项目	1920年		1936年			
	当年价格（亿元）	比重（%）	当年价格（亿元）	比重（%）	可比价格（亿元）	比重（%）
（1）农业产品	39.08	42.3	75.33	44.8	61.14	43.0
（2）手工制造业产品	29.75	32.2	43.86	26.1	36.34	25.5
（3）近代化工厂产品	8.83	9.6	28.31	16.8	23.45	16.5
（4）矿冶业产品	2.91	3.1	4.96	3.0	4.11	2.9
国内生产的商品	80.58		152.46		125.04	
（5）进口洋货	11.88	12.8	15.61	9.3	17.15	12.1
全部商品	92.46	100.0	168.07	100.0	142.19	100.0
1920—1936年：						
增长幅度（%）			81.8		53.8	
平均年增长率（%）			3.8		2.7	

资料来源及说明：

1. 1920年：见本书第二卷第五章第七节正文及表5—95、表5—96。
2. 1936年当年价格：（1）—（4）见本卷第六章附录乙表一、乙表二、乙表六、乙表七。（5）见表2—1，系关内与东北之和，不包括关内与东北贸易。
3. 1936年可比价格：是将当年价格用1921—1936年的物价指数修正而成。农产品指数123.2，工矿产品指数120.7，进口商品指数0.91，见表2—4，表2—39。这样得出接近于1920年币值的价值，但还不是严格的不变价格。

① 吴半农的估计是以海关统计的各关出口、转口数为据，见所著《从工业化之程度观察目前经济之性质》，见彭泽益编：《中国近代手工业史资料》第三卷，生活·读书·新知三联书店1957年版，第63页。杜恂诚的估计是减除了工业产品中的原料、燃料等价值，而加入了商业、金融业的所得，见所著《二十世纪三十年代中国国内市场商品流通量的一个估计》，《中国经济史研究》1989年第4期。

再需说明的是,我们的估计是商品生产的价值,不是市场上的商品流通额。因为这些商品在市场上往往不只流转一次,并在流转中逐级加上运销费用和利息、利润,流转额就增大了。另一方面,也有商品不流通的情况。例如农作物的就地加工,以至农民自产作物的户内加工;再如棉、纱、布乃至服用品的就地加工,以至一个厂坊内的连续加工,从每个生产行为来说都是商品生产,我们也都计值了。

表2—81显示,1920—1936年国内市场的商品值增长了81.8%,年增长率3.8%,剔除物价上涨因素,增长53.8%,年增长率为2.7%。这个增长率实在不大;对照表2—80,20世纪以来,各关运出土货数值的年增长率是在8%左右。表中未能表现30年代经济危机中的负增长,其1936年的水平也不像表2—80那样低落,这大约是因为经济危机对于长距离的贸易影响更大。

(二)商品结构

表2—81还显示,本时期国内市场的商品结构有所变化。首先是进口洋货所占的比重由12.8%减为9.3%,但主要是由于价格下降,若剔除价格因素,仍占12.1%。其中关内洋货进口略减,而东北日货进口大增。其次是近代化工厂产品和矿冶产品的比重由12.7%增为19.8%,增幅颇大。但是,它是包括外资在华工矿业。工厂的产值中,外资厂占有35%以上的比重;矿冶业的产品中,外资实际控制了80%左右。反之,手工制造业产品的比重由32.2%降为26.1%,降低幅度与近代生产增长的幅度相符。这也许可以反映中国工业化的进程。然而,值得注意的是,市场商品总值中农业产品的比重并未减少,而是由42.3%增为44.8%,剔除价格因素,仍比1920年略增。就是说,整个市场(包括东北)上农产品与工矿产品的比率反而恶化了,如不计进口货,1920年是100∶106,1936年是100∶102。当然,这里有估计上的差错,但趋势恐怕是难以乐观的。

我们还可以进一步观察一下市场商品结构的变化。

进口商品方面,我们已作过分析,即1920—1936年,棉纱及棉制品由占进口净值的32.4%锐降为1.7%,而钢铁、机械、交通器材由14.1%增为25.2%(见表2—7)。进口商品的前5位由棉货、棉纱、煤油、糖、烟草依次变为钢铁、机器工具、交通器材、化学产品、染料颜料,这是关内的情况。东北方面也是这样,1932年(伪满统计始于该年)生产资料的进口占进口总值的13.8%,1936年增为24.2%;同时,消费品进口的比重由40.3%降为32.5%。这都反映了工业和交通建设的发展。

国内生产的商品,在表2—81中已见。如果不计进口商品,则1936年农产品占44.8%,手工业品占26.1%,近代化工厂产品仅占16.8%,矿冶品占3.0%。从市场看,中国还是个农业国,在进入市场的工业品中,61%是手工制造。进一步分析,我们把价值在2亿元以上的大宗商品共21项,依其序位列入表2—82。

表2—82　1936年国内生产的大宗商品　(单位:万元)

商品及序号	商品值	其中:农业生产	手工制造	近代化工厂制造	矿冶业
1. 牲畜	103262	103262			
2. 面粉	99582		56859	42723	
3. 小麦	94503	94503			
4. 稻谷	91067	91067			
5. 大豆	74798	74798			
6. 棉纱	63266			63266	
7. 皮棉	61273		59513	1760	
8. 植物油	56482		51123	5359	
9. 水果	45477	45477			
10. 原棉	44385	44385			
11. 烟、卷烟	42914		12950	29964	
12. 蔬菜	41201	41201			
13. 酒、酱油	37968		37338	630	
14. 棉织品	33389		21954	11435	
15. 电力	31621			31621	
16. 煤	27533				27533

续表

商品及序号	商品值	其中: 农业生产	手工制造	近代化 工厂制造	矿冶业
17. 木材	27490	27490			
18. 花生	24898	24898			
19. 小米	21296	21296			
20. 鱼	21155	21155			
21. 油菜籽	20511	20511			
合计	1064071	610043	239737	186758	27533
比重(%)		57.3	22.5	17.6	2.6

资料来源:第六章附录乙。附录乙表六未列目者按原资料 1933 年产值用表中生产指数和价格指数推算。

表 2—82 所示市场大宗商品与人们的日常概念有所出入。按一年增长值(即消费值)计算,占商品值最大者竟是牲畜,其中主要是猪,其次为羊;而牛马骡驴等在农业区的役畜并未计算在内。表 2—82 中可见 21 项大宗商品有 12 项为农业(包括林牧渔)产品。其中令人惊异者是小麦的运销略大于稻谷,如非估计中的差误,则是因稻谷的农家自给部分较大之故。再看面粉商品值高居第二位,而碾米业产值甚小,未能列入,因稻谷大部分是农家自碾自用。就面粉而言,尽管面粉厂是中国第二个大工业,其商品值中仍以手工磨坊所产占优势。不过,手工面粉大多本地区销售,包括农民持麦加工,是以不为人所注意。表 2—82 中如蔬菜、水果、鱼以及前述猪等也是这种情况,因长距离运销较少,常为研究贸易者忽视。

表 2—82 还显示,进入大宗的制造业商品中,除棉纱全为机制(手工纺纱均农家自用)、卷烟以机制为主外,其余轧棉、织布、榨油、酿造等都是以手工制造为主。表 2—82 中的全部工业品商品值中(电力除外)手工制造占 60.7%,近代化工厂制造占 39.3%。再就全部 21 项大宗商品而言,如表所示,农产品占 57.3%,手工业品占 22.5%,近代化工厂产品占 17.6%,矿冶仅煤一项,占 2.6%。这不仅反映我国工业的落后,也说明传统产业在市场上的重要作用。

二、商品流向和价格结构

（一）商品流向

上文就价值进行的市场商品结构分析有其局限性。因为影响市场性质和变化的，不仅在于商品值，而在于其流通状况。在本书第一卷研究明代和清前期的市场时，我们曾把地方小市场上农民之间的货物调剂、有无调剂置于流通过程之外。到 20 世纪 30 年代这种情况已有变化。地方小市场已具有国内以至国际商品流通集散地的性质。但是，在整个商品流通中，地产地销、城乡贸易和长距离贸易的性质和作用，仍是有所不同的。除国际贸易已见第一节外，我们仍以埠际贸易中的国内生产品，即前列之各关运出土货为主，来考察商品的流向。

海关贸易报告中虽有各关运出土货的数值，但无这些货是运往哪些关的记载。韩启桐的《中国埠际贸易统计》是根据海关原始货运清单编制的，能显示 1936—1940 年各关运出土货的数值和走向，十分难得。但亦限于轮船运输，因而其商品序位与表 2—82 的估计颇不相同。依该统计，1936 年各关运出土货总额 11. 847 亿元中，第一位是布匹，占总额的 16. 2%；第二位是棉纱，占 10. 8%；以次为桐油、粮食、纸烟、棉花，占总额均不到 10%；再次为面粉、煤、茶叶、糖等，均不到 5%。因而该统计各关运出土货总额中，机制工业品占 34%，手工业品占 42%，而农产品只占 24%。这是因为农产品大量是城乡贸易，仅部分经过海关，又如表 2—82 居第一位的牲畜（猪为主），是很少用轮船运输的。

尽管有这种局限性，我们还可就主要产品来考察它们的流向。先看农产品。

米：1936 年 27 个关共运出 723. 7 万公担。九江运出最多，计 183. 7 万公担，有 85%运往上海。次为芜湖，运出 162 万公担，有 51%销汕头，19%销天津。再次为长沙，运出 81 万公担，有 74%销上海。上海共运入 279. 7 万公担，又大量进口洋米，故又运出 177. 2 万公担，主销天津、广州。汉口为中转口岸,运入运出各40余万公担,运入来自九江、长沙,运出则73%去上海。

小麦:16个关共运出135.0万公担,其中汉口占46%、镇江占24%、芜湖占18%。这些小麦有63%即85万公担运往上海,有22%即29.6万公担运天津,9%即11.8万公担运青岛。

棉花:17个关共运出91.8万公担,其中汉口占55%,沙市占18%,天津占16%。这些棉花有91%即83.5万公担运往上海,4.6%即4.2万公担运往青岛,2%即1.8万公担运往广州。

烟叶:18个关共运出63万公担,其中汉口运出近30万公担,青岛运出20万公担,其他地方都不多。这些烟叶中,76%运往上海、7.7%运往汉口、6%运往天津。

再看手工业品。

土布:1936年15个关共运出土布4万余公担。上海关运出3.1万公担,一半销往两广,1/3销福建,余销浙江、东北等地。广州、梧州、福州共运出6400余公担,销海南、云南及本省,但其布大多来自上海。唯汉口运出1700余公担系本地布,主销湖南。

蚕丝:11个关共运出160.7万公斤,而其中99.3%都运往上海。重庆运上海76.7万公斤,汉口运上海49.7万公斤,烟台运上海28.9万公斤,广州运上海3.1万公斤。这差不多就是全部蚕丝贸易。

茶叶:各关运出红茶939万公斤。汉口运出最多,计480万公斤,内有98%运上海。福建红茶经三都澳运出208万公斤,居第二位,内有98%运福州。19个关共运出绿茶2248万公斤。杭州运出622万公斤,内99%运上海;宁波运出622万公斤,内85%运上海;汉口运出428万公斤,内98%运上海。

糖:20个关共运出189.9万公担,内90%是广东和四川糖。广东糖由汕头和广州运出127.9万公担,内59%运上海,11%运汉口,9%运天津。四川糖仅由重庆运出14万公担,主要运宜昌,销本地。

再看机制工业品。

棉纱:1936年17个关运出棉纱125万公担。上海运出96万公担,销重庆、天津、广州各10余万公担,次为蒙自、长沙、汉口,共销31埠。青岛运出10万公担,主销天津,上海。汉口运出8万公担,主销重庆。天津运出不过万余公担,几乎全销上海。运入棉纱者达35埠。

面粉:19个关共运出440万公担,其中上海占80%,汉口占12%,余不足道。上海面粉销天津最多,达167.8万公担,次为福州、广州、汕头各20余万公担。汉口面粉亦以销天津最多,为27.8万公担,次为上海、九江。运入面粉者共27埠。

卷烟:29个关共运出30.9万公担。其中上海运出25.2万公担,占85%,主销广州、杭州,连同他地共销28埠。汉口运出2.8万公担,主销重庆,唯其烟多来自上海。青岛运出2.3万公担,天津运出千余公担,余不足道。

煤:21个关共运出470万吨,内有32%是秦皇岛运出的开滦煤,22%是青岛运出的山东煤,16%是南京运出的淮南煤。这些煤运往31个口岸,内67%运上海,9%运广州,6%运汉口。

从以上简短介绍可看出,无论何类商品,主要运销地都是上海等几个大口岸。该项统计包括40个海关,1936年各关运出总值(等于各关运入总值)11.8亿元中,五大关所占比重(%)见表2—83。就是说,所谓埠际贸易,70%左右是在五大埠之间流转。进一步观察可见,它们大体有两种类型:(A)工业品由沿海通商口岸流向内地;(B)农产品和农产加工品由内地流向沿海通商口岸。其中上海居主导地位,而汉口只是个中转口岸。这固然有统计本身的限制(限于轮船运输的报关商品),而更多是社会经济条件使然。现将这两种类型各以两个代表性的商品制成流转图2—6(改按价值计量)。一看便知,这两种情况原是在帝国主义特权和洋行控制下进口货和出口货的流通模式。尽管上面所考察的都是国内生产的商品即土货,图中所用代表商品也不包括进口洋纱洋布,其中丝茶这时也主要是内销了(并不包括出口厂丝)。但是,其流转模式仍是原样。这恰恰说明中国国内市场的半殖民地半封建性质。

表2—83　1936年五大关占运出入总值的比重　(单位:%)

城市	运出	运入
上海	39.1	36.2
汉口	16.7	10.1
天津	4.9	9.3

续表

城市	运出	运入
青岛	8.1	2.6
广州	3.2	8.4
五关合计	72.0	66.6

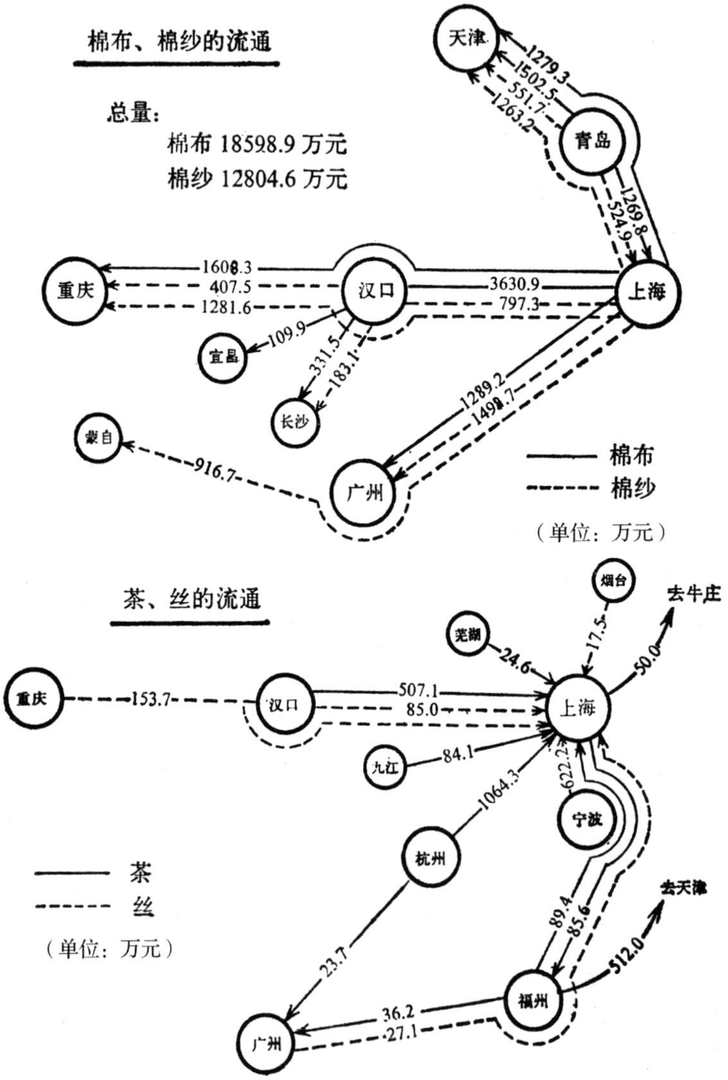

图 2—6　1936 年布、纱、丝、茶的国内市场流通

资料来源:吴承明:《中国资本主义与国内市场》,中国社会科学出版社 1985 年版,第 282、286 页。

（二）价格水准和价格结构

国内生产的商品流通模式与进出口商品的流通模式基本相同，其价格水准的决定和价格结构也基本相同。即：

（A）工业品的价格水准是在通商口岸决定的，它们经过批发、转运、零售各种环节销往内地和农村，每个环节都要加上运销费用、商业利润、利息、捐税等，所以，它们是逐级加价的。

（B）农产品和农产加工品是由农村和内地流往通商口岸，它们往往要比工业品经过更多的环节。但是，它们的价格水准也是由通商口岸这一头决定的，因而在流通中，它们是按已定的价格逐级被压价，以充运销费用和商业利润、利息、捐税等。

工业品的价格水准决定于通商口岸，这很易理解。因为近代化工业主要是集中在上海等口岸城市，而手工业品如土布、丝织品等也是集中在这些城市起运。至于它们的流转环节和逐级加价的情况，我们在论述棉布、百货、五金、西药等商业资本时已有较详介绍。例如 1937 年进口细布，上海批发价每匹 11 元，运销重庆市价 15 元，计加价 36%；运销桂林市价 16 元，计加价 45.4%；运销贵阳市价 19 元，计加价 72.7%；这里不多叙。①

不仅如此，重要的工业品，虽是国内口岸生产的，其价格水准却主要决定于国外市场。这是因为，就机制工业品来说，当时中国的机制工业主要是进口替代型的，并且相当部分是外资厂矿，又缺乏有效的关税保护，其价格必然受国际市场价格支配，否则就会由进口洋货再替代。手工业制品，由于其生产效率低，价格水准受同类机制品的支配，即直接或间接受国际市场价格的支配；无同类机制品者亦会受影子价格的作用。那些受外国投资或贷款控制的产品更是低于国际市场价格出口。如铁矿砂和生铁是按规定价格运往日本；本时期新兴起的钨和锑，中国产量占世界产

---

① 见本书第二卷第五章第七节；并参见吴承明：《中国资本主义与国内市场》，中国社会科学出版社 1985 年版，第 281—284 页。

量的50%—70%,但因受国际协定的约束,只能低于国际市价运出易货。

值得注意的是,农产品和农产加工品的长距离运销,基本上是供国内消费,但价格水准也是决定于沿海口岸这一头,并且受到国外价格的支配。

以米为例。前已说明,1936年各关运出的米有近40%即280万公担运入上海,主要是江西米、湖南米、安徽米。上海进口洋米平均每年约100万公担,主要是西贡米、仰光米、曼谷米。上海市场上,国米远多于洋米,但洋米价格低于国米。因而国米价格决定于洋米,洋米价格又决定于西贡、仰光等地市场的米价。不仅如此,上海米价又影响江西、湖南米价,对安徽米价作用尤大,因距离较近。我们用一系列的相关分析来说明这种情况,见表2—84。

表2—84　1927—1934年上海米价与外国、外地米价的相关分析

项目 / 年份	A. 上海市场国米与洋米价格			B. 上海米价与国外米价	
	国米 元/担	洋米 元/担	每月变动相关系数	每月变动相关系数	
			国米与洋米	上海与西贡	上海与仰光
1927	17.877	13.221	0.92	0.92	0.37
1928	13.127	11.066	0.81	0.47	0.14
1929	15.942	13.276	0.93	0.92	0.78
1930	20.333	15.478	0.96	0.86	0.82
1931	15.442	12.687	0.72	0.75	0.69
1932	14.904	10.101	0.92	0.95	0.67
1933	10.745	8.169	0.59	0.21	0.65
1934	13.160	9.315	0.95	0.89	0.94

C. 上海米价与各地米价历年变动相关系数 1928—1934年					
杭州	0.94	南昌	0.89	广州	0.87
芜湖	0.92	长沙	0.80	天津	0.81—0.96

资料来源及注:

A. 吴柏均:《影响中国近代粮食进口贸易的诸因素分析》,《中国经济史研究》1988年第1期。国米为常河机粳米;洋米为西贡二号和小绞米平均价。

B. 吴柏均:前引文。西贡为二号米,仰光为二号米。

C. Loren Brandt,"Chinese Agricultural and the International Economy,1870-1930:A Reassessment", *Explorations in Economic History*, Vol.22, No.2(April 1985), p.178, p.180.

当时中国进口米都是来自英、法殖民地，其贸易由英、法资本控制。表2—84所列各项相关数值都很高，仅1931年、1933年上海市场国米与洋米价格相关系数低于0.80，因这两年上海洋米进口甚少（分别为50万担和57万担）。西贡、仰光米产区在北纬12度和16度，而中国江西、湖南、安徽米产区都在北纬30度左右，季节迥异。而表中B按月变动计算的米价，上海与西贡、仰光关系十分密切。这就表明，不是因为上海米价变动反映国内丰歉引起洋米进口的变动，而是国外米价直接影响上海米价。不仅是季节变动，长期变动也是如此，有人计算，1893—1930年上海与西贡米价的相关系数达0.95，又1893—1914年上海与仰光米价的相关系数为0.82。①

小麦的进口与米不同。第一次世界大战以前中国主要是进口面粉，直到1920年小麦进口微不足道。这以后，小麦进口猛增，主要是供上海等地面粉厂作原料。据估计，1921—1936年上海面粉厂共用小麦18574万担，内进口洋麦达8338万担，占44.9%。② 但是，上海市场上洋麦的价格常高于国产小麦的价格。尽管如此，在20世纪30年代，洋麦价格对上海麦价的支配作用仍远较洋米对上海米价作用为大。这是因为，进口小麦主要是美国麦，由于美国小麦过剩，对华倾销，已在上海市场具有垄断性。1930—1932年，美国肯萨斯城麦价（二号货）下降了45.6%；这时，中国小麦歉收，麦价应涨，但上海麦价（汉口货）随美麦下降了24.4%。1933—1936年，美国肯萨斯城麦价上升了48.6%，上海麦价也随之上升了47.0%。③

棉花作为棉纺织业的原料，与小麦相仿。中国原是棉花出口国，1920年起，棉花进口超过出口。但除美棉借款的那几年外，纱厂用洋棉并不很多，上海以外的纱厂基本上不用洋棉。而上海棉价受国外棉价支配，一如

---

① L. Brandt, "Chinese Agricultural and the International Economy, 1870—1930: A Reassessment", *Explorations in Economic History*, Vol.22, No.2 (April, 1985), p.173.

② 上海粮食局、上海市工商行政管理局、上海社会科学院经济研究所经济史研究室编：《中国近代面粉工业史》，中华书局1987年版，第140页。

③ 上海社会科学院经济研究所经济史组编：《荣家企业史料》上册，上海人民出版社1962年版，第618页。

小麦。如1931年中国棉花比上年减产27.4%,棉价本应大涨,但这年纽约棉价比上年猛跌37%,因而上海棉价只上升9%。1932年纽约棉价再落,这时不仅上海棉价被压低,内地如使用陕西棉花的汉口裕华纱厂,在其董事会的报告中也说,陕棉歉收,“幸喜美埃棉花均告丰产”,因而棉价转低。卫辉华新纱厂是用河南棉花,也急电它的采购庄:“据悉纽约行情下落,速停收购”,以待跌价。①

农产加工品中如茶价受伦敦茶市场支配,丝价受巴黎(后是纽约)丝市场支配,人所尽知。尽管本时期茶、丝都是以内销为主,情况并无改变,这又与中国殖民地型的贸易结构有关。据前引1936年统计,各关(除上海外)运出毛茶34971公担,其中72%即25210公担运到了上海。毛茶不出口,上海人也不食用,这些茶全部由上海运销到国内11个口岸去了。其他农产加工品也多半是以上海等沿海口岸为贸易中心,从而违反商品流通中产地基准价的原则。

(三)工农业产品交换比价和内地贸易上的亏损

工业品在流通中逐级加价、农产品在流通中逐级压价,势必造成农村和农业生产者在价格上的损失。不过,工农业产品交换比价不合理问题不仅在中外历史上都存在,在今天社会主义经济中也存在。研究这个问题的困难在于无法确定产品价值的绝对量,因而不能确定各类产品价格偏离价值的程度。当代研究者多是用工业与农业单位劳动所创造的价值比率来代替,这个比率又是从工业与农业全体劳动力在国民收入中所占的份额中推出。而用这个方法研究中国历史上的价格结构显然数据不足,因而只能利用已有的工业品与农产品价格指数来进行考察。现将一些指数示例于图2—7。

图2—7A显见1895—1905年工农业产品的价格都是上升的趋势,而农产品价格的上升常落后于工业品,处于不利地位。只有1905—1912

① 吴承明:《中国资本主义与国内市场》,中国社会科学出版社1985年版,第276—277页。

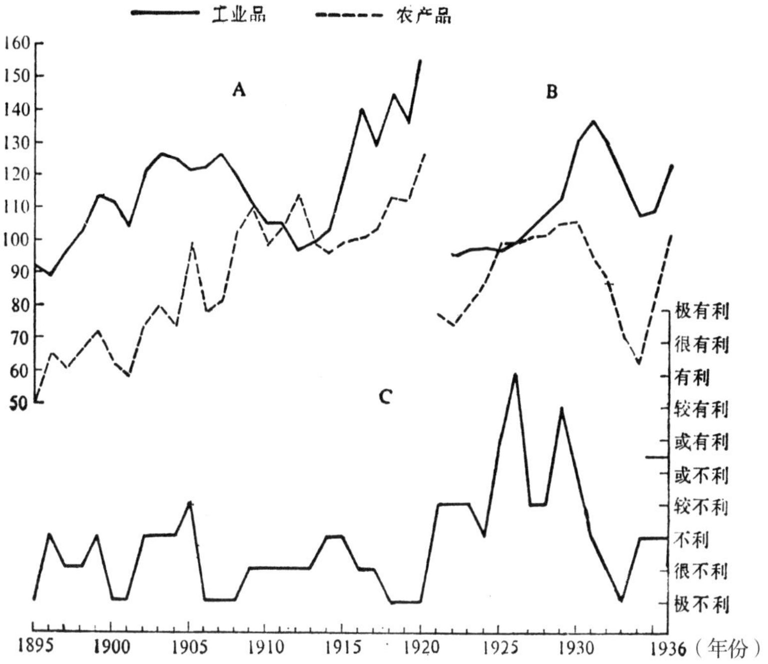

图 2—7　1895—1936 年工农业产品交换比价

注：A. 工农业产品价格指数，1895—1920 年，1913 年 = 100
　　王清彬等：《第一次中国劳动年鉴》，北平社会调查部 1928 年版，第 148—149 页。
　B. 工农业产品价格指数，天津，1921—1936 年，1926 年 = 100
　　南开大学经济研究所：《南开指数资料汇编》，统计出版社 1958 年版，第 11 页。
　C. 工农业产品交换比价有利或不利于农产品的程度分析，1895—1936 年
　　陈其广：《中国近代工农业产品交换比价及其理论思考》，1988 年博士学位论文。

年，工业品价格下降，农产品价格仍坚挺，有利于农产品。第一次世界大战期间，工业品价格猛涨，农产品价格则远远落后。全时期中，除一年外，农产品与工业品的比价（即农产品交换工业品的能力），都在基期年（1913）的 100%以下，说明交换对农产品总的不利。同图 2—7B 表明，第一次世界大战后 1921—1925 年，农产品价格的上升一度速于工业品，而此后，尤其是 30 年代经济危机中，农产品价格的下跌远甚于工业品。全时期中，也是除一年外，农工产品比价都在基期年（1926）以下，交换对农产品不利。

上述分析，图 2—7 中 A 是用唐启宇指数，实以上海及进出口价格为

依据,图 2—7 中 B 的南开指数限于天津市场,都有很大局限性。陈其广以 11 种物价指数,包括进出口价,城市物价和农村农民出售价与购买价,按一定标准,计算其有利于或不利于农产品的程度,再将各类指数加权汇总,逐年考察交换比价有利或不利于农产品的程度,即图 2—7C。图示 1895—1936 年的 42 年间,除 1925 年、1926 年、1929 年分别是或有利、有利、较有利于农产品外;其余 39 年的交换都是不利于农产品的,其中或不利 1 年,较不利 6 年,不利 12 年,很不利 10 年,极不利 10 年。

工农业产品交换比价不利于农产品是个世界性的问题,今天在工业发达国家和发展中国家还普遍存在。其原因甚为复杂,论者各异,并涉及工农产业技术装备和工农业劳动生产率的差异问题,本书篇幅不容详论。但就中国近代史的上述情况看,其不利于农产品的程度十分严峻,自然与当时市场结构和价格结构有关。当时政府并无对农业的补贴制度,这就必然使农业成为资本主义发展的牺牲品。我们屡经论及的 30 年代农业危机和农村破产,就是这种不等价交换结果的集中表现。

这种价格结构不仅造成农村的输出不能抵偿工业品的输入,即农村对城市负债,也造成内地省区的出不抵入,即内地对沿海通商口岸的负债。这可以从典型的内地省份四川省的对外贸易中看出。

甘祠森整理了自 1891 年重庆设海关以来到 1935 年四川省对外贸易的海关统计。这期间,四川的进出口一直是增长的,但年年都是入超。进口以棉布、棉纱、纸烟、煤油为主,前 20 位进口商品几乎都是机制工业品。早期主要是洋货,民国以来逐渐以国内产品为主,30 年代 80%的进口值已属国内产品,成为上海一带资本主义工业的重要市场。其输出则以生丝、药材、猪鬃为主,30 年代桐油又跃居首位,均属农产品和农产加工品。正是这种贸易结构造成该省贸易的长期入超。1891—1910 年平均每年入超 400 万关两,1911—1920 年约为 700 万关两,1925—1930 年增至 1500 万关两。① 这项海关统计仅包括轮船运输的报关商品,唯四川当时

① 甘祠森编:《最近四十五年来四川省进出口贸易统计》,民生实业公司经济研究室 1936 年版。

无铁路，故已足代表。

内地各省大约都有同样情况。如据前引 1936 年的埠际贸易统计，云南省入超 1200 余万元，广西省入超 1500 余万元。西北各省无海关，因无统计。在四川、云南，主要是用鸦片输出来弥补赤字，鸦片不进入海关统计。但两省军阀都有大量军火输入，亦不进入海关统计。四川鸦片输出，估计年约 1.6 万担，可值 1600 万关两，但其利益主要为官商所得。而贸易上的赤字，则主要是由农民负担，价格上的损失尤其是这样。

三、商业资本的发展

（一）商业的专业化和行业、商户的发展

商业发展必趋于专业化，行业增多，30 年代初的调查，各地都达一二百类。唯一般所称行业，无一定标准，有时因资本、乡土关系，或几家特殊户，都自成行。我们以同业公会为观察标准，因设立一个同业公会，即表示有一定的户数和专业营业规模（按《同业公会法》应有 7 家以上发起人和 7—15 个委员）。

上海于 1902 年最早成立商业会议公所，是在旧有的 72 个公所、会馆基础上建立的，到 1934 年，上海商会所属同业公会已有 217 个，其中商业 155 个，工业 62 个。① 天津 1903 年成立商业公所，有 36 个行业（包括金融业），1913 年改组为总商会，隶 60 多个行业，1931 年增为 130 多个。② 广州商会，1928 年有同业公会 66 个，1937 年增至 108 个（包括工业行业十几个）。③ 1931 年，杭州有同业公会 103 个，1933 年，南京有 96 个。④

---

① 徐鼎新：《旧中国商会溯源》，《中国社会经济史研究》1983 年第 1 期；上海市年鉴委员会：《上海市年鉴》，上海市通志馆 1935 年版，第 28 页。

② 乔维熊：《天津市商会》，中国民主建国会天津市委员会、天津市工商业联合会文史资料委员会编：《天津工商史料丛刊》第六辑，1987 年。

③ 1931 年《广东商业年鉴》；1937 年《广州市场年鉴》。

④ 《中国实业志・浙江省》上，1935 年版，第丙 23 页；实业部中国经济年鉴编纂委员会：《中国经济年鉴续编》，商务印书馆 1935 年版，第 N422—424 页。

行业的增加,有的是新的大量商品交易的出现,如二三十年代出现的橡胶制品商、以酸碱为主的化工原料商、汽车材料商、汽车出租商、以桐油为主的植物油商等。其中尤以进出口商业的专业化最为明显。而更多的是从原有商业中独立出来的。如百货或京广杂货业,在19世纪已分离出不少行业,20世纪后又陆续分离出钟表、眼镜、热水瓶、无线电、毛线等多种行业。五金商业也是分化较多的商业,本时期分离有脚踏车、缝纫机、汽灯、度量衡器等行业。

行业发展,商业户数也增多了。商业统计远逊于工业,从无全国性调查。巫宝三等在《中国国民所得(一九三三年)》中,根据关内22省的788个市县和沈阳、库伦的材料统计,共有商店694928户,按人口比例推算,1933年全国应有商店164万户,从业人员859.4万人。此数包括饮食、服务业。又用江苏省和6个市县的材料,推算全国有行商311.7万人。[①] 对于这个估计,我们还无法置评。不过本时期商业户数和从业人员有了增长是可以肯定的,这从下面将介绍的主要行业发展情况中也可看出。

总的来说,当时商业是集中在城市,尤其是较大城市。本时期内,北平、上海、天津、汉口、广州、南京、杭州、青岛八大城市的人口由1919年的约586万增为1929—1930年的859万,1935年再增为1038万,比1919年增77%[②],商店户数和从业人员亦必相应增长。依上述统计,汉口是本时期唯一人口下降的城市,由1919年的103万降为1929年的79万,但它是个典型的商业城市,据另一资料,汉口商业网点由1914年的13003个增为1929年的15956个。[③] 此外,长沙商店由1929年的5510家增为1933年的12484家[④];西安商店由1931年的3000余家增至1935年的

① 巫宝三等:《中国国民所得(一九三三年)》上册,中华书局1947年版,第101—103、107页。

② 1919年据海关《贸易总论及统计提要》,1919年版,第114页,北平及武汉数经酌补和调整;1929—1930年据1937年《中国年鉴》,其中汉口、青岛用1934年《广州年鉴》;1935年据1936年《申报年鉴》。

③ 潘际湘等:《武汉商业网点今昔》,《武汉春秋》1983年第4期。

④ 湖南省商业厅:《湖南省商业专志》,湖南省商业厅1986年版,第403页。

4000 余家①,增长也是比较快的。

但是,如下所述,这时期商店的营业并非一帆风顺,受 30 年代经济危机影响尤大;以及我们屡次提到的农村资金流向城市、农村购买力下降、农村破产等情况,农村商业户是否同样发展确属可疑。因而上引用全国人口匡算商户和从业人员的方法似难免偏差。

（二）商店业务经营的起伏

本时期商店业务的经营,因内战和政局变动、市场和金融波动等影响,颇多起伏,各地情况不一。总的看来,在 1920 年到 1930 年前后,是处于发展时期,虽有波动,但一般货源充裕,价格平稳上升,多数有利可图。上海永安百货公司,1920—1930 年自有资本由 340 万元增至 1170 万元,年营业额由 532 万元增至 1427 万元。② 四川的宝元通百货店,即在此时建立,并由几百元的资金发展到近百万元。其间 1919—1921 年的抵制日货,尤其是 1925—1926 年的抵制英、日货,以及 1927—1929 年的抵制英、日货运动,对国内商业有很大推动力量。一时以国货号召的商店兴起,一些新的商业行业也多在这时出现。

1931 年以后,市场进入 30 年代世界经济危机时期,加以爆发“九一八”事变和“一·二八”战役,给工农业生产造成不利的影响,物价连年下跌,农村凋敝,购买力下降,以致市场萧条,商号倒闭累累。武汉市更因长江水灾,2 万多家商户收歇者达 4000 多户,贸易额减少 60%—70%,亏损户占 70%—80%。③ 上海永安公司营业额,1935 年仅为 1931 年的 62%。据 22 省的 828 个市县的农业定点报告,1930—1935 年,商店营业额增加的仅有 2 省,减少的有 20 个省,平均减少 27.5%。其间 1930—1932 年各省升降互见,1932—1935 年几乎是以 10%的年速递减,情况见表 2—85。

① 陕西省银行经济研究室:《十年来之陕西经济》,陕西省银行经济研究室 1942 年版,第 153 页。

② 上海社会科学院经济研究所编著:《上海永安公司的发生发展和改造》,上海人民出版社 1981 年版,第 22、70 页。

③ 杨士毅主编:《武汉市场大观》,中国展望出版社 1983 年版,第 5 页。

表2—85 1930—1935年各省商店营业状况 (占平常年的%*)

省份	有报告之次数	1930年	1931年	1932年	1933年	1934年	1935年
察哈尔	17	53	51	55	48	49	49
绥远	18	54	59	59	58	56	49
宁夏	7	35	60	63	49	43	28
青海	14	66	61	51	44	38	39
甘肃	37	40	38	41	45	48	54
陕西	120	44	47	49	55	63	60
山西	197	63	58	54	54	56	52
河北	498	65	64	59	53	52	47
山东	263	60	61	57	58	54	47
江苏	209	78	68	65	61	55	51
安徽	106	79	61	59	60	52	48
河南	232	57	57	60	63	63	51
湖北	59	57	49	48	51	46	46
四川	112	67	63	60	54	46	38
云南	17	58	56	54	49	49	41
贵州	22	62	61	50	42	32	35
湖南	73	74	77	70	63	55	45
江西	54	61	62	76	61	50	41
浙江	115	73	73	67	69	48	37
福建	51	79	76	65	59	49	41
广东	88	76	75	69	60	51	43
广西	68	62	61	59	65	50	45
合计(平均)	2377	62	61	59	55	50	45

注:*平常年的具体年份原资料未说明。

资料来源:实业部中央农业实验所:《农情报告》1937年第5卷第7期。

在20世纪30年代的经济危机中,各行业所受影响不尽相同,大体是农产品尤其出口商所受危害较大,工业品尤其新工业品的经营影响较轻。这次危机在1935年后半期逐渐好转,这年11月实行币制改革后,物价回升,再加上1936年农业丰收,农村购买力有所恢复,商品流通转趋活跃,商店营业好转。到 1937 年上半年,有些地区或行业的户数、资金、营业额等已恢复到 30 年代初水平。几个主要行业的情况下文分叙。

危机中,南京政府曾实行若干商业统制政策。1933 年或 1934 年,全国经济委员会设立棉业统制委员会,从事棉种改良,规定棉价,组织银行贷款等事。一度拟借“整理”之名,接管陷于财政困难的申新纱厂,遭商界反对而止。其他措施亦未能实践。到 1936 年,宋子文通过中国银行组成中国棉业公司,始着手控制花、纱、布贸易。1934 年 2 月,全国经济委员会设蚕丝改良委员会,江苏、浙江两省也相继设立蚕业改进委员会、蚕桑管理委员会。它们在改良蚕种和茧灶方面做了一些倡导,而重点是统制产销,尤其是统制茧行,统一收购,垄断市场。导致小户受排挤,又收购定价过低,蚕农亏损,“农商交困”,甚至酿成风潮。1935 年财政部设七省粮食运销处于上海,拟统制粮食购运,以各省不愿认股,无结果而散。也是到 1937 年,宋子文设立华南米业公司,取得进口洋米免税权,插手粮食市场。又 1936 年全国经济委员会会同江西、安徽两省成立皖赣红茶运销委员会,统制红茶购销。旋引起上海洋庄茶同业公会抗议,并停兑汇票;经全国商业联合会、各地商会和茶叶公会调解,双方妥协。1937 年 5 月,南京政府成立中国茶叶公司,遂在茶叶出口贸易上,初步奠立垄断地位。统制红茶贸易同时,财政部宣布烟叶统制,设立运销处,先在武昌试行。此项统制,同样受到上海烟叶同业公会的反对。①

综观这时期南京政府的商业统制,常以改进品种、防止中间剥削、集中运用银行资金为号召,抑或有此动机,但对于稳定市场,度过危机可谓毫无贡献。而每项措施,都引起商界反对,以致加重商界内部矛盾。不过,这时统制对象主要是集中交易的进出口商品,其中除 1936 年宣布的钨、锑贸易管制外,均未及彻底执行而抗战军兴。②

本时期的商业统制只是官僚资本进入贸易垄断的一个序幕,但为以

① 以上商业统制,参见梦九:《统制中的农民物产近况》,《中国经济》1936 年第 4 卷第 11、12 期;达生:《中国统制经济之检讨》,《新中华》1934 年第 2 卷第 22 期;苦农:《丝蚕统制下的无锡蚕桑》,《中国农村动态》1937 年。

② 钨锑管制见本章第二节第四目。同时宣布的桐油、猪鬃贸易管制则未能彻底执行。

后国民党的统制经济政策做了准备。另外,在地方军阀政权下,如陈济棠在广东实行的糖、火柴、橡胶统制,阎锡山在山西实行的特产贸易,属于专卖性质,以致自设关税壁垒,对自由贸易的阻碍尤大。

(三)商业资本量的估计

本书第二卷第五章第七节中曾根据市场交易额和商业资本的周转率估计 1920 年的流通资金为 23 亿元,用以代表当时的商业资本(包括借入资本)总量。在表 2—81 中,我们曾估计 1936 年的市场交易额(即市场商品总值)为 168.07 亿元,按同样资本周转率即每年四次估计,应有流通资金 42 亿元,即 1936 年商业资本的总量。这个估计,与前人早些时候的估计 39 亿元或 45 亿元,相差不大。①

商业资本总量 42 亿元这个估计,比我们 1920 年的估计增长 82.6%。但其中部分是物价变动因素,如按表 2—81 的可比价格计,1936 年的商业资本应为 35.5 亿元,即比 1920 年增长 54.3%,年增长率仅 2.7%,增长有限。

不过,这个估计也同我们 1920 年的估计一样,交易额是用生产者价格,不包括运费、捐税、商业费用和利润。同时,它是根据商品产值一次交易计算的,实际上交易不止一次。还有交易量相当大的鸦片未包括在内,又属于商业资本范畴的饮食、服务业的营业额也未包括在内。因而,实际上商业资本的总量不只此数。但另一方面,也有不经过商业资本媒介的流通,如生产过程中的原料、一次加工品、再次加工品的连续作业,厂矿自用的燃料、电力,生产者之间的直接交换等,我们也都计入市场交易额了。

四、主要商业行业概况

第二卷中,我们曾对一些主要商业行业迄 1920 年的发展情况分别做

① 巫宝三等在《中国国民所得(一九三三年)》中,按平均每家商店资本 2203 元计,1933 年全国商店资本为 36 亿元,又行商资本 3 亿元,共 39 亿元,见前引书上册第 104、107 页。吴承明于 1956 年统计,抗日战争前国内市场交易额约为 150 亿元,商业资本约 30 亿元,连同借入资金,商业资本总值 45 亿元,见前引书第 64、66 页。

了介绍。为保持连续性,本节继续对它们作些考察。本时期行业资料较多,唯限于篇幅,只好从简,好在各行业经营和发展的特点前已详言了。

(一)棉布商业

这里棉布商业专指经营机制布者。本时期棉布商最大的变化是货源的变化。进口棉布由 1920 年的约 2005 万匹减为 1930 年的 1497 万匹,再锐减为 1936 年的 102 万匹。同期,国内纱厂生产的棉布由约 444 万匹增为 1618 万匹,再增为 3048 万匹,但其中约 60%是日本在华纱厂所产。① 全部货源 1920—1930 年约增长 27%,其后则无增长;总计年增长率仅 1.6%,与 1894—1920 年的年增长率 2.8%不可比拟。

本时期,棉布价格波动甚大。上海棉布价格,1921—1924 年是上升的,唯无逐年记录,按纱价计约上升 15%。1925—1927 年下降约 10%。1928—1930 年上升约 15%。1931 年以后进入 30 年代经济危机,到 1935 年 10 月猛降 40%。币制改革后回升,1935 年 12 月至 1936 年 12 月陡升 36%。但到 1937 年抗日战争前尚未恢复到 20 年代末的最高水平。②

从货源(销售量)和价格变动看,本时期棉布商业可说并不景气。

不过,本时期棉布商业的户数却颇有增加。上海 1921 年约有 451 家,1932 年 573 家,1937 年该业中的人士估计有七八百家。1932 年统计,有从业人员 5856 人,资本额 689 万元。③ 广州 1914 年有 192 家,从业人员 1466 人,资本 274 万元;1936 年有 324 家,2427 人,资本 336 万元。④ 汉口 1919 年有 188 家,1933 年武汉三镇共 523 家。⑤ 西安 1918 年有 160

---

① 1894—1920 年的棉布产量见本书第二卷第五章第七节二目。进口各类布计量方法不同,据严中平:《中国棉纺织史稿》,科学出版社 1955 年版,第 382 页数折算。余据严中平等编:《中国近代经济史统计资料选辑》,科学出版社 1955 年版,第 130 页折算。1 匹 = 40 平方码。

② 均用 12 磅本色细布。1925—1927 年,据中国科学院上海经济研究所、上海社会科学院经济研究所编:《上海解放前后物价资料汇编》,上海人民出版社 1958 年版,第 237 页;1928—1937 年,据上海市工商行政管理局等:《上海市棉布商业》,中华书局 1979 年版,第 124、141、142、143、151 页。

③ 上海市工商行政管理局等:《上海市棉布商业》,中华书局 1979 年版,第 135—137 页。

④ 广州市纺织公司等:《广州市私营棉布商业的社会主义改造》,1960 年油印本。

⑤ 武汉市第一商业局:《武汉市贸易志·纺织品贸易行业志》,1985 年油印本。

家,1936 年有 230 家。[1] 厦门 1919 年有 53 家,从业人员 431 人,资本 84 万元;1933 年有 57 家,从业人员 476 人,资本 102 万元。[2]

大城市棉布业的投资以批发为主,零售不少是兼营的。早期西货批发需较大资本,1920 年以后日货猖獗,东货字号一般资本较小;国内生产形成相当规模后,更是小户纷立,所以户数增多。本时期内接连几次抵货运动,对棉布业颇有促进,小户纷立亦多在此时。30 年代经济危机对棉布商业的冲击也大。1932—1935 年上海棉布商大约有 300 家闭歇,不过主要是掮客字号。天津棉布商改以门市维持营业,有 30 年历史的锦庄绸缎庄竟然倒闭。

在激烈的竞争中,棉布商业也出现一些大户和集团活动,这主要在零售市场。1912 年成立的协大祥是上海最大的棉布商,1924 年宝大祥开业,掀起激烈竞争。协大祥的营业额由 1924 年的 51.5 万两增至 1930 年的 308.4 万两和 1936 年的 567.2 万两;同时,宝大祥的营业额由 7 万两增至 201.6 万两和 465.3 万两,几与协大祥齐驱。1928 年又有信大祥参与竞争,成鼎立之势。同时,小户则组织十八家联号、十九家联号等以求自保。[3] 北京的 300 年老号瑞蚨祥,其西号(东号无账存留)营业额 1925 年达 60 余万两,以后则因政局变动衰退,1929 年仅 27 万两,以后力谋复兴,1931 年达 47 万两,此后再降,1935 年仅 31 万元。[4]

(二)五金商业

五金商业的货源主要依赖进口。1920 年金属品进口 46.5 万吨,在起伏中增长,1929 年达 67.3 万吨。其后受西方经济危机影响而下降,1932 年仅 46.2 万吨,以后恢复,1936 年为 66.8 万吨,仍未达 1931 年水

① 西安市工商局:《西安市私营棉布商业的社会主义改造》油印本,约 1960 年。

② 中共厦门市委资改室等:《厦门市私营棉布商业的社会主义改造》,1959 年油印本。

③ 上海市工商行政管理局等:《上海市棉布商业》,中华书局 1979 年版,第 201—212 页。

④ 中国科学院经济研究所、中央工商行政管理局资本主义经济改造研究室编:《北京瑞蚨祥》,生活·读书·新知三联书店 1959 年版,第 16—17 页。

平。① 国内钢铁生产，反不如前期；金属制品虽有发展，但所占比重不大。总的来看，本时期五金业的货源增长有限。直到抗日战争前，上海五金商货源中洋货的比重，钢铁业 80%—90%，五金业 90%以上，铜锡业 50%，金属零件业 50%，全行业计，洋货占 85%—90%。②

价格方面，1921—1931 年，上海金属品价格稳步上升，约增 32%。30 年代危机对金属价格影响不大，这不同于生活用品。唯价格回升亦慢，则是危机中建设投资缩小之故。直到 1936 年，除锡、铝价格一直上升外，生铁、钢等均尚未恢复到 1931 年水平，铜、铁钉尤甚。③

几个地方五金商业的情况见表 2—86。

表 2—86　1918—1937 年上海、汉口、青岛的五金商业④

		户数	从业人数	资本	营业额
上海	1918 年	253	3317	3349 万两	5077 万两
	1937 年	897	7042	2762 万两	10652 万两
汉口	1918 年	66	840	270 万元	
	1932—1937 年	91	944	615 万元	
青岛	1921 年	17	276	473 万元	2500 万元
	1937 年	18	258	505 万元	3200 万元

表内上海统计包括五金、钢铁、五金零件、铜锡、玻璃、旧五金、杂铁七个自然行业。表列期间，户数虽增加二倍半，但实际是歇大开小，总资本反而减少 17.5%。这 19 年，营业额增长了 1 倍余，所以行业还是有发展的，但比之前一期的 18 年营业额增长 15 倍、资本额增加 28 倍的盛况，是不可同日而语了。表见汉口的五金商业，似比上海还发展快些，但比之前

① 上海社会科学院经济研究所：《上海近代五金钢铁商业史》待刊稿；据海关资料整理。

② 上海五金机械采购供应站：《上海私营五金商业的社会主义改造》，1961 年油印本。

③ 中国科学院上海经济研究所、上海社会科学院经济研究所编：《上海解放前后物价资料汇编》，上海人民出版社 1958 年版，第 54、245、253 页。

④ 上海社会科学院经济研究所：《上海近代五金钢铁商业史》待刊稿；武汉市交电公司：《武汉市私营五金商业的发生发展和改造》，1959 年油印本；青岛市工商局：《青岛市五金商业资料汇编》，1926 年手稿。

一时期,也相差远甚。[①] 表中青岛资料,因 1921 年时五金已跌价,按物价指数修正,其 1937 年营业额实比 1921 年减少 21%,行业是衰退的;资本的增加实际也是虚值。

总之,五金商业虽所受 20 世纪 30 年代经济危机影响不是太大,但本时期的发展实际有限,昔日“五金魁首”的威风已不存在。唯有一事可资注意。五金商业昔日利润甚丰,业主大多将积累投于房地产或纺织、火柴等工业,鲜有投入五金生产者。30 年代以来,上海才有些五金商投资开设拉丝、制钉、工具和利用旧钢铁轧钢等小工厂,不过数额不大,经营也少成效。

(三)百货商业

本时期,百货市场最大的变化是国产日用工业品逐渐替代进口货,百货商的经营也进一步国产化。本时期内,针棉织品工业、日用化工都有较快发展,橡胶制品、搪瓷制品也兴于此时,余如毛织、鞋帽、制伞等也有发展。日用百货对抵货运动最为敏感,对推动货源转向颇有作用。按海关统计,1936 年比之 1919 年,进口价值减少 90%以上者有袜、毛巾、伞、针等项;减少 80%以上者有香皂肥皂,减少 75%以上者有香水脂粉、文具、搪瓷制品。唯钟表增 30%,毛绒增 56%,均高档商品;橡胶制品仍增 143%,不过胶鞋已为本国产品替代。

本时期,各地百货商业都有一定的发展。上海习惯上分为小百货(零售)、华洋杂货(批发)、环球百货三个自然行业。小百货业 1925 年估计有 400 家左右,1926—1936 年在同业公会登记新设 157 家。其间,30 年代经济危机中百货业极为敏感,一时不少歇闭,但又兴起数以百计的以鼓号吹打的“叫卖店”。估计 1936 年连同非会员店约有 700 余家,资本总额 300 万元,营业额 2000 万元。华洋杂货业 1931 年成立同业公会时约有 33 家,估计 1936 年近 100 家,营业额 3000 万元。环球百货业原有先施、永安 2 家,本时期新设 5 家。[②]

---

① 前一时期情况见本书第二卷表 5—103。

② 上海百货公司、上海社会科学院经济研究所、上海市工商行政管理局编著:《上海近代百货商业史》,上海社会科学院出版社 1988 年版,第 30、38、60、206 页。

广州百货商业,1920 年批零合计 605 家,从业人员 3644 人,资本 339 万元。1929 年左右增为 765 家,资本约 470 万元。百货业受 30 年代经济危机影响亦大,1935 年全业有 628 家,从业人员 3579 人,资本 219 万元,均较 1920 年减少。①

武汉三镇百货商业,1919 年批零合计 210 家,1929—1930 年增至 335 家,资本 340 万元。1932 年长江水灾,歇业者 4/10。1936 年恢复增至 350 家,资本 330 万元。②

青岛百货店在第一次世界大战后有 8 家,绸布兼营百货者 2 家。1918—1932 年新开百货店 16 家,绸布兼营者 9 家,土杂兼营百货者 7 家。到 1937 年,又新开百货店 21 家,绸布兼营者 5 家,土杂兼营者 15 家,共 80 家左右。③

西安百货商业 1914 年有坐商 30 家,摊商 30 家,从业人员 190 人,资本 2 万两。20 世纪 30 年代初陇海路通车,西北货物在西安集散,1937 年有百货商 150 家,850 人,资本 41 万元。④

重庆百货商 1914 年前后有 100 余家,20 年代颇有增加。唯受军阀战争及苛捐杂税影响,30 年代前后市场不景气。百货贩运商资本 280 万元,年营业额约 500 万元,税款达 189 万元,常致亏损。抗日战争前夕,始见好转。⑤

哈尔滨百货商 1914 年约 60 家,大战后旅俄华侨回国,相继投资百货业,"九一八"事变前增至 100 余家,1934 年有 140 家,批发店和兼营批发者 60 家。⑥

本时期内,大型百货公司的发展引人注目。上海除原有先施、永安外,本时期增设新新、大新、丽华 3 家。新新资本 352 万元,半属侨资,建

---

① 广州市对资改造资料整理研究组:《广州市私营百货商业社会主义改造资料》,1959 年手稿;不包括 4 家环球百货公司。

② 武汉市地方志办公室:《商业志·百货行业志》,1985 年油印本。

③ 青岛市工商局:《青岛市百货商业资料汇编》,1960 年打印稿。

④ 西安市工商局:《西安市私营百货业社会主义改造历史资料》,1959 年油印本。

⑤ 重庆市工商局:《重庆市私营百货商业历史资料汇编》,1960 年油印本。

⑥ 哈尔滨市工商业联合会:《哈尔滨市百货业史料》,1962 年油印本。

有7层大楼,1926年开业。大新原有香港、广州公司,1932年投资港币600万元,在上海建10层大楼,1936年1月开业,这家公司豪华新颖,设电动楼梯及冷气,轰动一时,它们与先施、永安均广东人经营,称四大公司,连同丽新,资本约1350万元,1936年营业额2647万元,超过全市700家零售店的营业额(约2000万元)。这种"环球百货"公司原以经营洋货为主,此时亦以国货为主了。如永安,20年代经营国货比重不过25%,主要是土特产品,到1936年进货额中,国货已占65%了。此外,上海民族资本家集资10万元,于1933年设中国国货公司,1937年增资至40万元。又1937年设中国国货联营公司,资本200万元。二者亦属大型百货公司性质,唯后者以批发为主。①

广州原有先施、大新、光商、真光4家大型百货公司,本时期大新公司又增设惠爱分店。此外,如武汉的国货公司、大陆商场,青岛的国货公司、华德泰,西安的西京国货公司,哈尔滨的大罗新、同记商场,重庆的宝元通等,都是这种大型百货公司。它们一般是股份公司组织,有高层建筑,店内分部门出售商品,并常兼营饮食、服务业。唯宝元通的发展情况较异。该店系1920年创设于宜宾县,资本仅840元,经营铁锅、毛铁,渐扩充至百货,1929年正式成立宝元通百货商店。又经销美孚、德士古煤油获利,1935年迁重庆,已积累资金100余万元,分店遍及成都、江安、南溪等地,并投资于纺织、印染、茶叶、皮鞋等厂,在上海、南京亦有机构。发展极快,其注重培训职工及职工入股分红等制度,亦独具特色。②

(四)西药商业

本时期,随着卫生医疗事业及教育的发展,西药市场扩大,并深入内地。西药进口由1920年的699万关两增至1931年的1841万关两,1936年略降为1612万关两。同时,国内制药工业发展迅速,已见本章第三节

① 上海百货公司、上海社会科学院经济研究所、上海市工商行政管理局编著:《上海近代百货商业史》,上海社会科学院出版社1988年版,第106、107、109—110、111、112—113页。

② 萧则可、黄凉尘:《企图走资本主义合作社道路的宝元通公司》,见中国人民政治协商会议四川省委员会、四川省省志编辑委员会编:《文史资料选辑》第七辑,1963年。

第二目，西药货源显著增多。西药市场以上海为中心，其他大城市多有上海药房的分号，又有领牌联号制度，1912—1936 年全国 21 省有 112 个县镇的商人向上海中西、中法、五洲、华美等药房领牌。上海西药市场原为外商垄断，1921—1936 年又新设有经营西药及器材的洋行 74 家，新开外商药房 42 家。但 30 年代外商药房大多衰落，华商药房和西药行、药社等则一直发展，到 1936 年已远超过外商药房，其情况见表 2—87。

表 2—87　1920—1936 年上海西药商业

A. 户数变动				
项目	1920 年	1921—1936 年		1936 年实存
		开业	歇业	
药房	64	124	91	97
药行药社等	22	106	59	69
合计	86			166
B. 经营概况（1936 年）				
项目	户数	资本万元	营业额万元	职工人数
药房	97	545.0	2902.5	1565
药行药社等	69	209.4	1248.4	447
合计	166	754.4	4150.9	2012
C. 各项比较（1936 年）				
上海华商西药业	166	755	4151	2012
上海外商药房	75	200	410	1000
华商所占百分比（%）	69	79	91	67
上海中药商业	498	1353	4188	5400
华商西药所占百分比（%）	25	36	50	27
其他 12 省市西药业	1852	600	1600	5000
上海华商所占百分比（%）	8	56	72	29

资料来源：上海市医药公司、上海市工商行政管理局、上海市社会科学院经济研究所编著：《上海近代西药行业史》，上海社会科学院出版社 1988 年版，第 62、70、76、79、80、120 页。

表 2—87 各项可注意的是，30 年代经济危机对华商西药业影响不是很大。1932—1935 年，上海新开的药房反较前几年增多，中西、中法、五

洲、华美4大户仍保持每年共40余万元的盈余,1936年达83.8万元,全业盈余266.4万元。其次,上海西药业有迅速发展,但资本仍只有中药业的一半强,职工仅中药业的37%,而营业额相当,是西药价格较高之故。又表2—87中中药业营业额包括加工和制药产值,西药生产则多已独立成药厂,连同58家药厂计,西药业1936年营业额为5007.6万元,超过中药业。①

表2—87显示,上海占全国药房户数的8%,而资本占56%,营业额占72%。上海平均每家资本4.5万元,职工12人;其他地区平均每家仅3000余元,2.7人。唯上海以外的估计并不完整,全国数字当不只此。

(五)茶商业

第一次世界大战前,中国茶叶出口已以输俄为主(占出口总数60%—70%)。受十月革命影响,1920年茶出口达最低点,仅30.6万担。后渐增长,1929年达最高水平94.7万担。这年,中东路事件,中苏绝交,继之资本主义世界经济危机,出口陡降,1936年仅61.6万担,为1929年的65%。20世纪20年代,内销茶约200余万担。② 蒙古人民共和国成立后,华商不能直接与之贸易;东北沦陷后,伪满增税,东北销路减少约二成。继之30年代经济危机,关内茶市场亦缩小。1921—1931年,出口茶价上升62.5%,内销价上升相仿;1931—1936年,出口价跌32.6%,内销价跌42.6%(上海绿茶)。故20世纪30年代茶商业衰落甚为严重。

安徽祁门,盛年运出红茶约6万箱,1930年尚运出4万余箱,1935年仅2.6万箱。该地向有茶号180家,1933年仅存4/10。③ 屯溪20年代年运出绿茶10万箱,有茶号109家,30年代出茶大减,茶号减至六七十家。④ 1933年调查,安徽5个茶区,祁门每箱售价仅抵成本一半,屯溪售

① 上海市医药公司等:《上海近代西药行业史》,1988年版,第107—108、120页。

② 内销茶一向按人均消费量估计,前人估计偏高,我们的估计见本书第二卷第五章第六节第二目。

③ 《皖祁红茶产销现状》,《中行月刊》第11卷第2期,1935年。

④ 吴觉农、傅玄镇:《皖浙新安镇流域之茶叶》,出版年未详,第5—6页。

价可达成本 69%,歙县亦有亏折,秋浦持平,婺源有盈。同年,江西 4 个茶区,宁武、浮梁、玉山,每箱茶均亏损 20 余两,唯湖口持平(每箱售价 50—70 两)。①

浙江平水茶区 5 县 40 多家茶厂,1932 年有 77%亏损,唯 1933 年有 75%盈余。② 杭州龙井及温州低级红茶销路不衰,茶商均有盈利。湖北羊楼洞茶区,20 年代不少新设茶厂,义兴资本 10 万元,聚兴顺资本 8 万元,规模不小。唯茶庄盛时有 20 余家,30 年代大量倒闭,1936 年仅余 5 家,有百余年历史的著名晋帮大商王玉川也于 1933 年破产。③ 湖南安化茶商盛时有 80 余家,到 1935 年只存 30 余家。④

上海茶商业 20 年代颇盛,1929 年以后衰落,唯尚能维持一定的营业额,情况见表 2—88。

表 2—88　1929—1934 年上海茶商业⑤

项目 年份 商铺	户数		资本(万元)		营业额(万元)	
	1929	1934	1932	1934	1933	1934
洋庄茶业						
华茶公司	1	1	181.5	20.0	221.8	225.1
茶栈	18	18	1931.9	85.8	1855.9	1549.8
茶厂业	58	40	72.4	14.9	79.4	68.5
毛茶业	24	17	75.1	10.7	77.9	83.7
茶叶店	99	55	75.9	15.3	78.8	75.4
合计	200	131	2336.8	146.7	2313.8	2002.5

① 1933 年 7 月 7 日天津《大公报》。

② 《中国茶业的出口》,《商业月报》第 15 卷第 1—2 号。平水茶的维持与华茶公司活动有关,见《浙东茶业剥削简史》,载中国人民政治协商会议浙江省委员会、文史资料研究委员会编:《文史资料选辑》第 11 辑,1978 年。

③ 1937 年《湖北年鉴》,第 306 页;湖北省烟麻公司贸易志编写组 1987 年提供资料。

④ 1935 年 4 月 7 日《新闻报》。

⑤ 1929 年据何景元:《上海茶业的现状》,《社会半月刊》1935 年第 1 卷第 15 期。1934 年据上海市商会商务科:《茶业》,上海市商会 1935 年版,该书为上海市商会商业统计丛书;内茶厂缺 7 家资本及营业额,毛茶业缺 6 家资本额。

上海的洋庄茶业即出口业,占有全业70%以上的资本和80%以上的营业额。其中最大户华茶公司系唐翘卿于1915年创办,直接出口美国,表现出口不景气的几年该公司营业额仍见增长。其他18家茶栈仍是经洋行出口,销路锐减。专作内销批发的毛茶业和门市零售的茶叶店,1929年以后户数减少一半以上,但在危机期间营业仍能维持。至于制造业茶厂,与出口关系较大,唯营业减少有限。

(六)丝商业

生丝出口一如茶,从1920年最低水平10.4万担逐渐增长,1929年达19万担,创历史最高纪录。而其30年代的跌落则远甚于茶,1934年仅5.5万担,1936年亦只6.3万担,仅及1929年的33%。价格也跌落,故按出口值计仅及1929年的27%,1921年的40%。出口衰退除受日丝竞争外,一大原因是人造丝的兴起。国内市场亦受人造丝影响,但本时期丝织业颇有发展,故国内丝市场缩小不是很大。我们估计,30年代内销已占全部丝产量的70%左右。① 20年代上海丝价,除1922年、1923年两年陡升外,变化不大,上等厂经常维持在每磅担(121斤)1700—1800元之谱;1931年开始猛跌,1934年为624.6元,为1930年的36.5%,1936年亦仅808.7元。茧价下跌尤甚,无锡改良种茧价1934年仅为1930年的35%,嘉兴土种茧价1934年仅为1930年的31.6%。② 这种跌价,对丝商茧商的影响至大。

生丝出口原为上海洋行垄断。本时期内已陆续有华通、纬成、虎林等10来家直接出口,但在30年代危机中先后停顿。唯薛寿萱创办的永泰公司设有国外机构,经营一直顺利,1936年出口量占上海出口的1/4。出口生丝的洋行,在危机中亦有10余家停业。上海经营厂丝之丝号有六七十家,30年代交易旺盛者不过五六家,大多仅挂招牌而已。经营土丝之

① 见第六章附录乙手工丝织业部分。

② 丝价据中国科学院上海经济研究所、上海社会科学院经济研究所编:《上海解放前后物价资料汇编》,上海人民出版社1958年版,第237页;茧价据《上海之丝业》,《社会半月刊》1935年第1卷第19期。

丝栈一般尚能维持，1935年仍有20余家，有名大栈泰康祥、同康泰、宝元祥等，营业已大逊往昔。[①]

广东之丝庄，盛时有30多家，1932年只余19家。著名大户锦经纶、荣发纶、永隆等丝庄，原都拥有多家丝厂，30年代亦相继停业。[②] 广东丝商之衰落甚于上海。

湖州土丝产区，经营出口丝之洋经丝行随着土丝出口减少而衰。内销丝行20年代仍盛，有100余家，至1935年开业者仅40余家。又原有收购生丝的绸庄50余家，1935年继续营业者不及10家。[③] 至于早期名噪一时的南浔“四象”“八牛”等丝业巨商，这时都已转业，仍营丝业者仅梅峨卿一家了。[④]

茧行系因丝厂而兴，发展较晚。1918年江苏有茧行582家，浙江236家，安徽48家，3省共866家。[⑤] 20年代后期，据日本人调查，江苏有782家，浙江有230家，安徽有116家，共1128家。[⑥] 蚕行系领贴经营，一行常有数灶，资本须二三万元，但收茧只在五六月，是否开灶视当年市况而定。如湖州1929年有茧行106家，1930年减为95家，1931年再减为41家，1932年仅1家开灶，1933年茧价回升，又增至35家。[⑦] 无锡为茧行最多之地，1926年有223家，1929年增至500余家，又有存储干茧之茧栈10余家。30年代经济危机中，开停无常，如1932年到6月初报开者仅15家，然亦有不报开私收者。1934年实行茧行统制，灶贴不符者均加取缔，限制开灶数，并提倡改用烘茧机。这时无锡有茧行559家，茧灶5459乘，

---

① 《上海之丝业》，《社会半月刊》1935年第1卷第19期。

② 《顺德蚕丝业的历史概况》，《社会半月刊》1935年第1卷第19期，转引自中国人民政治协商会议广东省委员会文史资料研究委员会编：《文史资料选辑》第15辑，1964年；又该选辑未刊稿《锦经纶》。

③ 《湖州丝绸业日渐衰落》，《中国实业》1935年第1卷第9期。

④ 中国经济统计研究所：《吴兴农村经济》，中国经济统计研究所1939年版，第125—126页。

⑤ 《茧业公所请维持茧业》，上海《新闻报》1918年4月11日。

⑥ 蚕丝业同业组合中央会编纂：《中国蚕丝业大观》，冈田日荣堂1929年版，第170页。

⑦ 中国经济统计研究所：《吴兴农村经济》，中国经济统计研究所1939年版，第11页。

其中本年开秤收茧者210家,茧灶3448乘。[①] 统制有利于具有垄断势力的大户。据说无锡茧行有2/3实际已入薛寿萱之手,加上他在丝厂和出口贸易中的巨大优势,平均每担丝可获2倍利益,1935年共获利200余万元,1936年获利180万元。[②] 1934年,江苏全省1296家茧行开秤者498家,占38.4%,足见危机之深,但比之浙江丝业要好得多。至于广东,本时期整个丝业处于衰落状态,危机中,茧价由1932年的每担20元跌至1934年的3元。茧商之营业可知。

① 高景嶽、严学熙编:《近代无锡蚕丝业资料选辑》,江苏人民出版社、江苏古籍出版社1987年版,第115、144、205、274页。

② 苦农:《蚕丝统制下的无锡蚕农》《养蚕合作运动在无锡》,分见《中国农村》1936年第2卷第9期;1937年第3卷第6期。

第 三 章

近代农业中的资本主义生产关系

本书第一卷中，曾考察了鸦片战争以前中国农业中资本主义生产的萌芽，并把它们区分为三种形式：(1)地主雇工经营商品性生产；(2)自耕农或佃农雇工经营商品性生产；(3)商人租地雇工经营农业。[①] 当时，农业中的资本主义生产关系真可谓沧海一粟，在数百件农业雇工的材料中我们能肯定其资本主义雇佣关系的不过 11 例，其中(1)类更是绝无仅有。这三种形式都是在鸦片战争后，尤其是 19 世纪末和 20 世纪初，随着社会经济条件的变化发展起来的，尤其是(2)类，已具有一定规模，在农业中形成一种经济成分。由于缺乏早期的调查材料，我们在本书第二卷即 1840—1920 年的中国资本主义发展史中将农业部分略去，并入本卷专章论述。因而，本章的时限将包括自 1840 年至 1949 年的整个近代时期。同时，按照近代习用称谓，我们将农业中的资本主义生产关系重新划分为三种形式，即(1)经营地主；(2)富农经济；(3)农业公司和农场。这是因为，在这个时期，原来以僮奴和依附农为劳动力的经营地主已基本退出历史舞台，不致与近代经营地主混淆，并因商人地主兴起和商业资本投入农业公司和农场，萌芽时期专列的商人经营农业一类也无必要了。

农业中资本主义的发展是与中国近代农业生产力的发展和土地占有

---

① 见本书第一卷导论及第三章第三节。

关系密切相关的,而后两者都是中国近代经济史中的重大问题,详细探讨,非本书专业,本书篇幅也难容纳。好在这两方面已有不少学者进行研究,我们只是利用前人研究成果,在本章第一节中作简要的概述,并提出我们的看法。

第一节 近代农业生产力的发展和土地占有关系

一、人口与耕地面积①

人口与耕地面积是农业经济的基本指标。本书第一卷中,我们曾用人口与垦田来估计明清农业生产,并认为从明代到清中叶,中国农业是处在一个比较显著的发展时期,土地利用有所进步,单位面积产量有所提高,但劳动生产率已有下降倾向。鸦片战争后,这种发展趋势是否继续?在半殖民地半封建条件下,中国农业是有所发展,还是处于衰退状态?这是我们需要讨论的中心问题。

关于清代的人口统计,乾隆后用保甲数字。保甲有弊端,反应迟滞。但所记人口数,上与雍正时之人丁折算数,下与民国时的统计,尚能衔接,一般认为可用。② 此项统计见于《清实录》、《东华录》、同治和光绪《户口则例》,经梁方仲整编,比较完整。依此项统计,中国人口于1834(道光十四)年突破4亿人,1840年为4.128亿人,1850年为4.145亿人。太平天国运动中,长江中下游人口损失颇巨,甘肃、陕西、山西也大幅度下降。统计中最少之年为1864年,仅2.375亿人,但有10个省区缺报告,不足为

① 本目和下目“农业生产”基本上据吴承明:《中国近代农业生产力的考察》,《中国经济史研究》1989年第2期。

② 参阅何炳棣评论,见所著 Ping-ti Ho:*Studies on the Population of China,1368—1953*,Cambridge:Harvard University Press,1959,pp.46-47。

据。我们另选1873年作为太平天国运动后的代表年，这年统计人口为2.771亿人，仍有7个省区缺报。我们按前后较近年份之记载予以补造，再按宣统年间的调查酌加内蒙古、西藏和西南边区人口250万人，共得3.453亿人。再按10年间隔，选1883年、1893年统计数字，按前法补造缺报省区和加入内蒙古、西藏和西南边区，分别得3.615亿人和3.801亿人。均列入表3—1。

表3—1　1840—1953年中国近代人口估计

年份	亿人	来源及说明
1840	4.128	梁方仲编著：《中国历代户口、田地、田赋统计》，上海人民出版社1980年版，第254页
1850	4.145	
1873	3.453	同上书，第257页。补入原缺之苏（1874）、陕（1884）、桂（1888）及皖、甘、滇、新（均1910）各省人口数，并加入蒙藏边区250万人
1883	3.615	同上书，第266页。补入原缺之陕、桂、皖、甘、滇、新（同上）闽（1884）、黔（1886）各省人口数，并加入蒙藏边区250万人
1893	3.801	同上书，第266页。补入原缺之桂、滇、皖、甘、新（同上）、台湾（1885年划省，据1887年数）各省人口数，并加入蒙藏边区250万人
1913	4.380	主要据海关统计，见陈长蘅：《中国近百八十年来人口增加徐速及今后之调剂方法》，《东方杂志》1927年第24卷第18号
1923	4.450	
1933	4.500	综合估计，乔启明：《中国农村社会经济学》，1938年版
1943	4.556	《中华民国统计提要》1946年统计
1949	5.416	《中国统计年鉴》1984年版
1953	5.879	

进入20世纪，人口资料渐多。宣统年间曾举办第一次专门人口的调查，但其结果（1912年汇造）殊难令人满意。① 我们也只好缺1903年数据，另选1913年、1923年、1933年、1943年为标准。适应这种年份，有海关的1910年、1923年调查，邮政局的1920年、1925年调查，国民政府内务部的1928年调查，主计处公布的1931年统计，《中华民国统计提要》刊

① 修正数字为3.681亿，见实业部中国经济年鉴编纂委员会：《中国经济年鉴》上册，商务印书馆1934年版，人口章第一表。

载的1933年、1944年、1946年统计,《中华年鉴》的1947年统计等,其包括地区和统计口径不一致,不少学者曾作研究和估计。我们根据前人一些研究,列入表3—1,并列入比较可靠的人民政府1953年的人口普查数字。同时,列入珀金斯和侯继明书中两项比较系统的估计,见表3—2。表3—2这两项估计和我们所列人口变动情况基本一致。其中珀金斯1873—1933年的估计是用完全独立于传统统计,即用金陵大学农业经济系选点调查的人口变动指数编制的,因而这种一致性增加了我们理解近代人口变动趋势的信心。

表3—2　珀金斯与侯继明对中国近代人口估计

年份	珀金斯估计①(亿人)	年份	侯继明书中估计②(亿人)
1850	4.10	1850	4.12
1873	3.50	1860	3.77
1893	3.85	1870	3.58
1913	4.30	1880	3.68
1933	5.00	1890	3.80
1953	5.83	1900	4.00
		1910	4.23
		1920	4.72
		1930	4.89

从表3—1看,1840—1850年是继续乾隆时代人口大增长的余势,但已无那种高潮势头(年率7‰—9‰)。1850—1873年的下降是太平天国运动以来长期战争的结果,依表人口减少16.7%。实际上绝不会减少这么多,因为迁移和流亡的人口重新反映到人口统计上需要很长的时间,真正人口的损失也许只有5%—7%,即二三千万人。这以后,则人口一直是

① 德·希·珀金斯(Dwight H.Perkins):《中国农业的发展(1368—1968年)》,宋海文译,上海译文出版社1984年版,第288页。

② Chi-ming Hou,Tzong-Shian Yu,*Modern Chinese Economic History*,Taipei:The Institute of Economic Academia Sinica,1979,p.82.

增长的。各时期的增减速度见表3—3。

表3—3 1840—1949年人口增减速度

年份	年数	增长幅度(%)	平均年增长率(‰)
1840—1873	33	16.4	-5.4
1873—1893	20	10.1	4.8
1893—1913	20	15.2	7.1
1913—1933	20	2.7	1.4
1933—1949	16	20.4	11.6
1840—1949	109	31.2	2.5

从1873年以后的情况看,第一个20年人口增长率为4.8‰,可视为太平天国运动后恢复阶段。第二个20年的高增长率,可视为太平天国运动后新增人口的生育高峰,包括统计上时间的滞后。第三个20年的低增长率,也许是反映军阀混战的结果。问题是最后一个阶段即1933—1949年,何以会出现11.6‰的高增长率,而这正是内战、抗日战争和解放战争频繁的年代。我们相信1949年的人口统计比较可靠,证之1953年的普查,也可能1933年的统计偏低。① 但总可以说明,在这些频繁的战争年代,中国人口并没有减少,而是维持一定的增长率。

人口的长期性增长,意味着农业生产至少是粮食生产有相应的增长,因为粮食的消费弹性有限,而粮食净进口最多时不过2500余万担,仅可供500余万人食用。事实上,这时期经济作物的发展又快于粮食作物。不过,分时期来看情况又有不同,并不与人口增长一致,下面再作讨论。

现在来看耕地面积,它的不肯定性就远远超过人口统计了。原来历代耕地统计都是纳税亩数,非实际耕作亩数。统计时有垦荒地折亩(如2亩以至3亩折作1亩)、畸零免科(如亩以下甚至10亩以下免计)、“番”地“夷”地不计亩(有的只论段)等,其数偏低。而最大的弊病是豪强隐匿和官吏少报,以避赋税,个别地方有隐漏一半者。何炳棣最近对历史上的

---

① 20世纪40年代流行中国有人口4.75亿的说法,以未查得根据,未列入表3—1,毛泽东同志的一些著述亦用此数,见《毛泽东选集》。

耕地数字有详细考释。① 民国时期,改为土地陈报,1928年后举办测量,唯只有70余县小面积试点,1934年开办航空测绘,亦限于赣、鄂部分地区,只证明原报田亩严重失实而已。② 直到新中国成立后,各省报告数字年有增长,但据1980年《中国农业年鉴》称:"根据各地典型调查,实有耕地面积一般比统计上报面积多20%左右。"而从近年来卫星遥感照片测算,实有耕地又不止比统计数多了20%。

因此可以说,我们并不知道中国的耕地面积究竟有多少。在这里讨论的只是它的相对变动,即近代耕地面积是增加还是减少的趋势。在这个问题上有不同意见。如章有义等认为,从太平天国运动失败后到19世纪末,"新增耕地远远抵不上抛荒之地",因而实有耕地尚未恢复到太平天国运动前水平。③ 乔启明认为,自1914年以后耕地即是递减之势,"考其原因,不外天灾人祸,以至耕地荒芜"。④ 严中平等也认为,从各地战乱和灾荒来看,"我们有理由相信,1933年耕地面积(东北除外)要比1913年低"。⑤ 又有人根据北洋政府《农商统计表》和20世纪30年代初的调查,编制包括辽宁、吉林、热河在内的15省耕地面积指数,如以1914年为100,则1915年为111.5,1916年为102.0,1917年和1918年为95.0,而1932年更下降为81.4。⑥ 另一方面,有些学者则认为近代中国耕地面积是增加的。下面是我们的考察。

我们从分析各时期的统计开始。清代无系统田亩统计,今见者只是在重修《会典》《则例》等书时所披露,属于近代者仅有1851年、1873年、1887年3个年份的23个直省田地数。1851年之数反低于1812年,颇不

---

① 何炳棣:《南宋至今土地数字的考释和评价》,《中国社会科学》1985年第2期、第3期。

② 国民政府主计处统计局编:《中国土地问题之统计分析》,正中书局1941年版,第84—89页(台湾华世出版社1978年翻印)。

③ 章有义、刘克祥:《太平天国失败后地租剥削问题初探》,见《中国社会科学院经济研究所集刊》第4集,中国社会科学出版社1983年版,第128页。

④ 乔启明:《中国农村社会经济学》,商务印书馆1945年版,第193页。

⑤ 严中平等编:《中国近代经济史统计资料选辑》,科学出版社1955年版,第357页。

⑥ 国民政府主计处统计局编:《中国土地问题之统计分析》,正中书局1941年版,第45页。

合理,1873 年之数大半直抄自 1851 年,亦不足据,因此我们以 1812 年之 7.915 亿亩和 1887 年之 9.120 亿亩为准。1887 年数中,缺台湾,又东北三省数显然失实,我们另作处理。经修订后,1887 年为 9.457 亿亩,俱列入表 3—5。表见 1812—1887 年 75 年间耕地面积增长 19.5%,这是按清代田赋统计方式显示的 19 世纪耕地变动情况。

民国初期,北洋政府《农商统计表》统计 1914 年全国耕地面积为 13.941 亿亩,尚缺贵州等 5 省,若补足将达 14.5 亿亩,较 1887 年数突增 50%以上。此固由于统计方法之变更,但其数较之 30 年代调查亦超出,内山东、河南、湖北 3 省竟超出约 1 倍,显系误报。此数过高,为人们误认为民国时耕地下降之一因。《农商统计表》原甚粗糙,此后数年缺项日多,故我们不用。

所谓 20 世纪 30 年代调查,始于 1929 年国民政府立法院统计处的全国性农业调查。此次调查用通讯方法,填报者为各县邮局和部分县政府,近 2000 份,主事者为张心一、刘大钧等统计学家。调查结果经金陵大学农经系等补充,最后由主计处统计局修订,于 1941 年发表,为 13.976 亿亩。新中国成立后,严中平等补充其原缺之西康省及日本关东租界地等,共得 14.047 亿亩。我们即以此作为 1933 年全国耕地数(不包括外蒙、西藏、台湾)。此外,30 年代尚有其他一些调查估计,包括范围不同,仅举例如下,不纳入表 3—5。

表 3—4　相关研究者对不同时点耕地面积的估计

估计者	材料时间(年)	包括范围	耕地面积(亿亩)
张心一	1929	25 省	12.488
卜凯	1929—1932	全国	14.067
格雷西(G. B. Gressey)	1934	28 省	13.050
陈长蘅	1935	全国	12.663
乔启明、蒋杰	1935	27 省	15.058
刘大中、叶孔嘉	1933	全国	16.775
马黎元	1935	全国	17.357

中央农业实验所曾根据1929—1933年间22省的1532份调查报告编制了一个《近六十年中国耕地面积增减趋势的指数》。依该指数、若以1873年的耕地总面积为100,则1893年、1913年、1933年均为101。这就给人以民国以来耕地总面积无变化的印象。实则,各省的增减很不一致,下面再讨论。此指数摆脱传统的土地陈报统计,故为学者所采用。如珀金斯、许道夫均以此指数反求1873年以来的耕地面积,而结果各异。①这是因为所用基期数不同。我们以上述1933年严中平等校定数为基数,按该指数推求1873年、1893年、1913年22省耕地面积,列入表3—5附表A。依表,若以1873年为100,则以后各年分别为101.3、102.9、105.6,不是长期不变了。

表3—5　1812—1953年中国近代耕地面积估计

年份	亿亩	资料来源及说明
1812	7.915	梁方仲编著:《中国历代户口、田地、田赋统计》,上海人民出版社1980年版第380页
1873	7.566	
	修正11.451	附表A、附表B
1887	9.120	梁方仲:前引书
	修正9.457	东北、台湾改用附表B
1893	11.889	附表A、附表B;1913年的东北、新疆部分以1914年数代替
1913	12.679	
1933	14.047	
1946	14.107	《中华年鉴》1948年版,第1239页
1949	14.813	附表A、附表B
1953	16.279	大公报:《人民手册》1956年版

① 德·希·珀金斯:《中国农业的发展(1368—1968年)》,宋海文译,上海译文出版社1984年版,第316页。许道夫编:《中国近代农业生产及贸易统计资料》,上海人民出版社1983年版,第8页。

续表

附：

年份	珀金斯估计（亿亩）	年份	侯继明书中估计（亿亩）
1873	12.10	1850	12.10
1893	12.40	1860	12.37
1913	13.60	1870	12.02
1933	14.70	1880	11.73
1957	16.78	1890	12.35
资料来源：同表3—1，第325页。		1900	12.26
		1910	13.41
		1920	14.27
		1930	15.07
		资料来源：同表3—1，第82页。	

表3—5附表A　1873—1949年22省耕地面积　（单位：万市亩）

省名＼年份	1873	1893	1913	1933	1949
河北	11136	10913	11136	10913	12259
山东	10146	10451	10654	10045	12445
山西	6625	6824	7288	7288	6242
河南	8565	8479	10021	9850	11009
陕西	5014	4914	4793	4563	6577
甘肃	2218	2573	2595	2617	6078
江苏	7754	7831	7909	8529	9000
安徽	6835	7245	7313	7313	7313
江西	4763	4715	4429	4334	3548
浙江	5341	5448	3899	4116	2848
湖北	5039	5241	5493	6450	5960
湖南	5706	5021	5078	5021	4665
福建	2604	2500	2396	2109	2175
广东	4019	4059	4059	4099	4503
广西	2235	2347	2615	2749	3623
云南	792	879	1053	2621	3391

续表

年份 省名	1873	1893	1913	1933	1949
贵州	1782	2049	2156	2317	2751
四川	14132	14414	14697	15545	9796
青海	385	651	673	781	676
宁夏	187	187	191	185	5595
绥远	1942	1845	1806	1709	
察哈尔	1493	1553	1672	1553	
22 省合计	108713	110139	111896	114757	120454

资料来源:1873—1933 年,按严中平等编:《中国近代经济史统计资料选辑》,科学出版社 1955 年版,第 356 页;1933 年各省耕地数,用同书第 357 页之耕地面积指数求出 1873 年、1893 年、1913 年数值。1949 年据国家统计局:《全国农业生产恢复时期基本统计资料》。

表 3—5 附表 B　1812—1949 年东北等 7 省区耕地面积　(单位:万市亩)

年份 省名	1812	1873	1887	1893	1914	1933	1949
辽宁	2130		2850		4740	7318	6273
吉林	149		1621		4408	7828	6869
黑龙江	8		1508		3209	6114	8511
热河					1462	2565	2102
东北合计	2287	4985	5979	7202	13819	23825	23755
新疆	111	732	1148	1148	1072	1491	1947
西康						401	663
台湾	86	75	400	400	—	—	1309

资料来源:

1812 年:梁方仲编著:《中国历代户口、田地、田赋统计》,上海人民出版社 1980 年版。

1873 年:东北合计数由 1812—1887 年平均增长率 1.0129 推出;新疆数由同期平均增长率 1.0316 推出;台湾据梁方仲编著:《中国历代户口、田地、田赋统计》,上海人民出版社 1980 年版。

1887 年:辽宁据梁书;吉林梁书 150 万亩过低,据《吉林通志》卷三十一“屯垦”修正;黑龙江梁书 8 万亩限于官田,据《黑龙江志稿》卷八“垦丈”补充;新疆据梁书;台湾据《中国历代户口、田地、田赋统计》,上海人民出版社 1980 年版,注 18。

1893 年:东北合计数由 1887—1914 年平均增长率 1.0315 推出;台湾用 1887 年数。

1914 年:第五次《农商统计表》;台湾割让不计。

1933 年:严中平等编:《中国近代经济史统计资料选辑》,科学出版社 1955 年版;台湾割让不计。

1949 年:国家统计局:《全国农业生产恢复时期基本统计资料》;台湾据《中华年鉴》,中华年鉴社 1948 年版,第 1239 页,为 1946 年数。

此数不包括东北，也缺新疆、西康、台湾。东北是本时期耕地拓展最快的地区，我们专做计算，见表3—5附表B。依表，东北四省耕地由19世纪末的7000余万亩增至1933年的2.383亿亩，占全国耕地近17%。据日本人统计，东北耕地在1940年高峰时达2.489亿亩[①]，日本战败后衰落。台湾耕地面积也增长颇快，不过割让期间我们不计在内。将22省与东北、台湾等合计，我们另得一个1873年的数字，连同其他几年，均列入表3—5。依表，1893—1933年40年间全国耕地面积增加了18%，这可代表20世纪早期情况。

抗日战争和解放战争时期，耕地应有荒废，但无全面统计。《中华民国统计提要》所载1944年的13.976亿亩，大约是直抄上述主计处数字（该提要亦主计处所编），其1946年的14.107亿亩，则比之战前且有增加。解放后公布的1949年的14.682亿亩，也是增加的。1949年数经我们补入台湾，为14.813亿亩，均列入表3—5。依表，1933—1949年全国耕地面积增加了5.5%，这可代表战时情况。就是说，战时的耕地和前述人口一样，并未减少。

不过，如前所述，所有表3—5的估计都是根据统计数字，不是实际使用之耕地面积。

在上述之耕地面积变动中，还应看到地区间的变化。从附表A可见，1873—1933年，耕地面积减少者有9省，浙江减少23%，福建减少19%；增加者有13省，青海增加1倍多，而云南增加2.3倍。如果按附表A的22省次序，分为华北6省、华中6省、东南3省、西南3省、最后4省加附表B的新疆、西康为西部6省，则各地区占全国耕地总面积的百分比变动如下表。从中可明显看出耕地有向东北和西部边区拓展的趋势。

---

① Kungtu C.Sun, *The Economic Development of Manchuria in the First Half* of The *Twentieth Century*, Cambridge: Harvard University Press, 1969, p.27.

表 3—6 1873—1949 年各地区占全国耕地总面积比重 (单位:%)

区域＼年份	1873	1893	1913	1933	1949
华北 6 省	38. 2	37. 1	36. 6	32. 2	36. 9
华中 6 省	30. 9	29. 9	26. 9	25. 5	22. 5
东南 3 省	7. 7	7. 5	7. 2	6. 4	6. 9
西南 3 省	14. 6	14. 6	14. 1	14. 6	10. 8
西部 6 省	4. 1	4. 5	4. 3	4. 4	6. 0
东北 4 省	4. 4	6. 1	10. 9	16. 9	16. 0
台湾	0. 1	0. 3	—	—	0. 9

最后,我们考察一下耕地面积的增长速度。由于统计方法不同,清代统计仍单列,以代表 19 世纪,余以 20 年为期。年率按千分计,以便与人口增长率对照。

表 3—7 1812—1949 年耕地面积增长速度

年份＼项目	年数	增长幅度(%)	平均年增长率(‰)
1812—1887	75	19. 5	2. 3
1873—1893	20	3. 8	1. 9
1893—1913	20	6. 6	3. 2
1913—1933	20	10. 8	5. 1
1933—1949	16	5. 5	3. 3
1873—1949	76	29. 4	3. 4

其中 19 世纪耕地面积增长甚慢,恐怕主要由于清代以田赋为基础的统计方法所致。20 世纪初期增长速率较高,恰与耕地面积下降论者的见解相反。耕地面积增长总的趋势与前述人口增长趋势总的看是相符的,但阶段性并不一致。前述近代人口增长速率平均为 6. 7‰,而耕地面积的增长只有 3. 4‰,这就必然发生人多地少、人口压力日重的问题,这也是近代经济史学者最关心的问题。不过,对于这个问题,我们认为还应当从多方面考虑。

就耕地面积说，其一，20世纪30年代有不少关于中国可耕而未耕土地的调查和估计，从数亿亩到二三十亿亩。[①] 当时看法，认为中国已耕地仅占国土总面积的8%，若着力开垦，大有可为。从后来的发展来看，这种看法恐怕过于乐观，但土地未能合理利用则确实存在，如人为的抛荒、坟场、鸦片烟田等均是。其二，随着城市和工业发展，非农业人口增加，故平均每农户所占耕地面积的下降程度并不像平均每人所占耕地下降之甚。其三，从农业生产上说，最重要的不是耕地面积，而是种植（播种）面积。中国农业素以复种见长，在近代，复种指数仍有提高。30年代内务部土地委员会估计总复种指数为135，可能偏高，张心一估计为123，似又偏低。[②] 前已言及，耕地统计至少低于实际用地20%，以比较完整的1953年统计看，实际用地可能在20亿亩左右，种植面积可能在25亿亩左右。

耕地面积应该与农业劳动力的耕作能力相适应。江浙两省人口密度最大，1946年平均每农户仅分别有耕地16.9亩和13.2亩。[③] 这个地区农业生产也最集约化，所需劳力多，在清前期，即有"上农不过任十亩"，"上农夫一人止能治田十亩，故田多者辄佃人耕而收其租"之说。[④] 据李伯重研究，明清时江南稻农，全用人力者，每户可种3.3—7.5亩，以7.5亩为多，少数借牛耕者，可种7.5—15亩，以15亩为多。近代情况无甚改变。如费孝通调查抗战前吴江县开弦弓村，一个普通农户的耕作能力为稻田7亩，黄炎培1932年调查川沙县，大概夫妇2人，两三个幼童帮助，可种10亩田，但农忙时仍须雇工。[⑤] 以耕地最紧张的江南而论，与中国传统的集约化耕作方式仍然是适应的。

人口与土地的关系，不限于种植业，而要考虑整个农业结构。在欧

---

① 国民政府主计处统计局编：《中国土地问题之统计分析》，正中书局1941年版，第22—23页。

② 国民政府主计处统计局编：《中国土地问题之统计分析》，正中书局1941年版，第36页。

③ 中华年鉴社：《中华年鉴》下册，中华年鉴社1948年版，第1239页。

④ 陶煦：《租核》推原；张履祥：《补农书》总论。此外，一夫十亩之说还见于四处记载，见本书第一卷。

⑤ 李伯重：《明清江南种稻农户生产能力初探》，《中国农史》1986年第3期。

洲,畜牧业比较发达,与种植业结为一体。畜牧业需要更多的土地,这就形成了占统治地位的波斯坦理论:当人口增长超过土地承受能力时,必会导致"自我调节",人口下降(指中世纪)。中国情况不同,除地广人稀的牧区外,在统计所列地区,畜牧业很不发达,而农业与家庭手工业的结合,成为明清以来农村的特征。家庭手工业不需多少土地,通过地区交换,可以支持更多人口。晚近的"原始工业化"(Proto-industrialization)论者提出的人口压力理论颇有助于解释中国江南一带的人口密集。①

还有一层,人口与土地的关系,不只是自然关系,也是一种社会关系。19 世纪初期,中国人口突破 4 亿,有人据此提出农业停滞危机和进入"陷阱"等理论,本书第一卷曾予评论。实则这时中国农村的生产关系已与典型的封建制度颇不相同了。近代以来,人口续增,而农村生产关系又有变化,下文将做讨论。若再向前看,到 1958 年以后,由于基建等占地,中国的耕地面积确实是逐年下降了,但人口已逾 6 亿,并仍在逐年增长。这时,人与地的社会关系已发生根本性变化,尽管人口压力增大,农业也还基本上是传统耕作方法,但生产仍有很大潜力。

二、农 业 生 产

先看 19 世纪的生产情况。农业生产中最重要的是粮食,常占种植总面积的 80%左右,在 19 世纪,略有线索可寻的也只有粮食。历代粮谷记录是田赋数,且属定额,非实缴数额。清代有地方呈报制度,但只是估计"年成",1874 年起并停止岁终会计"天下民谷"。这种年成报告,时间较长的有河北、河南、山西、陕西、浙江、安徽、江西、湖北、湖南、福建 10 省,我们按 10 年分期,各省平均数值见表 3—8。②

① Franklin F. Mendels, "Industrialization and Population Pressure in Eighteenth Century Flanders", *The Journal of Economic History*, Vol. 31(March 1971)。论者以亚麻布(当地农民家庭副业)与黑麦比价论证当地人口长期增长与解决人口压力问题。

② 据李文治编:《中国近代农业史资料》第一辑,生活·读书·新知三联书店 1957 年版,第 755—760 页。

表 3—8　1841—1911 年各省夏秋收平均数值

项目 年份	夏收		秋收	
	成数	指数	成数	指数
1841—1850	6.7	100	6.6	100
1851—1860	6.3	94	6.4	97
1861—1870	5.9	88	6.0	91
1871—1880	5.8	87	5.9	89
1881—1890	5.9	88	5.7	86
1891—1900	5.8	87	5.5	83
1901—1911	5.8	87	5.5	83

由表 3—8 可见 50 年代以后收成率猛降，部分地反映太平天国战争时期农业生产的衰退。但是，在 70 年代以后并无起色，就秋收看，90 年代后反更恶化，与前面所论人口与耕地变化趋势不符。当然，年成是表示岁收丰歉，不就是粮食总产量的增减，但它长达半个世纪的下降，则意味着地力枯竭，单位面积产量下降。这点令人生疑。

目前，我们还可从近人研究中找到另一种本时期粮食单产量的估算如下：①

表 3—9　1840—1910 年粮食总产量与单位面积产量估计值

年份	粮食总产量（亿斤）	粮食单位面积产量（斤/亩）
1840	2521.6	217.3
1850	2546.8	217.3
1860	2388.4	206.5
1870	2383.6	204.7
1880	2486.8	209.9
1890	2590.0	215.1
1900	2674.2	218.9
1910	2798.6	223.1

① 吴慧：《中国历代粮食亩产研究》，农业出版社 1985 年版，第 198 页。

表3—9的单产量是从日本学者尾上悦三估计的粮食总产量和种植面积中求得的。其总产量的估计下面再谈。就单位产量说,也是在50年代后下降,但到90年代已渐恢复,以后并超过太平天国战前水平。如果这种趋势是合理的话,那就说明,19世纪后期粮食单位产量的下降主要是由于天灾人祸等外在因素造成的,而不是像有些学者所说,主要是人口压力和土地利用过度的结果。至于前述的年成报告,恐怕要考虑另一因素,即在晚清政府不断加重田赋和征课的情况下,地方官吏尽量低报收成率。不过,长期来看,例如同乾嘉时代相比,近代粮食的单位产量确实下降了,这里自然也不能否定生态效益下降的作用。

回到19世纪粮食的总产量。上表的估计虽甚完整,但它不是根据生产调查,而是按估计的人口数推算的。该表估计中国人口由1840年的4.202亿人下降为1870年的3.973亿人,因而粮食总产量也下降了5.5%左右。在我们的表3—1中,这期间人口下降达16.7%,当然,粮食产量的下降不会这样大,因为迁移中的人口在进入户籍统计前仍是生产的,但粮食下降的幅度也许不只5.5%,可能有10%左右。70年代以后,粮食生产应有恢复,而且生产的恢复应当比进入统计的耕地和人口恢复得更快些。受战争影响最大的是江苏、浙江、安徽、江西、湖北5省。江西、湖北的人口在1873年已基本上恢复到战前1851年水平,其他3省则直到抗战前也未达到1851年水平,这恐怕只能归之于统计上的毛病。至于耕地,则附表A 1873年的数字,除湖北略差外,其他4省都已超过1851年耕地面积了。[①] 依前述,19世纪最后30年人口增长年率为5‰,耕地增长年率约为2‰,那么,我们可以设想,这时期粮食产量不仅已恢复到战前水平,还可能增加10%以上。

进入20世纪,关于农产的资料渐多。先是有1914—1918年《农商统计表》呈报的数字,然后是30年代的调查研究。其法是根据各种作物的种植面积和平均单产量来估算总产量。所用数据都是靠选点调查。这种

① 1851年人口、耕地均见梁方仲编著:《中国历代户口、田地、田赋统计》,上海人民出版社1980年版,第262、264、380页。

调查有两个系统：一是中央农业实验所系统；二是金陵大学农业经济系系统，即通常所称卜凯调查。前者有千余个点，时间延至抗战前；后者仅百余个点，时间到 1933 年；两者均有历史回溯资料。东北方面，则有伪满的调查。抗日战争和解放战争时期，只有 15 省的报告，东北的详细统计也只到 1944 年。这些调查，已有学者进行了比较系统的研究。如本文开始所说，此非本书专业，我们只将最近的时序较长的两项研究成果，即许道夫的估计（A 估计）和珀金斯的估计（B 估计）摘要列入表 3—10、表 3—11 和表 3—12，并补充抗日战争后的估计和解放后发表的 1949 年和 1952 年的数字。1949 年的数字可代表农业受战争破坏的最低谷，1952 年的数字则公认为已恢复到解放前最高水平。30 年代的情况，尚有许多专家的研究，如张心一、乔启明和蒋杰、费维凯、巫宝三、刘大中和叶孔嘉等，均有农业总产量的估计，因仅属一个时期，我们都未列入。

表 3—10　1914—1952 年主要农作物种植面积估计　（单位：万市亩）

年份＼项目	估计者	粮食	油料作物*	棉花	合计
1914—1918	A	88354	8882	2678	99914
1914—1918	B	142761	13979	6981	163721
1924—1929	A	117807	17905	5798	141510
1931—1937	A	118363	23440	5647	147450
1931—1937	B	157464	29287	7950	194701
1938—1947	A	116215	22384	3646	142245
1949	C	152460	17872	4155	174487
1952	C	168449	24605	8364	201418

注：* 包括大豆、花生、油菜籽、芝麻 4 项。

资料来源：

A. 许道夫编：《中国近代农业生产及贸易统计资料》，上海人民出版社 1983 年版，第 338 页。1914—1918 年粮食缺薯类及豆类，油料作物缺芝麻及油菜籽。

B. ［美］德·希·珀金斯：《中国农业的发展（1368—1968 年）》，宋海文译，上海译文出版社 1984 年版，第 338—355 页。

C. 中华人民共和国农业部计划局：《中国与世界主要国家农业生产统计资料汇编》，农业出版社 1958 年版，有关作物各页。

表 3—11　1914—1952 年粮食产量估计

（单位:亿市斤）

项目 / 年份	估计者	稻	小麦	高粱	小米	玉米	其他杂粮	前 6 项合计	薯类折粮	全部粮食
1914—1918	A	988.1	282.9	155.3	180.0	73.2	181.5	1861.0		
1914—1918	B	1476.1	395.7	237.5	221.8	146.8	284.6	2762.5	70.6	2833.1
1924—1929	A	1196.3	492.8	270.3	246.1	172.1	277.1	2654.7	83.6	2738.3
1931—1937	A	984.3	444.6	212.3	183.5	167.4	328.5	2320.7*	93.1	2413.8
1931—1937	B	1391.1	462.0	246.8	276.8	204.4	303.8	2884.9	152.8	3037.7
1938—1947	A	947.1	394.6	186.9	192.2	179.6	281.6	2182.1*	105.3	2287.4
1936	C	1146.8	465.9	并入其他杂粮		201.8	832.8	2647.3	126.6	2774.0*
1946	D	956.9	431.0	228.4	234.8	230.3	(200.0)	(2281.4)	(100.0)	(2381.4)
1949	C	972.9	276.2	并入其他杂粮			716.0	1965.1	196.9	2161.9*
1952	C	1368.5	362.5	并入其他杂粮		334.0	696.4	2761.4	326.5	3087.9

资料来源及说明:

* 因进位关系有 0.1 差额。

其他杂粮包括大豆以外之豆类;薯类按 4 斤折粮 1 斤。

A. 同表 3—10,第 339—340 页。1914—1918 年缺豆类;1924—1929 年薯类、大豆以外之豆类缺东北 4 省。

B. 同表 3—10,第 370—374 页。1931—1937 年原书总数列 3199.6 亿斤,差额不知所出。

C. 同表 3—10,有关作物各页。1983 年开始出版的《中国农业年鉴》数字相同,唯将大豆改列入粮食。

D. 严中平等编:《中国近代经济史统计资料选辑》,科学出版社 1955 年版,第 360 页;括号内数系按 1938—1947 年数酌补缺项及补充后总数。

表 3—12 1914—1952 年主要农作物产量估计

（单位:亿市斤）

项目 年份	估计者	粮食*	油料作物					棉花	烟叶
			大豆	花生	油菜籽	芝麻	小计		
1914—1918	A	1861.0	86.4						
1914—1918	B	2833.1	109.7	45.4	38.0	6.7	199.8	16.1	15.9
1924—1929	A	2738.3	275.3	50.8				19.2	
1931—1937	A	2413.8	204.0	53.8	48.0	16.8	322.6	16.1	
1931—1937	B	3037.7	168.6	52.5	50.8	18.1	290.0	18.9	18.3
1938—1947	A	2287.4	166.5	40.7	59.8	10.2	277.2	9.4	
1936	C D	2774.0	226.1	53.9	49.6	17.4	347.0	17.0	12.9
1946	D	2381.4	168.0	44.8	64.7	14.4	291.9	7.4	13.0
1949	C	2161.9	101.7	25.4	14.7	6.5	148.3	8.9	8.6**
1952	C	3087.9	190.4	46.3	18.6	9.6	264.9	26.1	44.3

资料来源及说明：

* 据表 3—11。 ** 仅指烤烟。

A. 同表 3—10，第 341 页。

B. 同表 3—10，第 375、377、379 页。

C. 同表 3—10，有关作物各页。1983 年《中国统计年鉴》油料作物另有其他。

D. 同表 3—11。

C. D. 大豆、棉花据 C 估计，余据 D 估计。

首先看一下种植(播种)面积和单位产量情况,因为总产量是由这两者计算出来的。从表3—10看,从20世纪初到1937年,粮食的种植面积是增加的,增加幅度为10%(B估计)以至34%以上(A估计)。抗日战争时期有所减少,减少幅度不到2%(A估计)。而从生产最低谷1949年看,粮食种植面积与30年代并无上下。农业恢复的1952年,粮食种植面积为16.8亿亩,比世纪初多18%(B估计)以至91%(A估计)。

粮食种植面积的扩大会挤占经济作物的面积。不过这种现象似乎只出现在抗战时期。这以前,无论A估计或B估计都显示在粮、油、棉3类作物总种植面积中,粮食所占比重是下降的,由世纪初的87%—88%下降到30年代前期的80%—81%,说明中国农业生产结构有所改善,虽然改善甚微。抗战以后,情况逆转。这时只有牺牲其他作物来保障民食。但逆转幅度不大,解放后迅即恢复。1952年的统计是比较可靠的,这年全部种植面积为211884万亩,其分配见表3—13。①

表3—13 1952年不同作物的种植占比 (单位:%)

作物名称	占比	作物名称	占比
粮食	79.5	烟叶	0.3
油料作物	12.5	其他	3.8
棉花	3.9		

尽管作物种植面积扩大了,产量并未成比例提高。表3—12所示1914—1937年粮食总产量增长的幅度小于表3—10所示种植面积增长幅度,油料作物更是这样。这表示单产量下降。用这两个表计算各时期的单产量见表3—14。

表3—14 1914—1952年不同作物的单产量 (单位:斤/亩)

时期	粮食	油料作物	棉花
1914—1918A	210.6	—	—
B	198.4	142.9	23.0

① 来源同表3—3C,唯油料作物尚包括其他小油料1881万亩。

续表

时期	粮食	油料作物	棉花
1931—1937A	203.9	137.6	28.5
B	192.9	99.0	23.8
1949 C	141.8	83.0	21.4
1952 C	183.3	107.7	31.2

由表3—14可知，粮食和油料作物的单产量一直在下降，棉花在战后也下降。不过，有两点应做说明。第一，1914—1918年的产量统计是靠估成，1931—1937年才有单产量的选点调查，但结果不同。如稻谷的单产量，中央农业实验所调查为每亩342斤，而卜凯调查为446斤，B估计所用为359斤；小麦单产量，中农所调查为141斤，卜凯调查为144斤，B估计所用为114斤。所用标准不同，结论各异。第二，解放后统计比较可靠。上表所列粮食和油料作物的单产量，到1952年尚未恢复到战前水平。但到1956年，就超过战前水平了，以后并有大的增长。这种增长，部分地归功于化肥的使用，还谈不上机械化所致。总看20世纪以来单产量的下降，大部分还是由于天灾人祸等外部原因，但已明显表露出农业生产本身的危机，它的出路只有现代化。

现在再看总产量。表3—11所见粮食总产量，A、B两估计悬殊，而关键在于对稻谷种植面积和单产量的看法不同，这点前人已有讨论，我们且不去置评。再有是A估计的1924—1929年粮食产量甚高于1931—1937年，不免疑惑。总的来看，20世纪以来，粮食的总产量仍是增长的，于1936年达到高峰，其增长速度大体可与人口的增长率相当。① 经济作物的增长更快些，因而农业生产结构稍有改善。不过，剩余农产品最多的东北地区，自1931年被日本帝国主义侵占后，农业生产即行衰退，迄抗战结束，无论粮食或大豆，都未能恢复到1930年水平。1937年以后，广大华北和华中，也遭日寇蹂躏，农产衰退，唯在大后方和解放区，仍有发展。全国粮食

① 表列1914—1918年和1931—1937年均按中数计，即按18年间隔计，依B估计，粮食的增长率约为0.4%，油料作物的增长率约为2%，棉花的增长率仅1%（这是受进口棉货的影响）。依A估计粮食的增长率高达1.5%，似不可取。

产量的最低谷1949年,比最高峰1936年减少20%强,经济作物损失更多。

最后,看一下人均产量,其中最重要的当然是粮食。新中国成立前用A估计(B估计未做人均统计),新中国成立后用《中国统计年鉴》数字,其情况见表3—15。

表3—15　1822—1937年的人均粮食产量　(单位:斤/人)

时期	人均产量	时期	人均产量
1822—1833年	558	1938—1947年	446
1914—1918年	506	1949—1951年	447
1924—1929年	578	1952—1954年	528
1931—1937年	488	1955—1957年	551

从表3—15可知,近代以来,人均粮食产量是下降的,其中20年代的陡升可能是统计上的误差,而30年代的下降最足引人警惕。抗日战争和解放战争时期低至440余斤,多处饥馑。但是,解放以后,尽管人口增长率达2%,人均粮食产量却迅即恢复,超过世纪初水平。众所周知,在中国人口进入10亿时,还出现人均粮食产量800斤的高峰。

这里,我们再讨论一下人口压力与中国农业生产的关系问题。前已提及,在中国人口突破4亿时,即有人认为中国传统农业投入劳力过多,已无潜力可挖,也有人把太平天国战争时期的人口下降看成是一种"自我调节"。目前的讨论则主要是,在人口压力下,投入更多的劳动力,以致农业生产已是在边际收益递减的情况下进行,或者说,集约化的程度,已达到边际产量递减的地步,即所谓农业内卷化(Agricultural Involution)。[①] 我们认为,中国传统农业的基本特点即在于精耕细作,劳动高度集约化,这是它能以较少的耕地供养世界上近1/4人口的根本原因。在这种生产中,增加劳动力的投入不能比例增加收成,清代人即已论及,我们在本书第一卷中,也已指出人均收益下降的趋势。这种劳动生产率下降的趋势,在近代仍在继续。不过,按照边际劳动生产理论,边际产量开始下降之时,应是人均产量达到最高峰之际,而此后虽然人均产量也

① 这是Clifford Greetz在1963年提出的,见黄宗智:《华北的小农经济与社会变迁》中译本,中华书局1986年版,第6页。

趋下降，总产量仍会不断上升。在农业上这个时间可以很长，中国整个近代都可能是这样。这种生产，从资本利润率角度看也许不合算，但从效果看，它可使土地得到充分的利用，使人民得到足够的食物，对小农经济养家糊口来说，仍是可行的。从理论上说，这种生产要待到边际产量等于零时，总产量才达到最高峰。这一点恐怕在整个近代时期都尚未达到，这从解放后50—60年代的总产量中可以得到证明。

近代以来，从人口、耕地面积、粮食产量来看，中国农业进一步劳动集约化，即平均每亩地投入更多劳动，当属事实。但具体分析，尚难得完全证明。以江浙人口最密地区而论，据李伯重最近的研究，稻田每亩（折今市亩）投入的人工数，明末为12.1个，清中期为10.5个，1936年为13.75个，1941年为11.25个，并没有多大增加。他认为，明清以来江南稻田耕作的集约化主要不是投入更多劳动力，而是投入了更多的资本，尤其是肥料，而桑田、棉田则每亩投入的劳动力和肥料都有显著增加。①

原来上面所说边际产量是假定土地、资本、技术等生产因素不变，单就劳动力投入而言。事实上这些因素不是不变的，因而也不一定完全是边际收益递减的生产。

首先，近代耕地面积是增长的，增长幅度在30%左右。增长最快的是东北以及西部边区，但通过移民和农产品流通，对人口密集地区同样可起到缓解人口压力的作用。北方的井灌在近代颇有发展，河北、山东、河南3省水浇地占耕地的比重由20世纪初的5.8%增为30年代的14.9%，西南西北水浇地也略增②，这等于改良了耕地。南方水利无甚进展，但复种指数提高，张心一估计，1930年江苏达164，广东为144③，这也等于增加了土地。

其次，资本的投入，过去研究者常不重视。本书第一卷曾指出，清代农学家已甚注意农业成本，在江南，雇工、肥料、饲料、种子等现金支出约

---

① 李伯重：《明清江南水稻生产集约程度的提高》，《中国农史》1984年第1期。

② 各省水浇地占耕地百分比见德·希·珀金斯：《中国农业的发展（1368—1968年）》，宋海文译，上海译文出版社1984年版，第85页。本处所用河北等3省比重系按1933年耕地面积加权平均。

③ 国民政府主计处统计局编：《中国土地问题之统计分析》，正中书局1941年版，第36页。

每亩1000文,占收获谷物价值的15%—25%,包世臣说:“凡治田无论水旱,加粪一遍,则溢谷二斗,加作一工,亦溢谷二斗”①,追加资本与追加劳动同等重要。据20年代7省16县调查,以资料较全之自耕农为例,耕作的现金支出中,雇工费占56.6%,农具修理、肥料、饲料、牲畜购买、种子共占43.6%。② 这里未计家工,也未计自产的生产资料。在近代生产中,肥料日益重要。北方主要是沤制农家肥,江南则已大量购买饼肥,并开始用进口化肥。在集约化发达的无锡,据1933年3个村121户的调查,肥料一项竟占生产成本的一半以上,而雇工费只占1/3,其情况见表3—16(若计入家工,则劳动力占全部成本的45%)。③

表3—16 1933年无锡3个村121户农户的生产成本及其占比

项目	成本(元)	占总成本的比重(%)
种子、秧苗	892.87	8.57
肥料	5439.13	52.17
农具添修	680.47	6.53
农工	1450.62	13.91
畜工	697.80	6.69
机器工	1264.07	12.13
总成本	10424.96	100.00

最后,在生产技术上,近代农业仍停留在铁犁牛耕的传统农业方式,但也不是没有一点变化。1915年引进“火犁”,发展迟缓,到1949年还只有拖拉机401台,主要在东北,上海和苏南也有几部。机器灌溉则在长江下游有一定的发展;发展最快的无锡,抗战前机灌面积已占耕地总面积的62%—77%。在武进一带,由于建设戚墅堰电厂,推行电力灌溉,到1929年,电灌面积约有4.3万亩。④ 此外,脱粒机、碾米磨面等机械也已进入

① 包世臣:《郡县农政》,农业出版社1962年版,第52页。

② 据卜凯:《中国农家经济》,张履鸾译,商务印书馆1936年版,第99—102页资料计算。

③ 韦健雄:《无锡三个农村的农业经营调查》,《中国农村》1935年第1卷第9期。

④ 王方中:《旧中国农业中使用机器的若干情况》,《江海学刊》1963年第9期。东北拖拉机最多时有489台,见东北财经委员会调查统计处编:《伪满时期东北经济统计》,1949年,第1—15页。

农家，前述无锡3个村的调查中，即有掼稻机5架。中国传统农业原有较高的农艺学基础，1898年以后，农业实验场、农艺学校、务农会等兴起，也引进了一些西方农艺，并引进甜菜、油桐、番茄、洋葱等新品种。在这方面最有成绩的是改种长纤维美棉和种植烤烟，蚕种也有改进。

总之，中国近代农业在生产上虽然变化甚微，但已不完全是老样子。

三、土地占有关系和近代农村的性质

清代官田已为数不多，1887年，屯田、官庄旗地和未赋垦牧地等约占耕地总数12.9%，另有少量学田；私有地占总数87.1%。[①] 20世纪30年代初选点调查，屯田和各种官田、庙田、族田等约占耕地总数6.7%，私有地占93.3%。[②] 我们所要考察的，主要是私有地地权的分配。

清中叶以后，地权有较快的集中趋势。太平天国革命时期，地主阶级受到严重打击，长江流域几省地权分散，自耕农大量增加。70年代以后军人、商人地主兴起，地权再趋集中。这种情况虽有不少记述，但还无法作出确切估计，大约到19世纪末，土地占有情况基本上与战前相同。

20世纪开始有了一些调查资料，并集中在30年代前期。有关地权的调查大体有3种：(1)按自耕农、半自耕农(半佃农)、佃农分类，这是当时使用最多的分类法。有立法院《统计月报》发表的1930年23省调查和中央农业实验所1912—1937年22省的调查。后者较详，唯不包括东北。(2)按农户占有土地的亩数分为若干级，分列各级的户数，其余为无地户。这种分类法能精确反映地权集中的程度，但尚未见全国性统计。以上两种统计都不适合我们研究的需要。我们所需要的是(3)：按地主、富农以及中农、贫雇农分类，统计各类户数及地亩。由于地主、富农是按剥削方式和剥削量划分，界线并不明确(见下节)，30年代的调查还很少采用。严中平等曾根据零星调查整理了16项资料，我们再加以补充，共29项，列入表3—17，时间都在1937年以前。抗日战争以后的土地改革期间，

① 梁方仲编著：《中国历代户口、田地、田赋统计》，上海人民出版社1980年版，第384页。

② 严中平等编：《中国近代经济史统计资料选辑》，科学出版社1955年版，第275页。

表 3—17　抗日战争前的土地占有情况

(各类所占比重,%)

地区	资料时间	在村地主		富农		中农		贫雇农		其他		来源及说明
		户数	田亩	户数	田亩	户数	田亩	户数	田亩	户数	田亩	
华北												
河北保定 10 村	1930	3.7	13.4	8.0	27.9	23.1	32.8	65.2	25.9	—	—	a
河南辉县 4 村	1933	4.4	27.5	8.1	20.6	24.7	33.9	58.0	17.8	4.9	0.1	a
镇平 6 村	1933	6.4	67.2	6.7	8.6	14.6	10.1	60.8	12.7	11.5	1.4	b
许昌 5 村	1933	1.1	3.1	5.0	18.7	17.0	30.4	68.1	45.8	8.8	2.0	b
山西阳高	1934	4.1	40.0	9.3	20.0	19.5	18.0	67.1	22.0	—	—	c
陕西绥德 4 村	1933	1.5	16.9	3.3	22.9	11.4	28.4	79.8	31.8	4.0	—	a
晋察冀北岳区 45 村	1937	2.4	16.4	8.5	21.9	35.4	41.7	47.5	19.1	—	—	a
山东莒南 11 村	1937	6.3	60.0	6.9	10.4	28.8	19.1	43.7	9.8	13.8	1.7*	d
赣榆 6 村	1937	4.7	26.9	5.9	16.7	25.6	30.2	61.9	26.1	2.0*	0.1	d
沭水、临沭 9 村	1937	4.0	38.3	6.7	13.3	33.9	29.0	55.1	19.4	0.3	…	d
华中												
江苏邳县 6 村	1933	0.7	7.1	4.9	34.3	16.5	35.9	61.2	22.3	16.7	0.4	b
盐城 7 村	1933	0.6	1.2	15.9	61.4	38.3	28.9	37.6	8.3	7.6	0.2	b
启东 8 村	1933	0.5	9.2	7.2	58.4	31.4	25.8	57.8	6.4	3.1	0.2	a
常熟 7 村	1933	1.3	28.2	1.9	31.3	25.3	17.6	65.6	22.4	5.9	0.5	a

续表

地区	资料时间	在村地主		富农		中农		贫雇农		其他		来源及说明
		户数	田亩	户数	田亩	户数	田亩	户数	田亩	户数	田亩	
无锡 20 村	1929	5.7	47.3	5.6	17.7	19.8	20.8	68.9	14.2	—	—	a
无锡 3 村	1933	4.1	53.5	8.3	24.0	32.2	16.2	55.4	6.3	—	—	b
萧县 9 村	1934	3.1	33.5	8.1	24.1	13.1	18.4	75.7	24.0	—	—	b
浙江崇德 9 村	1933	2.3	22.8	0.7	4.6	24.6	35.4	67.9	36.5	4.5	0.7	b
东阳 8 村	1933	0.3	13.7	1.8	18.4	6.1	16.5	59.5	42.1	32.3	9.3	b
龙游 8 村	1933	7.2	73.0	6.0	9.7	17.9	10.5	56.9	6.6	12.0	0.2	b
永嘉 6 村	1933	1.4	28.4	1.0	11.0	6.1	17.4	76.4	43.1	15.1	0.1	a
江西兴国永丰圩一带	1930	1.0	40.0	5.0	30.0	20.0	15.0	61.0	5.0	12.0	10.0	e
华南、西南												
广东番禺 10 村	1933	2.9	18.6	8.8	38.6	16.0	21.9	51.6	17.2	20.7	3.8	a
广西 22 县 48 村	1933	3.4	28.9	6.4	22.3	20.6	28.0	69.6	20.8	—	—	b
云南昆明 6 村	1933	1.7	9.5	11.4	33.6	18.7	29.7	68.2	29.0	—	—	a
四川长寿	1935	（并入富农）		15.7	68.1	27.4	23.8	56.9	8.1	—	—	a

续表

地区	资料时间	在村地主		富农		中农		贫雇农		其他		来源及说明
		户数	田亩	户数	田亩	户数	田亩	户数	田亩	户数	田亩	
东北												
北满 17 县 17 屯	1935	2.9	50.0	11.2	37.9	10.5	10.0	12.2	2.1	63.2	—	f
中满 10 县 10 屯	1935	0.2	3.2	16.7	69.0	17.5	22.3	16.7	5.5	48.9	—	f
南满 10 县 10 屯	1935	4.2	40.4	14.8	35.9	15.5	13.7	33.0	10.0	32.5	—	f

注:* 户数或田亩合计有 0.1%差额。—表示不足 0.5%

资料来源及说明:

a. 严中平等编:《中国近代经济史统计资料选辑》,科学出版社 1955 年版,第 270 页。

b. 为便于查阅,见于《中国农村》各期记载者用新编薛暮桥、冯和法编:《〈中国农村〉论文选》上册,人民出版社 1983 年版,第 448、449(河南)、477、496(江苏)、464、466、467(浙江)、430—431(广西)各页。

c. 章有义:《中国近代农业史资料》第三辑,生活·读书·新知三联书店 1957 年版,第 745 页。

d. 华东军政委员会土地改革委员会:《山东省农村调查》,华北新华书店 1947 年版,第 14、33—34、42、54—56 页资料整理。

e. 毛泽东:《兴国调查》,《农村调查》,1947 年版,第 24 页;内"其他田亩 10.0%"为公堂土地。

f. 伪满实业部临时产业调查局:《土地关系篇》45—8(北满)、40—2(中、南满)。原调查为垧(亩)数分级,以之相当于阶级成分如下:("其他"栏中户数为无地户)

	地主	富农	中农	贫农
北满(大体黑龙江属界)	100 垧以上	20—99.99 垧	5—19.99 垧	5 垧未满
中满(大体吉林属界)	500 亩以上	100—499.99 亩	30—99.99 亩	30 亩未满
南满(大体辽宁属界)	70—500 亩以上	20—100 亩以上	10—50 亩以上	10—50 亩未满

又有些新的资料，唯划分标准不同，我们分别放在经营地主和富农经济两节中利用。

表3—17属示例性质，并缺湖南、湖北、四川等重要省份材料，难窥全貌。一般看法，地权集中程度以东北最高，华东华南次之，北方较分散。实际情况，一省之中乃至一个小地区内，也常因地势、交通，尤其是商业发展情况不同，土地占有和经营情况各异。如豫南镇平、信阳2县有千亩以上的大地主16家，豫中许昌等4县千亩以上者仅5家。广西苍梧是全省工商业最发达地区，地主富农占有耕地的61.5%，思恩是落后地区，地主富农仅占有耕地的7.5%。①

至于全国性土地集中情况，按上述分类法，曾有陶直夫（钱俊瑞）和吴文晖两个估计，陶直夫的估计为1934年，吴文晖的估计年代不详，都不包括东北，两者都很概括，内容见表3—18。②

表3—18　陶直夫和吴文晖对户数和所有地的估计值

项目	户数				所有地			
	陶直夫估计		吴文晖估计		陶直夫估计		吴文晖估计	
	百万户	占合计比重（%）	百万户	占合计比重（%）	百万亩	占合计比重（%）	百万亩	占合计比重（%）
地主	2.4	4	1.8	3	700	50	312	26
富农	3.6	6	4.2	7	252	18	324	27
中农	12.0	20	13.2	22	210	15	300	25
贫雇农	42.0	70	40.8	68	238	17	264	22
合计	60.0		60.0		1400		1200	

以上仅是20世纪30年代中期的一些情况。我们更注意的是地权变动的历史，惜无资料。国民政府农村复兴委员会所做几省调查，仅有

① 薛暮桥、冯和法编：《〈中国农村〉论文选》上册，人民出版社1983年版，第448（河南）、433（广西）页。

② 陶直夫估计见薛暮桥、冯和法编：《〈中国农村〉论文选》上册，人民出版社1983年版，第155页；吴文晖估计见国民政府主计处统计局编：《中国土地问题之统计分析》，正中书局1941年版，第68页。

1928年与1933年的比较。无奈,只好用按自耕农、半自耕农、佃农分类的资料。这方面,《农商统计表》有1917—1921年的统计,但所报较全者仅8省,且其佃农范围似过广。中央农业实验所的调查,包括关内22省,并追溯到1912年,还可补充上1947年,其情况见表3—19(各类占总农户的比重)。①

表3—19　1912—1947年各类农户数量

年份	报告县数	自耕农	半自耕农	佃农
1912	655	49	23	28
1931	684	46	23	31
1932	688	46	23	31
1933	730	45	23	32
1934	891	46	25	29
1935	960	47	24	29
1936	1120	46	24	30
1937	1058	46	24	30
1947		42	25	33

按表3—19分类法,无法观察地主、富农的变化,但从佃农一栏可见这期间农村中有佃农化、无地化趋势,而这种趋势之加强,是在抗日战争以后。唯此系各省加权平均数,而各地区情况不同。兹将分省统计列入表3—20。表3—20所列1912—1937年,华北各省,除河南外,都是自耕农有较大增长,表现地权集中,但佃农比重是下降的。华中方面,江浙两省是自耕农减少,佃农增加,其余安徽、江西和两湖则佃农比重也是下降的,除湖北外,半自耕农比重增长,类似中农化趋势。东南3省无大变化。唯西南3省则是自耕农大量减少,佃农比重增加,尤其云贵两省,有明显的佃农化、无地化趋势。西北地区,这种趋势也不很明显。

① 1912—1937年资料来源同表3—20;1947年见严中平等编:《中国近代经济史统计资料选辑》,科学出版社1955年版,第276页。

表 3—20 1912—1937 年各类农户比重的变化 （单位;%）

项目 省名	自耕农			半自耕农			佃农		
	1912 年	1937 年	增减	1912 年	1937 年	增减	1912 年	1937 年	增减
河北	67	70	+3	20	19	-1	13	11	-2
河南	59	58	-1	21	22	+1	20	20	0
山东	69	75	+6	18	15	-3	13	10	-3
山西	61	65	+4	20	20	0	19	15	-4
陕西	55	61	+6	24	21	-3	21	18	-3
江苏	45	39	-6	24	27	+3	31	34	+3
浙江	27	25	-2	32	30	-2	41	45	+4
安徽	38	40	+2	19	23	+4	43	37	-6
江西	29	27	-2	30	35	+5	41	38	-3
湖北	34	39	+5	28	25	-3	38	36	-2
湖南	29	27	-2	23	29	+6	48	44	-4
福建	29	26	-3	30	32	+2	41	42	+1
广东	22	21	-1	26	32	+6	52	47	-5
广西	39	41	+2	26	25	-1	35	34	-1
四川	30	24	-6	19	24	+5	51	52	+1
云南	45	32	-13	26	26	0	29	42	+13
贵州	43	32	-11	24	24	0	33	44	+11
绥远	48	57	+9	16	11	-5	36	32	-4
甘肃	64	61	-3	20	20	0	16	19	+3
青海	61	51	-10	21	30	+9	18	19	+1

注:宁夏、察哈尔两省原资料不全,未列入。

资料来源:实业部中央农业实验所:《农情报告》1937 年第 6 卷第 6 期,第 72 页。

地权的分配情况经过抗日战争和解放战争,即在 1937—1949 年,发生了如下的变动:除开已经实行土改的地区外,有一些地区的土地是更加集中在地主的手中,例如四川等地区,地主占有土地约占 70%—80%。而在另外一些地区,例如长江中下游地区,土地占有情况则是有一些分散的。据解放初在华东及中南一些乡村的调查材料来看,一般的情况大体是这样:地主占有土地、公地约占 30%—50%,富农占有土地约占 10%—15%,中农、贫农、雇农占有土地约占 30%—40%,小土地出租者占有土地约占 3%—5%。①

关于地权分配,下面在经营地主和富农经济两节中还将论及。这里略谈一下近代农村的社会性质。前已言及,近代农业在生产上尽管还是传统的生产方法,但已有了一些新的因素,不完全是老样子了。在生产关系和社会关系上,其变化还更大些。诸如农村自然经济的解体,农产品的商品化、国际市场的作用等,曾是本书第二卷的重点。在本卷讨论的时期,又有银行资本投入农村,合作化运动等发展,当然,也出现了 20 世纪 30 年代危机和农村金融破产等现象。下面要考察的农业中的资本主义生产关系,也是这种新事物之一;同时它又是近代农村诸种变化的产物,因为,如果没有农村性质一定的变化,它恐怕还是停留在清代前期那种难以辨认的萌芽状态。

20 世纪 30 年代初,中国曾有一次关于农村社会性质的论战。论战的一方,以王宜昌为代表,认为由于帝国主义商品入侵,商业资本控制农业生产,中国近代农村已是资本主义性质了。论战的另一方,包括一些杰出的马克思主义经济学家,批判了这种论点;但是他们并不认为当时中国农村社会仍然是封建主义的。按照陈翰笙的说法,“纯封建”早已被破坏了,仅“在滇南十二版纳的一部分,可说是中国纯粹封建存在的地方”②。薛暮桥指出,近代中国的小农经营,“大多既非典型的资本主义经营,也非典型的封建经营;它们乃是一种过渡形态,也可说是‘半封建’的农民经营”③。“总而言之,如就整个国民经济而论,中国的生产一般已经隶属于整个资本主义体系(自然后者又是隶属于整个国际帝国主义体系)而受其支配;如就农村内部而论,并就农业生产方式本身而论,资本主义的

① 参见刘少奇:《关于土地改革问题的报告》(1950 年 6 月 14 日),见《刘少奇选集》下卷,人民出版社 1985 年版,第 32—33 页。

② 陈翰笙:《三十年来的中国农村》,见薛暮桥、冯和法编:《〈中国农村〉论文选》下册,人民出版社 1983 年版,第 818 页。

③ 余霖(薛暮桥):《中国农村社会性质问答》,见《〈中国农村〉论文选》上册,人民出版社 1983 年版,第 173 页。

生产方式虽已相当发展,可是半封建的零细经营还占优势。”①

我们觉得,上述论点是十分中肯的。列宁在论述废除农奴制后俄国的农村时说:“资本主义经济不能一下子产生,徭役经济不能一下子消灭。因此,唯一可能的经济制度只能是一种既包括徭役制度特点又包括资本主义制度特点的过渡的制度”②。中国农村早已不是徭役制经济,而是地主制的封建经济了,但它仍然有一个过渡问题。只是这种过渡是发生在帝国主义入侵中国之后,半封建之外又加上半殖民地的特点。事实上,中国整个半殖民地半封建社会就是一种过渡的社会形态,在当时,至少在1919年以前,它是导向资本主义社会的。尽管当时资本主义生产在农业中还十分微弱,但在我们观察农村社会性质时,却不能只就农村论农村,像薛暮桥在上引文中所说那样“把农村经济从整个国民经济中间割裂出来观察”。这也就是我们要研究农业中资本主义生产关系的主旨。不过,作为全书的一章,我们只是考察了农业内部的生产关系,对于诸如商业资本、金融资本以至国际市场对它的作用等,就不去涉及了。

第二节　经营地主

经营地主是指雇工经营商品性生产的地主。在中国农村中,专营商品生产的地主很少,雇工经营的地主也常有部分土地出租。通常所称经营地主并无明确定义,因而本节所讨论的也不是严格意义的资本主义经营,而主要是考察地主在雇工经营中的资本主义因素,以及这种经营在发展农业生产力中的作用。在这以前,我们先将中国近代农业中的雇佣劳动状况做一简介。

---

① 余霖:《介绍并批评王宜昌先生关于中国农村经济的论著》,见《〈中国农村〉论文选》上册,人民出版社1983年版,第184页。

② 《列宁全集》第3卷,人民出版社2013年版,第165页。

一、近代农业中的雇佣劳动

前节曾谈到近代中国农村无地化的趋势。这种趋势主要是在抗日战争以后,早期不甚明显。但雇农数则自甲午战争后即见增长,20 世纪后加速,唯只有个别记载,无系统材料。一般估计是,雇农约占农业总人口的 10%,占总农户的 11%。1933 年,中山文化教育馆的通讯调查,雇农人数见表 3—21:①

表 3—21 据中山文化教育调查的雇农数及其占比

区域＼项目	调查处数	农业人口	雇农数	雇农占农业人口比重(%)
长江流域	112	91214	8455	9. 27
珠江流域	50	74820	6082	8. 13
黄河流域	192	228361	26070	11. 42
合计	354	394395	40607	10. 20

该调查系将云南、贵州计入珠江流域,若计入长江流域,则长江流域与珠江流域约同(8. 7%、8. 8%)。东北地区,南北颇不一致,据 1934—1935 年调查情况见表 3—22。②

表 3—22 1934—1935 年东北人地区各类农户及其占比

地区＼项目	调查户数	雇农户数	雇农户数占调查户数比重(%)	半雇农户数	半雇农户数占调查户数比重(%)
北满	681	103	15. 1	131	19. 2
中满	401	21	5. 2	51	12. 7
南满	569	42	7. 4	34	5. 98
合计	1651	166	10. 1	216	13. 1

---

① 陈正谟编著:《各省农工雇佣习惯及需供状况》,中山文化教育馆 1935 年版,第 58 页。

② 同表 3—17 注 f,《农家概况篇》45—1。

上列雇农指无土地又不租种土地，依靠出卖劳动力为生的农户，一般指长工，有的统计也包括季节工。他们是农业雇佣劳动的主体，但远非全部。因为中国农业雇工中，短工（月工、日工）人数远多于长工。据刘克祥研究，20 世纪二三十年代，南方的农业雇工总人数中，短工占 80%—90%，在北方，短工占 70%—80%。但是，从雇主方面看，即从雇工工作的劳动日看，或从雇主所付工资看，仍是以长工为主。按劳动日计约 150 个短工折合 1 个长工，在南方，长工约占 60%；在北方，长工约占 70%。总的看，在人数上，短工约占 4/5，长工只占 1/5；按劳动日计，则长工约占 2/3，短工只占 1/3。[①]

据刘克祥研究，近代时期，中国农业雇佣劳动的显著变化是“短工数量增加，长工佣期缩短”。短工数量增加，反映一些小农经营扩大，或改种经济作物，家庭劳动力短缺，需雇短工补充。这在农业高度集约化的地区尤为明显，以致雇工“乃农家之常事”（南通）、较富裕的自耕农“未有不用雇工者”（武进）、“多数中农甚至若干贫农也在所不免”。[②] 同时，也反映在人口增加和两极分化中，许多农户有剩余劳动力或不能单靠耕作维持生活，而出外打短工。这种短工中，又有一部分是属于互相雇佣，即换工性质的。又流动人口增加，也助长了短工的增加，这种短雇多是通过广泛存在的短工市场。

长工佣期缩短，具有更重要意义。本书第一卷中曾论述明清农业中“雇工人”地位的变化有两个原则：一是雇主是“官民之家”还是“农民雇倩”；二是佣期的长短。贵族、官绅地主所雇的长工人身依附性较多；其佣期越长者与雇主关系越“亲”，甚至无独立人格。到民国时代，地主阶级内部发生变化（见后），并且雇长工者已以富裕农民为主，人身依附关系基本解除了。同时，长工的劳动也大多限于农业生产，很少为雇主从事仆役性的家内劳动。因而佣期缩短，大多是一年一雇，契约也一年一订，

① 刘克祥：《二十世纪二三十年代中国农业雇佣劳动数量研究》，《中国经济史研究》1988 年第 3 期。

② 刘克祥：《二十世纪二三十年代中国农业雇佣劳动数量研究》，《中国经济史研究》1988 年第 3 期。

更多是春耕起雇,秋收后解雇,成为季节工,为时8—10个月,以至六七个月,甚或不足半年。

对本书来说,重要的是在雇主方面,即哪些人拥有雇工,雇多少个工。据刘克祥研究,南方雇工户约占总农户的38.3%,北方约占37.5%,相差不大。这些雇工户中,有一半以上是只雇短工的,约20%的户只雇长工,其余是长短工兼雇。只雇短工的多属中农和贫农,他们虽占雇工户一半以上,但所雇短工折合长工,为数有限。所以,按劳动日计,雇工主要是集中在地主、富农的雇工户中。按雇工户计,富农中雇工户的比重要大于地主中雇工户的比重,因为地主中有一部分是纯粹出租土地,不雇工。但是从雇工数量上说,地主又多于富农,因地主家庭成员很少做工。以江苏无锡和河北清苑两地调查为例,见表3—23。①

表3—23 江苏无锡和河北清苑两地雇工户占比

项目	无锡11个村	清苑11个村
总农户	716	2096
雇工户	371	406
地主:雇工户占农户比重	91.7%	85.5%
平均每户雇工比重	288.7天	371.4天
富农:雇工户占农户比重	100.0%	96.2%
平均每户雇工比重	260.1天	190.1天
中农:雇工户占农户比重	75.4%	23.5%
平均每户雇工	47.8天	16.3天
贫农:雇工户占农户比重	35.9%	3.2%
平均每户雇工	5.9天	0.7天

由表3—23可知,地主雇工最多,但平均每户亦只1.5—2个长工(每长工按劳动日200天计)。这又与各户的田场规模相关。南方稻田,每

① 刘克祥:《二十世纪二三十年代中国农业雇佣劳动数量研究》,《中国经济史研究》1988年第3期。

10 亩左右需雇长工 1 人;北方小麦杂粮地区,一个长工可耕种 30—50 亩。一般说,北方田场面积约为南方的 2 倍。据 1934 年实业部调查,江苏、浙江、安徽、江西 4 省 41 个县的田主所有田地,最多者达 9000 亩,一般为 56 亩;山东、山西、河南 3 省 81 个县的田主所有田地,最多者达 5 万亩,一般为 120 亩。① 我们可以南方 50 亩、北方 100 亩作为地主、富农田场的一般情况。又据金陵大学 1921—1925 年对 7 省 17 处 2866 农户的调查,按大中小田场计,各类田场雇佣劳动占总劳动(自家劳动和雇佣劳动力之和)的比重见表 3—24。②

表 3—24 1921—1925 年 7 省 17 处各类田场平均面积及雇佣劳动占比

项目	大田场	中田场	小田场
苏、浙、闽、皖南 8 处			
平均面积	52.7 亩	28.3 亩	11.5 亩
雇佣劳动所占比重	31.4%	15.7%	4.5%
冀、晋、豫、皖北 9 处			
平均面积	104.1 亩	50.8 亩	25.3 亩
雇佣劳动所占比重	31.8%	13.0%	4.1%

由表 3—24 可见,田场越大,雇佣劳动所占比重越高。但在南方 50 亩、北方 100 亩这样标准的大田场,雇佣劳动还占不到全部劳动力的 1/3。这种田场,一般雇工不过两三人(短工折长工计),但在地主田场,雇工要多些。

东北田场面积一般大于关内 10 倍以上,雇工也多,而南北满又有颇大差异。据 20 年代两个调查,其情况见表 3—25。③

① 实业部中国经济年鉴编纂委员会:《中国经济年鉴》,商务印书馆 1934 年版,第 G109—113 页。"一般"系按资料中的众数用调查的县数加权平均。

② 卜凯:《中国农家经济》,张履鸾译,商务印书馆 1936 年版,第 333 页。

③ 南满据满铁调查课:《满洲农家的生产与消费》,1928 年版,第 105—107 页;仅调查 36 户内 30 户属南满,故作南满代表。北满据东省铁路经济调查局:《北满农业》,东省铁路经济调查局 1928 年版,第 101—102 页,包括黑龙江和吉林。

表3—25　20世纪20年代东北田场劳力及占比情况

田场面积（垧）	自家劳力（人）	雇佣劳力（人）	总劳力	雇佣劳力占总劳力比重（%）
南满				
50垧以上	6.43	8.20	14.63	56.0
30—50垧	6.08	2.87	8.95	32.1
20—30垧	4.02	2.58	6.60	39.1
20垧以下	3.75	0.60	4.35	13.8
平均	4.90	3.31	8.21	40.3
北满				
75垧以上	5.45	9.98	15.43	64.7
30—75垧	3.32	5.89	9.21	64.0
15—30垧	3.21	2.53	5.74	44.1
15垧以下	2.08	1.34	3.42	39.2
平均	3.39	4.52	7.91	57.1

据表3—25所示，在南满，平均每户雇3.3人（短工折长工计），30—50垧的田场，雇工比重为32.1%，相当于关内南方50亩、北方100亩的田场；50垧以上的田场，雇工即超过家工，比重达56%。在北满，平均每户雇工4.5人，30垧以上的田场，雇工比重就已超过家工，占64%强了。这其中原因之一是北满开发较晚，多属新移民，佃户少，更多依赖雇工。

这时期的长工、短工基本上都已是自由劳动者，但仍有一些具有封建性的雇工。如典当雇佣，有广西之例；雇主为之娶妻成家的雇佣，有云南、青海、广西之例；不给工资、雇主供衣食至老死的雇佣，有陕西之例；因债务而成之雇佣，各地都有，江浙尤多；带地雇佣，其工资较低等。① 在整个农业雇佣劳动中，这些形式仅占很小比重。又有分益工，比较普遍，主要用于地主经营，下面再做介绍。

① 陈廷煊：《近代中国农业雇佣关系的封建性》，《中国经济史研究》1987年第3期。

二、经营地主的发展

在讨论经营地主以前，先谈一下近代地主阶级内部的变化。到了清代，原来具有世袭政治权力的地主已很少了，清代的“绅衿地主”主要是生员，而占数量最多的已是庶民地主。民国以后，生员消失，新地主兴起，他们主要由商人、军人、官僚转化而来。19 世纪 90 年代一个调查，华北 131 户地主中，有商人 64 户，官僚 8 户，余 59 户是富农放债起家的。① 1930 年江苏省民政厅调查千亩地以上的大地主 514 人，其中 374 人另有主职，属新地主，其中任军政公职者 166 人，当铺钱庄老板及放债者 129 人，店主商人 67 人，实业家 12 人。② 1935 年谭仪父调查四川的地主户中，新地主所占比重，川西 3 县为 71%，川东 2 县为 70%，川北 2 县为 73%，川南 3 县为 43%。残存的旧地主不到 1/3，并且大多是中小地主，10 县中有 7 个县已没有千亩以上的旧地主，有 3 个县连百亩以上的旧地主也消失了。③ 比较突出的是广东新会县慈溪镇 1929 年的调查，这里基本上已没有旧地主了，而 191 户地主中，最多的是在国外经商的，有 115 户，占有全部地主土地 54%，其次是在国内经商的，有 23 户。④ 再如 1922 年安徽芜湖的调查，36 户地主中也没有旧地主，其中商人 23 户，占全部土地的 75%，又士人、学生 5 人，农民、僧人各 2 人，余为孤儿院、官员和无职业者。⑤

地主阶级内部的这种变化，其直接影响是农村中的不在村地主增多。珀金斯根据农村复兴委员会和日本人在 30 年代的 8 个省 37 个县选点村

---

① Roman H.Myers 的调查，见德・希・珀金斯：《中国农业的发展（1368—1968 年）》，宋海文译，上海译文出版社 1984 年版，第 118 页。

② 陈翰笙：《现代中国土地问题》，译文见冯和法编：《中国农村经济论》，黎明书局 1934 年版，第 225—226 页。

③ 吕平登编著：《四川农村经济》，商务印书馆 1936 年版，第 186—190 页。

④ 章有义编：《中国近代农业史资料》第二辑，生活・读书・新知三联书店 1957 年版，第 325 页。

⑤ 长野郎：《中国土地制度の研究》，见章有义编：《中国近代农业史资料》第二辑，生活・读书・新知三联书店 1957 年版，第 324 页。

调查,村民耕作的全部土地中,有42%是租来的,而有30%是租自不在本村的地主的;也就是说,全部出租地中,有70%是不在村的地主所有。① 还应看到,这些不在村地主大多是大地主,又大多是住在城镇的商人和其他职业者,他们购买土地是用农业以外的钱财,他们本身另有主职,已不是原来意义的地主阶级成员了。这还涉及一个问题,就是我们在表3—17中所列的是限于在村地主,考虑到不在村地主拥有70%的出租地,则表中地主占户数的比重可能无大出入,占田亩的比重则要大大增加了。②

但是,就经营地主来说,他们基本上都是在村地主。从上面地主阶级的变化中可以看出,近代的经营地主已基本上没有明清时那种世宦之家了,而主要是一些中小地主(大地主多不在村);同时,他们也很少是旧地主,而主要是由力农、经商、放债起家的新地主,他们与富裕自耕农之间,很难划分。

对于经营地主,没有系统的统计。国民政府土地委员会有个30年代关内16省163县10.9万户地主的调查,他们共有耕地4233444亩,其中出租2776622亩,占耕地65.6%,自营1456822亩,占比重为34.4%,自营部分占调查全部耕地面积的7.4%。③ 不过,这里的"地主"恐怕包括了部分自耕农。稍晚,据农村复兴委员会对江苏、浙江、陕西、河南4省59个村耕地面积的调查,地主有土地17383亩,其中出租15868亩,占91.3%,自营1515亩,占8.7%,自营部分占调查的全部耕地面积的4%左右。④ 这些统计还不能说明经营地主的规模,因为在村的出租地主,也大多保留小块自营地,种菜养猪等供生活需要;同时,地主自营地大小不同,尽管是雇工经营,是否商品性生产却不能肯定。不过,我们可以肯定在中国地主

---

① 德·希·珀金斯:《中国农业的发展(1368—1968年)》,宋海文译,上海译文出版社1984年版,第117、119页。

② 不在村地主的土地,一般是由租田面积推出。如表3—17中江苏邳县、盐城、启东、常熟4县28个村,若用农民租进亩数+地主自营亩数-农民租出亩数=地主所有亩数,则地主占田比重分别为49.5%、28.4%、65.0%、81.7%,比表3—17统计之数大几倍以至十余倍。

③ 土地委员会编:《全国土地调查报告纲要》,中央土地专门委员会1937年版。

④ 章有义编:《中国近代农业史资料》第三辑,生活·读书·新知三联书店1957年版,第310页。

经济中，雇工自营的部分是很小的。薛暮桥认为，抗日战争前，“全国地主所有土地，大约只有百分之十留着自己经营，其他部分是分割开来租给佃农耕种”①。这种地主自营地只占耕地总面积的5%左右，但是比较集中在北方，尤其是山东、河北两省，南方则广东、广西较多。以上统计都不包括东北。

罗仑和景甦曾对山东的经营地主做过调查，所著是迄今研究经营地主的最完整的著作。② 其书较普及，这里仅做简要介绍。他们研究的是19世纪末20世纪初的情况，调查了山东42县197个村的836户地主，其中有出租地主505户，雇长工4人以上的经营地主331户，其中资料较完整的192个村的情况见表3—26。

表3—26　19世纪末20世纪初山东省经营地主

地区	调查处	地主总户数	经营地主		出租地主	
			户数	占地主总户数比重（%）	户数	占地主总户数比重（%）
鲁北区	7县38村	44	38	86.4	6	13.6
山东半岛区	9县27村	75	31	41.3	44	58.7
济南—周村区	10县80村	299	117	39.1	182	60.9
鲁西南区	10县23村	258	78	30.2	180	69.8
运河区	6县24村	91	18	19.8	73	80.2
合计	42县192村	767	282	36.8	485	63.2

调查处	经营地主户数	拥有土地（亩）	自营部分		出租部分	
			亩	占拥有土地比重（%）	亩	占拥有土地比重（%）
46县123村	131	232234	47158	20.3	185076	79.7

资料来源：景甦、罗仑：《清代山东经营地主的社会性质》，山东人民出版社1959年版，附表。

表3—26所调查的192个村，共有24787家农户，表列地主767户，占

① 薛暮桥：《中国农村经济常识》，大众书店1946年版，第26—27页。

② 景甦、罗仑：《清代山东经营地主底社会性质》，山东人民出版社1959年版；罗仑、景甦：《清代山东经营地主经济研究》，齐鲁书社1985年版。

3.1%,比重还略低于华北的一般情况(见表3—17)。该书所划为“经营地主”类型者,其所有耕地也绝大部分是出租,雇工自营部分仅占20.3%。以此推算,两类地主合计,地主所有土地中,出租部分仍占90%以上,自营部分约占7%—8%,与前面全国(不包括东北)的估计也差不多。

该书所列经营地主户数,占地主总户数的比重相当大,尤其在鲁北和胶东。但他们仍以出租土地、收取地租为主,其资本主义性质值得怀疑。不过,有些经营地主拥有的耕地较多,131户中有地500亩以上者26户,占19.8%,100—499亩者105户,占80.2%,他们雇有的长工也比较多。从这一点说,他们已不是封建地主了。像淄川栗家庄的树荆堂毕家,在1894年前后有地900亩,除在外村的300亩出租外,有600亩自营,雇长工30多人,包括大伙计1人,二伙计(管短工)20人,牛倌、羊倌、猪倌各1人,女做饭的3人,农忙时常雇短工50余人。再如章丘县东矾硫村太和堂李家,1904年前后有地515.5亩,除在外村的43.5亩出租外,自营472亩,雇长工13人,内大伙计1人,二伙计6人,牛倌、羊倌各1人、扛活的2人,女做饭的2人;又常雇月工3—5人,农忙短工20—40人,并开店铺多处。这样的地主,当然完全是资本主义经营了。

黄宗智对河北的地主经济曾有过深入的研究。他是根据满铁人员在1935—1942年的调查资料,包括河北8县28个村和山东西北部5个村,因山东部分有的县与上述罗仑的研究重复,我们仅将他河北8县28个村的统计结果列入表3—27。这部分调查主要是1935—1937年进行的,基本上可代表抗日战争前的情况。

表3—27　1935—1942年河北省经营式农场主

调查地	农户总数	耕地总数(亩)	经营式农场主			在村地主			租地占总耕地比重(%)
			人数	经营土地(亩)	占总耕地比重(%)	人数	租出地(亩)	占总耕地比重(%)	
Ⅰ　商品化程度较低的村									
3县3村	516	6429	0	0	0	0	0	0	9.6

续表

调查地	农户总数	耕地总数（亩）	经营式农场主			在村地主			租地占总耕地比重（%）
			人数	经营土地（亩）	占总耕地比重（%）	人数	租出地（亩）	占总耕地比重（%）	
Ⅱ　中等商品化的村									
8县8村	1311	19651	16	2313	11.8	4	753	3.8	19.6
Ⅲ　高度商品化的村									
7县7村	897	13730	11	1556	11.3	7	1000	7.3	31.8
Ⅳ　手工业发达的村									
2县3村	358	3270	2	280	8.6	0	0	0	12.2
Ⅴ　市郊村									
1县1村	203	1459	2	255	17.5				30.0
Ⅵ　出外佣工工人的家乡						0	0	0	
4县4村	404	7982	4	604	7.6	3	390	4.9	29.8
Ⅶ　经历战祸的村									
2县2村	146	2899	0	0	0	0	0	0	65.8
总　　计									
21县28村	3835	55420	35	5008	9.0	14	2143	3.9	26.3

资料来源：黄宗智：《华北的小农经济与社会变迁》，中华书局1986年中文版，第69—72页及附录表1.1。调查地分布在密云、顺义、昌平、通县、平谷、蓟县、香河、遵化、玉田、丰润、乐亭、昌黎、抚宁、临榆、宁河、良乡、满城、石家庄、获鹿、栾城、枣强21县市。

黄宗智是选择有地100亩以上的富户，其中雇工4人以上的划为“经营式农场主”，以出租为主的作为出租地主。表3—27所列21县28个村的调查，经营式农场主35人，占总户数的0.9%，所营土地占总耕地的9.0%，耕地比重还是不小的。出租地主则人数既少，出租土地也不多，这是因为统计只计在村地主，如前所说，许多大的出租地主是不在村的。

黄宗智的研究，将村按经济特点分为7类，这个方法很有意义。表3—27中也可见，经营式农场主最发达的地方，是在商品化程度较高的地方，在河北，主要是棉花种植区。如丰润县米厂的董天望，1937年有地128.3亩，自家有两个成年劳动力（共工作193天），另雇4个长工（共工作1198天)。其地一半种棉花,出售可得650元,其余种粮食和蔬菜,则主要供一家8口和4个长工食用,但也有小量出售。平谷县大北关的张彩楼,1936年有地218亩,除30亩出租外,余自营,他家有3个成年劳动力,另雇4个长工。该村商品化程度不如米厂,张彩楼又家口众多(14人),故大部分田地种粮食,但当年也有314元来自卖棉花的现金收入,另有221元来自养猪、地租和其他收入。还可举出一例是,昌黎县的前梁各庄,原来经营式农场很发达,"九一八"事变后,该地特产即"昌黎梨"往东北的销路断绝,到1936年调查时,所有的经营式农场主都已变为出租地主了。

据黄宗智研究,1个经营式的农场,要有100亩以上的耕地,才适合雇工的经济。同时,由于1家的田地常是分散在多处,如果超过200亩,就很难管理,若用工头,又不合算。因此,他所考察的40个经营式农场主中,只有3家超过200亩,而且超过不多,再多的土地就出租了。他并根据土地委员会、陈正模、卜凯和其他调查材料,论证在河北和鲁西北,耕地总面积的9%—10%是属于经营式农场。不过,他并不认为这种经营式农场是一种资本主义经营,而是和"家庭式农场"同属于小农的范畴,只是处于小农的较高阶层而已。

现在再看一下东北情况。东北是新垦区,土地辽阔,有不少千亩以上的大地主,其开垦的劳动力主要依靠关内移民,而许多移民是到东北佣工,数年后积有钱资即返原籍。因而,东北是中国经营地主最发达的地区,但尚未见前人系统的研究;我们收集几项有关调查资料,列入表3—28。

表3—28　1909—1935年东北的地主经济

项目	地主户数	所有土地	出租地主		自营兼出租地主	
			户数	占地主户数比重(%)	户数	占地主户数比重(%)
A　1934—1935年选点调查						
北满17屯	100	5607.7垧	46	46.0	54	54.0
中满10屯	78	943.5垧	44	56.4	34	43.6
南满10屯	51	5517.1亩	16	31.4	35	68.6
合计	229		106	46.3	123	53.7

续表

B　奉天省 1909 年调查						
项目	地主户数	所有土地（亩）	自种地		出租地	
			亩	占所有土地比重（%）	亩	占所有土地比重（%）
13 个县厅有地 3000 亩以上者	52	349143	48288	13.8	300855	86.2

C　吉林省 1913—1914 年调查				
项目	全省 18 个县			
	自种	租种	自种兼租种	合计
户数	158197	114818	32545	305560
占合计比重（%）	51.8	37.6	10.7	
土地（亩）	14667765	9951058	2686801	27305624
占合计比重（%）	53.7	36.4	9.8	

D　黑龙江省 1933 年调查					
哈尔滨附近			呼兰至海伦沿线		
拥有地（垧）	自营部分（垧）	自营部分占拥有地比重（%）	拥有地（垧）	自营部分（垧）	自营部分占拥有地比重（%）
200	150	75	450	300	67
60	40	67	150	70	47
40	30	75	80	60	75
10	10	100	20	15	75
5	3	60	10	5	50

资料来源：

A. 伪满实业部临时产业调查局：《满洲に于ける小作关系》，1938 年版，第 32 页。

B. 奉天农业试验场调查，见李文治编：《中国近代农业史资料》第一辑，生活·读书·新知三联书店 1957 年版，第 682 页。原总数有误，经改正；另有 10 县调查因无出租、自营情况，未计入。

C. 吉林省行政公署档案，见孔经纬：《东北经济史》，四川人民出版社 1986 年版，第 142—143 页。原列垧者按 15 亩折成亩。

D.《滨江省概观》，康德二年版，第 125 页，引自孔经纬：《东北经济史》，四川人民出版社 1986 年版，第 443—444 页。

表 3—28 中 A 是全东北选点调查，依表，平均每户所有土地，南满 108 亩，中满 181 亩，北满 841 亩；地主户中自营兼出租者达 53.7%，远超过山东的 36.8%。但该表未能显示他们自营部分土地的比重，选点也嫌

少,这可用以 B、C、D 三表补充。B 表显示奉天(南满)大地主中,自营部分占他们所有土地的 13.8%,亦远高于山东的 7%—8%。唯这是指有 3000 亩以上的大地主。从对河北、山东的研究中看出,地主有地越多,越依赖于出租,东北情况未必如此,但可推断,在奉天,连同中小地主合计,其自营部分不会低于所有土地的 13%。C 表为吉林(中满)18 个县全部农户的调查,自种土地占全部耕地的 53.7%,自种比重之高甚为可观。但所谓自种户并不限于地主。不过,依表,他们平均每户有地 92.7 亩。据 1917 年《农商统计表》,吉林 100 亩以上的地主占总农户的 29.2%,对照 C 表的自种户,可推断他们大部分可属于地主等级。D 表是黑龙江(北满)的选点调查,表中有地 40 垧以上的都应是较大的地主了,他们所有的耕地有 75%是自营的,比重之高,实属罕见。参考前述关于雇工的统计,北满 30 垧以上的地主雇佣劳动即为自家劳动 1.6 倍,这些地主堪称典型的经营地主了。东北又是中国农业商品化较高的地区,尤其在北满,这里大豆和小麦种植面积占 50.3%,而这两者都是市场作物。① 因而,这些经营地主的资本主义性质是比较肯定的。

综合以上考察,结合地主阶级所占比重,大体可以有以下一些概念,这些概念当然并无准确的统计根据。

表 3—29 地主雇工自营的田场面积

项目	占地主所有耕地比重	占本区域全部耕地比重
北满	75%左右	25%左右
南满	13%左右	10%左右
河北	?	9%—10%
山东	7%—8%	9%—10%

其他地区,主要由于缺乏资料,难做判断。在商品经济最发达的江浙一带,黄宗智曾根据满铁对 8 个村的调查,认为无一户可称为经营式农场主的(指雇长工 3 人以上者);这些村的长工户也很少,只占总户数的

① 1930 年调查,见《东亚》1934 年第 5 期。大豆供出口,小麦系供应当地面粉厂;在南满,两者种植比重为 31.9%。

2.9%(在河北和山东西北部的调查中占12.5%)。[①] 江南地区在明代曾有不少大地主的庄园,主要是使用奴仆劳动,也有不少雇工,但到19世纪、20世纪基本消失了。但也不是说江南就没有经营地主。李文治曾根据文献材料举出一些事例[②],下面还将提到土改前的调查,有的地方地主自营地的比重还是不小的。江南以外,像两广、两湖、四川等省都是大地主集中之地,但似乎都是以出租为主,甚少经营地主。李文治的研究中,收集到这些地区经营地主的事例,都是从事桑、茶、果树、甘蔗等经营的,还无法看出其自营与出租的比例。

总的来看,中国经营地主这一形式,除在东北新垦区外,可以说没有什么发展,即使不是从它严格的意义上讲,像前述山东和河北的情况,也还不能形成一种经济成分。还有一点,即这种经营地主或商营农场主的形式是不稳定的。由于地主家庭分家、移居城镇或外部原因,经营失败或改为出佃的情况是常见的。同时,又不断会有小农上升为经营地主。据罗仑、景甦的研究,山东131户经营地主中,务农起家的有59户,占45%;又兼营工商业的有64户,占49%。据黄宗智研究,河北的经营农场主,2/3是务农致富的,1/3是经商或出去佣工致富的,而这些农场主只有1/6能维持到第三代,其余都失败或分化了。这也使得经营地主不能形成一支经济力量,同时也使得他们与富农之间很难划分。

以上所说都是抗日战争以前的情况。抗战以后以至解放战争时期,一般认为经营地主有衰落的趋势,但也有相反的现象,还难作出结论。抗战后的这方面的资料,主要是在共产党领导的土地改革运动中,进行农村调查时追溯到土改前的阶级状况。其中有些是老解放区,受减租减息等政策的影响,因而和抗战前颇难对比。现将这些调查中有关地主所有土地自营部分和出租部分的比重列入表3—30,然后再做一些分析。

---

① 黄宗智:《论长江三角洲的商品化进程与以雇佣劳动为基础的经营式农业》,《中国经济史研究》1988年第3期。

② 李文治:《论清代后期各种类型农业经营的发展及其社会性质》,见中国社会科学院经济研究所学术委员会编:《中国社会科学院经济研究所集刊》第五集,中国社会科学出版社1983年版。

表 3—30 1944—1950 年地主出租地和自营地的比较

地区和调查时间	地主所有土地(亩)	出租部分		自营部分			调查范围内的全部耕地(亩)
		土地(亩)	占所有地(%)	土地(亩)	占所有地(%)	占全部耕地(%)	
黑龙江省,1946 年	10500000	6300000	60. 00	4200000	40. 00	20. 00	21000000
山东东南部 4 县 22 个村,1944 年	10515	5610	53. 35	4905	46. 65	7. 24	67758
江苏南部 16 县 964 个村,1950 年	2276621	1904501	83. 65	372120	16. 35	5. 03	7393685
安徽南部 5 县 7 个村,1950 年	3752	3237	86. 27	515	13. 73	2. 61	19741
安徽北部 11 县市 13 个村或乡,1950 年	28980	26213	90. 45	2767	9. 55	2. 35	117832
浙江 3 个乡 49 个村 2 个行政街	33619	26516	78. 87	7103	21. 13	8. 99	79039
福建 5 个村	542	504	92. 99	38	7. 01	0. 57	6702
合计	12854029	8266581	64. 31	4587448	35. 69	15. 99	28684757

资料来源:

黑龙江:《黑龙江省委关于经营地主的意见》,《群众》第 3 期,1946 年 9 月。

山东:华东军政委员会:《山东省、华东各大中城市市郊区农村调查》,内莒南、赣榆 2 县 13 个村系 1944 年 4 月的调查报告,沭水(新设)县、临沭县、大兴镇 9 个村系 1944 年 12 月的调查报告,均属滨海解放区。

江苏:华东军政委员会:《江苏省农村调查》,书林书局(1952 年版)中的《苏南农村土地制度的初步调查》。

其他:华东军政委员会:《安徽省农村调查》《浙江省农村调查》《福建省农村调查》,均 1952 年版,表中安徽北部 11 县市中,包括安庆专区的怀宁县三民村,计地主所有地 102 亩,出租 28 亩,自营 74 亩,应列入安徽南部;又包括淮南矿区和蚌埠市郊区 4 个村,地主土地 1511 亩,均出租,无自营者。

表3—30中黑龙江省地主自营土地的比重,比我们前面20年代的估计下降。这也许是“九一八”事变后日本大规模的移民和圈占土地主要是在北满的缘故。不过,表列是1946年黑龙江省委的估计数,不是全省调查,省委原报告说地主自营部分占他们所有地的50%—60%,占全部耕地的20%—25%,同我们前面估计的75%和25%相差并不多。在南满,我们还见到40年代辽宁省肇州解放村的一个调查:这个村有13户经营地主,自营土地594垧,其中经营50垧以上的有6家,经营土地495垧。这13户地主家庭,只有10人参加农业劳动,他们共雇长工51人,短工无统计,按总劳动力61个计,雇佣劳动的比重达83.6%。①

表中山东省4个县的调查,都在滨海老解放区。其中沭水、临沭及大兴镇9个村的调查回溯了1937年的情况。那时地主使用土地占总耕地面积的21.7%,1944年再调查时仅占17.5%,反映地主经济衰落了。1944年,这9个村有地主66户,共有土地6677亩,其中自营2662亩,占39.9%,比重不小。66户中,有38户雇工经营,他们自家仅有7.5人参加农业劳动,雇工则合84.5个长工,雇佣劳动比重达91.8%。山东莒南、赣榆2县9个村的调查,共有地主48户,其中36户雇工经营,家工占劳动力总数的7.4%,雇工占92.6%。另据莒南县11个村的调查,1937年时地主家工占劳动力总数的14.5%,雇工占82.5%,到1945年时则家工占86.6%,雇工只占13.4%了,这是因为该地区1941年建立共产党领导的抗日根据地后,地主家庭不得不参加劳动了。

表中苏南、浙江的调查属于新解放区,基本上未受减租减息等政策影响。在苏南,地主自营部分所占比重大体和我们抗日战争前的估计相同,但农业雇工似有所增加。据黄宗智研究,根据1939—1940年满铁等对苏南8个村的调查,长工户约占总农户的2.9%,而据华东军政委员会发表的土改前材料,8县12个村的雇农户占总农户的3.8%,其中松江为6.1%,青浦达8%。② 表中浙江地主土地自营部分达21.1%,在江南最

---

① 中国社会科学院经济研究所所藏资料。

② 黄宗智:《论长江三角洲的商品化进程与以雇佣劳动为基础的经营式农业》,《中国经济史研究》1988年第3期。

高。这统计只有3个乡,代表性较差。其中嘉兴县南阳村有经营地主4户,只有2人参加劳动,雇长工12.5个,短工1020个,折合长工6.8个,共计长工19.3个,占全部劳动力的90.6%。

表列皖南的地主自营地比重很低,但各县参差不齐。其中如怀宁县三民村,地主自营地74亩,但已占地主所有土地的72%,出租仅28亩。在皖北,宿县3个乡地主自营地占地主所有地的27.8%,反之,在淮南矿区姚湾村、蚌埠市郊东乡的3个村,地主土地全部出租,没有自营的。又表列福建地主自营比重最低,这符合我们的推想。可惜没有华南、华中、西南、西北的资料,我们还难以看出解放前地主自营地的全貌。

三、经营地主的生产力

对于经营地主的生产力,还没有系统的资料,我们只能从地主雇工经营与个体家庭经营的比较、地主雇工自营与出租收益的比较这两方面来观察。前一比较可以用投入—产出来分析其效率,后一比较则在说明经营地主这一形式发展或不发展的原因。

农业生产投入的因素,可分为土地、资本、劳动力三大项,本时期技术的改进可略而不计。

(一)土地

地主一般占有较多的土地,土地的质量也较好。如浙江临海县开石乡,地主的上等田与下等田约为4∶1,而中农约为5∶5。[①] 山东莒南县北岗坡里村地主富农所有的土地中,一级地占16.4%,二级地占31.3%,五级地仅占10%;贫农所有土地中,一级地占9.1%,二级地占19.1%,五级地占22.7%。[②] 从南到北,这种事例俯拾即是,无待多举。东北情况亦

① 该处上田亩产折谷600斤,中田400斤,下田200—250斤。华东军政委员会土地改革委员会编:《浙江省农村调查》,1952年12月,第152—154页。

② 该处一级地亩产226斤,二级地186斤,五级地131斤。华东军政委员会土地改革委员会编:《山东省华东各大中城市郊区农村调查》,1952年12月,第6—8页。

然，据辽宁省4县17个村的调查，本村平地、水地80%—90%均为地主所有，他们将好田自营，较差者出租。① 地主拥有田地既多，便可根据家庭生活需要和市场状况，分配播种品种，作出最佳决策。个体经营的中农、贫农，则常因土地不足，须租进田亩，负担地租，并常迫于口粮需要，不能适应市场情况选择有利的作物。

（二）资本

农业的资本投入，包括工具、役畜、肥料、种子、排灌等。据金陵大学1921—1925年7省17处调查，各类农户投入耕作的现金支出中，农具占18.8%，牲畜占24%，饲料占33.7%，肥料占19.6%，种子占3.9%。② 这是现金购买部分，未包括自产部分，但可看出投入的主要内容。

据金陵大学4省52县调查，自耕农有完备农具者占81%，有役畜者占87%，而佃农有完备农具者占64%，有役畜者占66%。③ 实则地主都有完备农具及役畜，中农贫农等则常需向地主租借大农具。在南方水稻区，耕牛大多为地主富农所有，中农贫农戽水亦主要靠人力。在北方，役畜的使用远较南方重要。据罗仑、景甦调查，山东经营地主进修堂孟家有载重大车6辆、太和堂李家有各式大车3辆、推土小车8辆，都是个体小农户所难齐备的。尤其是太和堂有9牛4骡4驴，备有2套“四牛犋”，这种四牛拉的耕犁每日可耕地3—5亩，比人工翻地效率大5—6倍。而个体小农户多只有1牛，或几户合有1牛，几家合犋。④ 黄宗智对河北、鲁西北5村12户的调查，经营式农场共有6马6牛15骡5驴（共约折合37.3头牛，平均每户3.1头）。又引日本人调查，一套三牛犋每日可耕棉田20亩，无牛户用人力，耕不到1亩。又引卜凯调查，每个“工作家畜单位”在大田场每日可耕38亩，而在小田场只耕19亩，相差1倍。⑤ 这是因为，小

① 中国社会科学院经济研究所所藏资料。

② 卜凯：《中国农家经济》，张履鸾译，商务印书馆1936年版，第3章各表。

③ 乔启明：《中国农村社会经济学》，商务印书馆1946年版，第80页。

④ 罗仑、景甦：《清代山东经营地主经济研究》，齐鲁书社1985年版，第7、71、186页。

⑤ 黄宗智：《华北的小农经济与社会变迁》，中华书局1986年版，第149—151页。

田场(个体小农户)常几家共用1牛,往返轮作,效率大减。东北情况,牛马较多,放之田野,役使时饲喂,故饲料费较少。据中东铁路经济调查局在北满的调查,种地15垧以下的农户,平均每头牲畜饲料费为12.96元,种地15—30垧的为20.11元,种地30—75垧的为30.84元,种地75垧以上者为34.34元。[①] 若将30垧以上者作为经营地主,他们的饲料投资比15垧以下者大1.38倍。

肥料问题,可比性资料不多。农家肥以猪粪尿为主,经营地主养猪多,加以役畜多,人口也多,在堆肥上自占优势。罗仑、景甦考察的山东太和堂,养有40口猪和100只羊,16头大小役畜,使得他家每亩田能用4000—8000斤堆肥,而一般小农场只用1200—4000斤。[②] 黄宗智考察的河北卢家寨的经营式农场主,有一家种地105亩,养猪10口,合每10.5亩1口猪;另一家种地200亩,养猪11口,合每9.1亩1口猪,而全村平均,要23.6亩合1口猪。[③] 在南方,使用商品肥较多,尤其是饼肥使用已相当普遍。据20年代金陵大学调查材料,北方8县自耕农用现金购买肥料平均每户3.14元,南方4省4县自耕农购买肥料平均每户5.98元。[④] 地主现金充裕,购肥自占优势。至于东北,多是粗放经营,肥料问题不甚重要。

(三)劳动力

在传统农业中,劳动力是最重要的生产要素。这方面,首先表现出规模经济,即田场越大,每单位耕地所需劳动力相对地越少,每个劳动力所耕种的土地越多。据30年代浙江嘉兴的调查,50亩以上的田场,每个劳动力平均耕地17.3亩,20—50亩的田场,每个劳动力平均耕12.97亩,而20亩以下的小田场,只能耕8.28亩。[⑤] 50亩以上即我们所说南方地主

---

① 东省铁路经济调查局:《北满农业》,东省铁路经济调查局1928年版,第242页。

② 景甦、罗仑:《清代山东经营地主底社会性质》,山东人民出版社1959年版,第54—56页。

③ 黄宗智:《华北的小农经济与社会变迁》,中华书局1986年版,第158—159页。

④ 卜凯:《中国农家经济》,张履鸾译,商务印书馆1936年版,第3章各表。

⑤ Institute of Pacific Relation, *Agrarian China*, 1938, University of Chicago Press, pp.77-78,转引自黄宗智:《华北的小农经济与社会变迁》,中华书局1986年版,第164页。

田场,劳动力的效率比个体小田场高1倍多。在北方,据黄宗智考察河北、鲁西北5村11个100亩以上的经营式农场,共有地1464亩,使用70个劳动力(内自家劳动力28.7个,雇工41.3个),平均每个劳动力耕地20.9亩,而这5个村全部农户计,平均每个劳动力仅耕地14亩左右。[①]在东北,据20年代中东铁路局的调查,种地75垧以上的农户平均每个劳动力耕地5.68垧,种地30—75垧者平均每个劳动力耕4.76垧,种地15—30垧者耕4.17垧,种地15垧以下者仅耕2.54垧。[②]种地30垧以上者可视为经营地主,他们的劳动力的耕地效率比15垧以下的农户高1—2倍。

为什么大田场的劳动效率较高,还是个有待深入研究的问题。第一,大田场劳动力多,可以合理调配,组成作业组,使翻地、播种、覆土一条龙,发挥组织效益。不过,小田场或个体小农户,实行换工互助,也可得到同样效果,他们通常也是几家合作耕作的。第二,大田场以雇工为主,都是专业化的成年劳动力,尤其经营地主,家庭成员很少下地;而小田场或个体小农户以自家劳动力为主,其中约有10%—20%是妇女儿童,效率较差。不过,也有人认为自家劳动力对工作的关心程度要高于雇工,他们的劳动效率不会比雇工差。第三,有人认为经营式大田场的最大优越性在于它能根据需要雇工,并解雇多余的劳动力,个体小农户则不能这样。这是基于人口压力的观点。不过,实际上那些个体小农户是把剩余劳动力投入副业,或出外佣工,以致到外省或城市出卖劳动力。农民都是精打细算,不会在自己田里"3个人的活5个人干";他们能最有效地安排全家劳动力,最精确地雇佣短工,不是那些沉湎于酒肉的地主家庭所能办到的。

由于土地、资本和劳动力的优势,经营地主田场的生产效率也应较高。不过这方面还缺少系统调查。罗仑、景甦对山东经营地主的研究指出,太和堂、树荆堂等麦地的复种指数可达150,而当地个体小农场由于"功力不足"仅有120。太和堂与当地个体小农户田场亩产量的比较是:

---

① 黄宗智:《华北的小农经济与社会变迁》,中华书局1986年版,表4.1、表9.1综合。

② 东省铁路经济调查局:《北满农业》,东省铁路经济调查局1928年版,第101—102页资料折算。

麦子124—165斤比70—120斤;高粱250—350斤比110—250斤;谷子250—320斤比125—250斤;玉米250—320斤比140—250斤。[①] 不过这是个别大户的例子。黄宗智根据日本人调查的河北4个村逐户的生产统计研究,则认为复种指数主要由生态因素决定,大小田场无何区别;经营式农场在棉花、高粱、玉米、谷子方面的亩产量与全村平均数亦无大差异;并引证卜凯的调查,也有同样见解。[②] 东北方面,尚无类此比较材料。

总之,从生产要素的投入看,经营地主比之个体农户有很大的优越性,而从经营效果即产出看,其优越性并不突出。不过,我们应当承认经营地主是当时农业生产力的比较进步的形式之一,但也应承认,在传统农业中,个体小农户生产的积极性不容低估。这个问题,从表面看,是雇工自营的收益与地租收益孰高孰低的问题;但是,地主土地一旦出租,通常就会变成众多的家庭小经营,如果这种家庭经营没有相当的生产力,就不会提供足够的地租。所以归根到底它也是个生产力水平的问题。

在清代前期,即有不少农学家的论著认为有土地者雇工经营不如出佃收租合算,本书第一卷中曾做介绍。他们主要是指江南地区。鸦片战争后成书的《浦泖农咨》、光绪《松江府续志》等,也有同样观点。孙冶方曾引民国时期一例:当孙传芳的军队解散时,发给一些军官资本,叫他们带领士兵到吴江太湖边围田,田造成后就分租给士兵家庭耕种。有人问为什么不请长工来自己经营?回答是:“现在米价便宜,肥料(豆饼)贵。请长工要付工资,每天要吃三餐,而且农闲时亦得供饭付工资”,这样,“自己经营非马上破产不可”。[③] 据土改前的调查,在江西水稻区,一个头等劳动力最多能耕种14亩,连同春季作物可收50—53.5石谷,头等劳动力的年工资要25石谷,口粮消费12石谷。[④] 收支相抵,雇主可净得13—

---

① 罗仑:《关于清代以来冀—鲁西北地区的农村经济演变型式问题》,《中国经济史研究》1988年第2期。

② 黄宗智:《华北的小农经济与社会变迁》,中华书局1986年版,第144、147页。

③ 孙冶方:《财政资本的统治与前资本主义生产关系》,《中国农村》1935年第1卷第12期。

④ 人民出版社编辑部编:《新区土地改革前的农村》,人民出版社1951年版,第198页。

16.5石谷,尚未计肥料、种子等资本支出。而这14亩地如果出租,不计春季作物,按45%分成计,可收租谷18.9石。显然雇工经营不如出租有利。

但在北方,情况不完全是这样。北方长工工资较低;地租率按分成计与江南略同,但江南春花一般不计租,北方复种率低,故实际地租较江南高。黄宗智研究河北农村后说:“对一个有地100亩至200亩的地主而言,自己经营农场显然比出租土地合算。”他计算丰润县米厂村2家经营式农场主,1937年平均每亩地的净收入是8.26元和9.02元,而出租地主每亩地可收租4.06元,相差1倍。[①] 在东北,据中东铁路20年代的调查,一个劳动力约耕地5垧,产小麦4815斤,以每斤0.08元计,可收入385.2元。而一个劳动力的年工资一般为102.8元,粮食消费合28.82元,共131.62元;每垧地农具、牲畜费用约27.84元,5垧共139.2元:两项支出共270.82元。收支相抵,雇主可净得114.38元。若将5垧地出租,每垧租金14.21元,共收租金71.05元。[②] 显然是雇工经营有利。

以上是从雇工自营与出租土地的经济收益上看。实际上,还有其他条件。首先,历史和社会条件有很大的作用。东北地主自营较多,这和历史上该地区的放垦和移民有密切关系,待到日本人统治时期,为了控制农业资源,又采取鼓励大经营的政策。在南方,田场零星,家族关系较为发达,大地主和他的众多佃户往往形成一个社会势力,几代人不易改变。总的说来,在中国大部分地区,封建势力和旧习俗就是通过租佃制度顽强地保持下来的。占租地一半以上的不在村地主,更是要通过租佃制度来保持他们的封建剥削。其次,地主阶级中从事商业、贩运、高利贷和土地抵押的人日多,这些都是利润很高的事业,所以,也就忽视农业经营,即使雇工有利也不如坐收地租更为稳妥。还有不少地主掌握着地方政权,以致成为恶霸,他们也都要借助于封建租佃关系雄踞一方,乃至害怕自由雇工。这些都是阻碍经营地主这种形式发展的原因。

---

① 黄宗智:《华北的小农经济与社会变迁》,中华书局1986年版,第181—182页。

② 东省铁路经济调查局:《北满农业》,东省铁路经济调查局1928年版,有关资料计算。

四、经营地主的性质

对于经营地主的性质,历来有不同的看法。一种意见认为,经营地主仍然是地主,而地主阶级总是封建主义的代表。另一种意见认为,经营地主已具有不同程度的资本主义性质了。这个问题不仅是个学术问题,而且是中国土地革命中一个重要的认识问题。事实上,学术界对经营地主的研究,也是从二三十年代土地革命运动引起的。下面我们先对关于这个问题的历史文献做一回顾。

在土地革命战争时期,由毛泽东同志在1933年10月起草的、由当时中央工农民主政府通过的《怎样分析农村阶级》中指出:“地主剥削的方式,主要地是收取地租,此外或兼放债,或兼雇工,或兼营工商业。”①这里提到“兼雇工”,没有单独规定经营地主。当时革命根据地是在南方,经营地主是很少的。抗日战争时期,1942年1月28日中央政治局通过的《中共中央关于抗日根据地土地政策的决定》中写道:“承认资本主义生产方式是中国现时比较进步的生产方式,……富农的生产方式是带有资本主义性质的,富农是农村中的资产阶级,……一部分用资本主义方式经营土地的地主(所谓经营地主)其待遇与富农同。”这里没有明确规定经营地主的性质,但规定其待遇与富农同。这个决定是改变过去没收地主土地、改行减租减息的决定,其中并规定“保障地主的人权、政权、地权、财权,借以联合地主阶级一致抗日”,所以是一种战时政策。

1945年8月日本投降,迅即出现东北的广大新解放区。东北是经营地主最发达的地方,如何对待他们成为重要问题。中央西满分局在1945年8月29日通过的《农村中几种主要阶级成分的分析》中说:“经营地主,一般说来是资本主义性质,但具体说来,现时东北之经营地主,往往带有严重的封建剥削,例如官工制度,虐待青户,重利盘剥等,使许多青户过着类似农奴的生活,……那些大的经营地主往往掌握农村的统治权,伪满

① 《毛泽东选集》第一卷,人民出版社1991年版,第127页。

时多为伪政权的负责人，因此不能把他们看作纯粹的农业资本家。”不过，中共中央东北局在1946年8月28日所做的《关于深入群众土地斗争的指示信》中说：“对经营地主即主要依靠剥削雇佣劳动的大土地所有者，应酌量分配其一部分土地、耕畜，但仍保留其当地一般富农的地位。”1946年9月3日，中共黑龙江省委提出一个《关于经营地主的意见》说：“所谓经营地主，就其私有土地的数量说及其出租一部分土地说他是地主。就其耕种一部分土地说，他确带富农性质。……他对雇农的剥削甚重（就叫超经济剥削吧），以至雇农永远束缚在他那里，……所以我们看他主要的性质是封建地主，似不能因为他参加劳动而肯定他是富农；即使作为富农看，也是一种特殊的富农。他并没有、也不能使农业真正资本主义化，事实上，他对推动农业的提高进步，换句话说，他对由封建向资本主义的进步作用与贡献是极其微不足道的。……经营地主可以列入地主范畴，它的土地应在可分配之列。”①

随之，在新解放区掀起土改高潮，到1946年10月底，西满和北满共分配土地3160万亩，经营地主的土地也都分配了。中共中央1946年的《五四指示》和1947年的《中国土地法大纲》都没有关于经营地主的规定。1950年的《中华人民共和国土地法》中则规定：“劳动既是区别富农与地主的主要标准，因此对于那种只雇长工耕种，没有其他地租债利等剥削，自己负指挥生产之责，但不亲自从事主要劳动者，仍照地主待遇。”又规定：“地主家庭中，有人自己常年参加主要农业劳动或同时雇人耕种一部分土地，而以主要部分土地出租，其出租土地数量超过其自耕和雇人耕种的土地数量三倍以上（例如出租150亩，自耕和雇人耕种不到50亩），在占有土地更多的情形下，其出租土地数量超过其自耕和雇人耕种的土地数量2倍以上（例如出租200亩，自耕和雇人耕种不到100亩）者，不得称为富农，而应称为地主。其土地及其他财产应按土地改革法第二条处理。但其自己劳动耕种部分的土地，在适当地加以抽补后，应在基本上予以保留。”②

---

①《群众》1946年9月第3期。

②政务院财政经济委员会：《中央财经政策法令汇编》，新华书店1950年版，第74—75页。

上引土改文献,有助于我们认识经营地主的特点。不过,这些主要是政策规定,而各个时期,根据革命斗争的需要,政策是常有改变的(对于富农的政策也有改变),因而还不能从理论上解决经营地主的性质问题。

事实上,通常所称经营地主,并不是一个单一的概念,而是有不同的内容。第一,上引《土地法》中所讲出租土地数量与自耕和雇人耕种土地数量的比重,就是一个重要内容。一般所称经营地主大多既雇工自营又有土地出租,就是说他兼有两种性质。第二,即使是以雇工经营为主的,还有一个雇什么工的问题。上引文献中所说青户,或称榜青,即是不给工资(里青),甚至连伙食也不供(外青),只在收获时分给一些产品的分益工。分益工既有雇工的性质,又有佃农的性质,使得经营地主也兼有两种性质。第三,经营地主的生产有多少是提供市场销售,也是个难以考核的问题,可以说他们都是既有自给性生产,又有商品性生产,而各家的比重不同。总之,通常所说经营地主,包括前引黄宗智研究所说的经营式农场主,都是既有出租地主的因素(可概括为封建因素),又有不同程度的资本主义因素。如要确定他们的性质,必须对每一家地主的自营和出租、雇工和商品生产做计量分析,确定他全部收益的主要来源,逐家作出结论,而不能笼统地说经营地主属何性质。我们在本书第一卷讨论鸦片战争前的资本主义萌芽时即是采取这种方法。那时有记载的地主雇工较多的事例不过 11 家,我们肯定其资本主义性质的只有 2 家,否定的 3 家,6 家数据不全不能做结论。对近代的经营地主,就不能采取逐家考察的办法了,因而在本节开始时我们就说:“本节所讨论的也不是严格意义的资本主义经营,而主要是考察地主在雇工经营中的资本主义因素,以及这种经营在发展农业生产力中的作用。”

所谓经营地主中的资本主义因素,即是指他的使用较多的土地,投入较多的资本,使用雇佣劳动,从事商品生产等;而所以要重视这些因素,就在于它有利于促进生产力的发展,有利于生产的商品化、社会化,是一种进步的趋势。这也是研究中国近代经济史的主要目的。在上文中,我们曾以较多篇幅考察了经营地主的生产力问题,所得结果,不免令人失望。我们看到,地主雇工经营的效果并不显著,从业主的收益来说,时常还不如出租土地。这也许是我们的研究本身有缺点或错误，也许就是在中国近代的社会条件下，经营地主这一形式没有得到健康发展的原因。但是，我们仍然应当重视这些资本主义因素，因为对于传统的封建地主经济说，它们是新的东西，它们的出现，本身就是一个进步迹象。说到这里，回顾上引土改文献中一些对经营地主的看法，特别是像黑龙江省委意见书中的看法，可以说多半是从政治和政策上考虑的。从政策上说，当时消灭封建制度最有效的办法，当然是实行土地革命，而不是发展经营地主以至富农的资本主义因素。但从研究经济史的角度看，乃在于如实地探讨这种因素的状况和作用。事实上，一场革命并不能解决生产力问题，生产力的发展还是要受经济规律制约的。

最后还补充一点关于分益工的问题。分益工在东北比较突出，其次是在华北，在南方也有，种类繁多，名称各异。它的性质，学术界历来有不同看法，或认为是农奴制的遗存，或认为是租佃制的变种，或认为是雇工制的过渡形式。最近刘克祥曾做了系统的考察，将二十几种分益工制分别做了研究，认为它“不是中世纪农奴制的历史陈迹，而是从租佃到雇佣的一种过渡形态，它是伴随近代商业性农业的发展、资本主义因素的增长而大量出现的一种地主经营方式，从一个侧面反映了新的历史条件下地主经济发展的一个新的动向”①。我们同意刘克祥的看法。从中看出，这种备受攻击的经营地主雇工形式，比之纯租佃制，仍有它历史的进步意义。分益制之外，还有残余的佃仆以及其他人身依附性的雇工制，流行范围不广，不再置论。

第三节　富 农 经 济

一、富农的类型及其性质

富农是中国近代农业资本主义生产关系中比较有发展的一种形式，

① 刘克祥：《试论近代北方地区的分益雇役制》，《中国经济史研究》1987 年第 2 期。

在20世纪初期,它已形成农村中的一种经济成分。但是,比起富农经济发达的国家,例如十月革命前的俄国,中国的富农人数既少,在经济上也不占重要地位。

中国富农经济有两种类型:一种是自有土地,自己耕种并雇工耕种,也常出租少量土地,即自耕富农;另一种是以租入土地为主,雇工耕种,自己亦参加生产劳动或管理劳动,即佃富农。商人投资购买或租赁土地、雇工经营者,也分别划入这两类。此外,在抗日战争和解放战争时期,在共产党领导的革命根据地,又因党的政策出现一种新富农。此后,在实行土地改革时,前两种即统称旧富农。

上节中,已指出经营地主和富农之间往往不易划清界限,这主要是指第一种类型即自耕富农而言。因为自耕富农自有土地,土地较多者即接近于经营地主;又因他们常有部分土地出租,出租地多了又接近于出租地主。自耕富农出租土地的情况无系统资料,大约在抗日战争前,出租地不多,有的是把贫瘠地或零星地出租,其余自营。30年代的一些调查,示例见表3—31。①

表3—31　1929—1933年部分地区富农出租地所占比重

地区	资料时间	富农出租地占所有地比重(%)
江苏无锡20个村	1929	18.8
广西苍梧6个村	1934	26.0
江苏盐城7个村	1933	0.4
江苏启东8个村	1933	1.0
浙江东阳8个村	1933	5.2
陕西绥德4个村	1933	11.4
河南镇平6个村	1933	20.7

一般来说,土地越多者,出租部分越大。上表无锡58家富农,有地

① 无锡据陈翰笙:《现代中国土地问题》,译文见冯和法编:《中国农村经济论》,黎明书局1934年版,第228—229页。苍梧据余霖:《中国农村生产关系的检讨》,《中国农村》1935年第1卷第5期。其余见章有义编:《中国近代农业史资料》第二辑,生活·读书·新知三联书店1957年版,第836—837页。

16 亩以下者,出租部分占所有地的 0.83%;有地 16—32 亩者,出租部分占 12.05%;有地 32 亩以上者,出租部分占 40.01%。①

抗日战争和解放战争时期,富农经营困难,出租土地增多,因而在土地改革中,就把出租地较多的富农称为半地主式富农,他们都是自耕富农。据华东军政委员会土地改革委员会总结,在土改前,浙江、安徽、福建、苏南地区 235 个县,共有富农 35.7 万户,有地 1027 万亩,其中出租土地占所有地一半以上的半地主式富农近 5.1 万户,占 14.3%;有地 195 万亩,占 19%。②

土改中的其他一些调查示例见表 3—32。③

表 3—32　土地改革前富农出租土地占其所有地比重　　(单位:%)

地区	比重	地区	比重
河南 13 县 32 个村	35.0	浙江临安专区 36 个村	48.9
湖南 3 县 15 个村	42.0	皖南 4 县 6 个村	63.7
江西上犹黄沙乡	49.4	皖北 11 县 13 个乡	10 上下
山东莒南、赣榆 13 个村	7.9	福建福州市后屿	28.2
沭水、临沭 9 个村	9.1	福州市鳝樟	93.7
苏南 16 县 964 个乡	26.4		

上述调查中,不是所有富农都出租土地,如河南例中,出租户占富农户的 33%;湖南例中,出租户占富农户的 48%。因而就出租户说,其出租地的比重还更大(非出租户大多有租入地,租入地数量常与出租地相

① 余霖:《中国农村生产关系的检讨》,《中国农村》1935 年第 1 卷第 5 期。

② 华东军政委员会土地改革委员会编:《华东区土地改革成果统计》第二表。235 个县中有的非全县调查。

③ 河南、湖南、江西见张根生:《中南区各省农村社会阶级情况与租佃关系的初步调查》,见人民出版社编辑部编:《新区土地改革前的农村》,人民出版社 1951 年版,第 26—39 页。其余见华东军政委员会土地改革委员会编:《山东省华东各大中城市郊区农村调查》1952 年 12 月,第 9—10、56—57 页;《江苏省农村调查》1952 年 12 月,第 6—7 页;《浙江省农村调查》1952 年 12 月,第 16 页;《安徽省农村调查》1952 年 12 月,第 4—8、25—26 页;《福建省农村调查》1952 年 12 月,第 29 页。

当)。那么,大量出租甚至超过所有地半数以上的户为什么仍划为富农呢?这是因为他们所有地不多(上述华东区的5.1万户半地主式富农平均每户仅有地38.3亩),自己参加劳动(这是区别富农与地主的重要标志),或者符合其他有关富农的政策规定(见后)。据土改前的调查,富农约占有全部耕地的10%—15%,其中出租土地约占3%—5%,自耕土地约占10%。①

现在再看第二种类型的富农,即佃富农。从理论上说,富农作为农业中的资本主义经营形式,重点在于它的资本(生产资料的投入和雇工费用),而不在于土地,因而,佃富农具有更重要的意义。大约在抗日战争前,一般是把富农看作资本主义的经营,毛泽东同志在1939年发表的《中国革命和中国共产党》中,仍说富农"被称为农村的资产阶级",但因其出租部分土地、放高利贷等,"带有半封建性"。② 后来,在土地改革中把出租土地较多者称为半地主式富农,对其余者即称为资本主义富农,主要是指佃富农。

在划分佃富农时,又常与中农特别是富裕中农混淆,其区分之困难更甚于上述区分富农与经营地主。中国划分富农,主要是出于在土地革命中阶级政策的需要,也因各时期政策不同而有变更。1933年,当时中央苏区政府发布的《关于土地斗争中一些问题的决定》首次提出一个标准,即"剥削分量超过其全家一年总收入的百分之十五者叫做富农";但家庭劳动力少,或生活困难,剥削量虽超过总收入的15%,但不超过30%,"而群众不加反对者,仍不是富农,而是富裕中农"。这里的剥削主要指雇工的剥削,也包括富农常有的放高利贷的收入。

抗日战争时期,共产党领导的抗日根据地改行减租减息政策。战后,在解放区推行土改,1947年公布《中国土地法大纲》,而在执行中又扩大打击面,将中农划为"生产富农"等错误,中共中央遂于1948年2月发布《关于土地改革中各社会阶级的划分及其待遇的规定(草案)》,将原定

① 《刘少奇选集》下卷,人民出版社1985年版,第32、33页。

② 《毛泽东选集》第二卷,人民出版社1991年版,第643页。

15%的标准改定为剥削量占总收入25%以上者划为富农,并规定在计算剥削量时,应去掉雇工的工资和伙食费用。修订后,预计地主富农的数量将下降到占总农户的8%,占总人口的10%,这就可以缩小打击面,团结90%的农民。在修订时,曾有一个解释:理论上富农和富裕中农的界限应是看其纯收入主要(一半以上)是从剥削得来还是从自己的劳动得来;由于纯收入不易确定,故改用总收入计算。计算的根据是:农民的总收入中,约有2/3是"成本",1/3是纯收入;成本中,约有3/4是劳动力再生产费用(工资伙食),1/4是生产资料(肥料、种子、役畜等)。因此,劳动力再生产的成本约为总收入的2/3×3/4=1/2。一户剥削收入占总收入25%时,即已占纯收入1/2以上了。

佃富农的资本主义性质比较明显,因为他们一般不出租土地,没有封建剥削。也因为他们是依靠租入地主的土地,经营规模可以很大,而在自耕富农,经营100亩以上的通常就已是经营地主了。在本书第一卷中考察农业中的资本主义萌芽时,在所得富农式经营的文献记载中,即是以佃富农为多。近代时期可能也是这样,不过我们没有系统资料。据1933年广东番禺县10个村调查,富农户中佃富农占46.7%,但富农使用的土地中租进部分占近60%。[①] 东北是富农经济比较发达的地区。1946年辽宁省柳河、海龙、东丰、通化、临江、长白等6县83个村的统计,共有富农1078户,内自耕富农432户,占40%,佃富农646户,占60%。[②] 同时期西安、柳河、海龙、东丰、通化等5县47个村的调查,共有富农525户,内自耕富农192户,占36.6%,佃富农333户,占63.4%。[③] 上述华东区、中南区土改前的调查,如以出租土地较多者为自耕富农,余为佃富农,则佃富农也显然占较大比重。

上述各项划分富农的标准,都是政策性的规定,目的在划分阶级,以便在土改中区别对待,并不是富农的经济学的定义,也都未涉及他们是自给性生产还是商品性生产的问题。而实际上我们在本节所能利用的有关

① 余霖:《中国农村生产关系的检讨》,《中国农村》1935年第1卷第5期。
② 李尔重、富振华等:《东北地主富农研究》,东北书店1947年版。
③ 中国社会科学院经济研究所所藏资料。

富农的调查统计，往往亦非按上述规定的标准划分。二三十年代的农村调查，大多是按自耕农、半自耕农、佃农分类的，有的是把有地 30—100 亩的作为富农，有的是把雇长工 2—3 人的作为富农。40 年代土改中的调查，虽然一般经过计算剥削收入，但在划阶级时，主要是根据民主评议、由贫农委员会或贫农团审定，由村民大会通过。不同时间、地区，掌握政策松紧程度也有差异。

在本节中，我们既不能像在本书第一卷中研究农业的资本主义那样，逐户考订其资本主义性质，也不能另订标准（不能重做调查），只能利用已有的调查统计。因而，本节所称富农经济，范围较宽，不限于严格意义的资本主义经营。

至于新富农，原义是在抗日根据地和老解放区，因民主政府实行减租减息、分配土地及其他扶助农民的政策，一部分原属中农、贫雇农的人，得到了土地，勤劳生产，上升为富农的农户。对于他们，在土改中是按富裕中农待遇。不过，在 1948—1949 年广大新解放区进行土改时，又将下面两种旧富农也划为新富农。一种是“租入或占有较多较好的土地，占有农具及其他生产资料，自己参加主要劳动，但经常依靠以资本主义方法剥削雇工或其他资本主义剥削的收入，作为其主要或重要生活来源的人们”。另一种是“用机器耕作或其他科学方法从事改良的新式富农及农业资本家”①。把这两种人划为新富农，是因为他们没有什么封建剥削，或在生产上有进步作用，在土改中予以照顾的意思。这样，就共有了 3 种新富农。不过，这纯属政策上的区别对待问题，与本节所讨论的内容无关，我们也不再做这种区分。

二、富农经济的发展

鸦片战争后，富农即有发展。例如，安徽休宁某户，据他家账簿记载，

---

① 新华社信箱：《关于划分阶级的几个问题与答复》，《人民日报》1949 年 4 月 2 日。见董志凯：《解放战争时期的土地改革》，北京大学出版社 1987 年版，第 177—178 页。

他的全部土地都是租入的，1854 年有 7.3 亩，1860 年最多为 19.5 亩，1857 年开始用短工，1858—1859 年用长工 1 人，并用短工。这家地不多，雇工也少，但有牛 2 头，并租用别人的牛，每年出卖猪、鱼、蜂产品，1855 年、1857 年账上均有盈利，是近乎富农经营了。① 1880 年《益闻录》载，“天津有客民在距津一百五十里地方，批租荒地五万亩，概从西法，以机器从事”②，则已是较大规模的佃富农经营。李文治论清代农业经营中还列举了一些事例，如直隶遵化县高起祥租地百余亩雇工经营（1876）；河南淇县冯绣租地 30 亩雇长工 3 人（1898 年记）；安徽桐城县徐海秋出银万两，到繁昌县与姚姓地主垦殖景卫洲（1907 年记）等。李文治还从四川地方志中发现，不少地主都由力农起家，经过富农发展阶段的。经济作物方面发展更多些，商人买地、租地种桑、茶、甘蔗等记载甚多。较大规模者如咸丰年间，安徽贵溪县胡元龙开山种茶 5000 余亩；光绪年间，广东番禺县张凤华批田数百顷，挖塘种桑；1900 年，江西义宁州西乡产茶山岭 20 余里租与粤商 30 年。果园的大经营，如在广东增城县有朱云生等经营的启芳园、朱麟生经营的适可园、刘先甲经营的可园、王某经营的岭叟园等，有的还采用西法种植。光绪年间，四川江津县冉某，种植桔、枳、枇杷、桐树并甘蔗、棉、麻等，经营了十多年。唯这些果园是属地主经营还是富农经营，资料未详。③

进入民国，这类的记载增多。如 1915 年的记载即有：湖南沅江商人范煜斋等集资 40 万元，买田 10 方里，种蔗制糖。④ 粤商杨某在上海江湾

① 李文治编：《中国近代农业史资料》第一辑，生活·读书·新知三联书店 1957 年版，第 672—678 页。

② 李文治编：《中国近代农业史资料》第一辑，生活·读书·新知三联书店 1957 年版，第 680 页。

③ 李文治：《论清代后期各类型农业经营的发展及其社会性质》，见中国社会科学院经济研究所学术委员会编：《中国社会科学院经济研究所集刊》第五集，中国社会科学出版社 1983 年版。

④ 李文治：《论清代后期各类型农业经营的发展及其社会性质》，见中国社会科学院经济研究所学术委员会编：《中国社会科学院经济研究所集刊》第五集，中国社会科学出版社 1983 年版。

租地60余亩,仿西法种靛,获利2倍于种棉植稻,次年扩充租地至200亩。[①] 南通有某家在芦泾港养鱼120万尾,雇工7人,另有管理员1人,不给工资,而分给红利20%。南通此类的养鱼户有16家。[②] 民初时,北京广安门外的兴农园,引进外国蔬菜、花卉,并意大利黄金蜂、英国食用牛蛙等。镇江的森牲园,有大田、园艺、桑蚕各部,统一管理,分别核算。[③] 广东博罗县的果园是在民国初年发展起来的,到1920年,张姓的果园,桔一项年可售银千余元。这时期,上海郊区康家桥竺某的菜园,岁纳租金80元,雇工3人,年可得净利500元。[④] 在福建建阳县印山村,1929年有盛某投资经营茶山,面积达4500亩,雇工200余人。[⑤] 边远地区,云南昆明附近的安平、官渡等地,兴起桑蚕业,有人投资3500两,租地约3000亩,植桑5700株,经营起大桑园。[⑥] 在绥远归绥县东南,有人租用原属蒙古人的土默特牧场,建筑牛、羊、马厩舍圈场,雇工经营,成为富牧。[⑦] 农作物种植业方面,已较普遍,反少记述。从后来的调查统计看,大约到20年代,中国富农经济已有一定的发展,形成一种经济成分,就是说,在农村经济中已占一定的比重了。

20世纪30年代的研究,一般认为中国的富农经济有萎缩的趋势。主要是根据1933年农村复兴委员会的调查,追溯到1928年,连同广东、广西的调查,富农在农户和耕地面积中所占的比重,大多是下降的,其情况见表3—33。

---

① 章有义编:《中国近代农业史资料》第二辑,生活·读书·新知三联书店1957年版,第343页。

② 张任仁:《南通县农民概况》,《农商公报》1915年第17期调查部分第16—17页。

③ 韩德章、詹玉荣:《关于近代中国农业中资本主义经济发展问题》,《中国农史》1986年第2期。

④ 章有义编:《中国近代农业史资料》第二辑,生活·读书·新知三联书店1957年版,第343—344、440—441页。

⑤ 华东军政委员会土地改革委员会编:《福建省农村调查》,1952年12月,第133页。

⑥ 《昆明历史资料汇编》(复写本),第二编下册,第138—140页。

⑦ 章有义编:《中国近代农业史资料》第二辑,生活·读书·新知三联书店1957年版,第437页。

表 3—33　1928—1933 年富农地位的变动

地区	富农户数占总农户比重(%)		地主富农使用的土地占总耕地面积比重(%)	
	1928 年	1933 年	1928 年	1933 年
陕西渭南 4 个村	7.4	6.4	24.0	19.1
凤翔 5 个村	5.6	1.8	17.3	10.5
绥德 4 个村	3.4	3.3	18.9	15.0
河南镇平 6 个村	5.7	6.7	28.8	28.3
辉县 4 个村	9.7	8.1	44.5	40.2
许昌 5 个村	4.7	5.0	21.0	22.0
江苏盐城 7 个村	17.8	15.9	58.0	55.8
启东 8 个村	9.4	7.2	40.3	37.3
常熟 7 个村	2.0	1.9	8.0	8.2
浙江龙游 8 个村	6.6	6.0	35.0	35.3
东阳 8 个村	1.9	1.8	10.2	9.0
崇德 9 个村	0.5	0.8	3.5	5.3
永嘉 6 个村	1.1	1.0	10.3	10.4
广东番禺 10 个村	9.3	8.8	35.4	33.9
广西苍梧 6 个村	2.4	1.9	17.6	15.7
桂林 9 个村	11.0	9.2	36.4	32.5
思恩 7 个村	8.8	9.9	28.3	30.8

资料来源:严中平等编:《中国近代经济史统计资料选辑》,科学出版社 1955 年版,第 265、282 页。

这一时期富农经济的萎缩显然是由 1931 年开始的农村经济危机引起的。这次危机主要是受 1929 年开始的资本主义世界经济危机的影响,而 1931 年的长江大水灾和西北的旱灾加速了农业的恶化。这次危机表现为农产品尤其是经济作物价格的大幅度下跌,农村售出农产品的收入不足以抵付工业品下乡,使农村资金流向城市,造成农村金融枯竭。当时称之为农村破产,到 1933 年正是危机的顶峰。在这种情况下,富农经营困难,有的破产,有的将自有土地改为出租。如表 3—33 中,河南辉县 4 个村,1928 年有富农 38 户,到 1933 年已有 4 户转为出租地主。陕西绥德,河南镇平,江苏盐城、启东,浙江东阳的调查,1933 年富农出租土地的比重都比1928年略有增加。①

现在,我们对抗日战争前的富农经济做一全面估计。第一节第三目中曾提到前人的2种估计:陶直夫估计富农有360万户,占总农户的6%,有田地2.52亿亩,占全国耕地的18%;吴文晖估计富农有420万人,占总农户的7%,有田地3.24亿亩,占全国耕地的27%。他们都是根据30年代的一些调查材料,从全国数字中推算的,无分区详细情况。我们在表3—17中所列的调查情况,比陶、吴当时所用材料多一些,并补充上东北部分。现根据该表,用加权办法,估出各大区的富农情况,再合成全国情况,列入表3—34。依表,全国约有富农418万户,占总农户的6.9%,有田地3.88亿亩,占全国耕地面积的27.6%。这个估计当然也很概括,尤其是一些没有调查的地区,只凭推测。但大体可以看出,在抗日战争前,富农拥有3.88亿亩土地,若其中1/4为出租地,自营者亦近3亿亩,在农业生产中是不小的一支力量,因而可以说,富农经济已形成农业中的一种经济成分。

表3—34 抗日战争前的富农经济估计

地区	全区		富农经济			
	农户(万户)	耕地(万亩)	农户(万户)	占全区比重(%)	耕地(万亩)	占全区比重(%)
华北						
河北、河南、山东、山西、陕西	1847	42659	127.9	6.9	8341	19.6
(甘肃)	79	2617	(5.5)	(6.9)	(513)	(19.6)
华中						
江苏、浙江、江西	1151	17030	59.5	5.2	4529	26.6
(安徽、湖北、湖南)	1054	18783	(54.8)	(5.2)	(4996)	(26.6)
东南						
广东、广西	559	6849	44.1	7.9	2195	32.0
(福建)	163	2109	(12.9)	(7.9)	(675)	(32.0)

① 章有义编:《中国近代农业史资料》第二辑,生活·读书·新知三联书店1957年版,第836—837页。

续表

地区	全区		富农经济			
	农户（万户）	耕地（万亩）	农户（万户）	占全区比重（%）	耕地（万亩）	占全区比重（%）
西　南						
（四川、云南、贵州）	755	20484	（52.9）	（7.0）	（5121）	（25.0）
西　部						
（绥远、察哈尔、宁夏、青海、西康、新疆）	89	6119	（6.2）	（7.0）	（1224）	（20.0）
东　北						
辽宁、吉林、黑龙江	321	21260	47.5	14.8	9985	47.0
（热河）	44	2565	（6.5）	（14.8）	（1206）	（47.0）
13省合计	3878	87797	279.0	7.2	25050	28.5
（15省合计）	2184	52678	（139.0）	（6.4）	（13735）	（24.1）
全国合计	6062	140475	418.0	6.9	38785	27.6

资料来源及说明：

1. 各省农户数据主计处统计局：《中国人口问题之统计分析》，正中书局1944年版，第5页；各省耕地数据严中平等编：《中国近代经济史统计资料选辑》，科学出版社1955年版，第356页。
2. 不带括号的各省富农所占农户及耕地比重据表3—17，以调查村数为权数，求得全省平均比重（%），再按该比重求出各该省富农户数及耕地亩数，相加入表。
3. 带括号的各省，表3—17中无调查事例，华北、华中、东南、东北用各该大区有调查之比重，西南、西部两区酌定比重，再按其比重求出各该省富农户数及耕地亩数，相加入表。

抗日战争和解放战争时期，富农经济衰落。衰落的原因主要是战时经济不稳定，市场混乱，工价提高，经营困难。有地者不如出租，较为稳妥。在日寇占领区，由于敌人掠夺和封锁，殷实户不少破产。唯独无农村阶级状况的调查统计，难以确证。共产党领导的边区在政策上对富农有照顾，一般有所发展，但也有不同情况，抗战时期的一些调查见表3—35。①

① 陕甘宁见谢觉哉等：《关于陕甘宁边区农村经济的几个问题》，《解放》第119期，1940年11月26日；北岳区见《北岳区的农村调查》，战线社1943年版；莒南、赣榆见华东军政委员会土地改革委员会编：《山东省农村调查》，1952年12月，第14页。

表 3—35　1934—1944 年富农占农户比重及其占耕地比重

	年份	富农占农户比重(%)	富农占耕地比重(%)
陕甘宁边区			
延川禹居区 3 乡	1934	4.9	
	1939	7.4	
延安柳林区 4 乡	1936	1.9	
	1942	12.0	
绥德高家寨子	1940	7.6	11.8
	1943	8.7	14.4
晋察冀边区			
北岳区	1937	8.5	21.9
	1942	7.8	19.6
山东沿海根据地			
莒南、赣榆 6 个村	1937	5.9	16.7
	1944	6.8	19.3

目前所见抗战后的一些农村阶级情况资料主要是土改工作中的调查,严中平等在《中国近代经济史统计资料选辑》中曾收集有 12 项,我们再加补充,共 24 项,列入表 3—36。这些调查时间较晚,不少地区经过减租减息、查田补差和没收敌伪汉奸财产等,故反映的数字很难与抗战前的表 3—17 和表 3—34 相对比。地区上,因有老解放区,又有些调查因只有富农户数(我们注意的是所占田亩)而舍去,也难与抗战前对比。不过总的可以看出,在这期间富农经济确有衰退,不过,大体看来,富农仍占总农户的 5%强,占总耕地大约不过 15%,在东北亦仅占 20%。

表 3—36　土地改革前富农经济比重

地区	资料时间	占户数比重(%)	占人数比重(%)	占耕地比重(%)	来源及说明
华北					
河北鸡泽县 1 村	1945		11.9	17.0	a
河北北岳区 5 县 55 村	1947	2.8	3.8	5.2	a
河南 5 村	1951		5.2	17.0	b

续表

地区	资料时间	占户数比重（%）	占人数比重（%）	占耕地比重（%）	来源及说明
豫西山区 3 县 3 村	1947		5.1	12.0	a
豫西平原区 4 县 5 村	1947		6.7	19.4	a
豫西苏区 5 村	1947	9.0	12.0	17.6	a
山东莒南县 11 村	1945	3.6		7.1	c
山东沭水、临沭县 9 村	1944	5.7		12.2	c
西北					
陕西黄龙分区 6 县 6 乡 30 村	1948	3.2	6.0	10.1	a
陕西武功县城关 1 村	1951		5.0	5.4	b
甘肃徽县 6 村	1950	0.6	1.6	8.2	b
陕甘宁区葭县 2 乡	1947	3.3	3.2	9.5	a
陕甘宁区绥德县党家沟	1941	5.0	6.9	14.5	d
陕甘宁区米脂县 2 保	1942	2.2		9.2	d
华中					
浙、皖、苏、闽 235 县	1950	2.3	3.2	7.2	e
苏南 25 县 973 村	1950	2.1	2.9	6.5	b
苏皖区兴化县 1 村	1947	9.5	11.7	23.8	a
江西 28 个村	1950		5.2	12.6	b
湖南 13 个保	1950		5.0	13.0	b
湖北黄陂 14 村	1950	2.7	3.1	7.7	b
西南					
四川 8 县 12 保	1950	3.3	4.3	14.1	b
云南砚山 1 村	1950	4.0	4.0	11.5	水田 b
				13.9	旱田 b
东北					
辽宁 5 县 9 村	?		17.0	32.8	f
松江通河县 3 屯	1946	4.9		16.8	b

资料来源及说明：

a. 董志凯：《解放战争时期的土地改革》，北京大学出版社 1987 年版，第 40、145、225 页（华北），第 226、72 页（西北），第 112 页（华中）。

b. 严中平等编：《中国近代经济史统计资料选辑》，科学出版社 1955 年版，第 278 页。

c. 华东军政委员会：《山东省农村调查》，人民出版社 1952 年版，第 33—34、54—56 页。

d. 柴树藩等：《绥德、米脂土地问题初步研究》，人民出版社 1979 年版，第 37、38 页。

e. 华东军政委员会：《华东区土地改革成果统计》第二表。

f. 李尔重、富振声：《东北地主富农研究》，东北书店 1947 年版。

三、富农的生产和经营

前节我们曾从土地、资本、劳动力三方面来论述经营地主的生产力。富农也是在当地占有较多较好的土地,有较多的农业投资和劳动力,事实上,前节所论经营地主在这些方面的优越地位也已包括了富农,因而这里只就富农与地主之间的差别做些分析。

在土地方面,据土改中一些调查,富农所有土地约为当地人均土地的2—3倍,少于地主,一般只及地主的半数。不过,如前所述,因一家土地是分散在几处,为便于管理,经营地主常是把过多的土地出租。富农尤其佃富农,则可借租入土地使田场较为集中。在资本投入方面,富农由于自己参加生产劳动,似乎较经营地主更为重视。据1933年江苏无锡3个村的调查,5家地主经营的田场平均每亩投入现金12.54元,10家富农经营的田场平均每亩投入现金11.21元;但在农具、机器工、畜工的支出上富农都较地主为多。全村有5台掼稻机,富农有2台,地主有1台;全村有9.33头耕畜,富农有3头,地主有1头。地主投资较多主要是花在雇佣农工(比富农多41.1%)和购买肥料上(比富农多20.6%),其情况见表3—37。①

表3—37 1933年江苏无锡3村地主和富农平均每亩田的生产投资

投资对象	平均每亩田的生产投资(元)	
	地主田场	富农田场
种子和秧苗	0.71	0.73
农具添修	0.47	0.84
肥料	6.55	5.43
雇佣农工	3.21	2.27
雇佣机器工	0.86	0.99
雇佣畜工	0.74	0.95
合计	12.54	11.21

① 韦健雄:《无锡三个农村的农业经营调查》,《中国农村》1935年第1卷第9期。

这说明富农经营较为进步。土改时南京附近龙潭一家富农，置有1台25马力的福特牌拖拉机，兄弟3人都会使用和修理①，这在经营地主中尚未见到。

富农在生产上的优越性主要在劳动力上。富农家庭人口较中农、贫农多，这从表3—36他们占人数比重大于占户数比重可知。家庭人口多，劳动力也多，一般每户都有2个以上成年劳动力参加生产劳动。地主家庭人口也多，但他们很少参加生产劳动，有些经营地主家庭无人下地劳动，全部依靠雇工。前述无锡3个村的调查，平均每亩雇佣农工的费用，地主田场为3.21元，富农田场为2.27元；如果计入家工（按每工0.15元计），则地主田场为9.31元，富农田场为9.44元，富农田场的劳动投入比地主田场还略多些。1937年河北丰润县米厂村调查，田场的劳动中，"经营式农场主"家工占12.1%，雇工占87.9%；富农户则家工占18.8%，雇工占81.2%（见表3—38）。1944年山东莒南、赣榆9个村调查，雇工经营的地主36户，家工只占劳动总人数的7.4%，而雇工占92.6%；雇工经营的富农113户，则家工占53.5%，雇工占46.5%。②

表3—38　1937年河北丰润县米厂村各类农户的生产经营

农户编号	田场		全年劳动日		折合全劳动力（人）	每亩劳动日（天/亩）	生产总收入（元）	每亩收入（元/亩）	每劳动力收入（元/人）
	自有地（亩）	租入地（亩）	家工（天）	雇工（天）					
经营式农场主									
1	133	0	149	1290	7.2	10.82	2192	16.48	304.4
2	125	0	193	1198	7.0	11.13	1915	15.32	273.6
小计或平均	258		2830		14.2	10.97	4107	15.92	289.2
富农									
3	65	0	39	836	4.4	13.46	1029	15.83	233.9
5	60	8	297	630	4.6	13.63	1117	16.43	242.8

① 韩德章、詹玉荣：《关于近代中国农业中资本主义经济发展问题》，《中国农史》1986年第2期。

② 华东军政委员会土地改革委员会编：《山东省华东各大中城市郊区农村调查》，1952年12月，第21、38页。

续表

农户编号	田场		全年劳动日		折合全劳动力（人）	每亩劳动日（天/亩）	生产总收入（元）	每亩收入（元/亩）	每劳动力收入（元/人）
	自有地（亩）	租入地（亩）	家工（天）	雇工（天）					
6	47	7	188	798	4.9	18.26	912	16.89	186.1
小计或平均	187		2788		13.9	14.91	3058	16.35	220.0
中农									
4	62	0	705	347	5.3	16.97	790	12.74	149.1
7	17	0	229	53	1.4	16.59	255	15.00	182.1
8	34	7	348	152	2.5	12.20	514	12.54	205.6
9	32	13	417	206	3.1	13.84	332	7.22	107.1
小计或平均	165		2457		12.3	14.89	1891	11.46	153.7
贫农									
10	13	7	239	129	1.8	18.40	234	11.70	130.0
11	21	21	184	25	1.0	4.98	104	2.48	104.0
12	15	15	240	13	1.3	8.43	196	6.53	150.8
13	10	10	206	6	1.1	10.60	110	5.50	100.0
14	6	5.8	71	51	0.6	10.34	89	7.54	148.3
小计或平均	123.8		1164		5.8	9.40	733	5.92	126.4

资料来源及说明：黄宗智：《华北的小农经济与社会变迁》，中华书局1986年中文版，第179、194—195页；原据满铁北支事务局调查部：《农家经济调查报告·丰润县》(1938—1941年)。折合全劳动力系按每人200天计算，每亩劳动日和每亩收入包括租入地，均与黄宗智原计算不同。

原来的地主家庭，多半是吃祖辈遗产，自幼游手好闲，过寄生生活。新地主是将经商、做官或其他职业的积蓄购买土地，本人不谙农事。富农则大多是力农发家，由贫农中农上升而来，自幼勤劳俭朴，谙悉各种农活，由他们带领，指挥雇工生产，效率自高。贫农中农也都熟练农事，但因家庭人口少，或壮丁出佣，常需妇女儿童下地，劳动力稍逊。因此各类农户中，富农在劳动力上最为优越，不仅耕地播种，在中耕除草、田间管理上也多下工夫。我们曾问在山东长期领导土改的耿荆山，怎样识别富农？他说："很容易。走到地里，哪块地庄稼长得整整齐齐、绿绿油油，就是富农的。"

毛泽东同志对富农有段深刻的论述："这一个阶层的来历，与从老税户破落下来的阶层恰好相反，是由农民力作致富升上来的，或由小商业致富来的。这个阶层是在一种'方新之气'的活动中。他们的经济情形是一面自己耕种（雇长工帮助的很少，雇零工帮助的很多），一面又把那窎远的瘦瘠的土地租与别人种而自己收取租谷。他们看钱看得很大，吝啬是他们的特性，发财是他们的中心思想，终日劳动是他们的工作。他们的粮食年有剩余，并且有许多不是把谷子出卖，而是把谷子加工做成米子，自己挑了去大圩市，甚至去平远的八尺等处发卖，以期多赚几个铜钱"。又指出他们放高利贷，比地主还凶狠。① 这也可说富农有一定的企业家精神。

前节曾讨论，地主雇工经营的效果并不理想，不一定比出租土地有利，这是由各种社会条件也是由于地主本身奢糜懒惰的特性造成的。富农的情况应当有所不同，不过我们还没有系统的调查资料，只能就一些事例略做观察。河北丰润县米厂村，是日本人农村调查中较详细的一处，114 家农户中有 10 余家逐户材料，我们援用黄宗智的分类②，把有关材料列入表 3—38。

据表 3—38，经营式农场主平均每亩使用劳动力 10.97 天，而富农为 14.91 天。这可有两种解释。一是如前节所说的规模经济，即田场越大者平均每亩所需劳动力越少。二是可解释为富农的生产积极性较高，投入的劳动较多，即如中耕除草，三铲三耥，就和一铲一耥者效果不同。又表内中农的田场规模比富农小 1/3，但每亩所用劳力并不比富农多，可见规模经济是次要的。再看生产收入，富农平均每亩 16.35 元，在各类农户中属最高的；经营式农场主田场规模大于富农 1 倍，平均每亩收入为 15.92 元，反低于富农。这也证明富农的生产较集约化，效果也较好。不过，富农由于投入劳力较多，平均每个劳动力的收入就不如经营式农场主了。但是，这是将家工计入的平均数，富农家工较多，因家工不支付工资，

---

① 《寻乌调查》，见《毛泽东文集》，人民出版社 1993 年版，第 197 页。

② 黄宗智：《华北的小农经济与社会变迁》，中华书局 1986 年版。他是把有地 100 亩以上、雇工 4 人以上的作为"经营式农场主"；有地不足 100 亩、雇佣劳动多于自家劳动的作为富农；大部分出于自家劳动者作为中农，以出佣补充收入者作为贫农。

在农民的计算中，并不与雇工同样考虑。

米厂村的农民，以种植棉花和高粱为主，小麦和玉米次之。棉花是主要商品作物，从 1937 年的调查看，3 户富农的棉田占他们总播种面积的 64.4%，而 2 户经营式农场主棉田仅占 45.9%；这也许是富农平均每亩田收入较高的原因之一。不过其他年份（满铁有米厂村 1938 年、1939 年的调查）并非如此。富农和农场主的田场种植高粱的比重都比较高，而中农、贫农常是卖出棉花、买进高粱或玉米以充口粮，所以富农、农场主在高粱等作物上也获有市场利益。在支出方面，除雇工工资和伙食外，最大项目是购买肥料。肥料支出，经营式农场主平均每亩为 1.25 元，而富农达 3.55 元，这可能有农场主猪多人多因而自家肥较多的因素，但更可能是富农比较重视施肥，以求多产。富农比农场主多一个地租支出，但在米厂村租入地很少，无关紧要。收支相抵可得出经营利润，照黄宗智计算，经营式农场主平均每亩获净利 8.05 元，富农仅 3.69 元。不过，这里面包括家工如何计价、土地的机会成本和其他一些问题，也有人就米厂村的资料提出相反的看法①，因而我们未将利润列入表内。

米厂村一例，可说是自耕富农之例。我们还可补充佃富农一例，但可惜没有与经营地主对比的材料。表 3—39 是辽东省庄河县土城子村 21 家佃户在 1946 年土改前的情况。②

表 3—39　1946 年辽东省庄河县土城子村 21 家佃户按粮食石数计值

项目	佃富农 7 户	佃中农 7 户	佃贫农 7 户
产量			
自有地	22.5	12.0	13.5
租入地	295.5	129.0	65.0
合计	318.0	141.0	78.5

① Loren Brandt, Farm Household Behavior, Factor Markets and the Distributive Consequence of Commercialization in Late 19th and early 20th Century China, 1986(unpublished).

② 田仁杰：《来信摘录》，辽东省委《工作通讯》第 7 期，1946 年 9 月，见董志凯：《解放战争时期的土地改革》，北京大学出版社 1987 年版，第 82 页。

续表

项目	佃富农 7 户	佃中农 7 户	佃贫农 7 户
支出			
纳租	147.5	65.4	32.5
其他	159.6	81.6	73.2
合计	307.1	147.0	105.7
盈亏	+10.9	-6.0	-27.2

这个调查显然很粗略，仅说明在佃中农和佃贫农经营亏损时，佃富农仍有盈余。佃富农的地租支出是需要考虑的重要因素（这里显然是按收获量一半计算的），而自耕富农无此负担。

在土改以后，富农的收入有时仍比中农、贫农优越，而经营地主则因土地被分配而不复存在了。下面是冀中区 5 县 6 个村 1947 年土改后的调查，见表 3—40。①

表 3—40　1947 年冀中区 5 县 6 村按粮食斤数计值

项目	富农	富裕中农	中农	贫农	其他
占总户数比重（%）	1.93	16.40	66.06	15.07	0.54
人均农业收入	1057	963	539	278	352
人均副业收入	49	65	105	135	184
人均总收入	1106	1028	644	413	536

从理论上讲，土改是按人口分配土地，人均农业收入原可相等，上表富农所表现的优越性，在于其资本投入和劳力组织较好，而新分得土地的贫农，一时在牲畜等生产资料上还赶不上。不过，这只是部分地区的情况，我们也有事例表明，由于土改时对富农留地过少，富农和经营地主一样没落了。由表 3—40 可见，富农从事副业的比重甚小，越是贫困阶层副业收入的比重越高，这一点恐怕是有普遍性的。富农经济是以农业生产为主，它的重要性也在这里。

① 《冀中冀晋 7 县 9 村国民经济人民负担调查材料》，见董志凯：《解放战争时期的土地改革》，北京大学出版社 1987 年版，第 93 页。

以上所述事例不多,又无系统性调查,但仍然可以看出,富农的生产经营,在旧中国的传统农业中,是属于先进的部分。他们虽不代表新生产力,但多少有些"方新之气",有点企业家精神,这是弥足珍贵的。

第四节　农业公司和农场

农业公司是中国近代农业中新兴的组织形式。它们大多由私人集资,从事垦荒和农、牧、林业等生产。有些组织称堂、园,多由家族或合伙经营,与前节之富农经济不易区分,本节则以按公司注册者为主。清末各省即兴办农业实验场,其中有的实属大农场性质。抗日战争时期,为安排难民,又办有大批官办农场。又日本人在东北经营的农垦机构亦多称农场。本节对这些组织亦做简述,故称农业公司和农场。

中国农业公司的兴起主要不是传统的小农经济资本主义化的结果,而大部分是由开垦荒地引起的,故又常称农垦公司。本节先就农业公司和农场的发展经过做一概述,然后就江苏和东北这两个有代表性的农业公司和农场集中地区分别做专题考察。最后一目是对本章所述近代农业中的资本主义生产关系做一小结。

一、农业公司和农场的发展

据近人考察,在1897年,中国已有浙江镇海自来水灌田公司、杭州有恒农业公司、江苏维扬种树公司、北方利源公司所属的农业公司等出现,规模很小,资本都不到1000元。这以后,各种农业公司不断增设,而以垦殖公司为多,以次为桑蚕、种植公司,到1909年共约有90家。[1] 其中以

① 闵宗殿、王达:《晚清时期我国农业的新变化》,《中国社会经济史研究》1985年第4期。

1901 年张謇创办的通海垦牧公司经营较有成效。江苏北部的盐垦公司纷起效仿。1906 年官办奉天农事实验场成立,东北的农垦公司逐渐兴盛。但这时期资本较大的公司仍多在华南,如广州的普生农牧公司资本达 100 万元,钦廉公司和广西的广美公司亦具相当规模。1909 年以后发展加速,据北洋政府第一次《农商统计表》,1912 年共有农业公司 171 家,情况见表 3—41。

表 3—41 1912 年各类农业公司数及已缴资本额

项目	公司数	已缴资本额(元)
垦牧种植	104	5625995
森林	9	18145
桑茶园艺	44	476655
蚕业	8	35407
榨乳业	1	1000
其他	5	194470
合计	171	6351672

这些公司的地区分配,计江苏 27 家,资本 181. 8 万元;广东 43 家,资本 134. 9 万元;东北 20 家,资本 95. 5 万元;其他 13 个省都有农业公司,投资不大。

从 1912 年到 1920 年,农业公司有较大的发展。苏北盐垦区的五大公司均于此时开办,资本均在 100 万元以上;东北在这期间开设农垦公司 137 家,资本共达 1580 余万元。这两个地区的农业公司情况下面将做专论。广东的农业公司也颇有发展。如强源垦殖公司承垦澄海县三处山地,分年植树,6 年植完;麦芳等承垦香山县官荒有 10 万亩。① 侨商开办的琼安公司,引进南洋橡胶试栽成功,运往新加坡销售,一时在海南岛有侨殖、南兴、茂兴、农发利多家种植橡胶的公司设立。② 广西在清末已设

① 《农商公报》1914 年第 1 期,选载第 5 页。

② 怿庐:《琼崖调查记》,《东方杂志》1923 年第 20 卷第 23 号。

垦殖公司25家,1912—1916年又成立29家。① 安徽、江西等均有种茶公司,粤商唐吉轩等1915年在江西修水筹设的种茶公司资本20万元,入股者众,1917年拟扩充至50万元。② 天津附近军粮城的屯垦局,转由民营福记公司承办,有地5.7万亩,灌水种稻。③ 原无农业公司的察哈尔、绥远省,这时期亦有垦牧公司设立。察哈尔的京汉公司、京丰公司、华裕公司领有草地近30万亩,主要养羊。④ 张家口附近,有惠丰、惠裕等公司从事开垦,闻均获厚利。⑤

据第九次《农商统计表》,这时期在北洋政府农商部注册的农业公司情况见表3—42。

表3—42　1912—1920年农业公司数、资本额及公积金

项目 年份	公司数	资本额(万元)	公积金(万元)
1912	171	635.2	1.5
1913	142	601.0	3.1
1914	129	496.0	2.4
1915	129	624.1	4.4
1916	133	979.1	4.4
1917	132	1066.3	3.5
1918	119	949.8	3.4
1919	102	1246.9	
1920	83	4114.5	

据表3—42,1912—1920年农业公司的家数减少一半,但资本额由

① 广西省立师范专科学校调查,见章有义编:《中国近代农业史资料》第二辑,生活·读书·新知三联书店1957年版,第353—354页。

② 《江西修水县茶业》,《农商公报》第31期,1917年2月。

③ 章有义编:《中国近代农业史资料》第二辑,生活·读书·新知三联书店1957年版,第363页,原据海关十年报告。

④ 《察哈尔全区垦务总局开放羊群大马群荒段情形及简章》,《东方杂志》第13卷第10号,1916年。

⑤ 何光澄:《张家口外开垦纪要》,《东方杂志》第16卷第6号,1919年。

635.2万元增至4114.5万元，增加了5.5倍。不过，农商部的公司注册颇多限制，1914年重订注册章程，始有改进，1918年以后缺报省区日多，又不足为据；因而上表所列数字并不完整。另外，农业公司以垦荒为主。清政府放垦官荒，视为一种利源；1914年张謇呈请北洋政府颁布国有荒地承垦条例，每亩只纳保证金1角，垦竣再纳地价。官僚及地方势力滥组公司以取得大量官荒，所报资本多有虚拟，上表1920年突增为4000余万元，为前一年的3倍，尤属可疑。不过，按1912—1918年之统计，农业公司注册资本平均约为工业公司注册资本的8%，农业公司资本增长年率为6.9%，工业公司为12.1%。这种发展趋势大体还是合理的。

这些农业公司的经营，大体有三种情况。

第一种是非生产的垦务组织。它们一般是由官僚、豪绅、巨贾或地方垦务机关组成，规模较大，承揽大面积官荒，转手出卖，或由公司稍事整理以提高地价，边垦边卖。有的卖地后即解散，纯属土地买卖性质。这类公司以在东北、内蒙古的官地放垦区为多。又多在早期，1920年以后就少了。

第二种是自垦与出租双重业务的公司。它们主要是由商人投资，承揽土地，进行一定的水利、交通等工程建设，部分由公司雇工垦殖，而大部分出租给农民，或分给股东出租。这种公司数量最多，分布最广，而以苏北的盐垦公司最为典型。东北亦有这种垦牧公司，不过更多是购置一定的设备，贷给佃户招垦。此类公司或农场是本节考察的重点，下将详述。

第三种是主营园艺、果树、饲养以至牛奶、蜂蜜等的公司。它们多由商人投资，规模较小，主要在大城市附近，并且大多是雇工从事商品生产，有较完全的资本主义性质。如上海殷行的陈森记牧场、江湾芦泾浦的畜殖公司、重庆商人赵楚梅等组织的树畜公司以及广东的众多的果园等。再有桑蚕和种茶公司，海南岛的橡胶园，基本上亦属此类，不过它们有的采取分包制，成为小农经营。

1920年以后农业公司的注册统计中断，情况不甚清楚。大约在20年代，仍是有所发展的。这时候中国农业生产一般顺利，东北、西北的开发均有进展。除江苏、东北另做专述外，新开发的察哈尔垦区，1923—

1926 年在陶林县有大有丰、大陆、大成、大北、永大 5 家垦殖公司开业,共领垦荒地 18 万亩;大有丰并以 2000 美元购买了 15—30 马力的拖拉机 5 部。[①] 绥远临河县一带,于 1925 年前后有 10 家农垦社、堂组织成立,各投资 1 万—8 万元,共有资本 26 万元。[②] 广西省在 1927 年以前曾发放荒地 113 处,其中除个人领垦和官办外,有 72 处由垦殖公司领垦,其中已知 60 家共投资约 100 万元,内最大一家资本 12 万元;共领垦山区荒地 7000 方里,主要种植桐树。[③] 广东的果木经营,此时亦续有发展。

1931 年起,中国发生农业危机。农产品跌价,农村金融枯竭,这都非常不利于农业公司的经营。兼以南北灾情严重,农业生产下降,农垦亦陷于停顿,1935 年以后才有转机。东北陷入日本帝国主义之手,农业衰退,农垦公司亦渐为日本移民垦殖所代替。新垦区如前述绥远临河的 10 家农垦社堂,到 1933 年,除一两家勉强维持外,余皆亏本。据后来发表的农林公司注册统计,自 1930 年起新建公司即趋寥寥,投资额锐减,其情况见表 3—43。[④]

表 3—43　1929—1934 年新建公司数及资本额

时间	注册家数	资本额(万元)	时间	注册家数	资本额(万元)
1929	7	162.9	1932	2	13.0
1930	6	21.1	1933	4	22.4
1931	4	21.0	1934(1—6 月)	3	16.0

抗日战争时期,华北、华东一带的农业公司,有的被日本占领军霸占,有的遭到破坏,有的荒废。如天津渤海湾垦区,朱启钤、周学熙于 1920 年

① 《陶林县西北之垦殖公司》,见章有义编:《中国近代农业史资料》第二辑,生活·读书·新知三联书店 1957 年版,第 355—356 页。

② 曙明:《蒙古江南之临河县农村》,见章有义编:《中国近代农业史资料》第三辑,生活·读书·新知三联书店 1957 年版,第 857 页。

③ 广西省立师范专科学校调查,见章有义编:《中国近代农业史资料》第二辑,生活·读书·新知三联书店 1957 年版,第 353—354 页。

④ 申报年鉴社:《申报年鉴》,申报馆售书科 1936 年版,第 806 页。

在军粮城、茶淀创办的开源公司，1934年改归河北棉业改进会经营，1941年被日寇霸占，成立华北垦业公司，由日本移民垦殖，占地达110万余亩。在绥远省，由朱霁青设立的安北农场，日寇占领后被毁掉。[①] 江苏南部的农场原来颇有发展，日寇入侵后，周泾港农场遭到破坏，无法经营；庞山湖农场的土地被敌伪出租，实际已不存在。[②] 日寇在占领区实行农产品征发和封锁、禁运政策，市场破坏，农业公司和农场的经营处于停顿状态。

另一方面，在西南、西北大后方，则新建了一些农垦公司、农场和称为垦殖局、处的组织。

四川在1937年以后，"举办垦务者风起云涌，雷马屏峨区垦社林立，有中国抗建垦殖社、群乐、大同、同生等公司之产生。平北荒区亦有四川西北垦社等之产生"[③]。云南于1936年创办云南省人民企业公司开蒙垦殖局，垦民数千人，到1946年年底共投资4000余万元，垦荒3万亩。1938年民营华西建设公司成立，到1946年年底共投资2000万元，有垦民423人，开荒地1.3万余亩。1939年云南财政厅办开文垦殖局，到1946年年底共投资3000万元，有垦民620余人，开荒地1.49万亩。[④] 贵州于1939年设平坝模范新村，又有西南垦殖公司设蛮子洞第一农场、农林部设六龙山垦区，共垦荒3800余亩。广西于1938年指定柳州附近及左右两江为难民移垦地区，成立风山河及沙浦河灌溉区，1944年设立省灾难民垦殖区管理处，收容南宁、巢县及他处退出之难民。[⑤]

西北方面，陕西于1940年成立研山垦区办事处，招垦民2000余人，垦荒5.4万亩。各军营垦社有垦兵4210人，垦荒6.38万亩。民营有垦牧生产合作社、更生村垦殖合作社、渭滩垦殖生产合作社等5个单位，共招垦民59424人，垦荒264906亩。甘肃在抗战中成立三个垦务机构，招垦民1372人，垦荒13512亩。宁夏于1942年设贺兰垦区管理处，收河南

---

① 上二则见国民政府农林部垦殖司编:《中国之垦殖》，1948年油印本。
② 华东军政委员会土地改革委员会编:《江苏省农村调查》，1952年12月，第352页。
③ 唐启宇:《中国的垦殖》，上海永祥印书馆1951年版。
④ 国民政府农林部垦殖司编:《中国之垦殖》，1948年油印本。
⑤ 唐启宇:《中国的垦殖》，上海永祥印书馆1951年版。

难民1556人,开复熟荒50万亩。[1] 新疆于1943—1944年有移河南灾民万人开荒之举。[2]

抗战时期,在江西、福建、广东、湖南、湖北等省亦设有垦殖机构,招难民、移民垦殖;唯有些垦区后又陷入敌手。

战时的垦殖,主要是安排难民、移民,以公营机构为主,亦有民办社场,生产以生活自用为主,已与原来农业公司的含义不同;但对开发内地农业资源亦有作用。兹将已知的西南、西北垦殖事业列入表3—44,以见梗概。

表3—44 抗日战争时期大后方的垦殖事业

办垦地区		主办单位	收容移民(人)	垦地面积(亩)
四川	平武北川	省办、民办	17760	769652
	雷马屏峨	农林部、荣军		
		生产局、垦社		
	铜梁东西山	农林部		
	南川金佛山	农林部		
云南	开远大庄坝	省办	620	15000
	蒙自草坝等	省办		30000
	建水羊家坝	企业团体		5000
	东佛南镇四县	侨务委员会	423	13500
贵州	平坝	省办	200	1500
	蛮子洞	企业团体		500
	六龙山	农林部	383	1875
西康	西昌	农林部	547	2015
	宁属各县	省办	2854	30450
广西	风山河灌溉区	省办	1174	223591
	沙浦河灌溉区	省办		
	龙州屯垦区	省办		
陕西	研山垦区		2000	54000

① 国民政府农林部垦殖司编:《中国之垦殖》,1948年油印本。

② 唐启宇:《中国的垦殖》,上海永祥印书馆1951年版。

续表

办垦地区	主办单位	收容移民(人)	垦地面积(亩)
各军营垦社	军办	4210	63800
合作社五单位	民办	59424	264906
甘肃　垦务机构三处		1372	13512
宁夏　贺兰垦区		1556	500000
合计		92523	1989301

资料来源:西南各省据唐启宇:《中国的垦殖》,上海永祥印书馆 1951 年版。原注:四川移民人数及垦地面积据 1944 年 4 月前四川省建设厅报告,广西移民人数及垦地面积据 1944 年 6 月前广西省建设厅报告。西北三省据国民政府农林部垦殖司编:《中国之垦殖》,1948 年油印本。

在共产党领导的各抗日根据地,对于移民垦荒十分重视,如陕甘宁边区在 1939—1943 年即开荒 330.1 万亩。边区发布的《优待移民、难民垦荒条例》亦鼓励"以资本雇人耕种",因出现有前节所述之新富农,唯尚未见农业公司组织。在大生产运动中,则有国营农场组织,如陕甘宁边区 1940 年筹建的光华农场(以杜甫川做场址),有地 300 亩,分农艺、畜牧兽医、园艺 3 个部分,经营甚有成效。① 其他抗日根据地也有这类农场。

抗日战争胜利后,有大量日伪经营的农场由当时中国政府接收,形成庞大的官营垦殖系统。1948 年国民政府农林部曾进行一次调查,共有官办农场 63 处,垦民约 18.4 万人,垦地 1368.6 万亩。唯这项统计仅有 18 省报告,接收垦地最多的东北四省都未呈报,已报者亦很不准确。同时调查 18 省的民营的农场有 130 处,垦民 4.6 万人,垦地 75.6 万亩,也显然偏低。② 但此外尚未见全面统计。

二、江苏的盐垦公司和农场

江苏农业公司颇为发达,而苏北与苏南不同。苏北以沿海盐滩植棉

① 陕甘宁边区财政经济史编写组等:《抗日战争时期陕甘宁边区财政经济史料摘编》第二编,农业,陕西人民出版社 1981 年版,第 574、635—640、744—752 页。

② 国民政府农林部垦殖司编:《中国之垦殖》,1948 年油印本。如官营统计中河北省仅 1 处,2316 亩,我们所知在天津一带即接收有 40 余万亩。又绥远一省竟达 1325.4 万亩,占全数 97%。民营中,江苏省仅 1 处,800 亩,解放后调查仅苏南即有 105 处,9.3 万亩。

为主,通称盐垦公司;苏南则以园艺、饲养、桑茶为主,多称农场。本节以苏北盐垦公司为主,苏南资料甚少,仅略提及。

(一)苏北盐垦公司的发展

苏北南起南通,经如皋、东台、盐城、阜宁北至灌云,长700里、宽100里地区,为长江、淮河入海淤积的平原,原为淮南盐场。由于海岸线东移,盐场距潮汐日远,嘉庆以后,淮南盐产即日趋衰落,腹地煎盐用的草荡已渐改种杂粮或苇塘。唯清政府禁盐区种植农作,1901年始部分放垦。

张謇在创办大生纱厂前即有仿西法植桑种棉的设想,1898年纱厂建成,遂于1901年组设通海垦牧公司,把公司经营方式引进农业。他在公司集股章程启中说:“公司者,庄子所谓积卑而为高、合并而为公之道也。西人凡公司之业,虽临敌战争不能夺,甚愿天下凡有大业者皆以公司为之。”①这可谓得公司法人之精义。通海原定资本20万两,到1906年实收20.918万两,以平均每亩1钱8分9厘领得滩涂、草滩12.377万亩,预计可垦地11.5万亩。修建海堤、水利等工程,耗资甚巨,靠大生纱厂挹注,至1910年达100余万两;公司亦于1905年增资至30万两,1911年再增资至40万两。这时,大部分宜垦地已垦熟,招农户约5000户,植棉收花,渐有盈利,1911年开始分红。1911—1925年,公司利润总额达84.13万两,1925年分派股息红利12.4万两。②

通海公司的成绩,吸引了南通、上海、扬州等地官僚、盐商、钱商以及军阀、乡绅等纷纷投资创办公司,形成1911—1925年苏北盐垦的高潮,其垦区也由南而北,集中到今大丰、盐城地区。其中规模较大者,有1913年设立的大有晋,1916年设立的大纲,1917年设立的大豫、大赉、华成,都属大生资本直接关系的公司,由张謇之弟张詧及其子张孝若管理。这5家共集股650万元,购地169.6万亩,连同通海,在垦区活动中有举足轻重地位。1917年,东台草堰场最大垣商周扶九和次大垣商刘梯青,敦请张

---

① 《张季子九录·实业录》卷二。

② 公司原始资本及地亩记载有出入,此据南通市纺织工业局:《大生资本集团史初稿》,1961年油印本;利润据《通海垦牧公司章程议案》合订本,第二十四届账略。

謇兄弟出面，组织大丰盐垦公司，资本 200 万元（1926 年增为 400 万元），规划垦区 85 万亩（实际合 78.34 市亩），成为苏北垦区最大的盐垦公司，其曲折发展的历史具有代表性。1919 年，岑春宣、朱庆澜等人发起，由张佩年主持成立泰和盐垦公司，资本 150 万元，实收 121.7 万元，购地 17 万亩，其垦区不是很大，唯注意医疗设施，垦民 1400 家免费治疗，为其特色。1922 年，陈仪（公洽）兄弟设裕华垦殖公司，资本 120 万元，向大丰购草荡 27 万亩（后退还 4.3 万亩），设备较佳，经营较新式，为其特色。

除以上较大公司外，尚有小公司 30 余家，有的称堂。并由这些公司分化、衍生了一些组织，以及称仓的机构，亦有 30 余家。如华成公司的同人集资 4 万元，称同仁堂。华成因欠大生纱厂债务，拨地 10 万亩抵还，遂成立南通大学基产处经营。大丰公司的成丰区，后来独立为成丰垦团，该公司又以两个区划给大生纱厂抵债，遂成立大生泰恒棉厂；该公司又以 3 个区售与上海银行抵债，上海银行乃组织商记垦团经营。

原来淮南盐场已大部分由垣商经营，设商亭煎盐，小部分仍为灶户煎盐。盐垦公司成立后，须收购垣商的财产和灶户的地面权，以及额配亭灶的草荡。垦业渐盛，垣商亦抬价，每副灶由数百元涨至千余元以至三四千元；向灶户购买额荡，每 25 亩亦须 100 至数百千文。故公司购地成为巨大支出。原来通海公司领地 12.3 万亩，所费不过 2.3 万余两，占资本额的 11%强；大丰公司购地 85 万亩，至 1921 年已支出 159.7 万元，占资本额的 80%，每亩费用较通海大 6 倍。盐垦公司最大费用为垦务工程，下文详述。此项工费远超出资本额，小部分由垦户助工和所交顶首（押租）支付，大部分则靠借债。有些公司财力不支，只好因陋就简，以至遇飓风、洪水即告损毁，或只筑部分以至不筑堤防，仍以产盐为主。

各盐垦公司创办之初，正大生纱厂盈利最多之时，因此，无论南通系统或非南通系统的公司，都与大生有经济往来，1922 年大生给各纱厂的垫款达 130 万元。大生本身资金有限，各公司尚须向银行举债，1921 年并由张謇出面，拟订募债办法。1923 年，中国银行向大有晋、大豫、大赉、大丰、华成五大公司贷款 300 万元，五公司除以土地 100 万余亩抵押外，并酬红地 4 万亩。1925 年，大生纱厂因债务过巨被银行团接管。1927

年,最大之大丰公司亦由通泰、兴丰两银行团组织维持会经营。1932 年调查,各大公司之负债与资本对比如下:①

表 3—45　1932 年各大公司实收资本、负债总额及其占比

项目 公司	实收资本 (万元)	负债总额 (万元)	负债占资本比重 (%)
大有晋	50. 0	20. 0	40
大豫	150. 0	67. 0	45
大赉	80. 0	39. 0	49
大丰	400. 0	250. 0	63
华成	125. 0	93. 0	74
通遂	34. 0	12. 0	35
裕华	125. 0	77. 0	62
泰和	121. 7	28. 5	23
大纲	120. 0	10. 0	8
新南	50. 0	15. 0	30

表 3—45 反映各盐垦公司负债甚重。但盐垦企业与经营地主、富农经济之主要依赖土地者不同,作为公司组织,利用信贷原属正常经营方式。上表借入资金一般合资本额的 40%,比之一般工矿公司,借入资金的比重并不算高。这正说明农业公司未能充分利用社会信用,也是农垦事业难以发展的原因之一。

20 世纪 30 年代前期的经济危机中,棉价跌落,苏北盐垦公司亦受影响。这期间,各公司继续陷入债务困难,纷纷出卖垦地,并以地抵还所欠大生账款。不过,各公司已有大量土地垦熟,虽地权、股权转移频繁,按年播种生产则影响不大。这时已很少有新企业建立,旧公司则大多保留下来。到 1937 年约共有 77 个单位,兹择其资料较全者 39 家,列入表 3—46。

① 资本额据表 3—46,负债额据南通市纺织工业局:《大生资本集团史初稿》,1961 年油印本,第 152 页。

表 3—46　1937 年苏北盐垦公司概况

公司	设立年份	创办或代表人	实收资本（万元）	实有土地（万亩）	已垦土地（万亩）	垦民（户）
南通						
通海垦牧公司	1901	张謇	55.6	12.33	9.18	5700
大有晋盐垦公司	1913	张詧	50.0	26.85	17.68	2300
如皋						
华丰垦殖公司	1915	邵铭之	40.0	2.83	2.83	850
大豫盐垦公司	1917	张詧	150.0	48.00	13.00	4500
东台						
大赉盐垦公司	1917	张詧	80.0	20.80	14.66	3500
泰源盐垦公司	1920	韩国钧	70.0	15.80	1.80	700
东兴盐垦公司	1919	张东甫	40.0	10.00	—	
通济盐垦公司	1919	张詧	23.8	12.38	3.86	300
华泰盐垦公司	1919	汪大奕	31.4	3.57	—	
遂济盐垦公司	1920	张謇	14.0	3.80	0.10	200
垦殖保证合作社	1934	张雁行	0.25	0.05	0.05	
通遂垦殖公司	1919	张謇	34.0	11.10	1.46	1200
成丰垦团	1926	严康懋	48.0	2.40	2.40	
大生泰恒棉场	1933	大生纱厂	60.0	3.00	3.00	
商记垦团	1930	赵汉生	39.0	5.04	1.50	185
裕华垦殖公司	1922	陈仪	125.0	22.70	9.50	2616
大丰盐垦公司	1917	周扶九	400.0	55.44	27.91	15696
盐城						
泰和盐垦公司	1919	张佩年	121.7	20.00	6.00	1594
大佑盐垦公司	1918	张謇	80.0	9.03	2.47	1048
阜宁						
合顺仓	1920	杨镜清	20.0	1.00	1.00	
大纲盐垦公司	1916	张謇	120.0	13.70	3.05	1300
合德垦殖公司	1919	邵子中	70.0	3.50	3.50	2500
众志堂		束勋严	0.6	0.30		
庆余堂		秦亮夫	3.0	0.40		
同仁堂		华成同人	4.0	0.40		
大生同公司	1919	章维成	17.0	0.60		
耦耕堂	1919	秦亮夫	12.0	1.00	1.00	200
阜余公司	1917	章静轩	60.0	3.77	3.77	600
大学基产处	1920	南通大学	40.0	10.00	3.00	550
华成盐垦公司	1917	张謇	125.0	70.00	23.90	5000

续表

公司	设立年份	创办或代表人	实收资本(万元)	实有土地(万亩)	已垦土地(万亩)	垦民(户)
恺谊堂		张佩年	5.0	1.00	1.00	
习善堂		张佩年	2.5	0.25		
阜通公司通团区		张海珊	12.0	12.00	2.00	70
新垦会	1933	季龙图	30.0	20.00	4.00	
新农公司	1925	殷汝耕	20.0	8.00		
新南公司	1920	许泽初	50.0	27.00	2.00	
新通垦殖公司	1918	张孝若	6.0	13.00		
西新南公司	1920		0.1	5.00	0.50	
灌云						
新灌(淮)垦殖公司	1922		20.0	0.50	0.50	114
39家合计			2079.9	476.54	166.62	50723

资料来源及说明:

1. 以姚恩荣、邹迎曦整理的54家概况为基础,据1937年《淮南盐垦各公司概况》修正(均见《大丰县文史资料》(盐垦史专辑)第7辑,1987年版,第96—100、118页);并参照其他文献核定,以接近1937年者为准。
2. 各公司按从南而北之地理位置排序。除表列39家外,尚有资料不全者38家如下(见《大丰县文史资料》(盐垦史专辑)第7辑,1987年版,第95—96页及第16页后之图):

南通:同仁泰公司　福记公司　益昌盐垦公司　正丰仓

东台:大赉南垦区

盐城:守耕堂　通兴公司　马家公司　益兴仓　管东堂

阜宁:淮纲仓　象生堂　三友堂　德生仓　大有晋仓　余泽堂　公益公司　老闲公司　续垦区　庆丰仓　大纲苇右分区　同业堂农场　福田公司　三益堂　悦合德　树德堂　东皋公司　大新公司　三义堂　李东兴仓　李西成仓　新华棉产合作社　鼎新公司

灌云:慎行庄　维丰垦殖公司　大屯垦殖公司　连云垦殖公司　大田垦牧公司

3. 尚有下列公司,未予计入(据各有关文献):

公司	创办人	资本(万元)	实有地(万亩)	说明
东台:宝丰公司	金季平	10	2.00	并入大赉
瑞丰公司	汪鼎和	20	1.00	后未详
同丰公司		10	0.20	后未详
中孚公司	张詧等	80	14.20	分为通济、华泰
阜宁:永业公司	张忍百		0.80	并入合德
四友公司	陈友慈		0.40	并入合德
张亚记	张亚威		0.50	后未详
赵云记	赵云鹏		0.50	后未详
通益公司	吴寄之	3		后未详
新东公司	顾愉青	5	1.00	后未详

据表3—46，到1937年，39家盐垦公司共有资本2079.9万元；土地476.5万亩，其中已垦地166.62万亩，占35%；有垦民50723户。与此前的一些统计相比，结果见表3—47。

表3—47　1919—1937年苏北盐垦公司概况

年份＼项目	资本额		实有土地	
	公司数	万元	公司数	万亩
1919	41	919.0		
1922	36	2266.6	41	523.8
1927	30	1922.1	36	665.5
1937a	42	2050.1	48	470.4
1937b	39	2079.9	39	476.5

按表3—47比较，盐垦公司的资本似有下降趋势①，实际不然。因1927年以前之统计有的是额定资本，非实收额。表3—46所列资本额，除通海、大丰计入增资外，余均设立时资本，以后调整情况未详。又各公司所收顶首（后详）为数不小，如至1927年通海收有39.4万两，至1930年大丰收有37.6万元，亦都用于投资。此外，有的公司提有公积，有的发行公司债以及其他用于设施之借入款。故实际投资远超过表列资本额。1924年统计，南通系统的16家投资总额为2119万元，为资本额1303万元的1.6倍；②1937年统计，9家大公司投资总额为1788.7万元，③为表3—46该9家资本额1195.7万元的1.5倍。依此，估计截至1937年，各盐垦组织的投资总额当在3000万元以上。

按上述比较，各公司所有土地亦有下降趋势。这是因为各大公司均

① 1919年、1922年统计见章有义编：《中国近代农业史资料》第二辑，生活·读书·新知三联书店1957年版，第341、348—349页；1927年统计见林百举：《近代南通土布史》，南京大学学报编辑部1984年版，第17—18页；1937年a统计为姚恩荣、邹迎曦整理，见《大丰县文史资料》（盐垦史专辑），1987年版，第96—100页；1937年b为表3—46数字。

② 《为通泰各盐垦公司募集资金之说明书》，《张季子九录·实业录》卷八。

③ 淮南盐垦各公司总管理处所编《概况》统计，见《大丰县文史资料》盐垦史专辑，1987年版，第117页。

有分地的规定,地垦熟后即划出若干分给股东,由股东出佃。又如大丰原领地85万亩,表列仅55万余亩;华成原领地80万亩,表列仅70万亩;则系售地抵债之故。唯分给股东和出售之地在表内又常在其他经营单位出现。估计1937年各公司领地在500万亩以上,已垦地在200万亩左右。

表列垦民5万余户,可能将部分非农业户包括在内。原来,苏北盐垦事业发展后,已形成一个社会。据淮南盐垦公司总管理处1937年统计,在其所属17家公司领地内,已有市镇25处,仓库474座,纺织、铁工、榨油厂14家,信用合作社95个,诊所10处,学校54所。[①] 垦区原有灶民不多,各公司招垦的佃户主要是外来移民,其中海门人占60%,南通、崇明、启东人占30%,本地人只占10%。[②] 此外,尚有流动的短工、商贩、饮食和服务业者,全部人口号称30万人。垦区没有统一的政治机构,唯有省保安处派的保安人员和由公司出资的实业警察。垦区教育较一般农村普及,大约与张謇的提倡有关。佃农反剥削的斗争也较活跃,驻公司警察成为镇压农民运动的武装。

抗日战争时期,垦区沦入敌手,日寇组织"江北棉花收买组合"和"江北兴业公司"统制垦区棉产。农民逃亡,棉田荒芜,各公司入不敷出。1940年,新四军一度进入垦区,1943年在东台建立抗日民主政府,大丰、裕华等生产得以维持。通海等在敌伪统治下勉强应付,其中亦不免有与敌伪"合作"者。战时农民偏重杂粮生产,以维持生存。抗战胜利后,各公司生产迅见恢复。1947年苏北地区实行土改,各公司始告结束。

(二)苏北盐垦区的垦务和生产

苏北盐垦区原系引海潮煎盐,废灶兴垦,首先需筑高3.5米左右防海潮的大堤,此项工程要求甚严,耗资最多,一旦飓风塌堤,全部淹没。通海公司的防潮大堤有7段,长4250米,大丰、裕华各筑防潮堤9450米,

① 《大丰县文史资料》,1987年版,第127页。

② 胡焕庸:《两淮水利盐垦实录》,中央大学出版社1934年版,第258页。

华成海堤长达3万米。垦区处淮河下游，对于内河亦需筑高2.5米左右的防洪堤，以防内涝。通海的内堤长7.128万米，裕华的防洪堤长26185米。

垦区土地，除濒海盐滩外，可垦地含盐量在0.2%—2.5%左右，须降至0.15%左右始能植棉。该地区为亚热带海洋季风气候，年雨量达900多毫米。垦地之法，系储雨水冲洗盐质入海，称“蓄淡”；然后种苇，抽拔底层盐分，称“种青”；再以河边土（盐分少）覆盖，最后种棉。因此，自通海起，规划出一种田制：将公司可垦地分成若干区（乡），每区按井字或田字形分成9个或4个方形的垙（村），垙四周挖垙河，汇入区河入海，见图3—1。每垙划成若干排（条田），排之间有排河，引雨水入垙河。每排田又分成若干垴，垴矩形，约20—23亩，为经营单位。每户经营一两垴。排之间、垙之间筑路，以利运输。因而区、垙、排河均需筑桥梁、涵洞。区河入内河或入海需造涵闸，主要出海港口须建大闸。通海、大有晋的多孔大闸均钢骨水泥结构，后者并系聘荷兰工程师特莱克（H.C.Dereike）设计施工。

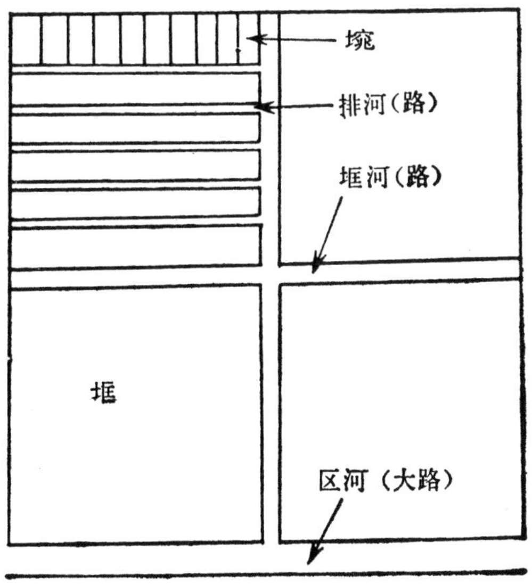

图3—1　盐垦区水利工程示意图

这种垦务工程耗资巨大，而以通海、大丰投资最多，工程质量亦好。也有些公司财力不济，工程因陋就简，致受飓风、海潮、洪水之害。如1929年8月30日台风，泰和公司海堤全部崩溃，死亡100余人。据近人研究，几家较大公司的工程费用见表3—48。①

表3—48　几家大公司工程费及其占比情况

公司	工程费（万元）	占资本及借债比重（%）	已垦地每亩工程费（元）
通海垦牧	230.0	377.1	25.1
大丰	107.2	21.7	2.5
通遂	5.8	17.7	4.0
裕华	62.2	30.8	15.9
商记垦团	8.1	14.5	6.2
泰和	27.5	19.1	4.6
大裕	19.8	24.8	8.0
华成	77.8	39.6	3.7
大学基产	15.8	31.0	4.5

适应垦殖经营，一些公司尚设有排灌站、机械修配厂、土壤化验室、气象站等。1937年8家大公司有雨量站、测候所10处，大丰有拖拉机修配厂，裕华有200马力动力机和全区最大扬水机厂，投资13万余元。

苏北垦殖目的在于植棉。初植中国棉和小洋花，以通州青茎鸡脚为中棉名品，小洋花则系已退化的洋种陆地棉。20世纪20年代后逐渐引进美种棉，30年代始获推广，其脱字棉、德字棉等在上海市场均获声誉。1934年从山东引进金字棉，早熟、纤维长，比中棉和小洋花增产9%—

① 王树槐：《江苏淮南盐垦公司的垦殖事业，1901—1937》，《中央研究院近代史研究所集刊》1985年第14期，第213页。

32%。据南通、如皋、东台、盐城、阜宁5县统计,1935年产皮棉103.2万担,内中棉占68.4%,洋棉占31.6%;中棉亩产40—75斤,洋棉亩产60—80斤。[①] 此数包括原有之棉田,非全属盐垦区;如不计原有棉田最多的南通,则中棉占56.3%,洋棉占43.7%,大体可代表各公司改良棉种的成绩。

各公司的棉田无系统统计。以上述5县而论,棉田面积有以下记载:[②]

表3—49　1920—1936年南通、如皋、东台、盐城、阜宁5县棉田面积统计

（单位:万亩）

年份	棉田面积	年份	棉田面积
1920	307.9	1935	472.4
1922	279.6	1936	474.6
1924	353.9		

此数亦包括原有棉田,尤其棉田最多的南通(140万亩),主要是原有棉田。唯20—30年代棉田约增加40%,可反映盐垦的成效。以东台县为例,该县境内12家盐垦公司植棉面积,1926年为20万亩,1928年为63万亩,1933年为105万亩,增长甚快。[③] 又据上述银行团调查,东台、盐城、阜宁的9家较大盐垦公司,1930年共有已垦地816215亩,实种棉田636959亩,即垦地的78%是植棉。[④] 依此,前估1937年各公司已垦地共约200万亩,当有棉田150万亩以上。

各公司的棉产量亦无完整统计,仅据现有资料列入表3—50。许多公司因地势关系或无力改造土壤,仍保留部分盐产,通济、遂济并以产盐

① 林百举:《近代南通土布史》,南京大学学报编辑部1984年版,第20—21页。

② 1920—1924年见胡焕庸:《两淮水利盐垦实录》,第259页;1935—1936年见林百举:《近代南通土布史》,南京大学学报编辑部1984年版,第20—21页。

③ 张士杰:《论苏北淮南盐垦公司的商品生产》,1987年张謇国际学术研讨会论文,原据《东台县志资料汇编》打印稿。

④ 林百举:《近代南通土布史》,南京大学学报编辑部1984年版,第19页。

为主,同仁泰更全产盐。同时,各公司佃户也生产一些豆麦。有关情况亦列入表3—50。

表3—50 苏北盐垦公司生产情况

A. 大有晋等5公司棉产量(籽棉担)					
公司 投产年	大有晋 1914	大豫 1916	大赉 1917	华成 1918	大丰 1919
1916	2258				
1917	5737	1214	58.9		
1918	8050	8880	2635	214	
1919	5496	5237	4936	872	3259
1920	8789	8725	6324	1482	3052
1921	940	489	160	174	97
1922	7401	10851	2648	80	—
1923	7842	7656	3246	75	6322
1924	9136	10670	4637	88	14572
1932	20000	22000	10000		30000
1937	100000	160000	30000	40000	195000
B. 裕华公司棉产量					
公司 投产年	单产量 (斤/亩)	总产量 (籽棉担)	公司 投产年	单产量 (斤/亩)	总产量 (籽棉担)
1925	12.6	600	1931	18.9	6900
1926	6.1	900	1932	18.6	7200
1927	16.0	2500	1933	28.7	11200
1928	24.3	4000	1934	55.1	23650
1929	7.1	2100	1937		24000
1930	19.1	6800			

续表

C. 1937 年 17 个公司生产概况					
公司名	总面积（亩）	已垦地（亩）	棉产量（籽棉担）	豆麦产量（担）	盐产量（担）
通海	123277	91761	60000	20000	
大有晋	268482	176831	100000	10000	20000
大豫	480000	130000	160000	22000	
华丰	28279	28279	9000	2000	200000
大赉	207978	146550	30000	7000	6000
泰源	158000	18000	6000		100000
通济	123800	38550			25000
通遂	111000	14600	1500	200	30000
遂济	38000	1000			6400
裕华	227000	95000	24000	5000	
大丰	554418	279067	195000	13000	
泰和	200000	60000	15000	2000	
大祐	90255	24650	10000		6000
大纲	137000	30500	10000	500	
合德	35000	35000	9400	1000	
华成	700000	239000	40000	6000	
阜余	37720	37720	10000	5000	
合计	3520209	1446508	679900	93700	393400

资料来源：

A. 1916—1924 年，经募通泰盐垦五公司债票银团稽核处 1925 年调查，见《大丰县文史资料》（盐垦史专辑），1987 年版，第 121 页；1932 年据南通市纺织工业局：《大生资本集团史初稿》1961 年油印本，第 152 页；1937 年见本表 C。

B. 1925—1934 年见《大丰县文史资料》（盐垦史专辑），1987 年版，第 122、123 页；1937 年见本表 C。

C. 淮南盐垦各公司总管理处 1937 年编各公司概况，见《大丰县文史资料》（盐垦史专辑），1987 年版，第 118 页。

据表3—50(A),5公司棉产量都是增长的,而受自然条件影响很大。1921年淮河大水,5公司减产90%。1922年大丰遭西水东潮,据称“颗粒无收”。1924年丰年,5家公司均增产。1925年以后仅有裕华资料(B)。其间1926年水灾,亦告减产;1927年、1928年旱,反利棉花生产,亩产量提高。1931年长江大水,于盐垦区影响不大,盖盐垦区的水患主要在淮河。表3—50(A)1932年和表3—50(C)1937年数字显系粗估,可能偏高,唯这时已垦地确有增加。通观各公司棉产量的增长主要是扩大棉田面积所致,从表3—50(B)看,裕华的单产量亦有提高。单产因地区而异,经营管理亦有关系。据1934年8公司调查,单产最高者为大生纱厂直接经营的泰恒棉场,亩产达76.8斤,次为银行经营之商记垦团,亩产60斤,裕华设施较好,亩产55斤。①

表3—50(C)示1937年17家较大公司籽棉产量为68万担,这17家已垦地占我们前估垦区全部已垦地200万亩的72%,以此估计1937年全垦区的棉产量约有94万担,可视为抗战前的最高数字。抗战期间,棉田减少,据查1941年华泰、遂济、通遂、泰恒、商记、裕华、大丰、泰和8家共有棉田23.3万亩,比1934年的33.5万亩减少30%强。胜利后,据称8家1947年有棉田47万亩,超过1934年;又称8家共产棉31.6万担,全垦区各公司产棉75万担,均超过表3—50(C)1937年之数。② 此1947年的数字可疑,不过可以看出,田地既已垦熟,甚易恢复,战争影响不是太大。

(三)苏北盐垦公司的经营及其性质

苏北各盐垦公司除有少量土地雇工自营外,都是将垦地出租给佃户。通海垦牧公司是自营地较多者,1907年有2500余亩,占已垦地的12.5%,唯以后垦出之田大多出租,自营地占不到10%。不过,公司尚有其他收入,不是全靠地租,据30年代初调查,各公司总收入中,地租与自营比重见表3—51。③

---

① 《大丰县文史资料》(盐垦史专辑),1987年版,第64页。

② 《大丰县文史资料》(盐垦史专辑),1987年版,第63—66页。

③ 王慕韩:《江苏盐垦区之租佃问题及其解决途径》,《地政月刊》1936年第4卷第10期。

表 3—51　1930—1933 年九大公司各项收入占公司总收入比重　（单位:%）

公司＼项目	账目年	地租	自营	盐业	其他
通海	1931	55. 4	17. 5	0	27. 1
大赉	1931	81. 3	3. 1	7. 4	8. 2
大丰	1930	92. 4	6. 2	0	1. 4
大裕	1931	89. 6	10. 3	0	0. 1
华成	1933	85. 8	0	6. 2	8. 0
大纲	1933	99. 4	0	0	0. 6
大有晋	1931	84. 2	9. 9	3. 6	2. 3

各盐垦公司土地的出佃采取崇划制,始自通海。佃农承租时,须交顶首(押租),此系崇明永昌、永隆一带流行之法,通海顶首为每塝(20 亩)120 元,合每亩 6 元。其后大有晋、大豫等为每亩 8 元,大丰、裕华等为每亩 3 元,亦有暂缓缴纳者。通海另向佃户收写礼费(手续费)每千步 1. 6 元,合每亩 0. 6 元,其后各公司收每亩 0. 3—0. 6 元不等。佃户住公司草屋者另缴屋费。崇划制行议租法,即于每年阴历 8 月初由公司派员到田间与佃户议定收成额,按公司四、佃户六分成,至 10 月收棉花,议定数不得改变。1928 年,由于佃户的斗争,大丰、裕华等减为三七分成,大有晋、大裕等减为三五、六五分成。1943 年,东台抗日民主政府实行减租,租率为实收 30%。

各公司又大多行分地制。通海于 1915 年将已垦田 4 万亩分给股东,每股 10 亩;1925 年又分 4. 8 万亩,每股 12 亩。大有晋公司规定已垦田足够每股 25 亩时,即分田 1 次。有些公司并规定所垦田都需按章分给股东,分完为止。不过,股东所分得的田有的仍是委托公司代为出租,有的是自行出租,也有的分得田较多,雇工耕种。

苏北的盐垦公司虽通行租佃制,但其出租的已不是自然意义的土地,而是经过公司投资改造过的土地了。据称,通海垦牧所需资本每亩约 20 元,垦成后地价每亩值 50—70 元,就是说,租赁对象已是由劳动创造价值的商品。这种土地属公司法人所有,这和地主土地所有制也是不同的。

就一般公司的经营而论,以租赁或借贷谋取利润原属常事。苏北各盐垦公司采用的崇划制,实际上是援用历史上在江南已流行的永佃制,公司只有田底权。我们在本书第一卷中曾论及,永佃制使土地的耕作权和其所有权分离,已使租佃者有可能进行租地农场主式的经营,但是在清代前期,它只是在苏南缺粮地区的小范围内流行,农民争取永佃权不是为了商品生产,又限于财力,因而未能形成资本主义萌芽。近代时期的苏北盐垦区,情况不同了。流行范围已经扩大;无论植棉或制盐,都已是完全意义的商品生产;用于改良土地和改良品种的投资,也决非最初导致永佃制的"粪土银"所可比拟。因而把这些盐垦公司视为封建性的经营,是不恰当的。

租用盐垦公司的土地者,有些是大佃户,有的还组成堂、社,雇工经营。因而有人把东台、阜宁一些盐垦公司的租地者分为"佃农经营"和雇工耕种的"企业经营"2类,后者约占耕地面积的8.1%。又据1943年东台抗日民主政府调查,该县福丰分区有田1020墩,其中约有480墩是由几家大户承租,每户16至40墩,即400—1000亩,完全是雇工经营。又公司议租时,实际租率不到三成,一般是两成,按收支分析,这些大户的纯收入都在总支出1倍以上,因而获有纯利润。原调查把这些大户称为富农经营,严学熙研究,他们已具有租地农场主性质了。①

(四)苏南的农场

江苏上海、苏州、无锡一带是中国最早出现农业公司的地区,本节开始时即已言及,其后则多称农场。它们多是以园艺、饲养、桑蚕、茶园、苗圃、林木等为专业,以至有专营花卉者。其产品主要供城市需要,投资人亦多与城市工商业有关。如1922年设立的上海杨思乡蔬菜种植场即由工业资本家穆湘瑶、葛敬中创办,有地180亩,雇工40人,并使用化肥。申新集团的荣宗敬亦曾拟在无锡设农场,1920年并与张謇合组左海公司,唯未办成,所购土地分租给农民。亦有由企业直接经营者,如冠生园

① 严学熙:《张謇与中国农业近代化:论淮南盐垦》,1987年张謇国际学术研讨会论文。

食品厂即在沪郊自营农场,生产食品原料。

苏南的农场,在第一次世界大战后发展迅速,以镇江一带建场最多,农牧兼营,苏州、松江地区亦有建立。由于与城市关系密切,在30年代初的农业危机中受影响不大,只是在抗日战争时期一些近山沿湖地区的较大农场为敌伪所据,或遭破坏。唯对苏南农场的历史,尚未见专门研究。据解放后华东军政委员会土地改革委员会调查,苏南各区在土改前有农场105处,其分布情况和场地规模如表3—52。

表3—52　1949年苏南农场概况

地区	农场数		农场数(按农场面积分类)			
	公营	私营	100亩以下	101—1000亩	1001—2000亩	未详
无锡	5	2	6	1	—	—
松江专区	3	20	12	6	3	2
苏州专区	3	27	19	6	5	—
常州专区	2	3	1	—	3	1
镇江专区	17	23	18	12	10	
合计	30	75	56	25	21	3
总面积(亩)	57748.3	35717.6				

资料来源:华东军政委员会土地改革委员会:《江苏省农村调查·苏南农场概况》,1952年版。

表3—52中的公营农场是指解放后没收的官僚资本的农场,主要是抗战胜利后接收的敌伪经营的农场,其规模较大。这里只介绍私营农场,其中有使用土地资料者仅35家。这35家共使用土地15773.9亩,可分为4种类型:

(1)全部或大部分是佃入土地,雇工经营者,有5家,有地1774.5亩,占11.2%。

(2)全部或大部是自有土地,雇工经营者,有21家,有地8852.23亩,占56.1%。

(3)自有土地,大部分雇工经营,小部分出租者,有5家,有地2747.92亩,占17.4%。

(4)自有土地,全部或大部分出租者,有4家,有地2399.2亩,占15.2%。

可见,苏南的农场与苏北的盐垦公司不同,它们一般都是雇工自营,以出租为主者很少,约仅占所有土地的15%。但是每个农场面积不大(平均为450亩),雇工也少。有职工记载的17家私营农场,共有职员124人,工人246人,平均每家21.8人,而职员占1/3。其中最大的镇江四益农场有职员71人,工人142人;小者如江宁的正谊农场和上海的新民农场只有四五人。这种雇工情况和这些农场主要从事技术性生产和市场经营有关。17家农场中,除2家外,都雇有技术员工和营业、会计人员。

苏南农场的生产比较先进,大部分已使用化肥,部分使用机器。在松江、青浦、吴江、太仓、句容等县的8个私营农场,共有抽水机9架,拖拉机、开山机各1架,其他耕作机器4架,有的还将机器出租给附近农民使用。专用设备方面,四益农场的蚕种部设备很齐全,畜牧部设有牛奶消毒机、分离机、白塔油机等。各农场既属商品生产,对市场十分注意,有的专设业务经理,在附近或经营有关城市设立办事处,与银行的关系也密切。

三、东北的农业公司和农场

东北是农业公司和农场集中的地区,但迄今未见系统的研究。下面仅就零星资料,先考察1931年以前中国资本和日本资本经营的农业公司和农场,然后叙伪满时期的情况。

(一)中国资本的农业公司和农场

1900—1902年,李厚佑等在奉天锦县设天一垦牧公司,集股60万两,领大凌河牧地10万余亩,并购办外国农具。这大约是东北的第一家农业公司。①

① 李文治编:《中国近代农业史资料》第一辑,生活·读书·新知三联书店1957年版,第216页。

1902年,安东绅商集股与官府合办安东植木公司,资本镇平银20万两,经营鸭绿江、浑河木材,据称购有德国木材加工机械,年销数百万株,并出口朝鲜、南洋。①

1906年,奉天省设农事试验场,用地1000亩,分农产、园艺、牧畜、桑蚕各区,购新式农具和外国苗种;次年又在辽阳、盖平、海城、铁岭、法库、新民、安东设分场。以办理不善,民国后废弛,总分场只办苗圃。同年,设奉天养牧公司,在镇安(黑山)勘地6.6万余亩,招商放牧;至1908年以商股难集,改为官办,并先后设分场6处。② 同年,设兴华垦务公司,于图什亚图王旗有地1.33方(每方45垧),招民垦种,贷给房屋、碾磨、水井等,3年后起租并摊还贷款。③

1907年,黑龙江省城设瑞丰农务公司,在讷漠尔河南段领官荒21井(每井36方),官拨银22250两,购外国火犁2架,招民垦种;拟招商股10万两,官商合办;1917年以经费无着停办。④ 1907年,广东商人陈国圻集股在黑龙江汤源县设兴东垦务公司,以银5.78万元购地种植,4万元设面粉厂,1.5万元办牧畜;所收粮谷和面粉畅销。⑤

1910年,有商人在吉林省长岭县设畜牧公司,资本2万元,1913年增资至10万元,有地3000垧,拥有牛马骡驴2100头,羊1200头,猪935头。⑥ 同年,有人在富宁县设富宁屯垦公司,招股1万元;1913年改称阜宁屯垦公司,领地7000垧。1911年,官方在长岭县设天利公司,有地82289垧,招民垦殖,贷给房屋、碾磨、水井等。⑦

以上是我们所见晚清在东三省设农业公司的记载,规模都较大,以垦牧为多。民国以后,发展较快。据《农商统计表》,1913—1920年三省共

---

① 《鸭绿江开埠琐记》,《国闻周报》第6卷第2期,1929年。

② 以上两例见《奉天通志》卷一一三,实业一;卷一二〇,实业八。

③ 孔经纬:《东北经济史》,四川人民出版社1986年版,第68页。

④ 李文治编《中国近代农业史资料》第一辑,生活·读书·新知三联书店1957年版,第215—216页。

⑤ 孔经纬:《东北经济史》,四川人民出版社1986年版,第69页。

⑥ 李文治编:《中国近代农业史资料》第二辑,生活·读书·新知三联书店1957年版,第358页。

⑦ 以上两例见孔经纬:《东北经济史》,四川人民出版社1986年版,第69页。

创办农林公司 137 家,实缴资本 1584 万元:内奉天 71 家,资本 686 万元;吉林 51 家,资本 818 万元;黑龙江 15 家,资本 80 万元。兹将其中较大几家简介如下。其中关内商人资本涌入东北垦殖,值得注意。

在吉林省,民国初有海参崴商人在东宁县设阜宁屯垦北公司,领荒地 2500 垧,招佃开垦。前述的阜宁公司称南公司。旋又由张宗昌设裕宁屯垦公司,领荒地 1 万余垧。在绥滨县,有所谓五大农垦公司者,即 1912 年浙江商人郑永昌等与美国人合办的绥滨火犁公司(拖拉机耕地);1915 年江苏商人陈陶遗等创办的东井公司;同年浙江地主官僚周大容等创办的智远公司;约 1916 年创办的广信公司(亦有拖拉机耕作)。1925—1927 年五公司耕种面积共近 1 万垧,约占全县耕种面积的 1/3。①

20 世纪 20 年代,吉林省的较大公司有 1923 年在宁安县设立的东北垦牧公司,资本 3 万元,种水稻;1926 年在泰来县设立的泰东公司,有地 3715 垧,投资 15 万元,有拖拉机 1 台,播种机 5 台以及耕耘、镇压、刈草机各 1 台。吉林省的农事试验场也大有发展,1924—1929 年在 14 个县设有分场。②

在黑龙江省呼玛县,有所谓三大公司,系李云书等 3 人在 1915 年创办。据称资本江洋 60 万元,有地 3600 垧,至 1917 年已垦熟 600 垧。有大型拖拉机 5 台,25 马力拖拉机 2 台,播种机、割谷机各 8 台,打谷机 3 台,种小麦和燕麦,并自制面粉。后因石油涨价,1921 年起将部分土地改为出租;到 1923 年有耕地 2000 垧(大约指垦熟者),公司自营机器面粉厂。③

林业公司此时发展最快,并集中在吉林省。至 1930 年,吉林省领照林商有 150 家,内称公司者 18 家。1923 年设于宁安的志成公司,资本 15 万元,有林地 200 方里;1925 年设于辉南的辉蒙木业公司,资本奉大洋 16

---

① 孔经纬:《东北经济史》,四川人民出版社 1986 年版,第 145—146、233 页。

② 孔经纬:《东北经济史》,四川人民出版社 1986 年版,第 232—233 页。

③ 呼玛三大公司据满铁调查,资料不一致,见李文治编:《中国近代农业史资料》第二辑,生活·读书·新知三联书店 1957 年版,第 359 页;孔经纬:《东北经济史》,四川人民出版社 1986 年版,第 146、233 页。

万元,有林地200方里;1929—1930年设于敦化、桦甸的松江林业公司和丹华伐木公司,共有资本20万元,有林地500方里;同时期设于汪清的木业公司,资本16万元,有林地200方里。此皆规模较大者。①

(二)日本资本的农业公司和农场

日本帝国主义早就觊觎东北的农林资源。1908年成立的鸭绿江采木公司是最早的农业公司。该公司规定资本300万元,中日各半,实全由日方经营。该公司盛季有伐木工人3万余人,1917—1927年采木1615万立方米,1/3运往日本,估计自公司成立至1941年结束,采木不下1亿立方米,值30余亿元。②

鸭绿江采木公司以外,日本在东北的农林资源掠夺机构大体可分为满铁、东拓两大系统。③

满铁的“附属地”1931年达82万亩。又在公主岭设农事试验场和熊岳城分场,占地共5000亩;在旅大设机械化农场,占地4000亩;在巴林旗设垦牧场,占地8.5万亩。

1922年,满铁组设东亚劝业会社(东劝),作为从事农业的专门机构。该会社资本2000万日元,土地投资256万余日元,1922—1926年共获得土地208万亩,1927年土地投资为487万余日元。它经营有奉天农场(沈阳、新民)、东山农场(柳河)、大来农场(双山)、通辽农场(钱家店和哈拉火烧)、哈番农场(通辽、哈番营子)、利兴公司(法库)、隆育公司(西扎鲁特旗)、华峰公司(东札鲁特旗)、蒙古产业公司(巴林旗)等。主要方式是招佃移民,发放农贷。1922—1931年,东劝实耕土地约84万亩,征收粮租13.3万余石,贷款获利息37万日元,总收入759万余日元,纯利

---

① 孔经纬:《东北经济史》,四川人民出版社1986年版,第233—234页及后之附表。

② 潘喜廷:《中日合办鸭绿江采木公司与日本对东北林业资源的掠夺》,见东北三省中国经济史学会、抚顺市社会科学研究所编:《东北地区资本主义发展史研究》,黑龙江人民出版社1987年版,第362—363、368页。

③ 以下满铁、东拓主要据秦舒:《“九一八”事变前日本的农业掠夺对我国东北资本主义发展的影响》,见东北三省中国经济史学会、抚顺市社会科学研究所编:《东北地区资本主义发展史研究》,黑龙江人民出版社1987年版,第384—395页。

113万余日元。

1929年满铁组设大连农事会社,资本1000万日元,至1931年,在旅大购租土地7万亩。

东拓,即东洋拓殖会社,1908年成立,资本1000万日元,原经营朝鲜垦殖,1917年扩展至中国东北,1918年增资至2000万日元,1919年再增资至5000万日元。东拓在沈阳、大连、哈尔滨、龙井设分公司,直接占有土地144万亩。

东拓办有各种附属事业,包括东省实业会社、惠通钱号、长春粮栈、瑞祥号、黑龙江吉沁农场、开鲁同兴垦牧公司等。1918—1920年,通过抵押、买卖等共据有土地270余万亩。开鲁同兴垦牧公司资本200万日元,有地130万亩,招佃1500户。

东拓的主要业务是发放农贷。1920—1927年在东北共放贷款5.23亿日元,平均每年6500万日元。除贷款给农业公司、日本移民外,1917年贷款给段祺瑞的德政堂100万日元,合办东北企业公司,在珠河、东宁、五常等县括地1万平方里(包括林场);1928年贷款给张占元合办农场,在龙江县有地16.2万亩。它贷款的大户佐佐江农场有地5.5万余亩,自在丸农场有地1万余亩,早间农场有地4万余亩,华峰公司有地63万余亩。①

日本在东北的农业投资主要是用中日合办农场的形式,这是利用中方名义便于取得土地,实际全由日方管理。前述东劝、东拓的一些农场,即多属中日合办,其中有些是先由日本人与华人合办,然后归东劝或东拓占有,如华峰公司、开鲁同兴公司等。此外,较大的合办公司有内蒙古实业公司、东三省兴业公司、兴发有限公司、蒙古产业公司、裕宁屯垦公司、东北兴业公司、额穆农场等。林业公司也多属中日合办。除鸭绿江采木公司外,较大者有黄川采木公司、扎免采木公司、丰材公司、兴林造纸公司、共荣起业会社、中东海林采木公司等。上述6家资本共3350万元(法币)。

---

① 李文治编:《中国近代农业史资料》第二辑,生活·读书·新知三联书店1957年版,第27页。

（三）伪满时期的农业公司和农场

“九一八”事变后，日本帝国主义大力推行农业移民政策。东北的移民中原以朝鲜人为主，1932 年时约有 56.6 万人，日本移民仅 26 万人。此后则以日本移民为主，其中主要是“分村移民”，即将按村计算出的日本过剩人口集体移殖东北，又称武装移民。余为一般移民，又称自由移民。为此，公布“日人商租土地暂行办法”，将根据 1915 年中日协定而来的日人商租权普遍化，并经伪满登记、整理，变成永租和所有权。1933 年成立日满土地开拓公司，为日本移民提供土地。

集体移民，主要由东劝办理，由东拓提供贷款。1935 年 12 月成立满洲拓殖会社，资本 900 万日元，由满铁、伪满洲国和三井、三菱等投资，统一管理移民的贷款、农具购置、垦荒资金事宜。1936 年，关东军制定了 20 年内移民 100 万户、500 万人的庞大计划。1937 年 8 月成立满洲拓殖公社代替满洲拓殖会社，资本 5000 万日元，日本政府和伪满洲国各认股 1500 万日元，余由满铁、东拓、三井、三菱、住友认缴。1941 年合并了办理朝鲜移民的满鲜拓殖会社（资本 1500 万日元），1943 年满拓公社再增资为 1.3 亿日元。公社继承满拓会社土地 3525 万余亩，到 1941 年扩地达 1.758 亿亩，内约有半数是不支付地价的（另由伪满政府提供 1.2459 亿亩，内 40%未付地价）。公社发放大量移民贷款，1937 年利息收入 68.8 万日元，1943 年利息收入 3263.1 万日元，土地管理收入 962.8 万日元。①

日本移民计划庞大，劳民伤财，成效甚小。1932 年至 1945 年 8 月日本投降，共移送“一般开拓团”和“义勇军开拓团”102239 户，219338 人，又青少年（义勇军训练生）21986 人，总共不过 24 万余人。他们主要被安置在黑龙江近中苏边境一带。为此，共掠夺移民用地 3 亿亩，内熟地 3265 万亩，而由移民直接耕种的仅 358.5 万亩，他们又多半出租给华人，

① 据满洲移民史研究会：《日本帝国主义下的满洲移民》，见杜恂诚：《日本在旧中国的投资》，上海社会科学院出版社 1986 年版，第 391—393 页。

自成地主。[①] 用于置办土地的费用6.5亿元,移民及其他费用5.9亿元,共12.4亿元,内日本负担4.33亿元,伪满负担8.07亿元。[②] 上述各种会社,以及伪满的满洲土地开发会社(1944年改为土地开发公社),基本上只是经营土地买卖租赁和贷款,获利甚丰,但并非真正经营农业生产的公司。

伪满时期,满铁、东拓经营的农场仍继续经营,不过此时更多是利用伪满经营。伪满接管了原吉林省的皇产、旗属官产、驿站官产,没收了原奉系军阀的"逆产"153万亩和荒地390万亩,接管了原官办的农场。到1936—1938年,伪满除出租土地外,有国立农事试验场12个,各县农事试验场、劝农模范场、种畜场等约100个,并由满鲜拓殖会社组织农场5个。这期间,由于日本着重开发工矿资源,在农业方面集中力量于移民,满铁及日本民间投资于东北农业生产并不多。太平洋战争后,日本发生粮荒,乃在东北大力倡行"自给"。满铁设立"自给农场",伪满设立"报国农场",先后有数十个。成效甚少,整个农业处于衰退状态。唯随时代发展,农业机械化略有增进。1936年设立的俄人沃伦兹欧夫农场(耕种面积600陌,每陌=16.1亩),1937年日本人设立的康德农场(600陌)、候伦帕伊尔组合(300陌),1940年日满制粉会社设立的制粉农场(1万陌)、满洲拓殖公社设立的满拓农场(3000陌),均用机器耕作。日本在伪满实行统制经济和农产品统制购销,华商投资农场者竟无所闻。到1942年,东北有机械化农场63个(包括俄人经营的19家),耕种面积44.18万亩,有拖拉机489台,11337马力。[③]

林业公司的发展较农业为盛。原来东北的国有林场被伪满接管,1932年伪满调查共有林场255处,面积6300万亩。原"合办"的鸭绿江、

---

① 浅田乔二:《日本帝国主义与满洲移民》,见东北三省中国经济史学会等编:《中国东北地区经济史专题国际学术会议文集》,学苑出版社1989年版,第305、308页。

② 日本战犯笔供,见孔经纬:《东北经济史》,四川人民出版社1986年版,第535页,满元与日元等价计。

③ 东北财经委员会调查统计处编:《伪满时期东北经济统计》,1949年版,第(1)—15页。拖拉机中仅47台专为机械化农场使用,余系出租用于垦殖。

海林、扎免等采木公司归日满合营,1932 年鸭绿江采木公司获利 24 万余元。1933 年伪满设立大同林业公司,资本 500 万满元。这年日满合资的林业公司约有 30 家。日本在伪满实行“一业一社主义”的垄断制度,1936 年大同林业公司改组为满洲林业会社,资本 500 万元,一半伪满出资,一半由满铁和王子财阀认股,1938 年增资为 3000 万元,成为特殊会社。木材原输日本,1932 年净出口 8.5 万立方米,唯以后东北木材消费增加,变为净进口,30 年代进口约为出口的 1 倍。

四、农业中资本主义生产关系的小结

上面我们考察了经营地主、富农经济、农业公司和农场这三种农业中的资本主义经营形式。现在首先估计一下这三种形式在农业生产中所占的比重。

据我们考察,经营地主的户数约不到全国总农户的 1%,他们雇工经营的土地,在华北约占耕地总面积的 9%—10%,即约 0.43 亿亩。关内其他省份经营地主较少,江南尤少,姑按 4%计,即 0.28 亿亩。在北满,经营地主自营的土地约占耕地总面积的 25%,即 0.15 亿亩;在南满,约占 10%,即 0.18 亿亩。以上合计,经营地主自营地共约 1.04 亿亩。抗日战争后,或谓经营地主衰退,但还找不到确证。以 1.04 亿亩计,大约仅占地主所有土地的 15%左右,占全国耕地总面积(1933 年 14.047 亿亩)的 7.4%左右。

富农经济,是这三种经营形式中最有发展的一种。据我们估计,抗日战争前全国约有富农 418 万户,占全国总农户的 6.9%。富农使用的土地近 3.88 亿亩,占全国耕地总面积的 27.6%(见表 3—34),若其中 1/4 是出租地,富农自营者亦近 3 亿亩,占全国耕地总面积的 20.7%。抗日战争后,富农经济确实衰退了,占总耕地面积不到 15%,在东北亦仅 20%左右。

农业公司和农场,我们在上文中还无法提出一个全面的数量概念。我们仅估计,苏北的 70 余家盐垦公司,投资在 3000 万元以上,有地约 500

万亩,已垦地约200万亩。苏南的105家农场,有地不过9万余亩。东北的农垦公司和农场,如不计侵略性的日本拓殖公司和以方里计的林场,按所见事例,平均每家约有资本10万余元,领有土地3000垧或六七万亩,以150家计,共有地约1000万亩。唯其中已垦地恐不足一半,姑作500万亩。其他各省农业公司和农场都不多,连同占地较多的察绥新垦区,权估作800万亩。可以设想抗战前农业公司和农场实际耕作的土地不过1500万亩,约占全国耕地总面积的1%。抗战期间,出现不少收容难民、移民的垦殖农场,据1948年农林部统计,18省共有垦殖农场193处,垦区1444万亩。但该统计既未包括东北,其中绥远一省竟占93%,显不合理,不足为据。

以上经营地主、富农经济、农业公司和农场在抗日战争前共有土地约4.1亿亩,见表3—53。

表3—53　抗日战争前三种农业经营方式比较

类型	占全国总农户比重(%)	自营土地(亿亩)	占全国总耕地比重(%)
经营地主	1.0	1.04	7.4
富农经济	6.9	2.91	20.7
农业公司和农场		0.15	1.0
合计		4.10	29.1

以上的估计自然十分粗糙,尤其是农业公司和农场,只是一种推测。三种形式经营的土地占到全国耕地面积近30%,这个比重不算太小了。但是,我们并不能说,全国农业中已有近30%是资本主义经营了。

就经营地主和富农经济而论,众所周知,因为他们常有地租剥削和放高利贷等而带有半封建性。在我们的估计中,虽然尽量扣除了他们出租土地的部分,却不能扣除他们半封建的性质。又前文已屡言及,在农业调查统计上多数是按自耕农、半自耕农、佃农分类,我们所用经营地主、富农的数字是按照土改中划阶级的政策规定择取的。这种规定是为了在革命运动中区别对待,而不是根据经济性质,且常因政策宽严而变动。就雇佣劳动来说，在占比重最大的富农经济中，常有家工数量相当于雇工以至超过雇工的情况，我们无法加以分辨。在生产上，他们究竟有多大部分是商品生产，几乎无从考察，包括经营地主在内，恐怕有不小部分还是以自给性生产为主的。

以农业公司和农场而论，就其组织形式说，似乎资本主义性质比较明确。但从生产上看，除一些园艺、饲养、苗圃、果木等小规模经营外，大部分土地还是出租给垦民或佃农，进行个体生产，仅小部分是雇工自营。即以资本较大的苏北盐垦公司而论，过去论者也常认为它们不过是“地主的联合收租栈”。我们已指出这种论点是不恰当的，但也不能认为所有公司组织的农业就都是完整的资本主义经营。

要明确农业经营中的资本主义性质，必须对每家农户或农业组织做全面考察，而这样做，既不可能，也无必要。我们认为，研究中国近代农业中资本主义的生产关系，目的在于考察这些新的经济形式对农业生产力有无提高，它们对于生产的商品化、社会化有无促进，这也是经济史学所要研究的中心内容。如果一种经济，或者一种组织，对于生产力的增长和生产的社会化，也就是对经济的发展和进步毫无作用，那么，尽管它是百分之百的资本主义，也没有什么价值可言。因而，我们不去对它们的资本主义性质作烦琐的论证，而是以较大的篇幅去考察这三种经济形式的生产力状况，试图从生产效益的比较中作出评价。只可惜资料有限，又因我们的学识不足，未能完全如愿以偿。

据我们初步考察，经营地主这种形式，因为它具有较多较好的土地，可以有较多的资本投入（工具设备较全、肥料种子较充足），并且在劳动力的使用上可以利用规模经济（大田场所需劳动力相对较少），生产效率应当是较高的。但实际上并不尽然。多数情况下，地主雇工经营并不比出租土地、实行个体生产能获得更高的单产量或总产量。只是在少数情况下，以及在东北尤其北满新垦区，表现出它的优越性。这一方面是由于地主阶级一般奢侈腐败、不善经营管理；另一方面是因为中国集约化的小农经济有不可低估的生产效率，而规模经济在这种集约化农业中并非重要因素。

富农的土地和资本投入较中农、贫农优越,但远逊于经营地主。不过,他们常可借租进土地调剂田场的分散性,又在工具设备上较注意新颖适用,尤重施肥。富农经营的主要优越性在于劳动力。经营地主极少下地劳动,而富农基本上参加劳动,每家约有2个成年劳动力,以家工带领雇工,形成在中国传统农业条件下最有效率的劳动力组织。加以富农大多是力农致富,由中农贫农上升而来,他们勤俭持家,毛泽东同志说他们有一种"方新之气"。因而,富农经济虽然一般不代表新式生产力,但多少已有一点企业家精神,在中国传统农业中,是最进步的部分。

富农自营的土地虽然占到全国耕地总面积的20%强,但经营规模甚小,平均每户不过六七十亩,仅在东北可达200亩。除从事经济作物者外,在粮食生产上商品率有限,乃至主要是自给性生产,对生产的社会化和资金积累作用不大。富农经济又是极不稳定的,由于规模小,无力抵抗天灾人祸。少数致富者,亦转入出租地主,以图稳妥;绝大部分随社会经济变动而浮沉,不能自主。抗日战争以后,富农经济大量衰退,其作用就更小了。

农业公司和农场的主要作用,在于把股份集资制度引入农业,他们所有土地已不同于地主土地所有制。同时,它们部分地、尽管是极小部分地引进了新式生产工具和科学技术,在垦荒和提高土地利用效益上有所贡献,但是,农业公司和农场的数量很小,能引进新式工具和技术的更少,在整个农业中,其作用微乎其微。由于农业公司和农场大半出佃土地或建置房屋、碾磨、水井贷给招募的垦户,因而在生产上仍是个体经济。不过,在中国传统农业中,这种以家庭为单位的劳动组织,其效益并不低于集体劳动,较之雇佣劳动制度,也许更适合于移民和垦民的习惯。

第四章

抗日战争时期的资本主义经济

第一节　日军占领下东北的资本主义经济

本章是考察抗日战争时期的资本主义经济。但在东北,“九一八”事变后就陷入日本占领下的殖民地型经济了,其后演变也与关内有异。因此,本节时限与他节不同,是自1931年“九一八”事变起至1945年日本投降止,以整个殖民地时期的资本主义经济为考察对象,唯农业资本主义已见第三章,从略。限于篇幅,只做概括性论述。又为了解全貌,先对“九一八”事变以前的概况做简单介绍。

一、“九一八”事变前东北的资本主义经济

1931年“九一八”事变前,东北的资本主义经济已为日本资本所支配。第二章第一节中,我们对日本在东北的投资是以杜恂诚最新的估计为依据,他是据斋藤征生的估计加上日本在东北的公共设施等共估为15.84亿日元,不包括借款投资(另计入全国日资内)。今专论东北,自不能以直接

投资为限。关于这时日本在东北的投资有多种估计(见表4—1)。我们以日本满史会估计的17.57亿日元为准,因为该估计有分业项目,即表中B。

表4—1 "九一八"事变前东北的外国资本

A.日本在东北的投资估计(百万日元)

估计者	估计年	投资额	来源
雷麦	1930	直接投资 1100.4	雷麦:《外人在华投资》蒋学楷、赵康节译,商务印书馆1959年版,第354页。
斋藤征生	1930	直接投资 1230.3	杜恂诚:《日本在旧中国的投资》,上海社会科学院出版社1986年版,第7页。
日本满史会	1931	投资总额 1756.6	满史会编:《满洲开发四十年史》上卷,满洲开发四十年史刊行会1964年版,第80页。
伪满中央银行	1930	投资总额 1800.0	东北物资调节委员会研究组:东北经济小丛书《金融》,东北物资调节委员会1947年版附表二。
伪满产业部	1931	直接投资 913.0 证券投资 837.0 合计 1750.0	孔经纬:《东北经济史》,四川人民出版社1986年版,第315页。
金子文夫	1926—1930	直接投资 1079.2 借款 816.2 合计 1895.4	《战前日本在台湾、朝鲜和满洲的投资》(日文),东京大学社会科学研究所《年报》1982年第23号。
李顿调查团	1931	直接投资 1369.4 借款 348.4 合计 1717.8	李顿调查团报告书附册《专题集》(英文),1932年日内瓦版,第203页。

B.各国在东北的投资估计(百万日元)

国别	运输业	农林业	矿业	工业	商业	金融业	其他	合计	占合计比重(%)
日本	526.3	284.5		162.3	117.7	204.3	461.5	1756.6	72.3
苏联	450.0	25.4		5.3	19.3	15.0	75.0	590.0	24.3
英国	10.3	—	—	2.5	10.9	7.0	2.7	33.4	1.4
美国	—	—	—	2.5	10.7	8.5	4.7	26.4	1.1
法国	14.3	—	0.3	5.0	**	—	1.5	21.1	0.9
瑞典丹麦	—	—	—	0.5	0.6	—	0.1	1.2	—
合计	1000.8*	310.2		178.1	159.2	234.8	545.5	2428.7*	100.0
业别占比(%)	41.2	12.8		7.3	6.5	9.7	22.5	100.0	

注:* 因进位差0.1

** 因进位差0.06

资料来源:满史会编:《满洲开发四十年史》上卷,满洲开放四十年史刊行会,第80页,苏联部分按同书下卷第345页修正。

由表 4—1B 可见，日本投资以运输业和金融业为主。运输业又以铁路为主。这时日本人直接经营者有南满、安奉 2 线，连支路 1130 千米，贷款控制者有吉长、四洮、吉敦、洮昂 4 线 1004 千米，“合办”控制者有金福、溪域、天图 3 线 228 千米，三者共 2362 千米。[①] 金融业以横滨正金银行、朝鲜银行、东洋拓殖会社为主，另有总行在东北的银行 12 家。正金银行发行银券，1929 年流通量 593.8 万日元；朝鲜银行发行金券，1929 年流通量 11903.4 万日元，实际不只此数。[②] 主要工矿企业如鞍山、本溪湖、抚顺等本书前文已多次言及，另有日资各类工厂 500 余家，资本 1.3 亿余日元。[③] 为了解日本投资的性质，再据表 4—1 中所引李顿调查团的分析如下（见表 4—2）。

表 4—2　1931 年日本在东北的投资

项目	百万日元	占合计比重（%）
满铁	742.0	43.3
铁路及铁路工厂	276.7	
港口码头	83.2	
矿业和冶炼	154.4	
其他	227.7	
满铁附属公司	93.4	5.4
其他日本公司	439.0	25.6
日本个人投资	95.0	5.5
各项借款及垫款	346.4	20.2
合计	1715.8	100.0

“九一八”事变前，东北尚有其他外国投资，亦列入表 4—1。其中以苏联为主，而最大资本是中东铁路，其历史本书已屡言及。这时日本势力

① 东北物资调节委员会研究组：东北经济小丛书《运输》，东北物资调节委员会 1948 年版，第 11—13 页。

② 《参与国际联合调查委员会中国代表处说帖》（英文），上海商务印书馆 1932 年版，第 290 页。

③ 孔经纬：《东北经济史》，四川人民出版社 1986 年版，第 347 页。

主要还在南满,苏联和其他外国投资主要在北满,以哈尔滨为中心。据另一资料,北满除俄资外,有外国投资 3778.4 万美元(合 7651.3 万日元),内英占 29.6%,日占 24.4%,美占 21.8%,波兰占 13.3%,法占 4.7%,德占 3.2%,其他国占 3%。①

"九一八"事变前奉系在东北的官僚资本,矿业和制造业已见第二章第二节四目。唯就当时国有财产说,当以铁路为最大。除原有北宁关外段外,奉系先后修建者有沈海、打通、吉海、呼海、齐昂、齐克、洮索等线,连同矿区铁路,共长 1586 千米。金融业投资也不小,东三省官银号有分支机构 88 处,经营当铺、粮栈、火磨、糖厂等 28 个附属企业;吉林永衡官银钱号、黑龙江省官银号以及边业银行也是这种经营方式。再如沈阳兵工厂,规模巨大,据称耗资达 5 亿元,以及炮厂、锦西兵工厂、沈阳国际电台等,"九一八"事变后俱陷敌手。②

东北的民族资本,原大量经营矿业。1924 年以后,大型矿陆续被收归官营或掺入奉系资本,小矿则续有发展。这些小矿资本不过万元,但在通化、锦西、怀仁、吉林、穆棱以及热河赤峰等地亦有资本二三十万至百万元的煤矿。盖平、海城的苦土、滑石矿有 40 余家,但资本不过数百元至一两千元而已。③ 工业方面仍以传统的老三行即油房、磨房、烧锅为主,亦均有发展。据统计,1919—1923 年东北新设油房 115 家,年均 23 家;1924—1928 年新设 131 家,年均 26 家,1929—1931 年新设 91 家,年均 30 家。④ 不少油房已改用机器和机械动力。磨房业这时已主要是机器面粉厂。1921 年东北有华商面粉厂 57 家,资本 1087 万元,日产能力 8.9 万包,1931 年有 70 家,资本 1514 万元,日产能力 12.1 万包。⑤ 其中并有双合盛、天福兴等大厂。烧锅业,1919 年东北有专业酒厂 119 家,1922—

① 1932 年 10 月日驻奉天总领事馆提供李顿调查团资料,存日文《各国对满洲国投资关系杂件》档,中国社会科学院经济研究所藏。

② 参见孔经纬、傅笑枫:《奉系军阀官僚资本》,吉林大学出版社 1989 年版。

③ 孔经纬:《东北经济史》,四川人民出版社 1986 年版,第 151—155、244—249 页。

④ 满铁经济调查会:《满洲油房现势》,1932 年版,第 1 页。

⑤ 上海市粮食局、上海市工商行政管理局、上海社会科学院经济研究所经济史研究室编:《中国近代面粉工业史》,中华书局 1987 年版,第 49 页;1931 年的估计见本节第四目。

1931 年新设 315 家。每家资本不过一两万元，但亦有资本 10 万元以上的酒厂 7 家，内 6 家已使用电动机、蒸汽机。[①] 此外，柞蚕丝和织布厂、针织厂属新兴工厂，发展较快，唯资本甚小。表 4—3 为“九一八”事变事前资本在 10 万元以上的华商工厂统计，唯所列柞蚕丝厂资本显然不足 10 万元，又所列纺织厂一家实为奉系军阀控制的奉天纱厂，有商股而已。

表 4—3　1931 年东北资本在 10 万元以上的华商工厂②

工厂	工厂数	工人	资本（万元）
油房	130	18000	2017. 0
火磨	28	2000	1400. 0
烧锅	7	300	85. 0
柞蚕丝	45	7000	128. 1
火柴	8	1600	103. 0
纺织	1	2000	300. 0
毛织	1	300	100. 0
制革	3	200	74. 0
陶瓷	2	600	58. 8
百货工厂	1	800	44. 0
合计	226	32800	4309. 9

总之，“九一八”事变前，东北的民族资本工业曾有较快的发展，并以哈尔滨、大连最为集中。有人根据各地资料估计 1929 年东北八大城市的民族资本工业情况见表 4—4。

① 东北三省中国经济史学会等编：《东北地区资本主义发展史研究》，黑龙江人民出版社 1987 年版，第 28、33、37 页注 7，田志和文。

② 屠哲隐编：《东三省之工业》，南京书店 1932 年版，第 5—6 页。

表 4—4 1929 年东北八大城市民族资本工业①

城市	资本(万日元)	产值(万日元)	产值最大行业
哈尔滨	3343	11881	面粉、榨油
大连	2800	3585	榨油
长春	669	1364	面粉、榨油
营口	360	1702	榨油、织布
沈阳	340	1000	建材、制革
安东	130	771	榨油、缫丝
齐齐哈尔	80	472	制酒、榨油
吉林	40	50	火柴、织布
合计	7762	20825	

二、伪满对外贸易和日本在伪满投资

1932 年 3 月,日本帝国主义在东北建立傀儡政权“满洲国”政府,自此直到 1945 年 8 月苏联军队进入东北,就是我们下面所要考察的伪满洲国经济。唯 1941 年太平洋战争后日伪力求保密,许多资料不全。

(一)伪满对外贸易

东北原是中国唯一的出口超过进口的地区,1927—1931 年平均每年出超 1 亿关两,1931 年达 1.69 亿关两(见表 2—1)。日本占领东北后,1932 年尚有 1.2 亿日元(近 1 亿关两)的出超,以后即变为年年入超,且不断增大,1940 年达 10.8 亿日元(见表 4—5)。②

① 东北三省中国经济史学会等编:《东北地区资本主义发展史研究》,黑龙江人民出版社 1987 年版,第 202—203 页,赵德玖文。

② 表 2—1 因做全国统计,减除了伪满对关内贸易数,并折成关两。表 4—5 未做减除,按原统计用满元,唯 1942—1944 年系用日本统计,用日元。

表 4—5　1932—1944 年伪满对外贸易和日本对伪满投资

年份＼项目	伪满对外贸易				日本对满投资（百万日元）	每 100 满元（折合日元）
	进口（百万满元）	出口（百万满元）	出(+)入(-)超			
			百万满元	百万日元		
1932	337.7	618.2	+280.5	+119.7	97	234.36
1933	515.8	448.5	-67.3	-61.6	151	109.37
1934	593.6	448.4	-145.2	-185.5	272	78.24
1935	604.1	421.0	-183.1	-185.7	379	98.59
1936	691.9	602.8	-89.1	-87.9	263	101.36
1937	887.4	645.3	-242.1	-241.9	348	100.10
1938	1273.9	724.0	-549.9	-548.5	439	100.24
1939	1799.1	834.7	-964.4	-963.3	1104	100.12
1940	1745.8	662.3	-1083.5	-1083.5	1011	100.00
1941	1410.0	675.4	-734.6	-734.6	1829	100.00
1942	990.3*	546.2*	-461.8	-444.1	1324	103.99
1943	796.8*	400.1*	-392.5	-396.7	990	98.96
1944	632.8*	456.2*	-198.6	-176.6	828	112.45

资料来源及说明：伪满对外贸易：1932—1941 年据《满洲国对外贸易年报》；其后停止发表，1942—1944 年系日本贸易统计中日本对满贸易之日元数(*)。满元合日元数用伪满中央银行和横滨正金银行挂牌之满、日元对美元汇率折算而出（理论上满日元等价）。见郑友揆：《中国的对外贸易和工业发展》，程麟荪译，上海社会科学院出版社 1984 年版，第 247、249—250、258 页。日本对满投资：据满史会编：《满洲开发四十年史》上册，满洲开发四十年史刊行会 1964 年版，第 685 页，下册第 876、886 页。又 1945 年 1—6 月为 4.54 亿日元。

表 4—5 所示伪满的进口是不断增长的。除 1932 年不正常外，1933—1941 年增长 173%，同期出口仅增长 50%。但此项增长主要是 1937 年以后物价上涨所致，按下列长春（伪都）物价指数修正，则进口仅增 2%，而出口下降近一半。故伪满的对外贸易一直处于不景气状态，尤其出口严重萎缩。1941 年太平洋战争后，进出口都进一步衰落。表内系日满贸易之日元数，按东京物价指数修正，1942—1944 年进口下降 42%，出口下降 24%。实际情况尚不止此。因伪满严格管制物价，指数不实，与黑市价悬殊，看表 4—6 自明。

表 4—6　1933—1944 年伪满物价指数①

年份＼城市	东京	长春	年份＼城市	东京	长春	长春
1933	100.0	100.0	1939	153.1	181.3	黑市
1934	100.5	92.8	1940	167.8	225.8	
1935	102.6	103.4	1941	176.9	268.6	100.0
1936	105.9	106.1	1942	189.7	299.5	142.2
1937	129.6	125.1	1943	198.3	297.9	214.3
1938	143.2	149.8	1944	209.4	357.5	638.3

伪满贸易的大量入超,实际是对日本、朝鲜、中国台湾(日元集团)贸易的结果,而对其他国家的贸易,则除 1940 年以外都是出超。伪满对中国关内的贸易也是出超。日本占伪满进口的 70%以上,出口的 50%以上。即伪满以其大豆产品以及煤铁的优势所取得的贸易收入,不足以抵补日本货的倾销,造成与日俱增的入超。

东北的进口货原以纺织品占首位,连同糖、烟、水产等食品,占进口总值一半以上。日本占领后,为开发东北战略资源,机器、工具、车辆的进口增加,1932 年占进口总值的 3.4%,到 1940 年占 22.5%。棉花、人造丝、五金等工业原料的进口亦有增长。这样,到 1937 年,生产资料的进口已占伪满进口总值的 52.3%。唯以后生产衰退,1940 年占 49.7%,1943 年占 43.2%,而消费资料占 54.8%了(另 2%为杂项)。②

东北出口的王牌商品大豆、豆饼、豆油原占出口总值的 60%以上,1931 年达 492 万吨;但在日本占领后即不断下降,到 1940 年仅占 28.9%。花生的出口一度增长,1937 年以后一落千丈。日本竭力搜括东北的粮食以之出口,但伪满农业不振,总无成效。供应日本军备的铁矿和生铁是日

① 东京、长春见郑友揆:《中国的对外贸易和工业发展》,程麟荪译,上海社会科学院出版社 1984 年版,第 258 页;长春黑市见东北财经委员会调查统计处编:《伪满时期东北经济统计》,1949 年,第(12)—12 页。

② 郑友揆:《中国的对外贸易和工业发展》,程麟荪译,上海社会科学院出版社 1984 年版,第 254 页;长春黑市见东北财经委员会调查统计处:《伪满时期东北经济统计》,1949 年,第(10)—9 页。

寇掠夺的重点，出口是增长的。煤的出口原主要供应关内，伪满时期亦趋减。伪满主要出口物资情况见表4—7。

表4—7　1932—1944年伪满主要商品出口量　（单位：万吨）

年份＼项目	大豆、豆饼、豆油	花生	粮谷	铁矿石及生铁	煤
1932	412.1	4.2	67.0	36.5	378.0
1933	352.0	5.5	39.2	48.8	454.6
1934	382.6	9.4	56.5	43.7	426.3
1935	287.9	0.5	20.8	42.8	397.7
1936	290.1	0.7	46.2	30.6	372.0
1937	285.2	10.2	36.7	64.2	300.4
1938	309.1	8.2	59.9	98.4	
1939	300.5	2.8	70.3	58.0	
1940	111.6	2.6	18.8	54.7	331.2
1941	114.7	0.8	36.5	95.3	263.5
1942	123.8	1.2	31.6	97.9	160.2
1943	115.3	0.3	36.1	82.9	238.3
1944*	134.6		69.9	37.2	3.5

注：*包括1945年1月份。

资料来源：大豆、豆饼、豆油：1932—1941据Kungtu C.Sun，The Economic Development of Manchuria in the First Half of the Twentieth Century，Harvard University Press，1973，p.29。其余均据孔经纬：《东北经济史》，四川人民出版社1986年版，第390、490页；原据伪中央银行档案。其中1942—1944年的豆油中包括其他油类。

（二）日本在满投资

伪满对外贸易的逆差由于日本对满投资而得到平衡。表4—5见日本对满投资与伪满贸易入超的发展趋势基本一致，而数量更大于入超。1932—1936年日本对满投资共11.62亿日元。前目我们曾估计1931年日本在东北的投资为17.57亿日元，加上此项新投资，1936年应为29.19亿日元。唯其中未包括原有投资的资本积累，而日本在满投资的利润很高，一般在10%左右。樋口弘估计1936年日本在满投资为28.78亿日元。他估计的日本原有投资数量较小,但他估计 1931—1936 年原有投资的资本积累有 1 亿日元,连同新投资这个时期共增加 14.15 亿日元。① 杜恂诚利用这个增加数,但前后均用美元计,再按 1936 年汇率折成日元,得出 1936 年日本在满投资为 44.43 亿日元(1936 年币值)。②

据表 4—5,1936—1941 年日本对满投资共达 47.31 亿日元,为数至巨。这是因为日寇全面侵华,东北成为其军需生产基地。不过此时期日本物价上涨,日元购买力下降,实际投资没有这样大。我们按前列东京物价指数逐年修正(以 1936 年为基期),则本期对满投资仅合 31.06 亿日元。加上前期的 44.43 亿日元,则 1941 年日本在满投资为 75.49 亿日元(1936 年币值)。

太平洋战争后,日本财政困窘,投资能力大减。表 4—5 见 1942—1945 年 6 月日本对满投资共 35.96 亿日元,同样逐年按物价指数修正,仅合 18.87 亿日元。③ 加上前期结存数,共为 94.36 亿日元(1936 年币值)。这可代表日本在满投资的最高额。

上述两个时期均未计入已有投资的资本积累。这时满铁等大企业仍有利润,但多数是新建会社,又主要靠在日本发行债券募集资金,在日本支付利息。同时有些企业已见亏损,有的并遭轰炸。因资料缺乏,我们不再讨论。综合上述估计结果见表 4—8。

表 4—8 日本在满投资估计 (单位:亿日元)

时间 \ 项目	累计数	修正值
1931	17.57	17.57
1936	29.19	44.43
1941	76.50	75.49
1945 年 6 月	112.46	94.36

① 樋口弘:《日本の対支投资研究》,生活社 1939 年版,第 242—244、572 页。
② 杜恂诚:《日本在旧中国的投资》,上海社会科学院出版社 1986 年版,第 9 页。
③ 1945 年前 3 个月东京物价指数为 1933 年的 239.5%,前表未列。

按照伪满统计,1945 年 6 月日本在各会社的股份、公司债和借垫款共为 112. 76 亿日元(见表 4—13),与上列累计数一致。我们将 1937 年以后的日资输入按物价指数修正,乃改为 94. 36 亿日元(1936 年币值)。

日本输出资本,当然是为了获取利润。满铁曾是世界上利润最高的大企业之一。但在伪满时期,它更重要的目的是掠夺资源、扩充军备和支持侵华战争,乃至不计成本。因而在国际收支的资本项目上,伪满是处于进大于出的状态。据满铁资料,1932—1944 年的情况见表 4—9。

表 4—9　日本对满投资与伪满国际收支①　(单位:百万日元)

项目 / 年份	日本对满投资	投资利润汇回日本
1932—1936	1155. 8	420. 7
1937—1944	7913. 4	2798. 0
合计	9069. 2	3218. 7

前目所引李顿调查显示,1931 年日本在东北投资中,满铁占一半左右。在 1931—1936 年的新投资中,有 2/3 是用于修建铁路;同时期与伪满合资设立的 29 个会社,也是由满铁投资,故本时期的新投资有 60%以上是通过满铁进行的。满铁的资本额也在 1933 年增加 1 倍,达 8. 8 亿日元,并扩大发行公司债。满铁的总资产由 1931 年的 11 亿日元增为 1937 年的 21. 19 亿日元。满铁是由三井、三菱、大仓等财阀支援的,由于满铁垄断,本时期大财阀在伪满自行设立的企业并不多。

1937 年以后发生一些变化。由于在伪满实行发展重工业的五年计划,日政府与鲇川财阀的日本产业会社(日产)达成协议,设立满洲重工业会社(满业),资本 4. 5 亿日元,日产和伪满政府各半,于 1937 年 12 月开业。原由满铁管理的昭和制铁所(鞍钢)等重工业和原由大仓财阀控制的本溪湖煤铁矿以及新设的汽车、飞机等会社都移交满业管理。1943 年满业所属有 43 家会社,资本总额 21 亿日元,内满业持股 5 亿日元。满

---

①　吴承明编:《帝国主义在旧中国的投资》,人民出版社 1955 年版,第 93 页。

业的设立,反映了关东军与大财阀和大财阀之间的矛盾。① 同时,三井、三菱、住友等在伪满的直接经营也活跃起来,并有浅野、日室等以伪满为基地的小财阀兴起。因此,日本私人在伪满设立的中小企业迅速发展到6000余家。

这期间,满业分取了满铁的垄断。但满铁具有铁道航运的优势,掌握关东租借地和铁道附属地的经济特权,在1937—1941年的日本对满投资中,仍有28.8%是通过满铁之手。1940年满铁再增资为14亿日元,它的投资总额增加到26亿日元。②

日本在满投资的部门分配无全国统计。表4—10是日本在满会社实缴资本的分配状况,这些会社占有日本全部投资的80%,但因未计入公司债和借入款,与实际资金运用情况有出入。表4—10见1931—1941年,制造业资本增长最大,次为矿业,而运输业所占比重大减,这可能是统计范围不同,见表的说明。金融业因未计入存款,实际发展大于表中所示。

表4—10　1931—1941年日本在伪满投资各会社资本额的部门分配

项目	1931年		1936年		1941年	
	百万日元	占合计比重(%)	百万日元	占合计比重(%)	百万日元	占合计比重(%)
农林渔业	9.03	0.9	11.30	0.5	67	1.3
矿业	3.48	0.4	48.28	2.2	824	16.1
制造业	89.50	9.1	404.88	18.1	1933	37.9
内:冶炼	25.34		143.95		429	

① 参见高崎达之助:《满洲の终焉》,东京1953年版。

② 以上三段数据见满史会编:《满洲开发四十年史》上卷,满洲开发四十年史刊行会1964年版,第263页;东北三省中国经济史学会等编:《中国东北地区经济史专题国际学术会议文集》,学苑出版社1989年版,第190—191页,苏崇民文;姜念东、伊文成等:《伪满洲国史》,吉林人民出版社1980年版,第277页;琼斯:《1931年以后的中国东北》,胡继瑗译,商务印书馆1959年版,第143页。

续表

项目	1931年		1936年		1941年	
	百万日元	占合计比重（%）	百万日元	占合计比重（%）	百万日元	占合计比重（%）
机器工具	2.28		15.02		298	
化学	13.61		71.69		837	
电力业	1.44	0.1	128.35	5.8	201	3.9
交通运输业	803.18	81.9	1430.48	64.1	1029	20.2
商业	26.35	2.7	102.20	4.6	282	5.5
金融业	30.63	3.1			562	11.0
其他	17.46	1.8	105.45	4.7	205	4.0
合计	981.07	100.0	2230.94	100.0	5103	99.9

资料来源及说明：1931年、1936年据满铁产业部编：《满洲经济年报》下册，改造社1937年版，第104页。系年底统计数。1941年据大连商工会议所：《满洲经济统计年报》，大连商工会议所1942年版，第155页。系3月统计数，又交通运输业反较1936年为少，大约不包括伪满委托满铁经营的企业。

（三）其他外国在满投资

日本统治东北后，曾拟利用欧美资本和技术开发产业，但少成效，仅德国、美国洋行较活跃，输入一些新式设备。1935年满铁曾与法国财团合设远东企业公司，次年即拆伙。伪满会社亦吸收有日本以外的外国股份，到1939年仅在12家中有6168.6万满元而已。

原来其他外国的投资，仍以苏联的中东铁路为主，估值4.5亿日元。满铁对该路营运施加种种压力，直到1935年由伪满以低价买回。其余俄人（白俄及犹太人）投资集中北满，至1936年，在哈尔滨的企业资本有9000多万满元，主要是商业。另有原爱沙尼亚、拉脱维亚、立陶宛人的商店，资本共217万满元。最大俄商秋林公司，因负债过多于1937年被债权人汇丰银行接管。

俄人以外，北满方面其他外国的企业，除有30余家歇业外，到1936年尚存者资本额见表4—11。

表 4—11　1936 年外国企业资本额　　(单位:万满元)

<table>
<tr><th>国家</th><th>商业</th><th>工业</th><th>不动产</th><th>金融</th><th>合计</th></tr>
<tr><td>英国</td><td>500</td><td colspan="2">800</td><td>900</td><td>2200</td></tr>
<tr><td>美国</td><td>360</td><td colspan="2">240</td><td>600</td><td>1200</td></tr>
<tr><td>法国</td><td>128</td><td>—</td><td colspan="2">85</td><td>213</td></tr>
<tr><td>德国</td><td>196</td><td>—</td><td>73</td><td>—</td><td>269</td></tr>
<tr><td>波兰</td><td>340</td><td>50</td><td>80</td><td>—</td><td>470</td></tr>
<tr><td>丹麦</td><td>354</td><td>—</td><td>—</td><td>—</td><td>354</td></tr>
<tr><td>捷克、意大利、瑞士</td><td></td><td></td><td></td><td></td><td>80</td></tr>
</table>

南满方面,据 1937 年沈阳的调查,有英商 17 家,美商 7 家,德商 13 家,法商万国储蓄会 1 家,以及希腊、波兰、印度商 7 家和俄商 17 家。资本未详,但一些老牌洋行如太古、和记、卜内门、慎昌、德孚、英美烟公司等仍在,并有德意志制钢公司、鲍路第制钢公司等显系供应鞍钢设备。汇丰等外国洋行亦在营业。投资额未详,大约不少于北满。①

又 1939 年统计有日本以外的外商公司 12 家,资本 6168.6 万满元。

以上情况,粗估 1937 年其他外国在满投资当在 2.5 亿满元左右,其中俄资近 1 亿满元,英资 3000 余万满元、美资 2000 余万满元。这与表 4—1B 所列 1931 年数字,除去中东路已出售外,无大出入(满元日元等价计)。太平洋战争后,英美等投资均成“敌产”,由伪中央银行于 1942 年 6 月清理,共折合 5200 万满元,内不包括白俄财产。

三、伪满洲国资本

日本在开发东北产业中,大量利用伪满洲国资本,连同借贷款,其数量竟超过日本投资。这种资本是由日本的殖民地统治政策造成的,不同

① 南北满调查见孔经纬:《东北经济史》,四川人民出版社 1986 年版,第 356—357、451—453 页。

于过去的官僚资本,故下述较详。

东北的经济政策原由日本关东军参谋部制定。1932 年初关东军委托满铁设立经调会制定方案。傀儡政权成立后,于 1933 年 3 月发布《满洲国经济建设纲要》,明定实行统制经济,重要事业由“公营或特殊会社经营”。1934 年划定公营或特殊会社经营者 22 项,经政府许可经营者 24 项,可自由经营者 19 项。1937 年的《重要产业统制法》将可自由经营者 14 项改入许可范围。1942 年的《产业统制法》则对所有产业均实行统制,并对生活用品实行配给制。

伪满洲国资本主要以会社形式出现。株式会社,我们简称会社,其应用范围较关内股份公司为广,包括所有企事业以至管理机构。“特殊会社”是由伪满的单行法规设立,采“一业一社主义”,如满洲炭矿会社统领各煤矿(但满铁经营的抚顺、大仓财阀控制的本溪湖等不在内)。又有“准特殊会社”,无须单行立法,亦不必为全行业组织。除伪满的中央银行等外,早期的特殊会社主要是满铁所设,1937 年以后主要是满业所设。1938 年有特殊会社 25 个,准特殊会社 10 个;1941 年分别有 36 个和 34 个;1945 年分别有 38 个和 41 个。这些会社大多是日满合资,其中的满方资本或借款,即我们所说伪满洲国资本。

1943 年,特殊、准特殊会社的实缴资本占全满工矿交通业(不包括满铁经营的铁路、航运)资本的 59.5%,1945 年约占 77%。1941 年,这些会社的实缴资本共 30.3 亿满元,内伪满实缴 7.91 亿满元,占 26.1%。1944 年 4 月统计,伪满资本的比重为 30.7%,其分配见表 4—12。

表 4—12　特殊、准特殊会社的实缴资本①

行业	总额（百万满元）	伪满政府所缴	伪满政府所缴占总额比重（%）
工业	1681.9	549.3	32.7
矿业	130.6	86.6	66.3

① 东北财经委员会调查统计处:《伪满时期东北经济统计》,1949 年,第(1)—19、(11)—10 页。交通通信业不包括铁路、公路、航运。

续表

行业	总额 (百万满元)	伪满政府所缴	伪满政府所缴占总额比重 (%)
交通通信业	1370.0	90.8	6.6
农业水产业	115.5	67.3	58.2
拓殖业	119.2	64.6	54.2
商业	145.5	108.9	74.8
金融业	680.2	325.7	47.9
文化宣传	24.7	16.1	65.2
杂项	3.0	2.0	66.7
合计	4270.6	1311.3	30.7

特殊、准特殊会社以外,其他会社也有不少有伪满政府的投资。比较完整的是经过整理的1945年6月的一个统计,见表4—13。依表,6878个会社中共有满方实缴资本20.11亿满元。不过,这个满方总数中,有少量是中国人私人缴纳的。① 为简便计,我们把表4—13中的"一般会社"除外,用前5类会社中的满方18.91亿满元作为伪满政府投资,即伪满洲国资本。

表4—13 1945年6月日本和伪满洲国的企业资本

(单位:百万满元)

项目	会社数	投资别	实缴资本	公司债	借用款	合计
满铁关系	55	日本 伪满 合计	1882 465 2347	2863 564 3427	155 1027 1182	4900 2056 6956
满业关系	40	日本 伪满 合计	584 289 873	863 2965 3828	6 892 898	1453 4146 5599
特殊会社(不包括满铁、满业关系者)	21	日本 伪满 合计	694 958 1652	658 324 982	796 2187 2983	2148 3469 5617

① 据东北财经委员会调查统计处:《伪满时期东北经济统计》,1949年,1945年6月特殊、准特殊会社中有中国私人投资1099万满元。据堀经夫在《満洲国経済の研究》(日本评论社1942年版,第247—248页)中分析,1939年1324个会社的额定资本中,中国私人认股占3.3%。依此比率计算,与用"前五类"计算结果略同。

续表

项目	会社数	投资别	实缴资本	公司债	借用款	合计
准特殊会社	19	日本	70	—	—	70
		伪满	83	—	93	176
		合计	153	—	93	246
其他重要会社	179	日本	985	—	165	1150
		伪满	96	—	1196	1292
		合计	1081	—	1361	2442
合计	314	日本	4215	4384	1122	9721
		伪满	1891	3853	5395	11139
		合计	6106	8237	6517	20860
一般会社	6564	日本	944	—	611	1555
		伪满	120	—	1613	1733
		合计	1064	—	2224	3288
总计	6878	日本	5159	4384	1733	11276
		伪满	2011	3853	7008	12872
		合计	7170	8237	8741	24148

资料来源:东北物资调节委员会研究组:《东北经济小丛书·资源及产业》下册,东北物资调节委员会1948年版,第29—30页。

资本主义经营大量利用公司债和借款,它们也属于产业资本。表4—13可见,前5类会社中公司债数额超过实缴资本,而公司债中有47%是伪满政府发行的。借入款中,伪满竟占80%以上,此系伪中央银行和兴业银行所贷。前五类会社的实缴资本、公司债、借入款合计,满方投资共111.39亿满元,可视为全部伪满洲国资本。此数占前5类会社全部投资的53.4%,超过日方投资。唯原统计包括银行业和投资业,它们的贷方即其他会社的借方,故有重复计算,惜无法剔除。又各会社设立时间不同,未能计入币值变动的因素。总的来看,111.39亿满元的估价偏高。但另一方面又有偏低因素,即未包括"委托"给满铁的财产。

这个巨额的伪满洲国资本是怎样形成的?我们考察其来源,也就了解了其性质。

早期的伪满洲国资本是来自原奉系官僚资本,但不是由伪满没收而来,而是经过曲折的过程。

原来东北最大的国营财产是铁路。"九一八"事变后,随着日寇进军路线,先后由满铁接管了沈海、吉长、吉敦、吉海、四洮、洮昂、齐昂、齐克、呼海和北宁关外段10条铁路。10条铁路共长2949.6千米,连同机车272辆、客车354辆、货车3604辆,皇姑屯、长春、松浦三铁路机厂及其他铁路财产,共约值6.31亿元。各路多有日本借款、垫款,1933年2月统一核实为1.3亿日元。这些铁路作为伪满"国有",但"委托"给满铁经营,作为借款的担保。原奉系官僚资本的东北航运局、东北造船所等7个航运机构,轮船134艘,连同拖船、码头、营口和葫芦岛港,约值0.2亿元,也是伪满国有、委托满铁经营。这种委托财产都是在满铁名下,并未计入伪满在各会社中的资本。

军工业是奉系投资巨大的产业,沈阳兵工厂、炮厂、东北航空工厂以及被服厂、粮秣厂,连同所存军械、半制品、飞机260架等,共约值3.99亿元。其兵工厂由三井、大仓财阀组设奉天造兵所,1936年才改为日满合资的特殊会社;炮厂被改组为同合汽车厂,航空厂并入满洲航空会社。

原奉系东北矿务局所属复州、八道壕、尾明山、阜新、西安及官商合办鹤岗、北票七大煤矿,原设立资本共1100余万元。事变后,或由满铁接管,或由日人窃据,或陷于停顿。1934年由满铁设立满洲炭矿会社统一经营,会社资本1600万元,以半数800万元作为伪满投资。东北矿务局原属的金矿,事变后停工,后并入1934年设立的满洲采金会社,会社资本1200万元,划给伪满资本500万元。原奉系经营的各地电报、电话和沈阳国际无线电台,事变后与满铁经营的电信局合并,1933年设立满洲电信电话会社,资本5000万元,仅给伪满作股600万元。原奉系官办的其他工矿企业,亦最后纳入特殊、准特殊会社。到1937年6月,伪满在这些新设会社中的资本仅3750万元,它们是分成划一整数,显然低于财产原值。

原来的老中日"合办"企业如鞍山制钢所(1933年改为昭和制钢所)、本溪湖煤铁矿、穆棱煤铁矿、鸭绿江采木公司等,是单独组成特殊会社,由伪满接管原官股。一些老官商合办企业如奉天纱厂等,也是由伪满接管原官股。这些伪满直接管的官股是设立股本,不过1814万元,当然低于实际财产值。①

---

① 以上四段数据见孔经纬、傅笑枫:《奉系军阀官僚资本》,吉林大学出版社1989年版,第110、114页;东北三省中国经济史学会等编:《中国东北地区经济史专题国际学术会议文集》,学苑出版社1989年版,第192、194、237页。所用"元"未详,可大体视为法币,与满元、日元等价。

原奉系的东三省官银号、吉林永衡官银钱号、黑龙江官银号和边业银行，事变后先是由日本人监理，于1932年7月经清理归入伪中央银行，他们原办的附属事业当铺、粮栈、油房、面粉厂等则归入大兴公司。清理的现金和财产值达4.19亿元，但作为亏损3300万元。① 伪满中央银行是第一家特殊会社，资本3000万元，实收一半；大兴公司是第一家准特殊会社，资本600万元，全属伪满资本。

以上是早期的伪满资本，到1936年，共有特殊、准特殊会社26个，资本1.74亿日元，伪满资本约占半数、即0.8亿余日元。委托满铁经营的财产（连同新建和收买的中东路共有铁路6857.3千米）约有15亿日元。② 日本对满投资的剧增是在1937年以后，伪满洲国资本也相应膨胀。这时伪满资本的来源主要是靠内债和外债，其次是增税和对人民的搜刮。

伪满成立后，即大量向日本金融机构借款，是为外债。内债是由伪中央银行和兴业银行发行债券，部分也是在日本募集。内外债的巨额增长是在1937年以后，太平洋战争后尤滥，情况见表4—14。

表4—14　1932—1943年伪满公债③　（年底结余，亿满元）

项目 年份	内债	外债	合计
1932	0.55	0.50	1.05
1935	1.15	1.62	2.77
1937	1.98	1.93	3.91
1940	9.92	6.24	16.16
1942	17.57	9.54	27.11
1943	21.24	9.69	30.93

① 东北三省中国经济史学会等编：《中国东北地区经济史专题国际学术会议文集》，学苑出版社1989年版，第470、472页。

② 吴承明编：《帝国主义在旧中国的投资》，人民出版社1955年版，第160页。1941年3月统计为15.95亿日元。

③ 东北财经委员会调查统计处编：《伪满时期东北经济统计》，1949年，第（11）—6页，不计地方公债，1944年以后停止发表数字。

在日本的压力下,伪满财政支出有30%左右作为"产业政策"费。除发行公债外,逐年增税。原以关税为主,1937年以后即依靠各种"内国税"和专卖收入。太平洋战争后,三次增税,中央税收由1940年的3.78亿满元增为1943年的6.34亿满元。同期纸币发行由9.47亿满元增为58.05亿满元。又实行强制性的"国民储蓄运动",到1944年储额达37.32亿满元。又实行《国民勤劳奉公法》,即征发劳役,到1944年达30万人。

依表4—13计算,1945年日本投降前伪满洲国资本达111.39亿满元。此外,铁路、航运等委托满铁经营的伪满"国有"财产15.95亿日元(1941年值)。两项共合127亿满元。这个巨额资本,其形成和分配使用都是由日本在满的经济政策造成的,它们是用于各种会社形式的资本主义企业,这些会社实际上也是由日本人经营管理。因而,它不同于我们过去关于官僚资本的概念,也说不上是什么国家垄断资本,而是一种殖民地型的资本。

四、伪满的经济发展和民族资本

伪满时期的经济发展,中外学者已有不少研究。此非本书专业,我们仅以若干统计略示概况。本书主要是研究各种形态资本主义的发展,关于日本资本与伪满洲国资本已见前述,唯民族资本不能自成系统,且资料极少,只能从各部门经济发展中略窥其迹,因此,与经济发展概况并入一目。

(一)农业的不振和萎缩

日本学者曾对满洲的农业投资做过不少研究,包括垦田、建筑、树木、牲畜、工具等项,估计1931年全满投资约77.76亿日元。[①] 这种投资,如

① 各家研究经孙公度修订数,见Kungtu C.Sun, *The Economic Development of Manchuria in the First Half of the Twentieth Century*, Cambridge: Harvard University Press, 1969, pp.38-39。

果可信，自然属于中国农民所投。但东北原是中国资本主义农业最发达的地区，尤其在经营地主和农业公司方面，因而也有一定的资本性质的投资。在第三章中，我们已对东北直到伪满的资本主义农业有过考察，这里只略谈农业生产。

东北原是中国近代农业发展最快的地区，谷物产量由1924年的291.9亿斤增至1930年的381.7亿斤，其中大豆由69.1亿斤增至107.5亿斤。日寇占领后，大力"拓殖"，耕地面积由1931年2.24亿亩增为1940年的2.62亿亩，农业生产却处于不振状态。大豆产量剧降，高粱维持原有水平，玉米增产，小麦曾长期减产。整个伪满时期，谷物产量远未能恢复到1930年的水平，1944年仅344.2亿斤。按孙公度所做修订统计，情况如表4—15。

表4—15　1930—1937年伪满谷物生产指数①

项目 年份	1924=100，产值为1937年不变价格				
	产量	产值	年份	产量	产值
1930	130.7	135.1	1938	114.2	119.5
1931	128.5	133.6	1939	112.0	114.9
1932	106.7	109.9	1940	111.0	111.8
1933	116.9	118.7	1941	111.2	112.6
1934	89.1	90.8	1942	104.5	104.1
1935	107.6	109.8	1943	112.3	111.3
1936	113.9	116.2	1944	115.7	116.1
1937	123.7	126.9	（不包括热河、内蒙古地区）		

经济作物方面，棉花、烟草、甜菜是增长的，花生、芝麻、大麻籽则大幅度下降。

原来东北农业的开发主要得力于关内移民。日本占领后，先是禁止继而限制关内移民，遂使伪满农业失掉发展主力。农业统制政策，垄断运

① 以上数据及指数见 Kungtu C.Sun，*The Economic Development of Manchuria in the First Half of the Twentieth Century*，Cambridge：Harvard University Press，1969，pp.26，31，58。

销和管制价格,挫伤了农民生产积极性,后期禁止中国人食用大米白面,打击尤大。因而造成单位产量不断下降,这实在是伪满农业衰败的基本原因,看表4—16自明。

表4—16 1936—1944年伪满农作物亩产量指数①

年份＼品种	大豆	高粱	玉米	小麦	棉花	甜菜
1936	100	100	100	100	100	100
1937	96.0	96.8	93.5	102.7	97.0	87.5
1938	94.5	90.3	88.4	89.8	77.8	95.2
1939	78.5	84.2	76.2	85.5	75.5	90.3
1940	78.2	81.5	79.8	93.4	85.7	87.3
1941	79.6	84.5	79.9	94.5	85.9	89.0
1942	72.3	83.1	77.4	82.2	79.5	63.8
1943	84.2	88.5	81.0	76.3	68.0	77.4
1944	85.6	88.5	80.1	74.4	83.1	73.5

日本在伪满大力发展工业,却不以之支援农业。如已有年产1.5万辆能力的汽车工业,而从不生产拖拉机;年产有19余万吨的化肥,却90%输往日本。第一个五年计划中,农业投资仅占0.7%。可谓对农业采取"饥渴政策"。

原来东北农业的商品率较高,这是农民收入较好和资本主义性的经营比较发达的原因。日本统治后,商品率不断下降,末期因强制"粮谷出荷"(低价征购),按物量计才有所恢复,看表4—17自明。日本人在伪满实行的实际是一种排除商品经济的直接掠夺政策,它危害农业,也阻碍民族资本的发展。林业方面,伐木量是逐年增长的。1944年,木材总产量达493立方米。所产木材中,有25.5%用于坑木、枕木、电杆,其余木材中,军用要占一半,因而,民用木材仍紧张。采伐量以吉林省最多,该省原为中国林商集中之地,1930年领照有140余户,并有颇具规模之林业公司。1937年以后由满洲林业(特殊)会社垄断经营,华商基本被排除。

① 东北财经委员会调查统计处:《伪满时期东北经济统计》,1949年,第(4)—14页。

表 4—17　1937—1944 年伪满农产品的商品率①

项目 年份	总产量 (千吨)	商品量 (千吨)	商品率 (%)
1937	16592	7706	46.4
1938	19321	8349	43.2
1939	18059	8677	48.0
1940	18704	4724	25.3
1941	18705	5495	29.4
1942	17627	6048	34.3
1943	19423	7669	39.5
1944	19287	8926	46.3

(二)五年计划和工业的发展

日本为备战和战争需要,开发伪满工业不遗余力。其效果如何,尚难定论。以产量产值论,统计资料甚多,但互有出入。据孙公度研究评估,按 1926 年不变价估计,工业(包括矿业)总产值 1932 年为 3. 19 亿日元,1936 年增为 5. 10 亿日元,1942 年达到最高峰 9. 47 亿日元。然而已精疲力竭,随即转入衰退。他们所编制的总产值指数见表 4—18。

表 4—18　1920—1942 年东北工业总产值指数②

1926 = 100		1926 年不变价格			
1920 年	61.7	1928 年	108.5	1936 年	157.8
1921 年	67.8	1929 年	110.5	1937 年	178.8
1922 年	65.7	1930 年	115.1	1938 年	207.8
1923 年	91.2	1931 年	117.3	1939 年	226.9
1924 年	86.9	1932 年	98.8	1940 年	239.9
1925 年	85.3	1933 年	99.2	1941 年	277.3

① 东北物资调节委员会研究组:《东北经济小丛书 · 农民、流通篇上》,东北物资调节委员会 1948 年版,第 5—6 页。不包括热河、内蒙古地区。

② Kungtu C.Sun, *The Economic Development of Manchuria in the First Half of the Twentieth Century*, Cambridge: Harvard University Press, 1969, p.102.

续表

1926=100		1926年不变价格			
1926年	100.0	1934年	111.8	1942年	293.2
1927年	111.7	1935年	134.2		
		平均年增长率(%)			
1920—1930年		6.4	1937—1942年		10.4
1931—1936年		6.1	1931—1942年		8.7

由表4—18可见，1931—1936年的平均年增长率为6.1%，除恢复事变损伤外，并不高于过去10年的平均年增长率。1937年开始执行关东军制定的“第一次产业开发五年计划”。旋因日寇进军华北，适应日政府的四年计划而修订；1939年又因欧洲战起、适应日政府的总动员计划再次修订；每次修订都是提高指标。这个计划不是根据满洲发展国民经济的任务与条件，而是根据关东军和满洲以外的军事要求制定和修订的，自然轩轾难行。到1941年5年终了，没有一项能完成修订指标：生铁只完成35%、钢只完成18%、煤完成73%、发电设备完成43%、汽车完成9%。接着又制定第二个五年计划，实际只执行了1942年1年，即因战争失利而废。依表4—18指数，1937—1942年工业生产的平均年增长率为10.4%，并不算高。整个1931—1942年，平均年增长率为8.7%，不像伪满官方和过去某些学者计算那样高。① 不过，在工农业总产值中，工业所占比重由1931年的26.9%增为1937年的51.0%，再增为1943年的59.3%，表明工业化程度有了进展，但也因上述农业不振所致。

两个五年计划即1937—1942年，共筹划资金86.5亿满元，60%筹自日本，40%由伪满负担。总投资的分配是：工业（包括矿业）47.5亿、铁路

① 伪满统计工业总产值，当年价格，1931年2.24亿满元，1943年45.29亿满元，平均年增长率28.5%，见东北财经委员会调查统计处编：《伪满时期东北经济统计》，1949年，第(1)—5页。赵岗估计工业净产值，按1934年不变价格计，1929年0.78亿元，1941年3.12亿元，平均年增长率12.2%，Kang Chao，The Economic Development of Manchuria，Ann Arbor，1982，p.83。郑友揆估计工业总产值，折美元计，1931—1932年0.397亿元，1944—1945年2.18亿元，平均年增长率14%，见郑友揆：《中国的对外贸易和工业发展》，程麟荪译，上海社会科学院出版社1984年版，第244页。

18.1亿满元、交通通信7亿满元,农业0.6亿满元、“拓殖”(主要供日本移民)13亿满元。①

现再将重要产品的实际产量列入表4—19。

表4—19　1930—1944年伪满工矿业的生产

产品	单位	1930年	1937年	1940年	1941年	1942年	1943年	1944年
煤	千吨	10041	14387	21344	24632	25811	25398	26527
铁矿石	千吨	1000	2418	3349	4182	4496	4954	3800
石油	千吨		221	271	350	297	298	242
电力	百万度	504	1624	2998	3516	4086	4474	4481
生铁	千吨	396	812	1062	1389	1616	1702	1176
钢锭	千吨		519	553	576	578	869	474
客货车	辆	178	2741	4513	4057	3984	4798	2823
水泥	千吨	109	861	999	1164	1532	1503	1141
硫酸铔	千吨		192		191		94	58
棉纱	千件		174	148	145	180	160	95
棉布	千匹		2575	1901	2113	3213	2737	1612
面粉	千袋		28668	13425	14391	17397	15254	1463
糖	吨		11665	25019	25611	15923	19938	18993
纸	吨	8160	19568	37880	52989	76668	76386	45860
卷烟	百万支		14706	21240	24106	24035	24000	
火柴	千箱		402	398	442	387	421	
豆油	千吨		114	87	115	140	134	

注:工厂生产的产品,不包括雇工5人以下的小厂,不包括公营厂、满铁铁道工厂和未公开的军工厂。棉纱、棉布为11家纱厂产量,糖为4家糖厂产量。

资料来源:东北财经委员会调查统计处编:《伪满时期东北经济统计》;1949年。1930年见第(1)—6页,并据其他资料补充;其余各年见第(2)—53至第(2)—83页有关各表及第(3)—53、第(3)—69页。

由表4—19可见,五年计划中,一些重工业确实发展很快,增产1—2倍,而民生用品的生产甚少增长,面粉且大量减产。按重轻工业划分,两者的生产指数变动见表4—20。

① 东北财经委员会调查统计处编:《伪满时期东北经济统计》,1949年,第(1)—5、(11)—18页。

表 4—20 1937—1943 年重轻工业生产指数①

年份	重工业	轻工业	总指数
1937	100.0	100.0	100.0
1938	162.7	100.7	129.3
1939	209.1	101.9	148.2
1940	207.4	91.1	139.9
1941	229.5	91.7	148.0
1942	277.3	95.8	166.8
1943	313.5	81.4	164.4

由表 4—7 可知,轻工业或生活资料的生产竟是下降的。这固然与统计方法和选样有关(见注),但足以证明,伪满重工业的发展是以人民生活资料的生产为牺牲的。这种计划经济的基础是殖民地统治,即可不顾人民死活来发展重工业。但是,这种否定经济发展规律的计划经济,到头来势必造成工农业脱节,比例失调。1943 年以后伪满工业的衰退有战争失利等多种原因,但也反映了国民生产的结构危机。

1943 年以后,伪满工业衰退,并因停工、轰炸等略有损失,1945 年 8 月苏联进军东北,日本投降。苏军占领期间,拆走重要生产设备。以鞍钢言,运走设备和物资 7 万余吨,约合投资额的 30%,选矿、炼铁、轧钢生产能力损失 2/3 以上。② 苏军拆走的全部设备价值有两个估计,一为 8.95 亿美元,二为 12.33 亿美元,以铁路、电力、钢铁、机器拆走最多,使东北工业生产力损失 50%—80%,详见第五章第二节第一目。

(三)工业中的民族资本

民族资本的厄运主要来自伪满的经济统制。1937 年以前,统制还限于重工业,对华商工业影响不大。这时主要的威胁是日本货拥进和日商

---

① 东北财经委员会调查统计处编:《伪满时期东北经济统计》,1949 年,第(2)—2 页。原据伪满中央银行所编产业生产指数改编,重工业包括电、煤气、金属、机械、化学、窑业;轻工业包括纺织、食品、卷烟、火柴。各类和总指数均按 1937 年产值加权几何平均,重工业总权数 28.71,轻工业总权数 26.34。

② 解学诗、张克良编:《鞍钢史》,冶金工业出版社 1984 年版,第 395、397 页。

纺来设厂。但关内输往东北的货物(占伪满进口的第二位)因伪满征收关税而锐减,给满洲日用品工业以发展机会。这时期的铁路兴建以及日伪重工业投资引起的城市消费的增长也有利于一些民用工业的发展。1937年对沈阳、哈尔滨、长春3市1463家中小工商业的调查,有49.3%是在1932年以后开业的。[①] 1937年伪满将纺织、面粉、制油、麦酒、火柴等工业均由自由经营改划为“许可事业”,工厂为官方加工,民族工业普遍衰落。1940年以后加强统制,华商就只能残喘维持而已。

日伪统计中,关东州和“满洲国”是两个系统。关东州统计较详,1932年有工厂478家,1936年增为823家,连同满铁附属地,工业产值由1934年的2.7亿满元增为1936年的4.7亿满元。[②] 我们姑且把这部分全看作日商工业的增长。“满洲国”的统计仅1934年较详,其中也包括外商,但不包括满铁系统和日满官方系统的会社,我们姑以它代表民族资本,列入表4—21。由表4—21可见其产值的增长幅度亦不低于关东州,但各业情况不同。下面对主要华商行业做些考察。

表4—21　1934—1936年“满洲国”的私营工厂（单位:1000满元）

项目	1934年			1936年	
	工厂数	资本	产值	工厂数	产值
食品	111	28913	38136	821	110392
纺织	1139	17387	39232	1066	70234
化学	601	10346	29836	767	44483
金属	739	2978	15260	812	23311
机械工具	328	3563	6728	421	10177
窑业	405	3833	5561	427	11384
木材、木制品	526	1631	5862	578	14635
印刷、装订	175	2206	4799	302	7414
杂项	1773	5561	14781	1402	42878
合计	6397	76918	160195	6596	334908

注:1.不包括关东州和满铁附属地。2.不包括5人以下的小厂坊。3.1936年资本合计约3亿满元。
资料来源:1934年:伪满中央银行编:《最近の满洲经济事情》,1937年版,第21—22页。1936年:伪满通信社经济部编:《满洲国经济十年史》,1942年版,第348页。

① 姜念东、伊文成等:《伪满洲国史》,吉林人民出版社1980年版,第326页起。
② 来源同表4—21。

面粉业。“九一八”事变以前,东北三大传统工业中火磨已居首位。事变后,1932年、1933年两年大水灾,小麦歉收,面粉业不景气。1934年日商联合成立日满制粉会社,收买了东兴、庆泰祥等4厂,至1938年拥有11个厂。但因销路看好,华商大厂双合盛、天兴福等也扩大生产,兼并小厂。1933—1936年有8家华商面粉厂设立,资本180万满元,日产能力1.44万包;1937年、1938年两年又有16家华商小厂设立,资本未详,日产能力12812包,一时粉业兴盛。1938年,伪满实行小麦、面粉定价;1939年发布小麦及制粉业管制办法,控制了原料和销路,面粉厂转为官方加工。1940年实行“整理工厂”,约40家华商面粉厂被整掉。1943年实行面粉加工办法,因不配给中国人面粉,军粉皆由日本厂加工,华商大厂如双合盛等亦只加工玉米杂粮而已。小厂纷纷停闭,到1945年仅余27家。这期间华商厂的变动见表4—22、表4—23。

表4—22 1931年、1936年实存华商面粉厂①

项目 年份	厂数	资本额(万满元)	日产能力(包)
1931	70	1514.5	120850
1936	53	1385.0	116410
1945年6月	27	948.0	86380

表4—23 1921年、1931年、1945年6月实存华商面粉厂

项目	厂数	资本额(万满元)	日产能力(包)
1921年实存	57	1087.2	88873
加:本期(1922—1931年)新设	33	637.0	54367
减:本期新设厂在本期歇业	4	40.0	3920
减:前期老厂在本期歇业	16	169.7	18470
1931年实存	70	1514.5	120850

① 上海市粮食局、上海市工商行政管理局、上海社会科学院经济所经济史研究室编:《中国近代面粉工业史》,中华书局1987年版,第49、66—67、231页。1931年数系据1921年实存数用该书附录的一览表推出,见表4-23。又1945年实存厂资本额亦是按一览表算出,系原设立资本,并有7家新厂无记录,各按10万元酌估。

榨油业。“九一八”事变后,豆饼豆油出口递减,1932 年加工大豆 188 万吨,1936 年加工 132 万吨,榨油业不景气。事变前,东北有油房 590 余家,1932 年有 490 余家,1936 年有 473 家,另关东州 1935 年年末有 97 家。我们据各地 1933—1935 年的记载,估计 1936 年华商油房 473 家共有资本 664.9 万满元(见表 4—24)。又 1936 年《申报年鉴》第 I52 页载东三省有油房 365 家,资本 588 万元,产油 356 万担,与我们的估计相仿。

表 4—24 1936 年华商油房资本估计①

	厂数	资本(万满元)
营口(大型厂)	7	128.8
哈尔滨(大型厂)	9	165.6
抚顺(大型厂)	3	30.5
安东(中型厂)	4	48.4
沈阳(中型厂)	5	81.5
各县(小型厂)	445	210.1
合计	473	664.9

本节第一目曾列 1931 年华商 130 家大油房即有资本 2017 万元,此时已今非昔比。不过此时油房中,半数已使用机器,有些已改压榨式为抽吸式。日商油厂不仅居垄断地位,并制造酒精、甘油、酪素(人造毛)、人造树脂等。1934 年成立满洲大豆工业会社,1940 年成立满洲大豆化学工业会社。同时伪满统制大豆原料,较大华厂变为加工。我们未见后期华商油房记载,唯 1944 年伪满豆油年生产能力达 25.4 万吨,而 1940—1943 年平均每年实产不过 11.9 万吨。② 其加工必先尽日厂,华商闲置,一如面粉。

烧锅业。东北三大传统工业之一的高粱酒业,伪满期间可能仍有发

① 总厂数见满铁经济调查会:《满洲油房现势》,1932 年版,第 4、12 页;各地记载见孔经纬:《东北经济史》,四川人民出版社 1986 年版,第 408—411 页。营口、安东资本原用炉银计者,按 4 两 = 1 满元折合。哈尔滨无资本记载,按营口平均每家 18.4 万满元估计。有 18 个县 43 家有资本记录,共 20.296 万满元,平均每家 4720 元,用以估各县资本。关东州 97 家,无法区分华商,不计入。

② 东北财经委员会调查统计处编:《伪满时期东北经济统计》,1949 年,第(2)—75 页。

展。这是因为,高粱供应不缺,烧锅分散各地,伪满未予统制。同时,日资设立的大企业如满洲麦酒会社、哈尔滨麦酒会社、八王子酿造会社等皆以造啤酒和日本清酒为主,对烧锅影响不大。1933 年,满洲有注册高粱酒厂 1002 家,资本 1807 万满元,内 9 家逾 10 万元。其中 931 家有职工 29626 人,平均每家 31.8 人。1935 年,有注册高粱酒厂 1036 家,内约有 30%即 310 家是事变以后设立的,仍有 150 家是清代老烧锅。[①] 长春刘家的益发合,即烧锅起家,可溯源到 1886 年;在关内外设联号,并经营面粉厂 3 家,布厂 1 家。事变后,面粉厂已有两家结束,烧锅仍盈利,乃于 1938 年设米厂,1939 年增设酒厂,1940 年在四平设米厂、油房,并将布厂改用机器。1940 年以后,益发合的粉厂、米厂、布厂都只能替统制会社做些加工了。伪满后期,高粱酒业大约仍保持 1000 余家水平,资本约 2 亿满元。

纺织业。柞蚕丝为新兴大工业,集中在辽东,产品输关内及出口。事变后,输关内者锐减,而出口尚旺,纯益缫丝公司等大企业仍在经营。日资投于柞蚕丝者甚少,1940 年成立的准特殊会社满洲柞蚕会社主要是统制贸易。1940 年产柞蚕丝 8.06 万担,较“九一八”事变前倍增,因而华商缫丝业应可维持或略有发展。

棉纺业原由奉系的奉天纱厂和日商内外棉(金州)、辽阳、大连、营口 4 厂垄断。事变后,奉天的大部股份为钟渊纺绩所有,4 个日厂纱机由 1932 年的 16 万锭增为 1936 年的 25.7 万锭。到 1943 年,有日资 11 厂,纱机 48.5 万锭,布机 1.05 万台。但因原棉不足,开工率很低。在纱厂业,无民族资本可言。[②]

纱厂机布年产最高不过 250 余万匹,而全满正常需要量在 1500 万匹以上,主要依靠进口及手织布。事变后,原由关内供应之手织布锐减。进口洋布则增加,1937 年达 1000 余万匹,但其后递减,1940 年以后不过一两百万匹。因此,民间织布业仍有维持生产的条件。再有新兴之针织业,

---

① 田志和:《对东北高粱酒酿造业发展史的探讨》,转引自东北三省中国经济史学会等编:《东北地区资本主义发展史研究》,黑龙江人民出版社 1987 年版,第 26—33 页。

② 满史会编:《满洲开发四十年史》下卷,满洲开发四十年史刊 1964 年版,第 434—435 页;东北财经委员会调查统计处编:《伪满时期东北经济统计》,1949 年,第(2)—80 页。

所处条件与织布略同。在东北,农家织户甚少,纺织工厂基本上属资本主义性质,有些并已使用电力。唯较全面调查仅有 1934 年、1936 年两次《满洲工场名簿》,其数经整理已列入表 4—26。这些纺织厂平均资本约 1.5 万元,雇工 10 人以上者约占 60%。另据沈阳 1933 年调查,有布厂 12 家、染厂 5 家、袜厂 14 家、其他针织厂 6 家。又哈尔滨道外区 1935 年调查,有布厂 60 家、针织厂 120 家,平均每厂雇工 17 人,产值 3.7 万元。直到 1938 年,华商织布业的生产大体是增长的。1939 年实行棉布配给,压缩产量,较大厂改为加工,小厂停业。唯据 1941 年《满洲国工场名簿》,仍有纺织厂 1815 家,反较 1936 年大增;而 1944 年的哈尔滨工场名簿有纺织厂 419 家,也较前大增。不过,这些调查口径不一,未可对比。①

火柴业。事变前有华商 12 厂,资本 292 万元,年产能力 51.5 万箱,占东北生产能力的 67%。事变后,实行火柴公卖,统制生产,年销量仅 30 余万箱,日本厂增大压力,华厂生产仅占 50%多一点。1936 年改公卖为专卖,同时实行配给,压缩生产,以药料供军用。1940 年调查,有华商火柴厂 10 家,勉强挣扎而已。②

采矿业。"九一八"事变前,华商较大煤矿已入奉系东北矿务局之手。事变后,伪满对矿业统制较早,1936 年以前,华商煤矿见记载者仅朝阳 6 处,矿区 7700 余亩;临江 8 处,矿区 4500 余亩;隆化 3 处,约 300 亩。盖平之菱苦土矿仍民营,有 30 余处,另有零星采金者。总之,民矿已等同于被消灭。③

以上为华商主要工业。到 1945 年日本投降时,粗估华商工业资本约有 1 亿—1.5 亿满元。此外,在 1945 年 6 月的特殊、准特殊会社中,有中国私人股份 1098 万满元,其中包括伪满发还给汉奸的股份,未能全视为民族资本。又 1943 年统计私营公司的实缴资本 24.74 亿满元中,有中国人

---

① 1934 年、1936 年的工场名簿是满铁调查部所作,不包括 5 人以下小厂;1941 年工场名簿是伪满经济部所作,包括热河、内蒙古地区;哈尔滨工场名簿是该市商工公会所作,包括 5 人以下小厂。

② 东北三省中国经济史学会等编:《东北地区资本主义发展史研究》,黑龙江人民出版社 1987 年版,第 152—153、157 页;1940 年见资源委员会:《伪满经济概况》,1944 年油印本。

③ 孔经纬:《东北经济史》,四川人民出版社 1986 年版,第 415—416 页。

投资7500万满元,占3%(日本私人投资占97%)。其中,投于制造业6700万满元,投于矿业300万满元,投于交通通信业500万满元。[①] 此数多半是在我们上述估计之外,因而,全部民族工业资本可能在2亿满元左右。

(四)运输业

伪满时期,铁路营业里程由5572千米增至1.127万千米,公路营业里程由45千米增至19803千米,内河营业轮船载重量1941年达106706吨。所有三项运输,均由满铁经营。

唯另有民营汽车业,1941年统计有客车1984辆,货车89辆,员工5776人,营业里程7825千米,资本未详。[②] 这种汽车业主要是城市公共交通,由日商或中日合资经营,故可不论。

至于华商航运业,原有一定基础。事变后,与关内贸易锐减,唯以营口为基地的各公司仍在经营,北满三江航线则原已由奉系东北航务局控制,至此全由满铁垄断。1937年加强管制后,货源告缺,北方、直东、政记等轮船公司破产,肇兴、大通、海昌、毓大、日昌、永源等亦朝不保夕。1943年伪满将华商各公司的17只船、共2.3万余吨全部并入满洲海运会社,华商轮船遂绝。[③]

(五)金融业

"九一八"事变前,除奉系四行号和中国银行、交通银行分行外,东北有私人银行钱庄400余家,内浙江兴业,中国国货为关内银行的分行,余均本地行庄。1933年伪满公布《私营银行法》,规定私营银行应办理登记。有资格申请登记者169家,至1934年年底许可88家,其中,中国银行、交通银行等关内银行分行23家,本地银行14家,钱庄51家。1935年

① 东北财经委员会调查统计处编:《伪满时期东北经济统计》,1949年,第(1)—19、(1)—20页。

② 东北财经委员会调查统计处编:《伪满时期东北经济统计》,1949年,第(9)部,第1、15、35、45页。

③ 东北三省中国经济史学会:《东北城市经济史论文集》,1985年版,第194页。

伪满又公布新银行法，规定银行的最低资本额和必须实行股份公司制。到1937年年末，核准改组者有37家，实缴资本1219万满元。1938年又公布新银行法，并于1941年实行“金融机关稀密调整纲要”，到1945年日本投降前，除关内中国银行、交通银行两行的分行外，调整合并为16家。此16家中，或掺入有伪中央银行资本，或有日本人股份，纯华资者仅4家，即沈阳的商工、吉林的功成、长春的益发、佳木斯的三江。16家实缴资本5165万满元，4家纯华资者1540万满元。

商工银行系1934年由原奉天储蓄会改组而成，实缴资本340万满元。益发银行是前述长春益发合于1932年创办，实缴资本200万满元，1945年1月与益通银行合并，仍称益发，实缴资本900万元，成为本地最大的华商银行。功成银行是由山东人姜德信于1889年创办的功成玉银号发展而来，屡经增资至200万满元，其存款由1937年的120万满元增至1940年的1325万满元。二者均为前清的老商号在金融业成功之例。①

银行的实力主要在存款，据伪满统计见表4—25。

由表4—25可见，华商银行在伪满金融业中已被削弱到微不足道的地位，但其存款在全部银行业存款中的比重，却由1937年的4.7%增为1940年的11.5%和1943年的22.2%。这时所谓华商银行已掺入伪中央银行和日本人股份，但其仍能吸收存款，则是华商老号信誉之故。

表4—25　各类银行存款额②　（单位：亿满元）

	1937年	1940年	1943年
伪满政府银行	5.10	12.65	23.22
日本银行在满分行	1.33	2.74	5.59
中国银行、交通银行在满分行	0.20	0.18	0.06
本地华商银行	0.33	2.02	8.26

① 东北物资调节委员会研究所：《东北经济小丛书·金融》，东北物资调节委员会1948年版，第88—98页；孔经纬：《东北经济史》，四川人民出版社1986年版，第366、428—429页。

② 东北财经委员会调查统计处编：《伪满时期东北经济统计》，1949年，第(11)—12页。伪满政府银行包括由朝鲜银行等组成的满洲兴业银行。

经过伪满整理,原来的钱庄已不存在,其散在各县的钱铺可能仍有残存者,惜无资料。为数众多的当铺,仍在营业,1939 年调查,在 218 个市镇有 1038 家,其后未详。

(六)商业

东北商业行业原以粮栈业最大,除卖粮食外,并供应油房、磨房、烧锅原料,或兼营加工。1933 年,沈阳有粮栈 30 家,较大户资本四五万元。1935 年,哈尔滨有较大粮栈 18 家,平均每家资本 8.2 万元。同年,74 个市县有粮栈 910 家。① 伪满农业不振,农产品商品率下降,粮栈业处于衰退状态。1939 年实行生活必需品统制配给制时,对商业有一次“实态调查”,查得全满有粮商 5251 家,资本 1.339 亿满元,平均每家 2.5 万元(见表 4—26),地位已在绸布业之下。

绸布原属第二大商业行业,在沈阳称丝房,1933 年有 70 家,多半兼营百货,资本大者 50 万元,一般一两万元。② 1939 年的普查,全满有纺织品和百货商 14265 家,资本 41774 万元,平均每家 2.9 万元(见表 4—26)。实行统制配给后,粮食和绸布业首当其冲,基本上变成“满洲农产会社”和“生活必需品会社”的配给店,营业和利润都是受严格限制,二者遂凋敝不堪。

表 4—26 1939 年伪满的商业 (单位:万满元)

项目	户数	资本	店员数	销售额	利润额
粮食	5251	13390	63149	96882	3303
批发	633	6727	11905	38029	961
零售	4618	6663	51244	58853	2342
副食、烟酒	19541	23414	114534	87780	4807
批发	923	11772	11110	23259	1303
零售	18618	11642	103424	64521	3504

① 孔经纬:《东北经济史》,四川人民出版社 1986 年版,第 423—425 页。

② 孔经纬:《东北经济史》,四川人民出版社 1986 年版,第 423—425 页。

续表

项目	户数	资本	店员数	销售额	利润额
纺织、百货	14265	41774	152670	142779	11428
批发	2038	26791	33646	60175	3905
零售	12227	14983	119024	82604	7523
燃料	926	941	4493	3492	255
批发	79	193	436	760	72
零售	847	748	4057	2732	183
机器	2614	24853	23272	24479	1997
建筑材料	2039	9234	30181	27456	2178
其他	18035	23778	133070	71716	6491
总计	62671	137384	521369	454584	30459
批发	5664	71077	91195	164296	8900
零售	57007	66307	430174	290288	21559

注:1. 不包括特殊会社、准特殊会社、完全进出口商、摊贩和参加百货商店公会的百货店。

2. 纺织、百货类原称“衣料”,实际包括服装、毛皮、鞋帽、洋货、杂品。

资料来源:东北财经委员会调查统计处编:《伪满时期东北经济统计》,1949 年,第(10)部 2、4、5、6 页。

表 4—26 的分类与传统自然行业不同,难作比较。但可见新兴的机器业(包括五金、电器)已成一大行业,资本居第二位;传统行业中资本居第三位的药商,则被列入“其他”。

伪满时期,粮食和纺织品商业一直是衰落的,他业则不尽然。总的说,在 1937 年以前,随着城市发展,商业有所发展。这以后,在伪满人口统计中有“商业人口”一项,其中,中国人 1937 年为 107 万人,1939 年为 120 万人,1940 年减为 116 万人;日本商人则一直增长。又统计从事贩卖的公司,1937 年有 1436 家,资本 11.5 万满元;1940 年为 2315 家,资本 21 万满元;1943 年减为 2160 家,资本则增为 44.8 万满元,恐是货币贬值所致。① 最大一家华商百货公司的销货额见表 4—27;若照物价指数修正,也是自 1940 年起衰落,1942 年已低于 1934 年的水平了。

① 东北财经委员会调查统计处编:《伪满时期东北经济统计》,1949 年,第(10)—11 页。

表 4—27　1934—1944 年哈尔滨同记商场销货额①（单位:万满元）

年份	销货额	年份	销货额	年份	销货额
1934	247.7	1938	529.4	1942	773.7
1935	273.5	1939	716.9	1943	157.9
1936	345.6	1940	863.3	1944	553.0
1937	375.9	1941	908.2		

表 4—26 虽然不包括特殊、准特殊会社和纯外贸洋行,但包括日本私营商行,区分见表 4—28。

表 4—28　1939 年的伪满商业②

项目	华商	日本及其他外商
商号数	57093	5578
资本(万满元)	36976	100408
销售额(万满元)	311184	143400
利润额(万满元)	23408	7051
资金周转率(次/年)	8.41	1.43
利润率(%)	63.30	7.02

表 4—28 说明,民族商业资本实际约有 3.7 亿满元。唯表中令人不解者,日商(及 158 家其他外商)资本比华商高 1.7 倍,其销货额却只有华商的 46%,利润额只有华商的 30%。推其故,大约统计中的日商实际包括部分兼营进出口贸易者,又集中于机器业(包括五金、电器),周转较慢。再则,日商多属新设,所报为贬值后的资本,显得很大。又日商资本充裕,可自营,华商则大量依赖借款和商业信用。不过,表中所列日商的资本利润率仅 7%,有违常情,此项统计的准确性仍有可疑。

① 东北三省中国经济史学会等编:《东北地区经济史专题国际学术会议论文集》,学苑出版社 1989 年版,第 463 页。

② 东北财经委员会调查统计处编:《伪满时期东北经济统计》,1949 年,第(10)—2 页。

第二节 华北华中沦陷区的资本主义经济

1937年7月日本帝国主义向中国发动全面进攻,先后占领了750余个市县、150余万平方千米的土地,即华北华中沦陷区。

前人对华北华中沦陷区经济的论述大部分偏重在敌人的经济掠夺,我们不再重复,而是像前节考察东北沦陷区那样,着重于各种形态资本主义经济的消长和演变。日寇对于华北华中的经济统制大体是袭取在东北的模式,将经济活动纳入各种"国策会社"。但是,他们虽也在华北和华中分别建立了傀儡政权,却未能造成像在东北那样庞大的、数量上竟超过日本投资的"满洲国资本"。也就是说,还没有形成像伪满资本那样的殖民地资本形态,本节中也就不设这样一个专目。沿海各省原是中国资本主义比较发达的地区,战前民间私人资本80%以上集中在这个沦陷区,日本投资不多,而是以统制中国民间私人资本为主。沦陷区的华商大多是不可避免地与日本资本有过直接或间接的"合作"关系,我们仍把它们列入民族资本之目。考察民族资本的演变成为本节的主要内容,我们分作概述和主要行业两目。不过,华北华中沦陷区的资料远不如东北,我们的考察也只限于工业方面,这是一大缺陷,只好留待来日补正。

资本主义手工业是民族资本的重要部分,在前几个时期我们都设专节讨论。战时民族工业有小型化和手工业化的趋势,但是,沦陷区传统手工业的资料却极为贫乏。为避免用"举例式"的方法以偏概全,我们仅选择较有资料的织布、丝织两业置于工业行业之后,其他情况不少与抗战后方相仿,可参阅下节。至于资本主义性质的农业,在第三章已有专论,此处从略。

一、华北华中沦陷区的对外贸易和日本投资

(一)沦陷区的对外贸易

日本占领沿海各省后,即严格控制了进出口贸易,但海关仍由以英国人为首的总税务司署管理。1941 年 12 月发动太平洋战争后,日寇接管海关,并将进出口情况保密。表 4—29 是郑友揆精心整理的统计,为避免各种伪币的混乱和币值的剧烈变动,一律折美元计算。

表 4—29　1938—1945 年华北华中沦陷区的对外贸易

(单位:百万美元)

项目	1937 年全关内	1938 年	1939 年	1940 年	1941 年	1942 年	1943 年	1944 年	1945 年 1—8 月
进口	279.9	177.6	367.9	444.3	469.5	123.4	110.2	60.5	14.0
出口	245.8	101.0	94.9	104.4	134.3	44.3	17.2	16.6	7.2
入超	34.1	76.6	273.0	339.9	335.2	79.1	93.0	43.9	6.8
各国和地区占进口比重(%)									
日元集团	17.3	42.0	38.0	33.1	30.0	82.9	81.7	75.5	84.7
英国及中国香港	13.7	8.9	7.1	5.8	3.6	2.4	2.2	3.4	0.5
美国	19.8	14.6	14.7	21.6	18.5	0.7	0.2	1.0	—
德国	15.3	8.7	6.1	2.5	1.9	3.3	6.0	15.9	14.2
东南亚及印度	17.2	12.8	17.8	25.7	32.5	8.3	8.4	2.4	—
其他	16.7	13.0	16.3	11.3	13.5	2.4	1.5	1.8	0.6
各国和地区占出口比重(%)									
日元集团	13.1	33.1	15.2	16.4	23.4	88.0	93.6	89.8	97.6
英国及中国香港	29.0	20.2	25.2	24.6	21.5	1.5	2.1	4.0	0.7
美国	27.6	14.4	26.6	32.0	22.7	—	—	—	—
德国	8.6	9.9	5.3	0.2	0.3	0.7	0.1	0.2	—
东南亚及印度	7.8	9.2	15.0	17.3	25.5	5.6	3.1	0.9	—
其他	13.9	13.2	12.7	9.5	6.6	4.2	1.1	5.1	1.7

注:1. 1942 年以后日伪对统计保密,此后系从战后盟军所得副本按各年关金、法币、联银券、中储券的近似汇率折成美元。

2. 日元集团包括“满洲国”,1942 年以后占进口 17%左右、出口 25%左右。

资料来源:郑友揆:《中国的对外贸易和工业发展》,程麟荪译,上海社会科学院出版社 1984 年版,第 171—176、184、187 页。

表4—29显见,1938—1941年,沦陷区的进口骤增,出口则增长有限,以至入超竟达出口值的3.5倍。这实在是违反日本统治者的意愿的。他们本来打算尽量掠取沦陷区的煤、铁、棉、盐等物资输往日本,而对日货的出口则采取进出口连锁制,甚至不时以命令限制输往中国。[①] 到1941年,沦陷区出口煤586万吨、盐763万吨,确较战前大增。棉则自1939年起反而变出超为大量入超,使日本发生棉荒。最为关键的铁矿石输日(包括输伪满),战前1936年有184万吨,沦陷后每年仅70—100余万吨,1941年增至277万吨,平均每年输日数仍低于战前水平。[②]

从表4—29的各国所占比重更可看出,1938—1941年,美国在沦陷区进口尤其出口中的地位是增长的,这是因为欧战爆发后,沦陷区的大宗出口品丝绸、猪鬃、桐油等只能销往美国,非日本所能容纳,而一些生产器材也依赖美国供给。更为突出的是,这期间东南亚和印度在沦陷区外贸中的比重迅速增大了,1941年竟占进口的1/3、出口的1/3以上。这是因为,沦陷区需要泰国、越南的米粮,又上海“孤岛”时期纺织和食品工业繁荣,大量运销南洋,同时也需要缅甸、印度的棉花和印度尼西亚的煤油。这都不是日本所能代替的。结果是,在太平洋战争前,日元集团在沦陷区进口中所占比重由1938年的42%下降到1941年的30%,在出口中所占比重由1938年的33%下降到1941年的23%。

太平洋战争后,欧美贸易基本停止,日本进军东南亚,日元集团独占了沦陷区的对外贸易。不过,由于船只被军用,进出口轮船由1941年的33.5万吨降至1944年的4.4万吨,沦陷区的对外贸易雪崩似地下降。然而,1943年的出口中煤增至744万吨,铁矿石增至881万吨,棉增至56万担,盐增至1041万担;日本的掠夺政策不无成绩。但1944年就大幅度下降,1945年日本投降前已微不足道。

---

① 关于日政府限制日货外销的措施见郑伯彬:《日本侵占区之经济》,资源委员会经济研究室1945年版,第167—194页。

② 郑友揆:《中国的对外贸易和工业发展》,程麟荪译,上海社会科学院出版社1984年版,第188页。铁矿石输日详见浅田乔二:《日本帝国主义下の中国》,游乐书房1981年版,第250页。

和在东北不同,华北华中沦陷区的巨额入超并不需要全部以日本的对华投资来平衡。1938—1941 年沦陷区的入超中,只有 39.6%是对日元集团的,其余是对美国、东南亚等地贸易入超。这里,每年有相当大的华侨汇款来抵补。同时,国民政府在上海实行以外汇维持法币的政策。国民党这项政策消耗了 1 亿多美元的外汇,除被日本套汇外,也供应外贸商人,乃至在太平洋战争后还在中国香港等地供应沦陷区商人外汇。对这个政策,下节还将论及。

(二)日本在沦陷区的投资

日本在华北华中沦陷区的投资没有历年的统计。日本东亚研究所有个 1938 年的调查,情况见表 4—30。

表 4—30　1936 年、1938 年日本在关内的投资① (单位:百万日元)

项目 年份	企业投资	对私营企业贷款	合计
1936	993.5	117.0	1110.5
1938	1709.4	126.2	1835.6

注:对国民政府的借款因双方交战不予计入。

由表 4—31 可见,1936—1938 年日本投资增加了 7.159 亿日元,基本上是在沦陷区,主要是在华北。1938 年总数的分配大体见表 4—31。

表 4—31　1938 年日本投资情况 (单位:%)

行业	占比	行业	占比	行业	占比
纺织业	22	投资业	9	矿业	7
银行业	18	纺织以外的	9	航运业	5
进出口业	14	制造业		其他	16

1938 年以后就没有系统资料了。这一方面是日本对于战时经济实行保密制度,太平洋战争后情报封锁尤严;另一方面,日本在华北和华中

① 东亚研究所:《日本の对中国投资》,1942 年版,第 1045—1046 页及附表。

实行分别统治，在经济上也是两个中央银行（华北是中国联合准备银行、华中是中央储备银行）、两套货币（联银券与日元等价、中储券与法币等价）、两个投资机构（华北开发公司、华中振兴公司）。还把察哈尔、绥远和山西北部划为“蒙疆”，另设自治政府和蒙疆银行，发行蒙疆券。占领广州后，又将华南和海南岛作为一区。沦陷区处于分割状态，流通上更常封锁。

华北开发公司即北中国开发株式会社，1938 年 11 月成立于东京，额定资本 3.5 亿日元，日政府与民间出资各半。当年实收 9932 万日元，日政府即以在华北劫夺的铁路、建筑物等折价 3035.6 万日元缴纳，民间资本以三井、三菱、住友等财阀为主。华中振兴公司即中中国振兴株式会社，于同期成立于上海，额定资本 1 亿日元，日本政府与民间各半。当年实收 3138.2 万日元。两公司均可发行 5 倍于实收资本的公司债。其任务是投资和贷款给其子公司，经营各种企事业。到 1945 年日本投降前，华北开发公司有 51 个子公司，华中振兴公司有 16 个子公司。[①]

然而，实际上两公司所经营的主要是交通、矿冶、电力、电信、盐业五项，并以华北为主。这五项是日寇所急需，重点开发，要求经营“一元化”，下面分述其投资概况。其他产业，包括纺织等大行业，仍主要是由日本私人资本经营，或与华商“合作”，我们放在下一目中考察。

为配合战争需要，日本在关内的投资首先是恢复铁路运输和其他交通建设，1939 年 4 月，由华北开发公司设立华北交通公司，投资 1.497 亿日元，并由满铁出资 7200 万日元，北平临时政府出资 1800 万日元。同时，由华中振兴公司设立华中铁道公司，投资 4550 万日元，并由南京维新政府出资 1000 万日元，一些日本企业出资 850 万日元。[②] 以上 1939 年交通投资共 3 亿余日元，应当是包括原有铁路财产。中国在沦陷区原有铁路 7458 千米，资产值 9.49 亿元，减除自动拆毁部分仍有 8.65 亿元[③]，远

① 日本投资机构，我们在前节东北经济中称会社，本节称公司，都是适应当时习惯用语，并无他意。实收资本据东亚研究所：《日本の对中国投资》，1942 年版，第 128 页。

② 浅田乔二：《日本帝国主义下の中国》，游乐书房 1981 年版，第 427、458 页。

③ 韩启桐编：《中国对日战争损失之估计》，中华书局 1946 年版，第 40、41 页。

超过3亿日元的投资数。故日方所谓投资只是修复战争破坏而已。不过,在日本占领时期曾新建铁路1056千米,按造价计约合730万日元。①

日本在华航运业投资,1938年有9497万日元。1939年,海运统由设在日本的东亚海运公司管理,关内内河航运由华中振兴公司设立的上海内河轮船公司经营。沦陷时期航运业不景气,汽车运输业则颇有发展。1939年日本在关内汽车运输业投资有1206万日元。其后,在华北亦由华北交通公司统管,在华中由华中振兴公司设华中都市汽车公司经营。

日本着重开发矿冶业,目的在掠夺煤铁和铝矾土等输日。战前,除借款外,日本在关内的矿业投资有1238万日元。② 华北开发公司设有大同、井陉、中兴、焦作、山西炭矿、山东矿业等13个煤矿公司,包括太平洋战后接管的英商开滦煤矿;1939—1943年投资和贷款累计2.78亿日元,另有满铁投资。又设有龙烟铁矿、金岭镇铁矿、石景山制铁、山西制铁、宣化制铁、华北矾土矿等11个矿冶公司,投资累计3.10亿日元。③ 华中振兴公司设有淮南煤矿公司,资本1500万元,并有三井、三菱投资;又设华中矿业公司,即汉冶萍,资本2000万日元,并有日本制铁所投资。④

上述矿冶大多是原来中国官僚资本的产业,少数是民族资本的产业,其资产远超过日本投资,唯作价情况未详。

1938年,日本在关内电力投资1923万日元。⑤ 1939年,华北开发公司设立华北电业公司,资本1亿日元,华北开发出半数,日商出资2000万日元,北平临时政府出资35万日元,华商出资2965万日元(包括原中日合办电厂中的华股)。它接管了华北电厂20余家,1943年增至60余家。另有蒙疆电业公司,资本300万日元,日本兴中公司出半数,伪蒙疆自治政府和蒙疆银行出半数,接管了大同、张家口、包头等地电厂。华中振兴公司于1938年设立华中水电公司,资本2500万元,日方出资1000万元,

① 吴承明编:《帝国主义在旧中国的投资》,人民出版社1955年版,第167页。

② 以上三个投资数据东亚研究所:《日本の对中国投资》,1942年版,第122、123、133页。

③ 煤矿投资据佟哲晖:《战时华北矿业》,《社会科学杂志》1945年第10卷第1期。其他矿冶投资是从表4—19中的矿业减除煤矿数。

④ 东亚研究所:《日本の对中国投资》,1942年版,第189—190页。

⑤ 东亚研究所:《日本の对中国投资》,1942年版,第357页。

原上海闸北等7家水电厂资产作价1500万元。原官僚资本的南京首都电厂、戚墅堰电厂也被华中水电接管,各地华商电厂大多数变成中日合办[①](华中振兴公司计值均用“元”,相当于法币)。

除政府借款外,战前日本在关内电信投资仅323万日元(包括海底电线评价)。[②] 1938年成立华北电信电话公司,资本3500万日元,日方实际出资625万元,接管华北电信,隶华北开发公司。1938年设蒙疆电气通信设备公司于张家口,资本1200万日元,日方出资150万日元。同年成立华中电气通信公司,日方出资500万元,隶华中振兴公司。三者皆与各沦陷区的伪政府合办,伪政府主要是以原有的电信设备折价入股。

日本开发盐业主要是供工业用。1937年设山东盐业公司,投资300余万日元;1939年设华北盐业公司,资本2500万日元。这两个公司原由日商投资,后划归华北开发公司。华中振兴公司设有华中盐业公司,资本未详。[③]

从表4—32B可见,华北开发公司的投资和贷款中,约有93%是用于上述五项产业。华中振兴公司情况未详,但知投资总额24431万元中,交通占70%,矿业占24%,其他仅占6%而已。[④]

表4—32 1939—1945年华北开发公司的投资与贷款

(单位:百万日元)

项目 年份	投资	贷款	投贷总额	折合1936年币值		天津批发物价指数1936=100
				投资	贷款	
A. 历年投资与贷款						
1939	104.7	121.9	226.6	46.2	53.8	226.7
1940	239.4	313.2	552.6	59.9	78.4	399.7
1941年3月	244.3	371.6	615.9	54.2	82.4	450.9

① 《沦陷区之电业》,《资源委员会月刊》第2卷第10—12期,见陈真编:《中国近代工业史资料》第四辑,生活·读书·新知三联书店1961年版,第883—890页。

② 东亚研究所:《日本の对中国投资》,1942年版,第589页。

③ 电信、盐业据杜恂诚:《日本在旧中国的投资》,上海社会科学院出版社1986年版,第143、399页。

④ 《申报年鉴》,1944年度,第684页,转引自中央调查统计局特种经济调查处编:《第六、七年倭寇经济侵略》,1945年,第56页。

续表

年份＼项目	投资	贷款	投贷总额	折合1936年币值		天津批发物价指数 1936=100
				投资	贷款	
1942年3月	301.1	614.7	915.8	50.8	103.6	593.2
1943年3月	513.3	866.3	1379.6	61.0	103.0	840.9
1944年3月	731.5	2063.1	2794.6	61.4	173.2	1191.5
1945年3月	930.3	16047.7	16978.5	8.3	143.1	11214.5

B. 投贷总额的分配

年份＼项目	交通	矿冶	电力	电信	盐业	其他	合计
1939	161.8	13.3	8.8	12.3	7.5	22.9	226.6
1940	402.8	50.0	33.3	25.5	12.2	28.8	552.6
1941	635.7	106.9	52.9	42.0	21.5	38.0	897.0
1942	884.1	174.1	112.6	55.7	29.4	51.9	1307.8
1943	995.3	243.9	133.6	65.2	34.1	182.5	1654.6
合计	3079.7	588.2	341.2	200.7	104.7	324.1	4638.6
占比(%)	66.4	12.7	7.4	4.3	2.2	7.0	100.0

资料来源:

A. 投资及贷款据汪馥荪:《战时华北工业的资本、就业与生产》,《社会科学杂志》1946年9卷2期;原注据《开发投融资历年调》打字本。物价指数据中国科学院上海经济研究所、上海社会科学院经济研究所编:《上海解放前后物价资料汇编》,上海人民出版社1958年版,第179页;唯1941年3月以全年平均替代,1942年3月以7月指数替代。

B. 投贷总额分配据《天津的经济地位》,1948年版,第242页。唯原列各项与合计数诸多出入,大约原据历年《北中国开发株式会社并北中国开发株式会社の关系会社概况》,我们未见,仅据他处引用《概况》之数字略作修正。又B表因会计年度不同,1941年以后与A表不一致,与他处所用数据亦有出入,又怀疑其1944年恐非全年数字,略去。

表4—32B华北开发公司1939—1943年投资和贷款总额达46.38亿日元,唯如折成战前币值,则为数有限。其中投资可以累计,贷款则或有偿还,应低于累计数。再用A表核查,则折合战前币值,投资总额只有3.42亿日元,贷款姑累计之亦不过7.38亿日元,二者共计10.79亿日元而已。唯原统计用日元,虽规定伪币与日元等价,实则值差甚大。若用东

京物价指数折算,则按B表的投贷总额可折战前(1936)币值26.57亿日元。又东京指数系官方控制,偏低,依市值指数,则合成战前币值21.41亿日元。① 这些企业中的日本私人投资则未能详查。

1938年6月日伪制定"第一次华北产业开发五年计划",投资总额14亿日元,内交通部分近5亿日元;1942年制定第二个五年计划,投资总额30.12亿日元,比较注重矿冶业。二者按天津物价指数折成战前币值分别为9.20亿和5.03亿日元。至于华中振兴公司,投贷总额不过2.44亿元(法币),折战前币值,以1940年上海物价指数(510)为准,尚不足5000万元。

沦陷时期,日本侵略者在华北对上述这些重要物资的经营有一定成绩,如比之1936年,煤增产45%,电力增1.7倍,钢从无到有等,见表4—33。但与原计划则差距颇大,煤完成47%,生铁完成46%,纯碱完成49%,烧碱完成13%。② 在华中唯铁矿石具有重要性。战前大冶铁矿每年供应日本制铁所铁矿石50万吨左右,1938—1940年平均只供应16.7万吨,其后恢复并扩大产量,1941—1945年输往日本449.68万吨,平均每年约90万吨。③ 象鼻山铁矿石输日亦增至10余万吨。又由日本石原、室业开采海南岛铁矿两处。1942年这4矿连同华北龙烟、金岭镇、山西3矿共产铁矿石500.3万吨,输往日本414万吨,占82.8%。④

① 东京批发物价指数见郑友揆:《中国的对外贸易和工业发展》,程麟荪译,上海社会科学院出版社1984年版,第151页。

年份	官方	市场	年份	官方	市场
1936	100	100	1941	167.1	184
1938	135.2	126	1942	179.0	236
1939	144.6	145	1943	187.2	267
1940	158.5	171	1944	197.8	325

② 汪馥荪:《战时华北工业资本、就业与生产》,《社会科学杂志》1947年第9卷第2期。

③ 武汉大学经济学系编:《旧中国汉冶萍公司与日本关系史料选辑》,上海人民出版社1985年版,第1123页。

④ 浅田乔二:《日本帝国主义下の中国》,游乐书房1981年版,第250页。

表 4—33　1936—1944 年华北沦陷区的工矿业生产

项目＼年份	1936	1937	1938	1939	1940	1941	1942	1943	1944
煤(千吨)	16733	13267	10093	14677	18008	23247	24239	21963	20397
生铁(吨)	5000	8000	3000	39000	50000	61000	90000	125000	218000
钢(吨)	—	—	—	—	—	12814	45594	28718	8322
水泥(千吨)	207	173	182	234	329	290	340	292	261
电力(百万度)	221	180	120	144	221	242	429	599	679
纯碱(吨)	40000	13580	24945	25408	37334	38306	38592	33066	20000
烧碱(吨)	4000	4000		2154	4241	4329	4264	3450	729
硫酸(吨)	122	260	300	1130	977	557	489	194	657
酒精(千加仑)	169	76	71	198	352	552	712	726	1355
焦油(吨)	1793	727	800	936	937	1279	1134	2263	2263
棉纱(千包)	469	380	262	223	234	236	201	200	180
毛线(吨)	785	376	408	318	266	130	100	70	40
面粉(千袋)	20356	13034	8159	14249	12161	15239	10095	10000	9000

资料来源:严中平等编:《中国近代经济史统计资料选辑》,科学出版社 1955 年版,第 147 页。

华北开发公司当然不能代表全部日本资本。对于日本在华北华中沦陷区的全部投资，在没有更多资料以前，我们只好沿用吴承明所作的1944年估计。他是以东亚研究所的1938年的估计为基础，加上华北开发、华中振兴的61个子公司的实收资本（按建设器材价格指数调整），再加上蒙疆投资、日商银行投资、日本私人投资和新建铁路投资，共得企业财产88460万美元，又非企业房地产2亿美元。① 这估计大体上是用战前美元估值的，若按战前汇率计约合30.57亿日元（1日元=0.29美元）。

二、沦陷区的民族资本

这次日本侵华战争是中国民族资本的一场浩劫。有人估计，毁于战火的直接损失，工业4.40亿元，矿业0.68亿元，航运业0.21亿元。② 其中工业部分基本上都是民族资本的损失。

民族资本的劫难还不在于这些直接损失，而在于其发展条件。资本主义的特性即在于获取利润，积累资本，不断发展。一时的损失，不难弥补，一旦丧失发展条件，则必致灭亡。

在沦陷区，民族资本的命运决定于日伪的经济统制政策。日寇在制定第一个开发华北五年计划时规定有四项原则。(1)避免中日满经济相克；(2)不许有二重投资；(3)防止同类企业滥行设立；(4)避免日元资本之单独投资，以采用中日合办为原则。③ 其中除第(4)项下面再谈外，前三项都是限制发展的，而这种限制主要是落在以经营民生用品为主的民族工业头上。如办纺织厂即属不许可之列，以便棉花、羊毛输日；机械只限小型和修理业务，以利生铁输日。1942年制定第二个五年计划时，由于海上运输困难，才提出就地加工的政策，但亦限于钢铁、酸碱、液体燃料

① 吴承明编：《帝国主义在旧中国的投资》，人民出版社1955年版，第164—165、176页。战前汇率1日元约合0.29美元。

② 韩启桐编：《中国对日战争损失之估计》，中华书局1946年版，第33、34页。该书估计商业损失36.3亿元似过高，金融业损失3.33亿元则偏重于官僚资本。

③ 郑伯彬编著：《抗战期间日人在华北的产业开发计划》，资源委员会经济研究所1947年版，第31页。

等工业,民生用品仍属限制。看表4—33中棉纱、毛线、面粉的产量都是逐年下降可知,到1944年仅及战前的1/3左右。

敌伪对于流通的统制十分严格。首先是工业原料、燃料和生产器材都实行配给,厂商困难大半由于原料不足。产品销售也受阻碍,南北分裂,铁路、船只常被军用,地区间又常因战事封锁,检查站、哨口林立。华北早行粮食配给,华中1943年设立"商业统制总会",统制米粮、纱布、燃料、油料、面粉、日用品六大类物资,市郊区货运也须有"搬出许可证"。

不过,这些限制和禁令并不能置民族工业于死地,事实上,日寇为维持沦陷区的经济,也不能不借助于华人资本。在这里,上述第(4)项"中日合办"有特殊的意义。日本原是个资本贫乏国家,早就在中国运用合办形式以利用中国资本,前人已有专门研究。① 在日军占领下的合办企业更是徒具空名,全由日方独断,因而被广泛利用,并成为侵夺华商财产的主要形式。

原来日军占领华北后,即对大的华厂要求"合作"。如启新洋灰公司答应合作后,遂派日本顾问控制生产,后并派"推进机关"使之"参加作战"。永利碱厂因范旭东拒绝合作,遂被接管,并将范创办的南京硫酸铔厂主要设备运往日本。② 对原官办企业实行"军管理",实际包括部分华商,再由军方交日商代营。在华中又有"委任经营",名义上是日商出面与华商合作。有人考察军管理和委任经营者共有316家,内纺织58家、面粉59家、火柴28家、卷烟10家等。③ 1940年3月,日本派遣军总司令西尾寿造发表声明,将军管华商财产发还原主。而所谓发还实际是要求中日合办,或改为委托经营,或由日商租用、收买等,仅一些实力较厚的大厂在缴付一定代管费用后解除军管。

---

① 张雁深:《日本利用所谓"合办事业"侵华的历史》,生活·读书·新知三联书店1958年版。

② 南开大学经济研究所、南开大学经济系编:《启新洋灰公司史料》,生活·读书·新知三联书店1963年版,第191页;全国政协文史资料研究委员会等:《化工先导范旭东》,中国文史出版社1987年版,第90、122页。

③ 郑伯彬:《日本侵占区之经济》,资源委员会经济研究室1945年版,第73—77页。其他记述各有出入。

在华北，规定中日合办企业日资须占一半以上，合办的工厂由 1939 年的 91 家增为 1942 年的 197 家。据汪馥荪研究，华北工业的变化见表 4—34。

表 4—34　1939 年、1942 年华北五省工业企业①

	1939 年				1942 年			
	厂数	资本（百万元）	职工人数	产值（百万元）	厂数	资本（百万元）	职工人数	产值（百万元）
华资	438	107. 5	56761	184. 2	808	304. 2	62376	429. 5
日资	189	237. 2	60244	249. 7	653	1143. 0	121538	1269. 9
中日合办	91	162. 7	26438	62. 1	197	434. 6	40985	340. 9
其他外资	45	25. 3	4444	37. 1	6	6. 0	1481	5. 2
合计	763	532. 7	147887	533. 1	1664	1887. 8	226380	2045. 5

由表 4—34 可见，1939—1942 年华北工业，除日资厂迅速增加外，华资和中日合办厂亦增长甚大。唯资本和产值的增长是按当年币值。汪馥荪曾按天津物价编有资本价格指数和工业品价格指数，见表 4—35。

表 4—35　1939 年、1942 年资本价格指数和工业品价格指数

年份＼项目	资本价格指数	工业品价格指数
1939	100	100
1942	249	259

依此指数，则 1942 年比之 1939 年，华厂资本增加 13. 7%，而产值下降 11. 1%；中日合办厂资本增加 7. 3%，产值增加 111. 9%，较纯日资厂产值增加幅度 96. 3%尤大。不过，据汪馥荪计算，1942 年的全部产值如折合战前币值，与 1933 年普查时华北工业的产值几乎相等；就是说，日本人大力开发华北工业结果，就总产值计算，并未超过战前水平。

① 汪馥荪：《战时华北工业资本、就业与生产》，《社会科学杂志》1947 年第 9 卷第 2 期。各表综合；厂数系从第九、十五表算出。指雇工 30 人以上并使用动力的工厂；不含蒙疆；元指伪币，名义上与日元等价。

表4—34中华资厂资本实增有限,而厂数增加84.5%,这是工厂小型化之故。1939年平均每厂职工130人,1942年只77人。这实际是一个歇大开小的过程,主要因为小厂经营灵活,便于逃避统制,在各沦陷区都有这种现象。又表4—34是指雇工30人以上的工厂,另据一个雇工10人以上的统计,则华北五省1939年有华人经营的工厂2003家,资本1.134万亿元,职工63825人。① 比表4—34厂数多3.6倍,资本只多5%而已。

华中沦陷区日本人未发表全面统计,前人亦无系统研究。华中有个特殊的现象,即上海"孤岛"繁荣。日军侵入上海后,公共租界和法租界仍是英法势力,工商业自由发展,形成一个孤岛。尽管日军加强封锁,但租界区有水运通往海外以至抗战后方,陆路偷运和走私亦盛。人们纷纷迁入租界,人口由250万人增至500万人。资金也向租界集中,估计1939年租界的银行存款达30亿元,为全国银行存款的60%。② 重庆国民政府为维持法币汇价,在租界以外汇供应商人,已如前述。这样,外地和上海日占区的工厂纷纷迁入租界,至1938年4月底新开工厂560家,雇工3万余人;9月底增至2540家,雇工15.4万人;12月底两租界共有工厂4700余家,雇工23.7万人,接近战前全市工厂工人总数。③ 工业原料主要来自海外,洋棉常占需要量的80%。销路则除本市已形成一个大市场外,并销往南洋和大后方。南洋一带因欧战爆发后,欧美货稀少,加以华侨拒买日货,上海货成为畅销品。大后方不少物资是在上海采办,纺织品、药品、五金仪表尤多。加以投机盛行,上海资本家大多盈利累累。一些大企业趁币值低落,清偿了战前全部债务,两年的厚利即足以抵偿战争损失。这时的上海是一片"战时繁荣"。

这时期上海的工业生产没有系统统计。伪中央储备银行曾编制一个

---

① 据日本兴亚院所编《华北工场统计》,转引自陈真、姚洛合编:《中国近代工业史资料》第一辑,生活·读书·新知三联书店1957年版,第130页。

② 人口见《申报年鉴》,1944年度,第387页;存款据冯克昌:《上海繁荣的观察》,《商业月报》1939年5月号。

③ 《战时之上海金融》,《经济汇报》1940年第1卷第5—6期合刊。

生产指数,只是八个行业指数的算数平均,既未加权,各业标准也不一。另有上海工业用电量的指数,倒能反映总的生产力情况。两指数见表4—36。

表4—36　1936—1941年上海工业生产指数和用电量指数

年份＼项目	上海工业生产指数	上海工业用电量指数①
1936	100.0	100.0
1937	85.5	82.4
1938	74.9	72.5
1939	138.6	102.9
1940	154.8	105.5
1941	137.8	80.0

1941年12月日本发动太平洋战争,日军接管租界,"孤岛"沉没。此后,上海华商工业也像华中沦陷区他处一样,被置于统制之下。而更有困难者即原料全靠外地,配给有限;煤运不继,燃料不足,限制用电;人口密集而粮食紧缺,工人饥羸。生产自然下降。从工业用电指数看,1942年为50;1943年为40;1944年8月再以1943年12月为基数削减30%,上海的工业用电就只有常年的20%了。

三、民族资本主要行业概况

重工业全由"国策会社"垄断,已见第一目。限于资料,本目仅介绍6个轻工业和两个手工行业。

(一)棉纺业②

纱厂资料较多,唯统计歧异,我们只能取一种为准,以见战时变化。

① 生产指数见《中央银行经济月刊》1942年第2卷第6期;用电指数见《申报年鉴》,1944年度,第715页。

② 除另有注明者外,据张朴:《战时中国棉纺织业的演变》,转引自陈真编:《中国近代工业史资料》第四辑,生活·读书·新知三联书店1961年版,第234—253页。

又线锭数不全,仅计纱锭(线锭数约为纱锭数1/10)。

战前关内有40余个日商纱厂。战起,青岛9厂被中国军队炸毁,上海14厂有不同程度损毁,汉口泰安厂被中国接管。日商定有庞大复兴计划,唯日政府予以削减,到太平洋战争前,大体情况见表4—37。

表4—37 关内日商纱厂

	纱锭(枚)	织机(台)
1936年原有	2252144	31816
战争损毁	866576	16265
修复和新添	828940	19365
1940年4月实有	2214508	34916

华商纱厂在华北华中沦陷区者约有80个。战争损毁以无锡为重,次为上海。在湖北、河南有9厂迁往后方,上海租界9厂和天津租界3厂继续开工,余50余厂均沦陷敌手。大体情况见表4—38

表4—38 沦陷区的华商纱厂

	纱锭(枚)	织机(台)
1936年原有	2642472	23755
战争损毁难于修复者	325978	2999
迁往后方者	159200	800
在上海租界内者	340344	1700
在天津租界内者	64152	490
沦陷敌手	1752798	17766

表4—38中沦陷敌手部分,华北12厂由日军实行军管理,华中41厂和华南广州1厂实行委任经营;实际是由东洋纺、上海纺、钟渊、内外棉、丰田以及大日本纺几家瓜分管理。这54家原有纱锭1535015枚,织机16274台,小于表4—38中的沦敌数。因青岛华新、常州大成等几家趁机迁出,未遭管制,又因各项数字未必确实,仅示大致情况而已。这些厂设备亦有损毁,1939年日方调查军管理和委任经营者仅有纱锭1295626枚,织机12997台。华中各厂于1938年5月复工,初开锭不过半数,但到1939年、1940年运转率已达90%以上。华北各厂于1938年12月复工,

运转在70%左右。

太平洋战争前,上海孤岛繁荣,棉纺业尤盛。因棉价有两年下跌,而纱价猛涨;其后棉价虽涨,但纱棉比价仍高于战前。又因人民抵制日货,华厂纱价高于同类日货。以此厚利,老厂扩充,申新九厂成为"远东最大",又纷建新厂。情况见表4—39。

表4—39　1936年、1941年上海租界的华商纱厂

	厂数	纱锭(枚)	织机(台)
1936年原有	9	340344	1700
老厂扩充		80061	140
新建厂	11	236888	2920
1941年实有	20	657282	4760

新建厂主要是由外埠迁来。如安达为常州大成迁建,信和为青岛华新迁建,中信系上海郊区两厂合成,因而并非生手,生产效率亦高。太平洋战争前,连同日商、英商及委任经营的华厂,上海共有纱锭2226700枚,尚不足战前2667156之数①,但产量超过了战前水平,情况见表4—40。

表4—40　1936—1941年6月上海纱布产量②

项目 年份	棉纱(件)	棉布(匹)
1936	910415	17074000
1938	753441	?
1939	1120356	20618724
1940	1066000	18212004
1941(1—6月)	405819	6390441

太平洋战争爆发后,上海租界内申新、永安等厂因改用英美籍被日军

① 日、英、委任经营锭数据《申报年鉴》,1944年度,第665页;战前锭数据朱斯煌:《民国经济史》,银行学会、银行周报社1948年版,第331页。

② 1936年据王季深:《战时上海经济》第一辑,立远图书公司1945年版,第19页;1938—1940年据中国联合准备银行:《中外经济统计汇报》1941年第3卷第1期;1941年据《中外金融周报》1941年第4卷第35期。

管,其他华厂未动。至 1943 年夏,包括租界以外的申新 5 个厂均发还,但强制其一、八厂由丰田收买。永安的 4 个厂和所属大华、纬通也发还,但其二、四厂由日商裕丰与永安合组公司经管。① 其他原委任经营的华厂也多已发还,但其中振华、大丰由日商收买,恒大等 4 厂改为中日合办。至于在天津租界的 3 个华厂,实际上早就与日商合作了。

太平洋战争后,外销断绝,日本加强统制原棉、电力和产品,华商棉纺业处于瘫痪状态。同时一种只有两三千锭的小型纱厂兴起。其中有的是原大型厂拆卸组成,有的是向停工厂收购剩余设备,建立在棉产区,使用柴油引擎。它们组设容易,并可逃避敌人管制,而利润尤厚。上海、南京一带一时建有几十家。

(二)面粉业②

战前日本在关内仅有机器面粉厂两家。战后新设 6 厂,仅大同日蒙一家稍大(日伪合资),而主要是收买华厂和与原有华厂合办以扩充势力(有的是军管理后收买的)。连同委任经营,日商在上海、无锡形成三兴(5 个厂)、华友(4 个厂)两大集团。情况见表 4—41。

表 4—41　1936 年、1945 年 6 月关内日商机器面粉厂

项目	厂数	资本(万元)	日产能力(包)
1936 年原有	2	38.5	5200
战时开设	6	146.6	5000
收买华厂	7	190.0	22800
与原有华厂合资	5	143.0	8440
租用华厂	1	50.0	4000
1945 年 6 月实有	21	568.1	45440

注:收买、合资、租用之资本及生产能力均原华厂数。

① 上海社会科学院经济研究所编:《荣家企业史料》下册,上海人民出版社 1980 年版,第 121、130 页;上海市纺织工业局、上海棉纺织工业公司、上海市工商行政管理局永安纺织印染公司史料组编:《永安纺织印染公司》,中华书局 1964 年版,第 247—248、249—250 页。

② 上海市粮食局、上海市工商行政管理局、上海社会科学院经济研究所经济史研究室编:《中国近代面粉工业史》,中华书局 1987 年版,第 66—69、70—80 页及附录十一。本段所用元指战前或折合战前法币。

在华北华中沦陷区，战前原有华商机器面粉厂91家。战争损毁不大，内迁仅见1厂。部分厂被日军军管理或委任经营，或被日商收买、合办。抗战期间，沦陷区新开31厂，内无锡最多，大多资本未详，按战前设备能力每包120元计，合计466万元。同期老厂歇业有记载者9家，详见表4—42。

表4—42　1936—1945年沦陷区的华商机器面粉厂

	厂数	资本（万元）	日生产能力（包）
（1）1936年原有	91	3760.2	325918
（2）战时减少	55	1864.8	148610
内：炸毁及内迁	3	42.8	6010
军管理	26	872.0	58960
委任经营	9	387.0	43400
日商收买、合办、租用	13	383.0	35240
日人接办	4	180.0	5000
（3）1937—1945年新开	31	466.0	38830
（4）1937—1945年歇业	9	119.8	8590
（5）留存华商厂（1）-（2）+（3）-（4）	58	2241.6	207548

表内留存华商日产能力20万余包，远大于日商厂及军管、委任厂之和。唯此项留存厂未必全能开工，并包括已歇业而未见记载者。唯上海租界内8厂的日产能力即达9.2万包，全能开工。原来日寇以自身生产力有限，对面粉业的统制重点放在控制原料上。1938年即成立华北小麦协会，次年设华中制粉联合会，即后之麦粉统制委员会，配给小麦。租界各厂因有进口洋麦，1939年产量达1700万包，超过战前，销路并及南洋。太平洋战后，洋麦断绝，粉麦统制委员会所收麦中有1/3供军用，由军管厂加工，民用者不足500万担，上海华厂开工率不到10%。

但是，麦产分散，日方统制是有限度的。且统制越严，能生产者就利润越大。故无锡等地新粉厂的开设多在1940年统购麦粉之后。此外，又有一种小型面粉厂和机器磨坊，成为新兴事业。小型厂用小型钢磨，日产能力两三百包;机器磨坊则多用石磨,有些是土磨坊改造而来,日产能力四五十包。它们能逃避管制自寻原料,且经营灵活,兼磨杂粮。有记载者竟达376家,以青岛、上海附近和武汉为多,设立时间见表4—43。

表4—43 1937—1945年沦陷区小型面粉厂和机器磨坊的设立

年份	厂数	日产能力(包)	年份	厂数	日产能力(包)
1937	14	840	1942	70	4713
1938	32	3250	1943	51	5286
1939	35	2971	1944	27	2208
1940	42	5851	1945	31	2330
1941	74	5304	合计	376	32753

(三)缫丝业

华商缫丝工业集中在江浙和广东。江浙丝厂又集中在上海、无锡,战起后均损毁甚重。日本人调查93厂被毁丝车1.6万部,中国蚕丝公司调查损失4.5万部。日本是丝业大国,对沦陷区中国丝业采取限制政策。1937年日本农林省即拟定对策,1938年4月由日商出面在上海设中支蚕丝组合,唯碍于上海租界势力,仅在无锡、苏州、杭州设惠民公司、华福公司、日华公司,吸收有10家华商丝厂共2688部丝车参加。8月,该组合改组为华中蚕丝公司,旋华中振兴公司成立,华中蚕丝公司乃成为华中振兴的子公司。1939年4月,华中蚕丝公司资本定为1000万日元,内日方700万元,华方300万元。日资除华中振兴认股200万日元外,主要由片仓、郡是、钟渊三制丝会社和三井、三菱等洋行认购;华资由无锡21家、苏杭等14家丝厂、丝栈等以设备充抵。华中公司靠伪政权营业许可证登记了53家丝厂,经过整并,开工最多时只22厂、丝车6974部,仅占1936年江浙开工丝车32803部的21%,并只准缫制10/11以上的粗条丝(优级丝由日本厂承缫)。它的统制是从制种、收茧直到收丝、运销;为此,它控制有129个制种场,500余家茧行和众多收购、销售机构。历年经营情况见表4—44。

表 4—44 1938—1943 年华中蚕丝公司的经营①

项目 年份	收购蚕茧 司马担	开工丝厂 家	开工丝车 部	生产生丝 担	外购生丝 担	出口生丝 担	内销生丝 担
1938	35414	14	4436	4951	8	3690	219
1939	90998	20	5972	17276	—	15421	164
1940	144032	22	6974	26448	75	21106	184
1941	68288	10	3328	15298	6173	19903	—
1942	47278	6	2092	6953	1065	2260	5129
1943	40774	6	2092	3222	423	1905	1669

华中蚕丝公司的经营原以出口为主，由表 4—44 可见太平洋战后即全面衰落。1943 年 11 月华中蚕丝公司清理结束，残存资产 8000 余万日元转让给汪伪设立的中华蚕丝公司。中华资本额定6000 万元（中储币），汪伪政府占 51%，日方占 49%，仅从事绢布短纤维等丝织品经营。

华中蚕丝公司登记的上海丝厂只有闸北两家，原上海华商丝厂除被毁者外，纷纷迁入租界。时丝贵茧贱，丝厂厚利，集中租界的资金纷设丝厂。至 1939 年上半年，上海“孤岛”已有丝厂 36 家，唯皆小型化，共有丝车 6293 部；到年底更增至 43 家，丝车 7694 部。华中蚕丝公司统制蚕茧，禁止运入租界，租界丝厂以贿赂、走私等方法取得原料，但日益困难。1940 年日方加强统制，并封锁宁波港，上海租界茧源断绝，丝厂纷纷停工；到 1941 年 3 月，仅怡和、鸿大、宏利、上海 4 厂勉强开工，运转丝车仅 704 部。不过，1943 年华中蚕丝公司结束后，日本对蚕丝的统制亦随之松弛。于是，汤肯堂经营的鸿大丝厂首先扩产增资，合丰、华纶以及无锡五丰、福纶等先后复业；苏州、杭州、嘉兴亦有 19 家丝厂复业或新设。尤其是 1943 年蔡声白组设的中国丝业公司，得到金融界的支持，资本 2000 万元（中储币），在上海、无锡、杭州租赁丝厂 5 家，丝车 640 部，以后又购得

① 徐新吾主编：《中国近代缫丝工业史》，上海人民出版社 1990 年版，第 374、379、381 页，原据渡边辖二：《华中蚕丝股份有限公司沿革史》。又本节资料除徐书外，并见高景嶽、严学熙：《近代无锡蚕丝业资料选辑》，江苏人民出版社、江苏古籍出版社 1987 年版。

硖石双山丝厂,成为战时一家大企业。

战时江浙丝产区的另一现象是小型丝厂的兴起。小型丝厂始于无锡,原华中蚕丝公司在无锡只登记丝厂12家,丝车3588部,有70%的丝工失业,遂设小型厂自救。伪政府无奈,只好把小型厂作手工业登记,每厂以丝车20部为限。以后小型厂纷立,除由停业之大厂分设外,亦有用人力木丝车者,煮茧则用灶,甚少煮茧机,一般有丝车一二十部,亦有一百部以上者,则多分成几户登记。据日本人调查,1940年小型丝厂情况见表4—45。

表4—45 小型缫丝厂①

项目	厂数	丝车(台)
江苏、无锡	330	5053
常州	1	60
江阴	4	68
其他	3	104
浙江已调查	21	1114
未调查估计数	20	1400
合计	379	7799

广东丝厂规模较小,战前约有58家,丝车3万台。沦陷后由三井、三菱在广东收丝,1939年每担军票800元,强迫各厂复工,否则将厂焚毁。1940年压价为军票700元,1941年再压价为军票600元。军票仅限广州通用,丝厂损失甚大,但以丝偷运香港可获大利,故丝产量反增。旋香港沦陷,三井、三菱亦停止收丝,生产停顿。②

中国厂丝本供外销,太平洋战起,外销停顿,各厂生产大减,情况见表4—46。

① 今井长二郎调查,见彭泽益编:《中国近代手工业史资料》第四卷,中华书局1962年版,第83页。

② 彭泽益编:《中国近代手工业史资料》第四卷,中华书局1962年版,第95页。

表 4—46　1938—1942 年沦陷区战时的生丝生产①

项目 年份	华中蚕丝公司所属厂	上海租界丝厂及小型丝厂	广东生丝
1938	6250	6850	33561
1939	20789	19255	40212
1940	24185	11319	46459
1941	12352	6754	47483
1942	5795	4235	

注:广东生丝包括手工丝,唯比重甚小。

（四）火柴业②

战前日本在关内约有 10 家火柴厂,集中在青岛、天津。战后,除设蒙疆、华南、下津(海南岛)3 家外,主要是通过联营社控制华商火柴厂。

华北华中原有华商火柴厂约 100 家。战起,上海、广州有些厂受炮火损失,华北有些厂实行军管理,青岛有 2 厂改为中日合办。华北华中各厂原与日厂有联营关系,战起停顿。1938 年 8 月日方发起恢复联营,总社由上海迁天津(后迁北平)。继续按华北、鲁豫、华中三区设分社,参加者华商 55 家 63 厂,日商 6 厂,合资 1 厂;均分配产额,华商约占 75%,日商占 25%,1939 年共约 78 万箱。③ 广东有火柴厂 27 家,原独自联营。沦陷后,日本人设华南燐寸会社分配各厂产额,配给化学原料,并统收产品。

火柴联营原为大中华火柴公司总经理刘鸿生所倡办。事变后,日军要求刘鸿生合作,刘拒绝去香港,于是将大中华的上海荧昌、镇江荧昌军管,交联营社代营。又大中华将其九江裕生、杭州光华厂部分设备原料内迁,裕生厂被日本人改为酒精厂,光华连同大中华的苏州鸿生、周浦中华、

① 江浙为华中蚕丝公司调查,广东为邓存浩调查,见彭泽益编:《中国近代手工业史资料》第四卷,中华书局 1962 年版,第 94、96 页。

② 除另有注明者外据青岛市工商行政管理局史料组编:《中国民族火柴工业》,中华书局 1963 年版,第 121—134 页。

③ 陈真编:《中国近代工业史资料》第四辑,生活 · 读书 · 新知三联书店 1961 年版,第 663—664 页。

东沟梗片厂均被定为“嫌疑”厂。1940年3月日军声明发还军管财产,大中华交涉发还,日方提出收买上海、镇江两荧昌。最后协议设立华中火柴公司,资本中储券1000万元,先收半数,由华中振兴公司、联营社出资200万元,而荧昌作价416.7万元,以300万入股,余116.7万元偿还大中华(实际两年后才偿还82.1万元)。华中火柴公司虽属华中振兴的子公司,但并无统制机能。

太平洋战争后,规模最大的瑞典商美光火柴厂被军管,专产军用火柴。同时,化学原料奇缺,日伪实行火柴配给,削减产额。大中华的生产下降更甚,不过仍然年有盈余,1938年盈177万元,1942—1944年3年盈余折合1931年币值仍有60余万元。生产情况见表4—47。

表4—47　战时华商火柴产量比较　　(单位:箱)

年份	华北各厂	华中10厂	广东14厂
1937	560000	150000	90000
1943	168000	60000	18000
大中华公司各厂产量			
1937	84405	1941	34267
1938	33320	1942	16779
1939	57009	1943	10812
1940	43517	1944	13831

加强统制生产后,小型火柴厂兴起。在上海,1942—1943年有3家,1944—1945年开设11家;在广东,先后开设9家;他处未详。他们黑市售卖,利润优厚,有的是手工生产。

(五)造纸业[①]

战前日商在关内有主要造纸厂4家,仅总社在神户的天津东洋制纸

① 除另有注明者外,据上海社会科学院经济研究所等:《中国近代造纸工业史》,上海社会科学院出版社1989年版,第164—195页。其中日商东洋制纸会社系战前已有,华商嘉乐厂不在沦陷区,均已改正。

会社较大。战后，除将广东省营造纸厂的新机器拆运日本外，通过各种方式侵占华商造纸厂14家。战时日商虽在沦陷区新设造纸厂10家，皆规模甚小。日本本国造纸业发达，在华目的在于控制华厂，情况见表4—48。

表4—48　关内日商造纸厂

项目	厂数	年生产能力（吨）	附注
1936年原有①	4	34000	投资额271.5万日元
军管、占用、合办、租用的华商原有厂	14	42887	原设立资本937.5万元
太平洋战后收买租界的华商新建厂	3	3600	收买价中储券660万元
日商开设的新厂②	10	6000	设立资本84.5万日元
合计	31	86487	缺4小厂资本数

战前华商造纸厂集中在上海、浙江、平津，有31厂，战火中有3厂全毁。平津4厂除燕京厂被日军占用外，余继续营业。山西西北实业公司纸厂被军管，由王子制纸会社经营。上海方面，历史最久的龙章厂内迁，天章东西二厂被迫合办，由大日本纺绩投资，造钞票纸。江南、竟成二厂由钟渊纺绩收买，后又收买华厂设江南第二、三厂。浙江方面，著名的民丰厂由王子会社参加合办；华丰厂被军管委日人经营，改名杭州造纸厂。广东之盐步厂亦被王子会社经营，制钞票纸。余见表4—49。

表4—49　沦陷区的华商造纸厂

	厂数	原设立资本（万元）	年生产能力（吨）
（1）1936年原有	31	1332	65297
（2）战时损失	18	1088	46387
内：炸毁	3	110.5	3500
被军管占用	6	307.5	10373
日商收买	3	210	11760
日商合办、合作	4	120	13854

① 东亚研究所：《日本の对中国投资》，1942年版，第290页。

② 缺4小厂资本。又东洋制纸会社总社在神户，其天津厂投资据东亚研究所为250万日元，已列入原有厂项下。

续表

	厂数	原设立资本(万元)	年生产能力(吨)
日商租用	1	300	6000
被拆迁无下落	1	40	900
(3)内迁	1	100	4500
(4)存余(1)-(2)-(3)	12	144	14410
(5)设备损毁、出售后实有			4950
(6)1937—1945 年新设	25	币值混乱	18150
内:上海	16	资本难计	15750
青岛	9		2400
1945 年实存(4)+(6)	37	(5)+(6)	23100

由表 4—49 可见,华商造纸厂损失严重,仅余 12 厂,并未全部复工,其生产设备又有出售及损坏,估计残存生产力 4950 吨,仅及战前 8%。但战时洋纸进口由 1937 年的 20 万余吨降至 10 余万吨,1940 年以后仅数万吨,而需求增长,纸价猛涨。敌伪统制限于新闻纸、模造纸,其他并不严格,因而纸市繁荣。天津振华、青岛太湖均盈利甚厚,扩充设备,或建新厂。上海在此期间新设有 19 家华商纸厂,并有 4 厂是 1941 年年底日军进入租界后所建。唯早期筹备之 3 厂又被日商收买,未列入表内(6)项。青岛新建有华商 11 厂,内有 1 厂系太湖改建,又鲁光厂建成即转入日商,亦未列入(6)项。新建厂大多用圆网机,不少是 42 英寸以下者。厂数超过战前,但小型化,战前平均每厂年生产力 2106 吨,此时仅 624 吨了。

1940 年以后,并有一种半机械化的小型厂出现,在上海有厂名记载者达 30 家左右。它们一般是机器打浆,手工抄纸,机器或手工轧光,多生产版纸。不过,其中也有华伦、天丰、晋丰 3 家,发展为机器造纸厂。

(六)制药业①

战前日本在关内药房以贩卖为主,仅东亚制药会社在上海设厂。事

① 华商药厂据上海市医药公司、上海市工商行政管理局、上海市社会科学院经济研究所编著:《上海近代西药行业史》,上海社会科学院出版社 1988 年版,第 173—177、279—287、294—295 页。

变后若素、山田等制药会社到上海设厂，规模甚小；1943 年在北平设新中国制药公司，在天津等地设分厂，始具一定规模。

华商制药厂集中在上海，又大多在租界，战争损失不大。制药设备轻巧，中法、五洲、信谊、生化等药厂均将部分设备内迁，但厂仍留沪生产。欧战后，欧美药品来源日少，而战时需要骤增，药价腾贵，有时一日数价。日货虽多，而国人不喜用。故整个抗战时期，上海华商制药业都是发展的，1943 年敌加强统制后始稍衰。表 4—50 新增药厂包括称研究所者 6 家，及血清疫苗厂 2 家，油脂酵母厂 3 家。又增设医疗器材厂 16 家不包括在内。

表 4—50　1936—1945 年上海华商制药业　（单位：家数）

年份	开业	歇业	实存
1936			58
1937	9	2	65
1938	6	—	71
1939	16	—	87
1940	16	2	101
1941	14	1	114
1942	17	—	131
1943	27	—	158
1944	7	—	165
1945	3	—	168

新设药厂多中小型，仅倪述祖兄弟所设中国生化制药厂规模较大，职工有 200 余人。药厂投资人约半数为大专及留学生，业内集中较多技术人才。过去原料药全依赖进口，战时华厂自制，有原料药专业 20 家。其中磺胺类药物为第二次大战中新兴产品，1943 年后，上海已有 30 家试制成功；信谊厂自设化工厂，制造磺胺噻唑原料，并加工消治龙片。针剂、片剂合成药向治疗药发展，改变了过去以成药为主的局面。老厂中，许冠群主持的新亚药厂发展最快。它集中大批专业人才，设立研究机构，开发从中药材提炼合成药物，设立专业厂。并扩大资本，发行公司债，业外投资

30余家,形成新亚资本集团。

(七)织布业

手工织布业中的资本主义形式有包买商和手工工厂两种,二三十年代前者衰退,后者日兴,已见第二章第四节。这两种形式都以江南为多,而战时资料仅河北、山东、山西较有系统,我们的考察也只能以此三省为限。①

战时手工织布业因战争破坏和棉纱供应不足而衰落,在意想之中。华北机纱产量递减已见表4—33;其中青岛纱厂全毁,山西纱厂基本停工,影响尤大。华北开发公司有三省手织布的产量估计见表4—51。该表系以各省机纱供应量的70%—80%作为手织布用估计的,自非精确;因为农村尚保留部分手纺纱,而且战时有增长趋势。该公司又估计战前华北手织布产量为68880万平方码,则战时减少了一半至5/6。

表4—51 1937—1941年华北三省手织布产量估计 (单位:万平方码)

年份＼省份	河北	山东	山西	合计
1937	15879	12520	—	28399
1938	20160	5925	—	26085
1939	15206	12160	115	27481
1940	3136	6400	1276	10812
1941	3136	6400	1280	10816

表4—51为全部手织布产量,资本主义生产则无法全面测算。河北高阳、山东潍县、山西平遥原为包买商放织地区,战后发生两大变化。一是原来放纱收布的线庄、布庄纷纷歇业,放织者变为日商,因机纱全为日伪统制。如高阳先由北泽商店放织,继则全由东棉洋行配给。潍县由3家中日合办的染织厂放织,即属福岛纺绩会社的信丰、属日本棉花会社的

① 这些资料大多据华北开发会社的调查和满铁的调查,以及平野虎雄、大岛正、山本达弘等论述,均见彭泽益编:《中国近代手工业史资料》第四卷,中华书局1962年版,第3—64页。

元聚、属日华兴业会社的德聚。平遥尚有 20 家布庄放织，但实系东洋纺绩会社经营的榆次纱厂配纱。因此，全部包织户均由日本资本支配，日本人称之为“重新配置”。

另一大变化是包织户由四乡迁入县城。这是因为日军统治地区限于城市；有的乡村属于游击区，有的由于日寇三光政策，群众逃亡。而日寇严禁纱布“资敌”，城门口设检查站，对包织户严加监督，自非在城内不可。这种织户原属农家副业，大多男耕女织，何能举家进城？东棉洋行在高阳大力召农民包织，据说应者有 700 人，但据 1941 年调查，实际不过 293 户，织机 517 台，较之战前包机（那时称定机）6000 余台真如霄壤。[①] 战前潍县织布业正盛，有织机至少 6 万台，而 1941 年调查城内及城关织机仅 2500 台，恐亦非全做包织。平遥在 30 年代初有包织户约 2000 户，1940 年调查仅 123 户；不过，因集中城内，有木机改用足踏铁轮机者。总之，手织业中原来的包买商形式可谓衰落已极。

此外，由于织机集中城市，手工厂倒有兴起之势。这种手工厂，日本人调查时称机房，为商人或织户所设，每厂有织机六七台以至十几台，但亦有多至百余台者；织工大多四乡逃难来城农民。青岛战前因纱厂众多，通用机布，原无手织厂。战后则出现 19 家，内日资 5 家、华资 14 家，年生产力 3080 万平方码，以此估算至少有织机 3000 台，其机多自潍县买来。济南战前有手织厂 180 家，织机 715 台。战后 1940 年有 216 家，织机 2217 台，且半数以上是铁轮机，年生产力 2160 万平方码；1942 年增至 300 家，规模则 10 台以下者占 75%。潍县原为农村织区，战后机房勃兴，1939 年集中在县城东关者有 157 家，织机 959 台，1942 年增至 1000 余台，大部亦属铁轮机，并有使用电力者。烟台亦有机房兴起，惜未见统计。山西的手织厂，据太原、榆次等 7 县调查，1938—1940 年复工者 18 厂，新开者 46 厂。1939 年平均每厂有织机 18. 8 台，织工 19. 9 人，但因供纱不足，运转率只有 43%，全年产布仅 3. 9 万匹，较之战前，不足 1/10。河北省未见调查材料。

---

① 战前按平面机 7000 架 85%定织、提花机 200 架 40%定织计，见第二章第四节。

但是,上述这些织布厂已不是独立经营了,它们基本上是由日商或日资控制的染织厂发给棉纱,收回布匹,变成日商的加工厂。在这一点上,它们与前述的包织户并无区别,日本人的调查也把它径列入包织户,不过有的区别“家庭制”和“工场制”而已。

以上所述,还不能代表沦陷区资本主义手织业的全部面貌,因为手织业发达的江南地区未见调查,而华中的棉纱供应情况与华北不同。例如在大城市,本业称染织业。天津的染织业,战前有 1400 余家,战后因棉纱统制,生产大衰,但仍有从黑市进纱者,并有不少厂将手工织布改用电力,以利竞争。[①] 上海的染织业用电力者,战前有 270 家,织机 1.1 万台。事变后,包括新开及外埠迁来者,1938 年年底租界内有 335 家,织机 1.54 万台;1939 年年底更增至 411 家,织机 2.26 万台。另有手工织布厂 70 余家,又各厂增设手工纺纱间,有纺车万余架。太平洋战后虽受摧残,至胜利前,织机仍不下 1.5 万余台。[②] 再如无锡的手织厂,以产花色布为主,战时亦有一度繁荣,它们从黑市进纱,布则偷运大后方,颇获重利。苏州的手织厂,战后受棉纱统制,大为衰落,唯新兴一种旧纱纺线厂,生产再制纱供手织厂之用,1941 年有 29 家。[③] 总之,中国地区辽阔,情况各异,敌伪统制不能滴水不漏,人民总要死里求生,商人更会利用一切可乘之机。其全面情况如何,尚难断言。

(八)丝织业

沦陷区丝织业衰落,较其他工业为甚。这和日本限制中国丝业的政策,以及战时人民购买力下降、出口减少都有关系。丝织集中江浙,而资料歧异。华中蚕丝公司调查苏州、盛泽、杭州、湖州四地,按开工数计,1939 年比之战前,电力织机减少 55%,手织机减少 57%,唯其战前数字与

---

① 彭泽益编:《中国近代手工业史资料》第四卷,中华书局 1962 年版,第 135 页。

② 陈真编:《中国近代工业史资料》第四辑,生活·读书·新知三联书店 1961 年版,第 322—323 页,彭泽益:《中国近代手工业史资料》第四卷,中华书局 1962 年版,第 109—110 页。

③ 无锡、苏州见段本洛、张圻福:《苏州手工业史》,江苏古籍出版社 1986 年版,第 413—414 页。

其他资料相差很大，颇可质疑。又调查丝织业用丝量，比之战前，厂丝减少36%，土丝减少50%，人造丝减少30%，见表4—52。因而，战后丝织品的织造愈以日本进口的人造丝为主了。①

表4—52　丝织业用丝　（单位：%）

	厂丝	土丝	人造丝
战前	14	26	60
事变后	9	13	78

下面分述几个丝织集中地情况，其战前机数，以我们的表2—72为准。

上海。30年代上海已是全国丝织中心，并已电动化，战前有绸厂480家，电力织机7200台。战火损失很大，孤岛繁荣似不及于丝织业。孤岛时期，上海丝织品以外销为主，出口值下跌，1940年为1936年的69%（按美元计），1941年回升，而太平洋战起。1943年，上海有绸厂160家，电力机1240台，仅及战前17%。唯最大的美亚绸厂战时曾分别在香港、广州、汉口、天津设厂，并内迁四川3个厂；战前美亚在上海有电力机1200余台，战后仅余268台。②

苏州。战前有绸厂89家，电力机2100台，机户650户，手织机1900台。战前账房制已趋衰，战时未详，但知有的纱线庄改设手织厂。战时绸厂的最大困难是敌伪统制电力，下午二三时始供电。中华蚕丝公司的1938年统计偏低，似不足据。1940年同业公会登记有绸厂100家，连同纱缎庄所设手织厂共120家。据丝业专家高景嶽手记1940年有织机2051台，1942年有1075台，约指开工数。又抗战胜利后登记有绸厂116家，电力机1311台。可见苏州丝织业虽勉强维持，但严重小型化，平均每

① 华中蚕丝公司调查，见彭泽益编：《中国近代手工业史资料》第四卷，中华书局1962年版，第94、97页。此项调查基本上指丝织工厂。又其他资料战前人造丝比重没有这样高。

② 陈真、姚洛合编：《中国近代工业史资料》第一辑，生活·读书·新知三联书店1957年版，第119、472页；出口据上海社会科学院经济研究所等编著：《上海对外贸易》下册，上海社会科学院出版社1989年版，第3、6页算出。

厂织机由20余台减至10台左右。

盛泽。战前有绸厂10家,电力机1100台,机户5000户,手织机8000台。原无账房制度,又散处农村木机不下2万台,殆无资本主义关系。不过,盛泽的绸厂仍大量使用手织机。1938年同业公会登记,有绸厂44家,电力机697台,据称此系在敌伪压力下登记,隐匿颇多。高景岳记1940年有3000台,1942年有1350台,自以手织机为主。[①] 唯另一材料称1942—1943年有绸厂60家,织机仅482台。[②] 大体看来,战时盛泽绸厂数颇有增加,机数则减少,1941年以后且大减,这点与苏州相同,不同者其电力化程度较低。

杭州。战前有绸厂141家,电力机6200台,机户4000户,手织机8500台,生产力为各地之冠。华中蚕丝公司调查1938年有电力机1468台,手织机730台。1942年满铁调查有电力机2375台,手织机479台,唯40%停工。又同年同业公会称会员有1500家,开工者仅200家,是手织机数剧减乃停业之故。杭州少见账房制度,唯据称机户设备以10台机为常,应已具资本主义性质。[③]

湖州。战前有绸厂24家,电力机931台,机户3000户,手织机3000台,无账房制度。华中蚕丝公司调查有电力机526台,手织机163台。另一调查1942—1943年有绸厂56家,织机670台。[④] 湖州绸厂所受损失似较小,也许是以本地丝为主之故;手织机之大量减少大约系未计四乡散机。

日本人一项估计,上述地区外,加上南京、丹阳、镇江、无锡等地,历年电力、手织机总数变化见表4—53。由表4—53可见,织机设备减少不太大,而开工率甚低,1939—1941年有所恢复,1942年以后又大降。又称

---

① 以上苏州、盛泽据段本洛、张圻福:《苏州手工业史》,江苏古籍出版社1986年版,第377、386页。

② 陈真、姚洛合编:《中国代近工业史资料》第一辑,生活·读书·新知三联书店1957年版,第119页。

③ 彭泽益编:《中国近代手工业史资料》第四卷,中华书局1962年版,第98、99页。

④ 陈真、姚洽合编:《中国近代工业史资料》第一辑,生活·读书·新知三联书店1957年版,第119页。

1939年即战后最高年约产绸278万匹,1942年仅约100万匹。

表4—53　江浙两省的丝织机①　（单位:台）

年份	设备数	开工数	年份	设备数	开工数
1938	26845	9390	1941	22339	12450
1939	25586	15765	1942	22266	7891
1940	23971	14173			

第三节　抗战后方的外贸、外资和国家金融垄断资本的发展

抗战后方包括西南、西北和湖南、广西10省以及华中、华北少数县区,而以四川、云南、贵州、湖南、陕西、甘肃、西康8省为较稳定的经济区。这些地区原来资本主义经济极为薄弱,战时有迅速的发展,但其生产规模不过占全国的11%多一点。然而,战时后方资本主义的发展却对此后我国资本主义的道路起着决定性作用,成为一个转折点。其中最突出的是国民党领导下的国家垄断资本体系的形成。我们将分两节来考察它,本节讨论它的金融资本以及商业资本,下节介绍它的工矿业和交通运输业资本。第五节再考察国家资本垄断下的民间企业即民族资本的命运。

抗战后方的外国在华资本,其直接投资已微不足道,外国借款则数额空前。唯战时外债,除小部分军需品的直接供应外,都用于维持因通货膨胀而陷入困境的货币金融体系,通货膨胀的威胁又是和重庆国民政府的财政政策分不开的。因而,我们把战时后方的对外贸易、外资、金融、财政都并入本节叙述,以省篇章。本节内容不免繁杂,力求以子目划清。

① 彭泽益编:《中国近代手工业史资料》第四卷,中华书局1962年版,第97页。

一、抗战后方的对外贸易

战时后方的对外贸易总值甚小,占不到全国的20%。其中政府经营的约占半数,这种政府贸易又几乎全受外国借款的支配。

日本帝国主义对抗战后方实行严格的经济封锁。沿海各省沦陷后,只剩下广州一港。1938年10月广州沦陷,后方便没有出口港了。这时,通海路线只有经湘桂铁路或滇越铁路到越南的海防。1939年9月日军进占越南,此路断绝。对外贸易只好依靠战时新筑的由昆明到畹町的滇缅公路。该路于1940年2月通车,7月英政府即应日本要求予以封闭。10月重开,到1942年3月日军占领缅甸后,此路亦绝。此后直到抗战结束,外贸路线只有一条由昆明到印度的航空运输,运量甚小。此外,经新疆去苏联的西北公路只是运军援和少量偿债物资,而新筑的滇印公路实际未及利用。不过,日本的所谓封锁,实际是一场贸易战。沦陷区与后方有多渠道贸易,山西、河南一带尤为日货走私基地。

战争爆发后,国民政府立即由军事委员会设立贸易调整委员会,实行统制对外贸易,旋改隶财政部,称贸易委员会。统制的重点是偿债的出口品,即桐油、猪鬃、茶叶、矿产四项。前三项分设复兴公司、富华公司、中国茶叶公司经营,矿产由资源委员会经营。四项产品实行统销,实际是统购,排斥民营。如桐油除由前实业部设立的中国植物油料厂收购外,并由四川省政府制定收购办法,经营四川桐油。猪鬃原为华商经营,贸易委员会遂盘收商办川渝猪鬃厂,垄断白鬃;黑鬃则以合同形式委托四川畜产公司收购。后来并将统制范围扩大到羊毛和丝。中国茶叶公司筹设于战前,战后通令产茶区6省省政府成立茶叶管理处,由贸易委员会和省政府出资收购。钨、锑的统购统销早就归资源委员会办理,已见第二章第二节,战时又增加锡、汞、铋、铜、钼5种。除统销物资外,对商人出口主要是通过外汇管理,80%左右的货款须按官价结汇给政府银行。

进口方面,最初曾行许可证制,供以官价外汇。1938年10月公布查禁敌货条例,但1939年7月的《非常时期禁止进口物品办法》,则主要是禁止奢侈品，不问货源。1940年9月减少了禁止进口的项目，1942年5月又几乎完全解禁。同时，陆续增列鼓励进口项目，棉制品、化学品、钢铁、汽油等均减税优待；后又普遍减税，进口税率只有战前的1/3。所以，对于进口实际上没有什么限制。①

战时贸易统计，太平洋战争前尚称完整。日军占领上海海关总税务司署后，后方海关由重庆政府管理，诸多保密，难窥全貌。表4—54是郑友揆经过校订和补充的统计，为避免币值过大变动，按公开市场汇率折成美元计值（原海关统计后期用法币），并与沦陷区的表4—29采用同一规格，以便比较。

表4—54 1938—1945年抗战后方的对外贸易 （单位：百万美元）

项目 \ 年份	1938	1939	1940	1941	1942	1943	1944	1945 1—8月
进口	86.4	39.1	67.1	136.0	41.5	48.9	17.3	7.0
出口	59.5	21.3	14.9	20.0	32.1	25.9	18.3	8.8
出(+)入(-)超	-26.9	-17.8	-52.2	-116.0	-9.4	-23.0	+1.0	+1.8
各国和地区占进口比重(%)								
日元集团	0.2	0.2	—	—	1.3	22.8	14.4	1.0
美国	21.9	27.0	19.1	18.3	15.0	17.5	17.0	21.5
英国	9.7	6.3	6.4	3.6	6.7	5.9	10.1	3.2
德国	20.9	10.7	4.1	2.4	19.8	23.7	20.2	0.3
东南亚及印度	21.2	28.3	20.8	13.3	12.1	9.1	15.6	55.7
中国香港	4.7	13.8	40.2	58.3	10.7	14.5	15.8	13.3
其他	21.4	13.7	9.4	4.4	34.4	6.5	6.9	5.0
各国和地区占出口比重(%)								
日元集团	2.1	—	—	0.8	—	—	—	—
美国	6.2	0.9	4.7	6.8	33.5	52.2	33.6	22.8
英国	4.5	1.6	0.5	—	—	—	—	—
德国	3.1	—	—	3.2	—	—	—	—

① 有关贸易和统销的一些法令，参见沈雷春等：《中国战时经济志》，1973年台北版，"中国战时经济法规"，第十一部分。

续表

项目＼年份	1938	1939	1940	1941	1942	1943	1944	1945 1—8月
东南亚及印度	11.6	31.4	17.7	2.9	4.2	0.9	9.5	6.5
中国香港	67.3	51.7	55.8	78.9	—	—	—	—
其他	5.2	14.4	21.3	7.4	62.3	46.9	56.9	70.7

资料来源:郑友揆:《中国的对外贸易和工业发展》,程麟荪译,上海社会科学院出版社 1984 年版,第171—176、191、193 页。

表 4—54 并不表现后方全部对外贸易。首先,军用物资不在进口统计之列。战时 7 笔用于购买军用物资的借款共合 3.3 亿美元,美国租借法案运华物资达 8.46 亿美元。其次,后方与沦陷区的贸易虽属国内贸易,但沦陷区运后方者包括进口洋货,尤其日货,为数颇巨,后方运沦陷区者亦有出口商品。最后,国际交通线越困难,走私进口越猖獗,且多系权势之家,无从查获。滇缅路上的林世良案只因军统插手告发,才轰动一时。① 因此,就对外贸易而论,实际入超远大于表列数字。

从表 4—54 的贸易国别看,战初进口中,美国居首位,德国第二。这是因为蒋介石一向采取亲德政策,并有希特勒派大使调停战争之事。1939 年 9 月希特勒发动欧战后,德货进口减少。但是,太平洋战争后,中国已向德国宣战,而德货进口却超过美货,连年跃居首位。同样令人惊异的是日本货进口也大增,居第二三位。事实上日货进口在 1941 年以前也不少,而是隐藏在港货中。因 1938 年 10 月广州沦陷后,各国来货集中在中国香港拆包、改装、作港货进口,故港货比重突增至 50%左右。至于日货走私,更勿论。表中东南亚及印度一栏贸易比重增加,是因有印、缅棉纱和马来西亚橡胶等进口,而更多是因为战时以越南、缅甸为转口港所致,1942 年以后仅余中印空运一线,表中此栏也主要指印度了。

再从商品来看。姑且不论走私,海关统计的进口,仍以棉纱及棉制品

① 林世良为中央信托局运输处长,许性初为该局信托处经理,孔祥熙之女孔令仪令林、许为走私商办押汇,经军统告发,林、许被捕,林判死刑。见吕恢祺:《重庆三千万物资走私案见闻》,转引自中国人民政治协商会议全国委员会文史资料研究委员会编:《文史资料选辑》第 50 辑,中华书局 1964 年版。

为多,次为化学品及染料,至于机器、工具、五金等大约占不到总值的10%。不过,卡车、机车、铁路器材、汽油等由政府用军事借款进口,不在统计之列。政府也经营部分民用物资进口,情况未详。有人估计1938—1941年不报关的政府进口为9660万美元,1942—1945年为9240万美元,这就等于表4—54中报关进口数的42.7%。又估计1942年以后的报关进口中有1/4是按官价汇率取得外汇的。① 看来,如果把表4—54中的报关进口额的1/3作为政府经营的进口,不会高估。

出口方面,1938—1941年资源委员会出口的矿产品约值4276万美元,贸易委员会出口的农产品约值4362万美元,两共占本期出口总值的75%。② 余为商人出口,主要为药材、皮革、烟叶及杂品。1942年以后,统制物资的官价与国内外市价相差太大,统计失去真实性,不过75%这个比率只会有增无减。

至于后方与沦陷区的贸易,虽有私商经营,而主要是军统特务指挥,由货运管理局、军区和地方官办企业进行。总之,在后方的贸易中,国家垄断资本居于支配地位。

二、战时外债和国民政府的金融政策

(一)外债内容

战时的外债,记载分歧,统计达25项之多。唯其中如法国4笔铁路和金融借款,捷克、比利时、德国借款,实际并未执行或仅少量垫付;苏联的第四、第五次易货借款亦未执行;美英借款中亦有未执行或合并者。我们以实际使用者为准,列入表4—55。

---

① 此项估计见张公权:《中国通货膨胀史(一九三七——一九四九年)》,杨志信译,文史资料出版社1986年版,附表T(2)。

② 郑友揆:《中国的对外贸易和工业发展》,程麟荪译,上海社会科学院出版社1984年版,第169页。这些出口主要输往美国和苏联。在表4—54中,苏联是统计在“其他”栏内,1942年以后,“其他”栏突增至50%以上,其中主要是苏联所占。唯这时输苏商品并未大量增加,只因统计中中国香港、英国等栏消失,“其他”栏百分比自然增大。

表 4—55　1938—1944 年战时国民政府的外国借款

借款项目	协议年月	金额	利息(%)	担保品或说明
(1)苏联第一次易货借款	1938 年 3 月	50000000 美元	3	农矿产品
(2)英国信用借款	1938 年 3 月	188000 英镑	5	计入(7)项
(3)苏联第二次易货借款	1938 年 7 月	50000000 美元	3	农矿产品
(4)美国第一次进出口银行借款	1939 年 2 月	25000000 美元	4	桐油
(5)英国平准基金借款	1939 年 3 月	5000000 英镑	3.5	农矿产品
(6)苏联第三次易货借款	1939 年 6 月	150000000 美元	3	农矿产品
(7)英国信用借款	1939 年 8 月	3047000 英镑	5	信用
(8)美国第二次进出口银行借款	1940 年 4 月	20000000 美元	4	锡
(9)美国第三次进出口银行借款	1940 年 10 月	25000000 美元	4	钨
(10)美国平准基金借款	1941 年 4 月	50000000 美元	4	矿产品
(11)英国平准基金借款	1941 年 4 月	5000000 英镑		计入(13)项
(12)美国财政借款	1942 年 2 月	500000000 美元		政府担保
(13)英国财政借款	1944 年 5 月	50000000 英镑		政府担保
合计		870000000 美元 58047000 英镑		

注:不包括未执行或仅少量执行者。

资料来源:财政部统计处:《中华民国战时财政金融统计》,1946 年版,第 34 页;刘秉麟:《近代中国外债史稿》,生活·读书·新知三联书店 1962 年版,第 243—250 页;张公权:《中国通货膨胀史(一九三七——一九四九年)》,杨志信译,文史资料出版社 1986 年版,第 94 页。

如表 4—55 所示,战时外债共合 11.3 亿美元①,几乎等于自清政府借外债以来 84 年的总数。不过,战时外债性质有所改变。表 4—55 中苏联三次借款都用于进口武器、坦克、卡车等抗日军需,以茶叶等实物偿还,唯以经新疆的公路运输困难,第三次借款中有近半数未能利用。美国的三次进出口银行借款和英国两次信用借款亦属军用,唯多购买器材、卡车、机车、汽油等,总额不及苏联借款实支额之半。以上借款共约合 3.3 亿美元。表中(10)项美国进出口银行借款又称金属借款,亦列军用,但我们以为实系补充平准基金所用。此项连同(5)、(11)、(12)、(13)都应作财

① 英镑合美元数按上海法币汇率计,1939 年 3 月约 4.7,1939 年 8 月约 3.5,1944 年 5 月约 4.5。

政借款,约共达 7.98 亿美元,占全部借款额的 70%。

战时财政借款,虽与过去政府的财政外债本质相同,但运用方式和目的有异。其中约 1 亿美元用于维持法币汇率,其余即(12)、(13)两次亦为支持通货膨胀中的法币所用。唯(13)项或谓未动用,或谓仅动用 388 万镑,或谓动用 816 万镑,大约因抵充(11)项的计算方法不同所致。①

(二)外汇政策

抗战前夕,政府手中约有 2.5 亿美元的外汇储备。战起,决定维持原来法币 1 元合 1 先令 2.5 便士或 30 美分的汇率,为此必须由中央银行无限制供应外汇,以致资金大量外逃。至"八一三"战起,上海逃出的外汇合法币 12.4 亿元②,并传有孔祥熙夫人在港指挥。到 1938 年 3 月 12 日,政府已损失外汇 0.9 亿美元,才改无限制出售为审批出售。尤其是,这时上海已陷敌手,中国银行仍在租界供应外汇,令人莫解。其实际是,这种政策原为照顾外商,政府并于 1937 年 7 月与外商银行订立协议,共同维持原来汇率。盖国民党当局希望战争早日结束,不惜讨好英美,以求帮助。改行审批制度后,外商银行不同意,要求每周供应 200 万美元由它们自由支配。当局无奈,同意供应一半;外商银行不满意,遂于月底撕毁协议,按自定价格买卖外汇。中国银行也只得调整官价(见表 4—56)。

表 4—56　1937 年 6 月—1945 年 8 月战时的美元汇率③

(1 美元=法币数)

时间	官价	市价	时间	官价	市价
1937 年 6 月	3.41	3.42	1942 年 6 月	18.8	—

---

① 按财政部统计,截至 1945 年年底,除表内(1)、(2)项外,都有未支用的余额,唯除(6)、(13)项外,余额都很小。

② 邹宗伊:《中国战时金融管制》,财政评论社 1943 年版,第 127 页。

③ 1937—1941 年市价系上海市场汇率,见中国科学院上海经济研究所、上海社会科学院经济研究所编:《上海解放前后物价资料汇编》,上海人民出版社 1958 年版,第 115—116 页;余见张公权:《中国通货膨胀史》,杨志信译,文史资料出版社 1986 年版,附表 T(1)及第 33、184、186 页。1942 年美汇市价约 34.8 元。

续表

时间	官价	市价	时间	官价	市价
1937 年 12 月	3.42	3.42	1942 年 12 月	18.8	(美钞)
1938 年 6 月	5.40	5.39	1943 年 6 月	18.8	59
1938 年 12 月	6.40	6.40	1943 年 12 月	20.0	84
1939 年 6 月	6.40*	7.51	1944 年 6 月	20.0	192
1939 年 12 月	8.51*	14.14	1944 年 12 月	20.0	570
1940 年 6 月	—	18.18	1945 年 6 月	20.0	1705
1940 年 12 月	—	17.75	1945 年 8 月	20.0	2185
1941 年 6 月	—	19.05			
1941 年 12 月	18.8	18.93			

注:* 1939 年 6 月 7 日和 7 月 15 日停止出售前之官价。

日本人以联合准备银行(1938 年 3 月设于北平)和华兴银行(1939 年 5 月设于上海)发行的联银券、华兴券换取法币,再以法币套取中国的外汇,即当时所谓货币战。他们套取了多少外汇,尚未见估计。不过,上海中国银行是处于被动的局面,事实上,到 1939 年年初外汇已枯竭,只好向英美乞援。

1939 年 3 月,由汇丰、麦加利银行垫支 500 万英镑,中国、交通银行出资 500 万英镑,成立中英平准基金,在上海、香港供应外汇。其大数是用于进口棉花,此项棉花又大量供应日本在华纱厂。基金迅被消耗,不得不两次停售,调整官价,这就不免有掌权大员从中谋利。① 9 月欧战爆发,英镑跌价 1/3,平准基金得以购入若干英镑,维持至 1941 年年初。这年 4 月,由美政府贷款 5000 万美元,英政府贷款 500 万英镑,中国政府拨款 2000 万美元,重组中美英平准基金,继续出售外汇。7 月,英、美、荷宣布冻结日本人和中国人在该国存款,有助于防止资金外逃,使官价汇率得以维持在一定水平。

① 上海《大美周刊》称 8 月调价前"某重要部长夫人电某外籍经纪人嘱购入英金 4 万镑",见《新华日报》1939 年 8 月 21 日。

太平洋战争爆发，平准基金撤至昆明、重庆，直到抗战结束，长期维持20元法币合1美元的官价汇率。这期间出售外汇不多，至1944年3月约1500余万美元，大多为政府单位和特殊用户所得。而自美军来华后，美钞流通市场，即出现美钞黑市，价格日涨，见表4—56。官价与黑市差距造成投机资本，利入私囊。不过，政府也借此赚了一笔。这是因为美军修建机场等设施由中国政府垫付法币达1500余亿元，后来按50—60元折1美元向美国结算，获得外汇4亿美元。

（三）储蓄和公债政策

日本偷袭美国珍珠港后，1942年1月孔祥熙致函美财政部长摩根索，以中美“存亡与共”，要求贷给5亿美元的空前巨额借款。事经美众参两院通过，2月罗斯福电蒋介石允诺，而借约规定的借款用途颇为含混，又借款条件暂行缓议。[①] 这笔借款的实际使用是：以1亿美元充发行美金储蓄券的基金；以1亿美元作发行美金公债的担保；以2亿美元向美国购买了黄金。

战起后蒋介石政府即开展节约建国储蓄运动，并开办有奖储蓄，但收效甚小。1940年9月设节约建国储蓄团，蒋介石亲任团长，建分团4000余个，至1941年年底收储6亿余元，合战前币值不过6300万元。1942年5亿美元的大借款成立后，于6月发行美金储蓄券，储户按1美元合法币20元的官价交存法币，1—3年期，到期以美元付本息。到1943年年底收储法币20.7亿元，已达1亿美元基金数。按当时市价，原可吸收更多的法币回笼，而政府坚持20元的官价，实际给储户以特殊利益，因而人民对于美金储蓄券落入谁手，无不怀疑。抗战结束，政府又宣布此项储蓄券的还本付息，“除因合法需要得作法律申请开发外汇外，对于其他持有人均应依照中央银行公告之外汇牌价折成法币偿还”[②]。这项“合法”需要很

---

① 此事经过见中国人民银行金融研究所：《中国近代金融史稿》油印本，下册，第十一章，第16—18页。

② 《中国近代金融史》编写组：《中国近代金融史》，中国金融出版社1985年版，第239页。

难解释,一般认为不过是为官方或半官方的持有人提供方便而已。

至于原来的节约建国储蓄,迄无进展。1944 年采取强制摊派办法,派额 229 亿元,实收仅达 22%,且大半存于区乡政府。各年储蓄实绩见表 4—57,折合战前币值,实每况愈下。

表 4—57　1939—1945 年战时的储蓄运动①(单位:法币百万元)

年份＼项目	节约建国储蓄		美金储蓄券和黄金存款	
	当年币值	折战前币值	当年币值	折战前币值
1939	15	6.8		
1940	125	24.4	5	1.0
1941	498	38.4	6	0.5
1942	1436	36.8	446	11.4
1943	2539	20.2	1910	15.2
1944	4989	11.5	4042	9.4
1945	11698	7.2	9956	6.1

战起,政府即发行救国公债 5 亿元,人民认购约半数;1938 年的国防公债 5 亿元,几乎全部存在银行;1939 年的军需公债 6 亿元,实收债款不到 5%。以后除 1941 年的复兴公债外,都无实销,而是存在银行作为发钞和给政府垫款的担保。这期间也发行有少量美元和英镑公债,但需以黄金、外币认购,自然应者寥寥。1942 年得 5 亿美元大借款后,于 5 月发行同盟胜利美金公债 1 亿美元,用法币认购,价格是:1942 年 5 月至 1943 年 2 月为每百元购公债 6 美元,1943 年 3 月至 10 月每百元购公债 5 美元;1944 年起开始抽签还本,10 年还清。1943 年财政部通知中央银行,自 10 月 15 日起停止发行,据说当时尚有 3047 万美元公债尚未售出,而为政府要员及夫人私分,舆论沸腾。1945 年 7 月国民参政会四届一次会议上有人提出公债等营私舞弊案,行政院副院长兼财政部长孔祥熙旋即辞职。最后,这项公债的还本付息也改折法币。

① 收储数据四联总处 1947 年报告,见张公权:《中国通货膨胀史》,杨志信译,文史资料出版社 1986 年版,第 162 页;折战前法币据后方批发物价指数,见表 3—38(7)。

1942—1944 年政府又连续发行盟国胜利借款 3 笔共达法币 9 亿元，采取强制摊派办法，派至企业及个人。战时共发公债 22 笔[①]，唯其中粮库券等系纳粮用，非公债性质。我们择其实发数及实收数见表 4—58。

表 4—58　战时的公债（各种币均以百万计）②

年份＼项目	法币次数	公债面额	美金公债面额	美元公债面额	英镑公债面额	当年法币	债款实收额折战前法币
1937	1	500				256.2	248.7
1938	2	530	100	50	10	18.4	14.0
1939	2	1200		50	10	24.8	11.3
1940	1	1200				7.6	1.5
1941	2	2400				127.3	9.8
1942	1	1000		100		362.7	9.3
1943	2	3175				3886.1	31.0
1944	1	5000				1988.9	4.6
1945						62823.3	38.5

（四）黄金政策

黄金原可自由买卖。战起，1939 年 9 月政府宣布限制黄金移动、买卖、质押，民间存金由国家收兑。收兑效果甚微，到 1940 年年底只有 697683 两。5 亿美元大借款成立后，拟以 2 亿美元在美购买黄金，在华出售以回笼走向天文数字的法币。事遭美国反对，孔祥熙一再努力，据称由宋美龄代表蒋介石与罗斯福相商，始获允诺，按每盎司 35 美元价购黄金 571 万两。政府先以库存黄金 57 万两，于 1943 年 6 月起委托中国农民银行和中国国货银行出售，1944 年 4 月开始从美元购来黄金出售。至 9 月 26 日起，售金时加搭乡镇公益储蓄一成，10 月 30 日改为加搭二成。至 11 月，美国黄金不能运到，改售无定期的黄金期货，而期货未能兑现，于是购者日少，1945 年 5 月 25 日停售。

① 全数见千家驹：《旧中国公债史资料》，财政经济出版社 1955 年版，第 375—377 页。

② 债款实收额见表 4—60；折战前法币据后方批发物价指数，见表 4—64(7)。

1944年8月又开办交法币折合黄金的存款,存期半年到3年,到期以黄金还本,以法币付息。初数额不大,但自出售黄金改为期货后,存入量激增,竟超过黄金出售额。情况见表4—59。

表4—59 战时的黄金运用①

	黄金(两)	折合法币(百万元)
出售黄金		
1943年6月—1944年3月	81716(1)	1449.1
1944年4月—1944年10月	713399(2)	12748.0
1944年11月—1945年5月	349972(3)	6842.9
合计	1145087	21040.0
法币折存黄金		
1944年8月—1944年10月	28916	506.0
1944年11月—1945年6月	2178416	62155.1
合计	2207332	26661.1

注:(1)库存现货;(2)美国运来现货;(3)无定期期货。

政府出售黄金和法币折存黄金都按牌价,牌价低于市价。因法币不断贬值,市价不断上升,牌价亦不时调整,每次牌价上调,必刺激市价更剧烈上升,这是出售黄金的一大弊病。既存在牌价与市价的差距,必引起投机。据称当时黄金市场上投机的大户即以孔祥熙的裕华银行为首的山西帮,以及云南帮、上海帮。又政府出售金条一般在10两以上,非小民所能问津,而预知调整牌价的政府和银行要员必能获利。是以黄金舞弊案层出不穷。② 尤以1945年5月29日,经蒋介石批准,牌价作巨幅调整,由每两2万元调至3.5万元。因而25日出售黄金存款(时已停售黄金期货)达3.4万两,较平时多万余两,并在银行关门后仍内部用转账申请书等交易。在民情激愤下,监察院不得不出来干涉,并对中央银行业务局长郭景琨、财政部总务司长王绍斋以及交通银行、中央信托局等职员9人提起公

① 财政部传统处编:《中华民国战时财政金融统计》,1946年,第103、104页。
② 参见杨培新:《中国经济动向》,耕耘出版社1946年版,第103—106页。

诉,郭景琨以“泄露消息,利用职权”等罪名被法院判刑。①

依表4—59,政府共出售黄金现货79.5万两,期货35万两,黄金存款220.7万两。此项期货迄未兑现。黄金存款则于1945年7月31日,根据宋子文提议,经国防最高委员会决定,一次捐献40%,以充军费。②

三、国民政府的财政和战时的通货膨胀

(一)财政政策

战前,关税、盐税、统税为南京政府财政的三大支柱,占财政收入的84%(表2—22)。战起后,三税税源大部丧失,国民政府陷于财政危机。当时有识之士和经济学者曾提出实行战时财政,贯彻有钱出钱原则,开征战时利得税等意见。但正如银行家张嘉璈所说:“政府当局大多倾向于保守地继续实行其举借内、外债的传统办法。政府对于财政问题掉以轻心。”③实则国民党主政者原无长期抗战打算,开支如故,并照付外债本息,企图依靠外援,渡过难关。这时,只有苏联慷慨援助,但是供应武器及军需物品,不能作财政支付。在短暂的武汉政府时期,国民党临时全国代表大会制定《抗战建国纲领》,号召抗战与建设并进,而对于如何筹措经费,并无办法。政府迁重庆后,后方物价本低,又连年丰收,大量发行钞票竟未引起过大骚动,对于财政仍是“掉以轻心”。1940年农业歉收引起物价和财政赤字猛涨后,才于1941年4月的国民党五届八中全会和6月的全国财政会议上制订《战时财政改革》计划。但为时已晚,通货膨胀进入恶性发展时期,各种措施除田赋征实略具实效外,仅具名义而已。

现将国民政府的战时财政简况列入表4—60。此表可与战前的表2—22参阅。

---

① 此案经过见“重庆实验地方检察官起诉书”,1945年7月4日,抄档存中国人民银行上海分行;判刑事见中国人民银行金融研究所:《中国近代金融史稿》油印本,下册,第十一章,第23页。

② 杨培新编著:《旧中国的通货膨胀》,生活·读书·新知三联书店1963年版,第53页。

③ 张公权:《中国通货膨胀史》,杨志信译,文史资料出版社1986年版,第79页。

表 4—60　1937—1945 年战时国民政府的财政收支

(单位:法币百万元)

	1937 年 7 月—1938 年 12 月	1938 年 7 月—1938 年 12 月	1939 年	1940 年	1941 年	1942 年	1943 年	1944 年	1945 年
Ⅰ　财政收支									
财政收入	815	315	740	1325	1310	5630	20403	38503	1241389
财政支出	2091	1169	2797	5288	10003	24511	58816	171689	2348085
赤字	1276	854	2057	3963	8693	18881	38413	133186	1106696
Ⅱ　实际收入									
税收总数	451	211	483	266	666	4163	15326	34651	102253
内:间接税	427	200	451	190	500	1165	4299	20932	79234
专卖	—	—	—	—	—	1357	3157	3504	2270
直接税	24	11	32	76	166	1641	7870	10215	20740
出售公债	256	18	25	8	127	363	3886	1989	62820
银行垫款	1195	854	2310	3834	9443	20081	40857	140090	1043257
Ⅲ　财政支出									
军事费	1388	698	1601	3912	6617	15216	42939	131080	2049878
经济建设	168	136	368	557	992	2563	4056	17513	126877
内:工矿	104	71	—	122	96	1226	501	552	1643
交通	57	61	238	439	712	1905	2951	14341	109939

资料来源:财政收支均据财政部统计,见于《财政年鉴》,1947 年版;《中华民国统计年鉴》,1948 年版;《中华民国统计提要》,1947 年版。准军事费原无专项,系选有关项目相加而成,而各年有关项目并不一致,本表据董长芝、李帆:《中国现代经济史》,东北师范大学出版社 1988 年版,第 194 页,各年所取项目该页有注。又出售公债收入,各记载有不同,本表据张公权:《中国通货膨胀史》,杨志信译,文史资料出版社 1986 年版,第 97 页。

表4—60可见财政赤字由战前占财政支出的25%增至70%以上。财政支出中自以军事费为主,它占财政支出的比重由60%左右增至70%—80%。后期军费的膨胀实由兵员过多所致。1941年以后对日战役已不多,而兵员增加约350万人,主要用于包围共产党领导的边区。此外,政府各部门的行政费1940年占财政支出的4%,1944年增至8.9%,则是官僚机构日益臃肿所致。债务费原为一大负担,战前占财政支出的25%—30%;因1939年起停付外债本息,内债则因货币贬值而轻易偿付,债务费已居微末地位。

收入方面,税收是理财之本,也是财政健康与否的标志。政府于1938年开征公司税,1939年开征过分利得税,1940年开征遗产税,都收效甚微。到1940年全部税收仅占财政收入的20%,表明财政破产,乃有1941年的财政改革。改革内容有:(1)关税、货物税(原统税)改从量征收为从价征收,这在通货膨胀中等于提高税率。(2)开征战时消费税,由海关广设内地关卡,等于恢复厘金。(3)实行盐、烟、火柴、糖的专卖,以核定购销价格作为专卖收益,但行之不善,1945年2月废止,恢复征货物税。(4)直接税方面,将原为地方税的两大项即营业税和田赋划归中央财政,因而直接税比重加大。地方失此两大税,自然要另辟财源,无非广增苛杂而已。改革前后的变化见表4—61。

表4—61　战时税收和结构的演变①　(单位:法币百万元)

税种＼年份	1940	1941	1942	1943	1944	1945
关税	38	15	160	377	494	3321
盐税(专卖)	80	296	1180	3026	14528	53507
货物税(专卖)	72	189	783	3335	7576	24372
战时消费税	—	—	399	718	1838	304
间接税合计	190	500	2522	7456	24436	81504
占税收总数的比重(%)	71.4	75.1	60.6	48.6	70.5	79.7

① 资料来源同表4—60。

续表

税种＼年份	1940	1941	1942	1943	1944	1945
所得税	44	80	197	761	1445	2009
印花税	7	16	26	355	10063	3140
过分利得税	25	70	291	884	1189	1833
遗产税	—	—	1	15	50	111
营业税			610	1842	3076	7330
田赋(不包括征实)			516	4013	3392	6326
直接税合计	76	166	1641	7870	10215	20749
占税收总数的比重(%)	28.6	24.9	39.4	51.4	29.5	20.3
税收总数	266	666	4163	15326	34651	102253
折战前币值	52	51	107	122	80	63

由表4—61可见,直接税收入1943年占全部税收的51%,似有税制进步之象,但次年即不能维持,1945年更降至20%,反不如改革前了。其实自1940年起,后方发“国难财”者累累,备受舆论谴责,游资充斥,投机活跃,都未能以税收手段纳入财政,支持抗战。再从税收总额看,1942—1943年似亦有起色,折战前币值达1亿元以上,但亦在次年即猛降。实际上,抗战后期,重庆政府的税收已入绝境,转而依靠征发实物。1941年开始田赋征实,1943年开始纱布、面粉征实。原来自抗战后,即有一部分实物经济,如对外和对沦陷区的易货贸易,以后太平洋战争后美国租借法案供应的军需用品,至田赋征实,军粮及部分公教人员用粮改发实物,实物经济范围扩大。

田赋征实是按各省原田赋正税和附加税总额,每元征稻谷2斗,非产稻区折征麦及杂粮。1942年度征额提高1倍,同时随赋征购粮食,价款70%付给粮食库券,余付法币。1943年度起改征购为征借。征借不还粮,粮食库券不兑现,实际都与征实无异。实收粮食数各种记载略异,现以最新一项研究为准,见表4—62。

表 4—62　1941—1945 年粮食的征实、征购、征借①

年份＼项目	实收粮食（百万石）	估计价值（百万元）	征粮费用（百万元）
1941—1942	45. 80	5114	1458
1942—1943	66.18	14169	3040
1943—1944	64.78	49628	8590
1944—1945	54.29	100976	13869

实收粮食中有 61. 5%供军粮用，余平价或免费供给公教人员。征粮不计入财政收入，而从表 4—62 征粮价值看，每年都大于税收总额，实际是最大的一笔税收；即如不征实，政府的财政支出每年要增加 25%左右。征粮是由地主和自耕农负担，自然会转嫁给佃农。负担的程度，历年实收稻谷占稻谷年产量的 8%—15%，实收麦占年产量的 4%—6%。② 但是，改征实后，原来地方的田赋附加和积谷等仍照征，各种摊派有加无已。有人估算，连同地方征粮，在四川每亩实征 2. 38 石，合平均每亩产量 4 石的 59. 5%；云南赋额较轻，亦达 49%，杂项摊派尚不在内。③ 政府为征粮和分配粮食建立庞大的粮食机构，经费支出达粮食价值的 20%左右，表明实物经济的不经济。而贪污中饱，弊端百出，舆论鼎沸，在国民参政会中亦屡遭抨议。

表 4—63　1938—1945 年三种指数的比较④

年份＼项目	财政赤字	银行垫款	法币发行
1938	100	100	100
1939	161	193	186
1940	310	320	340

① 粮食年度由当年 7 月至次年 6 月。实收数据崔月华、王荫硕：《抗日战争时期国民政府田赋收归中央并改征实物》，1986 年论文油印本，原据粮食部档案。估计价值据杨荫溥：《民国财政史》，中国财政经济出版社 1985 年版，第 119 页，原据当时谷麦平均价。征粮费用据财政部岁出统计，来源同表 3—36。

② 张公权：《中国通货膨胀史》，杨志信译，文史资料出版社 1986 年版，第 93 页。

③ 据刘朋夫的研究，见董长芝、李帆：《中国现代经济史》，东北师范大学出版社 1988 年版，第 200 页；又参阅彭雨新等：《川省田赋征实负担研究》，商务印书馆 1943 年版。

④ 法币发行指数据表 4—64 编制，余据表 4—60 编制。

续表

年份＼项目	财政赤字	银行垫款	法币发行
1941	681	790	655
1942	1480	1680	1487
1943	3010	3419	3263
1944	10438	11723	8202
1945	86732	87302	44672

现在回看表4—60。如果把征粮的价值加入表中II的税收总数,则1942—1943年可抵财政支出的一半,其余年份仅抵20%左右,有3年仅抵7%左右。其他收入,公债实销甚少,外债则除供应军需实物外,都用于平衡法币汇率和吸收法币回笼,不能作财政支付。从表4—60的II可见,政府最大的实际收入乃是国家银行的垫款,其数额几乎与财政赤字相等。就是说,整个战时政府的亏空基本上是由银行垫款弥补的。但这不过是个过渡,银行吸收的社会存款尚不足以应付贴放,它们给政府的垫款实际是用发行法币来充数的,这也就是战时通货膨胀的直接原因。表4—63中三个指数的比较可资证明;其中1943年以后法币发行速度减缓,则由扩大实物经济所致。

(二)通货膨胀

战前,银行发行货币须有六成现金准备和四成有价证券的保证准备,法币可无限制兑换外汇。战起,政府人士曾讨论另发不兑外汇的法币,或“空投”若干不设准备的法币,最后决定“另账”发行不设现金保证的法币。到1939年9月公布《巩固金融办法纲要》,规定现金准备可用商业票据、栈单、投资等抵充,纸币的发行是没有什么限制了。1940年6月,共发行法币39.6亿元,中央银行占41%,中国银行占27.8%,交通银行占18.3%,农民银行占12.9%。① 后四联总处规定,1942年7月1日起,所有法币发行统由中央银行办理,就更无所谓缴存准备了,现将战时法币的发行和物价的变动制成表4—64和图4—1。

① 《中央银行月报》第10卷第5号,1941年,第720页。这以后不再发表各行发钞数。

表 4—64　1937—1945 年战时后方的通货流通量和物价指数

年份	法币发行量及指数		银行活期存款	通货流通量	上海批发物价	重庆批发物价	后方批发物价	后方零售物价
	亿元	1937 年 6 月=1	（亿元）	（亿元）	1937 年 1—6 月=100	1937=100	1937 年 1—6 月=100	
	（1）	（2）	（3）	（4）=（1）+（3）	（5）	（6）	（7）	（8）
1937 年	16.4	116	19.9	36.3	106	100	103	103
1938 年	23.1	164	25.1	48.2	116	99	131	130
1939 年	42.9	304	31.6	74.5	185	129	220	213
1940 年	78.7	558	43.0	121.7	465	938	513	503
1941 年	151.4	1074	81.5	232.9	1002	1938	1296	1294
1942 年	343.6	2437	174.5	518.1	2902	4440	3900	4027
1943 年	753.8	5346	262.4	1016.2	10179	12588	12541	14041
1944 年	1894.6	13437	870.3	2764.9	77658	42821	43197	48781
1945 年 8 月	5569.0	39496			8640000	179300		286636
1945 年	10319.3	73187	4755.1	15674.4	1590272	130791	163160	190723

资料来源：

（1）法币发行额为年底数，据吴岗：《旧中国通货膨胀史料》，上海人民出版社 1985 年版，第 92—95 页；1937 年 6 月底为 14.1 亿元，据以计算（2）。

（3）据四联总处统计的国家银行活期存款占全部存款的比重，从全部银行（国家银行、省市银行、私营银行）存款总数中推出。此项总数估算见张公权：《中国通货膨胀史》，杨志信译，文史资料出版社 1986 年版，第 122 页。

项目＼年份	1937	1938	1939	1940	1941	1942	1943	1944	1945
国家银行活期存款占其全部存款的（%）	60	60	52	55	59	76	73	83	88
国家银行存款占全部公私银行存款的（%）	66	72	76	77	79	86	87	91	98

（5）、（6）、（8）据中国科学院上海经济研究所、上海社会科学院经济研究所编：《上海解放前后物价资料汇编》，上海人民出版社 1958 年版，第 163—168、195—198、350 页。（5）、（6）系原统计 12 个月的算术平均。（8）为后方 7 城市国货零售价格指数。

（7）据《中华民国统计年鉴》1948 年版，系国民政府主计处统计。

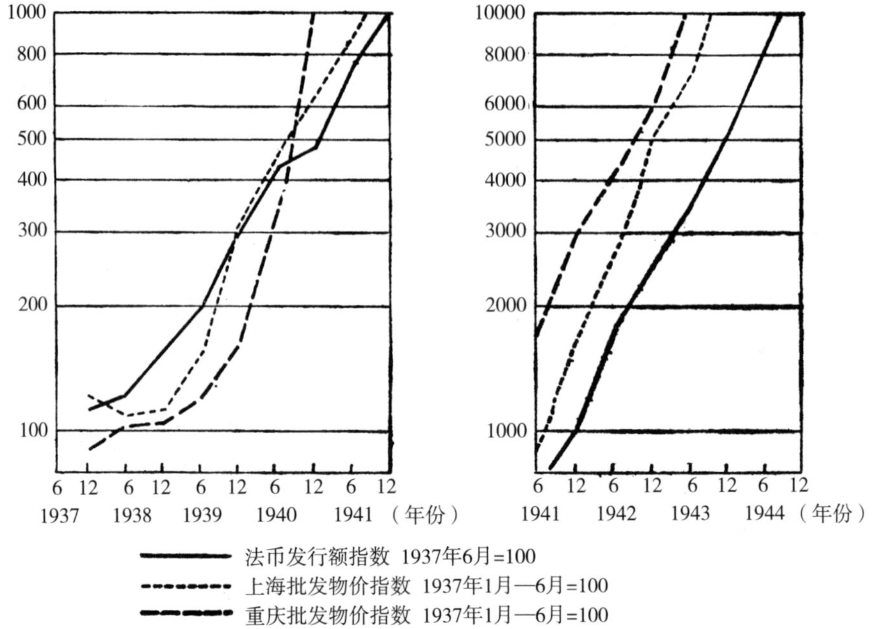

图 4—1 1937—1944 年法币发行额指数和物价指数

资料来源:同表 4—64。

由表 4—64 可见,物价随法币发行量的增长而上昂。为进一步了解两者的变化,图 4—1 以每年 6 月和 12 月的指数为准,可看出 1939 年 6 月以前,上海物价的上升速度缓慢于法币发行量增长速度,到 12 月两者已持平;进入 1940 年,物价上升快于法币量的增长,差距逐渐加大。后方,以重庆物价为代表,直到 1939 年 12 月,其上升速度仍慢于法币量增长速度,这是由于后方地区辽阔,战时经济活跃,吸收较多通货所致。但进入 1940 年,物价直线上升,迅即超过法币量增长速度,成为物价走势的一个转折点。1940 年后方物价的猛涨与这年农业歉收有关,但在上半年就上涨了 88%,则主要是 1939 年下半年和 1940 年上半年法币发行过多所致。这期间,法币发行量的月增长率为 6%,而过去两年为 3. 2%。1940 年下半年,英国封闭滇缅路,日军切断越南通路,粮食产量比 1939 年突减 20%,虽法币月增长率暂时压至 4. 5%,物价仍如脱缰之马,一发不可收拾。1941 年,重庆政府采取了一系列财政政策措施，同时限制银行信用，但恶性通货膨胀之势已成，形成发钞与物价赛跑的局面，由图4—1可知。法币发行月率递增，1945年达15%。

1942年起，政府实行日用品的平价、限价政策。主要是由政府抑价收购，平价出售。次年成立花纱布管理局，实行"以花易纱，以纱易布"，企图用实物经济的办法平抑物价。但无论何者，都无效果可言；因为政府强制经营，除造成贿赂公行外，还促使自由市场或黑市价格更迅速上涨。不过，政府从中得到很大好处。有人估算，1942—1945年政府共收购和易货棉花160万担，机纱22万余件，布700多万匹，1945年获差价利益932亿元。①

在第二章第二节，我们讨论通货总量时没有包括银行存款。战时情况有所改变，在通货膨胀下，银行活期存款比重增大，商业交易通行支票，并推行银行本票，因而我们把活期存款计入表4—64的通货流通量。表中活期存款是估计数，这个估计的可靠性可从表的注(3)得知。由表4—64可见，活期存款的增长率低于法币发行的增长率，但后期加快，1943—1945年达月率12.8%，超过法币发行的月率11.5%。说明通货膨胀后期，银行存款增加对物价上涨起了很大作用，而银行活期存款90%以上在国家银行，其增长乃是银行对政府垫款的结果。后期物价上涨与法币发行的差距越来越大，部分地要由活期存款膨胀来解释。

(三)通货膨胀与国民收入的分配

通货膨胀对于社会各阶级、阶层收入的分配发生巨大影响。

以后方批发物价统计中的粮食代表农产品，衣着、燃料、杂项的算术平均代表工业品，连同四川的一项农村物价统计列入表4—65。

---

① 杨荫溥：《民国财政史》，中国财政经济出版社1985年版，第135、138页。

表 4—65　1937—1945 年后方各城市物价情况

类别 / 年份	后方七城市物价指数① 1937 年 1—6 月=100		四川四个县价格指数② 1937 年=100	
	农产品	工业品	农民出售价	农民购买价
1937	97	105	100	100
1938	95	145	103	118
1939	135	253	143	167
1940	340	298	429	530
1941	1079	1403	1615	1729
1942	2998	4782	3595	4007
1943	8466	17973	10149	11755
1944	29456	64906	38538	43658
1945	124618	241766		

如表 4—65 所示,农业收入不如工业,且差距日大;又见农民出售与购买的价格损失也日益加大。事实上,后方的经济是以牺牲农民利益来发展的。1937 年、1938 年农业丰收,粮价下跌,有的地方甚至谷贱伤农。1939 年农业的实际收入也是减少的(这年物价总指数为 220)。1940 年粮价陡涨,但 1941 年下半年起,农民的收入即又随田赋征实而逐年恶化。丝、茶、桐油、猪鬃和后期棉花、蔗糖的统购价格也都低于市价,有时甚至低于生产成本。农民是抗日战争中最大的牺牲者,也是对战争最大的贡献者。

工人的情况初期略好,因工厂内迁和交通、基建事业勃兴,一时工资上升。但通货继续膨胀,1939 年起重庆工厂工人的实际工资开始下降;1940 年起运输、基建等其他工人的实际工资也开始下降;到 1943 年下降了三成。四川其他地方,如成都、自贡工人的实际工资下降少些;内江、万县等地工人则损失更大。服务业者的收入,比工人要坏得多。

靠薪金收入的公教人员,在通货膨胀中受到最大威胁,这是尽人皆知

① 来源同表 4—64(7)。

② 严中平等编:《中国近代经济史统计资料选辑》,科学出版社 1955 年版,第 339 页。

的；到 1943 年，他们实际收入的 4/5 以上被通货膨胀所吞噬。士兵的情况也许更坏，1944 年货币兵饷的购买力只有战前的 5%。

根据吴大业的研究，将重庆各种人的历年实际收入编列指数见表 4—66。

表 4—66　1937—1943 年重庆各种人实际收入的指数①

年份	工厂工人	非工厂工人	服务业者	公务员	教师
1937	100	100	100	100	100
1938	124	143	93	77	87
1939	95	181	64	49	64
1940	76	147	29	21	32
1941	78	91	21	16	27
1942	75	83	20	11	19
1943	69	74	57	10	17

在国民收入的分配中，有所失必有所得。所得的是什么人呢？

一是国家垄断资本。掌握纸币发行权的政府，是通货膨胀首先的也是最大的受益者。前面已说明了政府如何借通货膨胀来弥补它巨大的财政开支，下一目和下节将考察战时国营金融业和工矿、交通运输业的资本积累。就实际价值来看（例如折合战前币值）这种积累并不是太大，但其积累速度却是空前的。积累之所以快，除直接利用政治权力和垄断地位外，也利用了通货膨胀所造成国民收入的再分配，把别人的损失转化为自己的收入。

二是豪门资本。“豪门资本”是战时出现的名称，大体指那些炙手可热的，亦官亦商的大官僚资本，也就是抗日战争时期所说的“官僚资本”。由于官商不分，我们很难从其资本性质上做系统考察，不过当时报刊揭

① 吴大业：《物价继涨的经济学》，商务印书馆 1945 年版，第 34—36 页。该书原名《通货膨胀的经济学》，因国民党当局讳言通货膨胀，只好改名。其工人二栏系重庆政府社会部的统计。

露,专著抨议,文献既多,传闻更广。① 马寅初在《提议对发国难财者开办临时财产税》中说:“几位大官,乘国家之危急,挟政治上之势力,勾结一家或几家大银行,大做其生意,或大买其外汇。其做生意之时以统制贸易为名,以大发其财为实。……至于这几位大官大买其外汇之事实,中外人士,知之甚稔。”②这种发国难财之人,无疑会利用了通货膨胀中所得的好处。

三是投机资本。投机资本也是个不明确的称谓。经济学上的投机原指市场价格尤其是期货价格上的投机买卖,因此是直接获得通货膨胀的利益。这在后方,主要是利用物价上涨和利息率的差额,囤积商品,以及美金储蓄券、美金和黄金买卖的投机活动。有人根据吴大业整理的重庆市场投机的数据估计投机家历年实际收入的变动情况见表4—67。

表4—67 1938—1944年重庆市场投机活动及后方零售商业的实际收益情况

年份 \ 项目	重庆投机活动的实际收益指数③	后方零售商业的实际收益指数④
1938	100	
1939	397	
1940	808	100
1941	550	111
1942	720	129
1943	263	157
1944		178

① 参见方治平等:《论官僚资本》,综合出版社1946年版;许涤新:《官僚资本论》,南洋书店1947年版;康仲平:《论中国官僚资本主义》,《群众》1948年第38、39期。陈伯连:《中国四大家族》,长江出版社1947年版;经济资料社编:《CC豪门资本内幕》,小吕宋书店1947年版。经济资料社编:《TV宋豪门资本内幕》,小吕宋书店1948年版。

② 《时事类编特刊》1940年第54期。

③ 张公权:《中国通货膨胀史》,杨志信译,文史资料出版社1986年版,第40页。

④ 按表4—64的(7)、(8)计算出历年平均每个季度批发和零售价格的增长率,按零售业第一季度进货、第二季度销售掉的批零差价代表全年情况,再按(7)求得各年实际收益数(战前币值),并以1940年为基期编成指数。

四是商业资本。批发商业获取通货膨胀的利益，大体可包括在上述囤积居奇的投机利润中。利用物价上涨快于利息率的上升，零售商也从通货膨胀中获得利益。此外，我们还发现 1940 年起零售价格的上涨快于批发价格，并有扩大的趋势。这就使零售商业获得更多的利益。假设零售商的资金周转是 3 个月，即第一季度的进货在第二季度销售掉，这种批零价格上涨的差距就会更大些。依此，我们计算后方零售商业的实际收益的变动，也列入表 4—67。

此外，通货膨胀对于私营工业的作用比较复杂，我们将于第五节中再作讨论。

四、国家金融垄断资本的发展

（一）四联总处

七七事变爆发后，南京政府即于 8 月在上海成立中央、中国、交通、农民四银行的联合办事处，由宋子文主持。主要业务是由四行共筹资金 1 亿元，设四行联合贴放委员会，办理普通贴放和专案贴放。前者为小额贷款，为数不多，由各地分会审批办理。后者数额较大，多是财政部核转或借款单位直接申请，由总处核准，各行承办。

南京沦陷后，在汉口重组四行联合办事处，由孔祥熙主持，业务同前。旋随政府迁重庆，于 1939 年 3 月设政策、业务、考核、事务四组，渐具管理银行的职能。同年 10 月，按照国防最高委员会核定的《战时健全中央金融机构办法纲要》，正式改组成立四行联合办事总处，即通称的四联总处，并成立理事会，下设（1）战时金融委员会，设有 6 个专业处，分管钞券发行、贴放、汇兑、特种储蓄、收兑金银、农贷等业务。（2）战时经济委员会，设有 3 个专业处，即平市处，研究银根松紧和调整利息率；物资处，主管物资调剂；特种投资处，主管联合投资。另设秘书处主管日常事务。

联合贴放仍然是它最重要的业务，但改组后的四联总处已不是一个联合贴放组织，而是一个对全国金融政策有决定权并对全国金融机构有考核和监督权的组织了。它已成为“银行之银行”,也是因为原来的中央银行尚无此种能力,才采取四联总处的形式。① 在资本主义国家,中央银行如美国的联邦准备制度,有独立于政府的性质,对政府的财政政策起制衡作用。四联总处则不是这样。按前述《纲要》,“财政部授权联合总处理事会主席,在非常时期内,对中央中国交通农民四银行可为便宜之措施,并代行其职权”。就是说,它兼有属于政府的行政权力。这个理事会主席是由蒋介石担任,一直到1948年10月四联总处结束,从未易人;孔祥熙、宋子文均为常务理事。在战时后方,中交等四行是唯一可以提供大量信贷的银行,一切经济事业以至私营银行都要仰仗四行的信贷。因而,四联总处实际是战时形成的国家垄断资本的总指挥部。② 独裁者蒋介石所担任的职务中,有两个是从不易人的,一个是军事委员会委员长,另一个就是四联总处理事会主席。后来所说“蒋宋孔陈四大家族为首的垄断资本”③,可以此印证。

1942年5月,四联总处制定《中中交农四行业务划分及考核办法》,实行专业化。中央银行独家发行法币;收存所有公私银行的存款准备金;统筹外汇;集中办理票据交换和重贴现;并依1939年10月实施的公库法独家经理国库。

中国银行是受中央银行委托经理政府的国外款项、经办进出口外汇和侨汇、承办国际贸易信贷的银行。交通银行是办理工矿、交通运输、仓储信贷的银行。中国农民银行核收原来中交等行的农贷,成为办理农贷、土地金融、合作事业信贷的银行。三行都办理国内汇兑、储蓄、信托、投资业务。中央信托局和邮政储金汇业局这时也划由四联总处管理。

1942年9月,四联总处职权做了修正。大约因中央银行业已增强,四联总处的任务偏重在对各行的考查、审核方面。合并原战时金融和战

① “中央银行成立不久,地位尚未建立,而中国银行和交通银行,早执金融界之牛耳,……中央银行对之不得不有所借重之处。四联总处组织原为如此。”见《银行周报》社论,1948年第32卷第43期。

② 四联总处的日常行政工作由秘书长负责。第一任秘书长徐堪(原财政部长)任职到1942年春,后相继由徐柏园、刘攻芸、顾翊群担任。

③ 当时的中国农民银行是陈果夫、陈立夫或称CC系势力之所在。

时经济两委员会,撤销各专业处,设储蓄、放款、农贷、汇兑及特种业务5个小组。理事会设副主席,由行政院长(时为孔祥熙)兼任,代主席主持理事会议。

(二)四联总处的贴放政策

办理四行联合贴放是四联总处最重要的业务,也是它控制市场银根的最重要方法。实际上贴现很少,主要是抵押放款以至以预算或信用担保的放款,在统计上概称贷款。现将其历年的贷款额列入表4—68。表列系各年核定的贴放数,不是年底结余数;由于未到期或到期未还,结余数大于表列数。又表4—68中所列基本上是专案贷款,不包括四行两局自做的一般放款。

战争爆发后,国民党当局并无长期抗战的思想准备,设在上海的四行联合办事处对于信贷也采取了大手大脚的政策。1939年3月至1939年年底共核准联合贴放636亿元,实贷如表3—46所列,折战前币值年达150余亿元,其中84%是专案贷款。贷款总额中,近半数是军事机关购买物资的借款,约1/4是地方政府的财政借款(在表中两者都列入“其他”栏),而工矿、交通事业贷款仅占13.3%。这种信贷结构也造成经济上的短期行为。

1939年10月正式成立四联总处后,鉴于前一时期贷款政策偏宽,致使一些贷款用于外汇投机活动,重订四项贴放原则:要求多做转抵押转贴现;贷款以直接从事农工商矿业者为限;注重抗战必要物资的产销;减少地方财政借款等。[①] 1940年春并停办普通贷款,只做专案。但实际上四项原则并未能遵守。1940—1941年的两年间,折战前币值贷款总额有所收缩,工矿交通贷款有所增加;交通贷款中以铁路为多;工矿贷款中公营事业占73.5%,民营厂矿仅占26.5%。[②] 而盐务、贸易贷款占最大比重,

① 中央银行经济研究处:《十年来中国金融史略》,1943年,第255页。

② 公私比重据1941年8月四联总处秘书长徐柏园报告,见中国人民银行上海分行藏档《四联总处卷》;唯据中央银行经济研究处:《十年来中国金融史略》,1943年,公营占43.7%,私营占47.6%,余为救济贷款。

表 4—68　1937—1945 年四联总处的贷款

（单位:法币百万元）

项目＼时间	1937 年 9 月—1939	1940	1941	1942	1943	1944	1945
工矿	49.3	103.0	209.3	923.1	6557.2	23821.5	37435.9
%	9.3	14.8	13.5	34.7	59.1	72.1	49.4
交通	21.2	17.3	193.9	274.6	1446.6	908.9	4653.3
%	4.0	2.5	12.6	10.3	13.0	2.8	6.1
盐务	51.8	184.1	841.8	419.5	1014.1	4694.9	15518.5
%	9.7	26.4	54.5	15.8	9.2	14.2	20.5
粮食	16.4	56.2	152.8	237.6	800.5	901.1	2926.7
%	3.1	8.1	9.9	8.9	7.2	2.7	3.9
贸易	16.6	270.1	107.2	664.0	551.8	1969.8	5699.8
%	3.1	38.8	6.9	24.9	5.0	6.0	7.5
其他	377.0	65.7	40.3	143.2	725.4	728.3	9570.3
%	70.8	9.4	2.6	5.4	6.5	2.2	12.6
贷款总额	532.3	696.4	1545.3	2662.0	11095.6	33024.5	75804.5
折战前币值	352.3	135.8	119.2	68.3	88.5	76.5	46.5

注:1. 不包括对政府的垫款、农贷和四行自做的普通贷款。

2. “其他”栏包括地方财政金融借款、军事机关借款、行政、金融、教育文化单位的借款。

资料来源:中央银行经济研究处:《中央银行月报》1947 年新 2 卷第 6 期。

信贷趋于商业化。盐务贷款中约97%是贷给盐务专卖机关,3%是贷给盐商。贸易贷款这时称为“平市及购销物资借款”,平市是收购物资平抑物价之用,约占29%;余为统购统销资金以及向沦陷区购货资金。粮食贷款中,约14%用于收购军粮,86%用于民粮。

太平洋战争爆发后,后方陷于完全孤立,而通货膨胀已进入恶性发展阶段。1942年起,四联总处采取了进一步紧缩信用的政策,按不变价格计,年贷款总额较1941年减少40%以上,以后仍维持较低水平。同时,工矿交通贷款变成主要项目,逐渐占贷款总额的一半以上;盐务、粮食、贸易等商业性贷款趋于减少。现将1944年工矿贷款的分配列入表4—69中。

表4—69　1944年四联总处工矿贷款的分配①

(单位:法币百万元)

	贷款额	占比(%)		贷款额	占比(%)
贷款总额	23821.5	100.0	毛麻纺织	475.9	—
国营企事业	2331.2	9.8	食品	1198.2	—
省营企事业	556.0	2.3	化工	1210.7	—
战时生产局	10000.0	42.0	钢铁	266.8	—
民营企业	10934.3	45.9	机电	605.8	—
内:矿业	550.8		电力	236.0	—
棉纺织	6036.6		其他	353.5	—

表4—69中民营部分包括花纱布管制局的借款(转贷给纱厂)和液体燃料管理委员会的借款(向民营厂收购酒精)。又战时生产局的借款也大部分用于向民营厂加工订货。但这些贷款的运用权操在国家机关。此外,受贷的民营厂不少含有公股,或由大官僚掌握。这是1944年的情况。在前期,则国公营事业占更大比重。交通、盐务、粮食、贸易贷款更全部或大部是国家机关所用。

(三)农业贷款

战前的农贷是分散进行的。当时银行界有“资金下乡”的口号,办理

① 据中国人民银行上海分行藏档《四联总处卷》。

农贷者，除国家行局及农本局、合作金库外，尚有众多私营银行，共160余家，连同省级和县级金融机构，不下900余家，而彼此互不相谋。[①] 以中国农村之广大辽阔，这种众擎并举的局面是可以理解的。

原来私营银行的农贷多在沿海省份，战争爆发后几乎完全停顿。1938年8月，政府制定《扩大农林贷款范围办法》，调整农贷机构，以一个地区一个机构为原则。1939年10月四联总处成立后，设立农业金融处，调整各行局农贷的步伐。旋即制定1940年度中国、交通、农民三行、中央信托局、农本局的《农贷办法纲要》，农贷总额由四联总处核定，上述各行局按25%、15%、35%、15%、10%的比例分做，并采取联合办理与分区办理的方式以求统一。1941年1月重庆政府决定将农本局的农贷业务移交给中国农民银行。4月，中国农民银行依蒋介石手令设土地金融处。1941年的农贷大体按照上年度的《农贷办法纲要》办理。太平洋战争爆发后，四联总处核定的1942年度农贷计划也和整个信贷一样，采取紧缩的方针。这年8月实行四行专业化，中国、交通、中央信托局的农贷余额本息共29852万元移交给中国农民银行，三行局所营的农贷区域共299个县市和所设农贷机构114所也都移交给中国农民银行。[②] 这样，中国农民银行成为垄断全国农贷的独家银行。

四联总处核定的农业贷款是经过中国农民银行在后方17个省的315个分支行处（1943年5月统计）到地方，并经由农本局、银行协同地方设立的12个省的344个县合作金库（1942年2月底统计）分布到基层，最后是通过基层合作社贷出。1942年年底统计，后方18个省市共有合作社160393个，社员10141682人，股金9329万元。其中82.4%是信用合作社，余为生产、消费、运销等合作社。[③]

战时政府和四联总处曾制定了一系列办法，要求农贷直接用于生产，利于农田水利和技术改进，防止中饱私囊和投机等；但大部只是具文。至

① 林和成：《民元以来我国之农业金融》，《银行周报》1947年第31卷第9、10期。

② 《四联总处三十一年度办理农业金融报告》，中国人民银行上海分行藏档。

③ 吴文辉：《中国战后农业金融问题》，《经济建设季刊》1943年第2卷第3期；张锡昌等：《战时的中国经济》，科学书店1943年版，第137—139页。

于贷款的实际分配和使用,与本节所论资本主义的发展关系不大,从略。现仅将战时历年农贷的结余额列为表4—70。从表4—70中可见,折合不变币值,自1940年以后即是不断下降的,统一农贷的结果,1943年结余只有1938年(后方)的24%,到1945年只有6%了。农贷基本上是贷给合作社社员,在合作社最普遍的四川,入社农户约占总农户的40%,但约有40%的社并未获得贷款(1942年调查),即获得贷款的农户不过占1/4。其他各省的比率就更低了。

表4—70 1937—1945年历年农贷结余额①(单位:法币百万元)

年份	当年币值	折战前币值	年份	当年币值	折战前币值
1937	34.7	33.7	1942	682.0	17.5
1938	66.9	51.0	1943	1527.5	12.2
1939	114.0	51.8	1944	2714.5	6.3
1940	211.4	41.2	1945	5125.6	3.1
1941	508.7	39.2			

(四)国家行局的投资

战时后方工商业兴起,银行投资企业成为有利可图之事,国家行局都扩大了投资业务。唯除四联总处汇集的各行局证券及投资金额外,投资的内容仅中国银行有较详细报告。关于各行局的工矿业投资将于下节另做全面估计,这里仅略述概况。

中央银行原无投资业务,唯办有中央印刷厂印制钞票,另外也参与两项各行联合投资,出资533万元。中央信托局投资1100万元设立中央造币厂,并参加6项联合投资,计2195万元;至于该局的信托证券投资业务,战时尚未发展。交通银行是发展工矿交通事业的银行,但资力有限,1937年投资总额仅9386万元。1941年扩大为11588万元,主要靠发钞。

① 中国人民银行金融研究所编:《中国农民银行》,中国财政经济出版社1980年版,第149、150、160页;折战前币值据表4—64(7)。

1942年中央银行集中发钞后,政府将交行资本增为6000万元,而法币贬值,实际无力从事长期资金业务。至1945年,投资总额为51372万元,若将增加数折战前币值,不过数百万元而已。该行投资单位有百余家,极为分散。① 唯投资宋子文系的孚中贸易公司达20万美元(该公司在美资本60万美元)又法币600万元(该公司国内资本1800万元)。② 中国农民银行投资300万元于中国农业机械公司,占该公司资本额的60%;投资250万元于中国粮食工业公司,占该公司资本额的25%;又参加其他6项联合投资,计4484万元。中国农民银行的投资业务原应以农业投资为主,而实际数额不大。计1942年4928万元,1943年8623万元,主要是入股合作社为提倡股;1944年13343万元,1945年20181万元,则多半是投资农业企业。折合战前币值,是逐年减少的,4年合计只238万元而已。③ 而该行投放于农产品运销,在物价上涨中获有暴利,虽未见专案资料,舆论谴责则较他行为甚。

中国银行是办理投资业务最有成效的银行,在棉纺织业中有举足轻重的地位。现将其战时投资业务情况列入表4—71,惜1944年、1945年资料阙如。

表4—71 1937—1943年战时中国银行的投资 (单位:法币万元)

A. 历年新投资和增资额						
年份	投资单位		投资额	增资额	累计投资额	
	当年	累计			当年币值	折战前币值
1937年以前	45	45			4094	4094
1938	10	55	340	—	4434	4354
1939	9	64	1328	5	5767	4960
1940	9	73	3077	156	19000	5590
1941	9	82	1949	2346	13295	5921

① 中国人民银行上海分行金融研究室:《交通银行简史》,1987年油印本。

② 孚中贸易公司的情况见第五章第一节。

③ 中国人民银行金融研究所编:《中国农民银行》,中国财政经济出版社1980年版,第149、162页。

续表

A. 历年新投资和增资额						
年份	投资单位		投资额	增资额	累计投资额	
	当年	累计			当年币值	折战前币值
1942	5	87	410	5062	18767	6061
1943	6	92*	1456	4869	25080*	6111

B. 投资类别和对投资企业的贷款

行业	单位	投资额	贷款额	行业	单位	投资额	贷款额
纺织工业	21	5531	46041	运输业	5	1310	4459
化学工业	12	3814	21179	金融保险业	6	740	1
水利垦殖	5	2960	1561	电力事业	3	585	5
矿业	5	2642	3367	食品工业	2	143	950
冶炼业	1	2000	2434	公营企业及其他	12	2043	1469
机械工业	5	1802	5860	合计	92	25080	107036
贸易业	15	1510	19710				

注：* 本年退出 1 家退股 12 万元。折战前币值系将当年净增额按表 4—64(7)指数折算。
资料来源:《中国银行一九三七年至一九四三年业务报告》,人民银行上海市分行藏抄档。

由表 4—71 可见,中国银行的投资单位在战时增加了 1 倍,而它对已有关系企业的增资超过新设企业的投资,这是比较健全的投资政策。中国银行的投资远超过其他行局,但到 1943 年,战时增加总数折合战前币值亦不过 6111 万元,比 1937 年增加 49.3%。事实上,1940 年以后它的新投资,折战前币值,即逐年下降,1943 年只合 50 万元,反映后方工业进入困境。1944 年、1945 年无资料,为数亦当有限。不过,银行对其投资的企业给予信贷支援,从表 4—71 中(B)可见,贷款额很大,维系当年币值,不能直接比较。又中国银行的投资基本上是投于生产事业,贸易亦有 15 家公司,虽投资额不大,贷款则颇巨。它战时最大的投资是雍兴实业公司,其情况下节详述。此外,在中国油脂公司、四川榨油厂都拥有 70%以上的股份。在甘肃水泥公司、四川畜产公司、建国造纸公司亦拥有较大股份。

(五)地方金融机构

抗战后,政府于1938年4月制定《改善地方金融机构办法纲要》;财政部于这年6月和1939年3月召开两次地方金融会议;1940年1月又公布《县银行法》,都旨在扩充地方金融机构。除中央银行和各国家银行都广设分支行外,地方金融机构主要是各地的省市银行和县银行。

战争爆发后,河南、江西、安徽、浙江、福建等省银行都迁移本省安全地带;新设者有西康、甘肃省银行和一些市银行。上述7省和四川、贵州、广西、陕西、宁夏、新疆、绥远、湖南、湖北共16家省银行都扩大资本,由原有资本3623万元增为1.32亿元。广东省银行合并广东实业银行和丝业银行,迁往曲江,增资50万元,设分支行达90余处,进入西南。1939年第二次地方金融会议允许各省银行发行1元券和辅币券,以用于向沦陷区抢购物资为限,唯因法币贬值,效益已微。云南原流通滇币券,系由富滇新银行发行,战时则逐渐收回。富滇新原在云南据有垄断势力,唯战时并无多大发展。

省市银行原属地方官僚资本,唯有实力者大多在沦陷区,战后衰退。若广东省银行,虽力谋扩充,香港沦陷后亦入穷途。后方省市银行,则因国家行局侵入,亦无多大发展。分支机构则甚多,抗战胜利前达948处,在后方银行机构中居第一位,但究其实力恐仍逊于地方私营银行。

后方的县银行几乎全部是战时实行"新县制"时所设,共有483处。依规定,县银行资本至少5万元,其中商股不得少于半数,又不得以押品向省市或其他银行借款,限制颇严。实际情况则未详。原后方在战时投机繁荣中,银行属有利事业,私营小银行纷起,县银行业务大约类同。但其资力有限,在整个银行体系中无足轻重。

此外,在第二章第二节中曾言及,中国通商、中国实业和四明银行在战前已加入80%—90%的官股,中国国货、新华信托亦属官僚资本控制。这些银行战时都迁移后方,但业务并无多大发展。我们姑且将它们计入一般商业银行中,则后方银行机构的设置情况如见表4—72。

表 4—72　1936 年、1945 年 8 月战时银行机构的变化①

<table>
<tr><th rowspan="2">项目</th><th colspan="3">1936 年(关内)</th><th colspan="3">1945 年 8 月(后方)</th></tr>
<tr><th>银行(行)</th><th>分支机构(处)</th><th>合计(行处)</th><th>银行(行)</th><th>分支机构(处)</th><th>合计(行处)</th></tr>
<tr><td>国家行局</td><td>7</td><td>346</td><td>353</td><td>7</td><td>853</td><td>860</td></tr>
<tr><td>省市银行</td><td>25</td><td>332</td><td>357</td><td rowspan="2">304</td><td rowspan="2">1127</td><td>948</td></tr>
<tr><td>县银行</td><td>—</td><td>—</td><td>—</td><td>483</td></tr>
<tr><td>商业银行</td><td>132</td><td>654</td><td>786</td><td>115</td><td>595</td><td>710</td></tr>
<tr><td>合　计</td><td>164*</td><td>1332</td><td>1496</td><td>426**</td><td>2575</td><td>3001</td></tr>
</table>

注:* 有 10 家总行在国外。** 有 10 家总行不在后方。

仅机构设置数,不能表现各类银行的地位。在表 2—25 中曾估算 1936 年国家四行占全国(关内)银行业资本额的 42%、存款额的 59%、钞票发行额的 78%、纯益的 44%。战时通货膨胀,原资本额已失去意义;发行已由中央银行独占;纯益无数字可寻;仅能就存款额略作比较。四联总处仅有国家四行存款的报告,省市银行和商业银行系用选样比率推出;此外还可用同样办法考察贷款;结果见表 4—73。从表 4—73 中可见,国家银行存款所占比重逐年增加,由 1937 年的 66.3%增为 1945 年的 98.0%。国家银行所作工商业贷款的比重也逐年增加,由 1937 年的 66.3%增为 1945 年的 90.3%。贷款中未计入农贷,而战时农贷都是国家银行所放;若计入,则 1940 年国家银行贷款占总数的 73.2%,1943 年占 77.5%,1945 年占 90.6%。国家金融垄断资本的势力占银行存放业务的 90%以上,实是惊人!

① 1936 年据中国银行经济研究室:《全国银行年鉴》,1937 年版,第 A5 页;1945 年据谭熙鸿主编:《十年来之中国经济》中册,中华书局 1948 年版,第 L47 页;均经调整。又本节资料参见前引《中国战时经济志》,第 33—43 页;《中国近代金融史》编写组:《中国近代金融史》,中国金融出版社 1985 年版,第 230、231、245—246 页。

表 4—73　1937—1945 年战时国家银行在银行存放款中的比重

项目 年份	各项存款				工商业贷款			
	国家银行		省银行、商业银行		国家银行		省银行、商业银行	
	百万元	占比(%)	百万元	占比(%)	百万元	占比(%)	百万元	占比(%)
1937	2191	66.3	1115	33.7	1471	66.3	749	33.7
1938	2987	71.9	1166	28.1	1696	66.6	851	33.4
1939	4626	76.3	1433	23.7	2578	71.8	1014	28.2
1940	6002	76.1	1884	23.9	2801	71.8	1102	28.2
1941	10932	79.1	2883	20.9	3095	60.4	2029	39.6
1942	19797	86.2	3164	13.8	7606	71.0	3111	29.0
1943	31089	87.0	4656	13.0	15950	75.6	5140	24.4
1944	95556	90.7	9803	9.3	29481	78.2	8227	21.8
1945	527172	98.0	10740	2.0	151142	90.3	16201	9.7

注:1. 各项存款包括活期存款、定期存款、储蓄存款。
　2. 贷款为年底余额,不包括农业贷款和对政府的垫款。

资料来源:国家银行据四联总处报告,省银行、商业银行为推算数,见张公权:《中国通货膨胀史(一九三七——一九四九年)》,杨志信译,文史资料出版社 1986 年版,第 116、122 页。

第四节　抗战后方国家产业垄断资本的形成

本节所称产业指近代工矿业与交通运输业。后者在抗日战争前国家资本已占据垄断地位,见本章第二节。工矿业中的国家垄断资本则是战时在后方形成的,故为本节重点。当时这类企业有"国营""公营"之称,后者包括省市等地方政府及军区、战区经营的企业。战时又有"豪门资本"之说,指几个大官僚家族和他们利用国家银行资本经营的企业。这些都应属国家垄断资本的含义。不过,由于资料不足,我们只能以国营、公营为主。其中,资源委员会为工矿业专营机构,故作专目。又考察各类企业前,先对国民政府的战时产业政策作一简介。

一、国民政府的战时产业政策[①]

1935年蒋介石发起的“国民经济建设运动”和国民党中央制定的《国民经济建设实施方案》已有统制经济的思想。七七事变后，1937年10月蒋介石发布训令，于军事委员会设工矿、农业、贸易三个调整委员会，“对各项事业加以严密的组织，适当的调整，给以有力的援助”。调整工矿的任务，一是“协助所有国营厂矿资本不足运用或新设国营工矿资本尚待筹措者”；二是“对于原有或新设立民营厂矿采用接管或加入政府股份办法，由政府统筹办理或共同经营之”。同时，军事委员会设第三部管理国防工业，第四部管理民用工业和粮食、贸易，第六部管理交通运输事业。

这种严厉的国家统制和全部由军事机关管理的办法，显然是行不通的。1938年一二月遂进行政府改组，将原实业部、建设委员会、全国经济委员会和军委第三部、第四部都并入新设的经济部。该部所属资源委员会主办国营厂矿，工矿调整处（原工矿调整委员会）主管民营厂矿，农本局主管粮食。铁路、公路等均并入交通部管理，军委仍设运输统制局。

当时国营工矿生产仅占15%左右，军需民用主要靠民营，沪战开始后发动的工厂内迁也主要是民办厂。新任经济部长翁文灏于1938年3月发表四项政策主张，除促进农业生产、发展对外贸易外，一项为由国家建设基本工矿业，包括钢铁、铜、电力、煤矿等；另一项为提倡民营，“人民办理已有成绩之化学、机械、电工、纺织、造纸等工业，皆当由社会有志人士出而负责推进”。

1938年3月，国民党在汉口召开临时代表大会，制定《抗战建国纲领》和《非常时期经济方案》。《抗战建国纲领》提出“经济建设以军事为

---

① 本目所用资料主要据陈禾章等：《中国战时经济志》，文海出版社1973年版；谭熙鸿主编：《十年来之中国经济》上册A，中华书局1948年版；中央训练团：《中华民国法规辑要》第四册，1941年。文内不再一一注明。

中心,同时注意改善人民生活。本此目的,以实行计划经济,奖励海内外人民投资,扩大战时生产。”《非常时期经济方案》规定工矿建设的原则是“开发矿产,树立重工业的基础,鼓励轻工业的经营,发展各地手工业。”同年6月公布《工业奖励法》《特种工业保息及补助条例》,均是对民办工业而言。武汉政府时期之政策显然与前不同。

武汉危殆,决定建设大后方。1938年10月6日公布《非常时期农矿工商管理条例》则为后方统制经济的一项基本法规。其中规定47种农工矿主要产品为战时管理物品。经济部对于“指定之企业或物品”得专设机关管理,或径令或商同有关部会命令地方官署管理。规定三项产业,即战时必需之工矿业、制造军用品之工业和电气事业,得“收归政府办理或由政府投资合办”;其他“为生活日用所必需者”经济部亦可“直接经营之”。所有指定的企业及物品,生产者或经营者不得歇业、停业或停工,员工不得罢市、罢工或怠工;对这些企业或物品,经济部得命令迁移、增资、合并、改产、限产、禁产、储藏或予以代管。

该条例虽赋予经济部很大权力,实则障碍难行。许多企业和物资是由其他部门,尤其是军事和财政部门主管,经济部无能为力。经济部长翁文灏的政治地位远在主持财经大权的孔祥熙、宋子文之下,时行“领袖制”,蒋介石更常以手谕行事。还有一层,当时工矿企业主要迁西南,而四川、云南、广西尚处于半独立状态,非国民党政权所能支配;殆政府迁重庆后,国家银行和交通重心内移,情况才渐有改变。

1939年1月国民党在重庆召开五届五中全会,宣言“实行统制经济,调节物资之生产与消费”,统制政策才全局确立。会上曾讨论国营、省营的关系问题,对省营企业提出“尊重中央”、中央予以补助和设立“特种股份有限公司”等原则。对民营企业则“于辅导奖励之中,即寓监督管制之意”。同年5月在重庆召开全国生产会议。会议决议案没有公开发表,从参加代表看似有协调公私关系和中央地方关系之意。孔祥熙在开幕词中首先提出“生产计划的确立”,包括区域计划、国营与私营计划、农村经济计划。会议宣言称今后经济政策“须发展国家资本,扶助私营企业,提倡合作运动;同时防止资本集中,使生产事业国家化、民生化、合理化,以奠定新中国之建设基础”。

四川省政府经两次改组，1939年10月蒋介石兼任省主席，实现中央化。云南方面，经周钟岳斡旋，蒋介石于10月飞昆明与龙云会谈，关系暂告缓和。这时候，迁往后方的生产力大体形成，工矿业发展颇快。唯政府财政赤字猛增，1940年又大规模扩军来封锁共产党领导的边区（年底发生皖南事变），加以1940年农业歉收，物价猛涨，陷入通货膨胀危机。1941年国民党召开五届八中全会，决议“实施统制经济，务使全国人力物力集中于战争用途”，唯重点在改革财政，以应赤字眉急。

经济部本身也经历着分化。1940年8月成立全国粮食管理局，次年成立粮食部，实行田赋征实，粮食的管理脱离经济部，纳入财政系统。棉花原由经济部农本局设福生庄经营，1941年孔祥熙自兼董事长，次年农本局改属物资局，年底改为花纱布管制局，连同纺织工业的管理，都改隶财政部。1942年盐、糖、烟、火柴的管理也改隶财政部专卖局。经济政策向财政政策倾斜，半是国库空虚使然，半是出于人事矛盾，豪门资本争从管制中分肥。1942年3月政府公布《国家总动员法》，规定对于总动员物资得征购、存储，对其生产和贩运得管理、节制、禁止，对日用品交易、价格、数量加以管制，以为强化统制经济的张本。

1943年，后方民营工业陷入困境，并因加强物资管制，民怨沸腾。这年秋召开第二次全国生产会议，主要在安抚民营企业，结果亦只空论一场。1944年，经济更不景气，公营生产亦衰退，而公营、民营矛盾尖锐化，工商界民主运动高涨。这时，美国逐渐支配重庆政府，美国租借法案物资运华，并建议仿美国办法，设战时生产局。这年11月蒋介石召开的国防最高委员会通过《第一期经济建设原则》，提出政府经营的经济事业种类不宜过多，除兵工、主要铁路、大规模水力发电等外，均可由人民经营。其实，这时民营已无力投资。战时生产局成立，由翁文灏主持，任务是分配美援工业器材，管理能源，并由四联总处贷款40亿元，仿美国战时政策，向民营厂加工订货。但国民党中枢另有打算，掣肘难行，旋抗战结束。

二、资源委员会

资源委员会自1935年改建后,到抗战前已有25个企事业单位,已见表2—36。当时所建厂矿多在湖南、江西,随战事发展,有9个结束,5个内迁。1938年3月资委会由军事委员会改隶经济部,接管了原建设委员会的电力事业及原实业部经办的企业,依8月该会的组织条例,规定为办理基本工业、重要矿业和动力事业的政府机构。资委会主要由翁文灏、钱昌照负责,在抗战期间有很大发展。现将有关发展情况列入表4—74。

资委会的经费来源有三:政府预算拨款、银行贷款、外汇款。预算拨款占政府总预算的1%—2%,由表4—74可见,折合战前币值,1942年起即逐年锐减。计自1936年6月至1945年年底,政府预算拨款共119.1亿元,折战前币值9884万元。这项拨款主要用于基建,分配于电力最多,占42.2%;次为石油,占15.8%;钢铁占8%。银行借款前期不多,随借随还;1943—1945年达90亿元①,与预算拨款相埒。在剧烈通货膨胀下,还款已属虚值,实充投资之用。比照预算拨款约合战前法币1200万元。外汇用于购买进口器材。这时期资委会从历次外债中所得外汇计1508万美元、61万余英镑,折战前法币约值6000万元。又资委会出口易货矿产品,出售所得外汇提成20%。1941年以前共合247万美元、6.8万英镑,折战前法币约值1200万元。② 以上合计,迄1945年资委会投资共约合战前法币1.83亿元。该会企业多数是接收原有或与他人合办者,故实际资本绝不只此数。1942年6月钱昌照称该会“账面投资近六亿元,实际资产价值当然超过此数。”③按6亿元指预算拨款。

---

① 吴兆洪的资委会1947年财务报告,见《资源委员会公报》1948年第13卷第2期。

② 按1942年以后资委会已无自销外汇收入,见《资源委员会国外贸易事务所1948年度业务报告》。

③ 《重工业建设之现在及将来》,《资源委员会公报》1942年第3卷第3期。

表 4—74　1938—1945 年抗战时期资源委员会的发展

项目＼年份	1938	1939	1940	1941	1942	1943	1944	1945
（1）所属企事业单位	53	54	55	78	98	105	109	125
（2）职工人数								
职员		1345	3273	5683	8719	9168	8313	8258
工人		9327	24557	46603	56977	60538	50346	55475
（3）政府预算拨款								
法币千元	19339	23615	74058	232300	454060	508300	1344339	9251073
折战前币值	16702	10735	14437	17925	11643	4054	3113	5670
（4）主要产品产量								
铁矿砂（吨）	14942	55446	57668	38243	60275	80670	35253	42594
生铁（吨）	—	—	2494	4437	13468	20853	12523	22556
钢及制品（吨）	—	—	—	116	1506	4646	7603	10206
煤（吨）	504459	192316	306015	517482	746301	757964	753066	625000
电力（千度）	3840	7045	10992	17301	24402	34776	51683	70136

续表

项目 \ 年份	1938	1939	1940	1941	1942	1943	1944	1945
原油(千加仑)	—	559	1662	12984	60888	67035	75723	72336
机械(不变价格千元)	162	684	2324	5296	8243	9695	8481	8224
电器(不变价格千元)	543	2714	4524	8071	9304	9545	8856	8074
生产总指数		100.0	166.0	221.0	326.6	393.2	405.1	431.0
(5)矿产品出口								
钨矿(吨)	7985	7805	2919	14328	7687	10320	7706	2976
纯锑(吨)	11112	5482	873	8041	89	—	—	1567
纯锡(吨)	—	208	1947	6459	3601	7260	6460	1756

资料来源:

(1)据有关资料整理,见陈真、姚洛合编:《中国近代工业史资料》第三辑,生活·读书·新知三联书店1961年版,第882页。

(2)资源委员会档案(28)1127卷,不包括工矿电以外之管理、服务事业职工。

(3)资委会编《复员以来资源委员会工作述要》,1948年版,不包括追加预算及预算外拨款。1938年系以1937年7月—1938年6月财政年度1868.2万元折半,加1938年7月—1938年12月的999.8万元而成。折战前币值据表4—64(7)。

(4)各项产量据资委会编:《资源委员会沿革》,1947年油印本;唯原油据谭熙鸿主编:《十年来之中国经济》上册,中华书局1948年版,“十年来之石油事业”。机械、电器种类繁多,系按1933年不变价格估值,见吴太昌:《国民党政府资源委员会垄断活动述评》,《中国经济史研究》1986年第3期。总指数系按加工净产值加权综合计算,见《资源委员会公报》1948年第13卷第1期。

(5)据资委会国外贸易事务所1940—1947年度业务报告整理,并参照前引《资源委员会沿革》修正。

依表 4—74,资委会的职工以每年 34.7%的速度增长,其中职员的增长又快于工人。这不免有冗员充斥,但该会确实集中了大批工程技术人才,据该会编制的《中国工程人名录》收录 2 万人,1/4 左右曾在该会服务。

依表 4—75 中的生产指数,该会生产的年增长率约 27.6%,逊于职工的增长,但在后方仍为发展最快者。1943 年生产高峰后,后方工业衰退,年生产指数递降 10%左右,资委会仍能保持高峰水平,唯增长率下降而已。见表 4—75。

表 4—75　1940—1945 年后方工业与资源委员会生产指数

项目 年份	后方工业生产指数①		资源委员会生产指数	
	1939=100	环比	1939=100	环比
1940	142.3	142.3	166.0	166.0
1941	186.0	130.7	221.0	133.1
1942	231.4	124.4	326.6	147.8
1943	287.7	124.3	393.2	120.4
1944	269.3	93.6	405.1	103.0
1945	242.6	90.1	431.0	106.4

再将资委会的主要活动分述如下:

(1)冶炼业。抗战后,资委会与兵工署合组钢铁厂迁建委员会,将六河沟、汉阳、大冶及上海炼钢厂的重要设备拆迁重庆,在大渡口建钢铁厂。委员会辖 7 个制造厂及南桐煤矿、綦江铁矿,有 10 吨平炉两座,3 吨贝氏炉、3 吨及 1.5 吨电炉各 1 座,为后方最大的钢铁联合企业。资委会又于 1939 年设陵江炼铁厂,1941 年设资渝炼钢厂,又收买民营协和炼铁厂,1943 年合并为资渝钢铁厂,有 20 吨、5 吨炼铁炉及 1 吨、半吨贝氏炉各 1 座。此外,还收买民营人和、大华等企业,创建资蜀及威远铁厂,与地方合

① 经济部计算,谭熙鸿主编:《十年来之中国经济》下册,中华书局 1948 年版,V149 页。

办云南及江西铁厂。1943 年这 6 厂炼铁能力有 5.6 万吨,炼钢能力 4.2 万吨,在后方占据垄断地位。唯时钢铁业不景气,这年仅产铁 20853 吨,钢 4646 吨。[①]

资委会在铜铅锌的生产方面基本上是接收旧有企业,技术有所改进,产量无大增加。在钨锑锡汞等方面以办理出口为主,产量无增进,提纯和复炼纯锡技术上则有建树。

(2)动力事业。资委会先后经营煤矿 26 个,但有 22 个是与其他机关或私人资本合办。战时后方煤业生产起落不大,资委会的生产亦成绩平平,占后方煤产量 11%—13%。资委会的电力事业则投资最大,成绩显著。先后自办或与地方合办电厂 19 家,新增发电容量 27891 千瓦,发电量年增长率达 51.4%(据表 4—74 计算),1945 年占后方总发电量的 36%。[②] 后方水力资源丰富,资委会力求开发,设有水力发电厂 7 处,唯抗战结束时多半还在工程阶段。

中国原不产石油,战时急需,资委会分别在四川、新疆、甘肃勘探。四川油矿于 1938 年钻井,迄未见油层,唯产有天然气,1943 年达 27.3 万立方米。新疆独山子炼油厂系与苏联合作建设,1940 年完工,可日炼原油 5.5 万加仑。但因所属各油井原油产量过低,1943 年苏方将设备撤回国内。较有成绩的是甘肃玉门油矿,1938 年 12 月筹备,由孙健初、严爽等率人于隆冬勘探,中国共产党以旧存陕北的两部钻机调往支援。1940 年 3 月组成以孙越崎为首的甘肃油矿局,进行开发。所订购的美国器材,在太平洋战后大部被日军劫掠。向英国接洽价购行将陷落的仰光炼油厂设备,遭英方拒绝,旋该厂全部毁于日寇炮火。玉门油矿只好因陋就简,自制炼油设备,并调四川油矿钻机和采煤钻机参加,续开新井。玉门地处戈壁荒漠,生活生产条件极为艰难,广大员工本着爱国抗战精神艰苦创业。抗战期间产原油 29 万余吨,提炼汽油、煤油、柴油 2000 万加仑。[③]

---

① 资委会档案 28、2、998“钢铁事业概况”。

② 谭熙鸿主编:《十年来之中国经济》上册,中华书局 1948 年版,J23—25 页。

③ 郭可诠:《抗战八年来之油矿经营纪实》,《资源委员会季刊》第 6 卷第 1—2 期。

战时后方极缺汽车燃油，酒精厂勃兴。资委会亦先后办有 9 厂，共产酒精 1440 万加仑，占后方总产量的 28.6%。又创动力油料厂，用桐油提炼汽油、煤油、柴油，共产 185 万加仑，占后方代用油总产量的 15%。连同玉门油矿产品，抗战期间共产液体燃料 3625 万加仑，约占后方总产量的 44%。①

(3)机电工业。资委会有 5 家机器厂。其中中央机器厂由瑞士提供设备和技术培训，1938 年春由湘潭迁昆明，设备比较先进，主要产品有透平锅炉、蒸汽机、发电机、柴油机、纺织印刷等工具机，以及各种较精密的工作母机。该厂产量不多，但一些大型和精密设备为他厂所不能生产，在装备后方工业上有重要作用。资委会有 5 家电器工厂，其中以中央电工器材厂最大，该厂亦系 1938 年由湘潭迁昆明(部分迁桂林)，辖 4 个厂：一厂与美国 3 家电缆公司技术合作，生产电线电缆；二厂与美国一家电子公司技术合作，生产电子管及灯泡；三厂与德国西门子公司技术合作，生产有线电话器材；四厂系接收原建设委员会的电机厂，生产发电机、变压器、电动机等。又中央无线电器材厂和中央电瓷厂也都是后方同类企业中规模最大的。

估计 1938—1945 年资委会的机械业产值共有 4311 万元，占后方该业总产值的 27.3%；电器业产值共有 5103 万元，占后方该业总产值的 78.6%(按 1933 年不变价格计)。②

到 1945 年抗战胜利前夕，资委会所属企事业单位已达 131 家。胜利后裁并部分企业，又由军政部等移交资委会一些企业，至 1945 年年底共有 125 家单位。内资委会独资经营者 70 家，参加经营并主办者 38 家，参加经营但不主办者 17 家；又其中生产性企业 110 家，矿产管理、贸易及服务事业 15 家。见表 4—76。表 4—76 可见其发展过程、行业与地区分布，并可与抗战前的表 2—36 对照。

---

① 各项油类产量据资委会：《资源委员会沿革》，1947 年油印本。

② 估价见吴太昌：《国民党政府资源委员会垄断活动述评》，《中国经济史研究》1986 年第 3 期。

表 4—76　1945 年年底资源委员会所属企事业

名称	成立年月	地点	经营方式	职员	工人	说明
(1)冶炼工业						
钢铁厂迁建委员会	1938 年 3 月	四川巴县	×	651	5865	见正文
昆明电冶厂	1939 年 3 月	云南昆明	○	47	108	原昆明炼铜厂,1945 年改今名
威远铁厂	1941 年 1 月	四川威远	○	120	395	收买新威铁厂改建
江西炼铁厂	1941 年 3 月	江西吉安	△			江西省府参加经营,已停顿
电化冶炼厂	1941 年 7 月	四川綦江	○	160	267	由纯铁炼厂及重庆铜厂合并而成
云南钢铁厂	1943 年 7 月	云南安宁	△	29	60	云南省府及兵工署参加经营
资渝钢铁厂	1944 年 3 月	四川巴县	○	238	226	见正文
资蜀钢铁厂	1944 年 8 月	四川巴县	○	86	171	收买人和铁厂改建
(2)机械工业						
中央机器厂	1939 年 9 月	云南昆明	○	362	407	见正文
江西车船厂	1940 年 11 月	江西泰和	△			江西省府参加经营,已停顿
江西机器厂	1941 年 7 月	江西泰和	△			江西省府参加经营,已停顿
宜宾机器厂	1941 年 9 月	四川宜宾	○	105	294	原中央机器厂分厂,已停顿
甘肃机器厂	1941 年 9 月	甘肃兰州	△	44	170	甘肃省府参加经营,已停顿
粤北工矿公司	1941 年	广东坪石	△			广东省府参加经营,已停顿
四川机械公司	1942 年	四川成都	×			四川省府参加经营
(3)电器工业						
中央电瓷制造厂	1937 年 12 月	四川宜宾	△	84	131	交通部参加经营,有贵阳分厂
中央无线电器材厂	1938 年 4 月	云南昆明	△	850	729	辖重庆、昆明二分厂,昆厂停顿
中央电工器材厂	1939 年 7 月	云南昆明	○	664	2072	见正文
华亭电瓷厂	1941 年 8 月	甘肃华亭	○			1945 年 12 月结束
江西电工厂	1942 年 7 月	江西泰和	△			江西省府参加经营,结束
(4)化学工业						
动力油料厂	1939 年 8 月	四川重庆	△	209	1006	兵工署参加经营
犍为焦油厂	1940 年 5 月	四川犍为	○			
昆明化工材料厂	1940 年 7 月	云南昆明	○	42	28	
甘肃水泥公司	1941 年 5 月	甘肃永登	△	22	8	甘肃省府及中国银行参加经营
贵州水泥公司		贵州贵阳	×			贵州企业公司参加经营
江西水泥公司		江西泰和	×			江西省府参加经营

续表

名称	成立年月	地点	经营方式	职员	工人	说明
华新水泥公司		云南昆明	×			云南省府及商股参加经营
江西硫酸厂	1941年8月		△			江西省府参加经营，已停顿
重庆耐火材料厂	1941年10月	四川重庆	○	36	44	
裕滇磷肥厂	1942年7月	云南昆明	△			云南经济委员会及中国银行参加经营
甘肃化工材料厂	1943年11月	甘肃兰州	△	26	33	甘肃酒精厂改组
各地酒精厂8家	1938—1942年			311	888	内○4家，△3家，×1家
（5）煤矿业						
天河煤矿筹备处	1937年2月	江西吉安	△			江西省府参加经营
嘉阳煤矿公司	1939年1月	四川犍为	×	189	2820	中福公司及商股参加经营
明良煤矿局	1939年9月	云南宜良	△	158	678	商股参加经营
宣明煤矿公司	1940年1月	云南宣城	△	16	38	云南省府参加经营
威远煤矿公司	1940年7月	四川威远	×	128	2420	盐务总局及中福公司参加经营
辰溪煤矿公司	1940年10月	湖南辰溪	△	21	58	商股参加经营
贵州煤矿公司	1941年5月	贵州贵阳	△	71	633	贵州企业公司及商股参加经营
四川矿业公司	1941年5月	四川成都	△	71	633	四川省府及商股参加经营
建川煤矿公司	1941年11月	四川巴县	×	118	1413	建设银公司参加经营
甘肃矿业公司	1942年1月	甘肃兰州	×			甘肃省府及四行参加经营
湘江矿业公司	1943年10月	湖南永兴	×			商股参加经营
甘肃煤矿局	1943年12月	甘肃兰州	△	49	212	甘肃省府参加经营，由永登煤矿局改组
黔南煤矿筹备处	1944年7月	贵州都匀	○			
（6）石油矿业						
四川油矿探勘处	1936年9月	四川巴县	○	90	338	
甘肃油矿局	1941年3月	甘肃玉门	○	631	5097	见正文
（7）铜铅锌铁矿业						
滇中矿务局	1939年2月	云南易门	△			云南省府参加经营
滇北矿务局	1939年3月	云南会泽	△			

续表

名称	成立年月	地点	经营方式	职员	工人	说明
康黔钢铁事业筹备处	1943年6月	贵州威宁	○			
川康铜铅锌矿务局	1944年7月	四川成都	○			
(8)钨锑锡汞矿业						
锑业管理处	1936年1月	湖南零陵	○			
钨业管理处	1936年3月	江西大庾	○			辖湖南及广西两分处
国外贸易事务所	1938年9月	四川重庆	○			辖纽约分所
平桂矿务局	1938年10月	广西八步	△			广西省府参加经营
锡业管理处	1939年2月	广西桂林	○			辖湖南分处
云南出口矿产品运销处	1939年11月	云南昆明	○			
云南锡业公司	1940年9月	云南昆明	△			云南省府及中国银行参加经营
锑品制造厂		贵州贵阳	○			
汞业管理处	1941年5月	湖南晃县	○			
新疆钨矿工程处	1944年7月	新疆伊宁	○			已停顿
(9)其他矿业						
矿产勘测处	1942年10月	四川重庆	○			
湘黔金矿局	1944年4月	湖南洪工	○			
西康金矿局	1944年4月	西康康定	○			
(10)电气工业						
西京电厂	1936年9月	陕西西安	△	80	265	陕西省银行及中国银行参加经营
贵阳电厂	1938年7月	贵州贵阳	△	67	190	贵州企业公司参加经营
龙溪河水力发电厂	1938年7月	四川长寿	○	98	221	
兰州电厂	1938年8月	甘肃兰州	△	65	220	甘肃省府参加经营
万县电厂	1938年8月	四川万县	△	62	189	四川省府参加经营
湘西电厂	1939年1月	湖南沅陵	○	59	141	
昆湖电厂	1939年6月	云南昆明	○	133	372	
岷江电厂	1939年7月	四川犍为	○	108	384	
浙东电力厂	1939年7月	浙江金华	×	26	42	浙江省府参加经营
汉中电厂	1939年11月	陕西南郑	○	25	59	

续表

名称	成立年月	地点	经营方式	职员	工人	说明
自流井电厂	1940 年 11 月	四川自贡	△	72	192	四川盐务局参加经营
西宁电厂	1940 年 11 月	青海西宁	△	24	31	青海省府参加经营
泸县电厂	1941 年 1 月	四川泸县	○	57	176	
西昌电厂	1941 年 5 月	西康西昌	△	23	43	西康省府参加经营
湖南电气公司	1941 年 7 月	湖南长沙	△			湖南省府及商股参加经营
宜宾电厂	1941 年 9 月	四川宜宾	○	96	352	
天水电厂	1942 年 9 月	甘肃天水	△	30	43	甘肃省府参加经营
柳州电厂	1942 年 11 月	广西柳州	△			广西省府参加经营
王曲电厂	1943 年 2 月	陕西王曲	○			
天水水力发电厂工程处	1943 年 11 月	甘肃天水	○	31	246	
西宁水力发电厂工程处	1944 年 1 月	青海西宁	○	15	18	
修文河水力发电厂工程处	1944 年 3 月	贵州修文	○	5	51	
全国水力发电工程总处	1945 年 7 月	四川长寿	○			
汉中水力发电厂工程处	1945 年 4 月	陕西南郑	○	23	126	
都江电厂		四川灌县	○			
安庆电厂		安徽安庆	○			
巴县工业区电力厂		四川巴县	×			
富源水力发电公司		四川北碚	×			商股参加经营
(11)服务事业						
昆明办事处	1937 年					
运务处	1941 年	贵阳				
驻美技术团	1943 年					
电讯事务所	1944 年	重庆				
保险事务所	1944 年	重庆				
酒精业务委员会						
钢铁业务委员会						

续表

名称	成立年月	地点	经营方式	职员	工人	说明
上海办事处	1945 年					
汉口办事处	1945 年					
(12)抗战结束后接管之企业						
武昌水电厂			△			湖北省政府参加经营
辰溪煤业办事处			○			湖南辰溪煤矿附属机构
乐山木材干馏厂			○			在四川五通桥,工矿调整处移交
巴县炼油厂			○			公路总局移交
北碚焦油厂			○			军政部移交
各地酒精厂 9 家			○			军政部移交
中国联合制糖公司			×			在四川内江,经济部投资移交资委会
中国兴业公司			×			在四川江北,经济部投资移交资委会
江西兴业公司			×			在江西泰和,经济部投资移交资委会

注:○独资经营;△参加经营并主办;×参加经营不主办。
资料来源:《资源委员会公报》第 10 卷第 3—4 期,并参考其他资料补充。

三、国民政府其他机关经营的企业

(一)军事系统

战时兵工厂情况未详。据日本人记述,国民政府曾将汉阳兵工厂设备迁重庆,河南巩县兵工厂迁兰州,广东兵工厂分迁广西宾阳及昆明,并在西安、成都、柳州设兵工厂,均隶兵工署。[①] 此抗战初期情况,实际设置绝不只此。其中,重庆、昆明二厂不断扩充,颇具规模。

前述后方最大的钢铁联合企业即迁建委员会所设厂矿系由兵工署主

① 兴亚院政务部:《重庆政府の西南经济建设状况》,1940 年,第 44—45 页。

办。兵工署又在重庆磁器口接收四川军阀原设的铁工厂加以扩充，编为第24工厂，有10吨平炉2座、3吨电炉及贝氏炉3座，以及轧钢设备。在同地还建有炼合金钢厂，编为第28工厂。该厂分设四所：一所炼矽铁及钨合金，二所提炼纯钨，三所以坩埚炼钢，四所制其他合金钢，制造锋刃钢。①

兵工署在昆明、长沙、梧州均设有汽车配件制造厂，在云南设飞机制造厂。后者国内报道称："有价值美金二百万元飞机制造厂一所，密藏于西南部某地一小镇。"②日本报道称该厂设在建水，年产飞机1000架，殆属虚妄。

军政部在各地设有酒精厂十来处，其四川纳豁、贵州遵义二厂规模巨大，职工各300余人；又四川北碚焦油厂，炼代汽油。又粮秣厂、被服厂多处，并有纺织厂。接办的原左宗棠所设之兰州织呢厂亦加扩充，主产军毯。各战区司令部亦设有修配厂、酒精厂、被服厂等，有的还投资参与地方工矿事业。

（二）交通系统

战时交通部所辖规模较大工业企业列入表4—77，说明亦见表内。这些企业1942年职工总数达5400余人。③ 此外，公路运输系统尚有较小的汽车修理厂、植物油炼油厂、钾硝制造厂等40余个。④ 民航公司亦有修理厂，情况未详。交通部门还与其他中央和地方机构办有邮电纸厂、中央电瓷厂、甘肃水泥公司、西北林业公司（生产铁道枕木）以及广西肥料公司等。交通部门继承战前工业设备，所属企业设立较早，单表4—77中有资本记载的8处折战前币值均达500万元，粗估全部资本合战前币值1000万元左右。

---

① 王子佑：《抗战八年来之我国钢铁工业》，《资源委员会季刊》第6卷第1—2期。

② 陈禾章等：《中国战时经济志》，文海出版社1973年版，第78页；《中外经济年报》1940年版，第52页。

③ 据交通部统计年报及四联总处《工商调查通讯》等综合。

④ 方航：《谈工业的国营与民营》，《群众》周刊第9卷第10期。

表 4—77 抗战时期交通部门所属主要企业

名称	成立年月	资本额(万元)	职工	生产内容及说明
中央汽车配件制造厂	1938 年 9 月	2000(1941)		与运输统制局合办,厂设重庆,生产汽车配件并炼合金钢
柳江机器厂(广西)	1939 年 1 月	1100(1942)	413	制造机床,修理汽车及各种机件
全州机器厂(广西)	1938 年 8 月		533	原平汉铁路汉口机厂,迁至金县隶湘桂铁路,有炼铁、铸造、机械加工各厂
桂林器材修配厂		1000(1942)	486	制造铁路电信器材及汽车配件
中央湿电池制造厂	1942 年 7 月	200(1942)	53	与金陵大学合办,厂设重庆,生产蓄电池、湿电池、电瓶、锌条等
钢铁配件厂	1940 年 8 月	130(1940)	195	厂设重庆,制造电信器材及各种钢铁配件
桂林机器厂	1940 年 6 月	1000(1940)		隶浙赣铁路,制造机床、蒸汽机、锅炉、抽水机等
桂林电厂	1941 年 1 月		74	发电容量 1000 千瓦,隶湘桂铁路
泸县电信机料修造厂	1934 年 5 月			原设南京,战后迁宜昌,1938 年迁泸县,生产各种电话电报机件
桂林电信机件修造厂	1943 年			修造电话、无线电机件,制造各种电池
浙赣铁路印刷厂	1940 年 2 月	150(1940)	75	
招商局机器厂	1914 年		230	1936 年迁武汉,继迁宜昌,1939 年迁重庆,修理船舶
川江造船处	1937 年			两处 1943 年合并为交通部造船处。造船情况见正文第六目(四)
西江造船处	1938 年			(同上)
陇海铁路英豪煤矿	1938 年		1800	在河南渑池,原与民营新民公司合作,1941 年收买民股,扩展矿区,日产 200 余吨,供铁路用,职工数包括矿区铁路工人
酒精厂 7 处	1941—1943 年	约 800	340	6 处在贵州,1 处在湖南,内 5 处为公路局所设。7 处年产量 65 万加仑,唯交通部所属酒精厂不止此 7 处

资料来源:(1)交通部 1941 年及 1946 年统计年报;(2)四联总处《工商调查通讯》第 155、206、255、336、282、231、212、341、415、72 号;(3)俞飞鹏:《十五年来之交通概况》,交通部编印 1946 年版。

（三）经济部系统

经济部除重工业由所属资源委员会办理外，尚有自办工业。其中最大的是接收自实业部的中国植物油料厂。该厂经营桐油出口，抗战前已有5个炼油厂。战后又在西南设炼油厂，并设厂制造榨油机和利用桐油炼制代汽油。1939年8月政府实行桐油统制，该厂转以内销为主，抗战期间内外销油料共5.8万吨。该厂战前定资本额200万元，迄未调整，内商股占27.7%。①

经济部拆迁汉口湛家矶造纸厂设备设建国造纸厂于成都，资本600万元，1942年投产，产道林纸及新闻纸。在铜梁设实验造纸厂，1940年合并民营广成厂，资本80万元，产卷烟纸等。又利用原温溪造纸厂之磨木机等设备于1944年设中国造纸厂于宜宾，资本1亿元，有少量商股，1945年6月投产。该厂能日产机械木浆4吨，为后方仅有。②

经济部的中央工业试验所除实验纸厂外，在重庆有制革、耐火材料、纯化（酸类）、油脂4个实验工厂，共投资484万元。经济部设采金局，先后办金矿15处，投资共约550万元，内6处另有商股。③

经济部还投资于其他机构和地方政府经营的企业，而其工矿调整处则主要是投资和贷款给民营企业，借以取得对民营企业的权利。有代表性的是先后补助永利公司300万元在四川建碱厂，遂即要求将补助转作官股。现将经济部历年投资和贷款列入表4—78。由表4—78可见，战时工矿投资总额折战前币值1692万元，相当于资源委员会同期预算拨款的17%，其中对民营企业的投资占41%。1941年以前对民营企业的贷款额超过投资额，这对民营企业的内迁和建厂起重要作用。1945年的40亿元贷款是由战时生产局办理的，实际不限民营企业，并作加工订货之用。

---

①　陈真编：《中国近代工业史资料》第三辑，生活·读书·新知三联书店1961年版，第798—805页。

②　上海社会科学院经济研究所、轻工业发展战略研究中心：《中国近代造纸工业史》，上海社会科学院出版社1989年版，第203—209页。

③　陈真编：《中国近代工业史资料》第三辑，生活·读书·新知三联书店1961年版，第831—835页。

表 4—78　1938—1945 年抗战时期经济部的工矿投资及贷款

(单位:法币万元)

时间	工矿投资总额	折战前币值	对民营企业投资	折战前币值	对民营企业贷款	折战前币值	对民营企业担保借款额
成立前	231.0	231.0	—	—	2.7	2.7	—
1938	586.5	447.7	17.7	13.5	440.8	336.5	440.0
1939	724.0	329.0	387.7	176.0	662.5	301.1	496.0
1940	1044.0	203.5	742.8	144.5	1431.7	279.1	1021.0
1941	1978.0	152.8	1087.8	84.0	2016.2	155.6	2515.0
1942	8400.0	215.5	7395.9	190.0	2514.0	64.5	5985.0
1943	8300.0	66.4	6293.8	50.5	4952.5	39.5	70485.0
1944	19600.0	46.3	16091.1	38.0	15414.2	36.4	—
1945					400000.0	245.2	
合计	40863.5	1692.2	32016.8	696.5			

注:折战前币值据表 4—64(7)。

资料来源:谭熙鸿:《十年来之中国经济》,中华书局 1948 年版,V61—62;经济部档案企字 L.72 号、资字 19 号和"经济部合办事业机关概况表""本部所属各营业机关表"。

(四)财政、粮食系统

财政部经营有中央造币厂(资本 1100 万元)和中央印刷厂,均作为中央信托局(原隶该部)投资。该部所属贸易委员会于 1939 年收买民营川渝漂鬃厂,并扩建,有漂制四川全省白鬃的能力。上海龙章造纸厂战起后辗转迁至重庆,添配机件,为后方最大造纸厂,1941 年财政部令中央信托局收买,改为中央造纸厂,资本 2000 万元,能制钞票纸。①

粮食部于 1941 年设中国粮食工业公司,资本 1000 万元,有面粉厂 2 所、米厂 11 所、干粮厂 1 所;并有机器修造厂能生产面粉机和砻谷机,职工 2100 余人。又在西安设麻袋制造厂,资本 600 万元,日产麻袋 150 条。②

① 陈禾章等:《中国战时经济志》,文海出版社 1973 年版,第 8 页;上海社会科学院经济研究所轻工业发展战略研究中心:《中国近代造纸工业史》,上海社会科学院出版社 1989 年版,第 201—202 页。

② 四联总处:《工商调查通讯》438 号、439 号,1944 年。

（五）国家银行系统

国家银行的投资情况已见本章第三节（四）。唯除中国银行外，我们不知其工矿业投资数字。四联总处有国家行局历年证券投资额的报告，我们将其折成战前币值，见表4—79。

表4—79　1936—1945年国家六行局的证券投资　（单位：万元）

年份	年底余额①	本年增加	折战前币值	累计数
1936	17205			17205
1937	22152	4947	4803	22008
1938	23879	1727	1318	23326
1939	25852	1973	897	24223
1940	29348	3496	682	24905
1941	47865	18517	1429	26334
1942	152440	104575	2682	29016
1943	674545	522105	4164	33180
1944	511927	-162618	-376	32804
1945	562748	50821	22	32826

由表4—79可见，1945年累计数比1936年增15621万元，而最高年是1943年。战前银行持有证券大部分是政府公债，企业投资不过占1/3，依此，1936年约有5735万元。战后通货膨胀中政府公债轻易还本，企业投资所占比重增大。姑以40%计，则1943年约为13272万元，即抗战期间增加7537万元（均战前币值）。从最大的投资行中国银行看（见表4—71），增加的投资基本上投于工矿业。

至于1944年证券余额的减少大约是执行派购公债的结果，企业投资不应减少，至1945年仍应略增。

国家银行投资的企业有一百数十家，不过大部分仅持有少量股票，不

① 1936年据沈雷春：《中国金融年鉴》，中国金融年鉴社1947年版；余据中中交农四行联合办事总处秘书处：《金融统计年报》，1946年；折战前币值据表4—64（7）。

起支配企业作用。为观察这种作用,我们收集记录较全的38家较大工矿企业,其情况见表4—80:①

表4—80 38家较大工矿企业的银行投资情况

国家银行投资占企业资本额的比重(%)	家数	企业资本额(万元)	银行投资额(万元)	银行投资平均所占比重(%)
100	3	5500	5500	100
50—99.9	9	16840	10980	65.2
30—49.9	7	8884	3153	35.5
不足30	19	33680	5301	15.7
合计	38	64904	24934	38.4

表4—80中都是抗战期间国家银行投资的企业,其投资平均占企业资本额的38.4%,比重不小。但和战前不同,国家银行投资的绝大多数是公营企业,占资本额50%以上的几乎没有私营企业。不过,有两家大企业是以民营企业面貌出现,略作简介。

雍兴实业公司,1940年成立,资本4000万元,全部由中国银行投资,该行西安分行经理束云章任雍兴总经理。战前,中国银行就接办和控制了几家纱厂。战起后,将郑州豫丰纱厂迁重庆,并在合川建新厂,又迁湖北官布局机器建陕西咸阳纺织厂,都由束云章主持。在这个基础上成立雍兴公司,收买成通纱厂机器建岐县蔡家坡纺织厂,又将原来半手工的业精纺织厂改建成虢镇纺织厂。这样,借中国银行财力,雍兴逐步发展,拥有纺织、机器、面粉、皮革、制药、煤矿、印刷、火柴、运输等约20个生产单位,拥有纱锭10万余枚,占后方纱锭总数的1/3。它所属企业除3个在重庆外,都在陕、甘两省,在西北是仅次于资源委员会的工业垄断资本。这时中国银行是由宋子文主持,雍兴公司也被说成是宋氏企业。②

① 陈真编:《中国近代工业史资料》第三辑,生活·读书·新知三联书店1961年版,第958—962页各表及表中有关企业资料,并本章第三节(四)有关资料。

② 唐润:《解放前的西安中国银行与雍兴公司》,陕西省政协文史资料室藏稿:傅道伸:《我所知道的束云章》,转引自中国人民政治协商会议全国委员会文史资料研究委员会编:《工商经济史料丛刊》第四辑,文史资料出版社1984年版。

中国兴业公司是以钢铁冶炼为中心的重工业组织。它是四川商人建立的华西兴业公司与政府及国家银行合作于 1939 年成立的。它以华西在重庆的华联钢铁厂为基础扩建，有 30 吨炼铁炉 1 座、1—3 吨电炉两座，以及轧钢设备，并投资涪陵铁矿和三才生煤矿。另设机器部制造电机、窑业部制造耐火砖。它创立资本 1200 万元，其中，四川方面占 21.8%，中央方面占 78.2%，见表 4—81。最大股东中央信托局以及中国实业银行和裕华银行、祥记公司(共有股份 385 万元)都是孔祥熙主持的企业。孔氏任中国兴业公司董事长。在这种情况下，中国兴业得到国家银行的大力支持，至 1942 年先后贷款 8 笔共 5620 万元，这年遂调整资本为 6000 万元。调整后，四川方面只占 13.3%，中央方面则占 86.7%。中国兴业公司的财政史反映了国家银行资本的作用。1943 年后方铜铁业不景气，民营厂皆停产，唯中国兴业公司获交通部订货，仍能维持半生产。①

表 4—81　中国兴业公司的资本组成　（单位：万元）

项目	1939 年 7 月	1942 年 3 月
四川方面		
川帮商人和川帮银行	152	466
四川省政府和省市银行	110	330
小计	262(21.8%)	796(13.3%)
中央方面		
经济部系统	161	1083
国家银行系统	742	3900
其他银行和商号	35	221
小计	938(78.2%)	5204(86.7%)
资本总额	1200	6000

① 陈真编：《中国近代工业史资料》第三辑，生活·读书·新知三联书店 1961 年版，第 996—997、1008—1009 页。

四、地方政府经营的企业

原来地方官僚资本之显著者,如东北奉系、广东陈李、山西阎系,都具有军阀割据性质,有独立的币制税制,排斥外来资本。抗战时期后方的情况有所不同。西北方面,陕西已由国民党控制,其余各省贫乏,甚少投资。西南以四川财力最富,但主要是商人资本,1935 年刘湘死后已没有系统的军阀资本,1939 年王缵绪出调后,省政亦由国民党中央控制。最大的省营企业川康兴业公司,论者或称"其目的在使四川实业中央化"①。贵州省营企业不少,但是由吴鼎昌倡办的,没有军阀势力。只有云南仍保持龙云的势力,其省营企业由云南省经济委员会统筹,但就所营工矿企业而言,吸收的中央投资已超过地方资本。

战时地方企业流行组织企业公司或兴业公司的形式,由它投资和统领各企事业单位。它同战前阎系的西北实业公司不同,不是地方独占,而是大量吸收中央机关和国家银行的投资。这种形式始于 1939 年 3 月建立的贵州企业公司,各省效仿,先后成立 14 个,见表 4—82。

贵州企业公司资本 600 万元,1942 年增至 2000 万元。其中贵州省政府投资仅 244 万元,连同省银行等占 17.5%,而 80.9%是中国银行、交通银行、农民银行的投资,另 1.6%是经济部的投资。贵企所属有 28 个企事业单位,以资本额为序:煤矿、电厂、农业机械、化工、火柴、烟草、水泥等工矿投资占 90%左右,余为农林、金融、运输等。这些企业又多是贵企与其他机构合办的,贵企持股占一半左右。1945 年它所属企事业资产总值达 12.6 亿元,其中贵企总公司资产 3.7 亿元。②

其他各省企业公司,情况相仿。但也有的如陕西企业公司,从事商业的资本占 1/3。又如规模最大的川康兴业公司,中央拨款和国家银行投资

① 陈真编:《中国近代工业史资料》第三辑,生活·读书·新知三联书店 1961 年版,第 1301 页。

② 陈真编:《中国近代工业史资料》第三辑,生活·读书·新知三联书店 1961 年版,第 1269—1272 页。

表 4—82　抗战时期地方公营工矿企业资本估计

（单位：法币百万元）

项目		成立年月	资本总额（估价时间）	地方官股	中央官股	民股	附注
四川	川康兴业公司	1942 年 3 月	70（1942 年 3 月）	15	50	5	非工矿部分未能剔除
	其他省营企业		200（1942 年）	50	150		据经济部统计估算
云南	省经济委员会	1934 年	275（1942 年 6 月）	110	165		经委投资 3.5 亿元，企业局投资 2.2 亿元，所列为工矿部分。地方官股按 40%估计
	省企业局	1935 年					
	滇西企业公司	1939 年 9 月	20（1939 年 9 月）	20			资本 5000 万元，内企业局投资 3000 万元，不重计
贵州	贵州企业公司	1939 年 3 月	20（1942 年 5 月）	3.5	16.5		创办时资本 600 万元，非工矿部分甚少
西康	西康企业公司	1942 年	12（1942 年）	6	6		
广西	广西企业公司	1941 年 9 月	100（1942 年 7 月）	69		31	创办时资本 5000 万元
广东	广东企业公司	1941 年 9 月	40（1941 年 9 月）	20		20	
	其他省营企业		11（1942 年）	8.5	2.5		与资委会合办之工厂
福建	福建企业公司	1940 年 7 月	15（1940 年 7 月）	15			1943 年合并制药、贸易公司增资为 5000 万元
安徽	安徽企业公司	1941 年 10 月	10（1941 年 10 月）	6	2	2	

续表

项目		成立年月	资本总额(估价时间)	地方官股	中央官股	民股	附注
浙江	公营企业 33 个		80(1942 年)	50	30		据经济部统计估算
江西	江西兴业公司	1940 年 12 月	30(1940 年 12 月)	13	17		
	重工业理事会	1942 年	20(1942 年)	10	10		与资委会合办企业
湖南	湖南企业公司	1943 年 11 月	60(1942 年)	30	30		按成立时实投 3.6 亿元折成 1942 年币值
湖北	湖北企业公司	1941 年 1 月	50(1941 年 1 月)	30	20		股额分配系估算
陕西	陕西企业公司	1940 年 12 月	20(1940 年 12 月)	20			创办资本 3000 万元,剔除商业 1000 万元
甘肃	甘肃开发公司	1941 年 5 月	10(1941 年 5 月)	3	7		与资委会、军政部筹合办
	其他公营企业		43(1942 年)	23	20		
山西	西北实业公司	1932 年 1 月	10(1942 年)	10			迁陕部分酌估
绥远	绥远企业公司	1941 年	5(1941 年)	5			
	合计		1101	517	526	58	

注:地方官股包括地方政府和省银行的投资;中央官股包括经济部、资委会等政府机构和国家银行的投资。

资料来源:据陈真等:《中国近代工业史资料》第三辑,生活·读书·新知三联书店 1961 年版,所引有关资料及经济部、资源委员会档案有关资料整理。

占总资本的 70%,虽以开发川康资源为目的,但大量资金用于桐油、钢铁、煤炭、羊毛等“垫款购料”,甚至从事囤积和金融投机。各省企业公司中,从事投机活动以及贪污舞弊,遭舆论指责之事,亦不下于国营企业。

企业公司以外的省营企业也大多是与其他机构合办,尤其是与经济部或资源委员会合办的。这些企业以煤矿、电厂、水泥、冶炼以及纺织、食品工业为多。1942 年地方办有公营小冶炼厂 80 余处,其产量与资委会的产量不相上下。这些企业的资本估计亦见表 4—82。

表 4—82 的统计不够完整,资本总额可能偏低,但其中有非工矿资本未能剔除,又会偏高。姑且以表为准,则地方企业中的中央官股反略高于地方官股。但这是统计上受通货膨胀的愚弄。若按估价年月折成战前币值,则地方公营工矿资本不过 3861 万元,其中仍以地方官股为主,占 62. 8%,见表 4—83。战时地方资本日益依赖有通货膨胀能力的中央接济,是以按当年币值中央资本比重增高。

表 4—83　地方公营工矿企业的资本

项目	当年币值		折战前币值①	
	百万元	%	百万元	%
资本总额	1101	100	38. 61	100
内:地方官股	517	46. 96	24. 25	62. 81
中央官股	526	47. 77	12. 53	32. 45
民股	58	5. 27	1. 83	4. 74

五、国家工矿业资本的垄断地位

以上考察了战时国家资本工矿业的发展,估计资本数折战前币值见表 4—84。

① 此处是用重庆批发物价月指数,见中国科学院上海经济研究所、上海社会科学院经济研究所编:《上海解放前后物价资料汇编》,上海人民出版社 1958 年版,第 189—191 页。

表 4—84　国家资本工矿业资本数　(单位:百万元)

项目	战前币值
资源委员会	182.8
交通系统	10.0
经济部系统	16.9
财政、粮食系统	4.0
国家银行系统	132.7
地方资本系统	38.6
合计	385.0

这个总数3.85亿元不包括军事系统的投资,交通、财粮等系统也不够完整;与此同时,它的各项目间,尤其银行投资与其他项目间有重复计算的部分。为评价这一估计,并讨论总工矿业资本中的公营比重,我们引进四组统计,列入表4—85。它们也都不包括军工业投资,而又各有其统计范围。

表 4—85　1937—1945 年抗战时期后方的工业资本　(单位:百万元)

年份	(A)政府财政支出中的工矿建设费		(B)1944年统计502家公营工厂的设立年份及登记资本		
	当年币值	折战前币值	工厂数	当年币值	折战前币值
1936年以前			30	26.6	26.6
1937	175.0(1937—1938)	155.2(1937—1938)	3	0.5	0.4
1938			27	26.4	20.1
1939	121.9	55.4	73	168.4	76.5
1940	96.2	18.8	75	223.4	43.6
1941	225.7	17.4	128	429.2	33.1
1942	501.4	12.9	61	115.9	3.0
1943	552.5	4.4	72	337.6	2.7
1944	1643.2	3.8	16	309.7	0.7
1945	11357.5	6.9			
年份不明	—	—	17	38.3	4.3
合计	14673.4	274.8	502	1676.0	211.0

续表

项目	公营		民营		合计
	实数	%	实数	%	
(C)1942 年统计					
工厂数	656	17.5	3102	82.5	3758
工人数	77217	32.0	164445	68.0	241662
资本额	1349.2	69.6	589.8	30.4	1939.0
(D)1944 年统计					
工厂数	502	9.5	4764	90.5	5266
工人数	105066	29.2	254597	70.8	359663
资本额	1676.0	34.9	3125.3	65.1	4801.3
折战前币值	211.0	40.0	316.1	60.0	527.1

资料来源：

(A)《中华民国统计年鉴》，1948 年；《财政年鉴》，1947 年。

(B)李紫翔：《从战时工业论战后工业的途径》，《中央银行月报》复刊 1946 年第 1 卷第 1 期，原据经济部统计，折战前币值据表 4—64(7)；从该文总数中减除民营部分得出公营；民营部分亦据李紫翔统计，见表 4—91。

(C)经济部统计处：《后方工业概况统计》，1943 年。

(D)李紫翔：《从战时工业论战后工业的途径》，《中央银行月报》复刊 1946 年第 1 卷第 1 期；折战前币值据表 4—64(7)。

表中(A)限于财政拨款，共 2.748 亿元。若将我们估计的 3.85 亿元减除银行系统的投资，则与之相近。(B)限于工厂，不包括矿业。参照资源委员会情况，设矿业投资为工业投资的 30%，则工矿业资本共 2.743 亿元，与(A)相仿(均指战前币值)。总的来看，这个数据都偏低。

(C)和(D)都不包括矿业，它们各提供了一个公营企业在后方工业资本总额中的比重，即 1942 年的 69.6%和 1944 年的 34.9%，这也是前人研究中常用的比重。两者同出经济部统计，如此悬殊，令人惊异。其实，这主要是受通货膨胀的愚弄。从表中(D)可见，如果不是按当年币值，而是按战前币值计，则 1944 年的公营资本比重就不是 34.9%，而是 40%了。1942 年的(C)统计，我们未见原始资料，不能逐年折算战前币值。但是，从(B)中可以计算出截至 1942 年的公营工业资本额，连同设立年份不明的(不明的均在早期),折战前币值共为 2.076 亿元。同样方法,也可计算出截至 1942 年的民营工业资本额,为 3.05 亿元(见表 4—91)。这样,按战前币值计,1942 年公营比重就不是 69.9%,而是 40.5%了。

由此可见,1942 年的公营资本比重比 1944 年高。高多少还不能肯定,因为我们没有 1942 年调查折战前币值的数据。若就当年币值对比,即(C)比(D),则 1942 年、1944 年两年间公营工业资本增加 24%,而民营工业资本增加了 4.3 倍。这两年正是后方工业不景气、民营工业步入困境的时候,何以会投资猛增数倍?原来,在通货严重膨胀的时候,民营企业为避免“虚盈实税”,常要申报增资,即将原资本升值若干倍,实际并无或甚少新资本投入,有的并报改组,重新登记开业。而公营工业基本没有虚盈实税问题,也就缓办或不办资本增值。这至少是比重变化的重要原因之一。

这样看来,表中(D)统计的民营资本大体是足值的资本了,折战前币值为 2.983 亿元。民营矿业的投资较少,按工业投资 20%计,工矿业资本共 3.58 亿元。至于公营资本,似仍以用我们原先估计的 3.85 亿元为好。因为银行系统的投资在战时是很突出的,而其他统计都未计入;再有,工矿调整处等投入民营企业的公款,其他统计也无法计入。这样,公营 3.85 亿元,民营 3.58 亿元,相差无几,其比重是公营占 52%,民营占 48%。

即或如此,国家资本仍是居于垄断地位的。第一,国家资本是集中的。按(D)统计,公营平均每厂 209 人,资本折战前币值 37.6 万元;民营平均每厂只有 53 人,资本折战前币值 6.3 万元。第二,国家资本掌握了基要部门。按(C)统计,它们集中在冶炼、电力、电器、机器、化学等部门,而民营厂仅在五金、木材、食品、文具印刷、杂工业中占优势。一向民营的纺织工业这时已是公私平分了。煤矿是民营为主,金属矿和石油则是国家独占。第三,迄今我们考察的只是企业的设立资本,不是它们的实际使用的资本,即资产或净值。这个问题第六章再去讨论。公营企业资本较大,可以独立经营,抗战前期颇有利润,用于扩大积累。民营企业殆多资本不足,靠借款和商欠维持,利润也多用于开办新企业,甚少积累。所以,尽管民营资本总额与公营相仿,实际资本的力量是不能与公营比拟的。

国家资本的垄断地位不能只从资本上来观察，还有权益、设备、技术等各方面，而其生产实绩是一个明显标志。关于工业生产的发展我们将在下一节考察，该节表 4—93 提供了 17 种主要产品中公营生产所占比重，并按 1933 年不变价格计算这些产品的总产值，其中公营所占比重见表 4—86。

表 4—86　1938—1945 年按 1933 年不变价格计算的 17 种主要产品总产值中公营占比

（单位：%）

年份	占比	年份	占比
1938	21.2	1942	43.3
1939	23.5	1943	49.5
1940	27.7	1944	53.7
1941	35.9	1945	51.6

由表 4—86 可见，公营产值不断增长，到 1944 年已超过民营。从表 4—93 还可见，一些原来没有公营企业生产的项目，公营也逐渐占到相当比重。原来民营资本的命脉棉纺织业，也被国家资本侵占了 60%的市场。当然，还有一些没有公营生产的行业没有列入表内，该表所计并不是全部工矿业总产值。不过，公营在主要行业上的优势，也就是对整个生产的垄断了。

六、后方交通运输业的发展①

抗战前，近代化的交通运输业就已经基本掌握在国家资本手中。抗战时期，国民政府大力发展交通运输业，其国库支出较工矿投资大 8 倍，建设速度空前，成绩显著。这固然是迫于战时的需要，也得力于中国人力资源的丰富，千万员工奋战于荒山僻野，可歌可泣。惜军事不利，不少建设失掉实际效果。现先将各项指标列入表 4—87，再分项简介。

① 本目所用资料，除另有注明者外，均据交通部：《十五年来之交通概况》，1946 年；龚学遂：《中国战时交通史》，商务印书馆 1947 年版；不再一一注明。

表 4—87　1937—1945 年抗战后方交通运输业的发展

项目	1937 年	1938 年	1939 年	1940 年	1941 年	1942 年	1943 年	1944 年	1945 年
交通建设费									
当年币值(百万元)	63.3	58.3	151.5	371.1	558.8	1544.5	3162.3	14341.4	109939.2
折战前币值(百万元)	61.5	44.5	68.9	72.3	43.1	39.6	25.2	33.2	67.4
铁路									
营业里程(千米)	3921	3051	1941	2221	2473	2174	2992	1625	
公路									
新修公路(千米)	1594	978	2583	949	2616	755	1571	1419	1871
改善公路(千米)	826	5584	9802	9313	11883	15347	16666	20292	18533
汽车登记(辆)	68917	36784	22778	16429	21636	30440	31833	32484	38199
国营货运(万吨/千米)	3146	2857	2272	2194	18921	18917	15364	14669	17362
国营客运(万人/千米)	108052	24777	19750	15917	7444	7102	17972	19694	31308
轮船									
轮船吨位(吨)	118484	87453	68794	58912	46540	62376	37303	73299	
货运(万吨)	2287	762	127	95	80	62	156	216	
客运(万人)	1634	871	168	204	331	493	881	1008	
民航									
飞机(架)	29	27	22	24	17	17	32	36	68
货运(万吨/千米)	34	21	50	85	178	393	1619	2395	2573
客运(万人/千米)	1723	1008	2136	2122	2212	2721	3237	3738	5564

续表

项目	1937年	1938年	1939年	1940年	1941年	1942年	1943年	1944年	1945年
邮政									
邮路(千米)	598787	560745	557520	584161	597639	597790	422165	377764	580960
邮政局所(个)	74587	68654	69458	69906	70999	71293	30051	26824	60973
国内函件(万件)	76878	54185	61369	86716	87012	86826	73542	66408	59198
邮政职工(人)	28596	27833	31120	36439	40988	41041	27702	27708	40018
电信									
电信局所(个)	928	941	971	1135	1167	1234	1347	1279	1329
电报(万字)	26121	25308	27541	30986	40999	39614	37406	35053	40278
长途电话(万次)	250	200	240	273	243	402	534	548	600
电信职工(人)	17762	20000	23000	25941	30105	32502	31601	30444	49000

注:交通建设费:指国库拨款,据交通部统计,1937—1945年共1301.904亿元;折战前币值据表4—64(7),共4.557亿元。又据财政部统计,1937年7月—1945年共1306.439亿元,折战前币值5.236亿元。

公路:汽车登记不包括军用车。客货运量限国营公路运输机构营业车运量,其中1937—1939年为估计数;又客运量中1943年、1944年包括重庆郊区公共汽车运量,其他年不包括。

轮船:吨位不包括外国轮船。

民航:只包括中国航空公司、欧亚(中央)航空公司两家。客货运量中1937—1939年为估计数。

邮政:1943年、1944两年为后方统计,其他年份均包括沦陷区,但不包括东北。

电信:1937—1939年为估计数。

资料来源:交通部:《十五年来之交通概况》,1946年;《中华民国统计年鉴》,1948年;交通部:《公路统计年报》,1944年、1945年合订本;《交通部统计年报》,1946年;《中国邮政统计汇辑》,1955年台北版。

由表4—87可见,战时政府投资交通建设款共1302亿元,折战前币值4.56亿元。其用途,折战前币值计:铁路为51.2%,公路为40.1%,电信为6.5%,水运为1.3%,航空为0.4%,邮政为0.3%,另购料为0.2%。此系交通部门统计。依财政部岁出统计,共支交通建设费1306亿元,略同;唯支出分年有异,故折战前币值达5.24亿元。① 似应以交通部实收年份为准。

(一)铁路

抗战军兴至1938年10月,中国铁路员工以平均每天1千米的速度完成湘桂铁路的衡阳至桂林段;同时修筑了湘黔铁路的株洲至兰田段,并完成战前已开始的陇海铁路西安至宝鸡段工程,共新筑铁路708千米。此外,还修筑了安徽宣城的孙家埠至歙县一段和杭甬铁路的杭州至曹娥一段,共长314千米,惜不久即沦陷或自行拆除。

1938年10月武汉、广州沦陷,中国已共丧失铁路8810千米(不计东北),后方旧路仅存滇越路(法资)、浙赣路、粤汉路株洲至曲江段、陇海路洛阳以西段,共2609千米。新修的湘黔铁路因敌扰株洲停工。湘桂路则于1939年年底完成桂林至柳州段,再南进时,因敌陷南宁而中止,改筑黔贵铁路。黔桂铁路于1939年开工,由柳州通往贵阳,环境险恶,均系利用拆旧路器材,1944年才修至贵州都匀,计398千米。而这年爆发黔桂战役,全路沦入敌手。1938年11月开始修筑叙昆路,即由昆明通四川宜宾,因法国不能供料,拆除滇越路南段铺轨,至1942年仅完成昆明至沾益(曲靖)174千米,因材料不足停工。西北方面,1939年开筑宝(鸡)天(水)铁路,长154千米,蜿蜒于崇山峻岭,隧道长达22千米,1945年年底才完成通车。此外,还在矿区修建了铁路支线多处,总长亦数百千米。

第三节中已略述战争开始后国际交通的困境。国民党当局原寄望于欧美援助以制敌,自始十分注意国际交通线。湘桂铁路之进展最快,即因

① 主计部统计局:《中华民国统计年鉴》,中国文化事业公司1948年版;《财政年鉴》,1947年。折战前币值据表4—64(7)。

与法政府达成协议，拟通镇南关与法属越南铁路接轨。1938 年 4 月国民党全国代表大会讨论《非常时期经济方案》时，即把战时交通重点放在国际线上。① 1939 年 9 月欧战爆发，旋法政府投降希特勒，湘桂铁路的出海计划连同叙昆铁路、成渝铁路的法国借款俱成泡影，乃致全力于滇缅铁路的建设。滇缅铁路系于 1938 年 11 月开工，由昆明至缅甸腊戍，长 885 千米，需工 20 万个。所用器材原靠滇越铁路内运，1940 年 6 月，法国维琪政府应日本要求封闭滇越铁路，只好改从缅甸用滇缅公路运入。实际上筑铁路耗资费时，反不如公路之得宜。1942 年年初日寇陷缅甸，所有工程全部报废。

据《十五年来之交通概况》所记，战时铁路建设情况见表 4—88。

表 4—88 抗战时期的铁路建设 （单位：千米）

项目	修筑	沦陷或拆除	应存
武汉撤退前	1022	314	708
武汉撤退后	1187	846	341
合计	2209	1160	1049

中国铁路原无确切统计。交通部另一统计，战时共修筑干线 2326 千米。② 又依第二章表 2—29，则 1937—1944 年共筑 2427 千米。总之，战时政府在铁路上花费最多，而修筑之路大半沦敌或拆除。当然，铁路在战时军民运输上亦不少贡献。战时车辆内调，故机车和客货车并不少，连同客货运量，已详见表 2—30。唯车辆损坏殊甚，不能补充。营运状况，从比较稳定的 1940—1943 年看，后方铁路营业里程平均为 2465 千米，为战前 1935 年 8983 千米的 27. 4%。这 4 年的平均货运量仅为 1935 年的 7. 8%，而平均客运量为 1935 年的 37. 8%。战时铁路以客运包括军队运输为主。

（二）公路

国民政府在 1937—1945 年修建公路 14331 千米，改善公路 108246 千

① 《交通建设》季刊创刊号，1941 年元旦，第 332 页。

② 交通部档案 20、2、324，《抗战前后交通概况主要统计资料》。

米(见表4—87),超过战前全国公路里程的13.3%,形成西南、西北两大公路网,对战时运输发挥了重大作用。公路是由中央拨款和提供技术,由各省募集民工修建,故见效甚快。

西南公路网以昆明至畹町的滇缅公路为国际干线,该路长959千米,战前已有一段土路,战后动员15万民工,于1938年完成。连接滇缅公路,建有3条主干线。一为由昆明经贵阳至重庆的昆渝线。此路以贵阳为中心,可东通长沙,南达柳州,为战时最繁忙的公路线。二为由昆明经曲靖至泸州的川滇东路。此路虽短,但物资达泸州后可顺水下重庆,兵工器材、油料等多取道此路。三为由滇缅路的祥云附近转北经西昌至乐山的川滇西路,长达1073千米。并与修自乐山至西康康定和由内江至湖南沅陵的横贯公路相衔接。此外,在湖南筑衡阳至宝庆和洞口至榆林湾的公路以通广西,在广西筑贺县至连县的公路以通广东。

西北方面,战前已建成西(安)兰(州)公路和西(安)汉(中)公路。抗战后,分段赶筑兰州经新疆北部与苏联铁路衔接的西北公路,长达3400千米,接运苏联援华物资。同时,修建了甘肃天水至陕西凤县(双石铺)的公路,使西兰公路接通四川;修建了汉中至湖北边界白河的公路,汉中成为交通中心。1942年3月滇缅公路断绝后,公路建设中心转到西北,修建了康青、青藏、南疆3条公路。康青路自康定至青海歇武,长792千米,穿越折多、海子等高山,给养须远从雅安补给,环境艰险,于1944年10月通车。青藏公路自青海西宁至歇武对河的玉树(实际尚未入藏境),长797千米,穿越青海草原,平均海拔4000米以上,气候高寒,施工条件更为险峻,于1944年9月完成。南疆公路自甘肃敦煌至新疆若羌,长739千米,道经荒漠,人烟稀少,至1946年1月才全部完工。

滇缅公路断绝后,国际交通仅靠昆明至印度的空中航线,运量有限。美国租借法案运华的物资积压在印度,乃由中美合作修建中印公路。该路自云南保山经缅甸密支那达印度阿萨姆邦的雷多,长2300余千米。中国负责保山经腾冲至密支那一段,高山密林,气候恶劣,中缅人民共同努力,于1945年4月完工。密支那至印度雷多段由美国负责修建,同年1月完工。此路又称史迪威公路。同时修建与公路平行的中印输油管道,于同年2月完成。此项工程是在原始森林和瘴疠为患的条件下短期内完成的，当时曾轰动世界。[①] 其目的在于运输美军用物资，因对日战场已转移，实际并未发挥作用。

战时公路是仓促建成，路面差而环境恶劣，加以车辆不足，损毁严重。但其战时运输的效益仍远大于铁路。表4—87所列汽车系登记数字，军用车不包括在内；而所列运量仅是国营营业车运量，更不全面。1944年，国营营业车4498辆，仅占登记汽车数的13.8%，又私营营业车2823辆，占8.6%，而机关、企业自用车占77.6%。故实际运量约比表中所示大7倍，实为后方最主要的运输力量。

（三）驿道

后方道路崎岖，现代化交通设备不足，利用传统人畜力运力十分必要。交通部于1938年设驮运管理所，陆续开辟驿运路线，1940年9月改为驿运管理总处，各省亦设管理处。总处辖有川黔、川滇、川陕、甘新、新疆5条干线，长6689千米，其中陆路占87%，水运占13%。驿运并用于国际运输。新苏线，自新疆猩猩峡至苏联霍尔果斯，长2103千米。叶列线，自新疆叶城至印度列城（今克什米尔的巴基斯坦控区），分两路，东路长1005千米，西路1160千米。康藏印线，自康定经拉萨至印度葛伦堡（锡金南界属印境），长2510千米。各省的驿运管理处负责支线运输，川、滇等12省辟有主要支线21319千米，其中陆路占55%，水陆占45%。

1940—1944年，政府的驿运机构共承运货物136万吨，运量1.96亿吨千米[②]，相当于同期国营汽车营业运量的28%。同期，政府拨付驿运建设费1.8亿元，仅及公路拨款的1.9%。除国营机构以外，私营利用驿运运输量更大。1940—1943年共运军、公、盐、粮534万余吨，运量6.44亿吨千米[③]，相当于同期国营汽车营业运量的1.16倍。驿运不仅是战时后方所必需，也为在不发达经济条件下如何利用传统经济力量提供了经验。

① 夏光南编著：《中印缅道交通史》，中华书局1948年版，第140—142页。
② 交通部公路总局统计室编：《公路统计年报》，1944年、1945年合订本。
③ 交通部驿运总管理处编：《全国驿运概况》，1944年版，第28页。

(四)水运

战前轮船运输操诸外商,本国轮船50万—60万吨,主要是民营,国营招商局及地方航政机构轮船不过占15%左右。抗战开始,政府统制轮船运输,征调87只、11.7万吨沉于长江,意欲阻敌舰进攻而无实效。另有大量轮船被敌炸毁或自沉,或改换西方国籍。武汉沦陷后,中国轮船吨位仅及战前15%,招商局亦仅余3万吨,见表4—87。

招商局等较大轮船不适川江航行。抗战初期,交通部即设川江、西江两造船厂,先后造200吨左右浅水轮船20余只,约4000吨;造6—60吨木船2671只,42914吨。又贷款给各省船户,先后建造木船1400余只,17000余吨。[①] 木船在战时水运中发挥巨大作用,1941—1942年木帆船航线近4万千米,为轮船通航里程的3倍多;由船政机关登记和管制的木帆船有36万吨,其运力是轮船的5—7倍,在其他年份也都在轮船的3—4倍。[②] 不在管制的小木船和农业用船更多。

抗战期间,交通部疏浚整治水道,颇具成效。初期着重改进湖南、广西、广东间的水道,广西桂林至龙州间700里,已可通行小火轮。最重要的工程是沅江、嘉陵江以及四川境内水道的整治。沅江为湖南贵州间唯一水道,由常德开行的轮船仅达桃源,整治后,可抵沅陵,后延至辰溪,唯中游以上仍行木船。嘉陵江为川陕间要道,上下游同时整治。整治后,重型木船可上驶至陕西阳平关(原仅能到四川广元);下游除枯水季节外,轮船可由重庆直驶南充(原仅能到合川)。四川境内水道整治綦江、涪江,包括筑坝,建闸,行驶重型木船。又整治金沙江,即长江上游,宜宾至屏山段已可驶轮船。交通部又设绞滩管理委员会,在川江、嘉陵江、沅江设绞滩站56处,1944年裁撤为38处。用半机械式绞机,最大站可绞运4000吨级轮船,一般能绞500吨上下。借绞滩之力,大型轮船已可驶入宜昌以上的川江。

---

① 参见王洸编著:《中华水运史》,台湾商务印书馆1982年版,第263—268页。

② 交通部档案20、2、289,《交通统计概况》,1943年;《交通统计年报》,1946年。

（五）空运

抗战后，西南航空公司航线尽陷敌，停航。中德合资的欧亚航空公司总部迁昆明，飞香港线、西安线及兰州线。欧战爆发后德方停供器材，仅维持西北航线。1941 年 8 月中德断交，该公司改为国营中央航空公司，由政府改造几架旧轰炸机交公司维持飞行。

1938 年 12 月成立中苏航空公司，基地在迪化，苏联提供飞机器材，经营自哈密经迪化至苏境阿拉木图线。唯不及 1 年，德苏战争爆发，公司停业。

中美合资的中国航空公司，战争爆发后基地迁重庆、昆明，经营飞往中国香港、缅甸腊戍和仰光、印度加尔各答等国际航线和国内各大城市的航线。太平洋战争爆发后，中印航空线成为唯一的国际航线。中美英三方合作，以印度丁江为中转站，辟丁江飞昆明、宜宾、泸县的航线，并在加尔各答设机组基地，即所谓驼峰航空线。由美国租借法案供给中国航空公司部分飞机和机件、燃料，月运量 1000 余吨，最高曾达 2400 吨，3 年多共运物资 4.4 万吨。同时，美国航空大队在此线空运驻华美军所需物资，月运量最高达 4000 吨。运量高时已超过滇缅公路。

战时民航的客运量和货运量都是不断增长的，见表 4—87。

（六）邮电

战时邮电事业有很大发展，亦见表 4—87。

表内邮政统计与其他项不同。因在 1942 年以前，后方与沦陷区之间始终保持通邮，故表内数字包括沦陷区。大约战事初起时，邮路里程减少 1/3，邮政局所有 1/4 停闭。旋在各战区重组邮政机构，并在后方扩展邮政业务网，至 1942 年年底，新设邮政局所 1.64 万个，新辟邮路 20 万千米。[①] 故这时邮政里程和国内函件数均较战前增 2%左右（战前 1936 年为 584816 千米，852636 件），实则沦陷区是减少的，后方则大增。1943 年

① 交通部档案 20、2、289，《抗战前后交通统计概况》。

起,海路既断,新辟的浙东、湘北和湖北与沦陷区的通邮路线也逐渐断绝,故从表4—87中可见邮路和业务都大减。但就后方说,是增长的,与战前全国数量相去不远,邮政员工亦相若。后方邮政的发展,也反映了战时教育中心的内移和共产党领导的抗战文化的高涨,与沦陷区的衰落形成对比。

电信方面,战前有电报线路约9.3万千米,电信局所1272个,战时损失近半;电话因在城市,损失95%以上。战时后方电信业务剧增,增架电报线路4.5万余千米、长途电话线路4万余千米,并先后完成贵阳—桂林、桂林—衡阳、衡阳—长安3条载波线路,始用载波机,电信业务量超过战前。原设上海的国际无线电台逐步内移至成都,又移重庆。湘桂战役后,东南各省靠无线电报联络,后方电台由70余座增至170余座,无线电机较战前倍增。凡此都未计军用专线。

(七)财务经营

战时政府对运价实行管制,邮电资费1940年以后才开始调整,在通货膨胀下,上升速度远远低于一般物价。用指数比较,简况见表4—89。

表4—89 物价和运费、资费指数① (1937年1—6月=100)

项目	1938年	1940年	1942年	1945年
后方批发物价	131	513	3900	163160
铁路货运价	116	240	1322	42267
公路货运价	108	308	1949	25867
轮船货运价	165	516	2262	24614
航空货运价	113	253	1857	22819
国内函件资费*		160	1000	4000
国内电报资费*		180	600	20000
长途电话资费*		100	400	26250

注:*以战前资费为100,按各年调整后数计算,唯国内函件1945年指数系按该年10月调整前计算。

① 物价指数见表4—64(7);余据交通部:《十五年来之交通概况》,1964年。

表4—89中轮船业因以私营为主,1940年以前运价上升与物价持平,此后政府改行补贴政策,运价亦远低于物价。其余项目,大多是公营。战时后方不仅物料难得,需用人力亦多,故各业经营上,除抗战初期铁路、公路略见账面盈余外,无不亏损累累,依靠政府补贴和国家银行贷款维持。邮政历年亏损总额达85亿元,政府补贴31.6亿元;电信历年亏损62亿元,政府补贴54亿元。1945年上半年,补贴公路运输100余亿元。而通货膨胀下的银行贷款,亦无异于一种补贴。

战时后方交通,无论在基建还是经营上,都依靠劳动人民的努力。这不仅因为战时工价上升速度低于物价,交通部门得以降低成本,还更益力于劳动人民的爱国热情。后方工程建设少有机械,主要靠人力。如湘桂铁路千余千米的路基,全由民工挑土筑成;宝天铁路20余千米的隧道,全赖工人腕力凿通。滇缅公路穿越怒江、澜沧江、漾濞江3条大河,经原始森林和荒僻地带,15万民工奋战1年。类此建设征用民工,半属无偿劳动。交通部门职工除邮电已见表4—87外,余无系统统计。唯1942年调查交通各部门总数为19.3万余人,其中铁路部门近6万人,公路部门约5万人。[①] 此外,1940年仅西南5省注册的驿运力夫即有10.5万人[②],1941年登记木船36万吨,船工亦需数万人。广大交通职工对抗战作出伟大贡献,也作出很大牺牲。据统计,交通职工战时伤亡5864人,其中死亡4207人。

第五节　抗战后方民族资本主义经济的发展

战时后方的民族资本主义工业有蓬勃发展,并在产业结构、生产力布局上有所改进,对抗战和民生作出重大贡献。但其繁盛主要是一些临时

① 《交通部统计年报》,1946年。
② 黄弘:《略论战时西南交通建设》,1985年论文,重庆市档案馆藏。

性条件所促成,在国家垄断资本的扩张下不久即趋衰落。有关后方的经济环境、国民党与政府的经济政策和国家垄断资本的发展已见前节。本节将结合后方整个工业(包括矿业)的发展来考察民营工业的兴衰,并考察一些主要民营行业、资本主义手工业、民营航运业以及商业和银行业概况。项目既多,限于篇幅,只好力求简要。

一、民营工厂的内迁①

战时约有600家民营工厂历经艰辛,迁往后方。这是中国工业史上一次壮举。

迁厂之议出自资源委员会。资委会负责重工业生产,而当时它自有生产力还很小,故首先注意到上海的机器工业,意欲将2000台工作母机及炼钢、化工、轮胎等设备迁往内地,组织生产。1937年7月28日派林继庸等到上海,与上海机器及五金业公会商拟计划,经报8月10日南京政府行政院院会通过,由资委会拨款56万元补助搬迁。次年2月,资委会改隶经济部,内迁事改由经济部工矿调整处主办,并前后均由林继庸主持。

上海迁厂开始时,日寇已发动八一三事变。上海工业界多数人还意存侥幸,以为战事可不久结束,如一·二八事变。一些大厂或与洋行洽商挂英、美、德商旗号,或迁往租界以求庇护,个别与日本人勾结者亦有之。但在抗日烽火中也涌现不少爱国人士,愿迁厂内地,持久抗战。如颜耀秋、胡厥文、支秉渊、吴蕴初等,为迁厂事克尽辛劳,成为领袖人物。当时敌机肆虐,职工冒险拆迁,时有伤亡;而交通供军用,民厂器材主要靠木船运至镇江,再装轮船去武汉,损毁不少。至11月12日上海撤守,共迁出146家,技工2500人,器材安抵武汉者1.46万余吨。其中有顺昌、上海、新民等机器厂66家,三北等造船厂4家,天原等化工厂19家,以及大鑫

① 除另有注明外,本目资料主要据林继庸:《民营厂矿内迁纪略》,1942年版;齐植璐:《抗战时期工厂内迁与官僚资本的掠夺》,转引自中国人民政治协商会议全国委员会文史资料研究委员会编:《工商经济史料丛刊》第二辑,文史资料出版社1983年版。

钢铁厂、龙章造纸厂等，而棉纺、面粉的巨型厂无一家迁出。

上海既陷，工矿调整处再拨款20万元，协助苏州无锡一带民厂内迁。厂家意在观望，江苏省主席陈果夫提出对无力自迁者“由政府按其设备实值予以收购，统筹迁运”①之议，益增厂家顾虑。结果只有无锡公益铁工厂和常州大成纱厂部分设备迁出。杭州有5家机器厂内迁。南京永利硫酸铔厂因赶制军需，仅迁出小部设备。华北方面，仅郑州豫丰纱厂、青岛华新纱厂、济南陆大铁工厂、太原西北制造厂等自行迁出。待林继庸再赴广州办迁厂，则“徒费商谈，未得结果”。

迁聚武汉的工厂，到1938年1月已有64家临时复工，主要承制军需订货。至6月，武汉垂危，乃有第二次大迁徙。这次迁移包括外埠迁来武汉的工厂约170家和武汉本地工厂约150家，其中如周恒顺铁工厂，申新四、裕华、震寰等纱厂，福新五面粉厂等均经迁出。大部迁四川，部分迁湖南、广西、陕西。其中宜昌至重庆水运，轮船大多军用，靠由上游调集木船300余只接济，而沿途封锁线、检查哨林立，常有截船甚至抢货之事；敌机轰炸，船只沉没，人员伤亡，俱不鲜见。

据经济部统计，至1938年年底共迁出304厂，1939年再迁出114厂，至1940年才安置就绪，其情况见表4—90。

表4—90　1940年抗战时期民营工厂的内迁

最后迁往地	四川	湖南	广西	陕西	其他省区	合计	内迁工厂数(B)	内迁技工数(B)
内迁工厂数(A)	250	121	25	42	14	452		
冶炼	1	—	—	—	—	1	1	360
机械	103	50	14	8	6	181	181	5986
电器	18	6	1	—	—	25	29	744
化学	40	9	2	3	6	60	56	1408
纺织	28	53	3	19	—	103	97	1688
饮食品	10	1	1	8	1	21	22	580

① 《江苏省政府建议军委会第四部强迫各厂内迁代电》，见刘方建：《抗日战争时期国民政府的工矿业战略措施》，西南财经大学经济研究所1986年论文。

续表

最后迁往地	四川	湖南	广西	陕西	其他省区	合计	内迁工厂数(B)	内迁技工数(B)
文教用品	32	1	3	—	1	37	37	635
杂项工业	14	—	1	3	—	18	17	404
矿业	4	1	—	1	—	6	8	377
内迁器材吨数(A)	90000	10000	4000	15000	1000	120000		
内迁工厂数(B)	254	121	23	27	23	448		
内迁技工数(B)	8105	2777	532	432	318	12164		

资料来源:

(A)林继庸:《民营厂矿内迁纪略》,1942年版,附表。系1940年6月统计。器材数据文内所述,湖南、广西为推算数。

(B)经济部:《经济统计月报》1947年第4期。系1940年年底统计。原表技工数分业相加为12182人,与分地区相加数不一致。

表4—90的(A)、(B)两统计不尽相符,但都只包括工矿调整处补助或协助内迁的厂,不包括自行迁移者。全部内迁厂约有600家,政府补助者占2/3强。[①] 又表4—90所列为内迁之民营厂,但如招商局造船厂、湖北官布局、泰安纱厂(属军政部)等亦统计在内;不过国营大厂的内迁系另行办理,不在此数。[②] 又内运器材吨位包括工矿调整处收购之器材。

内迁的工厂数量不多,但对于工业基础极为贫乏的后方来说,这10余万吨的新式器材和万余名的熟练技工,立即成为发展工业的骨干力量。这些厂的资方和技术、经理人员,大多有专门学识和经验,又具有爱国热忱,迁厂后能迅速复工,努力生产。如余名钰创办的大鑫钢铁厂,迁重庆后与卢作孚合作,改名渝鑫,成为后方最大的民营钢铁厂。范旭东、侯德榜组织入川的工程技术和管理人员不下200人,在四川建立化工和科研基地,实验完成举世闻名的侯式制碱法。胡厥文迁新民、合作机器厂于重庆,复设厂于湖南、广西。颜耀秋任迁川工厂联合会主任5年,胡厥文继

---

① 经济部统计处:《后方工业概况统计》(二),1943年。

② 抗战前期,资源委员会派员拆迁山东中兴、安徽淮南及大通、河南中福及六河沟、河北怡立、江西萍乡及高坑等煤矿的设备;拆迁湖北汉阳、大冶、扬子和河南六河沟的钢铁冶炼设备;协助拆迁首都电厂、戚墅堰及其他一些地方的电厂。这其中,也有民股乃至民矿。军工和交通部所属厂则由军政部和交通部拆迁。

之,都为排除障碍,发展后方生产不遗余力。支秉渊以拓荒者精神,将湘南小县祁阳建成煤、铁、钢、电、机器制造的新工业区。沈鸿别具慧眼,将利用五金厂器材运往延安,加入陕甘宁边区机器厂,为抗战作出重要贡献。

1944 年春日寇发动湘桂战役,重庆政府守军溃败。工矿调整处通知湘、桂工厂紧急迁贵州。这次迁徙事起仓促,只能半走半弃,迁出器材不过万余吨,到金诚江只剩 5000 吨,到独山只剩 775 吨,到贵阳者只 720 吨。1945 年春少数厂迁到重庆,亦已无力复工了。

二、后方民营工业的发展

(一)投资概况

战时后方基本上解除了洋货和外商厂的压力,各地资本、技术力量也向后方集中,同时人口增加,军需民用,市场上需求甚大,故民营工业得以蓬勃发展。现将迄 1944 年的有关统计列入表 4—91。[①] 表列为合于工厂法的工厂,唯战时修改工厂法,凡有工人 30 人以上,或使用动力,或资本在 1 万元以上者均作工厂登记,故小型厂以至一些工场手工业亦包括在内。

表 4—91　抗战后方的民营工业

年份＼项目	厂数	资本额(百万元)	折战前币值(百万元)	平均每厂资本(万元)
(A)按设立年份分类				
1936 年以前	270	91.3	91.3	33.8
1937	60	21.9	21.3	35.5
1938	182	91.4	69.7	38.3
1939	346	118.2	53.7	15.5
1940	496	155.6	30.3	6.1

① 经济部 1942 年和 1944 年两统计相差很大,已见表 4—85(C)、(D)。1942 年统计中民营厂有 134 家缺资本额,305 家缺工人数。1944 年统计系李紫翔(时任职经济部统计处)重加计算者,较为完整,故取用。

续表

年份＼项目	厂数	资本额 (百万元)	折战前币值 (百万元)	平均每厂资本 (万元)
1941	738	280.8	21.7	2.9
1942	1077	331.7	8.5	0.8
1943	977	1149.3	9.2	0.9
1944	533	809.8	1.9	0.4
年份不明	85	75.3	8.4	9.9
合计	4764	3125.3	316.1*	
(B)按设厂地区分类				
重庆	1461	819.4	101.0	0.7
四川	813	858.6	93.7	11.5
贵州	183	100.1	6.0	3.3
云南	142	246.6	21.5	15.5
广西	343	202.2	12.7	3.7
湖南	870	415.4	23.7	2.7
陕西	325	217.6	28.7	8.8
其他	627	265.4	28.8	4.6
合计	4764	3125.3	316.1	6.6
(C)按经营行业分类				
冶炼	136	136.2	18.1	13.3
机器	965	418.7	32.4	3.4
五金	326	110.1	11.9	3.7
电器	104	100.3	16.3	15.7
化学	1353	1112.7	110.8	8.2
纺织	880	560.1	58.9	6.7
服饰品	173	61.9	5.2	3.0
饮食品	588	427.4	31.1	5.3
印刷文具	144	79.9	16.2	11.3
杂项工业	95	118.0	15.2	16
合计	4764	3125.3	316.1	6.6

注:* 因进位关系与分年数之和有 0.1 差额。

资料来源及说明:李紫翔:《大后方的民营工业》,《经济周报》1946 年第 2 卷第 7 期。原据经济部统计。唯折战前币值栏未用原文折算数,而系据表 4—64(7)指数另算,以与表 4—85 公营资本比较。又表(A)中原资料各年数相加与合计数差 1 厂、1 万元,经在“年份不明”栏中调整。

表4—91(A)是1944年现存工厂的开设年份,不是历年开设数;如1944年歇业、改组、撤销、转让者即有326家,不在表内。但这对总投资额影响不是太大。从折战前币值栏仍可看出,投资最多是在1938年、1939年,其中又主要是内迁工厂申报复工者。① 以后设厂数大增,资本则有限,设厂规模日益小型化,1942年以后开设的厂,平均资本已不到战前币值1万元了。1944年,后方工厂雇工不到30人的占41.5%,不到50人的占59.3%,500人以上的只占2.8%。②

后方情况同我们在第二章表2—37所做战前的分析相比,见表4—92。

表4—92 战时后方与战前全国民营工业比较

项目＼时期	战前全国	战时后方	
	1928—1934年	1937—1939年	1940—1944年
平均每年设厂数	151	196	764
平均每年投资额(万元)	4789	4826	1431
平均每厂资本额(万元)	31.6	24.6	1.9

注:均用战前币值。战前1932年以后不包括东北。

从上可见,抗战前3年,后方民营工业的投资确是不少的,超过战前全国的平均额,以后就不行了。至于设厂规模的小型化,在本章第二节沦陷区的经济中已有讨论。在沦陷区,小型厂发达的一个重要原因是逃避敌伪的统治,在后方则不完全是这样。后方加强原料、产品的统治主要在1942年以后;这以前,主要是适应战局不稳、器材缺乏、需求变动等战时环境。后方许多工业几乎是从无到有,创办之际,小型厂有它的优越性。它可以充分利用现有人力物力,迅速投产,适应条件,随时调整,不可完全以分散落后视之。

表4—91(B)中可以看出,后方民营投资的60%以上是集中在重庆和四川,后者又主要是在川中、川东、广元一带。但是,战时工业生产力的重

① 内迁厂至1938年年底复工81家,1939年年底复工274家,1940年年底复工308家。见经济部:《经济统计月报》1947年第4期。

② 宫韵史:《1937—1945年国民党统治区工人阶级的状况》,《历史研究》1960年第3期。

新配置不容忽视;它完全改变了过去以口岸和外国租界为基地的布局,具有独立发展的意义。实际上,在昆明、桂林、衡阳、宝鸡、兰州也都形成了新的工业区,并依地方特点,各有偏重。但是随着1942年以后民营工业的衰落,尤其是抗战胜利后政府复员政策之不当,这些新工业基地大多凋落,以致不为人所记忆了。

战时民营工业的投资结构发生重大变化,见表4—91(C)。依表,冶炼、机器、五金、电器、化学5业共占资本总额的60%,竟是以重工业为主了。不过,投资最大的化学工业中,除酸、碱、水泥外,大部分并非重工业;战时新兴的酒精厂连同机器、五金中的一些小型厂,都很难说是重工业。从民营工业的总产值上看,也仍是以轻纺工业为主的(见后)。我们没有战前民营工业投资的分业资料,还不能做详细比较,但战时民营重工业有较大发展,则是事实。其发展有两个原因:一是军事需要。民营厂接受有弹药、引信、枪械零件的订货,而更多的是军用器具、材料和代用油料的生产。二是在新工厂纷纷设立的阶段,需要大量的建材和机电装备,过去依赖进口的也多求之国产,因而刺激了重工业的发展。此外,还有一个假象,即战时国家资本大量侵入轻工业,尤其是原为民营中枢的棉纺业,公营占有一半左右的比重。这样,民营轻纺工业不能得到应有的发展,重工业的比重就显得提高了。

表4—91不包括矿业。后方资源丰富,民营矿业也有发展。政府发布《战时领办煤矿办法》并修改《矿业法》,有利小矿;至1940年6月后方民领矿权达2197起。① 盛时,四川嘉陵江煤区有民营矿215家,广西全省有民矿800处。不过,四川、云南的一些大煤、铁、锡矿先后变成公营,以致民营部分减产,见表4—93。

民营矿业投资无系统统计,第四节中我们按其工业投资的20%计,估计1944年民营工矿业资本共折战前币值3.58亿元,与公营资本为52%与48%之比。此数包括民营企业中的公股,未能剔除。

① 《经济部1940年工作报告》,转引自刘方建:《抗日战争时期国民政府的工矿业战略措施》,西南财经大学经济研究所1986年论文。

表 4—93　1938—1945 年抗战后方主要工矿产品产量和产值估计

项目＼年份	1938	1939	1940	1941	1942	1943	1944	1945
煤								
产量(万吨)	470	550	570	600	631	662	550	524
产值(万元)	2350	2750	2850	3000	3157	3309	2751	2619
内民营(万元)	1998	2530	2582	2531	2568	2523	2063	1964
生铁								
产量(吨)	52900	62730	45000	63637	96000	70000	40134	48495
产值(万元)	270	320	229	325	490	357	205	247
内民营(万元)	254	295	203	275	364	175	90	87
钢								
产量(吨)	900	1200	1500	2011	3000	6800	13361	18234
产值(万元)	9	12	15	20	30	68	134	182
内民营(万元)	7	8	9	9	6	6	11	7
有色金属								
产量(吨)	40392	38903	39109	39437	31944	17741	10730	4347
产值(万元)	4576	4289	4940	4845	4149	2879	1515	723
内民营(万元)	3038	2535	2720	2386	1861	978	363	31

续表

项目＼年份	1938	1939	1940	1941	1942	1943	1944	1945
石油及其制品（无民营）								
产量（石油吨）	75	559	1662	12984	60888	67035	75723	72336
产值（万元）	1	11	40	233	1128	1316	1630	1563
电力								
产量（万度）	7362	9149	11193	12730	13685	14644	15422	19670
产值（万元）	736	915	1119	1273	1369	1464	1542	1967
内民营（万元）	696	819	1008	1098	1123	912	1021	1261
酒精								
产量（万加仑）	30	81	459	616	935	1072	1073	1622
产值（万元）	73	195	1102	1478	2245	2572	2575	3893
内民营（万元）	55	125	771	1079	1401	1414	1468	2258
代用油								
产量（万加仑）	—	4	46	111	201	366	180	372
产值（万元）	—	2	18	43	78	142	70	145
内民营（万元）	—	1	8	28	44	65	31	58

续表

项目＼年份	1938	1939	1940	1941	1942	1943	1944	1945
酸								
产量(吨)	272	198	595	685	1006	1007	1193	600
产值(万元)	4	3	9	11	16	16	18	7
内民营(万元)	4	3	9	10	14	14	15	6
碱								
产量(吨)	520	940	1486	2079	2263	3251	6101	3342
产值(万元)	13	23	36	50	54	78	146	80
内民营(万元)	13	23	35	47	51	73	135	72
水泥								
产量(吨)	21498	48794	50479	25429	39843	35088	40644	42230
产值(万元)	86	195	202	102	159	140	163	169
内民营(万元)	86	195	202	102	156	131	143	144
机器电器								
产值(万元)	567	1418	2214	3531	4071	4176	3465	2891
内民营(万元)	472	995	1374	1841	1832	1830	1367	987

续表

项目＼年份	1938	1939	1940	1941	1942	1943	1944	1945
棉纱								
产量(件)	24515	27451	29518	111500	114100	116681	145000	69200
产值(万元)	510	571	614	2319	2373	2427	3016	1439
内民营(万元)	383	371	338	1020	830	864	557	403
棉布								
产量(万匹)	140	157	168	262	280	233	207	166
产值(万元)	1319	1479	1586	2470	2634	2199	1946	1567
内民营(万元)	1199	1301	1359	1853	1833	1398	1362	1050
面粉								
产量(万袋)	151	193	324	451	488	413	288	206
产值(万元)	340	433	729	1015	1098	929	648	463
内民营(万元)	340	433	726	980	999	697	467	324
火柴								
产量(箱)	12000	12000	14000	19000	26000	24000	33000	22000
产值(万元)	60	60	70	95	130	120	165	110
内民营(万元)	57	57	66	79	113	100	132	84

续表

项目 \ 年份	1938	1939	1940	1941	1942	1943	1944	1945
纸								
产量(吨)	492	526	660	4200	4250	3580	3669	3990
产值(万元)	17	18	23	147	149	125	128	140
内民营(万元)	15	15	15	94	99	85	83	84
合计								
产值(万元)	10931	12694	15796	20957	23330	22317	20117	18205
内民营(万元)	8617	9706	11425	13432	13294	11265	9308	8820
民营比重(%)	78.8	76.5	72.3	64.1	57.0	50.5	46.3	48.4

资料来源及说明:吴太昌:《抗战时期国民党国家资本在工矿业的垄断地位及其与民营资本比较》,《中国经济史研究》1987 年第 3 期,表 7—2;原据经济部统计。

产值按 1933 年不变价格估计。1933 年价格主要据巫宝三等:《中国国民所得(一九三三年)》,中华书局 1947 年版;个别产品据其他材料换算;均生产者价格;内容如下:

煤	5 元/吨	汞	3212 元/吨	盐酸	150 元/吨	酒精	2.4 元/加仑	电力	0.1 元/度
生铁	51 元/吨	铜	585 元/吨	硝酸	400 元/吨	汽油	0.75 元/加仑	棉纱	208 元/件
钢	100 元/吨	铅	183 元/吨	碱	240 元/吨	煤油	0.72 元/加仑	棉布	9.42 元/匹
钨	544 元/吨	锌	210 元/吨	水泥	40 元/吨	柴油	0.25 元/加仑	面粉	2.25 元/袋
锑	210 元/吨	石油	154 元/吨	纸	350 元/吨	润滑油	1.05 元/加仑	火柴	50 元/箱
锡	2327 元/吨	硫酸	150 元/吨						

有色金属:钨、锑全部民营;锡有公营有民营;汞、铜、铅、锌全部公营。

石油产品:包括汽油、煤油、柴油、润滑油。

代用油:包括用植物油炼制之汽油、煤油、柴油,与石油产品各项同价计。

机器电器:包括动力机、工具机、作业机、发电机、电动机、变压器、交换机、收发报机、电子管、灯泡、电池等。

和战前比较，据吴承明估计，1936年本国的工业登记资本为7.12亿元（不包括东北、不包括矿业），其中民营工业占85.5%，即6.09亿元；又原据资料是根据1932年工厂法的标准，不包括小厂；如果加上10人以上的小厂，约增加1.81亿元，共8.93亿元。[①] 表4—91中，1944年后方民营工业资本折战前币值为3.16亿元；约为战前全国（不包括东北）的35%。不过这是指工厂的登记资本，就资产或净值意义的资本说，必小于战前的35%。

（二）生产的发展

后方工业（包括矿业）的生产有迅速发展，经济部对主要产品产量和公营、民营比重有逐年统计；为做综合比较，我们按1933年不变价格估计其产值，并列入表4—93。在通货膨胀下，当年价格无法比较；唯战时成本和价格结构发生变化，用战前不变价格并非十分合理。又1933年适值中国经济危机严重之年，价格偏低，我们采用此年，只为资料方便而已。[②]

如表4—93所示，战时后方工业确有发展。其发展规模，可用产值最高的1942年与战前全国数比较，见表4—94。

表4—94　后方工业发展水平与战前比较（按1933年不变价格计算的产值）

（单位：万元）

工业	1936年华商（不包括东北）	1942年后方	后方为战前的比重（%）
煤	6140	3157	51.4
生铁	110	490	445.5
钨、锑、锡	3835	3979	103.8
电力	7730	1369	17.7
酸	195	16	8.2
碱	1693	54	3.2
水泥	2121	159	7.5

① 吴承明：《中国工业资本的初步估计》，《中国工业》1949年9月新1卷第5期，表一及总表。

② 解放后，中央财经委员会统计处曾调查过1936年不变价格，惜我们未能取到。

续表

工业	1936 年华商（不包括东北）	1942 年后方	后方为战前的比重(%)
棉纱	30160	2373	7.9
棉布	10375	2634	25.4
面粉	24561	1098	4.5
火柴	4052	130	3.2
纸	2291	149	6.5
合计	93263	15608	16.7

资料来源:1936 年见第五章表 5—25,1942 年见表 4—93。

上表比较都用 1933 年不变价格,故产值比率即产量比率。计 14 种产品,1942 年的产值约为 1936 年全国的 16.7%。其中矿冶业发展较大,他业则有限。战时后方人口约占全国的 1/3,而日用工业品生产还不足战前全国的 1/10。又这项比较没有计入战前的外资工业,那时矿冶主要由外资经营。包括外资(但不包括东北),郑友揆曾有个测算:1942 年后方产量合战前全国,煤为 25.5%,生铁为 49.8%,电力为 7.9%,棉纱为 4.5%,棉布为 11.9%。12 种产品 1942 年产值合计为战前的 11.5%,唯 1943 年为 12.2%,1944 年再降为 11.4%。① 他也多半是用 1933 年不变价格计算的。总的看来,后方工业的规模约仅合战前全国的 11%强,专就华人工业说约合 17%。

现再考察后方工业的发展速度。经济部编有一个 34 种产品的总生产指数,产量最高的 1943 年为 1938 年的 3.75 倍。而同样资料,用其他方法编制,则 1943 年为 1938 年的 5.20 倍,以至 6.08 倍。② 我们不去评论这些指数之得失。本节目的在探讨民营工业的兴衰,因用表 4—93 的

① 郑友揆:《中国的对外贸易和工业发展》,程麟荪译,上海社会科学院出版社 1984 年版,第 345 页。

② 经济部所编指数用 Laspeyres 公式,见郑友揆:《中国的对外贸易和工业发展》,程麟荪译,上海社会科学院出版社 1984 年版,第 139 页。其他两种用算术平均,见黄立人:《抗日战争时期国民党政府开发西南历史考评》,《民国档案》1986 年第 4 期;汪馥荪:《战时华北工业生产指数》,《经济评论》第 2 卷第 4 期。又有国外学者所编,见赵德馨主编:《中国近代国民经济史教程》,高等教育出版社 1988 年版,第 282 页。

产值估计分别编制公营、民营产值指数如下表,并计算其不同时期的增长速度(平均年增长率)。因系用1933年不变价格,故产值增长率也就是产量增长率。它可与我们过去估计的1912—1921年和1921—1936年的民营工业的增长速度相比较。①

表4—95 后方工业生产指数

项目 年份	经济部编生产总指数	产值指数		
		合计	公营	民营
1938	100	100	100	100
1939	130.6	116.1	129.1	112.6
1940	185.9	144.5	188.9	132.6
1941	243.0	191.7	325.2	155.9
1942	302.2	213.4	433.7	154.3
1943	375.6	204.2	477.6	130.7
1944	351.6	184.0	467.1	108.0
1945	316.8	166.5	405.6	102.4
平均年增长率				
1938—1942	31.8	20.9	44.3	11.4
1942—1945	1.6	-7.9	-0.2	-12.8
1938—1945	17.9	7.6	22.1	0.3

从表4—95可见,就民营工业而论,抗战前几年有11.4%的增长率,但1942年以后的负增长竟如此之巨,以致整个7年间实际没有什么增长,年均仅0.3%而已。当然,这里没有计入抗战最初半年,即1937年的下半年,因为那时后方的新式工业几乎是从无到有,我们编制指数不能以零作基数。即以1938—1942年的11.4%的增长率而论,也是历史上较低的。我们曾估计1912—1921年民营工业(包括矿业)生产的年增长率为12%—13%,国外学者估计(包括外资工业)达13%—16%。再同经历20年代不景气和30年代危机的1921—1936年相比(这阶段我们没有各行

① 1912—1921年民营工业增长速度见本书第二卷,1921—1936年民营工业增长速度见本卷第二章表2—38。

业平均数），情况见表4—96，战时民营工业的命运远不如战前二三十年代。尽管一时工厂内迁，投资踊跃，到头来却是一场空，大半成为负增长。

表4—96　民营工业生产的平均年增长率　（单位：%）

时间＼行业	煤	生铁	钨	锑	锡	电力
1921—1936年	3.6	-4.2	1.8	1.2	3.9	18.2
1938—1945年	-0.2	-14.2	-19.9	-47.2	-46.9	8.9
时间＼行业	水泥	棉纱	棉布	面粉	火柴	
1921—1936年	7.6	1.3	12.9	2.5	2.3	
1938—1945年	7.6	0.7	-1.9	-0.7	5.7	

（三）民营工业衰落的原因

1942年后，民营工业处于日益困难状态。后方的西南实业协会、迁川工厂联合会、国货厂商联合会、中小工厂联合会等团体迭次发表呼吁，在重庆工厂主的星五座谈会上怨声、诉苦更是不绝于耳。他们申诉的有税捐问题、资金问题、原料分配问题、限价问题、统制运输问题等。各报刊和经济学家也发表了不少调查、评论和研究论文。总的来看，后方民营工业衰落的主要原因有以下三项。

1. 通货恶性膨胀。战时需求大于供给，物价上升，对资本主义工业的发展是十分有利的。因为制成品价格的上升总是快于原料品、更快于工资的上升，工业利润丰厚，见表4—97。

表4—97　重庆批发物价和工资指数（1937年1—6月=1）

年份＼项目	制成品	半制成品	原料	工资
1937	1.2	1.1	0.9	1.0
1938	2.3	1.5	0.9	1.4
1939	5.1	2.5	1.4	2.3
1940	13.0	6.3	4.5	3.5

续表

年份 \ 项目	制成品	半制成品	原料	工资
1941	28.2	17.5	13.3	6.0
1942	141.4	60.4	37.0	10.6
1943	398.1	169.4	114.0	19.7
1944	1333.5	504.1	383.9	38.4

资料来源:郑友揆:《中国的对外贸易和工业发展》,程麟荪译,上海社会科学院出版社 1984 年版,第 154 页。物价指数原据中央银行经济研究处所编;工资指数原据社会部所编。

但是,在通货膨胀进入恶性阶段后,当完成制造过程并实现销售时,所得价款已不足补进再生产所需原料,造成流动资金的枯竭。同时,企业按一定比例提取的折旧基金,亦远不足更新设备。而当时最为工业界所诟病的是所谓"虚盈实税"问题。因物价飞涨,企业售货价款表现远高于账面成本,而当时政府开征所得税、战时利得税实际是课征企业,而非课征个人所得。为避免虚盈实税,企业实行资本升值,但政府对调资有限制,并要求有现金投入及课税。实则,当时企业大多有暗账,逃税之法甚多,工业界突出此事,有以不良税制为由反对当局不公平政策之意。

民营工业大量依靠借入资金。通货膨胀下,借款利息率虽有提高,但远落后于物价上升,还债甚易,这是民营工业发展的又一有利条件。但是,工业最需要的是一年以上的长期贷款。这种贷款,国家银行供给民营厂者十分有限,而私营银行钱庄以通货膨胀,视长贷为畏途。据 1941—1942 年对 121 家较大工厂调查,共负债 5.2 亿元,其中长期负债仅占 12%,而短期负债占 88%,若不计冶炼、水电业,占 92%。短贷是以原料、成品等流动资产为抵押,121 厂的短期负债占其流动资产的 83%,即工厂的原料、成品大部分被冻结了。①

2. 物资统制。政府的统制政策,已屡言及。统制最早的工业品为钨、锑、锡,也是最早出现生产衰退的。钨、锑生产全属民营,以 1937 年产量为 100,则 1942 年分别为 85 和 24;以后战区转移以至于无。锡产量是

① 李紫翔:《我国银行与工业》,《四川经济季刊》第 1 卷第 3 期,1944 年 6 月。

增长的，但增在国营，民营部分则1942年减至1938年的52%，1944年更减至8%。减产原因是政府压低收购价，以至不敷成本，情况见表4—98。

表4—98　管制物资的生产成本和官价

时间	物资	生产成本	政府收购价或限价
1941年7月	湖南纯锑（元/吨）	1967	1500
1942年1月	江西钨砂（元/吨）	3658	2900
1942年6月	江西钨砂（元/吨）	4917	4300
1942年10月	湖南钨砂（元/吨）	4532	3800
1943年10月	云南大锡（万元/吨）	30	12.5
1944年9月	云南大锡（万元/吨）	120	57
1943年6月	川康白糖（元/斤）	18.6	14.4
1943年10月	雁塔牌火柴（元/箱）	4456	2146
1944年3月	自贡井盐（元/斤）	20	8
1942年1月	四川酒精（元/加仑）	40（糖料）	136
1944年	嘉陵江区煤（元/吨）	1871（天府） 5000（合江）	1200

资料来源：综合报刊及档案材料，不及备录。

1942年开始盐、糖、烟、火柴专卖。1943年1月开始实行限价，6月并行议价。政府收购价、限价、议价过低，成为这时民营生产衰退的重要原因，示例亦见上表。表中生产成本未必核实，其中不免虚报。但官价过低则确凿无疑：一是与物价指数比，调价远落其后；二是与市价（管制品都有黑市）比，相差甚大。

管制最严者为棉纺织。1941年对重庆纱厂实行限价。1942年2月物资局成立，实行陕棉统购、川省纱统购。1943年1月改为花纱布管制局，各省棉、纱均统购。棉价每年秋调整一次，纱价在1942—1943年5月调整4次，核价低于成本。1943年8月普行委托加工，工缴费低于实际支出。而花纱布管制局不能充分供棉，1945年命令各厂压缩生产，该局管制之16.6万锭，停工者几乎达半数。

表 4—99　20 支棉纱每包限价及市价、成本对比　（单位:元）

1942 年 2 月	核定价	6900	黑市价	10000
1942 年 8 月	核定价	8589	生产成本	12920
1942 年 11 月	核定价	12500	生产成本	14200
1943 年 5 月	核定价	15600	棉花成本	33750
1944 年 3 月	工缴费	12000	工缴实支	15000

资料来源:武歌:《国民党花纱布管制政策述评》,中国现代史资料编辑委员会:《抗日战争时期国民党统治区情况资料》,1957 年,第 107 页。刘敏:前引文。

厂家对于统制亦有不少逃避方法,如化整为零、虚报成本、设立暗账、黑市交易等,而各事都要贿赂官府。由于贿赂,获管制之利者亦有之。但总的来说,管制阻碍民营工业发展,则可断言。

3. 国家资本的侵夺。后方原属农业区,工业品的市场是有限的。战时公营工业大发展,自然要挤掉民营。公营工业的大发展是在 1940 年以后,从表 4—93 可见,这以前,公营工业占公营民营总产值的 1/4 左右,1941 年占 36%,1943 年即增至 50%,留给民营的仅剩一半市场了。更可注意的是,如酸、碱、水泥,原无公营厂,至 1943 年,公营已占产量的 7%—13%。面粉、火柴,历史上原无公营,到 1943 年,公营已占产量的 25%—27%。棉纺织一向是民营最重要的行业,1938 年公营厂还只占纱布产值的 13. 5%,1943 年竟达 51. 1%,夺走了一半以上的阵地,民营焉得不败。

再看我们前编的后方工业生产指数。1943 年民营生产下降 15. 3%,公营仍上升。1944 年民营再下降 17. 4%,公营生产也下降了 2. 2%。但一加分析便知,这年公营在纱、布、面粉等五种民生用品的生产上仍有 24. 3%的大幅度增长,其减产主要是在出口金属和生铁、机电等生产设备上,这是因为民营厂矿停止建设,生产设备不再需要了。

三、主要工业概况

(一)钢铁业

民营钢铁厂在战前寥落无闻,在战时后方却成为骄子,主要是进口钢铁断绝所致。1944 年上半年后方有民营炼铁厂 100 家，其中 1937 年以前设立者 20 家，1938—1942 年设立者 77 家；有炼钢厂 5 家，均设于 1938—1942 年。铁厂集中四川，1942 年有 37 家，资本 1566 万元，工人 5023 人。钢厂集中重庆，有 4 家，资本 815 万元，工人 819 人。

渝鑫钢铁厂原系上海大鑫厂迁渝，由民生公司加入资本，1940 年又有金城银行投资，资本共 200 万元，1943 年调整为 1000 万元，为后方最大的民营钢铁联合企业。该厂以制钢见长，有 5 吨平炉 1 座、1 吨贝氏炉 3 座及电炉、合金炉等。重庆总厂外，尚有分厂炼铁，并有煤铁矿、火砖厂等。总经理余名钰为留美冶金专家。重庆中国制钢公司系由上海迁川之大川实业公司投资，仅有 1 吨贝氏炉 1 座，留英冶金工程师黎超海任经理。自贡盐商集资之崇福炼钢厂亦有 1 吨贝氏炉 1 座。另有机器厂附设之电炉钢厂或坩埚炼钢小厂，未计入 5 家之内。

民营钢铁产量已见表 4—93，唯各记载有差异。大约 1938 年民营厂即有产生铁 5 万吨、钢七八百吨的水平，保持至 1940 年。这 3 年国营厂尚在兴建，产量甚少，民营厂负担后方生铁 90%、钢 70%左右的生产任务。至 1942 年，民营产量增至生铁 8 万吨、钢 1000 吨左右，而国营已达生铁 2 万余吨、钢 2400 吨水平。这年后方出现生产过剩危机，区区几万吨生铁竟告滞销。这一因建厂高潮已过，需量减少；二因美国租借法物资来华，多属钢铁器材。民营厂受严重打击，1944 年生铁产量跌至 1.8 万吨，钢尚能维持 1000 吨水平。①

（二）机器业

机器制造是后方发展最快的民营工业之一，1944 年有 965 家，资本

① 钢铁业资料见王子佑：《抗战八年来我国之钢铁工业》，《资源委员会季刊》第 6 卷第 1—2 期合刊，1946 年；建子：《抗战中成长的民营钢铁事业》，《西南实业通讯》第 10 卷第 5—6 期合刊，1944 年；陈真、姚洛合编：《中国近代工业史资料》第一辑，生活·读书·新知三联书店 1957 年版，第 267、591 页；陈真编：《中国近代工业史资料》第四辑，生活·读书·新知三联书店 1961 年版，第 770—773 页附表。

折战前币值3240万元,工人3.3万人,不下于战前全国之数量。[①] 民营厂有车床、刨床、铣床等工具机3423台。在1939年以前,以承制军事订货为主,此后大厂主要制做动力机、工具机、作业机等,小厂承制零配件或翻砂、冷作。后方厂设备简单,但不乏卓越的工程师和技工,能制造各种机床、汽车引擎、各式内燃机、各厂分工制造全套纺织设备以及小型冶炼设备。

四川有民营机器厂470余家,其中400余家集中在重庆,有工具机2400台。民生公司的民生机器厂战时扩至5个厂,为后方最大的造船厂,由留德机械工程师周茂柏任厂长。周主持的汉阳周恒顺机器厂迁重庆后,由民生公司投资半数,改名恒顺,资本500万元(1943年),为后方最大的民营机器厂之一。内迁大厂还有颜耀秋创办的上海机器厂,资本65万元(1939年);马冠雄经理的顺昌机器厂,资本150万元(1938年)。胡厥文的上海新民机器厂亦迁重庆,他又于1941年设分厂于湖南祁阳,创大中机器厂于桂林。薛明剑创办的无锡公益铁工厂迁重庆后,1941年与申新纱厂合组成公益纺织面粉机器厂,资本500万元。

湖南有民营机器厂200余家,其中90家集中衡阳,以上海迁来的华成电器厂较大。而支秉渊主持的新中工程公司迁祁阳,先后增设二厂、三厂、电厂,资本500万元(1941年),又与人合设民生炼铁厂,自办炼钢、轧钢厂,员工2000余人。

广西有民营机器厂近100家,其中88家集中在桂林,以上海迁来的义昌机器厂和六河沟制铁公司迁建的机器厂较大。另上海中华铁工厂则迁设柳州。

陕西的民营机器厂集中在西安,有78家,以烟台亿中实业公司迁设之机器厂较大,而申新纱厂所设的细纱机制造厂则设宝鸡。

民营机器业生产的衰退较他业为迟,但幅度更大。1944年产值猛跌1/4,重庆机器业同业公会365家会员厂有55家歇业,衡阳90家有

① 见表4—91(C)。战前44个大中城市(不包括东北)有753家,资本783万余元,工人2.7万人,见全国经济委员会:《机械工业报告书》,1936年。

20 家歇业。[①]

(三)化学工业

表 4—91(C)见后方民营化学工业厂数最多,投资额最大。这是因为它包括了制药、橡胶、水泥、火柴、染料、窑业、日化、炼油、酒精等众多行业,基本化工即酸碱工业反为数有限。

1943 年重庆制药业同业公会有会员厂 23 家,资本 589 万元,其中仅上海迁建的中法、新亚两家稍具规模。战时重庆、贵阳、桂林有橡胶厂 7 家,以原料困难,月产胶不到 100 吨。战时后方有 9 家水泥厂,8 家都有公股;仅启新洋灰公司迁建湖南的华中水泥厂和桂林的广西水泥厂用旋转窑,余均直窑,年产最高不过 5 万吨。1941 年后方有火柴厂 110 家,以刘鸿生主持的大中华所属 7 厂及火柴原料厂较先进,余则什九手工生产。原来,刘鸿生在后方创办企业资金不足,商之孔祥熙,孔提出国家投资,官方任董事长而刘任总经理、刘任火柴专卖局局长等条件。后来刘鸿生说,"我在重庆办的中国毛纺织厂、火柴原料厂及在兰州办的西北毛纺织厂,都有官僚资本的投资。我原来在上海是大老板,到重庆却成了大老板的伙计。"[②]

战时以植物油提炼代汽油、代煤油、代柴油之炼油厂和供汽车动力用之酒精厂蓬起。这种厂设备简单,主要手工操作,大者百余人,小者十数人而已。唯积少成多,民营厂年产酒精七八百万加仑,且 1943 年以后仍有发展。

战时后方,除原有陕西集成三酸厂、四川彭县碱厂外,另有 10 余家酸碱厂兴起,皆规模甚小,半手工生产。唯吴蕴初的天原电化厂迁设重庆及宜宾,有电解槽 100 余具,产盐酸、烧碱、漂白粉。电解法产品纯良,为后

---

① 机器业主要见欧阳仑:《十年来之机器工业》,见谭熙鸿主编:《十年来之中国经济》上册,中华书局 1948 年版;马冠雄等:《后方民营机器工业过去及现在概况》,《西南实业通讯》第 8 卷第 1 期,1943 年。

② 各业资料零星,不及备注。刘鸿生事见上海社会科学院经济研究所编:《刘鸿生企业史料》下册,上海人民出版社 1981 年版,第 465 页。

方工业增添光彩。天原1943年增资至1000万元,唯亦有资源委员会投资。范旭东经营的久大、永利沦陷后,由政府补助300万元,久大在自贡设精盐厂、电厂、机修厂等,由李烛尘主持。永利在犍为设碱厂、炼油厂、机械厂、电厂、陶瓷厂、煤矿等,并设侯式制碱法试验厂和深井工程处。1939年政府贷款2000万元,在美订购制碱设备,唯迄未能运入而陷敌手。永利只好自制设备,用老式路布兰法制碱。侯德榜在美国研究制碱新法,1943年在犍为试验成功,尚未及应用。深井工程目的在取制碱浓卤,其1200米井亦战后才完成。①

(四)棉纺织业

后方各省原有纱厂4家,仅西安大华厂较大,所需纱布主要由上海一带运入。战时内运困难以至停顿,后方棉纺织业大兴,而主要力量仍为内迁厂。民营纱厂原对内迁无兴趣,若青岛华新、常州大成虽迁出,但迁往上海租界,仅中国银行经营的郑州豫丰厂迁重庆。内迁主要为武汉的4家民厂:申新第四迁重庆、宝鸡;裕华、沙市迁重庆;震寰则将纱机租给西安大华。连同公营厂泰安,共迁出纱机15万余锭,途中损失三四万锭,唯有战前国外订货经中国香港运入5万余锭,内迁共约15.7万锭,占后方民营纱锭总数的60%。

后方纱厂无确切统计。经济部调查1944年有55厂,其中四川26厂,陕西10厂,云南7厂,湖南5厂,江西、浙江、新疆各2厂,贵州1厂,共有纱机310806锭,布机2825台。② 此数包括公营厂及小型厂,而一些大厂设备与我们所见专业资料相差颇大。因而我们另编民营纱厂概况见表4—100(小型厂另论)。

---

① 主要见李尔康:《我国酸碱工业之概况与展望》,《经济建设季刊》第1卷第4期,1943年;全国政协文史资料研究委员会等:《化工先导范旭东》,中国文史出版社1987年版。

② 李升伯:《十年来之棉纺织工业》,见谭熙鸿主编:《十年来之中国经济》上册,中华书局1948年版。

表 4—100　1942 年抗战后方的民营纱厂

<table>
<tr><th>项目
厂名</th><th>资本
（万元）</th><th>纱机（锭）
1942 年</th><th>布机（台）
1942 年</th><th>开工纱锭
1941—1942 年</th><th>年产纱（包）
1941 年</th></tr>
<tr><td>申新重庆厂</td><td rowspan="3">1800（1942 年）</td><td>10080</td><td>80</td><td>9000</td><td>5974</td></tr>
<tr><td>宝鸡厂</td><td>20176</td><td>400</td><td>9000</td><td>5812</td></tr>
<tr><td>成都厂</td><td>4208</td><td>木机</td><td>—</td><td>—</td></tr>
<tr><td>豫丰重庆厂</td><td rowspan="2"></td><td>36000</td><td></td><td>17000</td><td>10878</td></tr>
<tr><td>合川厂</td><td>24000</td><td></td><td>5000</td><td>3382</td></tr>
<tr><td>裕华重庆厂</td><td>600（1941 年）</td><td>46560</td><td>395</td><td>23713</td><td>16004</td></tr>
<tr><td>大华西安厂</td><td rowspan="2">600（1941 年）</td><td>25377</td><td>400</td><td>14000</td><td>10150</td></tr>
<tr><td>广元厂</td><td>20000</td><td>400</td><td>11000</td><td></td></tr>
<tr><td>沙市重庆厂</td><td rowspan="2">100（1938 年）</td><td>10800</td><td></td><td>3000</td><td>2072</td></tr>
<tr><td>李家沱厂</td><td>8000</td><td></td><td>—</td><td>—</td></tr>
<tr><td>雍兴咸阳厂</td><td>600（1941 年）</td><td>10000</td><td>150</td><td>3500</td><td>2240</td></tr>
<tr><td>蔡家坡厂</td><td>500（1941 年）</td><td>20000</td><td></td><td>370</td><td>240</td></tr>
<tr><td>虢镇厂</td><td></td><td>4200</td><td>100</td><td>—</td><td>—</td></tr>
<tr><td>云南纺织厂</td><td>500（1942 年）</td><td>200</td><td></td><td>4500</td><td>2971</td></tr>
<tr><td>裕滇纱厂</td><td>2000（1942 年）</td><td>16700</td><td></td><td>4600</td><td>3000</td></tr>
<tr><td>合计</td><td></td><td>256301</td><td>1925</td><td>104683</td><td>62723</td></tr>
</table>

资料来源及说明：

1. 申新设备据上海社会科学院经济研究所编：《荣家企业史料》下册，上海人民出版社 1980 年版。裕华、大华设备及开工纱锭据《裕大华纺织资本集团史料》编写组：《裕大华纺织资本集团史料》，湖北人民出版社 1984 年版。雍兴设备据中国人民政治协商会议全国委员会文史资料研究委员会编：《工商经济史料丛刊》第四辑，文史资料出版社 1984 年版，第 184—185 页。
2. 资本、其他厂设备据四联总处调查，年产纱据工矿调整处登记，见陈真编：《中国近代工业史资料》第四辑，生活·读书·新知三联书店 1961 年版，第 259、261 页。
3. 开工纱锭除裕华、大华外，按平均每百锭产纱 65 包计由年产纱量推出。

表 4—100 为民营厂，但包括国家银行投资之厂，如雍兴及云南两厂。战时各厂多分散经营，每厂一两万锭为常，而开工率甚低，表列平均仅

40%。不过,表列多系按登记产量计算,各厂多隐报产量,实际不只此数。布机利用率无考,不过在纱布管制下,售纱给小织户更为有利,纱厂不重出布。后方纱厂,无不利润累累。1939—1942 年,明账与暗账合计,折战前币值,裕华盈 929 万元,大华盈 774 万元,申新盈 518 万元。[①] 1942 年加强管制后,停止发展,仍有盈利。抗战结束时,大厂都存有大量外汇或黄金。

战时纱厂已小型化,同时又兴起一种小型纱厂,它们用印度葛卢式纱机,后方亦能制造;每厂数百锭以至一两千锭。有维昌、振济、民治、新民、华康、大明、新裕、渝江等 20 余家,有纱机约 3 万锭。小型厂能适应战时环境,并逃避管制(原定 3000 锭以下不管制),裕华亦抽调纱机 2000 锭在成都设小型厂。

(五)面粉工业

后方原有民营面粉厂 6 家,战时新设 18 家,连同官商合办及雍兴公司所设共 23 家,集中在四川和陕西。新厂小型化,故按日产能力计仅为老厂的 2.1 倍。其中汉口的福新五厂内迁分设重庆、宝鸡,后又以积累设天水厂。许昌和合厂、郑州福豫厂内迁西安。原四川鲜伯良家族的复兴厂接盘已停业的先农厂设复兴二厂,在后方面粉企业中仍据重要地位。抗战初期各厂利润优厚,开工率在 60%左右。1940 年 5 月政府实行面粉统配,核定粉价;1941 年 7 月实行面粉统购统销;1942 年 7 月改为委托加工。而原料不足,加工量递减,加以工缴费偏低,各厂陷于困难。同时小型面粉厂兴起,前后达 41 家。小型厂亦用钢磨,间有用机器石磨者,日产能力数十包至 200 余包,可自购小麦,不受加工限制。现将各厂情况汇入表 4—101,不再说明,以节篇幅。

---

① 《裕大华纺织资本集团史料》编写组:《裕大华纺织资本集团史料》,湖北人民出版社 1984 年版,第 406、408 页;上海社会科学院经济研究所编:《荣家企业史料》下册,上海人民出版社 1980 年版,第 214 页;折战前币值据表 4—64(7)。

表 4—101　1929—1945 年抗战后方的民营面粉厂

设立年代	厂名	地址	资本（万元）	日产能力（包）	钢磨（部）	职工（人）
（A）战前已有的厂						
1929	岁丰	重庆	4	250	4	
1933	西北聚记	渭南	3	290	3	69
1934	复兴	重庆	15	1000	5	53
1936	兆丰	成都	10	500	3	48
1936	华峰	西安	30	3600	12	166
1936	成丰	西安	60	3600	8	135
合计	6 家		122	9240	35	471
（B）战时新设厂						
1938	复兴二厂	重庆		1000		
1938	和合泰记	西安		1800	8	108
1939	福新渝厂	重庆		500	4	29
1940	大新	宝鸡	10	1200		122
1940	福民	重庆	200	1000	5	
1940	天厨味精	重庆		800	5	123
1940	众峰	渭南	40	300	6	70
1940	三泰	三原	10	300		80
1941	建成	成都	200	1000	5	84
1941	福新宝厂	宝鸡	500	2000		
1942	天成公司厂	重庆		700	6	
1942	福新天厂	天水	500	720	3	99
1943	永丰	西安	300	600	5	70
1943	福豫	西安	150	2000	7	103
1944	大同	重庆		680		
1944	富国	长寿		640		
1945	建中	西安		600	6	81
1945	大星	成都	300	570	5	45
合计	18 家			16410		

续表

设立年代	厂名	地址	资本（万元）	日产能力（包）	钢磨（部）	职工（人）
(C)官商合办及雍兴公司的厂						
1939	大兴	遵义	100	400	2	184
1940	广西	桂林	450	1200	6	
1940	雍兴兰厂	兰州	100	600	8	123
1940	雍兴蔡厂	蔡家坡		500		
1941	嘉农	昆明	40	720	4	
合计	5家		690	3420	20	

(D)小型面粉厂

设立年代	四川		陕西		其他省区		合计	
	厂数	日产能力	厂数	日产能力	厂数	日产能力	厂数	日产能力
1937			2	40			2	40
1939			1	20			1	20
1940					1	250	1	250
1941	1	300					1	300
1942	3	480	1	200			4	680
1943	2	360	3	400	2	146	7	906
1944	10	1820	3	800	2	440	15	3060
1945	9	1466			1	15	10	1481
合计	25	4426	10	1460	6	851	41	6737

资料来源:上海市粮食局、上海市工商行政管理局、上海社会科学院经济研究所经济史研究室编:《中国近代面粉工业史》,中华书局1987年版,附录十一、十二。

四、资本主义手工业的发展

后方各省工业原以手工业为主,战时除一些外销产品外,都有不同程度的发展,对抗战作出重大贡献。唯迄今尚无系统研究,仅择几个重要行业,做些简介。

（一）采矿业

后方煤产量由1938年的470万吨增至1943年的661万余吨，其中民营部分由400万吨增至505万吨。公营部分主要是资源委员会经营的，可全作为机械开采。民营部分原都是手工开采，抗战后四川天府、嘉阳等矿利用中福公司迁川设备改为机械生产；云南昆华、贵州大成等采用简单机械。天府最高产量36万吨，其余每矿仅数万吨，估计后方民营矿用机械生产的煤最多不过70万吨。即1943年手工生产的煤仍有435万吨，占民营矿产量的86%，占全后方产量的66%。1944年因工业衰退及统制价过低，民营煤矿减产至413万吨，1945年更减至393万吨，手工生产成本高，受打击亦大。①

后方主要铁矿区在四川綦江、涪陵、彭水、威远，云南易门，贵州清溪。这些矿区战前全为手工开采，战后划归国营，亦未能全机械化；其他小矿区亦为土法开采。现将一项土铁矿产量估计与资源委员会产量（假定全部机械化）的比较如下表。表4—102见土矿产量约为资委会的3倍，迄1942年（以后无估计），铁矿砂增产主要靠手工业。

表4—102　1938—1942年后方铁矿砂产量比较　（单位：万吨）

项目	1938年	1939年	1940年	1941年	1942年
土铁矿	15.0	16.2	17.0	17.2	15.5
资源委员会	1.5	5.5	5.8	3.8	6.0

资料来源：土铁矿为行政院新闻局：《钢铁》一书估计，见陈真编：《中国近代工业史资料》第四辑，生活·读书·新知三联书店1961年版，第757页；资源委员会见《资源委员会沿革》，1947年油印本。

钨、锑全为手工开采，在统制下凋落。锡基本上也是手工开采，战时国营发展，民营衰落，前均已言及。唯1942年调查，云南个旧锡仍有民营矿硐4425个，各有矿主，矿工达六七万人。②

① 表4—93及经济部中央地质调查所、国立北平研究院地质学研究所：第六次《中国矿业纪要》（西南区），1941年。

② 云南省历史研究所：《个旧锡业私矿调查》，1979年。

前已言及,20世纪30年代以来,所有手工采矿都已具有工场手工业规模或商人雇主制,可视为资本主义生产。

(二)棉纺织业

直到20世纪30年代,中国棉布消费中仍有近半数为手织布,此人所尽知;但手织布的生产已有75%以上是用机制纱,手纺凋落。战时后方,不仅手织布兴盛,手纺纱也有复兴之势。

落后的手纺的复兴,是战前纱厂不合理地集中沿海城市的结果,战时后方虽有内迁和新建纱厂,远不足需要。不过战时创造一种手摇的七七纺纱机,可带动32锭以至更多,3人操作,日产纱20两,按一年运转10个月计可产纱0.98包。1939年后方约有七七纺机2.5万架,1942年已发展至6万架。当然,占数量更多的还是老式单锭纺车,惜无确数。我们参照当时一些论述,粗估1942年的情况如表4—103所示,表见手纺占到后方全部纱产量的60%以上。

表4—103　1942年后方棉纺生产估计

	设备	实开	年产纱(万包)	占总量比重(%)	所产纱能织布(万匹)**	占总量比重(%)
动力纱厂	26万锭	17.6万锭	11.4*	35.5	560	38.4
七七纺机	6万架	5.5万架	5.4	16.8	230	15.7
单锭纺车	150万架	100.0万架	15.3	47.7	670	45.9
合计			32.1	100.0	1460	100.0

注:* 包括公营厂。

** 陈洪进估计。

资料来源:动力纱厂见表4—93;七七机按年产纱0.98包计;单锭车按0.15包计。陈洪进估计见所著《手工纺织业的推进在全国经济建设上的意义》,《农本月刊》1942年第60期。另有人估1943年产土纱37万件,为机纱12万件的3倍,产土布1200万匹,为机布480万匹的2.5倍。见寄梅:《战时花纱布管制工作的回顾》,《纺织周刊》1948年第9卷第2期。

手纺都在产棉区,如四川三台,1937年纺纱4.3万担,1941年增至6.4万担,自用外且外销,但未见手纺工厂记载。陕西虽产棉区,但手纺一向不发达,战争爆发后亦只见农家纺。又如湖北恩施,不产棉,但因战时成为省会,有七七机小纱厂,亦只2家。总之,战时手纺复兴,但大多是个体生产,除有些合作社外,资本主义形式微不足道。

手织布厂则颇有发展。战时内迁布厂即有50余家。据重庆土布业公会登记,1934年有布厂420家,织机1973架;1942年6月有576家,3238架,机数增64%。内铁轮机占70%,木机占29%,另34架为电力织机。平均每家有织机5.6架,工人16.5人;故大多具有工场手工业规模。又四川省战前调查,重庆以外48县,有织布厂97家,平均每家资本5421元,工人56人。[①] 战后无统计,唯设想增长50%,亦属可能。

陕西省战前甚少织布厂。战争爆发后则有记载说,1942年全省有500家,织机6000架;又有说全省900家,织机1万架。[②] 是平均每家有机11—12架,亦大多具有工场手工业规模。又陕西用石丸式或高阳式织机,即能织宽幅、花色布者。广西省1940年调查16个县有布厂376家,桂林市1943年有布厂143家,但其中仅10家有织机5架以上,仅1家有工人10人以上。[③] 故广西布厂就很少资本主义性质可言了。

战时后方手织业中未见包买商的记载。但1939年起即有农本局福生庄和军需署或军布厂向民间织户发纱收布的形式,以至民厂主要变成领织官布或军布。这可说是一种国家资本主义。1942年,物资局规定不登记新厂,旧厂减发纱额;1943年花纱布管制局又规定改行加工,并递减加工额。手工织布厂衰退。

(三)缫丝和丝织业

贵州产柞蚕丝,1938年产3.2万斤,1942年增至14万斤,但由贵州丝业公司垄断,民间缫、织俱限于家庭副业。[④] 云南在战时曾设官办蚕业新村和缫丝厂,各有丝车100部,但均经营不善而废。[⑤] 民间缫丝甚少,

---

① 彭泽益编:《中国近代手工业史资料》第四卷,中华书局1962年版,第147、152页。

② 彭泽益编:《中国近代手工业史资料》第四卷,中华书局1962年版,第312—313页。

③ 彭泽益编:《中国近代手工业史资料》第四卷,中华书局1962年版,第295、299—300页。

④ 林兴黔:《贵州工业发展史略》,四川省社会科学院出版社1988年版,第84页。

⑤ 徐新吾主编:《中国近代缫丝工业史》,上海人民出版社1990年版,第412—414页。

亦属家庭副业。

四川是后方主要丝产区。机器缫丝由1937年设立的官商合办四川丝业公司垄断。该公司在全川有7个丝厂,丝车3172部,1939年产丝5754担,1941年以后减至2000余担,全省丝产量中仍80%以上为手缫丝。① 战时,新兴一种手摇改良丝车,称小车房。其机三五部以至10余部相连,产扬返细丝,可供出口,成本低于四川丝业公司的厂丝。1943年全川有小车丝车17080部,其中,三台有1252家,丝车1.34万部,工人2.3万人,平均每家10.7部,18.4人,多具有工场手工业规模。又南充有丝车1400部,规模大约与三台相仿。原老式脚踏丝车称大车房,属农家副业,无资本主义因素。②

四川的丝织业战时亦有发展。如乐山的嘉定大绸,战前年产约3万匹,战争爆发后增至六七万匹,1942年达15万匹。1942年调查估计,几个主要绸产地情况见表4—104。

表4—104　1942年四川的丝织业

地区	绸厂及机户(家)	织机(台)	平均每家(台)	年产绸(匹)
成都	1300	3010	2.32	150000
乐山	624	2200	3.53	150000
南充	534	2064	3.87	152223
西充	320	368	1.15	14656

资料来源:彭泽益编:《中国近代手工业史资料》第四卷,中华书局1962年版,第190、193、196页。

该表中,乐山有5家绸厂,织机300台,应属资本主义户。其他地方也有绸厂,惜未知其详。又所用大多是木机和木提花机,铁轮机不多,除内迁美亚绸厂外,未见电力机记载。

(四)桐油和猪鬃业

桐油、猪鬃都是出口物资。战时桐油出口由1938年的60.5万公

① 徐新吾主编:《中国近代缫丝工业史》,上海人民出版社1990年版,第406、408、410页。

② 钟崇敏、朱寿仁编:《四川蚕丝产销调查报告》,中国农民银行经济研究处印行,1944年。

担减至 1942 年的 13.7 万公担，以后跌至 1000 公担。同期猪鬃出口由 1.2 万公担减至 0.7 万公担，以后除 1944 年突增外，保持这个水平。出口既减，后方产量如何，估计不一。我们采用的估计，后方 7 省情况见表 4—105。

表 4—105　后方 7 省桐油、猪鬃产量

地区	桐油产量（公担）		猪鬃产量（公担）	
	战前	抗战后期	1936 年	1940 年
四川	450000	338000	8350	9150
湖南	350000	175000	9550	7250
广西	150000	75000	2850	100
云南			2350	2150
贵州	50000	80000	1500	1550
陕西	30000	30000	1200	900
甘肃			750	500
合计	1030000	698000	26550	21600

资料来源及说明：桐油产量：战前为贸易委员会估计，抗战后期按中央银行经济研究处分析之减产率计出。另一估计是增加的。彭泽益编：《中国近代手工业史资料》第四卷，中华书局 1962 年版，第 217—218 页。猪鬃产量：复兴公司估计。另一估计是增加的。彭泽益编：《中国近代手工业史资料》第四卷，中华书局 1962 年版，第 355—356 页。

桐油生产全经榨坊，榨坊收购桐子，出售桐油，农民桐子亦须送榨坊代榨。榨工外尚有捡剥桐子、运输等工，需 10 余人，故多数可作工场手工业看待，唯系季节生产。四川东部 11 个县有大小榨坊 1900 余家。抗战初期，四川桐油是增产的，唯有机器榨油厂设立，手工厂迄未兴旺。桐油、猪鬃均管制物资，政府收购价远低于市价（见表 4—106）。市价亦被抑制，如四川彭水，1938 年每桶油可易玉米 5 石，1945 年尚不能易 1 石。[1]农民砍桐种粮，榨坊遂受影响。

---

① 彭泽益编：《中国近代手工业史资料》第四卷，中华书局 1962 年版，第 215、216 页。

表 4—106　桐油、猪鬃市价与政府收购价比较

时间	项目	市价(元/担)	政府收购价(元/担)
1940 年 1 月	湘西桐油	120	60
1941 年 5 月	广西桐油	250	106
1943 年 7 月	四川桐油	1300	545
1940 年 10 月	重庆猪鬃	1819	1075
1944 年	重庆猪鬃	670000	50000

资料来源:综合报刊资料。

四川生产黑鬃,加工集中在重庆称洗房,战时为避空袭及管制,分散外县,仍以重庆为主。四川猪鬃的出口由贸易委员会委托四川畜产公司办理。古耕虞主持的四川畜产公司在重庆、昆明、贵阳设有猪鬃工厂 7 处。四川有洗房数十家,但多与四川畜产及宝丰、崇德、和源等大公司订有合同。洗房设备简单,唯拣鬃扎鬃需工较多,并有一定技艺,多数具有工场手工业规模。

湖南以产白鬃为主,加工称鬃厂,战时集中在衡阳,由贸易委员会富华公司直接收购(1942 年并入复兴公司)。富华在衡阳设有鬃厂,公营利华公司亦设有鬃厂,均制黑鬃;私营有 50 余厂,制白鬃。私营厂规模甚小,然每厂至少 10 人,一般 20 人,亦具工场手工业规模。战时湖南猪鬃减产,政府收购价过低,鬃厂不景气,1942 年以后大衰。①

(五)制糖业

四川糖产量 1937 年 219 万担,1940 年增至 327 万担,增近 50%。1941 年锐减至 221 万担,因宜昌失守,外销停滞;1942 年以后跌至 160—180 万担,则是实行食糖专卖所致。

四川产糖区在沱江流域。内江、资中有新式糖厂 9 家,产量甚少。手工制红糖者称糖房;再加工成白糖者称漏棚,1940 年内江等 8 县有糖房 2300 余家,漏棚 700 余家,兼营者 630 家。其中有富户自设或蔗农合伙及

① 彭泽益编:《中国近代手工业史资料》第四卷,中华书局 1962 年版,第 350—354 页。

合作社者,姑不论。多数为商人所设,雇工一般需 10 人以上,具有工场手工业规模。四川外,云南亦为后方糖产区,1937 年产 33 万余担,1938 年产 38 万余担。所有糖房、漏棚则主要是农家合伙或自设,商人开设者不多。①

（六）造纸业

造纸是后方真正有发展的手工业,不仅产量增加,而且技术有所改进,并由造迷信、包装用纸转为以造文化用纸为主,造出能两面印刷的土新闻纸。一方面是由于洋纸退出市场垄断,另一方面是抗战文化运动发展的结果。政府和商人对后方用纸也很注意,先后设立 9 家机器造纸厂,但产量最高的 1942 年也不过 4250 吨,还抵不上四川梁山或夹江一县的土纸产量。抗战文化,可称土纸文化。

四川梁山,1937 年产纸 1.5 万担,1940 年达 12 万担,增 7 倍,但以后因粮价上涨快于纸价,大量减产,1942 年仅 1.4 万担。调查梁山、夹江等 4 县情况如表 4—107 所示,四县产量约占全省（21800 吨）的 80%,又所产 80%为文化用纸。

表 4—107　四川省四县手工造纸业

地区 项目	梁山	夹江	铜梁	广安	合计
纸厂数	1165	1958	591	351	4065
纸槽数	3500	2937	1363	828	8628
1940 年产量（担）	120000	130000	60000	50000	360000

资料来源:钟崇敏等:《四川手工纸业调查报告》,中国农民银行经济研究处 1943 年,第 15—16、67 页。

贵州 10 县调查,1941 年左右有纸槽 286 个,年产 6.5 万担,其中文化用白纸 5.6 万担。② 湖南 1941 年有纸槽 11290 个,年产 180.6 万担,唯

① 彭泽益编:《中国近代手工业史资料》第四卷,中华书局 1962 年版,第 210、213、263—264 页。

② 林兴黔:《贵州工业发展略》,四川省社会科学院出版社 1988 年版,第 87 页。

62%仍为迷信用纸。广西10县调查,1941年有纸坊41户,产量未详。老的土纸产区虽大部沦陷,存余者仍增产。如广东南雄1942年产14万担;浙西倡改良纸,纷纷设厂。①

纸厂或纸坊须有碾、牛、抄纸槽、烤纸房等设备,一套约需战前币值七八百元。唯作为农家副业者称短槽,碾、牛不专用。专业生产者称长槽,一户不只一槽,工人10人以上,一般具有工场手工业规模。四川梁山,长槽户占60%,雇工10人以上;福建47县1万余户中,长槽占32%,3331户中,雇工10人以上者占44%;江西13县31户中,雇工10人以上者占16%。② 大约江南一带以农村副业为主,后方各省则可能有一半为专业户,具有资本主义性质。

(七)工合运动

由中外进步人士发起、受到中国共产党支持、1938年年底正式成立的中国工业合作协会,到1942年年底组织有近3000个合作社,社员3万余人,月生产总值2500万元。工合是战时手工业中一支劲旅,主要活动在西北、西南地区,接近抗战前线,对支援抗战发挥了重大作用。工合的合作社中,有一部分是改造私营小厂而成,也有部分雇工和学徒,但它是集体所有制经济,不属资本主义范畴,我们也不置论。

五、后方民营航运业

战前中国轮船无准确统计,已见前文。③ 战争开始后,日寇扣留中国轮船10只、1.3万吨。政府先后征发轮船87只、11.7万吨,沉于江阴等要塞以阻敌舰,并无实效。有130只、14.5万吨转为中立国籍。京沪撤

---

① 彭泽益编:《中国近代手工业史资料》第四卷,中华书局1962年版,第291、298、318页。

② 彭泽益编:《中国近代手工业史资料》第四卷,中华书局1962年版,第329、338页。

③ 见第二章第三节(三)。那里列有3895只、675173吨和3457只、576000吨两组数字。战时又发表1936年6月有4015只、703420吨的数字,见国民政府主计处统计局:《中华民国统计简编》,中央训练团1941年版,第75页。

退中有大量轮船被炸毁或自沉。至1937年年底,仅余1000余只,11.8万吨。武汉、广州撤退,又有大量损失,进入川江的吨位仅为战前10%强。1940年宜昌撤退,再遭重大损失,情况见表4—108。后方轮船业以民营为主,如把国营招商局的轮船从总吨位中减除,就更可看出,战时民营轮船吨位无发展,而是萎缩的。

表4—108　1937—1945年抗战后方的轮船

年份	航线（千米）	轮船（只）	总吨位吨	招商局轮船（吨）	非招商局轮船（吨）
1937	18492	1027	118484	54689	63795
1938	15052	792	87453	30523	56930
1939	13868	607	68794	29286	39008
1940	8014	507	58912	24762	34150
1941	12989	309	46540	22713	23827
1942	10489	224	62376	23284	39092
1943	12968	422	37303	23284	14019
1944	13195	570	73299	23659	49640
1945	17409	561	125557	45988	79569

注:招商局吨位系千吨以上的江海轮船吨位。总吨位减招商局吨位即非招商局轮船吨位,代表民营。1945年包括抗战胜利后接收数。

资料来源:主计部统计局:《中华民国统计年鉴》,中国文化事业公司1948年版;交通部编印:《十五年来之交通概况》,1946年;《国营招商局七十五周年纪念刊》,1947年。

不过,就轮船业的经营来说,不能仅从吨位来观察。战时疏浚嘉陵江、金沙江、綦江等水道,轮船航线有所增长。后方客运繁忙,轮船的客运量一直是增长的(见表4—87)。1940年以前,轮船货运价的上涨幅度超过一般物价,1941年限价后,政府给予补贴。故经营得宜,仍可获利。轮船业的最大困难是政府征作军运,拖欠运费;这要有强的背景才能交涉补偿。

卢作孚经营的民生实业公司,就是在战时发展壮大的。战前民生已收买、合并了39只川江上的中外轮船,共有轮船46只、18718吨,垄断了川江航运,已见第二章第三节(三)。战争开始后,它紧急运输4个师两个旅的川军出川作战;在武汉撤退中,它以低价承办武汉政府的军公运输,以此避免了军政部的征用;并分力抢运迁川工厂的物资。它也损失轮船10余只,伤亡近百人,但获得很高声誉。

轮船撤入川江后,招商局的2000吨级的江轮大多不能行驶,民生的浅水轮、特别是双舵、双螺旋桨的平底船最具优势。其他民营公司在撤退中大多陷于财政困难,民生趁机以低价收买了它们70余只轮船。1939年,民生共有轮船137只、3.6万吨,占到后方民营吨位的90%;平均每只260余吨,而其他民营大多是几十吨的小船了。以后,由于器材缺乏,民生机器厂拆旧船补新船,民生的船只减少,但在其他方面仍有发展。

重庆轮渡公司原是省政府的企业,民生参加投资,到1940年民生投资已占该公司资本40万元的89%,由民生派员管理,成为民生的附属公司。庆磁轮船公司有轮船6只,1943年一轮沉没,民生趁机收买其股份,占其资本300万元的95%,派员经理,庆磁也成为民生附属公司。中国内河航运公司,资本1200万元(1944年),强华实业公司,资本200万元(1943年),都有民生投资,但为数不多。此外,民生还取得租用湖北省建设厅船只、优先标买重庆海关船只、代管交通部的木驳运输、包运四行钞票以及专利渝合、屏山航线等权益。民生一向有对外投资,1937—1945年,它共投资48个企业,投资3422万元,逐项折战前币值共206.8万元,包括煤矿、机器、纺织、水电、运输、金融、贸易等各个方面,成为名副其实的民生实业公司。

民生在抗战前资本350万元,资产1215万元。1939年增资为700万元,这时孔祥熙即打算由中央信托局参加投资,宋子文也自香港派人来重庆,提出由中国银行参加投资,孔宋都意图任民生董事长。卢作孚请交通银行的钱永铭居中斡旋,最后由中国银行、交通银行投入部分资本,避免了把民生拱手让人。1943年,民生再增资为8000万元。民生以政府撤退时的军工运输中损失颇巨,于1940—1944年领得政府工料补助费1.67亿元,修复船只30只;同期获得国家银行贷款1.63亿元,通货膨胀下的贷款,自然十分有利。民生一向高提公积,战时更逐步提高轮船折旧率,1942年达47.6%;故在账面亏损的年份,实际仍有积累。抗战期间,卢作孚还曾任交通部次长和全国粮食管理局局长。民生公司的成功,与卢作孚的政治眼光、企业家胆略和他的一套较先进的经营管理制度是分不开的。[①]

本节第一目论战时工厂内迁时,已述及木船运输的重要。原来西南地区虽水道纵横,而能通轮船者有限,川境长江也只能利用1/3,余除嘉陵江南段外,都主要靠木船。政府对木船亦予统制。1941—1942年,木帆船的航线近4万千米,为轮船里程的3倍,由船政机关登记和管制的木帆船达36万吨,为轮船的5—7倍,其他年份也在轮船的3—4倍间。[②] 不登记的小木船以及辅助运输和农用木船尚不在内。木船大多是个体经营,不过战时也有少量私营栈号和合作社组织。

六、商业和银行业的发展

(一)后方市场的扩大

战时后方私营商业和银行业都很繁荣,后期生产衰退时投机反盛,故可称畸形发展。

后方人口无统计。战前四川、云南、贵州、广西、湖南、陕西、甘肃、青海、宁夏9省约有人口1.5亿。战时迁入西南者约50万人,迁入后方他区者约20万人。兵员,按1942年田赋征实时计算军粮数为628万人。这些增项都属非农业人口。战时,川康区征兵261万人,征军工90万人,征民工250万人。这些是农业转非农业的人口。非农业人口剧增,加以国际和国内新交通线的开辟,工矿区的建设,驻军地区和新的行政、文化点的形成,大小城镇勃兴,都成为新兴市场。

任何国家在战争中都会出现市场繁荣,主要是因为政府财政支出扩大,转化为市场上的有效购买力。中国战时后方兼有建设任务,文教和社

① 民生资料见凌耀伦:《卢作孚与民生公司》,四川大学出版社1987年版,第5、83—84、148—149页。童少生:《民生轮船公司纪略》,见中国人民政治协商会议四川省委员会、四川省省志编辑委员会编:《四川文史资料选辑》第10辑,1963年。吴晋航:《民生公司概述》,《光明日报》1961年8月17日。

② 交通部档案20.2.289,《交通统计概况》,1943年;《交通部统计年报》,1946年。

会活动也空前活跃。后方各省原来的财政支出不会减少,中央财政支出则全部转入后方,1942 年达 245.1 亿元,折战前币值 6.28 亿元。国家银行的贷款也转入后方,1942 年为 82.9 亿元,折战前币值 2.1 亿元,见第三节(四)和表 4—60。两者都可视为后方市场上新增的需求。

从市场供给看,后方工业和手工业生产都是发展的。表 4—93 见 17 种主要工业品 1942 年产值共 2.33 亿元(1933 年不变价格),这基本上可视为后方市场上新增的商品值。中国市场交易原以农产品为主,我们没有专论后方农业,因它基本上不属资本主义生产。这里则应提及,战时后方农业是增产的。我们选后方 9 省 5 种产品为代表,并也按 1933 年不变价格估值,见表 4—109。表见棉、麦增产 50%左右,稻仅略增,大豆和玉米减产,5 项产值共约增 20%。[①] 这个增加的部分基本上是商品生产,可视为市场上农产品商品量的增加。

战前,西南四省对外区贸易都是入超,年共约 5000 万元,见第二章第五节(二)。这是因为它们所需纺织品、日用品大量依靠进口,主要是上海一带产品,洋货约占 1/4。西北无海关,情况大约相仿。战时,洋货进口锐减,但集中到后方,1942 年仍有 4150 万美元(表 4—54),并不少于战前。[②] 至后方与外省、即与沦陷区的贸易或走私贸易,实际上从未停止。在前期,主要是日本货和上海货倾销内地,纺织品、日用品和生产资料都不少,换取后方的土产和法币。1941 年 7 月以后,日本人不能用法币向上海中国银行套取外汇了,遂将向后方的倾销政策改为封锁政策。但封锁不包括纺织品和大部日用品,走私仍畅。大约 1942 年以后,沦陷区物资匮乏,日本人改以抢购为主,尤其是抢购后方的棉花、粮食、钨砂、皮革等。[③] 走私贸易无统计,大约前期入大于出,后期沦陷区物价高于后方,可能是出大于入,数量也大为减少。

---

① 我们的估计和前人常用的 1942 年统计颇有不同。该统计限于西南四省的稻麦,局限性大,见行政院:《国民政府年鉴》,行政院 1943 年版。

② 战前四川进口洋货最高年为 1600 万关两,合 544 万美元;全后方以 5 倍计不过 2700 万美元。

③ 中央调查统计局特种经济调查处:《敌货走私之现状与影响》《第五年之倭寇经济侵略》,油印本。

表 4—109　1937—1945 年抗战后方的农业生产

项目＼年份	1937	1938	1939	1940	1941	1942	1943	1944	1945
(A)后方 9 省的农作物产量(万担)									
稻	31621	39574	39332	33238	32297	37429	28419	33810	27577
麦	10750	16814	16389	15479	13939	18554	17726	19470	16124
玉米	5731	5442	—	—	—	5194	5428	5626	5724
大豆	2052	1821	2047	2089	1915	1815	1879	1941	1884
棉	191	241	295	270	277	230	289	273	316
(B)上项农作物的产值,按 1933 年不变价格计(万元)									
稻	63748	79781	79293	67008	65111	75457	57293	68161	55595
麦	27681	43296	42202	39858	35893	47777	45644	50135	41519
玉米	11409	10868	(10868)	(10620)	(10372)	10372	10840	11235	11431
大豆	5729	5084	5715	5832	5347	5067	5246	5419	5260
棉	4755	6000	7345	6722	6896	5726	7195	6797	7867
合计	113322	145029	145423	130040	123619	144399	126218	141747	121672
指数	100	128.0	128.3	114.8	109.1	127.4	111.4	125.1	107.4

注:后方 9 省指四川、云南、贵州、广西、湖南、陕西、甘肃、青海、宁夏。个别有缺项者,按前后邻接年数字计算。(B)表中玉米,1939 年、1941 年按 1938 年、1942 年计,1940 年按这两年平均数计。

资料来源:1937—1942 年四川、云南、贵州、广西四省稻产量据《国民政府年鉴》,行政院 1943 年版,附表。其余各项产量均据许道夫:《中国近代农业生产及贸易统计资料》,上海人民出版社 1983 年版。1933 年不变价格见第六章附录乙表二,其中麦价按小麦占 2/3、大麦占 1/3 计,每担 2.575 元。

综观后方市场，粮食和食物的供应是充足的。棉有不足，但后期的棉荒主要是管制不当所造成。纺织品、日用品一般是求大于供，但这些消费具有较大弹性，市场仍能平衡。生产资料，除特需进口外，一般可以满足。这反映到1942年的物价结构上如表4—110所示。

表4—110　1942年后方批发物价指数（1937年1—6月=100）

总指数	3900	100.0	金属类	5760	147.7
食物类	3254	83.4	建筑材料类	3167	81.2
衣着类	5527	141.7	杂项类	3704	95.0
燃料类	4347	111.5			

资料来源：吴宗汾：《十年来之物价》，转引自谭熙鸿主编：《十年来之中国经济》中册，中华书局1948年版，按即表2—24（7）指数。

（二）商业的繁荣

以上是从供求上来看后方市场扩大的物质基础。但后方商业的繁荣，并不完全是在这个基础上的发展，而另有主导因素。其中最重要的是战时的通货膨胀，其情况已详见第三节（三）。物价上升，总会增加购买倾向，造成商业繁荣。在进入通货膨胀后，不仅物价剧升，银根亦趋松弛，这就出现投机资本。投机是对预期价格的买卖，是市场正常需求的一个增量；价格有增无已，投机变成囤积，又成为供给的一个减量。一增一减都增强投机的活力。政府对通货膨胀不能采取紧缩政策，而是采取管制办法。凡是管制的物资，都会出现减产效应，又都必然出现黑市和黑价，为投机开辟新的渠道。这种投机交易政府是无法取缔的，因为最大的投机者不是政坛显要，就是有权势之人，有国家银行作后盾，甚至有公营公司作指挥。大小发国难财者，比比皆是。有的场合，如在黄金储蓄券、外汇投机中，商人仅拾唾余而已。

商业资本的发展未见系统调查。仅将1942年重庆市一些资料列入表4—111，其主要商业资本比重及运用情况表内可见。

表 4—111　1942 年抗战时期重庆市的商业资本

项目	家数	资本（万元）	资本比重（%）
（A）全部投资的分配（1942 年 9 月）			
投资总计	27712*	68161.2	100.0
内：商业	25920	49535.3	72.7
工矿业	1613	17957.0	26.3
运输业	162	551.4	0.8
农业	14	117.5	0.2
（B）商业资本的分配（1942 年 9 月）			
商业总计	25920	49535.3	100.0
内：纺织品业	3074	10227.2	20.6
百货业	2403	4998.5	10.1
五金电料业	1549	3193.2	6.5
烟业	1508	3033.6	6.1
粮食业	1513	944.5	1.9
其他	15873	27138.3	54.8
（C）棉布商业资本的运用（1942 年 1 月）			
棉布业总计	331	1533.3	100.0
内：居间商	4	21.4	1.4
贩运商	119	135.6	8.8
零售商	23	51.5	3.4
贩运兼居间	132	870.6	56.8
零售兼居间	43	87.6	5.7
零售兼贩运	10	366.6	23.9

注：* 分项之和与总数不符。

资料来源：（A）、（B）据邓翰良：《十年来之商业》，见谭熙鸿编：《十年来之中国经济》中册，中华书局 1948 年版。（C）据李紫翔：《抗战以来四川之工业》，《四川经济季刊》第 1 卷第 1 期。

表 4—111 不能反映全部商业活动，因战时金融业、工业乃至机关、团体也参与商品买卖和囤积。又有所谓游资者，更不入任何统计。有人指

出,太平洋战争前麇集香港、上海的游资有 80 亿元,活跃于后方者达 50 亿元,太平洋战后内移,故后方市场上兴风作浪之游资逾 100 亿元。[①] 而重庆自属最大的投机市场。

花纱布是当时管制最严的商品,也是投机最盛的行业。有记载说:1941 年实行限价后,棉纱"黑市开始比法价高 10%—20%,以后不断增高。……一时(重庆)新设纱号如雨后春笋,由原有 30 余家骤增至 200 余家。"[②]而新增的纱号,有的就是纱厂暗设,以营黑市。再如申新纱厂,"与厚交德庆号约定,寄存该号 20 支纱 50 件,假定作价 3800 元";"又寄入该号粗纱……细纱"共 110 件;"如此一来,棉花街渝厂(指申新)之纱绝迹,价格自看飞涨也,再行售出"。[③] 裕华、大华纱厂于 1942 年 2 月董监事会通过:"购买美金储蓄券、囤买不统制货物"的决议。囤货一节未见记录,购买则不仅美金储蓄券,尚有美教会的美汇、英大使馆的英汇、美钞、黄金等皆有报告。[④]

战时滇越、滇缅、中印各路均以昆明为起点,昆明变成对外贸易中心。战前昆明有私营进出口商十数家,战时增加到 100 余家,并出现广东帮、喜州帮、腾冲帮、蒙自帮等大商人资本。[⑤] 其他商业也都繁荣,1942 年昆明拥有资本 4 亿元以上的大商人 14 人,1 亿元以上的 140 余家,1000 万元以上的数百家。[⑥]

西安是西北一大商业中心,战前以经营陇海路运来的纺织品、百货为主。抗战初,外来货源受阻,本地产品有限,棉布业衰落,先后倒闭者 820 余家,大字号恒泰祥等也营业低落。以后有发展,殆皆小户。百货业则不然,百货公会原有会员商店 150 家,从业人员 850 人,抗战后期增至 350

① 漆琪生:《论旧工商之危机与新工商之使命》,《新工商》第 1 卷第 1 期,1943 年 7 月。

② 《裕大华纺织资本集团史料》编写组:《裕大华纺织资本集团史料》,湖北人民出版社 1984 年版,第 397 页。

③ 上海社会科学院经济研究所编:《荣家企业史料》下册,上海人民出版社 1980 年版,第 257 页。

④ 《裕大华纺织资本集团史料》编写组:《裕大华纺织资本集团史料》,湖北人民出版社 1984 年版,第 470 页。

⑤ 《昆明市私营进出口商业社会主义改造资料》,1959 年油印本,第 14—15 页。

⑥ 李炳焕:《八年来大后方之工商业》,《银行周报》第 13 卷第 1—2 期合刊,1946 年 1 月。

家,1250 人;唯亦有歇大开小现象。①

（三）银行业的发展

战时国家金融垄断资本膨胀,后方国家银行、省市银行、县银行纷纷设立,已见第三节（四）。私营银行即分类中通称商业银行者也有发展,其机构设置情况见表 4—112。

表 4—112　后方的商业银行

项目	1936 年		1945 年 8 月	
	家数	分支机构	家数	分支机构
全部银行	111	1102	426	2575
内:商业银行	80	381	115 **	595

注:* 后方指西南五省、西北五省,唯 1936 年仅四川一省,亦足代表。
** 内有 10 家总行不在后方。

资料来源:1936 年据中国银行经济研究室:《全国银行年鉴》,1937 年版,第 A5 页。1945 年据谭熙鸿主编:《十年来之中国经济》中册,中华书局 1948 年版,第 L47 页。

表列商业银行中,中国实业、中国国货、四明、新华均有大量公股或国家银行投资;唯除中国实业战时扩大业务、投资中国兴业公司等外,其余并不活跃。著名大银行上海商业、浙江兴业、金城、大陆、盐业、中南等,战时都将总行迁往后方。其中金城经营最积极,并投资民生公司和一些工矿企业;上海银行仍与纺织界关系密切,并自办工业。战时新开的所谓下江帮银行如工矿银行、建国银行、长江实业等都规模不大,并常有官僚资本关系。

孔祥熙创办的山西裕华银行原是个空架子,1937 年迁重庆后迅速扩张,与孔氏的祥记、庆记、广茂兴等商号联合经营,自成一系,1943 年增资为 2000 万元。

战时后方发展最快的仍属川帮银行。老行中,聚兴诚原以贸易汇兑

① 《西安市棉布业历史资料》,1959 年油印本第 7 页。《西安市百货业社会主义改造历史资料》,1959 年油印本,第 5、7 页。

为主,战时向昆明发展,经办出口押汇,并投资工矿企业达 20 处,2000 余万元。四川美丰银行的经理康心如战时任重庆市议会议长,并成为银行界领袖,该行业务则比较稳重。刘航琛主持的川盐银行以押放川盐运销为主,战时也向实业发展。新设立的川帮银行,当以川康平民银行为首。它是刘航琛于 1937 年合并川康殖业、重庆平民、四川商业 3 家银行而成,广设分支机构,1944 年增资至 5000 万元。和成银行系 1937 年由银号改组而成,有刘文辉投资,经营灵活,发展极快,人称为战时的暴发户,1944 年增资至 2000 万元。范绍曾于 1941 年发起的复华银行、1942 年设立的永成银行,规模不大,发展则快,1944 年各增资为 1200 万元。潘文华兄弟主持的重庆商业银行,系 1944 年改组原市银行而成,资本 1000 万元。在成都地区,邓锡侯之子邓华民于 1939 年设立通惠实业银行,1944 年增资为 600 万元。

战时币值混乱,私营银行的资本无正确统计。一则记载称,中国实业、川康平民等 55 家商业银行,战时增资总额为 89426 万元,比其原有资本总额 10499 万元增加 7.5 倍。[①] 以 1944 年币值计,上述增加额折战前币值尚不足 200 万元;不过,一些有实力的老行并未办增资。又,在第三节(四)中曾表列,战时后方国家银行和省市银行的家数和分支机构都大大超过战前全国数,唯商业银行则较战前全国数(132 家、分支机构 654 处)减少。在国家金融垄断资本的膨胀下,后方私营银行虽有发展,而终属有限。

后方的钱庄、银号,集中在四川、陕西,他省甚少。战前这两省有钱庄、银号 172 家,1939—1945 年先后有 39 家改为银行,而新设者亦不少。到 1945 年 8 月两省共有钱庄、银号 231 家,较战前增 34.3%。[②]

私营银钱业的放款,90%左右是放给商业的,表 4—113 三例自明。原标有“个人放款”者实为商业放款,并入商业。

---

① 《中国近代金融史》编写组:《中国近代金融史》,中国金融出版社 1985 年版,第 246 页。

② 《中国近代金融史》编写组:《中国近代金融史》,中国金融出版社 1985 年版,第 246 页。

表 4—113　重庆市银钱业的放款

项目	1939 年年底 3 家商业银行及 12 家钱庄、银号		1940 年年底 2 家商业银行及 24 家钱庄、银号		1942 年 3 月 60 家银行、钱庄、银号	
	放款额（万元）	比重（%）	放款额（万元）	比重（%）	放款额（万元）	比重（%）
商业放款	2221.5	89.3	4141.0	96.9	15379.3	70.1
工矿业放款	3.4	0.1	27.5	0.6	2649.3	12.1
公用事业放款	28.0	1.1	14.4	0.3	—	—
交通事业放款	31.7	1.3	6.1	0.2	459.4	2.1
文化事业放款	8.1	0.3	66.0	1.5	—	—
对政府放款	145.2	5.8	20.3	0.5	—	—
其他放款	51.2	2.1	—	—	3456.9	15.7
合计	2489.1	100.0	4275.3	100.0	21944.9	100.0

注：* 同业放款 5492.2 万元未计入。

资料来源：均康永仁的论文所举，见陈真、姚洛合编：《中国近代工业史资料》第一辑，生活·读书·新知三联书店 1957 年版，第 779—780 页。

战时商业银行是受管制的，利率也受管制，故利率上涨不大。但商业银行放款总是以各种方式按黑市利率取息。重庆市场利率（黑市），1937 年平均为 12%，1942 年为 33.6%，1943 年为 102.8%，这对借款的企业来说已是严重的负担，但仍赶不上物价的上升。在四川有所谓比期制度，即每半个月结清一次借贷，这对银钱业来说等于提高放款利率，但仍有一定限度。实际上，战时银钱业的经营无不依靠金融投机、商品投机和物资囤积，只是这方面的情况我们还了解不详，难做具体分析。1941 年年底检查四川各地银钱业，报有囤积物资案 400 余起；1942 年检查四川 20 个市县银行仓库，报违法储货 363 起，总值 6.6 亿元。不过这些“检查”都是虚应故事，报报账而已，并未触及银钱业的真正投机活动。仅 1940 年成都的 10 万石囤米案，涉及川帮几大银行，因有舆论界声讨，轰动一时。

第五章

解放战争时期的资本主义经济

第一节　美帝国主义对中国经济的独占

第二次世界大战后，德、意、日法西斯遭到可耻的失败，英、法等国力大大削弱，美国独噬战争之利，经济实力大增。1945年，美国拥有资本主义世界工业产值的3/5，国际贸易额的1/3，黄金储备的3/4①，俨然是霸主。中国人民遭到空前浩劫，满目疮痍。战时，重庆政府已完全投入美国怀抱；战后，除共产党领导的解放区外，中国成了美国独占的市场。

一、战后的对外贸易

（一）对外贸易

胜利之初，南京国民政府因战时以法币垫付之美军在华开支得以美元结还，手中有6.16亿美元之外汇，连同由美运来和接收敌伪之黄金、白

① 樊亢、宋则行等编著：《主要资本主义国家简史》，人民出版社1973年版，第178页。

银共值8.58亿美元，为中国政府前所未有过的巨额储备。① 又与美国洽商20亿美元复兴借款，自以为必成。于是在外贸上采取鼓励进口的政策，除汽车等五项商品须领证外，均可自由进口，奢侈品也可加征50%的附加税进口。同时于1946年3月4日开放外汇市场，中央银行按2020元法币对1美元的官价供应外汇。于是洋货潮水般涌进，上海港为之拥塞。加以不计入贸易进口之联合国善后救济总署（联总）的物资已先商货而到（初期以食品、衣着等为主），城市美货泛滥，遍布地摊。1946年贸易进口值达6.53亿美元，为战前1936年的2.3倍。出口则因汇率过低受到抑制，结果出现了历史上未曾有过的4.74亿美元的巨额入超（见表5—1）。国货厂商不敌低价外汇进口之美货，怨声载道。

表5—1　1946—1948年的对外贸易

项目	1946年	1947年	1948年
（A）进出口贸易净值（百万美元）			
进口	653.1	441.6	211.0
出口	178.8	227.9	170.4
入超	474.3	213.7	40.6
（B）贸易外物资进口（百万美元）			
联合国善后救济总署	155.6	157.5	8.1
1948年美国援华法案			111.9
（C）进口总值（百万美元）	808.7	599.1	331.0
各类物资比重（%）			
食品	17.2	9.6	13.4
原料	25.0	22.3	27.8
半制成品	14.5	21.0	16.4
制成品	43.3	47.1	42.4
各国（地区）比重（%）			
美国	60.9	57.0	66.5

① 张公权：《中国通货膨胀史（一九三七——一九四九年）》，杨志信译，文史资料出版社1986年版，第193页。此大约指中央银行所存，另据监察院《外汇使用及各公司经营情形报告》称“政府原存六百万盎司之黄金与九亿以上之美金”，见1947年10月13日上海《商报》。

续表

项目	1946 年	1947 年	1948 年
英国	6.3	8.5	5.5
东南亚及印度	10.5	11.9	11.9
中国香港	3.6	1.4	0.9
其他	18.7	21.2	15.2
(D)出口总值(百万美元)	178.8	227.9	170.4
各类物资比重(%)			
食品	14.6	22.7	18.0
原料	41.9	23.3	19.4
半制成品	23.6	29.3	25.9
制成品	19.9	24.7	36.7
各国(地区)比重(%)			
美国	38.7	23.3	20.1
英国	4.4	6.5	3.9
东南亚及印度	10.1	13.7	24.1
中国香港	28.2	34.2	31.4
其他	18.6	22.3	20.5

资料来源及说明:

(A)为避免币值混乱,折美元计,因所用平均折合率不同,各书略有差异。本表采用上海社会科学院经济研究所、上海市国际贸易学会学术委员会编:《上海对外贸易》下册,上海社会科学院出版社 1989 年版,第 139 页数字。又 1949 年 1—5 月之进口为 9490 万美元,出口为 9190 万美元,入超为 300 万美元。

(B)联总和美援不是原拨款数,而是海关记录的物资运抵中国数,据郑友揆:《中国的对外贸易和工业发展》,程麟荪译,上海社会科学院出版社 1984 年版,第 221—222 页。

(C)进口总值为贸易进口和贸易外进口之和。各类比重和各国比重见郑友揆:《中国的对外贸易和工业发展》,程麟荪译,上海社会科学院出版社 1984 年版,第 224、228 页,唯其中贸易进口因本表所用数与郑友揆折合数有差异,系按本表(A)改算实数,再与贸易外进口实数相加,求得比重。

(D)郑友揆:《中国的对外贸易和工业发展》,程麟荪译,上海社会科学院出版社 1984 年版,第 225、229 页。出口折合美元数与本表(A)基本一致。

至 1947 年 2 月,南京政府外汇存底仅剩 2.30 亿美元,20 亿美元借款亦成泡影。遂于 2 月 16 日发布《经济紧急措施方案》,实行输入限额分配办法。限额每季公布一次,逐季减少;1947 年第一季为 9970 万美元,至 1948 年 8 月第八季仅 2107 万美元。外汇官价已于 1946 年 8 月改为法币

3350元对1美元,实行紧急措施方案时再改为1.2万元对1美元,唯仍远低于黑市之1.4万元。至1947年8月遂不得不放弃官价,改由中央银行逐日挂牌。出口方面,先是取消出口税,继于1947年2月规定补贴办法,因美国反对未果,10月暗中使出口打包放款可用法币偿还,故秋季出口略有起色。

到1948年5月,中央银行外汇存底仅0.28亿美元。8月金圆券风暴后,南京政府的经济已全面崩溃。此后它在外贸、外汇上的诸多措施仅成具文,已无足论。表5—1见1948年入超陡降,则因垂危前大量物资逃港,海关记入出口所致(用金圆券统计1948年及1949年均为"出超")。

表5—1系根据海关记录,不包括走私进口。本期走私非尽私商,而有美军和中国有权势人组织,规模宏大。走私商品包括汽车、汽油、尼龙制品、西药以至粮食,亦有农矿产品等。当时有人称走私方式有五:"一是外国商轮水手夹带;二是盟军军舰及军用飞机人员夹带;三是中国香港、印度等方面利用飞机私运钻石、银件等;四是国外寄来的邮包夹带;五是职业走私者自外地带来。"①走私以上海、广州为主。1947年1—10月海关查获走私案1.7万余件,4009亿余元②,合1700万美元;但海关不能检查武装走私。日本人根据1947年1—5月中国海关与美国海关发表的中美贸易差额,估计平均每月美货走私进口65万美元;又根据同时期中国内地与香港海关统计差额,估计平均每月走私进口280万美元,走私出口100万美元。③ 或谓1946—1947年走私进口约占报关进口额的20%,1948年占15%。④ 总之,数额是巨大的。

表5—1见战后进口物资仍以制成品为主,而食品和原料比重大为提高(1936年分别为11%和13.4%),其中又主要是粮食和棉花。战时无论后方或沦陷区粮食均可自给,战后却依靠进口;同时上海等地棉纺织业的恢复主要是用美棉。这是南京政府统治下农业衰败和城乡交流隔绝的结

① 上海《联合晚报》,1946年6月15日。
② 上海《大公报》,1947年11月20日。
③ 日本外务省调查局第五课:《战后における中国经济》,昭和23年3月版。
④ 香港《远东经济评论》,1949年1月号。

果。出口贸易格局的变化是原料比重下降，制成品比重上升（1936年原料占35.8%，制成品占16.3%）。原料1946年出口甚多，因猪鬃、生丝、金属矿砂等战时有大量积存，其后则因生产不继而锐减。制成品比重的增长则主要由于纺织业依靠洋棉，必须将纱布外销以补充原料。其情况类似战时上海孤岛的经济，因而表见与东南亚及印度的贸易尤其出口比重相当高（对比表4—29）。

战后进口市场为美国所独占，表5—1甚明。表中联合国善后救济总署物资以原定美国出资比重占76.5%计（英国占13.2%，印度占0.7%，其他国占9.6%），实则各货基本上都是美国货。又美国海关所记对华出口值常比中国海关所记美货进口值大5%—6%，不在上表统计之内。此外，尚有美国租借法案物资、太平洋及印度美军剩余物资之进口，均不在内。中国出口货去向，除1948年外，亦以美国为首位。但3年间输美值尚不抵美货进口值的15%，故所谓入超主要是美货入超；对其他地区贸易则输出值可抵进口值的60%。出口值中输中国香港占相当比重，运港之货约1/3转往美国，余去东南亚、印度及供当地消费。1947—1948年输中国香港数特大，则因解放前物资逃避之故。

（二）进出口商和官僚资本

战后，南京政府取消战时的物资统制，撤销贸易委员会及复兴等国营公司，私营进出口商复业。但以私商面貌出现的官僚资本公司成为令人瞩目的大户。

1946年实行鼓励进口时期，进出口商均获暴利。战后全国进出口额，上海占80%以上。上海进出口华商，在孤岛时期有613户，1946年冬增至906户，1947年春增至1464户。洋商复业不如华商，孤岛时期有723户，1946年春复业491户，冬增为523户。进口业务，战前由洋商垄断，这时则华洋各半。唯1947年2月实行输入限额分配后，政府核准“合格”华商387户，而核准洋商191户；在进口额的配给上，洋商亦略多，又在棉花、汽油、汽车、烟草等大宗进口上，洋商占有80%—90%的比重。出口业务，战前华商原有一定地位，这时，生丝、茶叶等传统商品仍有

80%—90%为洋商所占，桐油、猪鬃、棉纺织品则80%以上为华商经营。①

实行输入限额分配后，配给国营企业和工厂用户的占70%以上，余30%又半数以上为洋商所得。不过工厂配额多由华商代理进口，收取佣金，不如自营进口之有利。1947年8月废除外汇官价后，进口商“官价买汇、黑市卖货”的利润逐渐消失，加以限额逐季减少，生意清淡。但外汇仍有牌价与黑市之差，且物价飞涨，经营靠投机利润。出口方面，1946年因战时积压的出口物资十分便宜，出口商有厚利。以后则每次调整汇率之初暂时有利，但旋即消失。不过其中大户如四川畜产公司，能垄断货源，直接出口，并以加工质量见长，到本时期大有发展。到1948年，华商进出口业务都已消沉，但因黑市交易、匿价隐报、走私等活跃，上海进出口商再增至1621户。

战后外贸商业中的突出现象是国家垄断资本的发展。

资源委员会仍独家经理钨、锑、锡、汞等特种矿产品的出口，唯战时基本上是易货偿债，战后自销量增大，1947年占外销总量的52.9%，故利润颇厚。②

中央信托局在战后对外贸易中据有垄断地位。实行输入限额分配后，在全国性配额（占全部配额的76%）中，米、麦、面粉、煤、人造丝等配额由中信局独占，其余华洋贸易商只能代理中信局进口，收取回佣。出口方面，中信局于1946年、1947年先后收购丝、茶，1947年6月政府公布国家《收购出口物资办法》，桐油、猪鬃统由中信局收购，1948年又扩展至冰蛋、羊毛、驼毛、花生仁、大豆、油菜籽和水泥，中信局再将这些商品委托华洋贸易商出口，付给2%—4%的手续费。③

战后新设的国营中国纺织建设公司，垄断了贸易外棉进口的90%及部分纱布出口。

---

① 上海社会科学院经济研究所等编：《上海对外贸易》下册，上海社会科学院出版社1989年版，第149—150、155、157页。

② 《资源委员会国外贸易事务所1947年度业务报告》。

③ 上海社会科学院经济研究所等编：《上海对外贸易》下册，上海社会科学院出版社1989年版，第212—213页。

官商合办的中国植物油料厂于1945年增资至200万元,商股仅占27.5%。战后接收大批敌伪油脂企业,资产增加7倍。战后桐油出口的70%是由中植经营,中信局收购的桐油中,65%是委托中植出口。[①] 中国茶业联营公司是战后新建的官商合办企业,不过它实际是中信局的附属机构。

最令人瞩目的是以民营面貌出现的官僚资本企业,它们是由当权大家族主办,实属国家垄断资本。如宋子文家族的孚中实业公司,中国进出口公司,一统国际贸易公司,金山、立达、利泰等贸易公司;孔祥熙家族的扬子建业公司、嘉陵企业公司、益中实业公司;陈立夫家族的华美贸易公司、太平兴业公司;还有宋美龄与陈纳德组合的中美实业公司等。

孚中公司,1945年12月创设,资本3亿元,实为几家银行出资,宋子良任总经理,以宋家关系,取得美国伟力斯汽车、西屋电器等12家大公司的在华独家经销权。扬子公司,1946年1月创设,资本1亿元,孔家独资,孔令侃任总经理,取得美国共和钢厂等10家在华总代理权。嘉陵公司,1947年创设,孔家独资,由孔令俊(即孔二小姐)任总经理,也取得美国一些公司的代理权。这些公司都代理中央信托局的出口业务,而利润最大者是汽车、钢铁、机电器材的进口。战后汽车最抢手,1942年2月实行限额分配,7座以上大车全配给洋商,7座以下小车部分配给华商。孚中、扬子都事前得知消息,虚造大批成交电报,取得配额;孚中以吉普车为主,扬子以小轿车为主。又美国以汽车缺货,新车只发给特约经销户。扬子于1947年10月收买有近百年历史的上海英商利喊汽车公司95%的股票,而不过户,仍以英商名义进口雪佛兰、奥斯汀汽车100余辆。至于这些公司套取官价外汇,黑市交易以及走私种种,报刊屡有揭露,闻者侧目。[②]

---

① 王思曙:《油业托辣斯中植内幕》,《经济周报》第4卷第23期,1947年6月;上海社会科学院经济研究所等编:《上海对外贸易》下册,上海社会科学院出版社1989年版,第161页。

② 上海社会科学院经济研究所等编:《上海对外贸易》下册,上海社会科学院出版社1989年版,第251、312页;李康华等编著:《中国对外贸易史简论》,对外贸易出版社1981年版,第311—312页;宋子昂:《扬子公司的一鳞半爪》,转引自中国人民政治协商会议全国委员会文史资料研究委员会编:《文史资料选辑》第36辑,中华书局1963年版。

二、美　　援

太平洋战争爆发后，中、美成为反法西斯作战的盟国，美国即根据1941年3月11日国会通过的“租借法案”，于5月6日起开始对中国军事援助，至1945年8月抗战结束，共援助8.457亿美元。战后，租借法案继续执行。同时，联合国设立救济总署，运出救济物资，其中美国出资部分，应属美援。战后美军的剩余物资，部分让与或低价售与中国，亦属美援。1948年2月，美总统杜鲁门向国会提出援华法案，企图挽救南京政府的危亡，是又一次大的美援。截至南京政府逃亡，各项美援均见于1949年美国国务院发表的外交白皮书《美国与中国关系》，共40余亿美元，内军事援助与经济援助约各半。唯所列有的是批准额，非实支数，有些经过修订、移项，以致重复计算。我们逐项考察，剔除重复，“赠与”和“贷款”以实支数为准，剩余物资售卖以扣除贷款后的抵价为准，分项列入表5—2。表见战时美援总数为8.45亿美元，战后总数为20.71亿美元，非如所传之巨。而中国实际所得尚不足此数，如联总救济物资表列（4）、列（5）两项共4.78亿美元，而中国海关记录进口，包括非美资部分，仅3.21亿美元（表5—1B）。不过，美国进出口银行和美国财政部对中国政府的借款，实际也是美援，我们把它作为外债，未计算在内。战时美国借款已见表4—55，共6.2亿美元。战后借款见下文，至1948年年底动支0.65亿美元。加入此数，则共达36.02亿美元。

各项美援的内容及经过已见表5—2说明。现略述美援的性质和作用。第二次世界大战后，各主要资本主义国家都已确立国家垄断资本主义体系，此后半个世纪，可视为国家垄断资本主义国际化的时期。战后美国执资本主义世界的牛耳，其复兴欧洲的马歇尔计划和对中国的援助，都是美国国家垄断资本走向国际化的表现。不过，它对中国的援助不同于马歇尔计划，除经济利益的扩张外，有一个更为重要的政治目的，即“援助国民党击毁共产党”。

表 5—2　1941—1948 年美援一览表

项目	金额（百万美元）	说明
(1)租借法案(战时)	赠与 825.7 贷款 20.0	兵工物资 1.533 亿,飞机航空物资 1.873 亿,坦克、车、船 1.297 亿,工农业商品 4650 万,服务及费用 2.716 亿,其他 5730 万。内 2000 万作为中国欠款,偿还方法未定
(2)租借法案(战后)	赠与 513.7 贷款 181.0	至 1948 年 6 月底共支 7.81 亿,内 5030 万移作油管贷款,3600 万计入海军船只让与项下,余数内 1.81 亿作为欠款。用途包括空运军队 3 亿,占领沦陷区费用 2500 万,海空军训练费 1500 万,兵器、飞机、坦克、军备物资 3 亿多,工农业商品 3790 万
(3)油管贷款	贷款 50.3	1946 年 6 月 14 日中美协定,将战前订购油管继续交货,由租借法案内拨 5030 万作为贷款,唯后签约为 5890 万
(4)联合国救济总署物资(美国部分)	赠与 474.0	1946 年运华以米、面粉、原棉、纺织品为主,1947 年运入以原棉、机器工具、粮食、化肥为主,共运入 5.268 亿(修正数),加运杂费 25%作 6.584 亿,美国部分按 72%计为 4.74 亿
(5)善后董事会救济物资(美国部分)	赠与 3.6	1947 年年底联总结束,以 500 万交善后董事会,继续援华,按美国占 72%计为 360 万
(6)"中美合作"军事援助	赠与 17.7	"中美合作"组织(SACO)1945 年 9 月 2 日至 1946 年 3 月 2 日由美海军拨交物资数,主要是军火
(7)美国援外物资	赠与 46.4	1947 年 5 月 31 日美援外法案拨中美救济协定 2840 万,1947 年 12 月 23 日美紧急救济法案拨 1800 万。运华米、种籽、药品、农药等
(8)剩余物资售卖	估值 900.0 售价 205.0 贷款 55.0 抵价 150.0	美军在中国、印度、太平洋 17 岛之剩余卡车、船只、空军器材等。美方估值 9 亿,1946 年 8 月 30 日订售卖协定,作价 1.75 亿,加运费 3000 万,共 2.05 亿;其中 5500 万作为中国欠款,余 1.5 亿用中国战时垫付在华美军费用款抵付
(9)华西剩余物资售卖	售价 84.5 贷款 20.0 抵价 64.5	美方未估价,售价美元 2500 万又法币 51.6 亿。美元部分有 500 万计入(8)项之剩余物资售卖协定内,余 2000 万作为中国欠款。法币部分用中国战时垫付在华美军费用款抵付;按 80 元汇率折合美元 6450 万

续表

项目	金额（百万美元）	说明
（10）华北剩余军火	未作价	军火6500吨，未计价让与
（11）海委会船只售卖	估值 77.3 售价 26.2 贷款 16.4 抵价 9.8	据美国1946年售船法案，售与中国船43只，售价2620万。内1640万作为中国欠款，余980万，内美国进出口银行垫付420万，余付现
（12）船坞设备售卖	售价 4.1 贷款 4.1	美国外物资清理局移交中国船坞设备供上海、青岛造船厂用，售价410万，作为中国欠款，30年偿清
（13）海军船只让与	赠与 141.3	1947年12月8日中美协定，让与船271只，实让131只，作价1.413亿，内有3600万系租借法案（战时）项下移入
（14）剩余军备售卖	估值 99.8 抵价 6.6	截至1948年11月30日中国认购数，原估价1.008亿，实际装运9980万，作价660万，内一部分由1948年援华法案拨款
（15）经济合作总署物资	赠与 275.0 实支 193.2	1948年援华法案，6月28日拨2.75亿与经合总署，包括购买粮食、石油、原棉、肥料、煤等，至1949年3月11日实支1.932亿
（16）1948年军事援华	赠与 125.0 实支 124.1	1948年援华法案，拨军援1.25亿，至1949年3月11日实支1.241亿，内1948年年底运到6090万，余运台湾

	赠与（实支）	贷款	剩余物资抵价	总计
战时1笔合计（百万美元）	825.7	20.0	—	845.7
战后15笔合计（百万美元）	1514.0	326.8	230.9	2071.7

注：剩余物资的售价中，除作为中国欠款（列入贷款）部分外，余数以货币或债权抵付，列入抵价。

资料来源：美国国务院：United States Relation with China，1949，pp.1044-1050。参阅《中美关系资料汇编》第一辑，世界知识出版社1957年版，第992—999页。

日本投降后,美国总统杜鲁门在1945年12月15日发表的《美国对华政策的声明》称:“美国及其他联合国家承认,目前中华民国国民政府为中国唯一的合法政府,为达到统一中国目标之恰当机构”;“自治性的军队例如共产党军队那样的存在乃与中国政治团结不相符合,且实际上使政治团结不能实现”;“美国准备以一切合理的方式帮助国民政府重建其国家”。这时,蒋介石虽然已撕毁两个月前与共产党签立的《双十协定》,开始进攻解放区,但在人民和舆论的压力下,仍不得不宣布在1946年1月召开有共产党参加的政治协商会议。因而杜鲁门的声明中说:“美国深知目前中国国民政府是‘一党政府’,并相信如果这个政府的基础加以扩大,容纳国内其他政治党派的话,即将推进中国的和平、团结和民主的改革。”①两年以后,在1948年3月11日杜鲁门召开的记者招待会上,有人问起他的上述《对华政策的声明》时,杜鲁门说这个声明仍然有效,并解释说,美国的政策不是劝中国国民党政府把共产党揽入政府,美国的政策是帮助蒋介石政府应付它所面对的情况;“如果可能做到的话,我们不愿意在中国政府中或任何其他地方的政府中有任何共产党人。”②整个战后3年的美援,可以说都是这种杜鲁门主义的产物。

美国副国务卿艾奇逊在受命编纂《美国与中国关系》后,在1949年7月30日写信给杜鲁门,总结了这一时期的美国对华政策。③ 信中说,日本投降后,可供美国对华政策的抉择之一是“大规模地在军事方面加以干涉,援助国民党击毁共产党”。但是,这种抉择虽然“吸人心目”,并且美国已急调5万海军陆战队在华北登陆,若要大规模地参战,却是“美国人民显然不会允许”的。因而“我们从1945年到1949年所力予推行的”政策,乃是“协助国民政府尽可能在中国广大的地区上建立其权威”。这也就是美援,包括军事援助和经济援助的性质。

---

① 《杜鲁门总统关于美国对华政策的声明》,见世界知识出版社编:《中美关系资料汇编》第一辑,1957年,第628—630页。

② 《杜鲁门总统的新闻记者招待会,1948年3月11日》,见世界知识出版社编:《中美关系资料汇编》第一辑,1957年,第316页。

③ 此信也就是《美国与中国关系》一书的代序,下引译文据世界知识出版社编:《中美关系资料汇编》第一辑,1957年,第29—41页。

原来早在1945年9月14日，即日本正式投降10天后，杜鲁门即发表一个声明，援助蒋介石装备39个师和“一支适当数量的空军”及“供给若干海军舰艇”。同时，美国立即空运给蒋介石3个军到华东与华北，又水运四五十万的军队，并资助占领沦陷区的经费。① 于是，用艾奇逊给杜鲁门信中的话说，蒋介石于1946年“发动了一个雄心勃勃的军事行动”。由于不理解毛泽东同志的战略思想，在艾奇逊看来，美国援蒋的政策是成功的：1946年年初，“国民党在军事的成就上和领域的扩张上，显然是登峰造极的”；“一直到1948年初秋，国民政府在人力和军备上较其对手具有显著的优势”。但是，尽管1948年美国倾注了更多的美援，却无法挽救蒋介石军队的一败涂地，也不能挽救国民党统治区经济的崩溃。然而，这并非美援之过，“这些失败都不是美援的不充分造成的”；“没有一次战役的失败是由于缺乏武器或弹药”。艾奇逊终于也看到，国民党的溃败是因为“它的部队已经丧失斗志，它的政府已经失去人民的支持”。这可以作为美援作用的一个注解。

三、战后外国在华投资

太平洋战争爆发后，日本接管了英、美等在沦陷区和东北的企业和房地产。1945年8月日本投降后，日本的全部和德、意属于法西斯部分的在华（包括中国台湾）财产被中国政府接收；原属英、美等国财产则发还原主。战后，欧洲各国都失掉了扩大海外投资的能力，在中国的外国资本中，也形成美国独霸的局面。

战时，海关总税务司改由美国人担任，几十年来由英国人控制的中国海关战后已入美国人之手。同时，原由汇丰银行控制的中国外汇市场也转由美国银行控制。1946年，战前6家英国银行有3家复业，战前4家美国银行则全部复业。同年冬，上海有美商贸易洋行256家，英商90家，另

① 世界知识出版社编：《中美关系资料汇编》第一辑，1957年，第354、953页。

有俄商35家,法商19家,瑞士商17家,德商8家,其他国98家。①

1946年11月4日,南京政府与美国签订《中美友好通商航海条约》。其主要内容是:(1)“缔约国此方之国民,应许其进入缔约彼方之领土,并许其在该领土全境内,居住、旅行及经商。”(2)“缔约此方之国民,在缔约彼方领土全境内,应许其不受干涉,从事并经营依法组成之官厅所不禁止之商务、制造、加工、科学、教育、宗教及慈善事业”,并为此取得“适当之房屋,并租赁适当之土地,选用代理人或员工。”(3)“缔约此方之船舶……享有装载货物前往缔约彼方现在或将来对外国商务及航业开放之一切口岸、地方及领水之自由。”②

这个经过一年多秘密谈判的条约一经公布,立即引起全国震动,舆论哗然。约中强调给予双方“国民待遇”和“对等原则”,而实为欺人之语。美强华弱,美国人、美商、美船可自由出入中国;中国人、华商、华船却无力出入美国。又过去一切不平等条约,乃至日本向袁世凯提出的二十一条,都有一定的地区和业务范围,此约则是中国“领土全境”无任何限制。条约公布后,上海许多专家、学者在一次星期座谈会上纷纷发言抨击;上海各界人民团体联合会发表声明,要求废止或修改;重庆中国工业协会、迁川工厂联合会召开会议,认为条约是对工商界最大的威胁。③ 上海《大公报》的社论说:“以江宁条约为始的不平等条约曾支配了中国一百年的半殖民地命运,无疑问地,以这个中美条约为始的不平等条约,又将支配中国将来的百年命运。”延安《解放日报》社论说:“这是历史上最可耻的卖国条约,是蒋政府把中国作为美国附属国的标志之一,是中华民族又一次新的大国耻。”④

原来,1946年4月南京公布的新《公司法》允许外国人设立纯外资公司,并无需呈报资本额。战时,美、英等国已声明放弃早先条约规定的领

① 上海社会科学院经济研究所等编:《上海对外贸易》下册,1989年,第149页。

② 王铁崖编:《中外旧约章汇编》第三册,生活·读书·新知三联书店1962年版,第1430—1449页。

③ 1946年11月7日、14日上海《文汇报》;同年11月30日重庆《商务日报》。

④ 1946年11月6日上海《大公报》;同年11月26日延安《解放日报》。

事裁判权和租界,外商活动已无条约口岸的限制。但是,由于战后不久蒋介石即发动大规模内战,时局不稳,外资企业的设立并不多。上海的贸易洋行由1946年冬的523家减为1947年的370家,其中美商也由256家减为182家。美国的威斯汀豪斯、环球、美孚等大公司都曾与南京政府协议,准备设立电机、造船、水泥、石油等企业;美国财团并取得煤矿、有色金属矿的开采权和成渝铁路、川滇铁路的筑路权;但都因投资环境不佳而未能实现。航运方面,美国轮船则甚活跃。据中国海关登记,1947年往来外洋的外国轮船共1500万吨,其中,美国船占35.6%,英国船占32.6%;但往来国内各埠的外国轮船共259万吨,仍以英国船为主,占36.3%,美国占23.2%。

1946年12月20日,南京政府与美国签订《中美航空协定》,这是继《中美友好通商航海条约》之后的一项对美开放全部领空权的协定。它规定,对"获许之美国航空组织,给与通过中国领土及在中国领土内作非营业性降落之权利",这显然指美国空军;又"给以在上海、天津、广州"及协定内列举各航线上"随时商定而增辟之地点,沿线往来装卸客、货及邮件之权利。"[①]这项适用于美国各民航公司。这以前,1946年8月30日,南京政府已与战时美国第十四航空队队长所组织的陈纳德航空公司签约,允许该公司在中国经营运输,实际上兼为蒋介石运输军需。

战后美国的经援主要是通过联总运往中国的,它在中国的机构即行总(行政院善后救济总署),实际是由美国顾问指挥。1947年联总结束后,美国的经援主要是由美国经济合作总署支配,行总仍然是它在中国的执行机构。行总利用美援物资,在中国举办了一系列企事业,例如汉口、长沙、广州的农业机械公司等,尽管这些企业中并无美国股份。1948年8月5日通过《关于设立中国农村复兴委员会之换文》,美资参与中国农贷、化肥及农场等事业。唯因解放战争节节胜利,这些计划大多落空。

① 王铁崖编:《中外旧约章汇编》第三册,生活·读书·新知三联书店1962年版,第1466—1469页。

由于美军和美国官员大批来华,美国在中国的房地产大增。在这方面,战后的南京政府有件惊人之举,即将鸦片战争后列强根据不平等条约在租界区取得的土地永租权改换成土地所有权,发给“土地所有权状”。[①]又于1946年和美国协定,拨3500万美元供美国购买房地产之用,凡美国领事馆指定之房地产,即由中央信托局付款代购,然后由美军剩余物资售卖款中拨还。在上海、天津、青岛、昆明、成都共购置近30处。

原来,外国在华投资是以直接投资即私人经营的企业和房地产占有为主。战后美国独占中国,私人开设的企业却不多。这是由于这时美国的资本输出已是以国家垄断资本为主,而中国的国民党政府,已成为美国国家垄断资本的总代理人,或总买办了。也由于这个原因,国民党政府在争取美国政府的借款上是不遗余力的。

早在太平洋战争前,国民党中央设计局在重庆拟定的“物质建设五年计划”就要求取得32.21亿美元的外国资本,主要是美国借款。战后,资源委员会制定的“工矿建设五年计划”,也是要求引进19.87亿美元的美国资本。1945年,宋子文正式向美国提出“二十亿美元借款计划”,确切预算是20.83亿美元。这些庞大计划都被美国人一笑置之。除了美国在租借法案和剩余物资售卖中所设定的7笔贷款,即表5—2所列共32.68亿美元外,只是由美国进出口银行于1946年3月4日给予南京政府6700万美元的美棉贷款,同年6月3月给予1655万美元的铁路材料借款。此外,还有同年的购买发电机借款、购船借款、采煤借款共约4600万美元,但基本未曾执行。1947年,人民解放军进入反攻阶段,美国就不再给予国民党政府商业性借款了。所以,南京政府所获得的美国借款,除属于美援者外,实际不多,到1948年年底结欠额6540万美元。而巨额的美援,如前所说,目的在“援助国民党击毁共产党”,于经济建设无补。

---

① 此项出卖国土之举,甚至引起国民党官员抗议。1947年5月广州租界清理委员会电南京外交部:“原日皇家租契(指英租界当局所发租契)之租赁权人何以能获得土地所有权,而准其换发土地所有权状?”如沙面租界尚有14年即期满,“以持有皇家租契只有十余年租赁权利之租赁人,而享受土地永久所有权利,衡量轻重,未免相去太远。”见吴承明编:《帝国主义在旧中国的投资》,人民出版社1955年版,第98页。

我们在表2—9中曾估列了1902年、1914年、1920年、1930年、1936年的各国在华投资，现在再估算它们在1940年、1948年的投资，列为表5—3。

表5—3　1936—1948年外国在华投资估计　（单位：百万美元）

项目	1936年	1940年（日本1945年）	1948年
总计	3941.4	6762.0	3197.3
直接投资	3127.3	5540.8	1487.0
借款	814.1	1221.2	1710.3
日本	1818.3	4451.6*	—
直接投资	1560.1	4121.0	—
内东北	1288.6	3036.4	—
关内	271.5	1084.6	—
借款	258.2	330.6	—
美国	328.2	382.9	1410.1
直接投资	263.8	250.0	385.0
借款	64.4	132.9	1025.1
英国	1020.8	940.3	1115.4
直接投资	870.7	765.4	715.5
借款	150.1	174.9	399.9
法国	276.3	257.5	297.2
直接投资	185.4	176.4	226.1
借款	90.9	81.1	71.1
德国	136.4	137.0	…
直接投资	47.0	44.0	…
借款	89.4	93.0	—
苏联	26.1	276.1	…
直接投资	26.1	26.1	…
借款	—	250.0	—
其他国	335.3	316.6	374.6
直接投资	174.2	157.9	160.4
借款	161.1	158.7	214.2

注：*1936年币值。

资料来源：1936年见表2—9。1940年、1948年日本、美国、英国、苏联见本节正文，余据吴承明：《帝国主义在旧中国的投资》，人民出版社1955年版，第52页。

表5—3中1940年的估计是表现太平洋战争前,即美、英等在华财产尚未被日本接管前的概况。其中美、英两国的直接投资和借款中的铁路借款均据吴承明的1941年估计①;借款中的财政借款是用1936年的结欠额,即美国5650万美元、英国1.032亿美元,分别加上1938—1940年美国3笔借款7000万美元和英国2笔借款3770万美元而成。②又苏联投资是将其1936年的直接投资(主要在北满)加上1938—1940年的3次易货借款2.5亿美元(表4—55)而成。这3次借款并未全部动用,因无法评估,全部计入。其余各国,除日本外,也都用吴承明的估计。

本时期,最大变动是日本投资的膨胀。对日本资本,我们不是用1940年,而是用1945年日本投降前为基期,以表现日本投资的最高峰。

在第四章第二节(二)已说明,对于日本在东北的投资,我们是把"满洲国资本"划分出来,只计日资。这里我们即按该节(二)所列日资94.36亿日元(已折1936年币值),用每日元合0.29美元折合27.364亿美元,作为日本在东北的企业财产。加上吴承明所估的非企业房地产价值3亿美元,共30.364亿美元,作为日本在东北的直接投资。日本在关内的直接投资,也用吴的估计,即企业财产8.846亿美元,房地产2亿美元,共10.846亿美元(也是1936年币值)。③抗战后,原来日本对南京政府的借款全部勾销。表5—3所列是日本在1932—1944年对伪满洲国的借款,亦见第四章第二节(二)。原列满元(与日元等值),我们将它按长春物价指数逐年折成战前满元,再按0.29汇率折成3.306亿美元。

1945年的日本在华投资,因系按战前币值估计,与表5—3中其他国投资(一般系当年美元币值)相比,会相对偏低。又由于在东北的企

① 吴承明编:《帝国主义在旧中国的投资》,人民出版社1955年版,第52、186页。

② 所加数见表4—55。其中英国1939年平准基金借款按每镑4.8美元折合,同年年底的信用借款适值英镑价猛跌,但系暂时现象,兹按后来较稳定的汇率4.5美元折合。

③ 吴承明编:《帝国主义在旧中国的投资》,人民出版社1955年版,第165、175—176页。其中在东北的房地产不包括原书所列"满拓""东洋拓殖"两会社,因已计入企业财产,但包括"满拓"为移民所辟农田的估值。

业财产中未计入“满洲国资本”，与其他国企业财产相比，更是偏低。其他国企业财产是按“财产支配原则”估计的，例如中英合资的开滦煤矿全部作英资处理。若按此原则，日本在东北的企业财产将增加1倍。

太平洋战争后，美、英等在华财产被日本接管，大部变为日资；所以表5—3中1940年（日本1945年）总数中，也有重复的部分（例如英商开滦煤矿即变为日本华北开发公司的子公司）。不管怎样，表5—3中1940年（日本1945年）的总数67.62亿美元，总可代表历史上外国在华投资的最高峰。第二章第一节（一）我们曾计算1920—1936年外国投资的平均年增长率为4.3%。本时期，依表5—3，1936—1945年日本投资的增长率达10.5%；1936—1940年其他国家投资的增长率为2.1%。

表5—3中1948年的估计，除美、英、苏的借款外，都是据吴承明的估计。他的估计主要是根据解放后的调查和公司呈报材料编制的，口径与过去的资料不尽一致，这时美元也已贬值。[①] 这时候，原来占65%左右的日本投资已不存在，美国居于霸主地位。但如前所说，这时美国的投资是以间接投资尤其是美国国家垄断资本为主。我们是以表5—3中1940年美国借款1.329亿美元，加上1941—1942年两笔借款5.5亿美元（见表4—55），和美援转作欠款的7笔3.468亿美元（见表5—2），再加上美国进出口银行借款的实欠款6540万美元（前文），共10.951亿美元。此数中，1939年的桐油借款2500万美元、1940年的大锡借款2000万美元、同年钨砂借款2500万美元已基本还清。[②] 减除此3项后，为10.251亿美元，即表列美国借款数。

1948年英国的借款，也是用1940年的1.749亿美元，加上1942年的财政借款5000万镑，按每镑4.5美元折合2.25亿美元，共为3.999亿美元。我们不知道偿还情况，大约除抵冲者外（已扣除），很少偿还。

---

① 吴承明编：《帝国主义在旧中国的投资》，人民出版社1955年版，第52—53页。

② 1936—1947年资源委员会出口矿产品的易货偿债部分账面值为1.474亿美元；1938—1945年贸易委员会出口农产品的易货偿债部分账面值为8340万美元；两共2.308亿美元。此后仍有偿债物资出口，故可认为美、苏的易货借款已基本偿清。

苏联在北满的企业投资,太平洋战后损失很大,至于一些非苏籍的侨民投资为数甚小,无从计算。苏联对中国政府的易货借款,第一次、第二次1亿美元大约已偿清,第三次1.5亿美元基本未动用,故不计。

到1948年,美国已占全部外国在华投资额的44.1%;但就直接投资计,英国仍居首位。不过,从表5—2可见,全部美援中,转作欠款(借款)的部分只占11.9%,美帝国主义在战后独占中国经济,是不能用它投资的比重来说明的。

第二节　国家垄断资本主义的膨胀

解放战争时期,在中国这块大地上存在着中国共产党领导的解放区和国民党领导的南京政府统治区。在抗日战争中,共产党领导的抗日根据地还很少有资本主义经济;本时期,随着一些大中城市的解放,资本主义已经成为解放区的一种经济成分,我们将在第四节再做介绍。本节专讲国民党统治区的国家垄断资本,而这种资本主义的最后崩溃,也放到第四节去分析。从本节的叙述中可以看出,抗战胜利后,国家垄断资本虽然因接收了巨额的敌伪产业和美国的援助而高度膨胀,但并没有发挥生产力的作用,而是处于瘫痪状态。它像一个充气的巨人,貌似强大,内部却是孱弱的。因而,不待人民解放军的全面反攻,已可预卜它的前途。

一、接收敌伪产业和日本赔偿物资

敌伪产业是指原日本在华的和伪满、汪伪及其他汉奸组织的公私财产。对德侨产业,除有间谍行为或帮助日军企图者外,一概暂予保管,俟对德和约签订后再行处理。初由国民党政府指定陆军总部监督接收事宜。一时间在沦陷区的军统特务、各地军政机关以至反正的伪军都与重庆派去的接收大员争相“接收”，造成混乱。1945 年 10 月乃在行政院设立收复区全国性事业接收委员会，并于其下分区设立敌伪产业处理局，管理敌伪产业的接收和处理事务。各收复区原有之接收与处理敌伪产业机关一律撤销，工作移交处理局。本节所讨论的只是各处理局接收的产业，至于在混乱中侵吞、私分、盗卖部分，无从稽查。

1945 年冬先后设立了苏浙皖区、河北平津区、粤桂闽区、山东青岛区敌伪产业处理局，同时设立处理敌伪产业审议委员会，以配合工作。敌伪产业较少的武汉区、河南区设特派员办公处，湖南、江西由省政府处理。东北情况特殊，设敌伪产业处理局隶东北“剿匪”总司令部；台湾则设立日产清理处，隶台湾省政府。另外，兵器弹药、舰艇及其他作战物资由军事机关接收；敌伪的金融机构由国家银行接收；铁路、航运、邮电等由交通部门接收。到 1946 年夏，接收工作基本结束。

（一）敌伪工矿产业的接收

接收了多少敌伪产业，无正式统计，或谓值法币 4 亿元，亦无详考。[①] 我们以简锐最近的一项研究，列入表 5—4。该研究系以中国第二历史档案馆所藏各敌伪产业处理局及经济部、财政部的报告为准，核对修订；报告中已处理部分另行评价补入。原报告包括金银货币、有价证券、仓储物资、房地产、交通工具以至农林水产等各种财产，唯亦有只列大类以至仅列三类者。表 5—4 主要是估计所接收的工矿业资产，交通运输等另见下文。鉴于当时币值混乱，均按报告时间折战前法币汇总。

从表 5—4 可见，南京政府所接收的敌伪产业共值战前法币 23.02 亿元，其中工矿业资产 11.46 亿元。其中东北、台湾情况特殊，略做说明。

① 上海《大公报》，1946 年 7 月 31 日。

表 5—4　1945—1947 年南京政府接收敌伪产业的估值

地区	接收产业总额		其中:工矿业资产			折合战前币值			
	估价年月	法币亿元	单位数	法币亿元	工矿业占总额比重(%)	物价指数		产业总额法币万元	工矿业资产法币万元
						地区	指数		
(1)苏浙皖区	1946 年 1 月	14973. 38	478	6503. 17	43. 4	上海	1603	93408	40569
(2)山东青岛区	1946 年 4 月	2269. 69	215	800. 74	35. 3	青岛	3216	7057	2490
(3)河北平津区	1946 年 6 月	5904. 30	2838	1627. 30	27. 6	华北	4129	14300	3941
(4)粤桂闽区	1946 年 12 月	15514. 53	163	5651. 73	36. 4	广州	5611	27650	10073
(5)武汉区	1946 年 1 月	2215. 84	158	773. 84	34. 9	汉口	2609	8493	2966
(6)河南区	1946 年 12 月		30					373	373
(7)东北区	1947 年 8 月	12578. 90	4188	9239. 46	73. 5	沈阳	3787	33216	24398
(8)台湾地区	1945 年 11 月	台币 109. 91	1275	台币 71. 64	65. 2	台北	23. 6	45658	29759
合计			9345					230155	114569

注:(1)敌伪产业处理局报告原注系 1946 年 12 月计算数字,唯查对同年 3 月及 5 月之其他资料,显系该年 1 月之估价,故不按 12 月指数折算(相差 2 倍以上)。其中有德产 382. 75 亿元,逆产 1000 亿元无分类,兹以半数作为工矿业资产。

(2)产业总额中有德产 14. 55 亿元无分类,兹以半数作为工矿业资产。

(3)工矿业资产中包括有少量商业单位的财产,无法剔除。

(4)产业总额中有土地及逆产 4000 亿元无细目,不列入工矿业资产。

(5)产业总额中有德产 500 亿元、逆产 150 亿元无分类,兹以半数作为工矿业资产。

(6)原报告无估值,仅列有工厂 30 单位,兹参考其他地区按每厂战前币值 12. 43 万元计估。

(7)(8)见正文。

资料来源:简锐:《国民党官僚资本发展的概述》,《中国经济史研究》1986 年第 3 期。原主要据中国第二历史档案馆所藏资料。折战前法币时原值以万元为单位,指数 1936=1。

东北是日本投资最多的地区，并有巨额“满洲国资本”。依我们在第四章第一节的考察，折合战前法币值见表5—5。

表5—5 1945年6月日伪在东北的直接投资

项目	当年币值（亿满元）	战前币值（亿日元）	战前币值（法币亿元）
日本投资		94.36	92.51
其中工矿业		54.63	53.56
伪满洲国投资	127.00	30.68	30.08
其中工矿业	55.52	13.41	13.15
日伪投资合计		125.04	122.59
其中工矿业		68.04	66.71

资料来源：折合方法：1945年长春物价指数414（1936年=100）；战前满元与日元等价；1元法币=1.02元日元。日本投资中工矿业占57.9%，见表4—10。伪满投资中金融、农林较多，减除委托满铁经营的15.95亿满元后，以50%作工矿业投资。

又据战后日本专家估计，苏军进驻东北前东北工矿业资产值20.01亿美元，此数折战前法币为51.94亿元。① 考虑到战争末期盟军轰炸损失，与上表66.71亿元大体相合。1945年8月苏联进军东北，将一些重要设备拆迁苏联。拆走的设备有两个估计，列入下页表。第一个估计是美国政府战争赔偿顾问鲍莱（Edwin W.Pauley）1945年11月的调查，第二个估计是1946年中国政府委托日侨善后联络处留华专家所做，似较详尽。依第二估计，苏军拆走的设备，除铁路部分外，共值10.094亿美元，折合战前法币26.98亿元。参照以上两个估计，东北存余敌伪产业在战前法币25亿—35亿元。

① 此项估计见郑友揆：《中国的对外贸易和工业发展》，程麟荪译，上海社会科学院出版社1984年版，第346页。折合办法：1945年美国物价指数130.6（1936年=100）；战前法币1元=0.295美元。

表 5—6　苏联军队拆走的东北工业设备

项目	鲍莱调查团估计		日侨善后联络处估计	
	金额（万美元）	占生产能力比重（%）	金额（万美元）	占生产能力比重（%）
电力	20100	71	21954	60
钢铁	13126	50—100	20405	60—100
煤矿	5000	90	4472	80
铁路	22139	50—100	19376	50—100
机器	16300	80	15887	68
液化燃料	1138	75	4072	90
化工	1400	50	4479	33
水泥	2300	50	2319	54
非铁金属	1000	75	6081	50—100
纺织	3800	75	13511	50
纸及纸浆	700	30	1396	80
交通	2500	20—100	459	30
食品			5905	50
合计	89503		120316	

资料来源：Kungtu C.Sun, *The Economic Development of Manchuria in the First Half of Twentieth Century*, Cambridge：Harvard University Press, 1973, p.88。

日本投降后，中国人民解放军迅速解放了东北大部分地区。1946 年 1 月以后，蒋介石的军队进入东北城市。9 月起接收敌伪产业，至 1947 年 8 月，接收了辽宁、辽北、吉林 3 省和长春、安东 2 市及热河境内铁路沿线的敌伪产业；当时东北的其他 5 省和大连、哈尔滨 2 市不在接收之列。据东北接收委员会负责人称，接管产业共值东北流通券 1181. 12 亿元，按东北流通券每元折法币 40. 65 元计，即表 5—4 所列之数。依表，所接收的工矿业资产合战前法币 2. 44 亿元，仅占上估 25 亿—35 亿元的 7%—10%。1948 年 3 月财政部的工作报告称，东北接收敌伪财产值东北流通券 1200 亿元①，与 1947 年 8 月之数略同。实际上，这期间另有若干城市

① 中国第二历史档案馆藏档三、2、473。

的敌伪财产被东北的国民党当局接收,唯未见报告,我们亦无法推测。①

日本早在 1896 年割据中国台湾,但限于财力,1940 年以后才大力开发。到 20 年代,平均每年投资 3300 余万日元,1931 年以后着重经营东北,年均输台日资减至 550 万日元。据战争赔偿委员会调查,1945 年 8 月 1 日日本在台产业共值 18.9 亿美元,其中企业资产 10.6 亿美元,个人财产 2.5 亿美元,政府资产 5.8 亿美元。② 其企业资产按前法折成战前法币为 27.51 亿元。日本在台企业资本中,工业约占 63.9%,矿业占 4%,两共计战前法币 18.68 亿元。又 1947 年《台湾银行季刊》创刊号有文称,50 年来日本在中国台湾的企业投资约 20 亿日元,个人投资 3 亿日元,政府投资 3.5 亿日元。③ 此指历年投入数,可作战前看,唯未计积累,较前数略小。

1947 年南京政府行政院向参政会报告称,截至 1945 年 11 月,在中国台湾接收日本企业财产台币 71.64 亿元,个人财产 8.88 亿元,办公场所财产 29.39 亿元,共 109.91 亿元。④ 时台北物价指数为 2360(1936 年=100),依此折战前台币共 4.66 亿元;战前台币与日元等值,再按日元折战前法币,即表 5—4 所示。表列工矿业资产 2.98 亿元,包括少量金融业资产未能剔除。此数仅为上估工矿业资产 18.68 亿元的 16%。按中国台湾的日产是全部由省政府接收的,虽战争末期受盟军轰炸较烈,损失较大,但亦不应如此之小。又 1945 年中国台湾 695 家日资工业会社的公称资本即达 9.23 亿日元(大多战前币值)⑤;省政府接收企业 1275 家,仅合战前法币 2.98 亿元,未免偏低。

东北、台湾以外,其他区敌伪资产是否准确,我们无法评估。不过,有

---

① 郑友揆:《中国的对外贸易和工业发展》,程麟荪译,上海社会科学院出版社 1984 年版,第 346 页,估计资源委员会在东北接收敌伪产业 11.56 亿美元。唯其估计办法系将日本专家所估计工矿业产值减除苏军拆走部分后全部作为接收值,此法似不可取。

② 金子文夫:《战前日本在中国台湾、朝鲜、满洲的投资》,东京大学社会科学研究所《年报》第 23 号,1982 年。

③ 该刊载叶理中:《台湾经济在中国》、子固:《台湾经济与日本》,两文所列投资数相同。

④ 中国第二历史档案馆藏档三、2、479。

⑤ 周宪文:《日据时代台湾经济史》上册,台湾银行 1958 年版,第 75 页。

谓美国官方估计经济部所接收的敌伪产业共达18亿美元①,则未免偏高。

(二)工矿业敌伪产业的处理

依行政院《收复区敌伪产业处理办法》规定:(1)原属本国、盟国或友邦人民所有者,查明发还。(2)原属华人与日伪合办者,收归政府所有,唯被强迫合办者,查明另行处理。(3)原为日侨所有或日伪出资收购者,收归政府所有,并移转资源委员会、纺织业管理委员会、粮食部接办;不在上述三单位范围和规模较小者,以公平价格出售。(4)朝鲜侨民产业,一般发还;德侨产业,暂予保管,俟对德和约签订后再处理。因此,基本处理方式有发还、移转、标卖三种。

工矿企业的处理原应由经济部核定,但实际上各区敌伪产业处理局除报经济部者外,自行处理者亦不少。各区处理的报告详简不一,但多只列企业单位,无资产统计。此项处理报告经简锐整理,列入表5—7。其中(B)经济部处理部分,包括在(A)各区处理数之内。

表5—7 1946—1947年接收敌伪工矿企业的处理情况

(A)各区敌伪产业处理情况(单位数)							
地区	处理或报告时间	接收单位总数	发还	移转	标售	其他方式	待处理
苏浙皖区	1946年12月	478	109	86	226	—	57
河北平津区	1947年1月	2838	131	278	161	1519	749
山东青岛区	1946年4月	215	31	66	88	13	17
粤桂闽区	1947年2月	163	28	33	70	32	—
武汉区	1947年5月	158	15	106	15	17	5
河南区	1947年5月	30	5	8	—	—	17
东北区	1947年8月	4188	—	3413	—	—	775
台湾地区	1947年2月	1275	—	551	724	—	—
合计		9345	319	4541	1284	1581	1620
占总数比重(%)		100	3.4	48.6	13.7	16.9	17.4

① 吴兆洪:《我所知道的资源委员会》,中国社会科学院经济研究所藏抄件按18亿美元依上法折合战前法币达46.72亿元。

续表

(B)经济部处理敌伪产业情况(单位数)					
项目	处理总数	发还	移转	标售	保管
工厂	1489	236	508	439	306
矿场	61	7	28	9	17
电厂	32	20	9	—	3
公司行号	511	35	253	30	193
合计	2096*	298	798	481*	519
占总数比重(%)	100	14.2	38.1	22.9	24.8

注:*原表合计数比本栏相加多3个单位。(A)表中“其他方式”主要是拆零部件出卖。河北平津区包括商业、农业企业,台湾地区包括金融业,为数不多,无法剔除。

资料来源:(A)简锐:《国民党官僚资本发展的概述》,《中国经济史研究》1986年第3期。(B)1947年2月行政院工作报告,中国第二历史档案馆藏档三、2、479。

发还的企业,主要是原华商产业经敌伪占用、改建、投资者,发还时其敌伪增益部分仍须业者价购或收归国有;这类企业为数甚少。从表5—7(A)可见,除待处理者外,近60%的企业均经转移给政府部门接办。标售部分,连同其他方式处理,仅占企业总数的30%。表(B)经济部处理者,其保管部分主要是留待成立新的国营机构,连同移转,在60%以上,标售者仅占23%。移转的都是较大企业,其资产未曾发表。而标售者除少量为有权势者捷足先登外,概属破损小厂,甚至无人投标,引起舆论斥责。按当时处理情况,若谓国家垄断资本占有接收敌伪工矿资产的90%(包括以民营面貌出现者),大约不会估计过高。

抗战胜利之初,企业家无不欢欣鼓舞,寄希望于庞大的敌伪产业,复兴中国工业。在后方的迁川工厂联合会等团体更纷电政府,要求优先承购敌伪工厂,以弥补战时损失。历史上备受日本纱厂压抑的棉纺界尤为兴奋,由纱厂联合会要求将日伪厂委托民厂代营,他们也完全有此能力。行政院长宋子文曾一度允诺,旋又反悔。纺织界要求收购,宋亦不应允,竟称:“经营纺织业的利益,可以对本对利,……政府决无此种义务,必须以此项纱厂售给现有财力之少数人民,助其发财。”①原来《收复区敌伪产

① 1946年1月22日宋子文招待记者的谈话,见香港《经济通讯》第3期,1946年2月9日。

业处理办法》规定“规模较小”和不属于资委会、纺织业管理委员会及粮食部接办的,将以公平价格标售。实际并没有认真贯彻执行。资源委员会原本经营重工业,却接办了制糖和造纸两个轻工业;过去民营经营甚有成绩的酸碱、水泥、橡胶等工业亦归了国营。中国台湾的日本工矿企业被接收后,按行业组成了46个国营公司。

1946年,南京政府正苦于巨额财政赤字和严重的通货膨胀。当时经济界建议大量出售敌伪财产,可以缓解赤字,回笼货币,稳定金融。这年财政赤字为4.7万亿元,年底法币发行额为3.7万亿元。接收敌伪产业总值,依表5—4,不计东北和台湾,为4.1万亿元,其中苏浙皖区若按年底估值当增1倍,即为5.5万亿元;若以1/3出售,即可大大改善通货膨胀情况。东北流通券和台币的通货膨胀不像法币那样严重,两地敌伪产业特别多,完全可以由出售敌伪产业治理。这种意见亦未为国民党当局采纳。由于政府不肯出售最受欢迎的敌伪纺织厂,又将最易出售的敌伪库存商品拨给了国防部,房地产被官方和权势人所占,1946年出售敌伪产业收入仅0.5万亿元;以后就没有什么出售敌产的收入了(见表5—37、表5—40)。

(三)敌伪商业的接收和处理

在各区敌伪产业处理局的报告中,商业部分没有系统的统计。仅经济部经手接收者有一报告,计到1946年11月,除东北接收情况不明外,共接收商业企业355家,其中日伪资本326家,资产估值47784万元,见表5—8。另德资9家,英、美、法、比资本19家,华资1家,均无资产估值,未列入表内。

表5—8 经济部接收的敌伪商业 (单位:万元)

项目	日资		日伪合资		合计	
	户数	资产	户数	资产	户数	资产
货品贩卖业	260	23975	1	9	261	23684
进出口贸易业	14	438			14	438

续表

项目	日资		日伪合资		合计	
	户数	资产	户数	资产	户数	资产
统制配给业	18	2778	1	808	19	3586
运输堆栈业	29	19937	1	40	30	19977
生活供应业	2	99			2	99
合计	323	46927	3	857	326	47784

资料来源：谭熙鸿主编：《十年来之中国经济》中册，中华书局1948年版，第L107—108页。又据郭今吾主编的《当代中国商业》一书称："抗战胜利后，四大家族接收了总资产达49200万元的日伪商业企业（不包括东北地区）"，见该书中国社会科学出版社1987年版，第5页。

经济部接收之355家商业企业，在冀热察绥区者有261家，占61%，而商业集中之苏浙皖区仅有74家，显然是已由其他部门接收。又上表资产估值共4.28亿元，按1946年6月物价指数计，仅折战前法币10万余元，亦足见此项统计不能反映日伪的商业资产。至于这些企业的处理，截至1946年11月，其属于英美法比和华资的20家均经发还；属于德资的9家已移交有关部门；属于日伪合资的3家由经济部保管；属于日资的323家处理情况见表5—9。

表5—9　经济部接收的日资企业处理情况

项目	直接经营	移管	标售	发还	保管	合计
货品贩卖业	1	101	15	1	142	260
进出口贸易业	—	10	—	—	4	14
统制配给业	—	8	—	—	10	18
运输堆栈业	—	12	3	—	14	29
生活供应业	—	—	1	—	1	2
合计	1	131	19	1	171	323

资料来源：谭熙鸿主编：《十年来之中国经济》中册，中华书局1948年版，第L109—110页。

（四）日本赔偿和归还物资

抗战8年，中国经受了巨大损失：一般估计，伤亡2100多万人，财产损失600多亿美元。① 不过,这里所说是战后处理日本赔偿的情况。原来根据波茨坦宣言,盟国不向日本索取赔款,而以其工业设备和实物充赔。于是南京政府行政院设日本赔偿委员会,该会汇总全国除东北、台湾和共产党领导的解放区以外的各省市抗战损失报告,计自1937年7月7日至1945年9月3日日本签字投降为止,公私财产损失共37万亿元,折战前法币1078亿元、318亿美元;又军队伤亡340.7万人,平民伤亡842.7万人,按国际标准估值合战前法币169.5亿元、49.99亿美元。② 同时,美国派赔偿顾问鲍莱为特使,调查日本产业,提出日本可供赔偿的工业设备900万吨。盟国远东委员会决定先提30%作为直接受日本侵略各国的"先期赔偿"物资,其中,中国可得半数,即135万吨。该计划由麦克阿瑟领导的驻日盟军总部(盟总)执行。

这135万吨赔偿物资,需运费、国内建厂费、安装费等8000亿元和外汇4858万美元。南京政府因财政困难,仅申请拆迁48.785万吨。为此,派以吴半农为主任的归还物资接收委员会驻日本。1948年1月由招商局派轮船装载首批赔偿物资453箱,1610公吨到上海。自此至1949年9月,共派船22次,运回赔偿物资12504箱、35912.76重吨。1949年5月13日美国政府突然指令盟总停止执行"先期赔偿"计划,唯已着手拆迁者仍得继续拆迁。但是,对于我正在拆迁的吴港发电厂和起重机(是中国分得设备中最好的一套)竟不准继续拆迁,显然是由于中国革命形势大好、美国妄图阻挠之故。计中国分得的赔偿物资约值2250余万美元,因

① 此数据1985年9月3日《人民日报》报道"首都举行向人民英雄纪念碑献花圈仪式";见胡乔木:《略谈八年抗战的伟大历史意义》,《人民日报》1987年7月8日。又1987年7月7日《人民日报》社论《以史为鉴》称伤亡2100万人,财产损失和战争消耗约1000亿美元。日本方面一般估计中国有1000多万人丧生,财产损失500亿美元。见1987年7月5日《人民日报》报道"日本进步人士在东京集会纪念卢沟桥事变50周年";日本《记者同盟报》1987年11月号载宇都宫德马和营野俊文章。

② 行政院赔偿委员会致行政院秘书处函附件,1946年8月12日,中国第二历史档案馆藏档二、2、2652。唯据下引吴半农文称,行政院赔偿委员会估计中国战时损失不下620亿美元,约指当时币值。

吴淞港设备停拆,不足此数。[①] 此次赔偿以拆迁日本整厂为主,共拆迁 54 个厂。内 17 个整厂和 4700 部机器分给了资源委员会,计 28.785 万吨,占拆迁总吨的 59.7%;其余分给国防、交通、经济等部;除经济部将少量机器配给民营厂外,都属国营所有。[②]

战后盟国要求日本归还战争中强行劫走的物资。由于各国利益不一,迟至 1948 年 7 月才达成协议。截至 1949 年 9 月,运回中国的被劫物资有铜币、镍币 11083 公吨,值 524.6 万美元;南京永利硫酸铔厂和广东省营造纸厂设备原件;各种机器,值 220 余万美元;轮船 12 只、20676 吨,值 216.3 万美元;连同图书、古物、贵金属、车辆、原料、杂项等共 10 类,共值 1813.2 万美元。[③]

以上赔偿和归还的物资共值 4063.2 万美元,依前法折战前币值 10546 万元。其中有一部分径运台湾。

二、工矿业国家垄断资本的膨胀

由于接收敌伪产业,战后国民党统治区的国家垄断资本大大膨胀。除贸易业已见第一节、交通运输和金融业见下目外,现将几家主要工矿企业简介如下。

(一)资源委员会

1945 年年底,资源委员会(资委会)在后方自有和主办的生产性企业有 93 个。复员后,移交地方或租给民营 13 个,结束或基本停工者 33 个,有 47 个继续经营,但仅电力、煤、石油、电工等较大企业正常生产,其余的收缩归并。截至 1946 年年底,它接收敌伪产业 292 个单位,技术和管理人

---

① 吴半农:《有关日本赔偿归还工作的一些史实》,见中国人民政治协商会议全国委员会文史资料研究委员会编:《文史资料选辑》第 27 辑,文史资料出版社 1980 年版。

② 《资源委员会接收日本先期拆迁赔偿物资概述》,中国第二历史档案馆藏档廿八、2、877。

③ 吴半农:《有关日本赔偿归还工作的一些史实》,见中国人民政治协商会议全国委员会文史资料研究委员会编:《文史资料选辑》第 27 辑,文史资料出版社 1980 年版。

员近3000人,资产值11478亿元,折战前币值3.36亿元,情况见表5—10。

表5—10 1946年年底资源委员会接收的敌伪产业

地区	资委会接办机关	接收敌伪企业单位数	接收的企业财产估值(万元)	物价指数	折战前法币万元
宁沪	7	31	846690	1603	528
武汉	3	6	314618	2609	121
山东	5	17	1185375	3216	369
海南	3	5	711035	5611	127
平津	15	59	2736239	4129	663
东北	11	126	89866895	3787	23730
台湾	20	48	19122628	2360	8103
合计	64	292	114783480		33641

资料来源:中国第二历史档案馆藏档廿八、2、791。指数见表5—4。原资料东北项内并载有流通券7814513万元,台湾项内载有台币546342万元。又总数项内载折美金38260万元,大约是参照官价每美元合法币3000元计算的。按此时黑市约6000元。

接收后,资委会的事业大大扩张,设立了许多专业公司(局),管理各厂矿。如电力,设东北、冀北、台北等公司;钢铁设华北、华中、鞍山、本溪、海南等公司;金属矿设华中、东北、台铜、台铝等公司。又设中国石油公司,除甘肃油矿、四川天然气矿外,接收抚顺炼油厂和本溪、鞍山油母页岩厂,规模巨大的台湾高雄炼油厂;同时设中国油轮公司,有油轮23艘。酸碱、水泥过去资委会是投资他厂,现设有天津酸碱、台湾制碱、台湾肥料、台湾水泥等公司。新辟事业,台湾糖业公司有42个厂,职工2.6万人,并有蔗田和专用铁路。天津、辽宁、台湾3个纸浆造纸公司辖有11个厂,职工近4500人。到1947年年底资委会共有11个生产部门,96个管理机构,所属厂矿291个,职工223775人(1947年8月有261038人,达到最高峰)。

资委会不仅接收了大批敌伪产业,还获得政府大量拨款,1946年有963亿元,1947年有3280亿元;国家银行贷款,1946年有543亿元,1947年有3584亿元;外汇借款约1500万美元。① 而其生产的恢复则很慢。除

① 吴兆洪:资源委员会财务报告,《资源委员会公报》第13卷第2期,1947年。

电力、煤比抗战时有较大增长外，钢铁则到1947年才恢复到战时后方的水平。机械、电器因美国货大量涌进，发展甚微；有些所谓新产品仅是进口原件，按原图纸装配而已。新辟事业，炼铝未能开工，水泥产量仅及日本人统治时期的18.7%，糖恢复34.7%，碱、化肥恢复的均不及50%。情况见表5—11。

表5—11　资源委员会产品产量

项目	1945年	1946年	1947年
电力（万度）	7013.6	97420.1	200466.6
煤（万吨）	62.5	448.6	562.2
汽油（万加仑）	430.5	505.8	877.3
钢铁合计（吨）	32762.0	8439.0	32638.2
动力机（马力）	1618.0	2866.0	2369.0
工具机（部）	161.0	32.0	96.0
发电机（万伏安）	62.8	—	—
电动机（马力）	5917.0	2913.0	6163.0
水泥（万吨）	130.0*	8.3	24.3
烧碱（吨）	7908.0*	3441.0	3765.0
盐酸（吨）	4716.0*	769.0	3759.0
化肥（台湾，吨）	48400.0*	—	20417.0
纸浆（台湾，吨）	57000.0*	7000.0	
糖（台湾，万吨）	120.0*	12.3	41.6

注：1945年代表抗战后方产量，唯有*者为日本人管理时产量。

资料来源：本表及上文均据资源委员会编：《资源委员会沿革》，1948年油印本；《复员以来资源委员会工作述要》，资源委员会1948年编印；《台湾工矿事业考察总报告》，1946年油印本。

（二）中国纺织建设公司（纺建）

纺建于1945年12月隶经济部，董事长由经济部部长兼任（当时部长为翁文灏）。原雍兴实业公司总经理束云章任总经理，被视为宋子文系人物。它是由接收的112个纺织、印染及有关机械厂组成，接收情况见表5—12。

表 5—12　中国纺织建设公司接收的敌产

地区	接收单位数							
	棉纺	毛纺	制麻	绢纺	印染	针织	其他	合计
上海	18	5	2	1	6	1	19	52
青岛	8					2	3	13
天津	7			1	1		15	24
东北	5				1		17	23
合计	38	5	2	2	8	3	54	112

地区	接收主要设备		
	纺机(锭)	线机(锭)	布机(台)
上海	941454	167932	15958
青岛	357468	41088	7600
天津	325202	24730	8517
东北	223208	13420	5330
合计	1847332	247170	37405

资料来源:纺建接收后无正式统计,接收中又有发还民营及购进者。本表以江南问题研究会:《中国纺织建设公司》为主,综合其他资料编制,力图表现 1945 年接收时的情况。

接收后进行改组,设棉纺厂 38 个,毛麻绢纺和针织厂 9 个,印染厂有上海、天津 7 个。纺建的设备,各种记载不一,现以公司董事会编印的《纺建要览》为准,1947 年情况见表 5—13。

表 5—13　1947 年纺建的纺织设备

地区	厂数	纱机(锭)	线机(锭)	布机(台)
上海	20	897328	230116	18195
青岛	8	324524	35964	7262
天津	7	332872	50756	8640
东北	5	223208	13420	5330
合计	40	1777932	330256	39427
内开工数		1646393	231130	32322

资料来源:中国纺织建设公司董事会:《纺建要览》,1948 年,第 54—55 页。下述开工数比重据全国纱厂联合会 1947 年 12 月调查算出,见严中平等编:《中国近代经济史统计资料选辑》,科学出版社 1955 年版,第 135 页。

以上设备,按开工数计,纱线锭占全国纱厂(不计英商)的 39.7%,布机台 60.1%;居于垄断地位。但纺建的经营并不佳,1947 年其纱机设备的运转率仅 49.6%,布机设备的运转率亦仅 49.8%。1946 年产纱 42.6 万件,1947 年产纱 74.5 万件,分别占全国纱产量的 32%和 39%;1946 年产布 955 万匹,1947 年产布 1612 万匹,分别占全国产量的 29%和 40%,都低于其设备所占比重,说明其生产效率不及民营。但纺建拥有国家的低息贷款、取得官价外汇、优先分配美援棉花等特权,故虽机构臃肿,开支庞大,仍有可观利润:1946 年纯益 1 万亿元,1947 年纯益近 7000 亿元,并获出口纱布外汇合 1415 万美元。而当时舆论谴责最甚者乃是纺建之垄断市场,操纵价格。因备受指责,宋子文曾允诺纺建于两年后改为民营,结果自食其言。

纺建有多大资产呢?据日本人调查,1936 年日本在华纺织业投资,关内 38164.3 万日元,东北 2413.7 万日元,共计战前法币 3.98 亿元。其时日厂共有纱线机 239.8 万锭[①],战初损失颇大,纺建接收为 210.8 万锭。纺建成立时,估计接收固定资产值 14505.5 万美元,折战前法币约 37297 万元。同时接收原物料值法币 193 亿元,政府拨给资金 10 亿元,长期贷款 50 亿元,即流动资金共 253 亿元,折战前法币 1399 万元。两共战前法币 3.87 亿元。又 1948 年纺建改为股份公司,核定资本金圆券 8 亿元,折战前法币 3.36 亿元。三项估值略同。[②]

(三)中国纺织机器制造公司

1947 年由纺建分出,以接收之敌伪机械厂组成,在上海设第一、第二制造厂,有作业机 669 部。该年生产大牵伸 173686 锭,纺织零件 91467

---

① 投资额见东亚研究所:《日本の対支投資》下册,1944 年版,第 1045 页;满铁产业部编:《满洲经济年报》下册,改造社 1937 年版,第 104 页。纺锭数关内见《日本の対支投資》上册,第 213 页;东北见满史会编:《满洲开发四十年史》下卷,满洲开发四十年史刊行会 1964 年版,第 434 页。

② 折合方法:1946 年美国物价指数 131.9(1936 年 = 100);战前法币 1 元 = 0.295 美元。1946 年 1 月上海物价指数 1809,到 1948 年 8 月发行金圆券前为 7131000(1936 年 = 1);金圆券 1 元 = 法币 300 万元。

件。公司资本60亿元,官商合办,官股占40%,以接收的资产抵充,已计入纺建资产内。商股60%,由74家民营纱厂照开工锭数分摊。[①]

(四)中国植物油料厂(中植)

该厂发展情况已屡见本书。战后中植收缩了原在西南的事业,接收了大批敌产,设炼油厂、储油厂15个,国内贸易机构37处,并有中国香港储运设施和伦敦、印度办事处。其所接收的上海大日本涂料会社的设备最佳,吉田会社亦具规模,分别改为上海第一、第二厂;汉口和天津的日华制油会社、青岛的东亚油坊都属大厂,成为中植的生产基地。但日本油脂投资原以大连为中心,东北的三泰、日清、满洲等会社,中植均未能接收。不过,中植的业务实以贸易为主,销售机构遍布大中城市。1946年销售油料49162公吨,外销占48.7%,垄断了出口桐油的70%,利润优厚。1946年年底,中植有流动资产569亿元,固定资产35亿元,其他资产189亿元,共计战前法币997万元。[②]

(五)中国粮食工业公司(中粮)

1941年经行政院院长孔祥熙、粮食部部长徐堪发起,由粮食部、中央信托局、中国农民银行出资设立,资本400万元,主要经营粮食加工以及运销、代购等业务。1943年资本增为1000万元,其下有20个生产经营单位。战后它接收了在海南岛、广州、武汉、南京的敌伪粮食加工企业32个单位。其中汉口厂和南京的有恒厂经查明系民营性质,予以发还。另外,它并购了上海森永制果店、大日本啤酒厂、上海酱油公司等12个厂。该公司还对中华粮记酿造厂等8家企业投资3.8亿元。唯日伪在北满的大面粉厂未能接收,日伪在青岛的两家大厂也被齐鲁公司接收去了,因此中粮垄断面粉业的企图未能实现。1947年时该公司有资本2000亿元,折战

① 《上海市年鉴》,1948年版,第N17—19页。

② 陈真编:《中国近代工业史资料》第三辑,生活·读书·新知三联书店1961年版,第803—805页。折战前法币:1946年物价指数为7958(1936=1)。

前法币 0.38 亿元。①

（六）中国蚕丝公司（中蚕）

接收敌伪中华蚕丝公司和日商公大、华新、华兴、日华、三和、阿部市、岩尾、丸三等丝绸工厂、仓库、商号及伪实业部日华兴业丝织厂等，于1946 年元旦成立，隶经济、农林两部。1947 年 12 月估值接收敌伪财产4983 亿元，减除次茧扣价，净值 4910 亿元，折战前法币 355.6 万元。中蚕在嘉兴、苏州、顺德设实验桑蚕场 3 个，年制蚕种约 4 万张。在苏州设实验丝厂 1 个，1946—1948 年共产丝 2197 公担。但它以自款和国家银行贷款收购鲜茧，用以茧易丝和委托代缫方法收取民营厂生丝，3 年共收 2306 公担；又一度租用无锡永泰丝厂，产丝 100 公担。故连同自产，3 年共经营生丝 4600 余公担。中蚕又在上海和青岛设实验绸厂 3 个，1946—1948 年共产绸 41521 匹（按每匹＝50 码计），又收购青岛原存厂绸 40235 匹，故3 年共经营绸缎 8 万余匹，其中约 1200 匹外销。此外，中蚕还在嘉兴、青岛设实验绢纺厂 2 个，制绢丝及丝毛织物。中蚕仅有丝厂 1 家，丝车 416 部，所营生丝占不到全国产量 5%；但它垄断了春秋两季蚕茧贷款，控制茧行，操纵茧价和丝价，引起民营丝绸业公愤，1947 年浙江蚕丝建设促进会、浙江省茧业联合会曾历诉中蚕十大罪状，要经济部撤销该公司。原来中蚕公司章程规定营业年限为两年，必要时可延长 1 年，至此仍拖延不肯结束。②

（七）中国盐业公司

中国一向实行盐专卖，但生产是民营。日本占领期间为掠取工业用盐，大肆占夺盐田。战后财政部接收日伪在东北、华北、青岛、淮北、台湾及海南岛的盐田和制盐工厂，于 1947 年 3 月成立中国盐业公司，7 月招

① 中国第二历史档案馆藏中粮档案 89、25。折战前法币：1946 年物价指数为 5199（1936＝1）。

② 徐新吾主编：《中国近代缫丝工业史》，上海人民出版社 1990 年版，第 424—435 页。折战前币值：1947 年 12 月物价指数 138100（1936＝1）。

收商股,改为官商合办中国盐业股份有限公司。资本1000亿元,官股占46%,商股占54%;唯所谓商股主要是国家银行投资,商人资本极少,且大部分由政府劝募而来,一部分近于强制。该公司所有盐田,两淮盐产已趋枯竭,海南岛仅有日本人未完工程,青岛盐场发还民营永裕公司,东北盐场受战局影响,实际生产只有台湾、长芦两场。台湾有盐场六处,设备先进。长芦条件亦好,但因日人强占民田,战后仍有纠纷。该公司的经营,实际以运销为主。并设有"副本"华联、广济、新会、广德、新昌盛、安平益(以上运商)及安庆(销商)等7个盐号。所谓副本,亦称内账,就是同一资本,而另立名义开设,目的在于掩人耳目,扩大垄断范围,操纵运转、囤存、批发乃至零售业务的公司或盐号。1947年1—11月获利537亿元。①

(八)齐鲁企业公司、恒大公司

由标购山东敌产青岛啤酒厂、太阳橡胶厂、东亚面粉厂,以及济南面粉厂、青岛玻璃厂等组成齐鲁公司。据称系国民党财务委员会(主任陈果夫)向国家银行贷款360亿元,以其中的200亿元购得的党营企业。1947年9月成立的恒大公司,据称也是党营企业,系由接管的天津敌产东亚烟草、东亚面粉、中华火柴3个会社而组成。② 青岛啤酒、恒大香烟并成为名牌产品。

(九)中国农业机械公司

1943年由农林部、中国农民银行及贵州企业公司发起创立于重庆。1946年迁沪并增资改组,中国银行、交通银行、中央信托局及新中工程公司亦参加为股东。1947年8月承办联合国救济总署在华设厂制造农具计划。1948年2月增资为800亿元,其中行政院救济总署投资50%,农

---

① 参阅李建昌:《官僚资本与盐业》,生活·读书·新知三联书店1963年版。陈真编:《中国近代工业史资料》第三辑,生活·读书·新知三联书店1961年版,第1075—1077页;刘佛丁:《中国近代食盐运销制度的变化》,《南开经济研究所季刊》1985年第2期。

② 陈真编:《中国近代工业史资料》第三辑,生活·读书·新知三联书店1961年版,第1097—1098、112页。

林部投资5%，国家银行投资43%，新中工程公司和贵州企业公司共投资2%。该公司名义上改为行政院善后事业保管委员会之委托公司，代办国内农具制造事宜。该公司设总厂1所，分厂18所，除上海总厂1所及吴淞、南京分厂外，已成立台湾、广州、长沙分厂。总厂及吴淞分厂由该公司投资，其余分厂原则上由行总投资50%，国家银行、地方人士或工商团体投资50%。①

（十）淮南矿路公司

原建设委员会创办的淮南煤矿和淮南铁路，已于1937年由宋子文创办的中国建设银公司（中建银）设淮南矿路公司经营，已见第二章第二节（四）。战时，淮南矿路为日本人所占，日本人又将邻近的官商合办大通煤矿并入。战后，资源委员会拟将该矿按敌产接管，而宋子文已抢先接收。淮南矿路公司1937年资本1000万元，大通原资本200万元，战时日本人又从各地掠夺器材运到淮南，按时值4600余万元，尽归中建银所有。中建银又与资委会协商，资委会将所持淮南股份250万元让与淮南公司，中建银将所持中湘煤矿股份30万元、西京电厂股份33万元、建川煤矿股份500万元（战时币值）让与资委会。淮南公司于1948年调资为180亿元，其中，中建银占26.7%，原大通占22.5%，余为各公私银行投资。除原淮南、大通煤矿外，又辟田家庵新矿，共有9个煤井生产。战前，该公司月产量约9万吨，1946年年底为6.5万吨，1947年7月产8万吨。原淮南铁路，则已并入国线，仅余田家庵至蚌埠线，另有公路、水运设备。1947年公司共有职工2179人。②

（十一）扬子电气公司

1937年，中国建设银公司设扬子电气公司，接办南京首都电厂、戚墅堰电厂和收买汉口既济水电公司，亦已见第二章第二节。抗战后，京厂的

① 江南问题研究会：《官僚资本各工业单位》1949年3月，第76页。
② 陈真编：《中国近代工业史资料》第三辑，生活·读书·新知三联书店1961年版，第785—787、1032页。

句容分厂和戚厂重要设备经拆迁后方;旋日本人维持京厂发电,戚厂则仅部分运转。抗战胜利后,三厂发还给扬子公司,并由经济部发给执照,准京厂在南京、江宁、句容3县及六合、丹徒、江浦之一部营业;戚厂在无锡、常州、丹阳之一部营业。同时,因宋子文关系,由行政院善后救济总署配售给京厂和戚厂2000千瓦发电机各一套;由日本赔偿物资中拨给京厂25000千瓦发电设备;由中国、交通银行贷款戚厂向英国茂伟厂购买2500千瓦发电设备;贷款京厂向美商慎昌洋行订购50吨锅炉1座。又,无锡申新纱厂三厂之发电设备3800千瓦曾于战时出让给日本,由戚厂使用。至1946年年底,大约戚厂发电设备已恢复1.5万千瓦规模,京厂因日本赔偿物资未到,尚只有2万千瓦规模(战前有3万千瓦);戚厂发电6810万度,京厂发电7380万度,则均已超过战前。又因得燃管会配给平价煤,以及国家银行低息贷款,公司颇有盈利。1947年7月扬子增资为200亿元,有职工1200人。①

以上是战后扩张和新设的几家大企业,较小的尚未列入。省营企业中以广东实业公司扩张较快,又台湾工矿公司由接收敌产组成,有12个分公司。

抗战期间,国家资本已在后方工业矿生产中居于垄断地位,1945年占到17种主要产品产值的51.6%(见表4—93)。战后,国家资本急速膨胀,但它在生产中所占比重反而下降。这一方面是收复区原来民营工矿众多;一方面是在接收敌伪产业基础上建立起来的国营工业生产恢复很慢,又机构庞大,管理混乱,生产效率极低。资源委员会接管了全部敌伪钢铁企业,而设备利用率只有12%,等于闲置。原后方颇具规模的中兴公司反而全部停工。电厂是恢复最好的,但1947年国营、省营占全国设备容量的73.5%,而发电量只占全国的60.9%,足见效率不如民营。政府大力发展"与民争利"的轻工业,但如前所说,1947年纺建的设备利用率尚不足50%,台糖的设备利用率仅35%。关于公营民营生产比重将在下

① 陈真编:《中国近代工业史资料》第三辑,生活·读书·新知三联书店1961年版,第1030—1031页;第四辑,生活·读书·新知三联书店1961年版,第881—833页。上海社会科学院经济研究所编:《荣家企业史料》下册,上海人民出版社1980年版,第120页。

节讨论官民营关系时再加分析。这里只是指出，1948 年南京政府的经济崩溃不仅是财政上的破产，国营生产的腐败也是重要原因。

三、交通运输业国家垄断资本的膨胀

（一）接收敌伪资产和收回沦陷资产

第一目所述各区敌伪产业处理局接收的产业中有车船交通工具项目，大多是非交通部门所有者。专营的铁路、公路、航运、邮电等敌伪产业连同战时沦陷的交通设施由交通部接收，并无专门的接收报告，亦无估值。简锐曾从其他资料中计算出接收内容如下。①

铁路。接收日伪修筑的铁路，计东北 4536 千米，华北 1200 千米，台湾 981 千米，海南岛 289 千米。收回"九一八"事变后和"七七"事变后沦陷的铁路，计东北 5311 千米，关内 8943 千米。以上合计接收、收回铁路 21260 千米。

公路。接收日伪修筑的公路，计东北 8448 千米，台湾 3690 千米。收回关内沦陷的公路 24544 千米。共接收、收回公路 36682 千米。

航运。招商局接收船舶 314 只、81297 吨，省级运输机关接收 226 只、63192 吨。合计接收 144489 吨。

民航。1944 年有民航机 36 架，1945 年经过外购、接收和军用机改为民用，共有 68 架。所增加的 32 架中，接收敌产数不详，姑按 1/3 计，即约 11 架。

邮电。接收邮政局 35845 所，员工 1.4 万人；接收电信局 245 所，员工 8043 人。

以上接收和收回的交通运输产业，按战前平均价值估值，约合战前法币 22 亿元，为表 5—4 接收工矿业产业 11.46 亿元的 1.9 倍。由于接收东北和台湾的设施，国营交通运输业资产大为膨胀。但实际上南京政府并未能妥善利用这些设施，铁路残损，车船转而依赖于美援物资。据交通

---

① 简锐：《国民党官僚资本发展的概述》，《中国经济史研究》1986 年第 3 期。

部统计资料,将战后交通运输业情况列入表5—14。表中并列1936年数字,以资比较;又表列到1947年上半年,以后解放区迅速扩大,此项统计也终止了。

表5—14　1936年、1945—1947年南京政府统治区的交通运输业

项目＼年份	1936[①]年	1945年	1946年	1947年
铁路				
营业里程(千米)	8983	8746	12788	11053(7月底)
机车(辆)	1243(6月底)	2082	1942[①]	1954(6月底)[①]
客货车(辆)	17529(6月底)	28605	26545[①]	28879(6月底)[①]
货运(万吨千米)	647300	36638	375608	273556(1—6月)
客运(万人千米)	430475	181950	1241989	851798(1—6月)
公路				
公路里程(千米)	117396(1937)	133722		
汽车登记(辆)[②]	62001	38199	51141	
公营货运(万吨千米)	* 3146(1937)	17362	10494	3383(1—6月)
公营客运(万人千米)	* 108052(1937)	31308	44893	18171(1—6月)
轮船				
航线里程(千米)	19910	17409	20203	33575(6月底)
轮船(只)	2050	562	2362	3348(6月底)
轮船(总吨位)	* 600000	125557	692071	883483(6月底)
货运(万吨)	2287(1937)	167	611	542(1—6月)
客运(万人)	1634(1937)	742	1203	788(1—6月)
民航[③]				
航线里程(千米)	11841	21783	43390	64301(6月底)
飞机(架)	27	68	84	94(6月底)
货运(万吨千米)	34(1937)	2573	1516	1077(1—6月)
客运(万人千米)	1723(1937)	5564	22560	7150(1—6月)
邮政				
邮路(千米)	584816	580960	617137	559000(6月底)
邮政局所(个)	72690	60973	68808	60777(6月底)
寄送国内函件(万件)	85264	59198	101016	103800(全年)

续表

项目＼年份	1936[1]年	1945 年	1946 年	1947 年
寄送国内包裹(吨)	73716	1719	15517	35343(全年)
邮政职工(人)	28007	40018	39596	40446(6 月底)
电信				
电信局所(个)	1272	1　329	1524	1625(6 月底)
电报字数(万字)[4]	21814	40278	49176	26825(1—6 月)
长途电话(万次)[4]	278	600	1162	921(1—6 月)
市内电话用户(户)[4]	55683	53461	108049	115898(1—6 月)
电信职工(人)	20704	49000	44526	

注:①不包括东北、台湾。②包括公私客货车,不包括军用车。③只包括中国、中央(欧亚)两航空公司。④1946 年不包括东北、台湾,1947 年大约也不包括东北、台湾。

* 原无资料,系估计数。

业务量(客货运、寄交函件、电报字数等)除另注明者外,均全年数;其他各项除另注明者外,均年底数。又 1937—1944 年情况见表 4—87。

资料来源:《中华民国统计年鉴》,1948 年版;交通部:《十五年来之交通概况》,1946 年版;《交通部统计年报》1946 年;交通部公路总局统计室编:《公路统计年报》1944 年、1945 年合订本;《抗战前后交通概况重要统计资料》,中国第二历史档案馆藏档二〇、2、324;《中国邮政统计汇辑》,台北 1955 年版。

(二)铁路

据交通部统计,1946 年年底中国境内应有铁路 30146 千米(包括干线、支线、复线、串轨及专用线等)①,以干线计亦有 2.5 万千米,而表 5—14 所示 1946 年营业里程只有 1.28 万千米。战后除添修一些联络支线 175 千米外,便只有破坏,无建设。抗战胜利时,原联系后方的湘桂黔路有 2/3 不能通车。接收的大干线津浦能通 1/3,京汉仅通 1/2。东北情况更坏,接收万余千米,仅通车 200 千米,最高时不过 3500 千米。② 1947 年人民解放军转入全面反攻,南京政府控制的铁路也日益缩减。表 5—14

① 交通部统计处编:《中华民国三十五年交通部统计年报》,第 37 页;又下述公路见第 96 页。

② 宓汝成:《帝国主义与中国铁路(1847—1949)》,上海人民出版社 1980 年版,第 350 页。

所列机车辆数也是减少的，客车略增，因得到美援旧车。表数不包括东北。东北日本人原有机车 2403 辆，客货车 42572 辆，超过关内总数；经苏军拉走及破坏，仅接收机车 808 辆，客货车 7975 辆。[①] 仅有的铁路又为军运所占，妨碍南粮北调，尤其是北煤以及棉花等南运，造成上海一带工业燃料、原料缺乏。

（三）公路

战时西南、西北增筑大量公路，战后仍有发展，但民用汽车数始终低于战前，可见表 5—14。表列为已成公路里程，单就各省公营运输机构说，1944 年有汽车 4170 辆，营业里程 14068 千米，仅占当年公路里程的 11%。1945 年展长川滇、川湘诸路运输，车辆增至 4889 辆，营业里程 22087 千米，占当年公路里程的 16.5%。1946 年修复部分沦陷区公路，并展筑青海新疆线，车辆增为 6283 辆，营业里程增为 24679 千米。[②] 1947 年起，则公路破坏，运输中断，货运尤其大幅度跌落，从表 5—14 可见。

（四）民航

民航在战后颇有发展，表 5—14 所列为航线里程。若就中国、中央两航空公司的飞行里程说，1936 年仅 192 万千米，1946 年达 1579 万千米，增长 7.2 倍。实际还不只此。战后美国为蒋介石建立空军，其中包括供给 C-47 运输机 43 架，南京政府又在美军剩余物资中以每架 5000 美元的低价购买 C-46 运输机 150 架。[③] 此项运输机一部分拨给交通部，设立民航局。又陈纳德航空公司实系与宋美龄合办（即中美实业公司）也是以美军退役飞机在中国经营的民航业务。两者运力未详，大约不小于中国、中央两公司。不过两公司以客运为主，民航局运公物，陈纳德兼运走私商品。

---

① 张公权：《中国通货膨胀史（一九三七——一九四九年）》，杨志信译，1986 年版，第 143 页。

② 交通部统计处编：《中华民国三十五年交通部统计年报》，第 163、164 页。

③ 世界知识出版社：《中美关系资料汇编》第一辑，1957 年，第 998 页。

（五）轮船

战时国营招商局的轮船吨位仅占后方公私轮船吨位的29.7%。战后情况大变。招商局在战前所欠中外银行借款2600余万元全部偿清，并获得了大批船只，1946年经淘汰破损，重新检丈，有383只，298823吨，以后又续有增加，见表5—15。战后招商局开辟了北洋航线和南洋航线，1948年年初开辟外洋航线，1945—1948年上半年获利1977亿元。1948年核定总资产为金圆券6亿元。

表5—15　1937—1947年招商局的轮船

项目	轮船只数	总吨位
1937年6月	27	50028
1945年8月	17	23943
接收敌伪船舶	314	81297
行政院拨给外轮	143	297532
自购外轮	4	9827
1946年年底（整汰后）	383	298823
1947年年底实有	461	388656

资料来源：招商局档案《船舶情况》《自渝恢复办公到1947年营业概况》，第二历史档案馆藏档廿、2、343；廿、2、485。招商局轮船统计指千吨以上之海轮、江轮，若包括辅助用小型船，1937年6月共有153只，86380吨。

战后除招商局外，又有公营的台湾航业公司、行总水运大队、中国油轮公司、中华水产公司船队、航行长江之湖北航运局等。它们接收了敌伪船只226只，63192吨，并由行总拨给美军剩余物资船只及购买外轮。连同招商局，国公营轮船吨位已占到全国轮船一半左右。唯轮船统计资料分歧，全国数字亦不一致，表5—16系拼凑而成，但亦可见国公营轮船吨位比战前增长9倍余，在航运业中居于垄断地位。

表 5—16　1937—1948 年战后的航运业

时间	华籍轮船合计		国公营		民营	
	船只	吨位	船只	吨位	船只	吨位
1937 年 6 月	3457	576000	27	50028	3430	525972
1945 年 8 月	457	80681	17	23943	440	56738
1946 年年底	2362	692071	609	362015	1753	330056
1947 年年底	3615	1032305	612	450670	3003	581635
1948 年 6 月	4032	1092217	464	477086	3568	615131

资料来源:1937—1946 年资料来源同表 5—15,其中 1937 年、1945 年国公营限于招商局。1947 年、1948 年据严中平等编:《中国近代经济史统计资料选辑》,科学出版社 1955 年版,第 233 页。

(六)邮电

战后的邮政事业,除员工大量膨胀外,设施和业务比战前并没有什么发展,且服务质量下降。电信事业也是员工倍增,而业务增长不大。设施方面,1947 年与战前 1936 年比较,有线电报机由 1788 部减为 1664 部,无线电报机则由 137 部增为 640 部,长途电话交换机由 317 部增为 1047 部。新兴的载波电报和载波长话通信有所发展,但比之当时国际技术水平大为落后。

四、金融业国家垄断资本的膨胀

南京政府统治区的财政破产和恶性通货膨胀,直接导致国民党政权的倾覆,这些我们将在第四节国家垄断资本的崩溃中详细介绍。这里仅述战后国家银行资本的膨胀。

(一)接收敌伪银行

抗战胜利后,由中央银行接收了伪中国联合准备银行、中央储备银行、满洲中央银行上海分行、省市银行、日本朝鲜银行。中国银行接收有日本横滨正金银行、德国德华银行。交通银行接收有日本住友银行、劝业银行、上海银行株式会社、汉口银行株式会社。中央信托局接收有日本三菱银行、伪中央信托局、中央保险公司、中央储蓄会。邮政储金汇业局接收伪中国实业银行、中日实业银行、伪邮政储金汇业局。其中伪中央储备银行交出黄金50余万两，白银763万两，银元37万枚；伪满中央银行上海分行交出黄金8万余两，白银31万余两，银元24万枚。[①]

在中国台湾的日本金融机构，先是由台湾省长官公署监理，1946年5月才接收和改组台湾银行，后将三和银行进行清理，将台湾储蓄银行并入台湾银行。日本劝业银行则被改组为台湾土地银行。其余台湾工商银行、华南银行、彰化银行均改组为官商合办银行。经接管、改组后，台湾只有5家官办和官商合办银行，无私营银行了。

东北解放区建立较早，情况不同。伪满中央银行和满洲兴业银行总行，在苏联军队进入长春后被苏军接管。1945年10月，再由长春中国银行派员接收。沈阳初次解放后，人民政府于1945年11月成立东北银行，由东北银行接收各敌伪银行。同时，大连人民政府接收各敌伪银行后成立大连银行。哈尔滨的敌伪银行也由人民政府接收。1946年1月以后蒋介石军队占领南满，重新占领了原敌伪各行房产。

（二）伪币的处理

沦陷区的通货膨胀，以华中最为严重。伪中央储备银行又在1945年8月15日日本宣布投降后集中发行中储券2万亿元，到9月12日该行停业时，总发行额达46618亿元。原来自8月下旬起，全国物价一度猛降，1个月间上海下降20%，而重庆下降30%强。利用这个机会，财政部于9月28日宣布以法币1元对中储券200元的比价兑换伪币，并规定每人最多兑换5万元法币，限4个月兑完。这个比价实在太高，等于对沦陷区人民的一场劫夺。当时两区的物价指数见表5—17。中储券初发行时原与法币等价。依表5—17，抗战胜利前后法币的购买力约为中储券的50倍，

① 《中国近代金融史》编写组：《中国近代金融史》，中国金融出版社1985年版，第290页。

虽有半年基期之差,亦绝不应有200倍之差。有人认为,政府此次收兑中储券41401亿元,从中获利合黄金30万两。① 此举同时引起法币向上海集中,到12月,上海物价较8月增高1倍。

表5—17 抗战胜利时重庆、上海、华北物价比较

重庆批发物价指数(1937年=100)		上海批发物价指数(1937年1—6月=100)	华北批发物价指数(1936年7月—1937年6月=100)	上海为重庆的倍数	华北为重庆的倍数
1945年7月	164500	4188600	214455	25.5	1.3
8月	179300	8640000	305170	48.2	1.7
9月	122600	6619740	427234	54.0	3.5

资料来源:中国科学院上海经济研究所、上海社会科学院经济研究所编:《上海解放前后物价资料汇编》,上海人民出版社1958年版,第168、181、198页。

华北的伪联合准备银行也在日本投降前后增发联银券,总发行额为1951亿元。联银券原与日元等值,这时也不能维持,但通货膨胀程度不若中储券之甚。1945年11月21日财政部宣布以法币1元兑换联银券5元。此项比价也属过高,看表5—17的倍数即可明白;表5—17华北物价基期较早,故实际倍数当少于3.5。财政部开兑联银券后,并不禁止联银券流通,这有借伪币维持市场之意,并以之向解放区套购物资。原来抗战时期联银券与晋察冀的边币和山东根据地北海币都有一定的兑换率。于是根据地加强金融管理,设伪币交易所,到1946年6月伪币被肃清,联银券才退出市场。

东北伪满中央银行的满币发行额136亿元;苏联军队进入东北后,发行红军票,两者并用。满元原与日元等价,这时的购买力约为法币的10倍。1946年年初蒋介石军队进入沈阳后,发行东北流通券,按1比1兑换率收回满币并登记红军票,限制使用。满元原流通东北9省,东北流通券只流通于蒋军控制的3省。1946年发行275亿元,已超过满币发行额;1947年发行2773亿元,1948年发行31918亿元。这就导致东北

① 《中国近代金融史》编写组:《中国近代金融史》,中国金融出版社1985年版,第325页。

蒋占区的严重通货膨胀。同时,并不禁用满币,其目的也是向东北解放区套取物资。东北解放区于 1947 年 1 月宣布停用满币;对于红军券,仍予兑换。

(三)国家行局的扩张

战后,南京政府的国家行局接收了敌伪银行,同时勒令在敌伪时期设立的私营行庄停业清理,计上海有 296 家,北京、天津有 84 家,进一步增强了国家行局的垄断地位。它们撤销、收缩了原在后方的一些机构,恢复和扩张了收复区各行局。1946 年 11 月 1 日成立中央合作金库,下设省分库和部分市县合作金库。原来“四行二局”的国家垄断资本金融体系变成“四行二局一库”的体系,仍由四联总处统领。但四联总处的职能发生变化。原自 1942 年 5 月实行四行专业化以后,中央银行的地位已大大加强,获有独家发行钞票,经理国库,收存公私银行存款准备金等权力;战后又集中了金银、外汇的管理,办理商业行庄的票据交换、重贴现、转抵押等,已成为最高金融机构。战后四联总处仅办联合贴放,而这时中、交各行恢复战前业务,联合贴放业务减少,1948 年 10 月四联总处遂告结束。

战时后方,发展地方金融,普设银行,而资金短缺,战后多告结束。后来各省市银行恢复经营,并广设分支机构,达 1000 余处,不过其资力已大不如战前。现将各类银行机构设置情况与战前对比,见表 5—18。

表 5—18　1936 年、1946 年、1947 年战后的银行机构

机构	1936 年		1946 年		1947 年	
	总行	分支处	总行	分支处	总行	分支处
国家行局	7	346	7	846	7	896
省市银行	25	332	381	1239	488	1207
商业银行	132	654	187	911	1210	1226

资料来源:1936 年据中国银行经济研究室:《全国银行年鉴》,1937 年版,第 A5 页;战后银行数各记载不同,此处据中国通商银行编:《五十年来之中国经济》,文海出版社 1983 年版,第 44 页。

表5—18附列商业银行,其中如中国国货、新华信托、中国通商、中国实业、四明等原有大部分国家银行股份或官股,而战后停业清理之商业银行,复业时又多加入国家行局或其他官僚资本股份。官僚资本大量渗入商业银行,详情难考;我们的讨论只好以国家行局为限。

在讨论战前的银行业时,我们曾以资本额、公积金和存款作为银行实际资力。在战后恶性通货膨胀下,资本额、公积金已失去意义,唯存款系当年币值的结余额,尚能表现资力的大小。但战后的存款大多不是吸收社会资金,而是放款的结果,即所谓倍数效应。国家银行的放款又主要是对政府的垫款,由此形成的存款更难代表银行的实际资力。但舍此之外,无其他依据。现将国家行局的存放款情况,列入表5—19。

表5—19 1937年、1946—1948年国家行局的存放款

(单位:法币亿元)

项目	1937年	1946年	1947年	1948年6月
存款				
活期存款	13.2	50287.7	238940.0	1793840.0
定期存款	6.8	197.5	4427.4	17450.0
储蓄存款	1.9	3725.9	14984.0	58080.0
合计	21.9	54211.1	258351.4	1869370.0
折1936年币值	16.9	6.8	1.9	1.4
占各类银行存款比重(%)	66.2	91.6	85.2	87.2
放款				
对政府垫款	11.9	46978.0	293295.1	4345656.1
对企业放款	14.7	12246.3	173443.8	1738407.0
农贷	0.4	495.3	6246.7	60000.0
合计	27.0	59719.6	472985.6	6144063.1
折1936年币值	20.8	7.5	3.4	4.5
占各类银行放款比重(%)	78.3	94.4	89.6	96.6

续表

项目	1937 年	1946 年	1947 年	1948 年 6 月
附录				
上海批发物价指数	12 月	12 月	12 月	6 月
1936＝1	1. 3	7958. 0	138100. 0	1358000. 0
各类银行存款总额	33. 1	59181. 8	303541. 8	2144641. 7
各类银行放款总额	34. 5	63250. 9	527636. 0	6358109. 5

资料来源：张公权：《中国通货膨胀史（一九三七——一九四九年）》，文史资料出版社 1986 年版，第 116、122、127、129、130 页。原据中央银行报告；唯各类银行存放款总数中，省市银行和商业银行系按一定比例推算者。

物价指数据中国科学院上海经济研究所、上海社会科学院经济研究所编：《上海解放前后物价资料汇编》，上海人民出版社 1958 年版，第 154、159—160 页。

表 5—19 所列 1946 年国家行局的存款已占到各类银行存款的 91. 6%，放款占到各类银行放款的 94. 4%。存放是银行的基本业务，可以说已全被国家行局包办。1947 年因在金融投机中有大批私营行庄开业，比重略有减低，而到 1948 年上半年，又恢复到 90%左右。

国家行局存款中，活期存款 1937 年占 60. 3%，抗战最后 3 年平均占 81. 5%，而战后 3 年平均占 93. 8%。这说明存款中已没有什么社会积蓄，而是放款膨胀的结果。储蓄存款，抗战最后 3 年平均占存款额的 16. 9%；这是强制储蓄和出售美金、黄金储蓄券的结果。战后这些储蓄都没有了，储蓄存款平均只占存款额的 5. 3%。至于定期存款，更是微不足道。

国家行局的放款中，对政府垫款，1939 年占 44%，抗战最后 3 年平均占 79. 3%，战后 3 年平均占 70. 5%，仍大大高于战前水平。对企业的放款，1937 年占 54. 4%，抗战最后 3 年平均占 19. 0%，战后 3 年平均占 28. 5%，也未恢复战前水平，但比战时有所增长。战时的贷款绝大部分是由四联总处分配，战后情况改变。战后四联总处的贷款见表 5—20。此表可与反映战时的表 4—68 对照。

表 5—20　1945—1948 年战后四联总处的贷款

（单位:亿元）

	1945 年		1946 年		1947 年		1948 年(1—6 月)	
工矿：法币	374.4	49.4	3363.5	44.9	20437.9	41.3	99093.2	32.1
东北币	—		34.8		218.0		—	
交通公用：法币	46.5	6.1	671.6	9.0	6949.9	14.0	23283.0	7.5
东北币	—		2.3		38.3		—	
盐务：法币	155.2	20.5	777.6	10.4	7182.3	14.5	113950.0	4.5
东北币	—		4.0		8.7		18.5	
粮食：法币	29.3	3.9	477.9	6.4	3714.9	7.5	150611.5	48.8
东北币	—		12.8		50.6		30.0	
贸易：法币	57.0	7.5	566.5	7.6	7459.0	15.1	4000.0	1.3
东北币	—		—		47.2		—	
其他：法币	95.7	12.6	1631.8	21.7	3750.3	7.6	17710.3	5.8
东北币	—		8.0		25.4		15.2	
合计：法币	758.1	100.0	7488.9	100.0	49494.3	100.0	308648.0	100.0
折战前币值	0.64		1.44		1.23		0.54	
东北币	—		61.9		388.2		63.7	

注:折战前币值据中国科学院上海经济研究所、上海社会科学院经济研究所编:《上海解放前后物价资料汇编》,上海人民出版社 1958 年版,第 153、162 页。1945 年系用上海指数。故与表 4—68 之用后方指数者不同。又 1948 年用上半年平均指数。

资料来源:四联总处秘书处:《三十七年上半年度工矿贷款报告》,第 16 页。

战时四联贷款中工矿贷款一般占 50%左右，表 5—20 所列战后工矿贷款的比重逐年降低，以至仅占 1/3，而盐务、粮食贷款增加甚大。原来官僚资本侵入盐业，除上述中国盐业公司外，还有党营事业的永业、安利公司，国家银行投资的中和、蜀余、大昌裕公司，以民营面貌出现的大有、怡生等公司，它们替代了原来的盐商，垄断盐的运销，分取盐贷。战后城市粮荒，美援米麦大量进口，宋子文创办的华南米业公司恢复营业，孔令侃设立长江公司经营粮运，以及救济总署的救济粮，都分取粮贷。此外，还有 1947 年农民银行设立的中国农业供销公司，中央信托局、台湾银行投资的中国茶叶联营公司以及在第一节提及的大批官僚资本的外资公司，都使四联商贷比重增大。

1944 年四联的工矿贷款中分给民营厂矿的占 45.9%，连同贷给战时生产局（向民营加工订货）的共占 87.9%。战后的 1946 年，四联工矿贷款中分给民营的约占 70%，但中央银行另有贷款给国营事业。如资委会 1947 年获四联工贷 3280 亿元，另由中央银行贷给美金 1000 万元，由台湾银行贷给台币 120 亿元（合法币 4200 亿元）。纺建 1946 年获工贷 50 亿元，另由中央银行给予循环透支额 200 亿元。中植出口油料，四联核定押汇额 1946 年每季度 25 亿元，但另请得工贷 215 亿元。再如淮南矿路公司 1946 年获贷款达 600 亿元，齐鲁公司 1947 年获贷款 360 亿元，工贷大户尽属官僚资本。

表 5—20 可见四联贷款逐年倍增，但折合战前币值，除 1946 年较战时后方增加外，以后是逐年减少的。再看表 5—19，整个国家银行的存放款，折合战前币值，也是逐年减少的。如果以存款代表银行的资力，1946 年只有战前的 40%，到 1948 年上半年只有战前的 8%了。故国家行局，战后虽然接收了敌伪银行的高楼大厦，内部却是越来越空，而人员成倍增加，只是坐吃山空而已。不过，这时的国家行局，也与私营行庄一样，都有两套账目，其外汇和实物资产隐藏在暗账，无法估计。再有，表 5—19 只列存款，未列投资。据一项资料，战后中国银行新投资有 22 个单位，交通银行新投资 19 个单位，农民银行新投资 8 个单位，中央信托局新投资 6 个单位，投资额则无法估计。战后国家行局，每年都有明账盈利，又有暗

账盈利。通货膨胀的利益,首先进入国家行局,然后再行分配;它们之有厚利也就无足为奇了。

第三节　民族资本主义工商业的困境和投机资本的活跃

一、战后的民族资本主义工业

(一)战后农业的衰退

民族资本主义工商业的发展与农业关系至巨。本章不专论农业经济,仅将本时期主要农作物生产状况简列如表5—21所示。

表5—21　1936年及解放战争时期的农作物产量　(单位:亿市斤)

农作物	1936年	1946年	1947年	1949年
稻	1146.8	956.9	941.6	972.9
小麦	465.9	431.0	429.1	276.2
玉米	201.8	230.3	190.0	214.8
全部粮食	2774.0	2381.4	2298.5	2161.9
指数	100.0	85.8	82.9	77.9
油料作物	347.0	291.9	263.4	148.3
棉	16.98	7.43	11.02	8.90

资料来源及说明:粮食:吴承明:《中国近代农业生产力的考察》,《中国经济史研究》1989年第2期。原缺1947年,据许道夫编:《中国近代农业生产及贸易统计资料》,上海人民出版社1983年版,各省统计补充;其中东北四省无调查,按1949年数计;全部粮食按稻麦玉米占67.5%估算。1948年无调查。1949年玉米按全部杂粮716亿斤的30%计。棉:许道夫编:《中国近代农业生产及贸易统计资料》,上海人民出版社1983年版,第212页,系主要产棉省统计,1948年为10.12亿斤。

表5—21见战后农业生产逐年下降。与1936年比,1947年粮食产量减少17.1%,油料作物减少24.1%,棉更减少35.1%;1948年、1949年受

战争影响，情况就更坏了。回忆八年抗战，无论大后方或沦陷区，粮食都能自给，不意战后反而匮乏。这几年无特大自然灾害，农业的败坏实由于南京政府政策不当所致。其中继续实行田赋征实和内战中的征发为害最甚；大量进口美国粮棉又挫伤了农民生产积极性，并使城乡贸易失衡。1936 年，在上海每石米可换布 1. 4 匹，而 1946 年只能换 0. 67 匹。[①] 农民购买力递减和棉花等工业原料缺乏，不仅是战后民营工业陷入困境的重要原因，也是国家垄断资本和国民党政权终于崩溃的原因之一。

（二）后方民营工业的没落

后方工业在 1943 年以后已出现衰退，而市场混乱，盛行囤积居奇。1945 年 8 月胜利突然来临，物价猛跌，到次年 2 月约跌落 30%。囤货者急于脱手，而资金大量东流，市场银根奇紧，战时生产局又停止加工订货。这样，就出现了“胜利的爆竹一响，工厂便陆续关门”的景象。据称，到 1946 年年底，迁川工厂联合会 390 家会员厂中仅存 100 家，开工者只 20 家；中国工业协会重庆分会所属工厂 470 余家，停工者达 2/3；四川中小工厂联合会的 1200 家工厂，歇业停工达 80%。[②] 国营厂也减产停工。据经济部所编后方工业生产指数，1945 年第四季度较第二季度下降 20. 9%，其中机器类下降 56%，钢铁类下降 45. 1%，水泥下降 44. 7%，酸碱类下降 41. 1%，日用品类下降 18. 6%，燃料类下降 14. 9%。[③] 1946 年起经济部就停止编制后方工业生产指数了。

后方工业是在抗战中适应战时条件创建起来的。如第四章第五节所述，它的总产值只有战前全国工业的 11%强，但在开辟内地工业基地和改变工业结构上有重要作用，尤其是一些重工业设施，虽较简陋，却来之不易。当时后方交通已开辟，市场已形成，且资源丰富，工资较低。若善加整理、扶持，发挥其优势，必有可为。但国民党中枢无意于此，而是调兵

① 中国科学院上海经济研究所、上海社会科学院经济研究所编：《上海解放前后物价资料汇编》，上海人民出版社 1958 年版，第 65—66 页。

② 张锡昌：《民族工业崩溃的一年》，《经济周报》第 4 卷第 1 期，1947 年 1 月。

③ 李紫翔：《胜利后的中国工业》，《中央银行月报》新 1 卷第 9 期，1946 年 9 月。

遣将,急促复员。资源委员会曾拟有战后改建后方工业的计划,至此完全放弃。其他部门更是对在后方的设施弃如敝屣。民营方面,在 1945 年 8 月下旬,有内迁工厂代表 130 余人群集行政院请愿,要求给予贷款,协助复员。据称院长宋子文答称:“中国以后的工业,希望寄托在美国的自动化机器上,你们这批破破烂烂的废铜烂铁,济得什么事呢?”此语虽未经宋本人证实,但确是国民党当局的政策,即一切依赖美援。全国工业协会代理事长胡西园,迁川工厂联合会主席胡厥文,著名实业家刘鸿生、李烛尘、吴羹梅、鄞云鹤等领导此次请愿,满腹抱怨。后胡西园等再面见蒋介石,才获得贷款 38 亿元。①

内迁工厂筚路蓝缕开辟后方工业基地,复员所获 38 亿元贷款分给 300 家厂,所得无几,尚需变卖资财,以了债务。故永利副总经理李烛尘称:“当年艰难辛苦而去,今日倾家荡产而回。”②复员后,迁川桂工厂联合会、迁陕工厂联合会、后方民营纱厂复厂联合会、东北工业复员协进会等团体,为要求优先承购敌伪工厂和要求获得日本赔偿物资,又向南京政府做了 3 次请愿。吴蕴初、支秉渊、颜耀秋、薛明剑等也参与其事。结果有 22 家内迁厂承购了 29 个敌伪工厂,唯其中仅 3 个厂可以生产,余均拆卖器件和存料而已。至于日本赔偿物资,除永利厂经李烛尘面见蒋介石,允将原永利硫酸铔厂设备运回外,配售的赔偿物资因售价过高,无一成交。③

(三)沿海城市工业的恢复

抗战胜利之初,上海等地的物价也猛跌,市场不景气,工厂停工歇业。但因后方法币涌至,趁机抢购,上海物价在抗战胜利后第三个月即 10 月份即回涨;并因政府规定法币兑换中储券的比率过高,中储券持有者转向

① 胡西园:《抗战胜利时内迁工厂陷入困境》,转引自中国人民政治协商会议全国委员会文史资料研究委员会编:《工商经济史料丛刊》第二辑,文史资料出版社 1983 年版。

② 李烛尘:《工业危机之成因与挽救》,成都《工商导报》1946 年 7 月 25 日。

③ 吴频迦:《内迁工厂回到上海后》,转引自中国人民政治协商会议全国委员会文史资料研究委员会编:《工商经济史料丛刊》第二辑,文史资料出版社 1983 年版。

囤购商品;市场活跃。这时,人口和资金向沿海城市集中,向往和平,百废待举。原敌占产业陆续发还,商人更企望标购日本厂,重整旗鼓。又直到1947年2月,中央银行低价供应外汇,进口原料、器材比较便宜。在这些条件下,旧厂复业,新开厂亦颇踊跃。据经济部的工厂开业登记统计,1945年下半年273家,1946年1992家,1947年9285家,平均每年4620家,超过历史纪录。① 不过,其中不少是旧厂复业和改组重设者。至于设立资本,由于币值变动过剧,颇难评估。经济部曾制有《营利事业资本换算银元变更登记办法》,依此法换算情况见表5—22。

表5—22　战后工厂登记资本

年份	企业数	资本换算（银元万元）	平均每家资本（元）
1945	732	216	2951
1946	1602	2181	13614
1947	9282	2734	2945

资料来源:据经济部:《经济统计》油印本,约属内部资料。

原来战前依《工厂法》登记,限于使用动力和雇工30人以上之企业,1928—1934年登记工厂平均每家资本为31.6万元(见表2—37)。战时放宽,凡使用动力或雇工30人以上或资本1万元以上者均予登记,1937—1947年平均每家折战前法币尚有10万余元,1942—1944年平均就只有7600元了。表5—22中3年平均只合银元4400元,可见工厂小型化趋势有加无已。不过,战后的登记多属复业性质,资本升值规定始于1946年中,厂商并未依法办理,国营厂更迟不申报,故此项登记资本数额实际无甚意义。若按表5—22计,3年资本总数只5000余万银元,折算1936年法币不过6500余万元,仅及战前华厂登记资本的1/10,当非事实。

为观察战后工业恢复的程度,将几项调查与战前对比,列入表5—23。

---

①　谭熙鸿主编:《十年来之中国经济》下册,中华书局1948年版,第V146页。战前及战时历年工厂开业登记数见表2—37及表4—91。

表 5—23　1933—1949 年抗战前后华资工业概况

项目	工厂家数	职工人数	资本额	总产值
战前				
(1)1933 年合于工厂法的工厂	3167	548492	62781 万元	141546 万元
(2)1936 年 10 人以上工厂估计	7442	608826	71226 万元	152870 万元
(3)减除:公营厂(1935 年)	72	37544	3030 万元	7483 万元
估计:民营厂	7370	571282	68196 万元	145387 万元
战后				
(4)1947 年 6 月工厂登记	11862	807935	2180 亿元	
其中:公营及合营厂	461		80 亿元	
民营厂	11401		2100 亿元	
(5)1947 年 12 月工厂登记	15048	1000805	9759 亿元	
(6)1947 年 20 个城市调查	14078	682399		
(7)1949 年 10 人以上私营工			折战前法币	折战前法币
业估计	14780	925477	56244 万元	186541 万元

资料来源及说明:

(1)1933 年《中国工业调查报告》的补充和修正数、厂数、职工、产值见巫宝三:《中国国民所得,一九三三年,修正》,《社会科学杂志》1947 年第 9 卷第 2 期;资本见谷春帆:《中国工业化通论》,商务印书馆 1946 年版。均包括东北,不包括台湾。

(2)资本据吴承明:《中国工业资本的初步估计》,《中国工业》新 1 卷 5 期,1949 年;厂数、职工、产值是分别按 2.35 倍、1.11 倍、1.08 倍比率从(1)中算出,此项比率见吴承明:《中国制造工业初步报告》,英文未刊本,1946 年。

(3)公营据《中华民国统计提要》,1940 年版;民营是由(2)减公营得出。

(4)(5)是经济部工业司登记统计,见《中华民国统计年鉴》,1948 年版;经济部:《统计月报》第 5 期,1948 年。

(6)谭熙鸿、吴宗汾主编:《全国主要都市工业调查初步报告提要》,经济部全国经济调查委员会 1948 年版。

(7)见正文。资本额系资产净值数。

表 5—23 是将各种统计、估计材料拼凑而成,不少矛盾;亦见旧中国统计之贫乏,令人慨叹。表中(1)、(6)两项为调查统计,质量较登记统计为好。因登记属流量,厂商既不及时报开,更多悄悄自歇。又(2)项为

1936年10人以上工厂的估计，与战后调查范围大体相仿。地域方面，(2)已包括东北；(6)则包括台湾985厂，56047人，而东北大部分不在调查之内。从这两项调查看，1947年南京政府统治区可能有工厂一万四五千家，职工八九十万人，比战前大增。至于资本额，如前所说，难以评定，不过就民营厂说，恐怕不会比战前增加，甚至还会减少。

1948年以后，解放区日益扩大，南京政府统治区的工业全面衰退，已无统计发表。唯此时发生北方资金南流现象，故上海一带设厂仍盛，据称1947年年底有10877家，1948年年底增为12570家。① 至1949年，大量资金外逃，上海也自萧索。表中(7)1949年的统计是解放后所做全国(除台湾)的追溯调查。地域既广，工作也深入，几乎是巨细无遗，因而厂数、职工数反较1947年为大。但1949年原调查是全部私营工业，1953年才有10人以上工厂的调查，表中(7)所列是我们用1953年的比例推算1949年的数字，推算方法见表5—24。

表5—24 1949年私营工业估计

项目	1949年全部私营工业*	1953年10人以上户占全部比重(%)	1949年10人以上私营工业
工厂家数	123165	12.0	14780
职工人数	1643832	56.3	925477
资产净值(人民币亿元)	20.08	70.0	14.056
折战前(法币万元)			56244
总产值(人民币亿元)	68.28	68.3	46.635
折战前(法币万元)			186541

注：*私营工业指4人以上的户，3人以下者划为个体户。

资料来源：倩华等编著：《七年来我国私营工商业的变化》，财政经济出版社1957年版，第8页；吴承明：《中国资本主义与国内市场》，中国社会科学出版社1985年版，第76页。1953年无资产净值比例，姑按70%计。

① 中国工业研究所：《上海工业现状》，1949年2月。

由于1953年已有1036家大厂实现公私合营,不在比例统计之内,故表5—24最后一栏数字可能偏低。但即使1949年全国有民营厂1.5万家,职工100万人,其资本额恐怕也达不到1936年民营厂的水平。又这里的调查是资产净值,而表5—23中其他各项均指登记资本。至于实际使用的资本或资产值,将在第六章中统一讨论。

(四)战后的工业生产

考察工业发展状况,生产量比上述工厂数、职工、资本额等更有意义,也比较准确。不过,我们无法计算全部生产,只能择若干有记录的产品(也是主要产品),并仿考察战时后方工业生产的办法,用1933年不变价格计算其产值,列入表5—25。表中列有1936年数字,以供与战前对比。唯此表仅计至1947年;1948年的统计残缺,1949年全无。

表5—25　1936年、1946—1947年主要工矿业产量及产值估计

(产值按1933年不变价格估计)

工矿业	项目	1936年	1946年		1947年		1947年民营比1936年华商(%)
		华商	总数	内民营	总数	内民营	
电力	产量(万度)	77295	209501	103184	373519	145890	188.7
	产值(万元)	7730	20950	10318	37352	14589	
煤	产量(万吨)	1228	1816	1418	1949	1420	115.6
	产值(万元)	6140	9080	7091	9745	7100	
生铁	产量(吨)	21600	31000	29674	35733	29997	138.8
	产值(万元)	110	158	151	182	153	
钢	产量(吨)	—	15700	8164	63000	44483	—
	产值(万元)	—	157	82	630	445	
钨砂	产量(吨)	9763	2260	2260	6404	6404	65.6
	产值(万元)	526	123	123	348	348	
纯锑	产量(吨)	15600	426	426	1909	1909	12.2
	产值(万元)	328	9	9	40	40	

续表

工矿业	项目	1936 年	1946 年		1947 年		1947 年民营比 1936 年华商(%)
		华商	总数	内民营	总数	内民营	
锡锭	产量(吨)	12810	1963	463	3970	2493	19.5
	产值(万元)	2981	457	108	924	580	
铜	产量(吨)	483	947	—	1070	—	0.0
	产值(万元)	28	55	—	63	—	
汽油	产量(万加仑)	—	506	—	877	—	—
	产值(万元)	—	380	—	658	—	
酒精	产量(万加仑)	—	12379	8987	31057	29417	—
	产值(万元)	—	29710	21569	74537	70601	
酸	产量(吨)	10300	12501	11513	26146	19865	493.8
	产值(万元)	195	245	225	1267	963	
碱	产量(吨)	70543	61177	57730	60500	56735	80.4
	产值(万元)	1693	1468	1386	1452	1362	
水泥	产量(吨)	530209	292497	204748	725585	482108	90.9
	产值(万元)	2121	1170	819	2902	1928	
棉纱	产量(万件)	145	154	112	170	96	66.2
	产值(万元)	30160	32032	23296	35360	19968	
棉布	产量(万匹)	1099	3721	2791	4763	3162	287.8
	产值(万元)	10375	35126	26347	44963	29849	
面粉	产量(万包)	10916	7719	7362	5565	5371	49.2
	产值(万元)	24561	17368	16565	12521	12085	
火柴	产量(箱)	810314	—	—	846000	846000	104.2
	产值(万元)	4052	—	—	4230	4230	

续表

工矿业	项目	1936 年	1946 年		1947 年		1947 年民营比 1936 年华商(%)
		华商	总数	内民营	总数	内民营	
纸	产量(吨)	65447	62361	57369	190656	175466	268.1
	产值(万元)	2291	2183	2008	6673	6141	
合计产量(万元)		93291	150671	110097	233847	170382	182.6
民营占总产值比重(%)		100		73.1		72.9	
民营产值可比项		93291		92446		99336	106.5
合计							

资料来源及说明:

1. 1936 年:不包括东北和台湾。电力、水泥、棉纱、棉布、火柴产量见表 2—38,其中火柴按 7 省产量占全国 85%估计。煤、生铁、钨、锑、锡据严中平等编:《中国近代经济史统计资料选辑》,科学出版社 1955 年版,第 123、128、140 页;内煤加入萍乡、六河沟 2 矿 70 万吨。铜据巫宝三等:《中国国民所得(一九三三年)》上册,中华书局 1947 年版,第 53 页,系 1933 年产量。酸、碱产量见第二章第三节(二)9。面粉产量据上海市粮食局等:《中国近代面粉工业史》,中华书局 1987 年版,第 82 页。纸产量据上海社会科学院经济研究所等:《中国近代造纸工业史》,上海社会科学院出版社 1989 年版,第 54 页,为 1937 年产量。
2. 1946—1947 年:包括东北及台湾。电力产量据工商部电业司统计,见陈真编:《中国近代工业史资料》第四辑,生活·读书·新知三联书店 1961 年版,第 905 页。余均据经济部统计之产量,该统计后有修正,各书选用不尽同。本表用陈真:《中国近代工业史资料》第三辑,生活·读书·新知三联书店 1961 年版,第 1441—1442 页修正和补充数,唯 1946 年水泥用严中平等:《中国近代经济史统计资料选辑》,科学出版社 1955 年版,第 100 页数;1946 年水泥及煤的民营比重用郑友揆:《中国的对外贸易和工业发展》,程麟荪译,上海社会科学院 1984 年版,第 347—348 页数;1947 年面粉民营产量用前引《中国近代面粉工业史》,第 82 页数。
3. 1933 年不变价格见表 4—93 说明。本表可与该表(1938—1945 年)对照。因用不变价格,最后一栏之 1947 年与 1936 年之产量百分比即产值百分比,唯酸因硫酸、盐酸、硝酸有不同价格,故用产值计算。

表 5—25 见民营传统的最大工业棉纺和面粉俱衰退,产量比战前跌落一半。两者均受原料不足的影响,棉纺又受国营厂的排挤,面粉又受美国货的压力。棉布产量则较战前倍增,是织布小厂大量增设之故。酒精在战前无足轻重,战后产值竟超过棉纺织,居第一位;不过其生产属设备简陋的小厂,因汽油缺乏而纷设,具有临时性质。电力的发展则比较正常。这五项是产值在 1 亿元以上者;其余超过 1000 万元者有水泥、碱,均

已不如战前。矿业方面,煤仅就华商论,比战前略增,钨、锑、锡则凋落不堪。总的来看,可比项目 14 种,民营产值 1946 年尚未恢复战前水平,1947 年较战前微增 6.5%。

经济部工业司有一个 1947 年民营工业生产能力的估计,并与战前产量比较。除主要产品我们已用实产量列入表 5—25 外,其他一些民营较大工业比较见表 5—26。

表 5—26　1947 年民营工业生产力估计

民营工业	单位	战前产量	1947 年可能产量	1947 年与战前产量之比(%)
毛纺织	万码	131.8	1608.9	1220.7
丝织	万匹	38.6	38.6	100.0
针织	万打	2500.0	1800.0	72.0
制革	万张	187.0	187.0	100.0
橡胶	万吨	4130.5	3000.0	72.6
制盐	万担	5216.5	4285.1	82.1
制糖	吨	34109.0	25000.0	73.3
榨油	万担	116.1	85.0	73.2
肥皂	万箱	900.0	650.0	72.2
砖瓦	吨	16190.0	23560.0	145.5

资料来源:谭熙鸿主编:《十年来之中国经济》下册,中华书局 1948 年版,第 V154—155 页。

表见这些民营工业 1947 年的生产能力多为战前产量的七成强,唯毛纺织与砖瓦生产力增大。砖瓦是由于战后修建所需。毛纺织是因为战时和战后上海有大量小型毛纺织厂设立。抗战前上海民营厂有毛纺锭 15502 枚,1948 年 6 月计有 52173 枚,增加 2.3 倍;但因国营中国纺织建设公司有毛纺锭 50856 枚,民营厂开工率极低。①

(五)地区分布和生产结构

战争前后工业的地区分布和生产结构,由于可比性资料限制,只能用

① 上海市工商行政管理局、上海市毛麻纺织工业公司毛纺史料组编:《上海民族毛纺织工业》,中华书局 1963 年版,第 112、146、147 页。

就业量即职工人数来比较,并无法分出民营厂。其比较见表5—27。

表5—27 1933年、1947年工业的地区集中和生产结构

项目	1933年		1947年	
	华厂职工数	比重(%)	华厂职工数	比重(%)
(A)地区集中				
全国	789670	100.0	682399	100.0
上海	245948	31.1	367433	53.8
天津	34769	4.4	57658	8.5
广州	32131	4.1	25085	3.7
青岛	9457	1.2	28778	4.2
四市合计	322305	40.8	478954	70.2
(B)生产结构				
纺织	342433	64.7	337734	45.5
饮食品	44756	8.5	108297	14.6
化学	41734	7.9	78905	10.6
机械及电器	18792	3.6	52605	7.1
五金	7077	1.3	21893	2.9
交通用具	2206	0.4	12380	1.7
服饰用品	31370	5.9	51981	7.0
造纸及印刷	19183	3.6	38569	5.2
土石木材	14373	2.7	20228	2.7
杂项	6987	1.3	20311	2.7
合计	528911	99.9*	742903	100.0

注:1933年(A)不包括东北。

*因进位关系总数差0.1%。

资料来源:1933年:(A)据中国经济统计研究所:《中国工业调查报告》下册,1936年版;(B)据巫宝三:《中国国民所得,一九三三年,修正》,《社会科学杂志》1947年第9卷第2期。1947年:经济部:《全国主要都市工业调查初步报告提要》,1948年版。

表5—27中两年统计范围不同，未尽可比。但从(A)中仍可显见战后工业进一步集中到沿海城市。这有接收原日本工业的因素，亦与当时政治经济形势相关。战后国民党政权力量实仅及城市，经济上则依赖美援，进口剧增。第一次世界大战后中国工业原有向内地发展趋势，至此完全逆转，战时后方的建设亦前功尽弃。在生产结构上，(B)表见机电、五金等比重较战前增加。因缺可比资料，该表未列入冶炼和电力，否则生产资料工业将由战前占10%增为1947年的20%。不过，此种增长主要由于接收日本在东北的工业，而战前统计未包括日厂，如包括，则1933年生产资料工业亦在15%左右。其次，1947年的统计限于20个都市，若全国计，轻工业比重必增。故生产资料工业比重的增加大部分是统计上的原因，生产结构实际没有什么改进。

二、主要工业概况

(一)棉纺业

东亚纱市原被日货垄断，战后日本纱机开工约只战前1/3，中国棉纺业失此劲敌，并获南洋市场。国内人民向往和平生活，添置衣被，纱布需求甚殷。又因政府低汇率政策，洋棉涌进，抑低棉价。上海市场1936年一件纱换棉5.33担，战后1946年上半年换15.10担，下半年换14.44担，1947年上半年仍可换10.88担。① 是以凡能开工的纱厂，无不利润累累。加以通货膨胀中，纱布成为投机筹码，竞相囤购，造成畸形繁荣。故一时纱厂纷纷复业，又有恒昌、鸿丰、中新、恒丰、和新、中华第一、兆丰、启新、裕中、合丰、天元、渝新等新厂开设，千锭级以下小厂更多。战后纱厂设备，统计数字不一，我们以全国纺织联合会的1947年12月调查为准，与战前对比，列入表5—28(A)。

① 据中国科学院上海经济研究所、上海社会科学院经济研究所编：《上海解放前后物价资料汇编》，上海人民出版社1958年版，第229、301—302页计算。

表 5—28　1936 年、1946—1949 年的棉纺业

(A)已开工的纱厂设备				
项目	厂数	纱机(锭)	线机(锭)	布机(台)
1936 年:全国(不包括东北、台湾)	141	5102796	532270	58439
内:华厂	90	2746392	173316	25503
1947 年:全国华厂	259	4376287	351053	53779
内:国营纺建公司	37	1646393	231130	32322
非国营厂	222	2729894	119923	21457

(B)三大棉纺集团的纱布产量						
项目		1936 年	1946 年	1947 年	1948 年	1949 年
申新集团	纱(件)	319653	191890	266770	164894	
	布(匹)	2884272	471300	1420363		
永安集团	纱(件)	108249	45739	84085	69506	25415*
	布(匹)	839771	449727	829224	684543	288099*
裕大华集团	纱(件)	81406	34381	50135	47715	54924
	布(匹)	632432	396101	503684	444180	487246

资料来源及说明:

*1—5 月。

(A)设备见严中平等编:《中国近代经济史统计资料选辑》,科学出版社 1955 年版,第 135 页。厂数据陈彪如:《战后棉纺织业之管理》,《中央银行月刊》新 4 卷 4 期,1949 年。

(B)申新包括上海的一、二、五、六、七、九厂,无锡的三厂,汉口、重庆、成都的申四厂;见上海社会科学院经济研究所编:《荣家企业史料》下册,上海人民出版社 1980 年版,第 434—435 页。永安包括上海一厂,二、四厂,三厂及纬通厂;见上海市纺织工业局等:《永安纺织印染公司》,中华书局 1964 年版,第 286 页。裕大华包括裕华的汉口、重庆、成都厂,大兴的石家庄厂,大华的西安、广元厂;见《裕大华纺织资本集团史料》编写组:《裕大华纺织资本集团史料》,湖北人民出版社 1984 年版,第 649—650 页。

就民营厂说,表 5—28(A)见战后厂数猛增,而纱锭数仅勉强恢复战前水平。又运转率低,一般在 70%上下,故纱产量仅及战前的 77%,1947 年更降至 66%(见表 5—25)。原因是:(1)原棉不足。以全国 450 万纱线锭计,年需棉 1100 万担。1946 年国产棉仅 743 万担,进口 689 万担,上海纱厂用料 90%为洋棉。1947 年国产棉 1102 万担,而民间自用和手纺需四五百万担,这年进口 394 万担,自不足用。(2)动力不足。战前上海电厂容量 28 万千瓦,战后仅恢复到 20 万千瓦,而工厂增多,一月停电 10 余次以至 20 余次。纱厂系连续作业,受扰尤甚。北方用煤自行发电者,又常断煤。(3)效率降低。战前华商厂每万锭约需工 200 人,昼夜出 20 支纱 25 件左右,每件耗棉 3—3.5 担;战后约需 300 人,出纱 22 件,耗棉 4 担以上。1934—1935 年平均每一工人年产纱 11.1 件,1947 年仅为 10.48 件。这一方面是战后设备旧损,另一方面是战后业者热衷于商业投机,生产管理日益窳败。[①]

1946 年 8 月经济部纺织事业管理委员会实行棉纱限价,责令同业公会按限价配售。1947 年 1 月实行限价收购,各厂生产的棉纱半数交纺管会。同时管制运销,上海运往华南、华北、武汉之纱布须签证许可。这年 6 月,纺管会改为纺织事业调节委员会,实行议价;同时按进口棉花配额收购所产全部棉纱。限价、议价低于市价,甚至低于成本。同年 12 月,纺调会改为花纱布管理委员会,实行棉花统购,对各厂则实行代纺代织,即完全恢复了战时的花纱布管制,管制的弊病,亦一如战时,这就必然造成生产萎缩。但各厂用虚报成本、代纺抛空、贿赂官府等办法应付,产量虽低,利润不减,连同栈单、股票、外汇买卖,尽入暗账。又政府于 1947 年 7 月颁布《动员戡乱完成宪政实施纲领》,加强经济检查,敲诈勒索,随之而来。1948 年 8 月,南京政府发行金圆券,即所谓"八一九"改革,强制全面限价,实际是一场疯狂搜刮。民营厂纷纷逃资国外,生产大坏。

1948 年以后无全面统计,只将三大棉纺集团的生产情况列入表 5—28(B)。

申新集团战后要求代营原日本纱厂未成,家族分裂为三派:长房荣鸿元主持申新总公司,辖一厂、六厂、七厂、九厂和上海福新各面粉厂;并于 1946 年拆申六、申七部分机器建鸿丰纱厂,收买芜湖裕中纱厂,1947 年收买上海国光印染厂。二房荣尔仁以荣德生名义主持申新总管理处,辖二厂、三厂、五厂和茂新各面粉厂;添购新机,并扩充战时设立的合丰染织厂,新设天元麻纺厂,成立开源机器厂。女婿李国伟主持汉口申四、福五。申四

---

① 本段技术资料据张延祝:《我国棉纺织业的来日危机》,《纺织染工程》第 8 卷第 8 期,1947 年;陈彪如:前引文所附纺织厂生产效率比较表,减除英商(按平均数估计)。战前效率数见本书第二章第三节(二)。

战时在后方设宝鸡、重庆、成都厂颇有成绩,战后又标购军政部的纺织厂设渝新厂;唯其汉口申四厂于1948年7月才恢复开工,规模不及战前一半。

到1947年年底,申新各厂开工纱机共529246锭,尚不足1936年57万锭之数;开工布机3271台,仅为战前5304台的61.7%。纱布产量大逊于战前,已见表5—28。盈余则不少,申新9个纱厂,除申八停办、申三不详外,1946年账面盈余161亿元,合20支纱7049件;1947年盈余1992亿元,合纱6497件。暗账盈余仅有申四记录,为账面盈余的6.6倍。各厂均有外汇储备。申新是中国最大的民间资本集团,招祸亦大。1946年4月荣德生被绑架,旋由淞沪警备司令部"破案",索去赎金和破案报酬60余万美元。1948年荣鸿元被捕,经前后贿款约合50万美元释放。1949年5月荣毅仁被上海地方检察院控诉,索去黄金十大条,美钞5000元。其余贿礼、捐助以及金圆券限价损失勿论。不过,解放前,申九、申四、鸿丰都在香港设厂;申一、申六部分迁台湾,抽逃资金、实物合人民币2529万元,折20支纱5.2万件。①

永安集团创办人郭乐、郭顺先后去美,战后由郭棣活主持,先后恢复一、三、四厂及纬通厂,二厂遭毁过重并入四厂,大华印染厂亦复工。并添置新机,到1949年解放前夕,有纱机224144锭,尚不足1936年256264锭之数,有布机1699台,略多于战前的1542台。生产状况见表5—28。账面盈余,1946年122亿元,折合20支纱5328件,1947年1165亿元,折纱3798件,1948年金圆券3467万元,折纱2537件。暗账主要是买卖股票和套汇收益,数未详。股东亦有香港设厂之议,郭棣活予以抵制,决定留沪,解放前后,不中断生产。

裕大华集团战后收回石家庄大兴厂;而武汉裕华厂由蒋介石军队霸占,到1948年年底始部分复工;标购日本厂终成泡影,国外订购大批新机亦70%未能运到。裕大华1936年有纱机85560锭,布机1324台;至1949年有106494锭,1386台;增加部分是在裕华重庆、成都厂和大华西安、广

---

① 来源见表5—28(B)所引上海社会科学院经济研究所编:《荣家企业史料》,上海人民出版社1980年版有关各节;盈余折纱按年底结账习惯用12月份纱价计算,据中国科学院上海经济研究所、上海社会科学院经济研究所编:《上海解放前后物价资料汇编》,上海人民出版社1958年版,第301—302页。下述永安、裕大华亦同。

元厂。生产远不如战前，但后方各厂仍有发展。裕华、大华两公司盈余1946年340亿元，折20支纱14862件；1947年4130亿元，折纱13467件；1948年金圆券9573万元，折纱7004件。此项盈余包括A、B两账；B账主要是外汇款，其盈余占全部盈余60%左右。大兴厂在石家庄，1947年冬即解放。1948年2月，大华总经理石凤翔抽调35万美元去台湾办大秦纺织厂，裕华主持人苏汰余、黄师让留待解放。

（二）棉织业

中国纱厂原以纺纱卖给农户手织为主，自有布机不多。20世纪30年代以来，专业布厂发展，战时更盛。本业在上海称染织业，用电力铁机，半自动或手工操作，孤岛繁荣时达414厂，有织机22582台，印染机575台。战后又有发展，至1947年年底，加入机器染织业公会者441厂，有织机24790台，多属中型厂。纱布管制，不足30台机者不在管制之列，故小厂林立，用电力铁木机织布。1949年解放后调查，上海有580余家，职工6万人，工业用电量仅次于纱厂。其中除染色专业外，有织白坯布和色布者409厂，织机2.6万台。① 此外，1946年上海手工棉织业公会有会员厂1244家，脚踏或手拉织机5000台。

无锡、苏州、江阴、常熟、武进均组织有染织业公会，系包括手织业在内。1946年无锡有布厂78家，铁木机3200台；因纱管会配纱不足，1948年8月仅开工61家，布机2813台。苏州有布厂约30家，因电力不足，有将电力机改为人力机者；1948年有电力机243台，脚踏机486台，手拉机31台。江阴有布厂27家，设备未详。②

广州布厂以出口为主，1946年有900余家，管制结汇和限制沪纱南运后，生意大衰，1947年年初时仅有500家，织机5000台，年底开工者约只200家，开机3000台。

本业在天津称织染业，是个大行业。1947年有1100余家，有电力织

① 陈真编：《中国近代工业史资料》第四辑，生活·读书·新知三联书店1961年版，第324—329页。

② 段本洛、张圻福：《苏州手工业史》，江苏古籍出版社1986年版，第419—423页。

机 4100 台,人力织机 1.2 万台,可见手工为主。内约 300 家为麻织厂,均是小厂。受时局不隐、市场不景气及配纱等影响,开工率甚低,实际雇工不过四五千人。

战时后方织布业有很大发展,战后仍可维持。重庆 1942 年有布厂 576 家,织机 3238 台,内电力机仅 34 台。战后 1947 年有布厂 1124 家,职工 47678 人,电力机 4496 台。①

现将一些全面性资料列成表 5—29。该表布厂织机数前后包括地区不同,不能完全对比,但可看出 1947 年比之战前是颇有发展的,并可看出布厂发展中有电力化的趋势。1947 年厂布的产量比战前增长 56%,而此期间纱厂的织机是减少的,故其增长应归之于布厂的发展。又据 1947 年的调查,电力织机的开工率为 77.1%,人力织机的开工率为 86.7%;布厂的电力织机一般是铁轮机(非半自动),数量为人力织机的一半强;故布厂的生产仍以工场手工业为主。布厂均用机纱,而 1947 年机纱的产量比战前少 17%,故这期间布厂产量的增长是以农家手织布的减少为前提的,即农家织布进一步让位给布厂了。

表 5—29　抗战前后的织布业

项目 \ 年份	1936 年（不包括东北,包括外商）	1947 年（全国,不包括英商）
纱厂:电力织机(台)	58439	53779
布厂:织机总数(台)	50000*	136385
内电力织机	11208*	48716
人力织机	11886*	87669
机纱产量(万包)	204	170
厂布产量(万匹)	3048	4763

注:*总数系全国估计;电力、人力机数系上海和 7 省调查。

资料来源:纱厂机数和 1936 年纱布产量据严中平等编:《中国近代经济史统计资料选辑》,科学出版社 1955 年版,第 130、135 页。1936 年布厂机数见第二章第四节(一)。1947 年布厂机数据《纺织建设月刊》第 1 卷第 4 期,1948 年,第 21 页,原列电力织机 102495 台,兹减除纱厂所有数;纱布产量见表 5—25。

① 广州、天津、四川见彭泽益编:《中国近代手工业史资料》第四卷,中华书局 1962 年版,第 465、474—476、536 页。

（三）面粉业

战后城市粮食供应不足，投机风中面粉亦成囤积对象，原有面粉厂复业，新厂亦应时而起。1946—1948 年，南京政府统治区新开粉厂约 31 家，日产能力 4.3 万包。不过，新开厂中规模较大者如建成、鸿丰、协丰等均系旧厂改组而成，余皆中小型厂，日产能力数百包，最多 3000 包。此外，战时兴起的简易小型厂继续发展，战后新设有记录者达 208 家，日产能力 2.8 万包。它们也用钢磨，日产能力数十包，最多 500 包，以青岛、武汉、上海近郊为多。情况见表 5—30。

表 5—30　1936 年、1946—1948 年的面粉工业

项目	厂数	日产能力（包）	年产量（万包）
（A）机器面粉厂			
1936 年实存（华商）	152	452268	10916
1945 年 8 月实存（华商）	147	441200	
1946 年新设	2	1130	
年底实存	148	429775	7719
1947 年新设	21	30380	
年底实存	168	479125	5565
1948 年新设	8	11450	
年底实存	173	481975	3600
（B）简易小型厂			
1946 年设立	89	10682	
1947 年设立	64	7233	
1948 年设立	38	5485	
1949 年设立	17	4158	

注：本表不包括台湾。除产量外，不包括官僚资本厂。产量见表 5—25，唯 1948 年系上引书估计数。官僚资本有中国粮食工业公司的重庆、合川、镇江、苏州、南京有恒、汉口五丰厂，日产能力 22973 包；齐鲁公司的青岛一、二厂，日产能力 8800 包；恒大企业公司的天津厂，日产能力7000包；另有其他地方公营厂 7 家，日产能力 8910 包。

资料来源：上海市粮食局、上海工商管理局、上海社会科学院经济研究所经济史研究室编：《中国近代面粉工业史》，中华书局 1987 年版，第 82、464—468、502—513 页。

由表5—30可见1948年面粉业厂数和日产能力较战前略增;但从产量看,1946年只有战前的70%强,并逐年下降,到1948年只有战前的1/3。原来抗战胜利之初,各大厂代磨联合国善后救济总署的小麦,颇获厚利。以后洋粉进口剧增,小麦进口剧减,国内小麦连年减产,加以运输阻滞,麦源日缺,粉厂开工率仅30%—40%。1946年4月,南京政府管制长江各省粮食流通,限制面粉转口。同时实行面粉限价,8月并在上海实行平价配售。1948年年初在五大城市实行面粉配售。这些管制也都限制了粉厂的生产。

中国面粉工业的地区分布极不合理,1/3以上的生产力集中在上海及江南非麦产区。战后,这种不合理的分布更加甚了,仅西南地区因战时的发展,有所改进(见表5—31)。

表5—31　面粉工业生产力的分布

时间 地区	1936年		1948年	
	日产能力(包)	比重(%)	日产能力(包)	比重(%)
苏浙皖	188400	36.9	257073	48.6
(内上海)	(101100)	(19.8)	(126900)	(24.0)
东北	168710	32.9	73380	13.8
(内哈尔滨)	(73500)	(14.3)	(40800)	(7.7)
华北	113898	22.3	126330	23.9
华中华南	28980	5.7	23280	4.4
西南西北	11380	2.2	49190	9.3
合计	511368	100.0	529253	100.0

注:1936年包括外资厂、官僚资本厂;1948年包括官僚资本厂。

资料来源:上海市粮食局、上海市工商行政管理局、上海社会科学院经济研究所经济史研究室编:《中国近代面粉工业史》,中华书局1987年版,第88—89页。

面粉业原有两大资本集团。孙多森家族的通孚丰集团的中孚银行因与敌伪粉麦统制委员会关系密切,抗战胜利后被令停业,1946年12月始复业,无力资助粉厂。阜丰的上海信大厂战时歇业,战后由程年彭等另组协丰厂；其在济宁、新乡、无锡的厂也无力恢复；仅余上海阜丰厂。据该厂账略，1946 年获纯益 2617 万元，1947 年获纯益 20 亿元；暗账获利未悉。①

荣氏家族的福新系统战后恢复了上海的一、二厂及八、三、七厂，其四、六厂无力复业，并入二、三厂。唯标购敌产三兴五厂，改组为建成厂。汉口的福新五厂亦复业，连同战时所建宝鸡、重庆、天水厂，业务尚好。又标购敌产上海大中华厂，改组为鸿丰厂。荣家的茂新系统恢复了无锡的一、二、三厂，重组四厂。1946 年年底，不计尚未开业的建成、鸿丰，荣家共有钢磨 347 台，日产能力 9.65 万包，为战前 1936 年的 67.9%，全年产粉 811 包，仅为战前的 47.9%。以后两年产量更低。利润则不少，1947 年福新系统账面盈余 87 亿元。其汉口福五系统的盈余，1946 年账面 4891 万元，暗账 10.6 亿元，共折合黄金 5776 两；1947 年账面 70 亿元，暗账 529 亿元，共折合黄金 22171 两。解放前夕，福五拆机迁广州设厂。②

（四）缫丝业

缫丝是早期最大的民族工业，战前已不景气，战后从桑蚕到缫制全面衰退。主要丝产区战时都沦陷，日本采取限制华丝政策，丝业元气大伤。南京政府接收日本中华蚕丝会社，设中国蚕丝公司，垄断丝价。1947 年 5 月又设蚕丝协导委员会，管制茧行、茧价，核定丝厂和收购生丝价格。层层管制使蚕业无法迅速恢复，丝厂原料不足，甚至有向麦克阿瑟洽商进口日本茧之议。销路方面，1936 年出口厂丝 2.96 万公担，1946 年仅出口 6403 公担，1947 年更降为 3986 公担。内销市场也缩小，1936 年内销厂丝 41371 公担，1947 年仅 1.079 万公担。产量有不同估计，现以上海社会科学院经济研究所最新研究的一些情况列成表 5—32。

---

① 上海市粮食局、上海市工商行政管理局、上海社会科学院经济研究所经济史研究室编：《中国近代面粉工业史》，中华书局 1987 年版，第 197 页。

② 上海社会科学院经济研究所编：《荣家企业史料》下册，上海人民出版社 1980 年版，第 436、528—529、669 页。

表5—32　1936年、1946—1948年的蚕业和缫丝业

项目＼年份	1936年	1946年	1947年	1948年
桑园(万亩)	796	435	440	460
改良蚕种(万张)	570	183	227	268
鲜茧产量(公担)	1585463	428500	491000	576500
生丝产量(公担)	116831	30850	46600	46905
内厂丝(公担)	70971	11655	14776	16440
土丝(公担)	45860	19195	31824	30465

注:1949年生丝产量26750公担,内厂丝5830公担,土丝20920公担。

资料来源:上海市丝绸进出口公司、上海社会科学院经济研究所编写:《中国近代缫丝工业史》,上海人民出版社1990年版,第422、661页。

表见1947年生丝产量仅及战前的40%,就厂丝而论,更只有战前的21%。这是因为出口锐减(厂丝原主供出口),但也可见战后丝业的退化;战前生丝已有60%是机器生产,战后则65%是农家手工生产了。据同一研究,上海这个丝厂集中之地,只有5家复工,丝车804部;无锡及江苏各地复工76厂,丝车7276部;浙江复工29厂,丝车5858部;广东这个老丝业基地早已衰落,战后虽有50厂,丝车1.145万部,开工者仅13厂,丝车3195部。连同四川等地,1947年开工丝厂共约130余家,丝车2.8万部。我们曾估计1936年开工丝车约6.6万部(第三章第二节二),此数仅抵42%。

(五)火柴工业

抗战胜利后,火柴市场一时繁荣。1946—1949年新设火柴厂60家,上海多时共有25家,青岛增16家,广州、西安各增13家,昆明增10家。新厂多设备简陋,各厂多以栈单投机交易,实际产量并不比战前增加多少,已见表5—25。1947年以后,氯酸钾等原料进口困难,通货膨胀复使各厂难于补进物料;1948—1949年上半年,上海倒闭6家,广州倒闭12家,西安倒闭11家,昆明倒闭6家,余亦陷入停工半停工状态。

刘鸿生主持的大中华火柴公司,抗战胜利后恢复其上海荧昌、镇江荧昌、周浦中华、苏州鸿生、杭州光华、东沟梗片各厂；唯九江裕生损毁过甚，汉口炎昌被军厂占用，未能复工。同时，标买青岛日厂，又拟租购台湾日厂，未成。在香港与宋子良合办的大中国火柴公司也复业。1946 年大中华各厂产火柴 40817 箱，1947 年增至 81265 箱。至 1948 年，刘鸿生尚恢复广西化学工业公司的生产，在福建设福华梗片厂，在台湾高雄等建中联氯酸钾厂，事业心不可谓不强。然而，这年受“八一九”改革的打击；1949 年镇江荧昌、杭州光华被军队驻占。[①]

（六）造纸业

战后机器造纸业有所发展。上海有战时筹办的华安厂，优先承购敌产组成的大中华、沪江厂，标购敌产组成的大沣、大信、孚华新、上海厂，新设的益中厂，先后开工。苏州有大同兴厂，南通有通成厂设立。青岛、天津、北平只旧厂复业；四川的嘉乐、中元、建国则告结束。现将抗战前后各区造纸厂的变化列入表 5—33。东北、台湾的敌产主要由资源委员会接管，民营小厂缺资料，未能列入。

表 5—33　1936—1948 年民营机器造纸业的变化

地区	厂数	职工人数	主要设备（台）		年生产能力（吨）
			长网机	圆网机	
1932—1936 年					
上海	10	1770	4	16	26210
华中华南	11	1821	5	9	31104
华北	10	946	2	8	7983
西南	1	40	0	1	150
合计	32	4577	11	34	65447
1937—1945 年					
上海	17	1460	4	17	16650
华中华南	3	190	1	2	700

① 青岛市工商行政管理局史料组编：《中国民族火柴工业》，中华书局 1963 年版，第 147—192、152、156 页及附录一。

续表

地区	厂数	职工人数	主要设备(台)		年生产能力(吨)
			长网机	圆网机	
华北	15	1184	1	22	9360
西南	10	1107	0	14	4800
合计	45	3941	6	55	31510
1946—1948 年					
上海	28	5133	10	36	52860
华中华南	11	2339	5	11	31554
华北	17	1726	2	27	13656
西南	7	754	0	9	2850
合计	63	9952	17	83	100920

注:不包括东北、台湾(日本厂大多接收后国营),不包括国营中央造纸厂,但包括 4 家地方公营及 4 家官商合营小厂。

资料来源:上海社会科学院经济研究所等:《中国近代造纸工业史》,上海社会科学院出版社 1989 年版,第 160—161、222—224、278—283 页。

表见民营机器造纸厂的生产能力战时损失 52%,唯后方增长 3 倍。战后除恢复外并比战前增 54%,主要是标购敌产所得。产量亦比战前倍增,已见表 5—25。1947 年后亦困难丛生,一是纸浆依赖进口,难于取得外汇配额。二是美、德纸张大量进口,出现压力。不过,解放战争和抗日战争一样,促进了大众文化的发展,纸市繁荣。又国营接收了东北、台湾日本纸厂,但生产瘫痪,按产量计,民营仍占 90%以上。①

手工造纸在抗战时期勃兴,成为抗战文化的支柱,已见前文。战后则兴衰互见。四川夹江战时年产土纸 13 万担,1947 年只八九万担。贵州都匀、印江土纸产区则战后仍有发展。湖南邵阳纸 1947 年达于极盛,以后衰退。浙江萧山、广东南雄等老竹纸产区大体相仿。② 在一些城市,则机器打浆、手工抄造的纸厂亦见普及。

① 表 5—33 上海社会科学院经济研究所等:《中国近代造纸工业史》,上海社会科学院出版社 1989 年版,第 227、264—266 页。

② 彭泽益编:《中国近代手工业史资料》第四卷,中华书局 1962 年版,第 500 页;林兴黔:《贵州工业发展史略》,四川省社会科学院出版社 1988 年版,第 91 页。

（七）橡胶工业

战后上海橡胶工业一度繁荣，他处则处于勉强维持状态。

抗战胜利前夕，上海有华商橡胶厂 35 个，战后增设了 71 个，其中 16 个是标购敌产组成，到 1949 年共有 106 厂，碾胶机 497 台，分属 95 家企业。大中华原有 3 个厂，先后标购敌产 3 处，设四、五、六分厂；同时订购美式碾胶机 8 台，并拥有 5 个原料厂和 1 个机修厂，职工 4000 人，成为全国最大的橡胶厂。正泰也由 1 个厂扩充为 3 个厂，并添建碳酸钙制造厂，职工 2700 余人。义生也添购大型新机，职工 500 人。上海 1947 年产胶鞋 6000 万双，汽车轮胎 6 万条，都超过战前产量，并向胶带、胶管、防水布等制造发展。不过，1948 年起即因生胶来源缺乏等原因生产下降，又受“八一九”限价打击，元气大伤。

广州原为另一橡胶厂集中地区，战后 1948 年仍有 61 厂，碾胶机 86 台，但开工不足，产量有限。天津橡胶公会有会员 48 厂，碾胶机 136 台，开工率亦低。青岛为日本新建的橡胶工业产地，有碾胶机 66 台，唯主要由官僚资本齐鲁公司购得，民营厂仅五六家。东北有碾胶机 102 台，主要由东北生产局、联勤总部和军厂接管。台湾有碾胶机 141 台，主要由省营橡胶公司接管。公营各厂生产更差。实际上，上海橡胶厂设备占全国半数，产品则占全国 80%。[①]

（八）酸碱工业

日本在东北有年产 15 万吨硫酸的生产能力，由资源委员会接收，除葫芦岛硫酸厂外，基本未复工。硫酸产量 80%—90%仍靠民营。内以永利的南京硫酸铔厂为主，但因日本人占据时损坏严重，以及电力不足，产量不及原设计一半。另上海有数家小厂，及战时后方设立的数厂。民营厂 1946 年共产硫酸 6986 吨，1947 年产 1.304 万吨，1948 年产 1.5 万吨。

---

① 上海市工商行政管理局、上海市橡胶工业公司史料工作组编：《上海民族橡胶工业》，中华书局 1979 年版，第 53—57、77 页；谭熙鸿主编：《十年来之中国经济》上册，中华书局 1948 年版，第 D68—70 页。

硝酸除兵工厂外,无国营厂。民营南京永利的硝酸设备被日本劫走,恢复生产者仅上海天利和几家小厂;1946 年产 2294 吨,1947 年产 2272 吨。盐酸除上海天原、天中用电化法外,尚有以食盐硫化制造的小厂;1946 年产 2233 吨,1947 年产 4553 吨。三酸合计年产尚不足 2 万吨,已超过战前近倍,因战前永利南京厂刚刚投产。

日本制碱设备在东北与台湾,国营接收后仅高雄、台南生产,故碱的生产中民营亦占 90%,但产量大不如战前。永利塘沽厂虽复工,未能恢复战前 5.5 万吨的产量,它在四川的五通桥厂则停顿。上海用电化法制烧碱的天原、天中、江南、中光 4 厂有电解槽 450 具;天原并有重庆、叙府、九龙厂,有电解槽 250 具;上海尚有小电化厂 10 余家。电化法先进,但平均每具年产不过 10 吨左右,大量生产仍靠永利的苛性化法。民营厂产量见表 5—25。此外,上海 13 家电化厂尚可产漂白粉年 1.4 万余吨。①

中国基本化学工业实靠民营厂奠立基础。范旭东办永利,吴蕴初办天原、天利,创业既艰,战后复为恢复生产不遗余力,并都成为实业界民主运动的领袖人物,赢得人们赞誉。

(九)水泥工业

水泥是战前兴起的一大民营工业,战后全面衰落。主要原因是美国水泥进口,价格较低;又交通不畅,运销受阻。最大的启新公司,最高年产量曾达 27 万吨,1947 年仅恢复到 16 万吨,1948 年跌至 13 万吨,并被征军用。上海水泥公司仅恢复到战前产量 1/3,又陷于财政困难,一度闭厂。1936 年新建的江南厂,设备较新,被日本人拆走,战后另订新机,而迄未复工。战后上海新设三小型厂,产量有限。表 5—25 所列战后产量不全,且公营部分只计入资源委员会 3 厂。现据较详材料列表(见表 5—34)。表见战后国营、地方公营及官股支配之厂实占 1947 年产量的 56.9%,民

① 上海市工商行政管理局、上海市橡胶工业公司史料工作组编:《十年来之中国经济》上册,中华书局 1948 年版,第 D19—26 页;陈真编:《中国近代工业史资料》第三辑,生活 · 读书 · 新知三联书店 1961 年版,第 1441—1442 页;全国政协文史资料研究委员会等:《化工先导范旭东》,中国文史出版社 1987 年版,第 97、123 页。

营只占 43.1%；民营产量仅为设备能力的 43.6%，国公营更只达设备能力的 22.1%而已。

表 5—34　战后的水泥工业

公司	地区	年产能力（吨）	1947 年产量（吨）
启新洋灰公司	河北唐山	300000	159681
华商水泥公司	上海龙华	100000	23927
中国水泥公司	江苏龙潭	270000	113583
江南水泥公司	江苏栖霞山	270000*	—
致敬洋灰公司	山东济南	17000	—
嘉华水泥公司	四川乐山	7500	5468
天祥公司水泥厂	上海	21500	11854
顺昌水泥公司	上海	15000	3824
建亚水泥厂	上海	10000	4526
民营厂合计	9 公司	741000	322863
资源委员会经营	3 公司	1380000	256658
其他公营	5 公司	545600	169588
全国总计		2666600	749109

注：* 被日本人拆走，不计入合计数。

资料来源：年产能力见上海市工商行政管理局、上海市橡胶工业公司史料工作组编：《十年来之中国经济》上册，中华书局 1948 年版，第 D51 页；1947 年产量见南开大学经济研究所、南开大学经济系编：《启新洋灰公司史料》，生活·读书·新知三联书店 1963 年版，第 158 页。

（十）煤矿业

战后煤矿业全面衰退。表 5—25 的战前产量未包括外资矿，不足比较，现另分区列表（见表 5—35）。表见 1947 年产量仅及战前 1936 年的一半，只有 1942 年最高产量的 1/3；是以各地均感煤荒。东北煤矿，除穆棱、鹤岗、西安营城子在解放区不计外，抚顺、本溪湖、阜新、北票等大矿均由资源委员会经营，而本区战后产量仅及日伪经营时的 18%。关内煤矿，除磁县、井陉、民生等较早解放外，开滦仍交英商，恢复颇快，日产达 1.5 万吨；山东淄博、山西大同、湖南湘潭矿区由资源委员会经营，勉强恢复生产；而章丘、宝华、龙门等省营各矿，几乎荒废。民营大矿，山东中兴迄未能正常生产;江苏贾旺恢复较好,日产可2000余吨;湖北大冶积极修复,日产有数百吨。宋子文经营的淮南煤矿,得美援之助,开辟八公山矿区,是战后唯一有发展者。西南西北煤矿,战时发展颇快,战后产量亦逐年下降,殊为可惜。

表5—35 抗战前后的煤产量 (单位:万吨)

地区	1936年	1942年	1946年	1947年
华北	1701.7	2423.9	755.0	742.0
华中华南	395.1	—	208.0	304.4
西南西北	128.3	420.6	364.0	334.4
东北	1438.7	2581.1	418.2	457.9
台湾	159.7	285.3	100.0	110.0
合计	3823.5	5710.9	1845.2	1948.7

注:华北:晋、冀、鲁、豫、察、绥。　　东北:辽、吉、黑、热河。
华中华南:苏、浙、皖、赣、鄂、湘、闽、粤、桂。
西南西北:川、康、云、贵、陕、甘、宁、青海、新疆。

资料来源:华北1942年、东北1936年据严中平等编:《中国近代经济史统计资料选辑》,科学出版社1955年版,第146、147页;东北1942年据东北财经委员会调查统计处编:《伪满时期东北经济统计》,1949年,第(3)—69页;台湾1936、1942年见杜恂诚:《日本在旧中国的投资》,上海社会科学院出版社1986年版,第166页;其余均见上海市工商行政管理局、上海市橡胶工业公司史料工作组编:《十年来之中国经济》上册,中华书局1948年版,第I 3—4页。

三、商业和金融业的虚假繁荣

(一)国内市场和战后商业

我们在第二章中曾估计1936年国内市场的商品值共为168.07亿元,其中农产品占44.8%,手工业品占26.1%,近代工业和矿冶业产品占19.8%,进口商品占9.3%(见表2—81)。战后情况,目前资料还难做较详估计,仅可作些推测:(1)占最大比重的农产品是减产的,尤其商品率大的经济作物减产为甚,按本节一目所列农业产量,粗估1947年农产品商品量约为1936年的77%左右。(2)手工业品也是减产的,只是我们还无法确定其减产比率。(3)近代工业方面,矿冶业减产最甚,大约只有战前的一半；制造业则有增有减。表5—25中的1936年数字未包括关内外的外资厂矿，如包括，则15个可比项目1947年比战前减少5%左右。（4）战后唯一增加的是进口商品。连同美援等在内，按美元计，1947年比1936年增加1.1倍（见表5—1），计入战时美元贬值因素，约增80%左右。因此，总的来看，1947年国内市场的商品值，按不变价格计，比战前是减少的。1948年以后，解放区迅速扩大，交通阻滞，南京政府统治区的市场就更加缩小了。

但是，战后在上海等大城市却出现市场活跃，商户骤增，交易频繁的现象。这是一种虚假繁荣，是由通货膨胀所引起的虚假购买力造成的；这种购买是重复交易，而非实销，因为实物商品是减少的。

上海的棉布商业，1937年有七八百家。战后1946年3月成立同业公会，有会员813家；1947年12月增为1796家，1948年4月再增为2115家。其中批发商由1947年7月的825家增为同年12月的1200家，而同期零售商由505家减为385家，另有批零兼营商211家。批发商的增多，表现中间交易繁复。这期间，政府曾对棉布实行限价、议价、审价等措施，但布商利用通货膨胀套用外来资金，以及倒买倒卖、囤积居奇、贿赂官府等办法，利润不衰。8家大中型批发商调查，两三年间纯利约合布9.526万匹。不过，1948年的"八一九"限价，使他们损失不赀，从此一蹶不振。①

上海的百货商业，批发商以经营洋货为主，1936年有近100户。1945年抗战胜利初有244户，旋以美国货涌进，1946年5月增至372户；金圆券限价后降至204户，以后物价疯涨，到1949年1月又增至270多户。百货零售业，通称小百货业，1937年有226户。战后1946年4月重组同业公会，有会员902户。同时，大量兴起行销美货的摊贩，并有美货商场40余处，大小摊位不下15万个。战后新设的商店已都小型化了，进而至于摊商化，这是战后商业资本的一般趋势。反之，像永安、先施、新新、大新等大型百货公司，战后生意也很兴隆，但它们的营业额折成战前

① 上海市工商行政管理局等：《上海市棉布商业》，中华书局1979年版，第323—325、387页。

币值,则都低于战前了。1947年,百货同业公会与税务局磋商,作为纳所得税的标准,批发业的销货纯益率为4.6%,零售业为7.12%。①

上海的西药业,1936年有外商142户,华商166户。战后1946年,外商仅复业43户,华商增为571户,1947年增为617户,1948年再增为662户,并出现西药摊贩。而大型药房如五洲、新亚、信谊等都营业衰退,紧缩分支机构;仅中法、华美业务尚可。②

无锡的粮行,由日本投降前的135户增为253户,油行由14户增为100余户,纱号由36户增为113户,粉麸号由抗战前的17户增为179户。③ 广州的百货业,1946年有233户,从业人员1416人;1949年6月增为515户,3136人。④ 其他资料过于零星,无法概括。大体上南方城市商业发达;天津、北平等北方城市尚未恢复到战前商贸水平;武汉等华中城市略较战前活跃;而城乡间贸易比之战前大多是衰落的。

第二章第五节中,我们曾按资本周转率平均每年四次估计1936年的商业资本量约为42亿元。战后,还不能做出这样的估计。不过,战后的资本周转率大大加速了。例如上海百货业,1936年约为6.7次;1947年,据同业公会抽查并与税务商定,批发业为12次,零售业为24次。⑤ 一定的贸易量下,周转率增大1倍,资本量就将减少一半。据解放后调查,1950年全国私营商业402万户,资本额人民币19.9亿元,折1936年法币仅8亿元(资本周转率9.1次)。⑥ 由于解放前后有许多重大变动,特别像战争中的歇业和逃资,国际贸易的封锁,国营及合作社贸易的发展等,我们不能用1950年的调查来推测解放前市场。但可以肯定,1947年的商业资本量,会比1936年减少许多,这也是虚假繁荣的含义之一。

---

① 上海百货公司等编著:《上海近代百货商业史》,上海社会科学院出版1988年版,第38、45、47—48、215—216、219页。

② 上海市医药公司、上海市工商行政管理局、上海市社会科学院经济研究所编著:《上海近代西药行业史》,上海社会科学院出版社1988年版,第198、200页及第七章。

③ 《无锡市商业十年》,中国社会科学院经济研究所藏稿,第9页。

④ 《广州市私营百货商业社会主义改造资料》油印本,第13、14页。

⑤ 上海百货公司等编著:《上海近代百货商业史》,上海社会科学院出版社1988年版,第60、65、242页。

⑥ 倩华等编著:《七年来我国私营工商业的变化》,财政经济出版社1957年版,第9页。

（二）私营金融业

私营银行、钱庄主要是为私营商业提供资助，它们也和商业一样，一时纷纷开设，有3年的虚假繁荣（见表5—36）。

然而，战后私营银钱业繁荣的最大虚假性，还在于银行数比战前增加近10倍，而资力却大大削弱。这时，银行的资本、公积已成象征性的东西，它的资力主要是靠存款。从表5—36（C）可见，私营银行的存款，折战前币值，1946年还不到战前的5%，到1948年“八一九”币改前夕，只有战前的0.5%了。币改时，强迫收兑行庄的金银外币，上海钱庄交出的约合黄金29771两。[①] 次月，限令私营行庄增资，不得少于最低限额，增资的半数交存中央银行3个月，估计上海的行庄要缴金圆券7000万元。[②] 经此打击，私营行庄资金枯竭，除暗账外，已无正常业务了。

表5—36　战后的私营银钱业

时间	（A）商业银行数		（B）1946年11月底行庄数		
	总行	分支处		总行	分支处
1936年	132	654	商业银行	184	918
1946年	187	911	银号	356	77
1947年	1210	1226	钱庄	411	28

（C）全国商业银行的存款额		
时间	当年币值	折战前币值
1936年12月	141224万元	141224万元
1946年6月	2300亿元	6200万元
1947年6月	14290亿元	4774万元
1948年8月19日	600000亿元	750万元

资料来源：（A）中国通商银行编：《五十年来之中国经济》，文海出版社1983年版，第44页；（B）谭熙鸿主编：《十年来之中国经济》中册，中华书局1948年版，第L37页；（C）《中国近代金融史》编写组：《中国近代金融史》，中国金融出版社1985年版，第306页。

① 中国人民银行上海市分行编：《上海钱庄史料》，上海人民出版社1960年版，第367页。

② 《中国近代金融史》编写组：《中国近代金融史》，中国金融出版社1985年版，第305页。

私营行庄的存款主要是活期存款,属于通货性质。它的运用,也和上述商业资本一样,数量锐减,而流通速度加快。上海活期存款的流通速度1946年7月为38次,1947年7月为42次,1948年7月为90次。① 私营行庄的放款大体与存款相当,一般略小于存款。放款依靠黑市利息率。1946年7月核定利率为月息8%,黑市为15%;1947年7月核定为15%,黑市为19%;1948年“八一九”前黑市月息达45%。② 核定与黑市利率的差额进入暗账。黄金、银元、外币、证券和投机商品的买卖的收益也在暗账。解放后,调查天津、北平200多家私营银号,暗账运用的资金约占全部资金的80%,明账暗账合计,投入生产的资金只占1%—4%,余均用于商业拆放和投机买卖。③

银行、银号、钱庄外,1947年10月有经过清理登记的信托公司15家,除中央信托局外均属民营,但不少有公股。又较大私营银行都设有信托部,经营不动产投资、仓库、保管、代理证券买卖等。1947年经允许登记的华商保险公司有187家,大者多为国家银行投资设立。1947年11月底已登记的典当有321家,以江苏省最多。④

四、投机资本的活跃

投机原指为获得价格变动的利益而进行买卖的行为,这在资本主义经济中是合法的。战后中国市场上的投机行为空前活跃,则是特定历史条件下的产物,以至出现“投机资本”这个专属概念。

抗战胜利之初,由于后方机构和人员复员,加以政府对伪币兑换率定价不当,大量游资集中上海。有人估计,胜利后3个月中,各地流入上海的法币约有6000亿元,加上上海原有的2000亿元,按当时汇率共计4亿

① 张公权:《中国通货膨胀史》,杨志信摘译,文史资料出版社1986年版,第172页。流通次数为活期存款额除支票结算额。

② 张公权:《中国通货膨胀史》,杨志信摘译,文史资料出版社1986年版,第172页。

③ 吴江:《中国资本主义经济发展中的若干特点》,《经济研究》1955年第5期。

④ 《中国近代金融史》编写组:《中国近代金融史》,中国金融出版社1985年版,第309页;谭熙鸿主编:《十年来之中国经济》中册,中华书局1948年版,第L53、L59页。

美元之巨。[1] 这可以说是第一批投机资本。这以后，在恶性通货膨胀中，人们重物轻币。资产者形成工不如商、商不如囤的利润倾斜，加以经济管制，遂舍正常经营而从事投机。劳动人民为了保值，也纷纷以币易货。投机资本乃越聚越多。加之，国民党的军队在解放战争中节节败退，先是关外资金转移关内，继之北方资金南流上海。最初是通过银行汇兑，1947年冬，政府限制北资汇沪，每笔不得超过1亿元，于是又引起运现风，甚至有包机运钞者。1948年初再规定北方携带现款来沪不得超过2亿元，但已无人遵从。这时工商凋敝，外来货币，都变成投机资本。

实际上，投机活动的大本营是在国家垄断资本主义体系中。因为只有它具有发行法币和扩张信用的权力，这是投机资本的本源；它又掌握政策法令的内幕，而差不多所有投机行为都是对政令的规避或巧用，从下述的金融风潮和黄金风潮中可知。不过，社会积累之走向投机，又往往是通过私营工商业进行的。商业资本最易转移，尤其是批发商业，于是出现如上所述的各业行号增设不已。还有一种只有一块招牌或图章的皮包公司，上海通称歇壁字号，更是投机能手。工业资本则是通过工厂商业化转向投机，或是囤购原物料，或是暗账买卖，以至附设贸易公司。而金融业最能利用社会零星积累，也是最灵活的投机者，并能代理投机业务。这时还有不少地下钱庄，更是无拘无束。

投机买卖的对象，主要是黄金、外币、证券、棉纱、棉布、五金、西药、粮食、百货等商品以及房地产。

上海投机者称黄金为老大，美钞为老二，二者在物价波动中起着“马首是瞻”的作用，转手之间可获厚利。1946年3月4日中央银行开始抛售黄金，分明配、暗售两种。明配是由上海金业、银楼业公会提出配额，按牌价出售；暗售是委托5家金号银楼按黑市价出售。最初黑市价每两约19万—20万元，10月以后大涨，12月达32.4万元，1947年1月31日为44.1万元，2月17日高至61.1万元。这天起停止抛售，酿成黄金风潮。

---

① 华洪涛：《解放战争时期上海华商进口行的暴兴暴衰》，上海社会科学院经济研究所：《经济学术资料》1981年第8期。

此期间共抛售黄金351万两。金价上涨快于一般物价,各地游资、军区的军饷、四联总处的生产贷款都来沪抢购黄金,弊端百出,舆论哗然。监察院不得不派员彻查,向上海地方法院起诉;结果金业公会主席詹莲生被判徒刑12年,主持抛售的中央银行业务局局长林凤苞、副局长杨仁安被判7年徒刑。并向此事的决策者行政院院长宋子文、中央银行总裁贝祖诒提出弹劾,宋、贝辞职。[①] 1947年2月的《经济紧急措施方案》禁止黄金买卖,但黑市照旧活跃,金价上涨不已,以至1947年从港澳流入黄金约600万盎司。直到解放前,黄金一直是投机交易的龙头。

美钞最初是由驻华美军带来,继之随美援、美货走私涌至。估计解放前国内流通的美钞约有3亿美元;又港币5.8亿元,也在市场流通。[②] 美钞成为高级通货,大宗交易常以美元计值,上海有上百家地下钱庄和兑换店经营美钞买卖。美钞价格比照黑市美汇,美汇以及后来的结汇证同为投机的对象。黑市美汇价1946年6月为每美元合法币2665元,1947年6月为36826元,1948年6月为2311250元,上涨幅度也大于一般物价上涨幅度,故称老二。美钞虽是市场买卖,但其价格与政府的进口配额和外汇政策密切相关。实际上,最大的利润乃是来自官价外汇与黑市的差价,这就只有那些捷足先登、获有配额者才能享受了。

证券投机,战前是以政府债券为主。1946年6月19日,宋子文声称统一公债将按票面还本付息,于是市面公债价格一落千丈,掀起金融风潮。上海大亚银行首先停业,继之有6家银行不稳。中央银行趁机削价收购私营行庄存项,据云有美钞五六千元,黄金3000余两。[③] 风潮过后,9月9日上海证券交易所正式复业。这时政府债券已无人过问,转以股票为主。经核准上市者32家公司,股票100余亿股;至1947年9月,有经纪人210家,其中证券字号约50家。证券交易有现货、期货,现货与期

---

① 何汉文:《记上海黄金风潮案》,见中国人民政治协商会议全国委员会文史资料研究委员会编:《文史资料选辑》第36辑,中华书局1963年版。

② 《中国近代金融史》编写组:《中国近代金融史》,中国金融出版社1985年版,第302页。

③ 《上海金融风潮记实》,《银行通讯》新6号,1946年7月。

货之间可作套利。期货仅交三成证据金,一成现金,二成股票;实际不是真正证券买卖,只是赌行市涨落,因而有买空卖空、抢帽子、踢皮球等手法。1946 年 12 月,现货与期货各成交 20 余万股,1947 年 6 月,成交现货 91 万股,期货 130 万股,以后就更主要是期货投机了。[①] 天津证券交易所在 1947 年冬开业,成交额不大。证券价格上升的幅度不如物价上升之甚,但投资证券不是利用其价格上升,而是窥测其价格涨落,买进卖出,或买此卖彼;故利润甚高,风险也大。在交易所的投机,当时属合法交易,此外尚有证券黑市,多在茶馆成交,有黑帮操纵,甚至合法经纪人也参与其间,各种谣诼都在此兴风作浪。

商品投机,各业情况不同。上海在抗日战争后已无综合的物产交易所。棉纺因国营纺建公司垄断纱价,纱号的投机活动改由掮客买卖,或在茶馆成交。棉布则同业公会设有棉布市场,会员及棉布经纪人均凭证入场。经纪人初有 400 余人,后发展到 1200 多人,部分是布厂、批发商所雇。投机主要是栈单买卖,十二磅龙头细布、四君子哔叽成为主要筹码,各种布价朋比进退。其买空卖空、踢皮球、抢帽子一如股票市场,两者并互相挹注,如上午在证券市场买进某厂股票,下午在棉布市场高价收进该厂棉布,次日股价必昂。[②] 又如西药,体小价高,其交易市场是在大中华咖啡室,后移至长乐茶楼,"黄牛"、掮客麇集于此,有现货交易,亦有期货买卖,以哄抬价格为能事。他们成交不用单据,全凭信用,一言为定,也发生不少悔交、抛空、强塞硬掗等无赖行为。[③]

大的资本集团在投机活动中有优势地位。以纱布而论,国营纺建公司执其魁首,以挂牌领导涨价。纺建售货当日不开栈单,仅发给铜牌;此项铜牌也变成投机交易的筹码。永安纱厂的股票和永安百货公司的股票在证券市场上具有优越地位,永安公司暗账中有个"振泰"户头,专门经

① 参见谭熙鸿主编:《十年来之中国经济》中册,中华书局 1948 年版,第 L38、L40—41 页。

② 上海市工商行政管理局等:《上海市棉布商业》,中华书局 1979 年版,第 320—321 页。

③ 上海市医药公司、上海市工商行政管理局、上海市社会科学院经济研究所编著:《上海近代西药行业史》,上海社会科学院出版社 1988 年版,第 213—214 页。

营本公司的股票,以操纵股价;1947 年最高时掌握了永纱上市股 4000 万股的 1/3。另有“金记”户经营黄金,“五贯一”户经营美钞。[①] 申新九厂的 20 支双马纱是市场的标准纱,双马栈单成为投机的热门。申新其他厂的双喜、红人钟等纱也借此抛售期货栈单,并利用南销,套取港汇,或投资房地产。1947 年 12 月,申新一厂、二厂、五厂的未付栈单达 2430 亿元,合双马纱 7900 余件。[②] 还有一些大商人组成集团,以利投机交易。如上海棉布业中有八大户联谊会,签有协议,共同议价。百货业中有群立行组织,通称“老八家”,1947 年又有“新八家”组织,都是操纵价格的投机集团。

第四节 国家垄断资本的崩溃和新民主主义经济的胜利

一、国家垄断资本的崩溃

1947 年 7 月,中国共产党领导的中国人民解放军开始全国规模的进攻,蒋介石的军队节节败退,国民党统治区的经济迅速崩溃。经济崩溃,通常是指国民经济运行机制的全面破坏,在中国,也就是鸦片战争以来的半殖民地半封建经济的全面瓦解,为共产党领导的新民主主义经济所代替。但在比较严格的意义上,也可说是国家垄断资本的崩溃。国家垄断资本主义通常是指资产阶级的政府以资本或财政手段干预和支配国民经济的运行,在中国,则是更多地借助于政府自己经营企业。这时候,南京政府的这种经济机制已完全失效了,连政府自己经营的企业也走向破灭。不过,占国民经济最大比重的农业个体经济,虽因战争严重减产,但并非

① 上海市纺织工业局、上海棉纺织工业公司、上海市工商行政管理局永安纺织印染公司史料组编:《永安纺织印染公司》,中华书局 1964 年版,第 259、297 页。

② 上海社会科学院经济研究所编:《荣家企业史料》下册,上海人民出版社 1980 年版,第 454 页。

体制的崩溃。在土改以前,地主制经济还存在;而其中农民自给性的生产,不受市场制约,仍按老规矩运行着。对于民族资本主义经济来说,它们也陷入极大困难,但并非走向毁灭,毋宁说是走向新生,即向新民主主义经济过渡。本节所讨论的就是这两种情况:国家垄断资本主义走向灭亡,民族资本主义走向新生。

国家垄断资本的崩溃,当然是和人民解放军的勇往直前、蒋介石军队的一败涂地分不开的。但是,从经济史的角度看,蒋介石军队的失败和国民党政权的瓦解,毋宁说是它的经济基础崩溃的结果,而非原因。在本章前两节中我们曾一再指出,战后国民党统治区工农业生产的败坏,尤其是国家垄断资本徒拥有庞大的产业设施而不能利用,实在是它经济崩溃的根本原因。不过,最令人触目惊心的乃是这种崩溃的表象,即南京政府财政上的岌岌不可终日和它天文数字的通货膨胀所造成的社会动荡,民怨沸腾。鉴于前文已对生产做了分析,本节就专述这两种表象。

(一)南京政府的财政

先将抗日战争后南京政府的财政状况摘要列入表5—37。

表5—37　1945—1948年战后南京政府的财政收支　(单位:亿元)

项目	1945年	1946年	1947年	1948年(1—7月)
Ⅰ　财政收支				
财政收入(A)	2430	19791	138300	
(B)	12414	28770	140644	2209055
财政支出(A)	12590	55672	409100	
(B)	23481	75748	433939	6554711
财政赤字(A)	10160	35881	270800	
(B)	11067	46978	293295	4345656
Ⅱ　实际收入				
税收	1023	12176	91460	
出售公债	628	20	5883	
出售敌伪资产	—	5345	—	

续表

项目	1945 年	1946 年	1947 年	1948 年(1—7 月)
出售美军剩余物资	—	—	11910	
出售黄金、外汇	—	11228	31290	
Ⅲ 主要支出				
军事费	20499	45373	237799	4489977
行政费	4461	21588	128882	1553467
经济建设费	1269	8332	62053	340845

资料来源:

Ⅰ. (A)据财政部长俞鸿钧 1948 年 4 月 13 日在国民代表大会的报告,中国第二历史档案馆藏档三、2、399。(B)见张公权:《中国通货膨胀史(一九三七——一九四九年)》,杨志信译,文史资料出版社 1986 年版,第 101 页,其中除 1948 年据中央银行国库账外,余为张维亚计算的数字。

Ⅱ. 张公权:前引书,第 104、108 页,原译文出售黄金外汇数有误,已更正。

Ⅲ. 张公权:前引书,第 102 页,系以主计处和财政部的统计估计出各项所占百分比,再从Ⅰ财政支出(B)中算出。

抗日战争后南京政府的财政,除有名无实的预算数字外,其实际收支并无确切资料。表 5—37 中Ⅰ的财政部长报告(A),大约属于经常项目,实不足据。另有主计处的统计(未全部公开)及研究者的估计,结果歧异。表中所列(B)系前中央银行总裁张嘉璈所用,为各种支出估计中数字最大者。唯无论(A)或(B),财政支出中都是 60% 以上依靠赤字,实即依靠通货发行。而赤字所占总支出的比重,几乎就是军事费所占比重。因而,战后财政实际上是一种支持蒋介石内战的财政。蒋介石战后经常保持着 500 万人以上的军队,财政支出的 3/5 是供养这些军员,而实际作战军需主要来自美援,并不在表内财政支出之列。又政府官僚机构臃肿,故行政费占去了财政支出的 1/4;而用于经济建设的费用,平均占不到 10%,与抗战前和战时的财政比较(见表 2—22 和表 4—60),便可看出战后特点。

税收是理财之本。战后南京政府接收了原日本占领区的广大税源,疆土和人口都超过抗日战争前规模,按理说,恢复至战前的税收水平不是太困难的。1946 年 3 月国民党六届二中全会通过的《紧急措施案》提出了增税方案。这年扩大了货物税范围并提高棉纱税率,开征化妆品税和提高烟酒税率。1947 年开征特种营业税和建国特捐(即原拟财产税)。

但是,征收的实绩却与预期相反,1947 年,关、盐、货三大税的收入,折战前币值,只有战前的 37%,详见表 5—38。尤其是战后对外贸易额较战前大增,而关税收入只有战前的 21%。只货物税因扩大征收范围,差足战前的 87%。其间有各种原因,但总的来说它反映了战后经济的不景气,并突出表现了战后国民政府统治力量的衰落和官僚们的无能。到 1948 年,税收大减,被地方截留者日多,财政部也不敢发表统计了。不过,应说明的是,下表所列只是中央政府正式的税目,战后各地驻军和地方当局的苛捐杂税和临时性摊派有增无已,有的地方达四五十种,人民苦于重税,有"国民党万岁(税)"之说。

表 5—38　1936—1947 年战后的税收①

项目	1936 年（百万元）	1946 年（亿元）	折战前币值（百万元）	1947 年（亿元）	折战前币值（百万元）
关税	272	3166	61	23370	58
盐税	184	2323	45	17830	44
货物税	135	3975	76	46910	117
直接税	未开征	1859	36	15920	40
合计	591	11323	218	104030	259

中央税收整理失败,转而求助于已划归地方财政的田赋。原来,国民政府在 1945 年年底曾慷慨宣布免除原日本占领区 1945—1946 年度的田赋,并免除原后方 1946—1947 年度的田赋。到 1947 年 7 月的全国财政会议,竟自食其言,决定恢复抗战时期的田赋征实和征借。此举最不得民心,引起舆论抨议和农村骚动,并加剧了中央与地方的矛盾,以致障碍难行。结果原定征借额不能完成,1945—1946 年度实征粮食不足 3000 万石,1946—1947 年度实征 4200 余万石。征区远较抗战时期为大,所得却只有战时最后两年实绩的 60%,并须按协议,以所征 70%折价补助地方

① 1936 年见表 2—22。1946 年、1947 年据杨荫溥:《民国财政史》,中国财政经济出版社 1985 年版,第 176 页;比前引俞鸿钧报告数略低,比前引张公权计算数略高。折战前币值据表 5—40(A)(5)。

财政。1947—1948年度将征借改为征购,实征只有2000万石。

战后南京政府的税收政策即告失败,其公债政策更完全破产。战后发行的公债,除整理旧债的两种外,内容见表5—39。

表5—39 1946—1949年战后的国内公债①

年份		面额	发行情况
1946	同盟胜利公债	美金 4亿元	1942年同名公债的继续,实销极少
	土地债券	3亿元	征购土地用,无实销
1947	美金公债	美金 1亿元	至年底实销30909880美元
	美金库券	美金 3亿元	至年底实销25815250美元
	粮食库券	粮1000万石	征粮用,无实销
1948	短期库券	无定额	实销极少
1949	黄金公债	黄金200万两	实未发行

在严重的通货膨胀下,南京政府已无法发行法币公债,仅发美金债券。而其所谓同盟胜利美金公债,经1945年舞弊风潮后(见第四章第三节二),已无人过问。1947年的美金公债因须以外币认购,应者寥寥;同年的美金库券虽可以法币认购,但到期按官价汇率偿还法币,与黑市相差倍蓰,自少人问津。到年底,这两项实销共5673万美元,仅及发行额的14.2%。至于1948年的短期库券,为期仅一、二、三个月,可随时升值,根本不起债券作用。1949年的黄金公债,规定在2月和6月分两期发行,这期间南京政府已逃亡广州,还有什么人认购呢?从表5—37可知,1946年几乎相当于无出售公债收入,1947年的公债收入只占财政收入的4.2%。这不仅表明政府的债信完全破产,也反映战后国民党政权的威信扫地;过去从事公债投机的银行业,这时也不经营公债了。

战后外债数量虽巨,但基本上都是指定用途的美援,不能列入财政实际收入,本章第一节已详述。

从表5—37可见,战后支持财政实际收入的乃是出售敌伪产业、出售

① 千家驹:《旧中国公债史资料》,财政经济出版社1955年版。

美军剩余物资和出售黄金外汇，三者共占财政收入的35.3%。

抗日战争后政府接收了大量敌伪产业，以所值1/3出售，即可吸收大量法币回笼，不失为医治通货膨胀、弥补财政赤字之一途。但国民党当局出于扩张国家垄断资本的考虑，将最易出售的纺织厂全部囊括为己有；接收的存货、存料亦尽量拨给国营和军事机关，已详见本章第二节(一)。结果，出售敌产收入不过5345亿元(表5—37所列系跨年度的)，不到接收敌产总值的10%(见表5—4)，在财政上也起不到什么作用。

美军剩余物资中，2/3为军火，估计可供出售者约26300亿元，财政部分列入22个月收入预算。但实售不过11910亿元(表5—37所列系跨年度的)，到1948年已无人问津。

出售黄金外汇，占三项出售额的70%以上，1946年出售5.12亿美元，1947年2.6亿美元(黄金已于2月间停售)，此举完全是悖理的。因为黄金外汇原是国库发行纸币和国家银行信贷的准备，不能作为财政用途。并且战后政府所有黄金外汇大部分是抗战时期的存余，少量是接收敌伪银行的准备金，战后并无新的进项，也没有战时那种平准基金之类的贷款。因而，此举只是出卖家底，是一种倾家荡产的政策。

到1948年，财政部一贫如洗，玩了一个花招，将预算分为普通预算和特别预算两部分。普通预算收支平衡，特别预算主要供军费，而以赊借、出售国有财产、征借实物等抵充。赊借即国家银行垫款，占特别预算收入的一半以上。出售国家财产，这时敌产和美军剩余物资已无何存余，美国1948年紧急援华法案供给的商品一时还不能运到，于是将中国纺织建设公司、中华烟草公司、中国纺织机制造公司等国营企业改为股份公司，打算出售股票，以济眉急。可是各公司既不积极，辽沈战役以后也没有什么企业家愿意与国民党“合办”企业，其事终成泡影。黄金外汇这时倒是抢手货，但政府储备已竭，反要借8月19日的“币制改革”来搜括民间的金银外币。到10月，政府手中大约有黄金300万盎司，白银2000万两。12月打算有限额地出售黄金，即经过核准以新发的金圆券兑现，谁知竟酿成挤兑惨案，只好作罢。1949年2月蒋介石下台，临走前下令将所有黄金运台湾、厦门，继任总统李宗仁手中就空空如也了。

在表5—37II的财政实际收入中,我们没有列入国家银行垫款,因为这项垫款数已见表5—19,而其数值,除1945年外,也就是历年财政赤字(即IB)的数值。实际上,战后各年的财政赤字都是由国家银行垫款来弥补的,研究者也就用国家银行垫款数作为政府讳难发表的财政赤字数。而战后时期,国家银行除发钞票外已无其他资金来源来向政府垫款,因而所谓国家银行垫款,也就是增发通货。如果我们比较表5—37I中的赤字(即国家银行垫款)与表5—40(A)的货币发行量,就可看出两者惊人地相似。

表5—40　1945—1949年战后的通货流通量和物价指数

(A)法币的通货膨胀

项目＼年份	1945年8月	1945年12月	1946年12月	1947年12月	1948年6月
(1)法币发行量(亿元)	5569	10319	37261	331885	1965203
(2)发行指数(1937年6月=100)	39496	73162	264180	2353704	13937609
(3)银行活期存款(亿元)		4755	54555	277771	2025713
(4)通货流通量(1)+(3)		15074	91816	609656	3990916
(5)上海批发物价指数(1937年1—6月=100)	34599(9月)	88544	571313	8379600	97690000
(6)重庆批发物价指数(1937年=100)	179300	140488	268763	4010700	45508000
(7)货币流通速度(5)÷(2)	0.88	1.21	2.16	3.56	7.01

(B)金圆券的通货膨胀

时间＼项目	(8)金圆券发行量(亿元)	(9)金圆券发行指数		(10)上海批发物价指数
		(1948年8月=100)	(1937年6月=100)	(1948年8月=100)
1948年8月	5.44	100	115744680	100
9月	12.02	221	255744680	197
10月	18.50	340	393617021	220
11月	33.94	624	722127650	2543
12月	83.20	1529	1770212766	3584

续表

(B)金圆券的通货膨胀				
项目 时间	(8)金圆券发行量（亿元）	(9)金圆券发行指数		(10)上海批发物价指数（1948年8月=100）
		（1948年8月=100）	（1937年6月=100）	
1949年1月	208.22	3828	4430212766	12876
2月	596.44	10968	12690212000	89778
3月	1960.60	36040	41714893000	405320
4月	51612.40	948257	1098136000000	
5月	679458.00	12490.036	14456533000000	1212200000

资料来源：

(1)(8)吴岗:《旧中国通货膨胀史料》,1958年版,第92—95、122页,唯1949年5月据中国科学院上海经济研究所、上海社会科学院经济研究所编:《上海解放前后物价资料汇编》,上海人民出版社1958年版,第49页;1937年6月发行为14.1亿元。

(3)1945年12月见表4—64;余见张公权:《中国通货膨胀史(一九三七——一九四九年)》,杨志信译,文史资料出版社1986年版,第247页。

(5)(6)(10)见前引《上海解放前后物价资料汇编》,上海人民出版社1958年版,第168—169、198—200页;又第47页。

(9)1937年6月为基期之指数系将金圆券按1元=300万元法币计算,基期发行为14.1亿元。

（二）通货恶性膨胀

抗日战争胜利之初,举国欢腾,全国物价下跌,人心思治。这时,政府手中至少有价值八九亿美元的黄金和外汇储备,比七七事变前的发行储备大两倍。① 同时,接收了价值5万亿元的敌伪产业,其中存货、物资、贵金属总值数千亿元。当时法币发行量5500余亿元,为收兑华中—华北伪币增发至1万亿元,为数尚非太多。若善为处理,是可以医治,至少缓解战时的通货膨胀,导入正常金融轨道的。但是,国民党当局随即撕毁了1945年10月10日与共产党达成的和平协议,从事扩军备战;接着又破坏了1946年1月与共产党和民主党派在政治协商会议通过的决议和停战令,向东北解放区进攻。同时,在经济上实行开放外汇市场、低价供应外汇、鼓励自由进口、扩大信贷等大手大脚的支出政策。1946年上半年,增发法币10806亿元,即半年间增发了1倍;同期,上海批发物价上涨了1.5

① 抗战胜利时的储备见本章第一节(一),战前储备值2亿—3亿美元,见第二章第二节(二)。

倍;恶性通货膨胀之势已成,一切稳定币值的机会都已成过去了。1946年6月下旬,蒋介石开始向关内各解放区进攻,内战全面爆发。军费繁浩,财政破产,除增发钞票外已无他法。上海5家印钞工厂日夜开工仍不敷用,只好乞求外国帮忙。1947年国内印钞58万亿元,国外印制137万亿元。物价猛涨,印好的钞票运到市场已不合用;1947年11月中央银行只好把印好的50元、100元券注销,因为上市的万元券已嫌面额过小了。

关于抗日战争后中国这场骇人听闻的通货膨胀已有不少专著,其危害经济之烈,人民痛苦之深,言者尤众。我们不必多作介绍,只将这几年的通货量和物价上涨的一些情况列入表5—40;为比较各年趋势,并将上海物价的变动按月制成图5—1。

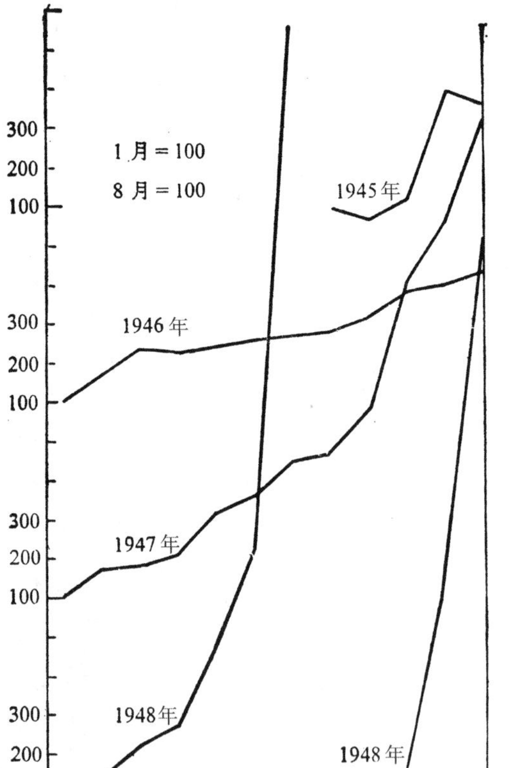

图5—1 上海批发物价指数的逐月变动

资料来源:同表5—40。

和抗战时期不同，战后第一年物价上涨的幅度即超过货币增发的幅度，说明通货膨胀已处于恶性循环中，这可由表5—40(7)的货币流通速度成倍增长看出。从抗日战争开始，我们就把银行活期存款计入通货流通量。战后更加明显，表见1946年活期存款的增加额竟超过货币增发额，1947年两者相埒。这时不仅大宗交易，一般工薪也用支票支付了。上海市场上支票的结算金额比全国货币的流通额还要大2—3倍。活期存款的流通也在加速，看下表自明。因而，考察本时期的通货膨胀是不能单从法币发行量上着眼的。此外，还有银元、美钞、港币也在国内流通，估计其总值还大于法币发行额；不过，依照劣币驱逐良币原理，它们多作为贮藏手段，流通速度不大，我们也未估计在通货总量之内。

表5—41　活期存款的流通①

项目＼时间	1946年12月	1947年12月	1948年6月
(1)上海市场支票结算金额(亿元)	81240	1208130	8483066
(2)全国法币发行额(亿元)	37261	331885	1965203
(3)支票结算为法币发行额的倍数	2.18	3.64	4.32
(4)估计上海活期存款额(亿元)	43644	222217	1620570
(5)活期存款的流通速度(1)÷(4)	1.86	5.44	5.23

在通货膨胀下，活期存款已不是社会积累，而是出自银行信贷，即我们在第二章讨论表2—64时所说的倍数效应。在那时(1921—1936年)，我们还不把活期存款计入通货流通量，在战后，信用膨胀已是和纸币发行同样的通货膨胀手段了。能够无限制制造信用的是国家银行，90%的活期存款是在它们手中。私营行庄也可借倍数原理制造一部分信用，故战后私营行庄突增，达1000余家。此外，狡黠之徒还可自己制造信用，如签发迟填日期的支票，甚至不兑现支票。这时的金融市场，混乱已极。

① 支票结算金额见上海《银元周报》，此处取自表5—40张公权：《中国通货膨胀史(一九三七——一九四九年)》，杨志信译，文史资料出版社1986年版，第172页；上海活期存款按表5—40(3)的80%估计。

物价飞涨,南京政府1947年2月发布的紧急法令中,对主要日用品实行限价,并冻结工资。这当然是行不通的,到4月只好提高限价,5月解冻工资。以后仍有物价管制办法,但不过是纸上谈兵。1947年12月成立金融管理局,并动用秘密警察,也毫无成效。1948年2月,蒋介石亲自下令,停止一切贷款;适值春节,工商界无法结账,市场大乱。这时,物价一两个月就上涨1倍,7月份上涨了1.8倍。8月19日,遂发布总统的"财政经济紧急处分令"和各种办法,实行愚蠢而又残暴的"八一九"币制改革。

这次"改革"包括:(1)中央银行发行金圆券,法币300万元兑换金圆券1元,东北流通券30万元兑换金圆券1元。① 限11月20日前兑毕。(2)人民持有的黄金、白银、银币、外币限期向中央银行兑换金圆券或交存。(3)人民持有的外币证券及其他外汇资产限期向中央银行登记。(4)按8月19日水平冻结物价和工资。为强制执行这些法令,向上海、天津、广州、西南、西北派出督导专员。蒋经国任上海督导专员,他集中了军警和特务,暴力传讯、拘捕社会出名人士,造成恐怖,以强制执行限价,收缴金银外币。到10月底,中央银行约共收兑黄金168万盎司,白银960余万两,银元2350余万元,美钞4985万美元,以及港币、外汇存款等。此项记载颇不一致,据行政院院长11月2日在立法院报告称,已收金钞共计19亿美元。② 又据前财政部钱币司司长戴铭礼称,各行庄黄金外币资产虽经申报,但大部未动,故上述数字主要是搜兑民间的金钞。③

用暴力对抗经济规律总是要失败的,并要受到惩罚。限价期间厂商存货被抢购一空,无法补进。上海工商界损失约合金圆券2亿元,全市纱厂仅存有供半个月开工的棉花,尤其是粮食,到货几已绝迹,发生抢米风潮。农村自行以货易货,拒用金圆券也拒运货进城,其他城市也发生抢粮事件。1948年11月1日只好宣布放弃限价,这个月上海物价一下子上

---

① 东北流通券发行额31918亿元。

② 中央财政金融学院财政教研室编:《中国财政简史》,中国财政经济出版社1980年版,第285页。

③ 戴立庵:《金圆券发行后蒋介石在上海勒逼金银外汇回忆》,见中国人民政治协商会议全国委员会文史资料研究委员会编:《文史资料选辑》第七辑,中华书局1960年版。

升了10倍。金圆券发行额原规定不超过20亿元,至此改为无限额发行。进入1949年,物价一日数涨,至5月上海解放,上海物价比“八一九”金圆券发行时上涨了1200万倍。

南京政府于1949年4月逃亡广州。金圆券已成废纸,乃于7月4日发行银圆券,银圆券1元收兑金圆券5亿元,并指定可在广州、重庆等9个城市以银圆券兑换黄金。这时全国解放在望,人民解放军于7月宣布不收兑华南、西南的伪币。银圆券一出笼即遭群众拒用。10月,国民政府再逃亡重庆,西南的国民党军队也拒收银圆券。国民党的货币制度完全崩溃。

自1947年2月南京政府实行紧急措施方案后,即出现资金逃流海外现象。在中国香港有外币和法币的自由市场,不仅黄金、外汇出口,法币亦可运港套取华侨汇来的外汇。1948年起,逃资加剧。首先是豪门资本纷纷套取外汇存放国外,继而国民政府也将黄金、外汇外移;甚至民营大企业也在中国香港、中国台湾、菲律宾设立分厂或支店。1948年8月实行金圆券后,香港一度限制中国货币市场,但不久金圆券贬值,套汇复归活跃。11月12日上海一度开放存兑金银,于是从黑市套购外汇出国成为半公开之事。据1949年3月25日联合社报道,国民政府的金银外汇储备2.75亿美元,在上海保管者不过1/3,余均存国外,约0.73亿美元的储备已运台湾。又有美国华盛顿州议员沙瓦治称,中国官场要人在美国存款有10亿—20亿美元。[①] 政府逃亡广州时,阎锡山任行政院院长。据说他在1947年将个人存款转移美国,其中一笔即达150余万美元。1948年他将在山西所营企业变价,合黄金11.5万多两,最后转移到台湾。[②]

不仅资金,物资亦大量逃亡。1948年和1949年用金圆券计算的进出口贸易竟成出超,我们在表5—1的说明中已言及。国民党在撤退前,

---

① 《中国近代金融史》编写组:《中国近代金融史》,中国金融出版社1985年版,第296—297页。

② 《中国近代金融史》编写组:《中国近代金融史》,中国金融出版社1985年版,第297页,原据中国人民银行山西省分行等:《阎锡山和山西省银行》,中国社会科学出版社1980年版,第259页;山西省政协文史资料研究委员会编:《阎锡山统治山西史实》,山西人民出版社1981年版,第423页。

令所属企业转运物资,拆迁或破坏设备,依赖地下共产党领导员工进行护厂斗争,绝大部分得以保全;资源委员会所属企业连同技术员工,基本完整保存,留待解放。

二、新民主主义经济的发展

中国共产党在领导中国的革命中,从 1927 年建立革命根据地起,就在革命根据地和后来的解放区逐步形成了一种以社会主义经济成分为领导的多种经济成分并存的经济,后来称为新民主主义经济。对此,近年来已有不少文献和论著。但是,对于我们所要讨论的问题,即根据地和解放区的资本主义经济,却甚少资料,有时我们只能从党对私人资本的政策上作些探讨,无法用统计说明。

(一)土地革命时期

最早的革命根据地都是在土地革命时期建立的,当时称为苏区。土地革命中主要的资本主义对象是富农。1928 年中共第六次全国代表大会明确富农属于“农村资产阶级”,并指出他们有土地出租;而对他们的土地采取什么政策并无规定,各地执行情况不一。1930 年 5 月在上海召开的全国苏区代表大会通过《土地暂行法》,规定对富农没收其“出租部分土地”,含有保护其雇工经营的资本主义土地所有制之意。但这一政策并未执行。当时苏联正在进行消灭富农的斗争,1929 年 6 月初,共产国际给中国共产党发信指示“加紧反对富农”的斗争。6 月中旬中央苏区的南阳会议制定《富农问题决议案》。决议案虽仍称“富农是农村资产阶级”,但认为“这个阶级自始至终是反革命的”。1931 年 11 月在瑞金召开第一次全国工农代表大会,成立中华苏维埃共和国,制定了共和国的《中华苏维埃共和国土地法》。这个《中华苏维埃共和国土地法》规定没收富农的全部土地,分田时分给富农“较坏的劳动份地”。这就是当时王明路线的“地主不分田,富农分坏田”主张。1933 年 10 月中央苏区举办查田运动,毛泽东同志在两次报告中都批评了没收富农全部财产、消灭富农的过“左”倾向，他指出：“对地主取消灭的政策，对富农则取削弱的政策”，两者不可混淆。① 1934 年中央苏区反第五次围剿失利，红军长征，1935 年到达陕北，于 12 月 6 日作出《关于改变富农政策的决定》。决定规定对富农只取消其封建剥削部分，不没收其自己经营的土地、商业和财产。1936 年 7 月《中共中央关于土地政策的指示》中进一步规定：“富农的土地及其多余的生产工具（农具、牲口等），均不没收。”②这时已进入抗日战争时期了。

当时的苏区没有近代化工业，只有手工业和商业。中国共产党在苏区建立了公营的工厂、商业公司和银行，并大力发展手工业合作社和合作商业。但在城镇，私营工商业仍占较大比重，当时对他们统称小资产者。1927 年冬，红四军从井冈山打下茶陵、遂川等县城，即向群众宣传保护工商业的政策，叫大家放心做生意。遂川草林圩逢集日“到圩两万人，为从来所未有”，毛泽东同志说，“这件事，证明我们的政策是正确的了。”但是受到当时盲动主义领导者的指责，认为“烧杀太少”，应当是“一切工厂归工人”，“使小资产变成无产”。因而，1928 年 4 月以后苏区也对中等商人实行没收。③

1929 年 1 月，红四军向赣南进军中发布《红四军司令部布告》称：“平买平卖，事实为证；乱烧乱杀，在所必禁”；“城市商人，积铢累寸，只要服从，余皆不论”。这年 3 月进军闽西，克长汀，红四军发布《告商人及知识分子书》称：“共产党对城市的政策是：取消苛捐杂税，保护商人贸易。”不过，一时没收商店、焚烧房屋的事仍然不少。因而 7 月中共闽西代表大会通过一个决议：“对大小商店应取一般地保护政策（即不没收），对反动商人宁可杀人、罚款，不可没收商店。”④

---

① 许毅主编：《中央革命根据地财政经济史长编》上册，人民出版社 1982 年版，第 130、273、310、331 页。

② 赵效民主编：《中国土地改革史（1921—1949）》，人民出版社 1990 年版，第 204、210 页。

③ 《毛泽东选集》第一卷，人民出版社 1991 年版，第 78 页。

④ 许毅主编：《中央革命根据地财政经济史长编》下册，人民出版社 1982 年版，第 9—10 页。

1930 年 5 月毛泽东同志在赣南寻邬做了城市调查。寻邬有私营手工业 80 余家,其中有两家资本 1000 多元,两家三五百元,余均甚少。有一家首饰店有师徒 4 人,余雇工一二人或不雇工。因而,这 80 多家都可作"手工业者"看待。唯城外有炉厂 6 处,铸铁铸锅,每厂需资本 2000 元,1 炉铸铁需 200 工,应属工场手工业性质,未在调查之内。寻邬有商店 40 余家,资本 3000 元以上者两家,1000—2000 元者 8 家;这 10 家商店中,有 6 家雇工。其余商店大多不雇工,或有学徒一二人。毛泽东同志认为,在寻邬存在着商业资产阶级,他们在政治上是受地主领导的。①

1930 年 6 月,党中央在李立三主持下通过《新的革命高潮与一省或几省首先胜利》决议,即所谓立三路线。决议提出不只是没收帝国主义的银行、企业、工厂,"而且要没收中国资产阶级的工厂、企业、银行,以铲除反革命的武器。"同时,实行李立三制定的《劳动保护法》,原来苏区的劳动法也据以修订。据人回忆,长汀原有资本家经营的纺织厂,革命后,一些资本家跑掉,但也有的留下来继续经营。新劳动法规定很严格,工作 8 小时,青工 6 小时,童工 4 小时;工人搞宣传、站岗放哨、慰问红属都计入工时;又需发给工人服装、马刀等;资本家无利可图,就抽款逃跑了。到 11 月,纠正立三路线,经济好转,但主要是公营企业和合作社发展起来,私营工商业仍是衰落的。1931 年 11 月的第一次全国工农代表大会通过《经济政策》决议,规定"苏维埃对于中国资本家的企业及手工业,尚保留在旧业主中,尚不实行国有,但由工厂委员会、职工委员会、由工人监督生产……。"1932 年 1 月,中央工农民主政府发布《工商业投资暂行条例》,规定在遵守苏维埃一切法律下,"允许私人资本在中华苏维埃共和国境内自由投资经营工商业";"无论国家的企业、矿山、森林等和私人的产业,均可投资经营或承租、承办"②。

但是这些政策并未得到贯彻。因为 1931 年 1 月起王明的"左"倾路

① 许毅主编:《中央革命根据地财政经济史长编》上册,人民出版社 1982 年版,第 508—509 页;下册,人民出版社 1982 年版,第 15、18 页。

② 许毅主编:《中央革命根据地财政经济史长编》上册,人民出版社 1982 年版,第 515、518、596 页。

线统治了党中央。在这个路线下制定的《中华苏维埃劳动法》机械地规定工作日，规定众多的公休节假日，提出过高的工资和福利要求；又名为工人监督，实为工人管理；又以同盟罢工作为经济斗争手段。这就造成苏区私营企业大批倒闭。宁都一家夏布厂有 50 台织机、七八十工人，1933 年老板温昌桂因不能满足提高工资的要求，怕杀逃亡。1931 年毛泽东同志作兴国调查，其永丰区原有小商店 46 家，调查时仅余 3 家，余均逃跑或被封、被杀。又 1933 年调查上杭县才溪乡，卖外货的私人商店除一家药铺外已“全区绝迹”。过左的劳动政策也造成师徒对立，并使得农忙时不敢雇工收割，甚至一些合作社也受影响而解体。①

1933 年 4 月陈云即对同盟罢工做法提出批评；5 月张闻天提出修改劳动法，10 月中央工农民主政府重新公布《中华苏维埃共和国劳动法》。新劳动法规定对于雇佣辅助劳动的中农、贫农、小船主、小手工业者及合作社可不受劳动法的拘束，对于工资、工时也做了较灵活的规定。② 1934 年 1 月召开第二次全国工农代表大会，毛泽东同志做了关于经济政策的报告。他说：“现在我们的国民经济，是由国营事业、合作社事业和私人事业这三方面组成的”；“我们对于私人经济，只要不出于政府法律范围之外，不但不加阻止，而且加以提倡和奖励。因为目前私人经济的发展，是国家的利益和人民的利益所需要的”；“争取国营经济对私人经济的领导，造成将来发展到社会主义的前提”。③

毛泽东同志的上述报告，已提出了后来所称新民主主义经济的基本概念。由于不久红军进行长征，奖励私人经济的政策未及执行。不过，为反击国民党的经济封锁，苏区在对外贸易上一直是与白区的大商人合作的。苏区输出粮食、钨砂，换取白区的盐、布、煤油等，这些商品原都由大商人经营。赣州最大的贸易商广裕兴，与苏区江口贸易分局互派代表；永

---

①　许毅主编：《中央革命根据地财政经济史长编》上册，人民出版社 1982 年版，第 519 页；下册，人民出版社 1982 年版，第 36、205 页。

②　许毅主编：《中央革命根据地财政经济史长编》上册，人民出版社 1982 年版，第 635、641、642 页。

③　《毛泽东选集》第一卷，人民出版社 1991 年版，第 133、130 页。

城的万丰布庄、裕与祥京果店等也成为苏区贸易公司的采购站。通过私商,苏区还能从上海运进药品、机器、器材。①

(二)抗日战争时期

抗日战争时期,在共产党的领导下建立了19个大的抗日根据地,有人口9550万人,多称边区。除陕甘宁边区外,大多是1938—1939年在敌后建立的。1944年以后已通称解放区,抗日战争胜利时扩大到1亿人口的地区。

抗日战争时期,中日矛盾成为主要矛盾,国内矛盾降到次要地位。1937年8月,中共发表的《抗日救国十大纲领》中,提出减租减息方针,替代过去土改中没收地主土地的政策。减租一般是原地租额减去25%,减息一般是减至年息一分至一分半。富农出租的土地和放债亦在减租减息之列。1942年1月中共中央作出《关于抗日根据地土地政策的决定》,纠正各地在减租减息中的一些偏差,并开展"查减运动"。《决定》还指出:富农是抗日与生产的一个不可缺少的力量,应在适当地改善雇工生活条件之下奖励富农生产,联合富农。② 因而,在减租减息中一些有土地出租的富农收入虽受影响,但占数量较多的佃富农仍维持生产,并且在边区民主政府的扶持政策下,一些中农、贫农买入或租入土地,成为新富农。我们在第三章第三节中曾分析,抗日战争时期,就全国来说,富农经济是衰退的;但在共产党领导的边区,所汇集的6项调查,除晋察冀的北岳区外,富农所占户数比重和耕地比重都是增加的。其中新富农的出现尤其具有重要意义。如陕甘宁边区延安的申长林、关中的李学义、安塞的杨朝臣等,都是从中农、贫农甚至雇农中发展出来的新富农,他们努力生产,生机勃勃。新式富农成为新民主主义经济的一个组成部分。③

---

① 许毅主编:《中央革命根据地财政经济史长编》上册,第94、102页。

② 陕甘宁边区财政经济史编写组等:《抗日战争时期陕甘宁边区财政经济史料摘编》,陕西人民出版社1981年版,第33页;董志凯:《解放战争时期的土地改革》,北京大学出版社1987年版,第14页。

③ 许涤新:《中国国民经济的变革》,中国社会科学出版社1982年版,第64页。

1939 年冬，毛泽东同志在《中国革命和中国共产党》一书中提出新民主主义革命的概念，并把它定义为“就是在无产阶级领导之下的人民大众的反帝反封建的革命。”在经济方面，它是“把帝国主义者和汉奸反动派的大资本大企业收归国家经营，把地主阶级的土地分配给农民所有，同时保存一般的私人资本主义的企业，并不废除富农经济”。在对待私人资本主义的政策上，他在 1941 年 11 月陕甘宁边区参议会上说：“在劳资关系上，我们一方面扶助工人，使工人有工做，有饭吃；另一方面又实行发展实业的政策，使资本家也有利可图。”又在 1942 年 12 月陕甘宁边区高级干部会议上提出“公私兼顾”的政策，“只有实事求是地发展公营和民营的经济，才能保障财政的供给。”①

陕甘宁边区战时环境比较稳定，经济发展迅速。粮食产量由 1937 年的约 110 万石增至 1943 年的 184 万石。1943 年，已有公营工厂 103 个，职工万余人；包括炼铁、石油、机器修配、酸碱等新工业，不过还未使用机械动力。手工业合作也发展很快，1943 年有 260 个，以纺织、针织、食品为主。边区对私营工业实行保护，在按劳动法保障工人利益的前提下，允许私人资本获得 20%左右的利润，并通过贷款、订货予以扶助。不过，边区的私人工业还主要是个体作坊；以及各种工匠。1943 年，陕甘宁的三边、陇东、绥德三个分区有私营工业 1425 家，工徒 2857 人；全边区共有工匠 4258 人。其中稍具规模的是纺织业，1939 年仅 6 家，雇工 154 人；1941 年 6 月有 30 家，雇工 227 人；1943 年增至 50 家，雇工 310 人，平均每家 6. 2 人，因而约有半数可具有工场手工业规模。私营造纸厂 1940 年有 39 家，1943 年增至 56 家。私营煤窑也有发展。纸厂和煤窑雇工未详，估计当有工场手工业存在。②

由于军需及财政需要，边区的公营工业也注重纺织业。边区文献中

① 《毛泽东选集》第二卷，人民出版社 1991 年版，第 647 页；《毛泽东选集》第三卷，人民出版社 1991 年版，第 808、895 页。

② 本段及下表资料据陕甘宁边区财政经济史编写组等：《抗日战争时期陕甘宁边区财政经济史料摘编》，陕西人民出版社 1981 年版，第 213、234—235、297—298 页；延安《解放日报》1941 年 10 月 27 日、1944 年 4 月 28 日；许涤新：《中国国民经济的变革》，中国社会科学出版社 1982 年版，第 65 页。

所说纺织业,基本上是指手工织布厂,而所用纱则主要靠民间手纺、合作社手纺、大生产运动中兴办的机关和部队手纺,也进口少量机纱。我们从各种零星材料估计,陕甘宁边区的手织布生产情况大体见表5—42。

表5—42　1943年陕甘宁边区土布生产估计

项目	布厂(家)	织机(架)	年产大布(匹)	占总产量(%)
公营	23	185	22832*	20.7
合作社营	37	179	22000**	20.0
私营	50	150	12000	10.9
民间织户		20000	53334	48.4
合计		20514	110166	100.0

注:* 1942年。
　** 生产能力。

其他抗日根据地建立时间较晚,变动也较多,情况不一。如晋绥边区,1943年公营布产量不过占全区产量的10%,而本区煤窑发达,大多民营。山东根据地是纺织之乡,有布机15万架,公私纺织都很发达。晋冀鲁豫的太行区,民营工业原极薄弱,公营太岳实业公司所办各厂居于绝对优势。

商业方面,各边区采取对外管理、对内自由的方针。对外由边区贸易局和公营贸易公司经营,它们利用敌占区的大商号,一如苏区时代。这时敌占区直至上海、天津等大城市,有不少爱国商人,为抗日根据地转运物资,他们的商号以至成为八路军的联络点。对区内私商予以保护,但限制过分剥削,取缔投机操纵和走私活动。延安1936年有私营商店123家,1939年有199家,1940年增为320家,1943年再增为473家,从业人员1096人。①

(三)解放战争时期

解放战争时期,解放区日益扩大,逐渐包括一些大中城市,党对资产

① 陕甘宁边区财政经济史编写组等:《抗日战争时期陕甘宁边区财政经济史料摘编》,陕西人民出版社1981年版,第260页。

阶级和资本主义经济的政策也更加明确。1947 年 12 月，毛泽东同志在《目前形势和我们的任务》的报告中说：“没收封建阶级的土地归农民所有，没收蒋介石、宋子文、孔祥熙、陈立夫为首的垄断资本归新民主主义的国家所有，保护民族工商业。这就是新民主主义革命的三大经济纲领。”①其中后两项，即通称的没收官僚资本和保护民族工商业，将于下目和本时期民族资产阶级的动态一并讨论，这里只述解放战争时期对农村中资本主义成分的处理。

日本投降前后，人民解放军从日寇手中收复大量失地，解放区扩大，到 1946 年 5 月，包括新建的东北解放区，人口增至 1.3 亿。1945 年冬开始，在新解放地区进行反奸清算斗争，没收日伪和汉奸财产。11 月，中共中央发布指示，在新解放地区开展减租减息运动，内容与抗战时期略同。1946 年 6 月，蒋介石军队向中原及其他解放区大举进攻，全面内战开始。解放区的土地政策也由减租减息转入土改。

原来，1946 年春，中共中央即根据当时形势进行农村政策的研究，5 月 4 日发出由刘少奇起草的指示：“使各解放区的土地改革，依据群众运动发展的规模和程度，迅速求其实现”，这就是通常所称《五四指示》（以下简称《指示》）。《指示》要求土改中巩固反对封建独裁争取和平民主的统一战线，规定“一般不变动富农的土地”，“由于广大群众的要求，不能不有所侵犯时，亦不要打击得太重”；“对富农应着重减租而保存其自耕部分”。又除汉奸等外，“凡富农及地主开设的商店、作坊、工厂、矿山，不要侵犯，应予以保全。”②不过，在国内战争的环境中，解放区群众革命热情高涨，不少地区经过批准有修订办法，如“应该从富农手中取得一部分土地、牲畜、工具去满足农民要求”，“对一般富农可用协商调解征购等办法使其拿出一部分土地、牲畜”，允许农民“清算并搞掉地主的工商业”等。在 1947 年 2 月开始的“填平补齐”复查中，富农自耕以外的土地一般都没收了。③

① 《毛泽东选集》第四卷，人民出版社 1991 年版，第 1253 页。

② 《刘少奇选集》上卷，人民出版社 1981 年版，第 377—379 页。

③ 董志凯：《解放战争时期的土地改革》，北京大学出版社 1987 年版，第 109—110 页。

1947年7月,人民解放军开始全面反攻,接连解放了原国民党政府统治的地区,称为新解放区,而过去的解放区被称为老区和半老区了。这年7月17日中共中央工作委员会召开全国土地会议,制订《中国土地法大纲》(以下简称《大纲》),于10月10日公布。随之,各解放区展开轰轰烈烈的土改运动。在运动中,也发生一些问题。主要是,《大纲》是贯彻按人口平分土地的原则,一时平均主义思想弥漫,常是将所有土地打乱平分,以致侵犯中农利益。尤其在老区和半老区,封建制度已基本废除,平分的矛头就势必指向略高于平均水平的富裕中农和富农。在平分热潮中,集镇和县城的工商业也不免受侵犯。冀中两个分区调查,8万余工商业户中被侵犯的占5%;晋绥10个城镇调查,工商业户被侵犯的占29%;黑龙江宾县城里432户工商业,有49%户被斗;华中一分区新丰镇民主街50户工商业,有38户被侵犯。被侵犯者多数是地主富农兼营的。①

1947年12月,中共在米脂县杨家沟召开会议,毛泽东同志做了《目前形势和我们的任务》的报告,任弼时就土改和整党问题做了重要发言。会议着重讨论了前一阶段土改中"左"倾的错误,确定了"依靠贫农,巩固地联合中农,消灭地主阶级和旧式富农的封建的和半封建的剥削制度"的方针。会后发出一系列指示,提出"必须将新富农和旧富农加以区别","对于老解放区的新富农,照富裕中农待遇","保护地主富农经营的工商业"等原则。又原来是把剥削量占总收入15%以上者划为富农,现改为占25%,并详定计算方法。② 1948年,各解放区都重新审定阶级,缩小打击面,并对被侵犯的中农和工商业给予补偿。华北区规定,凡错斗的工商业均应发还原主;已由单位接管者应承认原主资本,合作经营;原财产已经群众分配者,应给予安置和补偿。太行区为补偿工商业拨小米7.6万斤,长治市拨补偿款500万元;山东黄县发还工商业房屋财产22起,总值2.5亿元,并贷款1905万元使恢复经营;安东市退还错误没收的11家企业的全部物资,并将政府接管期间所得利益400余万元也交

---

① 董志凯:《解放战争时期的土地改革》,北京大学出版社1987年版,第136、160页。

② 《毛泽东选集》第四卷,人民出版社1991年版,第1250、1270、1285页。计算富农剥削量办法见第三章第三节。

还原主。①

在12月杨家沟会议后，毛泽东同志提出，新解放区的土改要分步骤进行。1948年5月5日发出指示，新解放区和游击区，应经过清匪反霸和减租减息两个阶段，以后再进行土改。“这样，社会财富不分散，社会秩序较稳定，利于集中一切力量消灭国民党反动派。”②同时，新解放区已有大城市。1948年12月中共东北局制定沈阳市郊区土改办法，1949年5月北平军管会制定北平郊区土改办法。后者规定，所有自耕农包括富农的自耕地，其所有权与耕种权一律不变；凡使用机器耕种的土地，无论所有权有无变动，其使用权一律不动；没收地主的和富农出租的土地，统一由人民政府管理、出租，一般维持原耕原用。③ 区分所有权和使用权，为新民主主义经济发展提供了一个新的理论和经验。

到1949年6月，拥有2.7亿人口的解放区（不包括内蒙古和华南）已完成土改的地区约有1.51亿人口，其中农业人口约1.25亿，占当时全国农业人口的1/3。经过土改，中农成为农业人口的主体，占有70%—80%的比重；贫农占20%—30%，他们的经济状况已大为改善。主要由于历史原因，地主和旧式富农仍存在，但他们平均每户所有土地已低于中农。资本主义因素最明显的新富农则大部分保留下来。冀中3县764村15.2万户调查，新富农平均每户有土地3.29亩，少于中农的3.48亩，但远多于地主和旧式富农。辽东省8县15村3431户调查，土改后新富农占户数的0.5%。太行区19县40村调查，土改后新富农占户数的1.5%。黑龙江省5县9村2435户调查，土改两年后还有上升为新富农的，占户数0.3%。④

农村中另一种带有资本主义色彩的成分是经营地主。1942年1月《中共中央关于抗日根据地土地政策的决定》中曾规定：“用资本主义方

① 董志凯：《解放战争时期的土地改革》，北京大学出版社1987年版，第194、195页；许涤新：《中国国民经济的变革》，中国社会科学出版社1982年版，第100页。

② 《毛泽东选集》第四卷，人民出版社1991年版，第1326页。

③ 董志凯：《解放战争时期的土地改革》，北京大学出版社1987年版，第253页。

④ 董志凯：《解放战争时期的土地改革》，北京大学出版社1987年版，第262、263、264页。

式经营土地的地主(所谓经营地主)其待遇与富农同。”而在解放战争时期,《五四指示》和《中国土地法大纲》对经营地主均无规定。经营地主主要在东北,次为华北。东北解放区党委对此曾有讨论,最后是把他们按地主对待。其他地区也是这样。我们在第三章第二节中已详介,兹不赘。

三、没收官僚资本、保护民族工商业和民族资产阶级的动态

(一)没收官僚资本

“官僚资本”是个通俗名称,其含义在各时期有所不同,本书已屡言及。抗日战争中,国民党大官僚以权营私,大发国难财,引起公愤。尤其是1941年12月22日重庆《大公报》披露某大员夫人用飞机从香港运“箱笼、老妈与洋狗”到重庆后,掀起反官僚资本高潮。报刊和群众团体大张挞伐,教授学者著文评论,著名经济学家因反对豪门资本被捕,1942年1月6日昆明还出现反孔祥熙的游行。这时群众抨击的主要是国民党大官僚化公为私的资本,而国民党政府所营企业尚在其次。不过,在1945年4月,毛泽东同志在党的七大的报告中就阐述了官僚资本的垄断性和它对农民、工人、小资产阶级和自由资产阶级的压迫。因而,解放战争中所要没收的官僚资本实指本卷前几章所考察的国民党政权下的国家垄断资本;关于它的性质,第一章导论中已详述。

日本投降后,在东北解放区就有了一些大中城市,不过当时主要是接管日伪产业。以后在华北一些新解放的城市,接管有小量官僚资本。接管中,因受过去游击战争习惯的影响,有打乱、分散企业资财现象。1948年2月,解放鞍山,接管了国民党政府最大的钢铁企业鞍山钢铁公司,仍是将原企业高级管理人员和工程师等400余人撤走,并遣散近千名职工。① 3月,解放洛阳,毛泽东同志即电前线指挥部,在阐明城市政策中指出:“对于官僚资本要有明确界限,不要将国民党人经营的工商业都叫作

① 解学诗、张克良编著:《鞍钢史》,冶金工业出版社1984年版,第419页。

官僚资本而加以没收。对于那些查明确实是由国民党中央政府、省政府、县市政府经营的，即完全官办的工商业，应该确定归民主政府接管营业的原则。但如民主政府一时来不及接管或一时尚无能力接管，则应该暂时委托原管理人负责管理，照常开业，……”；“对于著名的国民党大官僚所经营的企业，应该按照上述原则和办法处理。对于小官僚和地主所办的工商业，则不在没收之列。”[①]这些规定也适用于各解放区。后来，1949 年 4 月南京政府派代表与共产党和谈时，周恩来又解释说：没收官僚资本“即没收南京国民党统治时期取得的官僚资本，凡是不大的企业且与国计民生无害者，就不没收了”[②]。

1948 年 11 月，攻克了国民党军在东北的大本营沈阳，东北也就全境解放。陈云领导沈阳的接管工作，制定了“各按系统，自上而下，原封不动，先接后分”的原则，禁止乱搬乱调和分散物资。到 1949 年 4 月，东北按管的企业就有 191 个修复设备，开工生产；9 月开工企业增至 243 个，12 月增至 407 个。1949 年 1 月天津、北平解放，各官僚资本企业也是完整接管的。天津接管了 36 个工厂和 3 个发电所。原中国纺织建设公司所属 7 个纱厂在接管第二天就开工生产，天津汽车配件厂等在电力尚未配足前就用风箱吹火生产。到 6 月，天津各厂全部恢复了原来的产量，并不少超过了过去的生产水平。北平解放后，接管的各厂也都在半年内恢复正常生产。石景山钢铁厂产量超过解放前最高产量的 73%，门头沟煤矿超过解放前最高产量的 13%，燕京造纸厂超过解放前最高产量的 163%。[③]

官僚资本的企业集中在华东和华中。有了东北和华北的经验，1949 年上半年中共中央先后发出了《关于接收官僚资本企业的指示》《关于接收江南城市给华东局的指示》《关于接收平津企业经验介绍》等文件。其中指出：“对于国民党反动统治的政治机构，如国民党的军队、警察、法庭、监狱及其各级政府，是应该彻底加以破坏的”；但对于反动阶级的企

① 《毛泽东选集》第四卷，人民出版社 1991 年版，第 1323—1324 页。

② 《周恩来选集》上卷，人民出版社 1980 年版，第 321 页。

③ 柳随年、吴群敢主编：《中国社会主义经济简史》，黑龙江人民出版社 1985 年版，第 20 页；范守信：《建国初期对官僚资本的没收和改造》，《党史研究》1984 年第 5 期。

业却不能这样,“因为这些企业的组织系统和管理机构是资本主义生产长期发展的结果,既有适应高度剥削的一个方面,也有适应生产发展需要的一个方面”。因此,接管官僚资本企业应采取“不要打烂旧机构”和“保持原职原薪原制度”的政策。对于原企业的负责人、工程师和其他职员,除破坏分子须逮捕处分外,应一律留用。原有的生产、管理、工资、奖励等制度,亦暂予保留,待生产恢复以后,再逐步进行民主改革和生产改革。①

在南方地区,因解放较迟,地下党对官僚资本都做了较充分的调查和准备工作,并组织工人开展护厂、护矿、护路、护航斗争,对原企业的工程技术人员、管理人员和上层人物进行宣传教育和统战工作。这时候,国民党统治区的民主运动高涨,国民党左派亦已形成组织力量。各大中城市解放的时候,企业中绝大部分职员都愿留守。资源委员会的委员长、副委员长钱昌照、孙越琦、吴兆洪也都与中共取得联系,迎接解放。因而,没收、接管工作十分顺利。陈毅领导上海接管工作,提出“维持生产,保证供应,原封不动,稳步前进”的方针,对接管企业派军代表监管,原企业人员负责生产。上海解放后,水电供应和市内电话从未中断,公共交通于次日即行恢复,工厂也迅速复工。

总计接管的官僚资本企业:金融方面,有国民党政府国家银行系统和省市县银行系统的银行2400余家。大官僚经营的山西裕华、亚东商业等银行亦予没收。官商合办的中国通商、中国实业、四明、新华等行则派员监理,继续营业。中国银行等在海外的分支行职工也纷纷起义,接受人民政府的领导。工业方面,有国民党政府国营、公营和大官僚经营的企业2858个,职工129万人。其中企业主要有发电厂138个,采煤、采油企业120个,铁锰矿15个,有色金属矿83个,炼钢厂19个,金属加工厂505个,化学加工厂107个,造纸厂48个,纺织厂241个,食品企业844个。交通运输方面,有铁路2万多千米,机车4000多台,客车约4000辆,货车约4.7万辆,铁路车辆和船舶修造厂约30个,各种船舶20多万吨。在香

① 范守信:《建国初期对官僚资本的没收和改造》,《党史研究》1984年第5期。

港的中国、中央两航空公司的职工起义，被国民党当局劫持到香港的12架飞机投归祖国怀抱。招商局香港分局和在港13艘海轮的职工也宣布起义，接受人民政府的领导。商业方面，有国民党政府国营的复兴、富华、中国茶叶、中国石油、中国盐业、中国蚕丝、中国植物油料等公司，大官僚经营的孚中、中国进出口、金山、利泰、扬子建业、长江、中美实业等公司。[①] 此外，还有国民党政府单位和大官僚在民营企业中的股份和财产，则是在新中国成立后，依照1951年1月公布的《企业中公股公产清理办法》逐案审查处理的。

（二）保护民族工商业

共产党保护民族工商业的政策包括保护个体工商业和非垄断的资本主义工商业。共产党之所以保护资本主义，是因为当时中国经济十分落后，资本主义这种社会化大生产的经济形式在新民主主义经济中还能发挥积极作用。1945年4月，毛泽东同志在《论联合政府》的报告中说："在新民主主义的国家制度下，……一定要让私人资本主义经济在不能操纵国民生计的范围内获得发展的便利"；1947年12月，他在《目前形势和我们的任务》的报告中说："由于中国经济的落后性，广大的上层小资产阶级和中等资产阶级所代表的资本主义经济，即使革命在全国胜利以后，在一个长时期内，……还需要它们中一切有益于国民经济的部分有一个发展"。[②] 这里所说的上层小资产阶级，是指雇佣工人或店员的小规模的工商业者。因而，政策保护的对象包括：（1）个体工商业；（2）小工商业；

① 《中国近代金融史》编写组：《中国近代金融史》，中国金融出版社1985年版，第419页；柳随年、吴群敢主编：《中国社会主义经济简史》，黑龙江人民出版社1985年版，第18—19页；孙越琦：《国民党资源委员会留在大陆的经过》，见中国人民政治协商会议全国委员会文史资料研究委员会编：《文史资料选辑》第69辑，中华书局1980年版；胡时渊：《我参加招商局护产起义的经过》，见中国人民政治协商会议全国委员会文史资料研究委员会编：《文史资料选辑》第98辑，文史资料出版社1985年版。

② 《毛泽东选集》第三卷，人民出版社1991年版，第1060—1061页；《毛泽东选集》第四卷，人民出版社1991年版，第1254—1255页。

(3)非垄断的工商业;后两者都属资本主义经济。[1] 至于具体保护政策,前已言及,在抗日战争时期对抗日根据地的私人工商业就已提出:在公私关系上实行公私兼顾的政策,在劳资关系上要一方面扶助工人,一方面使资本家也有利可图。这在解放战争时期,就总结为“发展生产、繁荣经济、公私兼顾、劳资两利”的十六字方针。[2] 因而,每个城市解放后,都要求迅速恢复生产,生产上去了,公私兼顾和劳资两利就好办了。

日本投降后,1945 年秋解放军即收复一批敌占区城市,除东北解放区下面专述外,在华北有烟台、张家口、临清、长治等。烟台收复后 3 个月,商号即由 3216 家增至 5742 家,进出口贸易激增。张家口收复后,民主政府发放低利工商贷款,一年内商户由 1980 家增至 3301 家。这些城市中还很少大工业,唯烟台的纺织业原较发达,为恢复生产,民主政府以洋纱 1.35 万捆发予加工,收购其产品;这实为最早的一种国家资本主义形式。又河北沧县泊头镇于 1946 年 5 月解放后,民主政府协助永华火柴公司复工,1947 年 3 月又设立冀中火柴指导处,派员进入该厂,12 月该厂资方正式申请公私合营,这是华北最早的一家公私合营企业。1948 年内该镇的电灯公司、宏业铁厂、利民盐业公司也实行了公私合营。原来解放军的战略是以农村包围城市,故首先解放的资本主义大工业是矿区。在 1946 年,华北已有山东的淄博煤矿、晋冀鲁豫的焦作、六河沟、峰峰煤矿,晋察冀的龙烟、鸡鸣山铁矿等解放。不过,这些大矿都曾经由日伪管理和国民党插手,产权复杂,故解放后先是由民主政府接管,恢复生产,再清查发还私股。磁县峰峰煤矿 1946 年每个工人的日产量达 0.79 吨,比敌伪时期提高 1 倍,比战前也提高 1/4。[3] 最大的民营煤矿中兴公司,因枣庄几经易手,1948 年冬才稳定,由人民政府接管,于 1950 年发还私营。

---

① 但是对于这三者的划分并无明确界限。新中国成立后,在统计上常是把雇工 4 人以上的私营工业作为资本主义工业(余为个体手工业),其中雇工 10 人以上的作为现代性工业(余为工场手工业)。而在解放战争时期,大约是把雇工一两人的也作为上层小资产阶级,实际上这些小雇主多半是自己参加劳动,或是师傅。

② 《毛泽东选集》第四卷,人民出版社 1991 年版,第 1255 页。

③ 狄超白主编:《中国经济年鉴》上编,太平洋经济研究社 1947 年版,第 11—12 页。

1947 年下半年解放军转入全面反攻。11 月解放石家庄,这是华北解放的第一个重要城市。这时石家庄有私营工业 700 余家,私营商业 1500 余家;到 1948 年年底,私营工业增为 1700 余家,增 1.4 倍,私营商业增为 2100 余家,增 40%。裕大华集团的石家庄大兴纱厂,是当时华北解放区最大的私营工业。解放前夕,该厂已外移资金,疏散器材,遣散职工。解放时由于该厂主持人逃匿、无人负责,由人民政府接管。旋遭国民党空军轰炸。政府积极修复开工生产,同时设法与武汉裕大华公司联系,最后于 1949 年 8 月将大兴纱厂发还私营。①

解放军进军中,城市争夺战十分激烈,干部间不免出现左的偏向;也有些人认为解放了,资本主义工商业已经没有什么作用了。解放的城市中,有的机关、部队占用私营企业房屋、仓库;公营企业在业务上急于扩大,排挤私营;工会急于提高工人工资福利,以致斗争资本家。于是出现一些资本家逃亡,工厂倒闭,工人失业的情况。党中央领导人亲自过问这些事情,并予以纠正。刘少奇曾批评石家庄的一些做法,要求市委执行保存与发展民族工商业的方针。朱德曾致函毛泽东同志,指出工人运动中这种过左现象是一种自杀政策。任弼时在西北野战军前委扩大会议上指出,不能对工商业采取冒险政策,必须贯彻保护政策。② 1948 年 2 月,毛泽东同志亲自起草的《关于工商业政策》的指示指出:对于这些严重破坏工商业的错误必须迅速纠正;重申“发展生产、繁荣经济、公私兼顾、劳资两利”的方针;“应当向工会同志和工人群众进行教育,使他们懂得,决不可只看到眼前的片面的福利而忘记了工人阶级的远大利益”;“应当引导工人和资本家在当地政府领导下,共同组织生产管理委员会,尽一切努力降低成本,增加生产,便利推销”。③

1948 年 12 月唐山解放。这时中国最大的水泥厂启新洋灰公司正陷于产品无销路、无力发放 3000 员工工资等的困难中。解放后,人民政府

① 杨俊科等:《大兴纱厂史稿》,中国展望出版社 1990 年版,第 209、212、233—234 页。

② 中国社会科学院经济研究所现代经济史组:《中国革命根据地经济大事记,1937—1949 年》,中国社会科学出版社 1986 年版,第 108—109 页。

③ 《毛泽东选集》第四卷,人民出版社 1991 年版,第 1285 页。

派军代表监督生产,先给予贷款长城币25亿元,借给面粉3万斤以及大米、食油等,解决员工生活问题;并收购积压水泥4600吨,以维持生产。1949年3月起,由天津人民银行给予循环透支,以解决资金困难;4月起,贸易部门包销其产品。此时水泥还甚少实销,包销主要为恢复生产。启新解放当月产水泥4300吨,次年1月份产5900吨,至3月份达1.13万吨,已恢复正常。①

1949年1月天津解放。解放后两个月,已有90%的私营工厂复工。这时主要困难是交通不畅,缺原料,少销路;4月以后,由政府贸易部门实行委托加工和计划定货办法,逐步解决。天津解放的第二天,塘沽解放。当时中国最大的制碱工业永利公司的塘沽碱厂已停工,积欠工资6000余万元。人民政府给予贷款,并收购其产品,2月21日即迅速复工,3月份产纯碱3159吨,烧碱23639吨,已达抗日战争前水平。后来对永利亦实行包销办法,并调拨给原料。②

(三)东北解放区的经验

东北大中城市解放最早。唯南满许多城市后来被蒋介石军队攻占,北满解放区则比较稳定,有哈尔滨、齐齐哈尔、佳木斯、牡丹江等大中城市,为保护民族工商业政策提供了丰富的经验。

哈尔滨于1946年4月解放。哈市大型面粉厂双合盛经理张廷阁原为市工商会会长,在解放军督导下,该厂勉强复工;裕昌源面粉厂经理王荆山当过汉奸,逃亡长春,该厂被政府接管。这时工商界十分惶惑。7月4日,中共东北局负责人彭真等出席哈市市委的会议,提出保护、恢复、发展工商业,劳资合作、改善工人生活等意见。12日,市委作出《关于哈市工作方针》的决定,内"关于恢复与发展工商业之具体办法"中有提倡公私合办、提倡工人分红制、由政府出租工厂机器组织工人合作经营、出租

---

① 南开大学经济研究所、南开大学经济系编:《启新洋灰公司史料》,生活·读书·新知三联书店1963年版,第342、344、352页。

② 全国政协文史资料研究委员会等:《化工先导范旭东》,中国文史出版社1987年版,第70、99页。

房屋机器予工商业家或供给原料及运输条件等四项。7 月 16 日哈市临时参议会通过的《敌伪财产处理纲要》中又规定:“所有收归市有之大小工厂,均将委托或租与私人工商业家经营之,该工厂附属之原料、成品、半成品作价为市政府投资”;市房亦租与私人设厂店。7 月 30 日,中共东北局西满分局在《关于实业公司任务的决定》中又提出公营企业对工商业者贷款联营、批发分销、定货包销等方式。这样,工商界的情绪大为改观。

1947 年元旦,李富春在东北迎接新年大会讲话中提出,在城市中要认真扶植私人工商业的发展,并提出公私合办或公股商办办法。10 月 10 日,中共东北局批准的《1948 年经济建设计划大纲》规定:“凡公营工矿业,目前政府无力经营者,在政府法令规定下,允许长期租给私资经营、私人集股经营或公私合股经营。”

哈尔滨 1946 年 4 月解放时有私营工商业 6347 家,到 1948 年 6 月,已发展到 26539 家。其中工业 15030 家,工人 74724 人,资本东北币 798 亿元;商业 11509 家,从业人员 24883 人,资本 208 亿元。1946 年 6 月哈市已有公私合营企业 6 家,1947 年年底增至 23 家。1948 年 6 月,成立综合性的公私合营哈尔滨企业公司,原定资本 30 亿元,公股占 75%,私股占 25%,以私人投资踊跃,资本达 35 亿元;该公司下设分公司多个。1948 年,哈市私营工业中由政府委托加工的有 2790 家,资本 217 亿元,占私营工业资本的 51%,并于这年 7 月制定《加工条例》。定货是由东北银行和贸易公司向私营厂订制日用品。代卖是由东北贸易公司、民生公司、燃料公司委托私商出售粮食、日用品和煤。

齐齐哈尔临时参议会于 1946 年 6 月通过的《施政纲领》中规定,“除军事工业、铁路及电气业外,一律提倡民营或公私合营。”到 1948 年 6 月,齐齐哈尔有私营工商业 3707 家。牡丹江在 1946 年 3 月即由军工部出资东北币 300 万元与私营天发东铸造厂合作,生产手榴弹壳,公方任厂长,私方任副厂长,实为最早的公私合营企业。到 1948 年 7 月,牡丹江有工商业 4770 家,其中工业 1238 家,1946 年用电力生产者有 220 家,1948 年增至 440 家。小城市主要是商业,黑龙江克山县 1947 年年底有商业 622 家,内公营 13 家,公私合营 10 家,私营 599 家。可见公私合营是比较普遍的。至于出租形式,在城市未见显著事例,唯在松花江北的通河、南岔曾将林场出租给私商,收取伐木量的20%为租金。1948年4月,东北行政委员会公布《奖励城市私人资本经营农业畜牧业条例》,规定工商业资本家可领取农牧业所需土地,土地所有权属国家,私人可获得20年使用权,并有荒地减免农业税的规定,这也是一种租赁制。

1948年8月,张闻天主持召开东北城市工作会议,9月将会议总结报告的一部分写成《关于东北经济构成及经济建设基本方针的提纲》,经中共中央领导同志肯定。张闻天在报告中首次提出国家资本主义的概念,认为东北的出租制、加工制、定货制、代卖制都是国家资本主义性质。他提出,在废除封建剥削之后,当时东北的经济是由五种经济成分构成的,即国家经济、合作经济、国家资本主义经济、私人资本主义经济、小商品经济。并指出,国家资本主义是国家对资本主义进行管理和监督的最好形式。①

1949年3月,中共在平山县西柏坡召开党的七届二中全会。会议的决议吸收了张闻天《提纲》中一些思想,指出:"国营经济是社会主义性质的,合作社经济是半社会主义性质的,加上私人资本主义,加上个体经济,加上国家和私人合作的国家资本主义经济,这些就是人民共和国的几种主要的经济成分,这些就构成新民主主义的经济形态。"会议决议指出:"在革命胜利以后一个相当长的时期内,还需要尽可能地利用城乡私人资本主义的积极性",同时提出,它将不是像在资本主义国家那样不受限制地发展,而将在活动范围、税收、价格、劳动条件等方面被限制,"限制和反限制,将是新民主主义国家内部阶级斗争的主要形式"。② 会议指出

① 以上东北情况据源洪:《国家资本主义经济各种形式的提出与早期实践》,《中共党史研究》1991年第1期;范守信:《党对国家资本主义学说的发展》,《党史通讯》1986年第6期及其他资料。张闻天所举国家资本主义形式中未提公私合营,也许因为早在1946年2月《中央关于对私人企业的政策方针问题给邓子恢的指示》中已提到公私合营,由于没收敌伪投资而形成的公私合营企业已普遍存在之故。又五种经济成分中最后一项,在1949年6月刘少奇《关于新中国的经济建设方针》的提纲中作"小商品经济和半自然经济",见《刘少奇选集》上卷,人民出版社1981年版,第427页。又"定货"形式,后称"订货"。

② 《毛泽东选集》第四卷,人民出版社1991年版,第1431、1432页。

今后城市斗争的纲领，要有步骤地彻底地摧毁帝国主义在中国的控制权，从接管城市的第一天起，眼睛就要向着恢复和发展生产。

会后，1949 年 4 月刘少奇到天津视察。针对当时资本家中的疑惧心理和干部工作中还存在过"左"倾向，在他的几次讲话中曾提出：对资产阶级的政策是又联合又斗争，但今天的重点是放在联合上；社会主义革命一定要实行，而中国向社会主义的过渡可能是和平转变；"资本主义的生产方式，在一定的历史条件下是有进步意义的。在中国，他们在生产上是进步的。他们这种剥削对发展生产是有功劳的，是有进步的。"其中有些话，刘少奇在 1954 年 2 月曾作过自我批评，说不够妥当。他在天津讲话中所提的"四面八方"政策，即公私兼顾、劳资两利、城乡互助、内外交流政策，则是当时党的重要政策。①

1949 年 4 月和 5 月，解放军强渡长江，陆续解放了南京、上海、武汉等重镇和江南大片国土。这些地方是中国资本主义集中之区，由于有了东北、华北的经验，有了党的七届二中全会明确的城市政策，资产阶级在思想认识上也有了很大的转变，在南方各城市解放后，保护民族工商业的政策都执行得很顺利。

（四）民族资产阶级的动态②

1949 年 5 月，最大的资本主义城市上海解放，标志着中国民族资本主义结束了它坎坷的历程，走入了新生。上海解放前夕，曾有不少资本家抽移资金，也有的逃亡海外。但几乎所有生产设备都保留了下来，绝大部分资本家留待解放。出走的资本家有些是出于被迫，其中如刘鸿生、吴蕴初、刘靖基等著名人士又都在上海解放后从香港归来，在共产党领导下继续他们的事业。资产阶级愿意接受共产党的领导，这在历史上是第一次，

---

① 据 1949 年 4 月 24 日和 5 月 19 日的讲话，见李维汉：《刘少奇同志对统一战线工作的指导》，《人民日报》1980 年 5 月 10 日。

② 本小节除另有注明者外，主要据李维汉：《回忆与研究》下册，中共党史资料出版社 1986 年版，第 642—643、683—693 页；孙晓村等：《中国民主建国会史话》，中国人民政治协商会议全国委员会文史资料研究委员会办公室 1983 年版，第 8、11—20、27、53、63、84 页。

国际学者深为诧异。[①] 这不仅是中共新民主主义经济政策的成功,也是同中共对民族资产阶级的统一战线政策和资本家对共产党认识的转变分不开的。

中国民族资产阶级一直受帝国主义、封建主义的压迫和束缚,他们有参加无产阶级领导的民族民主革命或在革命中保持中立的可能性;同时,他们在经济上和政治上都异常软弱,又具有对革命敌人的妥协性。这就是毛泽东同志所说的中国民族资产阶级的两面性。他还说,“在这里,无产阶级的任务,在于不忽视民族资产阶级的这种革命性,而和他们建立反帝国主义和反官僚军阀政府的统一战线。”[②]

中国民族资产阶级是一个爱国的阶级。1927 年国民党当政后,他们曾幻想国民党统一中国,发展资本主义经济。1931 年“九一八”事变,国民党对侵略者采取不抵抗政策,致大片国土沦丧。接着又是 30 年代的经济危机,而国家垄断资本主义兴起,民族资产阶级的这种幻想破灭了。1935 年的“一二·九”运动后,掀起抗日救亡高潮。1936 年 1 月,在上海成立中华全国各界救国联合会,响应共产党的抗日救国主张。救国会是以知识分子为主的组织,但像银行家章乃器也是领导人之一。中共给救国会以大力支持,上海地下党人潘汉年等即与工商界人士有了接触。

抗日战争时期,后方经济有很大发展。但是,国民党政府实行统制经济政策,国家垄断资本大肆扩张,侵吞民族资本的权益,官民经济矛盾日益尖锐化。另外,战时共产党在后方设有办事机构,共产党的代表参加国民参政会,可以进行半公开以至公开的活动。周恩来领导中共南方局,十分注意对工商界的统战工作。中共发行的《新华日报》,以言论公正,为工商界所喜读。1944 年夏,有 10 位中外记者大规模访问陕甘宁边区,达 5 个月之久。原上海资本家沈鸿,抗战初以厂迁延安,这时已成革命干

① 1989 年 1 月台湾中央研究院经济研究所召开中国近代经济史研讨会,法国著名汉学家白吉尔提交一篇论文,分析上海资本家离弃国民党、转向共产党的原委,可为参照。见 Marie-Claire Bergère, Shanghai Capitalists and the Transition from Nationalist to Communist Regime,会议文集,第 1037—1058 页。

② 参见《毛泽东选集》第二卷,人民出版社 1991 年版,第 673 页。

部。因而，这时工商界中的先进分子，对于解放区的工商业政策也逐渐有所了解。迁川工厂联合会、中小工厂联合会等组织都和共产党人有往来。

1944 年 9 月，中国民主政团同盟改组为中国民主同盟（民盟），成为当时最大的民主党派。民盟中央常委黄炎培素与工商界关系密切。民盟发起人之一鲜英，是四川面粉业巨子，他的私宅特园，成为民主人士聚会之所，被称为“民主之家”。1945 年 8 月，毛泽东、周恩来、王若飞亲临重庆，与国民党进行谈判。9 月 17 日，毛泽东同志在特园举行茶话会，招待产业界人士；著名的民族资本家均被邀请，毛泽东同志等对当时工商界的困难处境备极关怀。

黄炎培于 1945 年 7 月访问延安。回来不久，即与迁川工厂联合会理事长胡厥文等商议组织中国民主建国会（民建）。几经筹划，于 12 月 16 日正式成立，选胡厥文、黄炎培、章乃器、李烛尘等 11 人为常务理事。民建成员约半数为工商业者，半数为与工商业有关的知识分子。其《政纲》标榜“民有、民治、民享”，实行议会政治。可见，民建实为一个代表民族资产阶级的政党。当时国民党、共产党、民盟和其他党派参加的政治协商会议召开在即，民建于 1946 年 1 月 8 日举行招待会，宣布对政协的意见。中共代表董必武、王若飞、陆定一参加招待会，表示支持。

抗战胜利，举国欢腾。而在工商界却是“胜利爆竹一响，工厂陆续关门”。国民党对后方工业基地弃若敝屣，惨淡经营多年的工商业者竟成丧家之犬。原内迁工厂在复员中更遭重大打击，致有数百名资本家包围行政院之事，李烛尘公开发表“当年艰难辛苦而去，今日倾家荡产而归”的论说。在收复区，国民党接收大员尽饱私囊，国家垄断资本空前膨胀。工商界要求承办、代营敌伪工厂和优先承购日本赔偿物资等呼吁都成泡影，他们对于设立中国纺织建设公司尤为愤懑，因为它垄断了半数以上的上海纱锭，等于置民营纱厂于死地。这些情况，我们在前两节中已详述。

这时，全国人民最关心的事莫过于国内和平，而自 1946 年 3 月起，国民党已发动内战，形成关内小打、关外大打的局面。各地群众反内战运动风起云涌。6 月 23 日，上海各界组织了以马叙伦为首的 10 人和平请愿团赴南京请愿。10 人中有盛丕华等 4 人是民建成员,又篑延芳是工商界耆宿,学生代表陈振中是民建成员陈已生之子,代表团秘书胡子婴、罗叔章都是民建理事会理事。代表团到南京下关车站,即遭国民党特务化装的暴徒毒打,造成震惊全国的"下关惨案"。周恩来、董必武、邓颖超等闻讯即到医院慰问伤者,后又在梅园新村宴请请愿代表,周恩来向他们介绍形势。篑延芳是蒋介石知交,到南京后蒋曾单独召见。南京中共办事处邀他座谈,回答了他所提问题,他的政治态度转变,后来应共产党之邀参加 1949 年的新政协。

1946 年 10 月蒋介石军队攻占张家口后,即下令召开国民大会(国大)。对于是否参加这个非民主选举的、国民党片面召开的国大,第三方面人士(即国共两党以外的人士)中展开激烈的辩论。中共对他们做了大量的工作,揭露国民党扩大内战、坚持一党独裁的阴谋。最后,第三方面人士分裂,青年党、社会党和少数无党派人士参加了国大,民盟、民建和其他民主党派、民主人士都拒绝参加。唯民建的李烛尘,因照顾永利公司的权益,以个人名义参加。其后,民建并与中国民主促进会、九三学社等 11 个团体发表联合声明,否认片面国大通过的宪法。

1947 年 2 月,南京政府发布《经济紧急措施方案》,各种经济管制办法纷至沓来,民营企业难以承受。4 月 17 日,荣鸿元、郭棣活、唐星海、王启宇 4 个民营纺织业的代表辞去政府委派的纺织管理委员会委员职务,表示不与国民党政府合作。接着,工商界团体纷纷要求取消管制、禁运、限价等措施。这时,各地学生的反饥饿、反内战、反迫害的民主运动进入高潮,民族资产阶级中也开展着要求经济民主的活动。1947 年 2 月,国民党逼迫中共驻南京等地的人员全部撤离,10 月,又宣布民盟为非法团体。各民主党派也转入地下活动,与中共地下党的联系反而更加密切了。在上海,王寅生等组织一些资本家学习新民主主义经济政策,他们对"公私兼顾、劳资两利"的方针尤为赞赏,说等于吃了定心丸。原来,1945 年 12 月民建的成立宣言中曾提出"不右倾,不左袒",即在国共两党中处于中间地位。在其他民主人士和知识分子中,也有一种在国共两党的道路之外,走第三条道路的主张,幻想在美国的支持下,建立民主共和国。经过上述下关事件、反对片面国大等斗争，以及1946年8月美国宣布调处国共军事冲突失败、露出它帮助蒋介石扩大内战的真面目，最后国民党并禁止一切民主运动，第三条道路的幻想就完全破产了。1948年5月，中共提出在解放区召开新政治协商会议、共商国是的“五一号召”，得到12个民主党派的响应，民建决定派章乃器、施复亮、孙起孟为代表参加筹备。

1948年，蒋介石的军队节节败退，解放区迅速扩大。而这年发生在国民党统治区的最大灾难莫过于8月19日的所谓币制改革。它是对人民的一场浩劫，而工商界首当其冲，在蒋经国暴力恐怖下的上海工商业损失尤大，前文已经详述。外国人报道称，在上海被监禁的工商界人士有3000人；并把9月间荣鸿元被捕、勒索美金50万元一事称为国民党的“反企业家”倾向。① 从此，资本家在国民党统治区的企业经营如坐针毡，而随着大中城市的解放，共产党保护民族工商业的政策传闻日广。如石家庄解放后，共产党设法与资方联系，发还大兴纱厂。裕大华资方负责人黄师让与友人函中称：“刻下对方（指中共）政策保护工商及私人企业，平津传来消息尚不令人沮丧。〔鲁〕绍猷来信，本厂（指大兴）亦有交还之望。”②1949年1月，上海航运界不顾国民党当局的阻挠，径派代表魏文瀚等到解放区洽商恢复南北通船、通商，共产党热诚接待，得以实现。③ 因而，南方各大城市解放时，绝大部分资本家愿意接受共产党领导，是完全可以理解的。

（五）新民主主义经济的胜利

1949年9月29日，在北平召开的中国人民政治协商会议通过《共同纲领》，该纲领成为新中国的临时宪法。《共同纲领》规定：“发展新民主主义的人民经济，稳步地变农业国为工业国”；社会主义性质的国营经济

---

① M. C. Bergère, Shanghai Capitalists and the Transitionfrom Nationalist to Communist Regime，会议文集，第1038、1043页；The Far Eastern Economic Review，29 Sept.1948，pp.312-315。

② 《裕大华纺织资本集团史料》编写组：《裕大华纺织资本集团史料》，湖北人民出版社1984年版，第620页；该信写于1949年2月22日。

③ 详见徐鼎新：《解放前夕南北通航、通邮、通商始末》，《社会科学》1981年第3期。

是国家发展生产、繁荣经济的主要物质基础,在它的领导下,合作社经济、农民和手工业者的个体经济、私人资本主义经济和国家资本主义经济,分工合作,各得其所。

国营经济,由于没收官僚资本,已空前壮大,已见前文。1949 年年底,国营工业拥有全国发电量的 58%,原煤产量的 68%,生铁产量的 92%,钢产量的 97%,水泥产量的 68%,棉纱产量的 53%。国营经济掌握了全国铁路运输,占有轮驳船货运量的 48%(1950 年),公路汽车客运量的 52%(1950 年),全部航空运输和邮电业务。国营经济掌握了绝大部分银行业务,控制着金融市场,占有 66. 5%的对外贸易额,执行进出口管理。这就是说,在中华人民共和国成立的 1949 年,社会主义的国营经济已能控制国家经济命脉,有了领导整个国民经济的强大力量。

1949 年年底,有私人资本主义工业(指雇工 4 人以上者)123165 家,职工 164. 3 万人,资产净值人民币 20. 08 亿元。除工场手工业(指雇工不足 10 人者)外,约有现代化工业 14780 家,职工 92. 5 万人,资产净值 14. 1 亿元(见表 5—23 估算)。1950 年,有私营商业 402 万家,从业人员 662 万人,资本额 19. 9 亿元。唯其中就户数说,大量的是个体商业,雇工 2 人以上者只占 2%—3%;不过资金仍集中在大户。其中私营进出口商约 4500 家,从业人员 3. 5 万人,资本额 1. 3 亿元。

私营工商业户数众多,在生产和贸易上仍占重要地位。1949 年,私人资本主义工业的总产值为 68. 28 亿元,占全国工业总产值(不包括手工业)的 63. 3%。同时,其中由国营企业加工、订货、统购、包销的部分有 8. 11 亿元,即其总产值的 12%已纳入国家资本主义的初级形式。1949 年,已有 193 家公私合营工业,它们都规模较大,有职工 10. 54 万人,总产值 2. 20 亿元,这是国家资本主义的高级形式。1950 年,资本主义工业总产值中加工、订货等比重增为 29%;公私合营工业增至 294 家,总产值 4. 14 亿元。1950 年,私营商业(包括个体户)的销售额为 181. 4 亿元,占全国商业机构批发额的 76. 1%,零售额的 85%。私营商业中也已开始为国营企业经销、代销,这也是国家资本主义的初级形式。另外,在银行业和轮船业,也有相当数目的公私合营企业,并都属大户。

个体经济向合作化、集体化发展。1950年，农村已开展生产互助组和生产合作社组织，组织起来的农户约占全国总农户的10%。同年，农村中有114个信用合作社。发展较快的是农民与手工业者的集体组织供销合作社，1950年已有社员2568万人，股金0.27亿元，连同城市居民的消费合作社，零售额达8.1亿元。手工业生产合作社也有发展，并组成联社。①

以上情况表明，随着中国大陆的解放，新民主主义经济取得了决定性的胜利，在中华人民共和国成立时，新民主主义的经济体制已经建成了。

① 本小节资料见柳随年、吴群敢主编:《中国社会主义经济简史》，黑龙江人民出版社1985年版，第61、63、66—67页；倩华等编著:《七年来我国私营工商业的变化》，财政经济出版社1957年版，第8—9页；中央工商行政管理局、中国科学院经济研究所资本主义经济改造研究室:《中国资本主义工商业的社会主义改造》，人民出版社1962年版，第56、61、159、164、191页。

第 六 章

中国资本主义发展的水平

在这最后一章里，我们将接续本书第二卷最后一章的研究，从两个方面探讨一下中国资本主义发展的水平：一是它的资本集成的数量和速度，二是它在国民经济中所占的比重。我们设定两个基期：一是抗日战争前国民经济发展最高的一年，即 1936 年；二是抗日战争后经济恢复的最高年，依不同行业，或 1947 年，或 1948 年。1936 年的考察包括关内和东北两个部分，1947/1948 年的考察指国民党统治区。

为此，必须对基期的各部门的资本量作出估计，又须对基期的农业、工业和手工业、交通运输业的总产值作出估计。这两种估计分别见附录甲和附录乙。

在第二卷中我们就说过，由于旧中国统计资料贫乏，这种估计很多是从零星记载中综合，或者从某些单项统计中推算，它的准确性是殊为可疑的。在本卷的估值工作中，我们发现比之前期更为困难。首先，在早期，资本主义的领域有限，企业不太多，只要大户不漏，基本可以概括。本时期，资本主义范围扩大，业户繁多，已很难逐户逐业相加求总，只好视资料情况，分别处理。如外国在华资本、官僚资本和民族资本的估值，都各采取不同方法；1936 年的伪满部分，又是另一种根据。由于方法不同，各有偏高偏低因素，无法调整。其次，就统计资料说，本期略胜前期，但都是个别项目的调查。这些调查，每个都有它特定的目的和范围，用于本项目，也许是正确的。但合起来并不能代表整体，不但缺项累累，而且互有轩轾以至矛盾。因此，从事这种宏观估计，最好有一个国民经济的普查为基础，至少有些能控制全局的导数。我们没有这种条件。对于1936年的估计，我们不少是借助于巫宝三等所著《中国国民所得（一九三三年）》的1933年的估计。该书是由多位专家协力而成，所集资料之丰富，审查之精密，为我们所未及。① 但因研究目的不同，只能借助其某些数据；又1933年是中国经济危机最严重的时候，以之推计1936年，颇难准确。至于战后的1947/1948年，资料更不完整，且变动不一，一如当时政局；我们只勉强地做了一个资本估值，而无法完成产值估计，只好用一些产品的生产指数来代替。

以上是我们估计工作中的一般缺陷，而在每个行业和项目中，又各有舛漏。不过，我们既要研究资本主义发展的速度和水平，就不能不有一个大体的宏观数量概念。这比之纯理论性分析或“举例子”式的论证，或较胜一筹。正因如此，对于附录甲和附录乙的估计，只用于本章资本主义发展水平的探讨和第一章总叙部分；我们自知其估计之粗陋，在第二章至第五章的正文中，并不取用。在那些记叙历史的正文中，仍以当时的单项统计和前人论证为依据。

一、产业资本的发展和变化

本项研究的目的，是通过几个基期的资本估值，来探讨各时期资本积累的程度，或资本集成的水平，以及各种类型资本量的消长，和它们在历史各阶段集成的速度，即平均年增长率（或负增长率）。

资本估值应包括国民经济中所有资本主义经济。但事实上，我们无法估计资本主义农业生产的资本，这不仅是因为我们还不能确定农业中属于资本主义生产的份额，还在于作为中国国民生产中最大部门的农业

① 另有刘大中、叶孔嘉的 *The Economy of the Chinese Mainland: National Income and Economic Development*, Princeton University Press, 1965，该书也是以1933年的估计为基础，所用资料与巫书相埒，而结果颇异。

本来就没有一个投资的数值,即使有人估计过也为今人所不取。[①] 与之类似,我们也不能估计第二个大生产部门即手工业中的真正资本。即使能够用选样办法估出工场手工业的投资,也与它们的产值不成比例,因为无法计算它的劳动投入。[②] 还有,对于商业资本,我们是用市场上的商品量和商业资金的平均周转率来估计的,这样估出的数值比较实在;但它是一次交易所需,而非全貌,对于本期十分活跃的投机资本,更无法计量。再如金融资本,又有它的特殊性,例如银行会计上的借方,往往就是其他企业的贷方,以致重复计算。因此,在本书第二卷的估值中,我们提出一个"产业资本"的概念,即近代化工业和交通运输业使用的资本,作为我们考察的重点,用它来代表中国资本主义的积累和发展,并编列一个资本体系如下。本章和附录仍采用它。

A. 工业资本　包括近代化工厂制造业、水电等公用事业,全部矿冶业(本时期土法采矿和冶炼已具有工场手工业规模)

B. 交通运输业资本　包括铁路、公路、轮船、民航、邮政、电信

C. 产业资本　=A+B

D. 商业资本　市场商品一次交易所需资本

E. 金融业资本　原则上包括所有新式和旧式银钱业,不包括投资公司

这里需要重述一下,我们所称资本,是采用政治经济学的概念,即生产剩余价值的价值。因而,它应包括一切使用于生产经营的资本,包括固定资本和流动资本,或自有资金与借入资金,而不计闲置的设施。当然,实际上很难精确计算。在实际操作中,我们尽可能根据已投产的生产设备(有时是设备能力),如纱厂纱锭数、丝厂丝车数、电厂容量(千瓦)、铁路营业里程、轮船吨位等,用包括附属设备和场地的成本或造价来估值。

---

① 20世纪30年代,至少有过6个对中国国民财富的估计,总额从400亿元到2000亿元不等,其中农业占70%—80%;见吴承明:《中国工业资本的估计和分析》注十,《新华月报》创刊号。满铁和日本学者对东北的农业投资作过多次选样调查,依其调查,总投资从61亿银元到78亿日元;见 Kungtu C.Sun, *The Economic Development of Manchuria in the First Half of Twentieth Century*, Cambridge Harvard University Press, 1973, pp.38-39。

② 在本书第二卷中,我们曾用斯密—李嘉图的增长理论解释手工业的发展;工场手工业虽属资本主义性质,但在中国未曾发展到适当规模(规模大者如火柴厂已计入工厂),仍以劳动投入为主。

这大体相当于企业会计上的资产净值。再酌加流动资金或借入款，即大体相当于会计上的资产总值。有些官办企业甚少借入款，即按净值估值。但是，许多行业的设备无法计量，而资料中比较常见的是它们的设立资本，即向官府注册的资本或会计上的资本金、股本额。这就需要采取其他的估计方法。我们使用最多的是以设立资本为准，按不同行业和企业的新老、业务的盛衰，乘以一定的倍数，作为其资产总值。此法带有主观性，但在只有设立资本这样一个数据时，只好如此。①

现将附录甲所作产业资本的估值列入表6—1；为便比较，将本书第二卷所作前几个基期的估值也一并列入。

从表6—1看，1936年产业资本总额，关内与东北合计，达99.9亿元，为前一基期1920年的3.87倍。这里没有考虑币值变动的因素。这个时期，受国际银价动荡和空前的经济危机的影响，国内物价大起大落；但就1936年的法币购买力来说，与1920年并无很大落差。第二章表2—39见1936年上海物价水平仅比1921年升3.7%，但在天津升24.4%，在广州升28.5%，若将上海以2倍加权，三地平均约升15%。即按可比价格计算，1936年产业资本总额应为86.87亿元，为1920年的3.37倍。

但是，正如我们在本书第二卷中所说，这种用一般物价指数修正资本估值的办法并不可取。就本期而论，增长最大的是以日本为主的外国在华资本，它们原是以外币计值，表中折成法币。本期金本位国家的物价变动与中国相反，1936年比之1921年，日、英、美的物价都是下降的，用中国物价指数修正其投资额显然不当。再就官僚资本来说，最大项目是铁路，铁路是用铁路会计的资产值估价，它并不是基期年的重置价，用物价指数修正自也不恰当。民族资本中的一些大项是按重置价估值的，但仍有众多项目不是这样。并且，此项估值意在探讨自甲午战争以来资本集成的长期性变动。在长期性的经济变动中，尤其在一个发展中的经济里，

---

① 韩启桐计算了51家工厂的资产总值与设立资本的比率，各业从2.5倍到5.9倍，平均为2.76倍，见韩启桐：《中国对日战争损失之估计》，中华书局1946年版，第59页。汪馥荪计算了92家工厂，资产总值减除对外投资后，与设立资本的比率平均为1.99倍，见所著《中国工业资本估计的几个基本问题》，《中国工业月刊》新1卷第8期，1949年。我们所用是自1.3倍到3倍。

表 6—1 产业资本估值

(单位:万元)

项目	1894 年	1911/1914 年*	1920 年	1936 年		1947/1948 年国统区 1936 年币值***
				关内	东北	
产业资本总额	12155	178673	257929	554573	444463	654992
A. 工业	7745	66622	106484	324001	176379	370812
制造业	5755	38686	64505	217466		
公用事业	213	9673	15042	65342		
矿冶业	1777	18263	26937	41193		
B. 交通运输业	4410	112051	151445	230572	268084	284180
铁路	691	98417	128950	120473		151490
公路	—	—	—	52435		62240
轮船	3248	12711	20247	48413		57280 (轮船、民航合计)
民航	—	—	—	2866		
邮电	471	923	2248	6385		13170
外国在华企业资本	5406	102125	133000	195924	375834	73414
A. 工业	2791	37690	50000	145128	108750	62446
制造业	2587	21236	28000	84486	75417	26052

续表

项目	1894年	1911/1914年*	1920年	1936年		1947/1948年国统区1936年币值***
				关内	东北	
公用事业	204	5107	7000	39699	24167	27552
矿冶业	—	11347	15000	20943	9166	8842
B. 交通运输业	2615	64435	83000	50796	267084	10968
铁路	—	56064	73000	15714		10968
轮船	2615	8371	10000	33516		
民航	—	—	—	1566		
官僚资本	4757	47807	66952	198925	23529**	420079
A. 工业	3063	8417	11414	34034	23529	159874
制造业	1561	2284	2945	15937		
公用事业	—	939	1983	8847		
矿冶业	1502	5194	6486	9250		
B. 交通运输业	1694	39390	55538	164891	（147060）	260205
铁路	691	36467	51043	100993		151490
公路	—	—	—	52435		62240

续表

项目	1894年	1911/1914年*	1920年	1936年		1947/1948年国***统区1936年币值
				关内	东北	
轮船	532	2000	2247	3778		26130
民航	—	—	—	1300		7175
邮电	471	923	2248	6385		13170
民族资本	1992	28741	57977	159724	45100	161499
A. 工业	1891	20515	45070	144839	44100	148492
制造业	1607	15166	33560	117043	44100	116261
公用事业	9	3627	6059	16796	—	19471
矿冶业	275	1722	5451	11000	—	12760
B. 交通运输业	101	8226	12907	14885	1000	13007
铁路	—	5886	4907	3766	—	—
轮船	101	2340	8000	11119	1000	13007

注：* 外国资本为1914年，官僚资本为1911年，民族资本为1913年。 ** “满洲国资本”，又括号内数字系委托南满铁道会社经营的财产，已计入外国企业资本。

*** 原则上是两年中的较高值。

资料来源：1894—1920年见本书第二卷第六章附录甲，1936—1947/1948年据本章附录甲。

部门结构和价格结构都在变化,应用不变价格并不合理。因此,下面的分析仍以表 6—1 的 1936 年价格为准。但是,抗日战争后 1947/1948 年的估值,由于通货膨胀,价格日异,我们只能采用战前的不变价格即 1936 年币值,否则那些百千万亿的天文数字将只能乱人耳目而已。

1921—1936 年,是中国发生巨大变动的时期,经历国民党专政,东北沦陷和空前严重的经济危机。但就产业资本来说,确实有很大增长。表 6—1 中 1936 年关内的产业资本估值 55.46 亿元,比 1920 年全国数增长 1 倍强,这大体是可信的。其中工业投资主要是在 1931 年以前。其后的经济危机,如我们在第二章第三节(一)所说,主要是购买力减退所致,生产力未遭重大破坏;故危机过后,1936 年的工农业生产被公认是解放前最高的一年。交通运输业投资则主要是在 20 世纪 30 年代,赶工完成的浙赣、湘桂铁路和内地公路在抗日战争中都发挥了重要作用。东北方面,1936 年产业资本估值 44.45 亿元,竟达关内的 80%,这点使人疑惑。该项估计的主要依据是日本对满投资的逐年统计,这项统计似较可靠,也为中外学者所取用。但是我们在划出产业资本的份额时,是根据日本在满会社的设立资本的分业比重,即表 4—10。由于商业和金融业主要靠信用,其设立资本在表 4—10 中只占总额的 4.6%,这就会膨胀了产业资本的份额。另外,满铁的资本中有部分是关东州的行政和其他非生产投资,未能剔除。因而,表 6—1 中 1936 年东北的产业资本的估值可能偏高。不过,即使除去高估因素,1936 年东北的工业投资也要比"九一八"事变时大 1 倍半,数目是巨大的。但其营运效果很差,工农业产值仅比"九一八"事变时增长 34.5%,这我们在第四章第一节(四)中已有论述。

至于战后 1947/1948 年产业资本总额的衰退,原在意料之中。这一方面是战争损毁、苏军拆走东北设备、时局动荡中的资本逃匿所致,另一方面也是国民党政府在战后恢复经济中举措不当和解放战争中国民党统治范围日蹙使然。但表 6—1 所示战后产业资本总额 65.50 亿元,仅及 1936 年关内和东北总额的 65.6%,则出乎我们预料。其中交通运输业资本的跌落,主要由于铁路的丧失和破坏,公路、邮电等则比战前关内数字(无东北数字)仍有增加,这大体是可信的。工业资本的跌落,则有资料上的原因。在第五章第二节(一)曾指出,折合 1936 年法币,日伪在东北的工业投资原有 66.7 亿元,减除苏军拆走部分仍有 25 亿—35 亿元,而国民党政府所报接收值只有 2.44 亿元,仅及 7%—10%。又折 1936 年法币,日本在中国台湾的工业投资有 18.68 亿元,而国民党政府所报接收值只有 2.98 亿元,仅及 16%。对于这些大项,我们未能像过去那样逐户估价,而采用这种接收数字。这就使战后的资本估值偏低。

下面我们将时间回溯到甲午战争前,考察一下外国的、官僚的和民族的各类资本的发展变化。为此,我们将它们在各基期的比重列入表 6—2,又将它们在各阶段的发展速度即平均年增长率列入表 6—3。表 6—2 一目了然,表 6—3 则需作些说明。

表 6—2　产业资本中的中外比重

项目	1894 年	1911/1914 年*	1920 年	1936 年		1947/1948 年
				包括东北	不包括东北	
资本总额(亿元)	1.22	17.87	25.79	99.91	55.46	65.50
各类比重(%)						
外国资本	44.47	57.16	51.56	57.23	35.33	11.21
本国资本	55.53	42.84	48.44	42.77	64.67	88.79
内:官僚资本	39.14	26.76	25.96	22.27**	35.87	64.13
民族资本	16.39	16.08	22.48	20.50	28.80	24.66

注:* 外国资本为 1914 年,官僚资本为 1911 年,民族资本为 1913 年。

** 包括伪“满洲国资本”。

资料来源:表 6—1。

表 6—3 见 1894—1911/1914 年产业资本总额的平均年增长率达 15%以上,为以后各阶段所未曾有;这主要是因为起始年的基数太低,故不足为据。不过,这阶段新增资本平均每年有 8900 余万元,折 1936 年币值近 2 亿元,在资本主义发展初期,为数是不小的。但是,这个投入总额中,有 58%是帝国主义列强在华企业的资本,在增长率上它们也拥有 15.83%的优势,为中国本国资本所不及。这还没有计入它们以贷款控制

的铁路和矿场。可是，到了第二个阶段，即 1911/1914—1920 年，外国资本的增长即进入颓势。这首先是因为第一次世界大战中欧洲列强无力东顾，而战后虽美、日资本竭力扩张，终属有限。这阶段新增资本年均 1 亿余元，折 1936 年币值约 1.5 亿元；其中外国资本所占不到 39%，其增长率也跌至 4.50%，低于中国资本了。进入我们本卷讨论的第三个阶段，即 1920—1936 年，情况大变。这期间新增资本年均达 4.6 亿元，而外国资本重新占有 59%的份额，其增长率也高达 9.54%，为中国资本所望尘莫及。不过，这时期外国资本的增长主要是“九一八”事变以后，日本帝国主义凭借武装占领在东北的以掠夺资源为目的的投资。如果不计东北，单就关内而言，则外国资本的增长率大约只有 4.31%①，比前一阶段还低，并远低于中国资本的增长率了。七七事变后，日本竭力扩大对满投资，但限于财力，折合 1936 年币值，增长率为 9.30%，反低于事变前（见表 4—5）。营运效果之差也甚于战前，两个五年计划几成泡影。到抗日战争结束，日本和德国的在华投资被中国政府接管，见表 6—2，外国资本只占产业资本总额 11.21%的比重了。

表 6—3　产业资本的平均年增长率　（单位：%）

项目	1894—1911/1914 年*	1911/1914*—1920 年	1920—1936 年包括东北	1936—1947/1948 年
产业资本总额	15.46	5.16	8.83	-3.61
外国资本	15.83	4.50	9.54	-16.35
本国资本	14.44	6.31	7.99	2.72
内：官僚资本	14.54	3.81	7.79**	6.72
民族资本	15.08	10.54	8.21	-2.05
A. 工业资本	12.20	6.63	10.15	-2.57
外国资本	13.90	4.82	10.69	-11.48

① 1920 年外国在东北的投资大约占全部外资的 25%，参见雷麦：《外人在华投资》，蒋学楷、赵康节译，商务印书馆 1959 年版，第 53 页。依此计算 1920 年东北外资约 3.325 亿元，关内 9.975 亿元。1936 年关内数见表 6—1。

续表

项目	1894—1911/1914 年*	1911/1914*—1920 年	1920—1936 年包括东北	1936—1947/1948 年
官僚资本	6.13	3.44	10.64**	14.40
民族资本	13.37	11.90	9.37	-2.07
B. 交通运输资本	18.89	4.21	7.73	-4.77
外国资本	17.38	4.31	8.76	-25.38
官僚资本	20.33	3.89	7.04**	4.05
民族资本	26.06	6.65	1.31	-0.17

注:* 外国资本为 1914 年,官僚资本为 1911 年,民族资本为 1913 年,计算增长率时各按其本身年数;产业资本总额分别按 18.7 年和 7.3 年计,本国资本分别按 18 年和 6 年计。

** 包括伪"满洲国资本",但交通运输业不包括委托给南满铁道会社经营的财产,如包括该项财产,增长率为 11.39%。

资料来源:表 6—1。

再来看官僚资本。在 1894 年时,中国的产业资本大于外国的在华产业资本约 1/4,这是早期官僚资本家即洋务派创业的结果。事实上,中国第一家钢铁联合企业、第一个机械开采的矿场、第一条实用的铁路,都是洋务派创建的。在 1894—1911 年,洋务派资本仍保持 14.54%的增长率;因而,有人说甲午战争标志着洋务派企业的破产,似不确切。辛亥革命后,官僚资本的增长率跌至 3.81%,到 1920 年,它在全部产业资本中的比重下降到 25.96%的最低谷。这段时间,外国资本的增长率也是下降的,结果是民族资本得到发展。进入本卷讨论的第三个阶段,即 1920—1936 年,官僚资本的增长率陡升至 7.79%。这是包括了伪"满洲国资本"。如不计东北,单就关内而言,它的增长率仍达 7.78%。① 这种增长,主要是 1927 年国民党获取政权以后所为;尽管这时候南京政府还主要是致力于金融垄断,产业投资有限,但在它控制下的整个产业资本,也已具有了新的性质,即国家垄断资本主义的性质了。此后,它在抗日战争的后方获取

① 1920 年官僚资本在东北的投资,据本书第二卷,计矿业 10 处 299 万元,铁路 1002 千米按每千米 6.54 万元计值 6553 万元,共 6852 万元,即关内应为 6.01 亿元。1936 年关内数见表 6—1。

了工业垄断地位，战后由于接管敌伪资产，膨胀到最高峰。从表 6—3 可见，抗日战争前后的对比，外国资本和民族资本的变动都是负数，只有官僚资本是增长的；从表 6—2 可见，1947/1948 年官僚资本占有全部产业资本的 64. 13%，占有本国产业资本的 72. 22%，它几乎据有全部交通运输业，在本国工业资本中，它也占有一半以上的份额。不过，也正是这种高度集中，使它成为中国社会主义革命的物质基础。

再略说一下“满洲国资本”。我们在第四章第一节（三）中已作分析，它不同于传统的官僚资本。但在 1936 年这个时候，它还主要是由原奉系地方官僚资本转化而来的，连同“委托”给满铁的部分和廉价收买的苏联中东铁路，价值达 17. 06 亿元之巨，和关内的国家垄断资本竟相差不多。这以后，在日本的压力下竭尽搜刮和扩张，到 1945 年，“满洲国资本”总额竟超过日本在满投资。但是，它在生产上比日本的投资更少成就，日本战败，它也大部消失，反映了这种殖民地资本的命运。

最后，民族资本即民间资本，这是人们最关心的。民族资本是中国各种资本形态中最软弱的，也是最晚出的一个。它既无政权保护，又无原始积累的经济基础，处在外国资本和官僚资本两大资本之间，任人予取予求。但是，我们已屡言及，在 19 世纪迄 20 世纪初这个时期，自由资本主义是资本主义发展的最好形式。中国民族资本一开始就表现出它的生命力。当时电报局是商办事业中最成功的一个，1906 年被清政府收归官办。随后兴起的民办铁路，七八年间集资 6000 万元，1912 年被袁世凯收归国有。从此，除轮船外，民族资本只好向工业发展了。然而，从表 6—3 可见，在 1894—1911/1914 年这个时期，民族资本即拥有 15. 08%的增长率，超过有政权支持的官僚资本的增长率。1911/1914—1920 年这个时期，官僚资本、外国资本都进入颓势，增长率只有 3. 8%—4. 5%；而民族资本仍保持两位数的增长率，为 10. 54%，专就工业资本来说，为 11. 90%。到 1920 年，民族工业资本的量已远超过官僚资本，而直接与外国资本相较量了。交通运输业中，民族资本虽受摧残，但在轮船业中，它始终保持着 18%—19%的增长优势，远非外国资本和官僚资本所能及。因此，我们在本书第二卷中说，“它不愧是中国资本集成的主力军，中国工业化希望之所在”。

可是,到本卷讨论的第三个阶段,即1920—1936年,情势就不同了。“九一八”事变,使民族工业丧失了15%的市场;20世纪30年代的经济危机,又以民族资本所受打击最甚。而更重要的是国民党当政后,官僚资本重整旗鼓,并开始有了国家垄断资本主义的性质。不过,这时候资本主义经济向普遍化发展,众擎易举,民族产业资本的增长率为8.21%,专就工业而论达9.37%,仍高于官僚资本并远高于外国资本的增长率(均不计东北)。或谓这时民族资本陷于“破产半破产”的境地,显然不确。到1936年,关内的民族工业资本有14.48亿元,连同东北的华人民营工业,共18.89亿元,成为历史上的最高峰。

抗日战争中,民营工业在后方有很大发展,据我们在第四章第三节(五)中估计,资本约合战前币值3.58亿元,但已逊于官僚工业资本的3.85亿元了。抗日战争胜利后,官僚资本借接管敌伪工矿而壮大,工业资本达战前币值15.99亿元;而民族工业收拾残余,仅恢复到1936年的78.6%,即14.85亿元。就整个产业资本说,由于外国资本的大量消失,在1947/1948年,民族资本在全部产业资本的比重仍由1936年的20.50%增为战后的24.66%,但它同官僚资本相比,则由1936年的50.7%比49.3%改变为战后的27.8%比72.2%(1936年不计东北)了。民族资本的致命伤是它的拳头工业即棉纺织业被官僚资本的中国纺织建设公司所垄断,而它战前对官僚资本处于绝对优势的电力业和轮船业这时也处于绝对劣势。因而,如果不是解放战争迅速胜利,使它进入新民主主义经济范围,民族资本还要继续衰败下去,这是可以断言的。

二、商业资本和金融业资本的发展和变化

对于商业资本和金融业资本,我们所作估值更为粗糙。先将各类总数列入表6—4,再分别作些简单说明。

表 6—4　资本估值

（单位：万元）

项目	1894 年	1911/1914 年*	1920 年	1936 年		1947/1948 年国统区，1936 年币值
				关内	东北	
资本总额	113719	483845	719882	2014523	565844	1424518
C. 产业资本	12155	178673	257929	554573	444463	654992
D. 商业资本	74884	234168	317000	500295	60932	382348
E. 金融业资本	26680	71004	144953	957156	38783	387178
其他				2499	21666	
外国在华企业资本	21370	184608	239000	501174	426667	111650
C. 产业资本	5406	102125	133000	195924	375834	73414
D. 商业资本	9284	67968	87000	119295	18932	15348
E. 金融业资本	6680	14515	19000	183456	10235	22888
其他				2499	21666	
官僚资本	4757	52296	90205	765625	47647**	767079
C. 产业资本	4757	47807	66952	198925	23529	420079
D. 商业资本	—	—	—	3000	—	3000
E. 金融业资本	—	4489	23253	563700	24118	344000
民族资本	87592	246941	390677	747724	91530	545789
C. 产业资本	1992	28741	57977	159724	45100	161499
D. 商业资本	65600	166200	230000	378000	42000	364000
E. 金融业资本	20000	52000	102700	210000	4430	20290

注：* 外国资本为 1914 年，官僚资本为 1911 年，民族资本为 1913 年。

** 指伪“满洲国资本”，其产业资本中未包括由南满铁道会社托管的财产 14.706 亿元。

资料来源：1894—1920 年见本书第二卷第六章附录甲，1936—1947/1948 年据本章附录甲。

对于商业资本,仍是按1920年的估计方法,即以市场上的商品值除以资本周转率4,求得资本量。1936年商业资本的周转率应有提高,但我们平均4次的周转率主要是根据20世纪30年代资料而来,故不再调整。这样估计出来的商业资本只是市场上一次交易所需,大体代表批发交易的资本。另加外商商业资本,视为从事外贸活动的资本,也属批发交易。照马克思的说法,批发商业才是执行流通职能资本的纯粹形式,而零售业是掺有分配服务性质的"杂种"。[①] 我们的估计,原无意作理论上的区分,只是迁就资料方便而已。但也有个好处,即把那种为数众多的小商小贩排除,不作资本主义处理。

尽管我们的估计只是一次交易所需资本,其量仍是很大的。我们只对1920年和1936年市场上的商品值做了较详细的估计,其他基期是由此推算而来。由表6—4可见,1920年的商业资本有31.7亿元,约为工业资本的3倍。[②] 有人以此说明中国商业资本的"畸形发展",并认为是洋货入侵的结果。这种看法不甚恰当。现将我们估计的1920年和1936年市场上各类商品的总值列入表6—5。在商业资本所媒介的交易中,有70%以上是农产品和手工业品,而近代化工厂的产品到1936年还占不到17%,进口洋货所占比重更小。通常所说工业资本是指近代化工厂的资本,它当然要甚小于商业资本;因为在近代化工厂产生以前,乃至在洋货大量入侵以前,已经有偌大的商业资本了。

表6—5 国内市场的商品结构

项目	1920年		1936年	
	(亿元)	(%)	(亿元)	(%)
农业产品	39.09	42.28	75.33	44.82
手工制造业产品	29.75	32.17	43.86	26.10
近代化工厂产品	8.83	9.55	28.31	16.84

① 《资本论》第三卷,人民出版社1975年版,第320页。

② 工业资本10.65亿元,见本书第二卷表6—2。

续表

项目	1920 年		1936 年	
	（亿元）	（%）	（亿元）	（%）
矿冶业产品	2.91	3.15	4.96	2.95
进口商品	11.88	12.85	15.61	9.29
合计	92.46	100.00	168.07	100.00

资料来源：1920 年见本书第二卷；1936 年见附录甲表二十二。

由于中国的商业资本是以媒介农产品和手工业品的交易为主，它的绝大部分必然是掌握在中国商人之手，成为民族资本中占最大比重的部分；因而，我们也无须对商业资本的所属性质再作分析。不过，从估计方法上说，表 6—4 中所列官僚资本中的商业资本为数过低；这是因为一些经营贸易的国营机构如中央信托局、资源委员会、中国植物油料厂以至农本局等，被列入其他部门了。又外国资本中的商业资本相对偏高，因为它们并不是按“一次交易”原则估计的，并包括一些服务业在内。

民族资本中，商业资本占有 60%—70% 的比重，这点引起人们的重视。马克思说：生产越不发达，商人资本的比重就越大，“真正的货币资本大部分掌握在商人手中。”①这种情况，正是近代中国生产落后的表现。但是，从历史来看，变化是很大的，甚至是惊人的。表 6—6 是民族资本各部门比重的演变。从表 6—6 看，商业资本所占比重由 1894 年的 74.89% 递降至 1936 年的 50.55%，这是一个进步。考虑到这个时期农村自然经济的解体，农产品和手工业品商品化的发展，用于媒介它们的商业资本相应增加，它在资本总额中所占比重的下降就更具有重要意义。但是，到抗日战争后，商业资本重跃到 66.69% 的比重，这是一个逆转。这里还没有计入活跃于大城市的投机商人资本。这时是生产败坏，投机活跃，前途不堪设想。

① 《资本论》第三卷，人民出版社 1975 年版，第 309 页。

表 6—6 民族资本的部门比重

项目	1894 年	1913 年	1920 年	1936 年 不包括东北	1947/1948 年
资本总额(亿元)	8.76	24.69	39.07	74.77	54.58
各部门比重(%)					
产业资本	2.28	11.64	14.84	21.36	29.59
商业资本	74.89	67.30	58.87	50.55	66.69
金融业资本	22.83	21.06	26.29	28.09	3.72

资料来源:表 6—4。

商业资本比重的变化,在整个近代资本结构中也是这样,这很容易从表 6—4 中算出。现在我们用另一种方法来观察它,即平均年增长率。表 6—7 是包括中外资本在内的各部门增长率的比较。从表 6—7 可见,商业资本的增长率经常是低于产业资本,也低于总资本的增长率,就是说,它在全部资本中的比重是下降的。这是合理的,是在资本主义经济发展中合乎规律性的现象。但是,在抗日战争后的 1947/1948 年,与抗日战争前比,也看出一个逆转;商业资本负增长的程度小于产业资本的负增长。至于同资本总额比,由于表中金融业资本的估计失实,不足为据。

表 6—7 各类资本的平均年增长率 (单位:%)

项目	1894— 1911/1914 年 (18.7 年)	1911/1914 —1920 年 (7.3 年)	1920—1936 年 包括东北 (16 年)	1936— 1947/1948 年 (11.5 年)
资本总额	8.05	5.59	8.31	-5.04
C 产业资本	15.46	5.16	8.83	-3.61
D 商业资本	6.29	4.24	3.63	-3.28
E 金融业资本	5.37	10.27	12.80	-7.89

资料来源:表 6—4。

最后来看金融业资本。在我们的估计中,金融业资本在 19 世纪末就是很大的,并且其中民族资本远大于外国在华的银行资本。这是因为我们把票号、钱庄的资本都计算进去了,而不像有些学者以“封建性”而把它们除外。马克思认为，高利贷资本和商业资本都是最古老的资本形态。高利贷资本最初就是以货币谋取更多的货币，这正是“资本的真正职能”，并且，如果是贷给商人，那就“完全和他对于现代资本家的关系一样”①。事实上，中国票号和钱庄的发展是与商业尤其是批发商业的发展密切相关，而与封建经济即土地财产和地租没有直接关系。

由于初始的基数较高，在我们估计的第一个阶段，金融业资本的增长率不大。但这以后，它便成为资本增长最快的部门，增长率超过产业资本，也超过商业资本；这在表6—7中明显可见。又据表6—4，1936年关内金融业资本达95.72亿元，比产业资本和比商业资本都大出许多，未免令人惊异；因而有中国金融资本“畸形发展”之说。1936年金融业资本的估值基本上是各银行的资产相加而成。除外资银行外②，华资银行的资产中，有60.7%是放款，10.9%是持有证券，17.1%是交存政府的准备金，余11.3%为现款、房地产等。③ 放款中有30%强是对政府的垫款，余为对工商业的放款，它们已计入了工商业的资本。持有证券中绝大部分是政府公债，少量是工商业的证券，也已计入工商业资本了。说明这种情况，也就了解1936年金融业资本估值甚高的原因。自第一次世界大战以来，金融资本的膨胀是个时代性的特征，即列宁所说的资本集中与垄断的产物。在中国，又主要是1928年以后，国民党政府建立国家金融垄断资本主义的结果。全部银行资产中，国家四行占有近60%的份额，它们不仅是银行之银行，又是国家的国库；对政府的往来形成的银行资产，不是我们所研究意义上的资本，但也进入了估值。

为进一步探讨金融资本的发展，我们将中外资本发展的速度和各类所占比重列入表6—8。

① 《资本论》第三卷，人民出版社1975年版，第365、671页。

② 外资银行没有在华分行单独的资产负债表，估计时是在其总资产中设定一个在华部分的比重，并减除了它们对外资企业的放款。见吴承明编：《帝国主义在旧中国的投资》，人民出版社1955年版，第156页。

③ 这是1934年的统计分析，1936年资料不全，见中国银行经济研究室：《全国银行年鉴》，1937年版，第811页。

表6—8　金融业资本的平均年增长率和中外比重

I　各类资本的平均年增长率(%)

资本类型	1894—1911/1944年*	1911/1914*—1920年	1920—1936年不包括东北	1936—1947/1948年
外国资本	3.96	4.59	15.23	-16.56
官僚资本	—	20.05	22.05	-4.20
民族资本	5.16	10.21	4.57	-18.39

II　各类资本所占比重(%)

资本类型	1894年	1911/1914年*	1920年	1936年		1947/1948年
				包括东北	不包括东北	
外国资本	25.04	20.44	13.11	19.45	19.17	5.91
官僚资本	—	6.32	16.04	59.02**	58.89	88.85
民族资本	74.96	73.24	70.85	21.53	21.94	5.24

注:* 外国资本为1914年,官僚资本为1911年,民族资本为1913年。

** 包括伪“满洲国资本”。

资料来源:表6—4。

表6—8见外国金融业资本的增长速度并不是很快,它们在金融资本总额中所占比重是下降的趋势。这是因为,外国在华银行虽然资力雄厚,声势煊赫,但它们主要是垄断外汇外债,控制大城市金融市场,以至干预政府财政。它们同众多的华人工商业者的关系并不密切。在第一次世界大战迄1920年,中国工商业的发展颇盛,而表6—8见这阶段外国金融资本的增长率反而是甚低的。1920—1936年外国金融资本的增长主要是因为外国在华投资增加了。这种增加主要是在1920—1930年,年率达6.1%,超过前一阶段1倍(见第二章第一节二)。外商银行的存放业务中,有70%—80%是对在华外商的往来,因而银行资本大增。这以后,在20世纪30年代经济危机中,除东北外,外国投资基本停滞,外商银行的资本也无甚增长。

表6—8中金融业资本增长最快的是官僚资本。其中第二个阶段即1911—1920年增长率即达20.05%;不过,这是因为起始期基数过低所致。1897年才有第一家借官款所办的银行。而1920年的估值中,87%是

中国银行一家的资产。该行这时有约 40%的官股,后来官股出卖,到 1926 年只占 2.5%,实际是商办了。如前所说,官僚资本金融业的兴起实际是在 1928 年国民党政府建立中央银行以后,又主要是在 1935 年攫取中国、交通和几家较小银行之后。因而,表 6—8 中所列 1920—1936 年高达 22.05%的增长率并不是什么资本积累,而是一场凭借政治力量的"银行风暴"的结果。这场"风暴"确立了国家金融垄断资本的地位,1936 年它在全部关内金融资本中占到 58.89%的比重。

民族资本的银行和钱庄,与工商业关系密切。尽管它们开歇频繁,也有不少是投机失败,但如我们在第二章第三节(四)所述,在 1925 年以前,它的发展总的说是与工商业的发展相符的。在 1912—1925 年,华商银行实收资本的年增长率一直保持着两位数,与同期民族产业资本的增长率基本一致。表 6—8 还见,迄 1920 年,民族资本始终占有全部金融业资本 70%以上的比重。实际上这种情况延续到 20 世纪 30 年代初;表 6—8 中 1936 年它所占比重陡降至 21.53%,主要是 1935 年那场"银行风暴"的结果。抗日战争以后,民族资本金融业就日益没落了,这就是,户数增加,资力减退,日益依靠投机利润。抗日战争后,私营银行户数比 1936 年增加 10 倍,而其资本,见表 6—4,还不到 1936 年的 1/10。当然,这里没有计入它们暗账所匿资产,但其没落是肯定的。这也是整个民族资本在国家垄断资本主义统治下的必然途径,不过对金融业的垄断最严密,金融业的反应也最敏感而已。

三、资本主义生产在国民经济中所占比重

本书第二卷中曾讲过,因为我们无法确定早期的国民总生产或国民收入,我们用资本主义经济在工农业总产值和在交通运输业总产值中的比重来观察它发展的程度,这也就是我们前面提出的"产业资本"的概念。在本卷所讨论的时期,已有一些关于国民总生产和国民收入的研究。但是,我们还无力对其他部门特别是在第三产业和公共行政部门中的资本主义成分作出量的估计;并为了与前一阶段比较,我们仍采用产业资本的概念。

对于1936年总产值(即毛产值)的估计详见附录乙。现将估计结果,连同本书第二卷中对1920年的估计,列入表6—9。

表6—9　总产值的估计　(单位:万元)

项目	1920年	1936年
农业	1049494	1450498
粮食作物	652980	867476
经济作物	165530	263781
园艺及林牧渔业	230984	319241
工业	543396	973347
手工制造业	426059	640629
内工场手工业	(106515)	(195961)
近代化工厂制造业	88287	283073
矿冶业	29050	49645
内土法采炼	(18484)	(16726)
交通运输业	60937	141659
铁路运输	22374	48342
汽车运输		7102
轮船运输	6003	19140
航空运输		514
木帆船运输	25594	48800
人畜力运输	4332	10822
邮政	1523	4278
内民信局	(255)	
电信	1111	2661

资料来源:1920年见本书第二卷第六章附录乙,1936年据本章附录乙。

表6—9可见,1936年比1920年,农业总产值增长38.2%,工业总产值增长79.1%,交通运输业总产值(即总收入)增长132.5%;而发展最快的是近代化工厂的生产,其总产值增长220.6%,年率达7.55%。这里没有计入币值变动因素。如前所述,这期间物价水平约升15%,因而,上述增长幅度将分别为17.5%、52.3%、97.6%,近代化工厂为172.5%,仍是

较快的。过去有人认为，这期间近代化工厂（或称现代工业）的发展应归之于日本人在东北的开发，并认为20世纪30年代危机对工业的发展并无影响。[①] 但是，根据较新的研究，1920—1936年东北现代工业增长的年率为6.04%，自1931年“九一八”事变算起到1936年亦只有6.10%[②]，都还低于我们上述的全国平均数。原来这种年率的计算只是以首尾两年为准，而在20世纪30年代危机中，各业的产值大多下降，并有几个行业出现负增长（参见表2—38），这是过去所没有过的。在危机中，资本集成十分缓慢，并至少有3年是负增长，这也是过去所没有过的。[③]

我们的目的主要不是研究这个阶段产业发展的状况，而是从各种产业所占总产值的比重中探讨资本主义发展的程度。因而，价格的变动无关紧要。我们首先采用“新式产业”和“传统产业”这两个概念来划分它们的产值，这很容易从表6—9中划分出来，划分的结果列入表6—10。

从表6—10可见，新式产业在工业生产中的比重由1920年的18.19%增为1936年的32.46%；同时期，它在交通运输业中的比重由50.47%增为57.91%。这说明中国的工业化或近代化有所进步。但是，在整个国民经济中，新式产业的比重仍然是很低的。1920年，新式生产在工农业总产值中仅占6.21%，到1936年也不过占13.04%；1936年人民生产生活所需的全部农产品和67.54%的工业品都是依靠传统产业来供应的。把工农业和交通运输业的产值加在一起，其中新式产业所占比重，1920年为7.84%，1936年增为15.51%。交通运输业的近代化先行一步，这在发展经济中是合理的。但应看到，传统运输尤其是木帆船运输，仍远超过轮船运输，占有重要地位。并且，表中的传统运输项目是不完整的，短途的、农用的和城市内的运输都未计算在内。

---

① 参考John K. Chang（章长基），*Industrial Development in Pre-Communist China: A Quantitative Analysis*, *Chicago*, Aldine Publishing Company 1969。据他所列资料，1912—1936年中国工业的年增长率为7.29%，1931—1936年包括东北为9.3%，不包括东北为6.7%。他是根据15种产品按1933年不变价格计算的，他的计算为国外学者所常引用。

② Kungtu C.Sun, *The Economic Development of Manchuria in the First Half of the Twentieth Century*, Cambridge: Harvard University Press, 1973, p.102.

③ 吴承明：《我国资本构成之初步估计》，《中央银行月报》新1卷第11期，1946年11月。

表 6—10 新式产业和传统产业所占产值比重

产业	总产值合计（万元）	新式产业		传统产业	
		总产值（万元）	占合计（%）	总产值（万元）	占合计（%）
1920 年					
农业	1049494	—	—	1049494	100.00
工业	543396	98853	18.19	444543	81.81
交通运输业	60937	30756	50.47	30181	49.53
1936 年					
农业	1450506	—	—	1450506	100.00
工业	973347	315992	32.46	657355	67.54
交通运输业	141659	82037	57.91	59622	42.09

资料来源:表 6—9。

现再比较一下已有的一些估计。一种最常见的说法是,在旧中国,现代化生产只占 10%,而 90%是个体生产。这是根据巫宝三等在《中国国民所得(一九三三年)》(1947 年版)一书的估计而来。该书估计 1933 年的总产值见表 6—11:

表 6—11 1933 年各产业总产值 (单位:万元)

农业总产值	1558602
手工业总产值	562686
工厂制造业总产值	207632
矿冶业总产值	36744
合计	2365664

如果将其中工厂制造业和矿冶业作为现代化生产,则占合计数的 10.33%。又据解放后统计,现代工业的产值在工农业总产值中的比重 1949 年为 17%,1952 年为 26.6%。① 如果我们把表 6—10 也改按此法计算(即把矿冶业全部计入新式产业),则可得到表 6—12 的一个系列。从

① 柳随年、吴群敢主编:《中国社会主义经济简史》,黑龙江人民出版社 1985 年版,第 72 页。

中可见,新式产业或现代化的过程是逐步发展的,而主要提高还在解放以后。不过,解放后的统计和前三项估计不同,它没有计入农家副业和自给性手工业;如果计入,则传统工业的数值约增1/3强,1949年和1952年新式产业的比重就要降低1—2个百分点了。

表6—12　1920—1952年新式产业和传统产业在工农业总产值中的比重

（单位:%）

年份	新式产业	传统产业
1920	7.37	92.63
1933	10.33	89.67
1936	13.37	86.63
1949	17.00	83.00
1952	26.60	73.40

我们的目的是考察资本主义发展的水平。表6—10中新式产业的产值也就是资本主义经济的产值,但在工业部门,还需加入表6—9中的工场手工业的产值(原估计已包括散工制)和矿冶业中土法采炼的产值(土法采炼这时已基本上具有工场手工业规模)。成为问题的是农业部门。我们在第三章专门考察了农业中的资本主义生产关系,估计经营地主、富农经济、农业公司或农场这三种形式在最盛时约占有4亿亩土地,占全国耕地面积近30%。但其中有多少属于资本主义生产户却无法肯定,主要是雇工与家工、自给生产与商品生产的关系难以定量。勉强估计,抗日战争前农业中资本主义成分可占到农业总产值的10%,解放前可能占8.5%。① 不过,我们在第三章中着重考察了这三种形式的经营效益,结果除某些新垦区和城郊区园艺外,效益都不比个体农民高;经营地主多半反不如佃农,农业公司多采分租制,仍是个体生产。既然它们对提高生产效益很少作用,也就失掉作为一种新的生产方式的意义。因而,我们仍暂时把全部农业产值都列入个体经济,俟以后有进一步的研究成果后再作修正。

① 丁长清:《试论中国近代农业中资本主义的发展水平》,《南开学报》1984年第6期。

资本主义生产的估计结果见表6—13。

表6—13 资本主义经济所占产值比重

产业	总产值合计（万元）	资本主义经济		个体经济	
		总产值（万元）	占合计（%）	总产值（万元）	占合计（%）
1920年					
农业	1049494	—	—	1049494	100.00
工业	543396	223852	41.20	319544	58.80
工农业合计	1592890	223852	14.05	1369038	85.95
交通运输业	60937	30756	50.47	30181	49.53
1936年					
农业	1450506	—	—	1450506	100.00
工业	973347	528679	54.32	444668	45.68
工农业合计	2423853	528679	21.81	1895174	78.19
交通运输业	141659	82037	57.91	59622	42.09

资料来源:表6—9。

表6—13显示,资本主义经济在工农业总产值中的比重,由1920年的14.05%提高为1936年的21.81%;同期,它在交通运输业总产值中的比重,由50.47%增为57.91%。说明了这一时期资本主义的发展。

在附录乙中,我们未能估计出抗日战争以后的产值,仅给出一些指数。据该项指数,按不变价格计,1947/1948年农业产值比1936年下降11.6%,而近代化工业的产值下降20.8%,矿冶业更下降57.7%(手工业无指数)。这就必然使资本主义经济在工农业总产值中的比重下降;粗略估计,约下降到19.7%(手工业按近代化工业指数计)。但在交通运输业中,新式交通运输业的生产指数是上升的,平均比1936年上升21.9%。传统运输业无指数,若按1936年原值计,则1947/1948年资本主义经济在全部交通运输业总产值中的比重约增为62.7%。

前面提到解放后的统计,1949年现代工业的产值占工农业总产值的17%。该统计1949年现代工业的产值为人民币79.1亿元,工场手工业为28.7亿元,个体手工业为32.4亿元,农业为325.9亿元。故现代工业与工场手工业合计,将占工农业总产值的23.1%。不过,如前所说,该统计不包括农家副业和自给性手工业,如果包括,比重就不会那样高了,大约在21%左右。比上述的19.7%略高,大约因为大工业已成社会主义企业,恢复较快。

附录文献简称

附录甲、附录乙所用数据,凡已见前文有关章节者,不再注明出处。其他常用书刊,注明时用简称。又提及1920年估计者,见本书第二卷第六章附录。

《统计选辑》　严中平等编:《中国近代经济史统计资料选辑》,科学出版社1955年版。

《统计年鉴》　国民政府主计处:《中华民国统计年鉴》,1948年版。

《物价汇编》　中国科学院上海经济研究所、上海社会科学院经济研究所编:《上海解放前后物价资料汇编》,上海人民出版社1958年版。

《国民所得》　巫宝三等:《中国国民所得(一九三三年)》,中华书局1947年版;《中国国民所得,一九三三年,修正》,《社会科学杂志》1947年第9卷第2期。

《农业统计》　许道夫:《中国近代农业生产及贸易统计资料》,1983年版。

《伪满统计》　东北财经委员会:《伪满时期东北经济统计》。

《工业史料》　陈真编:《中国近代工业史资料》,生活·读书·新知三联书店1957年版、1961年版。

《十年经济》　谭熙鸿主编:《十年来之中国经济》,1948年版。

《交通概况》　交通部:《十五年来之交通概况》,1947年版。

《棉手工业》　本书第二卷第二章第六节附录:《1840—1936年中国棉手工业产销估计》。

第六章　附录甲

资　本　估　值

本附录系接续本书第二卷第六章附录甲1894年、1914年、1920年的资本估值编制，估计1936年和1947/1948年的外国在华企业资本、官僚资本和民族资本。1936年分别估计关内和东北。1947/1948年估国民党统制区，以两年中数值较大年为准。

一、外国在华企业资本估值

甲表一　外国在华企业资本估值　　（单位：法币万元）

项目	1936年		1947/1948年 国统区，1936年币值
	关内	东北	
A. 工业资本	145128	108750	62446
制造业	84486	75417	26052
公用事业	39699	24167	27552
矿冶业	20943	9166	8842
B. 交通运输业资本	50796	267084	10968
铁路	15714		
水运	33516		
空运	1566		
C. 产业资本（A+B）	195924	375834	73414

续表

项目	1936年		1947/1948年 国统区,1936年币值
	关内	东北	
D. 商业资本	119295	18932	15348
E. 金融业资本	183456	10235	22888
其他	2499	21666	
企业资本总额	501174	426667	111650

1936年关内

据表2—11,按1美元=法币3元折算。

1936年东北

据第四章第一节(二),1936年日本在满投资44.43亿日元,减除1937年伪满外债1.93亿日元,为42.5亿日元,作为日本在满企业投资,按1法币=1.02日元折合法币416667万元。又表4—10的日本会社资本额,因不包括公司债及借款,过低,但可利用其分业百分比,从上项投资总额中计出各业数值。交通运输业指满铁,无分业数。又商业与金融混在一起,兹按1931年商业与金融比例分割之。

东北尚有英、美等其他外国投资。唯此时最大投资即苏联之中东铁路已卖给伪满,其余在北满约4786万满元,指资本额;在南满未详,当不下于北满。兹共按法币1亿元计,列入商业资本。

1947/1948年国统区

表5—3中的直接投资减除房地产后即外商企业财产。此数即吴承明《帝国主义在旧中国的投资》1955年版第166页表所列,分业见甲表二。该数系战后估计,兹按《物价汇编》第209页1947年美国物价指数折战前美元,再按1美元=法币3元折成战前法币。

甲表二 1947/1948年外商企业财产 (单位:万元)

项目	战后美元	战前美元	战前法币
制造业	16300.0	8684.0	26052
公用事业	17238.6	9184.1	27552

续表

项目	战后美元	战前美元	战前法币
矿业	5532.0	2947.3	8842
运输业	6862.1	3655.9	10968
贸易业	9602.6	5115.9	15348
金融业	14320.0	7629.2	22888
合计	69855.3	37216.4	111650

二、官僚资本估值

甲表三　官僚资本估值　　(单位:法币万元)

项目	1936 年		1947/1948 年 国统区,1936 年币值
	关内	"满洲国资本"	
A. 工业资本	34034	23529	159874
制造业	15937		
(1)兵工及军需	2250		
(2)海军部所属造船厂	1166		
(3)财政部所属工厂	1500		
(4)实业部所属工厂	860		
(5)资源委员会所属工厂	780		
(6)地方政府所属工厂	9381		
公用事业	8847		
(7)电力	5309		
(8)自来水、电车	3538		
矿冶业	9250		
(9)汉冶萍公司、龙烟铁矿	4700		
(10)淮南矿路公司	1080		
(11)资源委员会所属矿冶业	1559		
(12)地方政府所属矿冶业	1911		

续表

项目	1936 年		1947/1948 年 国统区,1936 年币值
	关内	“满洲国资本”	
B. 交通运输业资本	164891	147060*	260205
(1)铁路	100993		151490
(2)公路	52435		62240
(3)水运	3778		26130
(4)空运	1300		7175
(5)邮政	800		1157
(6)电信	5585		12013
C. 产业资本(A+B)	198925	23529	420079
D. 商业资本	3000		3000
E. 金融业资本	563700	24118	344000
资本总额	765625	47647	767079

注:* 此项委托满铁经营,已计入日本在伪满资本,故不计入总数。

1936 年关内

A(1)兵工及军需

兵工资料保密。日本中嶌太一据日本调查列兵工署所属兵工厂 14 处,军需署所属炼钢、被服等厂 16 处,海军部及航空委员会所属飞机修造厂 6 处,唯列有资本者仅 10 处(见所著《中国官僚资本主义の形成》,东京大学社会科学研究所《社会科学研究》18 卷 3 号、4 号,1967 年)。按我们所估 1920 年兵工厂 8 处资产 1217 万元,本期仅汉阳、巩县、广东、四川厂扩充,上海、南京厂停顿,东北厂沦陷,借德款 1 亿马克建钢厂未成,国民党军用器械主要靠进口。因将 1936 年本项资本估作 2000 万元,加清河织呢厂 250 万元,共 2250 万元。

A(2)海军部所属造船厂

以 1920 年估值为基础,江南船厂 1932 年添建三号船坞,造价 260 万元;1927—1936 年盈利 247 万元。依此估 1936 年净值 850 万元。马尾船厂本期半停顿,唯曾以 20 万元建二号船坞,筹款 105.7 万元建电力灌溉工程。到 1936 年估作 266 万元。又新建厦门船厂,投资 50 万元。3 家共

1166万元。

A(3)财政部所属工厂

中央造币厂资产未详。北平印刷厂资本500万元,武昌造币厂资本200万元(均据中嵩前引文)。连同造纸厂,共估作1500万元。

A(4)实业部所属工厂

上海中央机器厂资本310万元,官商合办上海中国酒精厂资本130万元,中国植物油料厂实收资本100万元。各厂均新设,以设立资本估值。官商合办温溪造纸厂资本450万元,未建成,以购买机器(存上海)款320万元估值。以上共860万元。

A(5)资源委员会所属工厂

至1936年,资委会有制造业5单位,矿冶业17单位,多未投产,亦有中途而废者,无法按单位计算。兹按费用计。资委会1936年取得政府建设拨款1000万元;德国借款中981.9万马克,合1324万元;钨砂出口自销部分2184吨,约值43680美元,合15万元。三项合计2339万元。其中投资于制造业者按1/3计,780万元;投资于矿冶业者按2/3计,1559万元。

A(6)地方政府所属工厂

最大的奉系官僚资本已沦陷。次为山西和广东,已见第二章第二节(四)。其中广东各厂矿有资产值,山西仅有厂矿数。按山西实业始于1933年之十年建设计划,并基本上都隶于西北实业公司,可以投资额代替。据中嵩前引文,1933年投资576.3万元,1934年投资1993.3万元,1935年投资1138.3万元;1936年未详,设为前两年平均数即1565.8万元。4年共5274万元。此数减除电厂(作公用事业另估),按5572千瓦、每千瓦600元计减除334万元,余4940万元。其中炼钢厂资本500万元,煤铁矿9处估作1000万元,共1500万元作为矿冶业投资。余3440万元作为制造业投资。

其他各省,据中嵩前引文,并加补充、修正,连同山西、广东,列入甲表四。山西、广东厂矿名已见第二章第二节。补充、修正者加*号,据《工业史料》第三辑第1216、1219、1241—1244页;杨开宇等:《贵州资本主义的产生与发展》1982年版,第118页;及本书常用之造纸、火柴专书。甲表四中见广西单位独多,因有《广西综览》等著作之故,他省必有缺漏。表中除山西、广东外,估价性质未详,唯据修正时所见,其估价并不低,因不再调整。总计地方官僚资本,制造业9381万元,矿冶业1911万元(电厂均剔除)。

甲表四 1936年地方公营工业资本估值 (单位:万元)

山西	4940	* 炼铅厂	50	浙江	35
制造业约20单位	3440	* 炼锌厂	46	宝华锑矿	35
矿冶业10单位	1500	湖北	166	安徽	30
广东	3988	纱布官局	160	汽车修理厂	30
制造业17厂	3928	市立工厂	4	江西	120
乳源煤矿	60	天胜制革厂	2	江西民生工厂	10
广西	242	河南	45	光大磁业公司	100
三县民生工厂	26	农工机械厂	40	* 益宜造纸厂	10
两广硫酸厂	43	残废军民工厂	5	四川	289
广西酒精厂	31	河北	56	* 江巴火柴厂	1
广西土布厂	2	农具改良工厂	4	四川水泥公司	120
南宁制革厂	6	北平市立第一厂	2	* 四川丝业公司	168
宾阳陶瓷厂	3	天津酒精厂	50	云南	392
广西制药厂	8	山东	39	云南锡业公司	200
桂林民生工厂	2	省立模范窑厂	3	云南制革厂	20
南宁染织厂	27	* 华兴造纸厂	36	云南纺织厂	160
广西桐油厂	10	陕西	200	* 五金器具制造厂	10
* 广西印刷厂	16	陕西制革厂	13	* 云南电气制铜厂	2
* 南宁机械厂	2	工农机器局	37	贵州	30
* 广西士敏土厂	55	陕西酒精厂	150	* 元纪制革厂	10
* 广西糖厂	1	甘肃	26	* 咸宁铜厂	10
* 广西火柴厂	10	甘肃织呢局	20	* 大定铜厂	10
湖南	553	甘肃制革厂	6	合计	11292
第一纺织厂	362	绥远	130	制造业	9381
机械一、二厂	30	绥远毛织厂	130	矿冶业	1911
酒精厂	30	江苏	11		
造纸厂	25	省立农具厂	7		
和丰火柴厂	10	武进平民工艺厂	4		

A(7)电力

据《十年经济》第J14—19页的1936年电力统计,又按1932年调查公营占华资厂数的5.2%、发电容量的28.6%、投资额的25.7%(《工业史料》第四辑第876页)计出公营部分,见甲表五。

甲表五　1936年电力事业

项目	厂数(家)	设备容量(千瓦)	投资额(万元)	资产净值(万元)
关内全部	460	631165	30773.1	37869.9
外资及合资	15	321795	19876.0	19307.7
华资	445	309370	10897.1	18562.2
内:公营	23	88480	2800.6	5308.8
民营	422	220890	8096.5	13253.4

按建设委员会此项调查中的投资额系设立资本,且有缺项。兹按发电设备每千瓦值600元计估算其资产净值,公营共5309万元。

A(8)自来水、电车

《国民所得》下册第66页列有1933年公营及官商合营自来水厂7处,见甲表六。表内资本额系据其他资料查得之设立资本,按2.76倍估计资产为2539万元。唯各厂设立年份悬殊,因采另一法,即按供水设备每千加仑2.6元估值,共为2938万元。

甲表六　1933年公营自来水业

项目	资本额(万元)	全年供水量(万加仑)
南京自来水厂	42	70579.0
广州自来水厂(合营)	168	792624.0
重庆自来水厂	200	28019.8
青岛自来水公司	460	196629.8
昆明自来水厂(合营)	30	12960.0
梧州自来水厂	20	9039.6
杭州自来水厂		20130.0
合计	920	1129982.2

电车所知仅北平官商合办1家，资本600万元，系调整后数，即以此估值。自来水、电车共3538万元。

A(9)汉冶萍公司、龙烟铁矿

汉冶萍公司1920年估值4260万元，1925年以后冶炼全停产，煤、铁亦减产。兹以4000万元作为1936年资产，加象鼻山铁矿200万元并入该公司，共4200万元。官商合办龙烟铁矿及石景山铁厂，本期停顿，按1920年估值500万元计。两共4700万元。其他老矿主要在东北，已沦陷，关内尚存者计入资源委员会及地方官僚资本。

A(10)淮南矿路公司

1937年6月资产总值1080万元(见第二章第二节)。

A(11)资源委员会所属矿冶业

1559万元，见A(5)。

A(12)地方政府所属矿冶业

1911万元，见A(6)。

B(1)铁路

陈晖曾从铁路内外债、政府拨款、收购民营铁路代价及庚款拨作铁路部分等项估算到1936年的铁路投资共12.8402亿元，包括在东北的国有铁路(见《中国铁路建筑资本问题》，《经济建设季刊》第1卷第2期，1942年)。我们仍用1920年的估值法，即以国有铁路账面资产值为准(包括车辆等设备，见表2—32)。1933年关内国有铁路15路共9389千米，资产值85525万元，平均每千米9.11万元。为抗战前最高峰，我们用七七事变前关内铁路数，计11415千米，见《交通概况》第8页。此数减除民营个碧石、新宁、潮汕等路共329千米后，为11086千米(江南、淮南二路名义民营，实为官僚资本)，乘以9.11万元，计值10.0993亿元。

B(2)公路

据《交通概况》第25页，抗日战争前夕关内有公路10.95万千米，内有路面者43521千米，土路65979千米。有路面者按每千米7500元计(见韩启桐:《中国对日战争损失之估计》1946年版，第44页)，值32641

万元。土路按每千米 3000 元计，值 19794 万元。两共 52435 万元。

B（3）水运

据表 2—33，1935 年招商局有海轮江轮 28 艘，71117 吨，比 1920 年吨位增 49%。唯本期营业失败，连年亏损，除拨给庚款 36 万镑购新船 4 艘外，无所建树。此时新船每吨约 25 镑，合 400 余元；但该局 80%船只老旧不堪。兹仍按 1920 年估价每吨 250 元计估，值 1778 万元。招商局房地产众多，1920 年估 1046 万元，这时房地产价高，估作 2000 万元。以上合计 3778 万元。至于各地港务局、海关、铁路等所有轮船为数不多，且大多是百吨以下小船，免计。

B（4）空运

中国航空公司，交通部出资 550 万元，美方出资 450 万元；欧亚航空公司，交通部出资 600 万元，德方出资 300 万元。两公司均亏损，即以出资数作资产。西南航空公司，两广省府出资 150 万元。以上华资共 1300 万元。至于惠通航空公司，交通部投资仅是名义上的，不计。

B（5）邮政

1929 年邮政资产估值 2000 万元，但包括储汇业务，其值大于邮政本身。1930 年储汇部分独立设局，另计入金融业。邮政资产未见记录，唯交通部年报邮政支出中有产业折旧一项，1933 年为 15 万元（见《国民所得》下册，第 245 页）。若按折旧期 30 年计，产业值 450 万元。邮局尚有流动资产及借入邮政储汇款。兹将 1936 年总资产估作 800 万元。

B（6）电信

本期内，有线电路减除东北后，线路无增，业务量则比 1920 年增 138%。无线电报主要建设为东北国际台，惜沦陷，真如国际台本期投产。本期发展较大者为电话，除外商经营者外，有 30 余省市，并办长途。交通部统计年报电信支出中无折旧项，但有维持费一项，包括折旧、维修及其他（见《国民所得》下册，第 237 页）。故以此数的 25 倍估其资产值共计 5585 万元，如甲表七。

甲表七　1936 年电信资产估值

项目	线路 （万千米）	电报机、无线电机或电话交换机	设备维持费（1933 年）（万元）	资产估值 （万元）
有线电报	9. 3	1788 部	150. 8	3770. 0
无线电报	—	137 部	21. 7	542. 5
市内电话	34. 2	74404 部	49. 7	1242. 5
长途电话	16. 9	317 部	1. 2	30. 0
合计			223. 4	5585. 0

D. 商业资本

1920 年未计。1936 年政府拨 1000 万元给资源委员会作经营钨锑出口之周转金，此款未计入 A(5)资委会经费内。同时拨 1000 万元给中央信托局经营桐油、猪鬃出口，但已计入下列中信局资产。1936 年成立农本局，拨款 600 万元，经营农贷及粮食储运。1937 年 5 月成立中国茶叶公司，资本 200 万元，由实业部及有关省投资，七七事变前已在上海开盘祁门红茶，尚无出口。以上三项共 1800 万元，作为商业资本。实际上如中信局、中国植物油料厂等都主营贸易，唯已计入他项。大官僚商业仅知 1936 年成立的中国棉业公司，抗战前增资为 200 万元，1937 年 4 月成立的华南米业公司，资本 1000 万元，两项共 1200 万元，余如祥记公司等未详。以上共 3000 万元。

E. 金融业资本

银行业中的官僚资本已详第二章第二节(二)，现将其资产值统计见甲表八，计共 56. 37 亿元。1936 年 12 月实业部颁布《合作金库规程》，抗战前有些省已有合作金库组织，但当时尚属农本局的贷款机构，不另计。

甲表八　1936 年官僚资本银行

项目	1936 年资产值(万元)
中央、中国、交通、农民四银行	428820
中央信托局	8360
邮政储金汇业局	8520

续表

项目	1936 年资产值(万元)
中央储蓄会	8000
中国通商、中国实业、四明、中国国货、新华信托、广东六银行	40000
省市银行约 20 家	70000
合计	563700

1936 年“满洲国”资本

伪满的“满洲国资本”,不同于关内的官僚资本,在第四章第一节(三)中已详论。不过在 1936 年,它主要是由原奉系官僚资本转化而来,日本借款还不多。

依前文,1936 年时伪满洲国资本可分为三部分。一是原奉系的兵工、制造、矿山等企业被纳入特殊、准特殊会社,作为伪满股份,作价甚低,约仅 0.8 亿日元。按表 4—13,1945 年时,各会社中的伪满部分的投资(股份、公司债、借款合计)为伪满股份的 5.9 倍;1936 年时不会这样高,姑按 3 倍计,即 2.4 亿日元,合法币 2.3529 亿元,作为伪满洲国的工业投资。

二是原在关外的国有铁路和原奉系营建的铁路、航运、电信事业,以及由伪满低价收买的中东铁路,都作为伪满的国有财产,委托满铁经营。这些财产的原值约合 15 亿日元,合法币 14.706 亿元,作为伪满洲国的交通运输业投资。但此项已计入满铁的资产,计算东北总数时应剔除。

三是在原奉系银行基础上建立的伪满中央银行,1936 年实收资本 0.15 亿满元、存款 2.25 亿满元;伪中央银行设立的大兴公司(典当业为主),资本 600 万满元。以上合计 2.46 亿满元,合法币 2.4118 亿元(满元与日元等价),作为伪满洲国的金融业投资。

1947/1948 年国统区

A. 工业资本

前四个基期的官僚工业资本都是逐户或逐业估计的。战后资料极缺,我们亦曾估计资源委员会、中国纺织建设公司等 12 个大企业和集团的投资,共计战前币值 10. 1934 亿元,但终不能代表全部。只好采取另一办法。此法是假设原在沦陷区的官僚资本工业全部被敌没收,因而战后是包括在接收敌伪的产业中,或已消灭。又假设战时后方的工业投资有 20%毁弃,余保留或复员。此外还有一些假定。因而其准确性更差,并无法划分行业。此项估计见甲表九,计 1947/1948 年工业资本共合战前币值 15. 9874 亿元。

B(1)铁路

抗日战争前有铁路 11086 千米,估值 10. 0993 亿元。战后接收敌伪和收回沦陷各路,连同后方所有,共有干线 2. 5 万余千米。但破坏严重,见表 5—14 所示,1946 年营业里程仅比 1936 年增 42%,机车数增 56%,客货车数增 51%;1947 年以后营业里程减少。因而,国民党统治区的铁路资产可按战前的 150%计,即战前币值 15. 149 亿元。

B(2)公路

战前有公路 10. 95 万千米,估值 5. 2435 亿元。战后 1946 年关内有公路 117807 千米,台湾有 3690 千米,接收东北公路 8448 千米,共 129945 千米(据《中华民国三十五年交通部统计年报》),为战前的 118. 7%,1947 年以后亦呈减少趋势。其中有路面者及土路情况不明。按战前估值的 118. 7%计,合战前币值 6. 224 亿元。

B(3)水运

依第五章第四节(三),招商局在战后大发展,1948 年核定资产总值金圆券 6 亿元,此数合战前法币 2. 52 亿元。其他国、公营企业 1947 年年底有轮船 151 艘,62014 吨,多是 100 吨上下之小船,房地产亦远不如招商局,按战前价每吨 150 元计,估值 930 万元。两共战前币值 2. 613 亿元。

甲表九　1947—1948 年官僚资本工矿业资产估计

项目	1936 年币值万元
(1)第四章第四节(五),后方国、公营工业资产值 38500 万元(抗日战争前币值),按 80%计	30800
(2)据表 5—4,接收敌伪工矿业资产 114569 万元(抗日战争前币值),设发还民营及标卖占 10%,余为	103112

续表

项目	1936年币值万元
(3)第五章第二节(一),日本赔偿物资值2250万美元,以1946年指数折抗日战争前美元1510万元,折法币	4530
(4)同节,日本归还被劫物资值1813万美元,减除发还永利设备按200万美元计,余1613万美元,依上法折抗日战争前美元1083万元,折法币	3249
(5)据表5—37,战后政府经济建设支出:	
1946　8332亿元折抗日战争前币值　16026万元	
1947　62053亿元折抗日战争前币值　15417万元	
1948　340845亿元折抗日战争前币值　3187万元	
(1—7月)　三年共34630万元,以1/3作工矿业投资	11543
(6)据表5—20,战后四联总处工矿贷款:	
1946　3364亿元折抗日战争前币值　6470万元	
1947　20438亿元折抗日战争前币值　5078万元	
1948　99093亿元折抗日战争前币值　1732万元	
(1—6月)　三年共13280万元,设50%贷给国、公营	6640
(1)至(6)项合计	159874

注:法币折战前币值据《物价汇编》第153页、159—160页;美元折战前币值据同书第209页;战前1美元=法币3元。

B(4)空运

抗日战争后中国、中央两航空公司有飞机95架,民用航空局有飞机110架,按战前每架连同地面设备值35万元计,共值抗日战争前币值7175万元。此项估计见汪馥荪:《中国国营经济的基础》,《中国工业》新1卷第10期,1950年。

B(5)邮政

据表5—14,1936年有员工28007人,1947年有40446人。依前估1936年平均每人使用资产286元,1947年应有资产战前币值1157万元。

B(6)电信

据表5—14,1936年有员工20704人,1946年有44526人。依前估1936年平均每人使用资产2698元,1946年应有资产战前币值12013万元。

D. 商业资本

抗日战争后撤销贸易委员会的各公司，经营外贸的国营企业有中央信托局、资源委员会、中国植物油料厂及新设的中国纺织建设公司等，但都已计入工业或金融业。这时，令人注目者为以民营面貌出现的官僚资本贸易公司，其资本情况见甲表十（折抗日战争前币值的依据同甲表九）。

甲表十　民营面貌出现的官僚商业资本

公司名	设定资本（时间）	资本额（亿元）	折战前币值（法币万元）
孚中实业公司	1945 年 12 月	3	17. 1
孚中国际公司	1946 年	100 万美元	200. 8
扬子建业公司	1946 年 1 月	1	5. 5
嘉陵企业公司	1947 年	10	19. 2
中美实业公司	1946 年	30	57. 7
大有盐号	1945 年	10	83. 9
中国茶叶联营公司	1947 年	20	5. 0
合计			389. 2

甲表十所列公司既非全部，而其资本额亦无实际意义。因此类公司的经营是靠特权取得进口外汇限额和利用银行贷款和押汇，并另有暗账。若说其实际资产达登记资本的 10 倍，并非过分。以此，我们姑估作战前币值 3000 万元。

E. 银行业资本

战后银行机构大增，而资力减退。恶性通货膨胀下，银行的资本额、公积金已失去意义，唯存款数尚能表现其实力。据表 5—19，战后国家行局的存款额，折战前币值，最高时为 6. 8 亿元（1946 年年底），仅及战前的 40%。又据表 2—25，1936 年国家四行的存款占其资产额的 62. 4%，以此估计战后国家行局资产最高时不过战前币值 10. 9 亿元。又据甲表八，1936 年国家行局资产占全部官僚资本银行资产的 79%。以此估计战后全部官僚资本银行的资产最高时约为战前币值 13. 8 亿元，仅及 1936 年的 24. 5%。不过，战后银行都有两套账，其隐藏于暗账中的黄金、外汇和其他财产无考。但我们知道战后南京政府握有的黄金、外汇远大于战前，最高时约值9亿美元(1946年初)，合战前美元6.87亿元，或法币20.6亿元。将此数加入上估银行资产数，可粗估战后官僚资本银行业总资产最高时约为34.4亿元。

三、民族资本估值

1936年关内

A(1)棉纺织业

据表2—43，1936年有华商纱厂90家，纱锭2746392枚，布机25503台。按布机1台价值相当纱锭15枚折合，共3128937枚。据有专书记载之五大纱厂统计，平均每枚合资产135.1元，见甲表十二。并见较小厂每枚合资产值并不比大厂小。因以135.1元乘以上列总锭数，得资产总值4.2272亿元。

甲表十一　民族资本估值　(单位:法币万元)

项目	1936年		1947/1948年 国统区,1936年币值
	关内	东北	
A.工业资本	144839	44100	148492
制造业	117043	44100	116261
(1)棉纺织业	42272		42849
(2)机器面粉业	11410		12160
(3)机器缫丝业	4877		1427
(4)卷烟业	8400		
(5)火柴业	2191		2283
(6)水泥业	3154		2476
(7)机器业	2759		3912
(8)机器造纸业	2921		4504
(9)橡胶业	1579		3124
(10)酸碱工业	4058		13693
(11)其他制造业	33422		29833

续表

项目	1936 年		1947/1948 年 国统区,1936 年币值
	关内	东北	
公用事业	16796	—	19471
(12)电力	13253	—	15928
(13)自来水	3543	—	3543
矿冶业	11000	—	12760
B. 交通运输业资本	14885	1000	13007
(1)铁路	3766	—	—
(2)水运	11119	1000	13007
C. 产业资本(A+B)	159724	45100	161499
D. 商业资本	378000	42000	364000
E. 金融业资本	210000	4430	20290
资本总额	747724	91530	545789

A(2)机器面粉业

据表 2—48,1936 年有机器面粉厂 152 家,设备能力日产粉 452218 包。其中有记载之三大面粉厂统计,平均设备能力每包合资产 258.5 元,见甲表十三。唯小型厂设备较简,因将总能力减除三大厂后,为 329718 包,按每包资产 250 元计,得 8243 万元。加三大厂资产,共为 1.141 亿元。

A(3)机器缫丝业

甲表十二　1936 年 5 家纱厂资产值

厂名	纱锭 (枚)	布机 (台)	折纱锭 (枚)	资产总值 (万元)	平均每枚 (元)
申新	570000	5304	649560	8555.2	131.7
永安	256264	1542	279394	3197.8	114.5
裕华	43416	504	50976	928.7	182.2
大兴	30144	500	37644	892.8	237.2
大华	12000	320	16800	398.7	237.3
合计	911824	8170	1034374	13973.2	135.1

甲表十三 1932 年 3 家面粉厂资产值

厂名	厂数(家)	设备日产能力(包)	资产总值(万元)	平均每包(元)
福新	8	75500	2221.9	294.3
茂新	4	21000	393.9	187.6
阜丰	1	26000	551.2	212.0
合计	13	122500	3167.0	258.5

注:各厂 1936 年设备同 1932 年。

甲表十四 1936 年机器缫丝业

地区	丝车数(台)	设备及营运资金(元/台)	资产值(万元)
上海	11116	2310	2560
无锡	13090	659	863
广东	30243	250	756
其他地	11497	600	690
合计	65946		4877

据表 2—51 及同一来源,1936 年各地丝车数见甲表十四。本期丝业大衰,唯无锡独茂。1922—1931 年无锡新建丝厂 37 家,丝车 10964 台,据逐厂统计,设备建厂费约合每台 510 元;流动资金约合每台 149 元,两共 659 元(见高景嶽等:《近代无锡蚕丝业资料选辑》1987 年版,第 55—59 页),约比我们 1920 年估值时高 25%。1920 年估值见本书第二卷,兹将该表中上海、广东之每车资费数亦增 25%,其他地区按每车 600 元计,均列入甲表十四。依甲表十四,1936 年缫丝业资本共 4877 万元。

A(4)卷烟业

据表 2—53,1920—1936 年上海卷烟业厂数增 2.1 倍,卷烟机数增 3.5 倍,职工人数增 1.9 倍。1920 年估资产为 2400 万元,系就南洋、华成大厂估成,故不能按卷烟机数比例增长。但另一方面,1933 年上海有 58 厂,而是年开征统税有纳税厂 116 家,是上海以外卷烟业有发展,惜无资料。兹假设 1936 年资产比 1930 年增 2.5 倍,即 8400 万元。

A(5)火柴业

1920 年有 129 厂,资本 745.9 万元,我们估资产值 1221 万元。据表 2—37,1921—1936 年新设 121 厂,内 92 厂资本 546.3 万元,按 1.3 倍估计资产为 710 万元,厂均 7.7 万元。有 29 厂无资本记载,多属小厂,共估为 200 万元。1930 年三家老厂合并组成大中华火柴公司,迭有增资,估为 60 万元。以上四项合计 2191 万元,作为 1936 年火柴业资本。

A(6)水泥业

据南开大学经济研究所、南开大学经济系:《启新洋灰公司史料》1963 年版,第 148 页,1936 年有启新、上海、江南、致敬、华记 5 家水泥厂,年生产能力共 555 万桶,唯各厂能力与资本关系悬殊,无法依能力估值。其中启新 1930 年资本 1308 万元,1930—1936 年提存公积金、偿还公司债准备金、扩充设备准备金共 278 万元,即资本净值 1586 万元,而甚少借款,此数可作其资产值。其他几家,资本额共 784 万元,靠银行借款充流动资金,设借入款与自有资本等数,则资产值为 1568 万元。两项合计 3154 万元。

A(7)机器业

据刘大钧:《中国工业调查报告》下册,1933 年有机器厂 1433 家,资本额 1199 万元;内 30 人以上并使用动力之大厂 193 家,资本额 960 万元;小厂 1240 家,资本额 239 万元。又据上海工商行政管理局等:《上海民族机器工业》下册,第 581—596 页,中华、寰球、新中工程、上海 4 家大机器厂 1936 年资本额共 43.55 万元,资产值共 129.04 万元,为资本额的 2.96 倍。此 4 家较为突出。我们将 193 家大厂的资产按其资本额 2.5 倍计,即 2400 万元;1240 家小厂的资产按其资本额 1.5 倍计,即 359 万元。两共 2759 万元。

A(8)机器造纸业

据上海社会科学院经济研究所、轻工业发展战略中心:《中国近代造纸工业史》,上海社会科学院出版社 1989 年版,第 160—161 页表,1936 年有造纸厂 28 家。兹依其设立年分档:1925 年以前的老厂 8 家,资本额 320.3 万元,资产按资本额 3 倍计,即 961 万元。1926—1930 年设立的中老厂12家,资本额648万元,资产按2.5倍计,即1620万元。1931年以后的新厂8家,资本额261.8万元,资产按1.3倍计,即340万元。三项合计2921万元。

A(9)橡胶工业

据上海市工商行政管理局等:《上海民族橡胶工业》,中华书局1979年版,第22—25页,大中华、正泰、义生3大厂1935年后调整资本共395万元,借入款按30%计,共514万元,有碾胶机82台,平均每台资产6.27万元。上海其他37厂,有碾胶机133台,按每台5万元计,资产665万元。据《工业史料》第四辑第709页,广东1936年有橡胶厂17家,碾胶机62台;又天津、青岛、烟台、福州、贵阳各有1家,按上海37家小厂平均每家有碾胶机3.6台计,应有18台;均按每台5万元计,资产共值400万元。与上海合计,共1579万元。

A(10)酸碱工业

据第二章第三节及有关资料,抗日战争前酸碱厂资本额情况如下表。

甲表十五　抗日战争前酸碱厂资本额　(单位:万元)

永利制碱厂	400	开元碱厂	50
永利硫酸铔厂	800	利中硫酸厂	20
天原电化厂	105	兴华沧花碱厂	5
天利氮气厂	100	得利三酸厂	5
开成造酸厂	75	广益化学厂	2
渤海化学厂	50	裕川化学厂	1

此外尚有上海江南、西安集成和四川同益、嘉裕、开济5家小厂资本未详,共设为10万元。合计酸碱厂资本额1623万元,资产按2.5倍估值,为4058万元。

A(11)其他制造业

上列10业中,橡胶、酸碱系本期新工业,暂除外。其余(1)至(7)业之资产值,在1920年估值中占全制造业的69.4%,兹再加入(8),当可占全制造业70%。因而,其他制造业按30%计,即33422万元。计算如下:

甲表十六 相关产业的资产值及其占比

(1)至(8)业	77984 万元	占 70%
其他制造业	33422 万元	占 30%

A(12)电力

1936 年民营电厂资产净值为 13253 万元,见甲表五。

A(13)自来水业

据《国民所得》下册,第 66 页,1933 年民营自来水厂见甲表十七。

表见上海最大两厂资本额与供水量反置,故不宜按资本额估值。闸北水电系新调整资本为 600 万元,以供水量作设备能力计,为每加仑 26 元。依此,计算有供水记录之 9 厂,共有固定资产 2326 万元,加 30%借入款,估值 3024 万元。无供水记录之 5 厂,资本额 173 万元,按 3 倍估资产值,为 519 万元。两项合计 3543 万元。

甲表十七 1936 年民营自来水业

项目	资本额		1933 年全年供水量(万加仑)
	年份	数值(万元)	
上海内地	1902	181.8	543952.2
上海闸北水电	1933	600.0	233319.7
镇江	1926	10.0	21960.0
宁波		5.0*	1000.0
成都利民	1906	3.2	300.0
厦门	1926	100.0	26400.0
汕头	1904	60.0	27500.0
北平一、二厂	1908	300.0	40200.0
武昌	1920	150.0	
合川	1926	10.0	
成都民生	1906	3.3	
九江普济	1925	5.0*	
北海水利	1925	5.0	
合计		1433.3	894631.9

注:* 估计数。

矿冶业

本期矿冶业不景气,又受东北沦陷影响。民营煤矿有30余家,唯中兴、博山、贾汪有发展。冶铁业有六河沟、上海大鑫属新建。有关资本、资产全无资料可循。仅以1920年之估值参考产量加倍计,为1.1亿元。

B(1)铁路

新宁、潮汕等铁路139千米,按每千米9.11万元计,值1266万元。个碧石铁路190千米,耗资2070万元,1925年添置大马力鲍尔温机车,作2500万元。两共3766万元。

B(2)水运

本书曾引用过交通部的两项统计,即甲表十八中(1)、(2)(1936年无统计)。两者之差额,可视为招商局所有和航政局、海关、铁路等所有公船。招商局船为已知数,且均为2000吨级的大船,其他公船大皆百吨左右的小船。因可从甲表十八中计算出民营公司有大船390635吨,小船135337吨。大船平均每船2000余吨,可比照招商局按每吨250元估值为9766万元。小船按每吨100元估值为1353万元。两共11119万元。

甲表十八　相关轮船的数量及吨位

项目	全部轮船		其中千吨以上大船	
	只数	吨位(吨)	只数	吨位(吨)
(1)华籍轮船(1935)	3895	675172	208	461812
招商局轮船	28	71177	28	71177
其他公船	437*	78023*		
(2)民营商船(1937.6)	3430	525972	180*	390635*

注:*推算数。

D.商业资本

据表2—81,1936年国内市场商品值168.07亿元,按年周转4次计,需商业资本42亿元。原估商品值包括东北。此42亿元减除下面所估东北商业资本4.2亿元后,为37.8亿元。此为一次交易所需,可视为华商批发交易,与1920年的估值法相同。

E. 金融业资本

据中国银行经济研究室:《全国银行年鉴》,中国银行经济研究室1937年版,第818—823页,1936年私营银行118家的资产总值约为19.75亿元(不计官商合办的6行)。据中国人民银行上海分行:《上海钱庄史料》上海人民出版社1960年版,第262页,1936年上海48家钱庄资本额1800万元;存款未详,按资本5倍计为9000万元。其他城市尚有一些钱庄、银号。因此将银行业资本共估为21亿元。

1936年东北

A. 工业资本

伪满在1937年对轻工业实行统制以前,民营制造业仍有发展。除关东州主要是日资外,我们曾以表4—21的统计作为民族资本,计1936年有工厂6596家,资本约3亿满元。此数合法币2.94亿元,多为"九一八"事变后建厂,资产按资本1.5倍计,估值4.41亿元。

公用事业全由日资和伪满政府经营。矿冶业早经统制,民营衰落不堪,免计。

B. 交通运输业资本

1937年统制前,北方、直东、政记等华商航运公司仍在经营,唯船位未详。参酌后来处理情况,以千吨船共5万吨、每吨200元计,估值1000万元。其他交通运输业基本无华商经营。

D. 商业资本

依第四章第一节(四)6,1939年有华人商号57093家,资本金36976万满元,销售额311184万满元。按长春物价指数171(1936=100)再折战前法币,分别为21199万元和178411万元。资本加借入款(按资本2倍计)为4.2亿元;销售额按年周转4次计为4.5亿元。二数相仿,兹以4.2亿元作东北华商商业资本。东北农产品商品率达46%,手工业也商品化,此数恰当。原统计年周转8.4次系从资本金得出,不实。

E. 金融业资本

依第四章第一节(四)5,按1935年银行法核准之华商银行(含钱庄改组)37家,资本金1219万满元,存款3300万满元,共4519万满元,合法币4430万元。

1947/1948年国统区

A(1)棉纺织业

据表5—28,1947年有民营222厂,纱锭2849817枚,布机21457台,共合纱锭3171672枚,按1936年每枚135.1元计,估值42849万元。又美援花纱布联营处1949年1月调查,私营厂有纱锭3234865枚,布机29337台,其数甚大,可能是各厂为争取美援,将未开工设备报入,故不以为据。

A(2)机器面粉业

据表5—30,1948年有173厂,日产能力481975包,按1936年每包252.3元计,估值1.216亿元。

A(3)机器缫丝业

据徐新吾主编:《中国近代缫丝工业史》,上海人民出版社1990年版,第614页,1948年各地丝车数见甲表十九,按甲表十四的1936年每台资金估值,共1427万元。

甲表十九　1948年机器缫丝业

地区	丝车数（台）	每车所用资金（1936年币值元）	资产值（万元）
上海	852	2310	196.8
无锡	6862	659	452.2
广东	11450	250	286.3
其他地	8202	600	492.1
合计	27366		1427.4

A(5)火柴业

抗日战争后开厂不少,无资本记载,按表5—25产量计,1947年比1936年增4.2%,以此估值1947年为2283万元。用产量增减估资产值原不适当,但无他资料,有时不得不采用。

A(6)水泥业

1936年5厂年生产能力555万桶即94.35万吨。据《十年经济》第D51页,1947年有9厂,年生产能力74.1万吨,为1936年的78.5%。以此估1947年资产值2476万元。

A(7)机器业

据《上海民族机器工业》下册第531—532、686—689页，上海民营机器业情况见表。

甲表二十 1933年和1947年上海民营机器业

年份	工厂数	工人数	各式机床(台)
1933	456	8082	2591
1947	708	13156	7311
增长率%	55.3	62.8	182.2

机床数剧增，是抗日战争后小厂纷设之故，因每厂必有车床、刨床，而高级之磨床、镗床、铣床不备。因此，抗日战争后上海机器业设备，可按增长1倍计。1936年估关内机器业资产值2759万元；按资本额计上海占关内35.3%，即974万元，增长1倍为1948万元。他处1785万元以增10%作为战时后方之发展，即1964万元。两共战前币值3912万元。

A(8)机器造纸业

据表5—33，1932—1936年年产能力65447吨，1946—1948年为10.092万吨，增54.2%，以此估1948年资产值4504万元。

A(9)橡胶工业

据上海市工商行政管理局等:《上海民族橡胶工业》，中华书局1979年版，第71页，1949年5月有95厂，碾胶机497台，按1936年平均每台5.48万元计，估值2724万元。除上海以外，橡胶业不振，无资料可据，而为数有限，按1936年原值400万元计，共3124万元。

A(10)酸碱工业

据表5—25，1947年民营酸产量为1936年的493.8%，碱产量为1936年的80.4%，兴衰互见。化工厂中，常酸碱兼制，1936年之估计未为划分。现依其主要产品分为酸厂10家，估值2523万元，碱厂7家，估值1535万元。分别按493.8%及80.4%估1947年资产为12459万元和1234万元，共战前币值13693万元。

A(11)其他制造业

仿1936年估价法,橡胶、酸碱工业暂除外,余(1)至(8)业之资产值设占全制造业的70%,其他制造业占30%,具体计算结果见甲表二十一

甲表二十一　相关产业资产值及其占比

(1)至(8)业	69611万元	70%
其他制造业	29833万元	30%

唯(1)至(8)业中卷烟业因无资料缺估,计入其他制造业中。

A(12)电力

据《十年经济》第J25页,载有民营发电厂的设备容量1946年为333315千瓦,1947年10月减为317183千瓦,未悉何故。兹以1946年数为准,减除扬子电气公司的67850千瓦(首都30000,戚墅堰19600,既济18250,见《十年经济》第J37页),为265465千瓦,按战前每千瓦600元计,估值15928万元。

A(13)自来水业

无资料可据,姑按1936年数3543万元计估。

矿冶业

据表5—25,1947年民营煤矿和冶铁产值合计比1936年增16%。以此估抗日战争后资产值1.276亿元。不过官僚资本的淮南煤矿、上海钢铁公司等未能剔除,但在西南、西北确比战前增长。

B(2)水运

抗日战争后已无民营铁路。据《统计选辑》第233页,1948年6月有民营轮船3568只,共计615131吨,平均每船吨位较战前稍增。故可用抗日战争前之估价法,2000吨级大船占74.3%,即457042吨,每吨250元,估值11426万元;小船158089吨,每吨100元,估值1581万元。两共战前币值13007万元。

D.商业资本

据表2—80估计1936年国内市场商品值168.07亿元,包括东北。兹按附录乙估计的1947年生产指数,即乙表十二、乙表十三、乙表十四,

分别计算其1947年商品值(手工制造业生产无指数,设无变动),再加进口商品,估计1947年国统区市场商品值共战前币值145.61亿元。按年周转4次计,需商业资本36.4亿元。见甲表二十二。

甲表二十二　1947年国内市场商品值

项目	1936年（亿元）	1936—1947年指数	1947年（战前币值亿元）
农业产品	75.33	88.38	66.58
手工制造业产品	43.86	—	43.86
近代化工厂产品	2831	79.25	22.44
矿冶业产品	4.96	42.31	2.10
进口洋货	15.61	—	10.63
全部商品	168.07		145.61

甲表二十二所列进口洋货,据表5—1,1947年贸易进口4.416亿美元,贸易外进口1.575亿美元,加走私进口设为贸易进口的15%即0.662亿美元,共6.653亿美元。据《物价汇编》第209页的美国物价指数,折战前美元3.544亿元,按1美元=法币3元,折战前法币10.63亿元。

E. 金融业资本

据第五章第三节(三),抗日战争后国统区商业银行存款,折战前币值,最高时为1946年6月的6200万元。银行存款约占资产的40%,估商业银行资产1.55亿元。据《上海钱庄史料》第387页,上海钱庄资产,折战前币值,最高时为1946年11月的1285万元,平均每家19.5万元。这时上海以外各埠有钱庄银号701号,按平均每家资产战前币值5万元计,为3505万元。以上银行、钱庄资产共估为2.029亿元。这时银钱业都有暗账,所匿资产无法置评。

第六章　附录乙

1936 年总产值的估计

本附录系接续本书第二卷第六章附录乙“1920 年总产值的估计”编制。包括农业、手工制造业、近代化工厂制造业、矿冶业四个部分；包括外国资本、官僚资本、民族资本和个体经济的全部生产；除个别项目外，包括东北地区。

所估总产值即毛产值，下简称产值。它是以产量乘生产者价格或出厂价估成；唯农产品的生产者价格与城市市场价格相差较大，故另用市场价格估出市场值。又农业和手工业产品中有相当部分是生产者自用，即自给生产，故除估总产值外，另估商品部分产值。手工业产值中，并另估其资本主义生产部分的产值。

一、农业产值及商品值估计

1936 年的农作物产值是以产量乘生产者价格和市场价格求得生产值和市场值。园艺和林牧渔业的产值则是按它们 1933 年占农作物产值的比重，从农作物产值中推出。估计结果见乙表一，所用价格见乙表二。

乙表一农作物产量除下列外，均据农业部计划局：《中国与世界主要国家农业统计资料汇编》1958 年版（《中国统计年鉴》1983 年版数字相同，但项目有移并）。

乙表一　**1936 年农业产值及商品值估计**

农产品	产量（万担）A	价格（元/担）		产值（万元）		商品率（%）F	商品值（万元）	
		生产者价 B	市场价 C	生产值 D＝A×B	市场值 E＝A×C		生产者价 D×F	市场价 E×F
（1）粮食作物	277390			867476	1311609	31.4	272128	407083
稻	114680	2.647	4.34	303558	497711	30	91067	149313
小麦	46590	4.381	5.96	204111	277676	46.3	94503	128564
玉米	20180	2.828	4.10	57069	82738	25	14267	20685
高粱	23320	2.910	4.16	67861	97011	20	13572	19402
小米	19650	4.335	6.45	85183	126743	25	21296	31686
大麦	16240	2.234	4.04	36280	65610	25	9070	16403
其他杂粮	24070	2.872	4.52	69129	108796	25	17282	27199
薯类折粮	12660	3.498	4.37	44285	55324	25	11071	13831
（2）经济作物	38811			263781	369970	84.4	222544	312607
大豆	22610	3.892	6.19	87998	139956	85	74798	118963
花生	5621	5.537	6.92	31123	38897	80	24898	31118
油菜籽	4963	6.358	7.95	31555	39456	65	20511	25646
芝麻	1765	7.276	9.10	12842	16062	80	10274	12850
棉	1736	29.354	42.58	50959	73919	87.1	44385	64383
麻	401	12.150	15.19	4872	6091	85	4141	5177
甘蔗	〔33872〕	0.367	0.46	12431	15581	100	12431	15581

续表

农产品	产量(万担)A	价格(元/担)		产值(万元)		商品率(%)F	商品值(万元)	
		生产者价 B	市场价 C	生产值 D=A×B	市场值 E=A×C		生产者价 D×F	市场价 E×F
烟叶	1287	12.660	15.83	16293	20373	100	16293	20373
茶	428	20.920	26.15	8954	11192	90	8059	10073
蚕茧(桑)	〔322〕	20.975	26.22	6754	8443	100	6754	8443
(3)农作物(1)+(2)	316201			1131257	1681579	43.7	494672	719690
(4)园艺	占农作物比重(%)			114144	169671	75.9	86677	128842
瓜菜豆角	6.07			68667	102072	60	41200	61243
水果	4.02			45477	67599	100	45477	67599
(5)林牧渔				205097	304870	83.4	171070	254288
木材	2.43			27490	40862	100	27490	40862
牲畜	11.41			129076	191868	80	103261	153494
禽蛋	2.42			27376	40694	70	19164	28486
鱼	1.87			21155	31446	100	21155	31446
(6)农业总计(3)+(4)+(5)				1450498	2159120	51.9	752419	1102820

注:1. 甘蔗和蚕茧不计入农作物总产量。
2. 各部门合计的商品率,因小数进位关系,按生产者价和按市场价计算略有差异,表中系按生产者价计算。

乙表二　1936年农产品价格估算　（单位：元/担）

农产品	生产者价格			市场价格 1936年
	1933年	1933—1936年指数	1936年	
稻	2.016	131.3	2.647	4.34
小麦	3.083	142.1	4.381	5.96
玉米	1.997	141.6	2.828	4.10
高粱	1.886	154.3	2.910	4.16
小米	3.000	144.5	4.335	6.45
大麦	1.560	143.2	2.234	4.04
其他杂粮	2.053	139.9	2.872	4.52
薯类折粮	2.500	139.9	3.498	4.37
大豆	2.792	139.4	3.892	6.19
花生	3.816	145.1	5.537	6.92
油菜籽	4.468	142.3	6.358	7.95
芝麻	5.113	142.3	7.276	9.10
棉	24.897	117.9	29.354	42.58
麻	15.000	81.0	12.150	15.19
甘蔗	0.350	104.9	0.367	0.46
烟叶	16.948	74.7	12.660	15.83
茶	25.700	81.4	20.920	26.15
蚕茧(桑)	25.000	83.9	20.975	26.22

花生、油菜籽、芝麻的产量，据《统计选辑》第360页，分别为5394万担、4963万担、1736万担；补入东北产量花生227万担，芝麻29万担（油菜籽无东北数字）。以上东北的相关资料是据 Kungtu C. Sun, *The Economic Development of Manchuria in the First Half of Twentieth Century*, Harvard University Press, 1973, p.45。

麻、甘蔗、茶、蚕茧（桑）的产量用《国民所得》的1933年估计。这几项无1936年数字,且除麻外均处于不景气,可假定3年间无增长。其中甘蔗、蚕茧不计入总产量。

乙表二的市场价格取自《物价汇编》及杨蔚的:《金陵物价指数汇编》1941年版所载1936年批发价格。由于基本上是上海、天津的算术平均,缺内地物价,有偏高倾向。其中稻无记载,按每担稻合65斤米从米价中算出。又花生、油菜籽、芝麻、麻、甘蔗、烟、茶、蚕茧无记载或记载品种不符,是用其生产者价格加25%的运输和商业费用作为市场价格。

乙表二的生产者价格,正如《国民所得》所说,中央农业试验所调查的乡村价格颇不合用,是用该书所作的1933年价格(原据《中国通邮地方物产志》),再以《物价汇编》和杨蔚书的物价指数推出1936年价格。表中1933年的"其他杂粮",系《国民所得》中荞麦、糜子、蚕豆等8种杂粮价的算术平均。"薯类折粮"系原列马铃薯、甜薯按4斤折粮1斤酌估。又稻、甘蔗、蚕茧的1933—1936年价格指数分别以米、糖、丝的价格指数代替。

乙表一中商品率的估计,小麦据《中国近代面粉工业史》1987年版,第105页,花生据《农业统计》第197页,棉据《棉手工业》乙表十,油料作物参照下述榨油业;余均作者设定数,带有主观性。

乙表一中园艺和林牧渔业产值占农作物产值的比重,计算法见本书第二卷。

二、手工制造业产值及商品值估计

1936年手工制造业产值的估计,除缫丝、丝织、轧棉、棉纺、棉织、面粉和出口品共12个行业是单估外,有11个行业是以《国民所得》1933年的估计为基础,按生产指数和价格指数推算1936年产值。以上23个行业的产值占全部手工制造业产值的80%以上,故其余20余个行业不再分估,而从《国民所得》估计的1933年总数中推算而出。手工业中的资本主义生产是指工场手工业和散工制。估计结果见乙表三。

乙表三　1936年手工制造业产值估计　（单位:万元）

项目	产值 A	自给生产 B	商品生产 C	资本主义生产 D	D/C (%)	D/A (%)
纺织手工业	169761	52337	117424	46900	39.9	27.6
1. 缫业	7974	—	7974	1818	22.8	22.8
2. 丝织	9898	—	9898	3593	36.3	36.3
3. 轧棉	67170	7657	59513	19838	33.3	29.5
4. 棉纺	5328	5328	—	—	—	—
5. 棉织	61158	39204	21954	10977	50.0	17.9
6. 毛纺织	1093	—	1093	656	60.0	60.0
7. 麻纺织	740	148	592	178	30.0	24.1
8. 针织	16400	—	16400	9840	60.0	60.0
食品手工业	351372	149691	201681	85231	42.3	24.4
9. 面粉	157526	100667	56859	13248	23.3	8.4
10. 榨油	73073	21950	51123	16518	32.3	22.6
11. 酿造	46673	9335	37338	17736	47.5	38.0
12. 碾米	23947	16763	7184	2395	33.3	10.0
13. 制烟	12950	—	12950	12950	100.0	100.0
14. 制茶	9763	976	8787	6151	70.0	63.0
15. 制盐	6610	—	6610	3966	60.0	60.0
16. 制糖	6575	—	6575	5139	78.2	78.2
17. 其他食品	14255	—	14255	7128	50.0	50.0
出口品制造	6984	—	6984	6628	94.9	94.9
18. 地毯	458	—	458	321	70.0	70.0
19. 草帽、草帽辫	1040	—	1040	893	85.9	85.9
20. 花边、抽花、挑花	2438	—	2438	2438	100.0	100.0
21. 发网	109	—	109	109	100.0	100.0
22. 猪鬃	2223	—	2223	2223	100.0	100.0
23. 毛裘、皮革	716	—	716	644	90.0	90.0
其他手工业	112512	—	112512	56256	50.0	50.0
手工业总计	640629	202028	438601	195015	44.5	30.4

(一)缫丝

据第二章第四节(一),1936 年产桑蚕丝 29.7 万担,内手工缫丝 22 万担。手工缫丝中,农家自缫 17.6 万担,手工厂缫 4.4 万担;又产柞蚕丝 0.8 万担,均手工厂生产。按《国民所得》,1933 年每担丝价为手丝 302 元,下脚 60 元,柞丝 288 元,白厂丝 520 元。据《物价汇编》,1933—1936 年白厂丝价下降 16.1%,设手丝价同比例下降,1936 年为 302 元,下脚为 50 元;柞丝此时出口颇盛,价格仍作 288 元。以上,1936 年手缫丝产值共 7974 万元;全部作商品生产。其中手工厂产占 22.8%,即 1818 万元,作为资本主义部分。此项估计不包括东北。

(二)丝织

按上节,1936 年桑蚕丝、柞蚕丝共产 30.5 万担,减除出口 9.2 万担及针织用 1.3 万担,余 20 万担即丝织业所用。织绸时尚掺用厂丝、人造丝、细纱;按盛泽调查分别占总原料 20%、25%、15%,而杭州人造丝占 30%。为便于计算,以真丝 20 万担为准,设定原料用量并估价如下表。其价格,人造丝据《物价汇编》,厂丝、手丝见上节,细纱据苏州调查按手丝价 50%计。

乙表四　1936 年丝织类产量及产值

	原料(万担)	原料占比(%)	价格(元/担)	原料值(万元)
厂丝	5	14.3	436	2180
手丝	15	42.8	302	4530
人造丝	10	28.6	216	2160
细纱	5	14.3	151	755
合计	35	100.0		9625

机器丝织厂,原料值约占其总产值一半。手工业按 60%计,则丝织业总产值为 16042 万元。全作商品生产。

为估算资本主义生产比重,将各地织机列入乙表五,并按其生产能力计:电力机 = 3,手拉机 = 1.5,投梭机 = 1,得总生产力 139476 单位。表中同时计出人力机生产中资本主义的比重(电力机作为机器工业)。

乙表五　1936 年丝织业生产力的资本主义成分估算

地区	电力机（台）	手拉机（台）	投梭机（台）	人力机生产力单位	人力机中资本主义生产单位	设定说明
南京			700	700	665	账房支配 95%
苏州	2100	500	1400	2150	1505	账房支配 70%
盛泽	1100	8000		12000	3000	25%为绸厂所有
丹阳		4300		6450	1000	有 5 大厂,毛估
上海	7200	500		750	750	均小厂
杭州	6200	8000	500	12500	4200	30%作绸厂,又包工户 300 台计
湖州	931	585	3000	3878	—	均个体
双林		1500		2250	675	10%作绸厂,又包工户 300 台计
绍兴	34	2650	2000	5975	180	包工户 180 台计
宁波	80	700		1050	1050	均绸厂
镇江		3000		4500	4500	均绸厂
广东	20		22430	22430	11215	50%包买制
四川		900	2000	3350	335	10%作绸厂
烟台	28	342		513	513	均绸厂
胶东			5000	5000	500	10%作绸厂
周村		1200		1800	450	绸厂有 300 台
安东	117	500		750	750	均绸厂
合计						
设备(台)	17810	32677	37030			
生产力(单位)	53430	49016	37030	86046	31288	总生产力 139476 单位
占总生产力比重(%)	38. 3			61. 7	22. 4	

依乙表五中比重,丝织业产值如下。此项亦不包括东北。

机器丝织业生产	16042×38. 3% = 6144 万元
手工丝织业生产	16042×61. 7% = 9898 万元
手工生产中的资本主义部分	16042×22. 4% = 3593 万元

（三）轧棉

据《棉手工业》,1936 年产皮棉 1575.6 万担。用《国民所得》1933 年比重,机器制棉占 1.83%,即 28.8 万担,余 1546.8 万担为手工轧制产量。农村衣花价 1933 年为每担 32 元,按《物价汇编》,1933—1936 年花价上升 20.5%,故 1936 年衣花价为 38.6 元。乘以产量,产值为 59706 万元。棉籽产值为花产值的 12.5%,即 7463 万元。两共 67169 万元。

据《棉手工业》,1936 年自给棉为 175.7 万担,占手工轧棉量的 11.4%。以此比率用于上述产值,自给棉为 7657 万元,商品棉为 59513 万元。商品棉均手工作坊轧制,个体户为多,设 1/3 具有工场手工业规模,资本主义生产为 19838 万元。

（四）棉纺

据《棉手工业》,1936 年农村土布生产用土纱 1067773 担,即手工纺纱产量。据《国民所得》,1933 年土纱农村价为每担 41.4 元,依上节棉价上升 20.5%计,1936 年为 49.9 元。乘以产量,手纺纱值 5328 万元。手纺纱均自用,无商品生产。

（五）棉织

据《棉手工业》,1936 年产手织布 39298 万匹,内自给布 26136 万匹,商品布 9162 万匹;又产改良土布 4000 标准土布匹。我们收集了 20 世纪 30 年代南方和北方 10 个县及河北省 89 个县平均布价,大体是:小布每匹 0.5 元,大布 2.5 元,改良土布 7.5 元。自给布中,大布小布约各占半数,即平均每匹 1.5 元,共值 39204 万元。商品布中,大布占七成,小布占三成,即平均每匹 2 元,共值 18324 万元。改良土布均属商品布,市场价是按原生产规格即机制布的规格计,每匹合标准土布 8.26 匹,4000 万匹合机制布 484 万匹,每匹 7.5 元共值 3630 万元。以上手织业产值共 61158 万元,商品布为 21954 万元。至于资本主义生产,据本书第二章第四节(一)估为商品布半数,即 10977 万元。

(六)毛纺织;18. 地毯

《国民所得》估1933年产值为1450万元,内地毯为451万元,余999万元为毛线。

1933—1936年,地毯出口由22040担增为23897担,增8.4%,但价格下降,出口值由321万关两增为326万关两,仅增1.6%。按价值计,1936年地毯产值为451×101.6%=458万元。设工场手工业和发料定货制占70%,即321万元。

毛线产量的增长设与地毯同。据《物价汇编》1933—1936年(机制)毛线价格增0.9%。故1936年毛线产值为999×108.4%×100.9%=1093万元。设工场手工业和发料收货制占60%,即656万元。

(七)麻纺织

《国民所得》估1933年产值829.5万元,基本上是夏布。夏布生产长期衰落,唯1936年出口增长颇大(出口占产量25%—30%),设1936年产量比1933年增5%。据《物价汇编》,1936年苎麻价格跌至1933年的81%。麻织品按跌至85%计,产值为829.5×105%×85%=740万元。设80%为商品生产,即592万元。商品夏布为机户所织,设工场手工业产品占30%,即178万元。

(八)针织

《国民所得》估1933年服用品中纺织纤维一项产值为14427万元,此数减除花边、挑花、抽纱产值1304万元(按当年出口值的90%计),余13123万元为袜、毛巾、衫裤等手工针织业产值。此值系从原料值估出。据《物价汇编》,1933—1936年各项原料价格升降不一,兹分别计算其指数(1933=100),并适当加权,求得总价格指数为96.13%。

乙表六　1936年针织类价格指数及权数

项目	棉纱	厂丝	人造丝	毛线
价格指数	106.06	83.93	81.12	100.89
权数	50	20	20	10
积数	5303.0	1678.6	1622.4	1008.9

注:总价格指数=积数之和÷100=96.13(1933=100)

这时针织业颇有发展,设1936年产量比1933年增30%,总产值为13123×130%×96.13%=16400万元。手工针织业中有手工厂、放机制、包工制,共按60%计,资本主义生产值为9840万元。

(九)面粉

据上海市粮食局等编:《中国近代面粉工业史》,中华书局1987年版,第106页,1936年除机器面粉厂外,机器磨坊产面粉1475.5万包,产值4721万元;土磨坊产17200.6万包,产值52138万元。两项手工商品面粉共值56859万元。据第二章第四节(二),商品面粉中工场手工业生产占23.3%,即13248万元。又据表2—75,1936年农家自磨粉35952.4万包,按每包2.8元计(磨坊价为3.03元),自给面粉产值为100667万元。商品、自给合计157526万元,为产值最大之手工业。

(十)榨油

以《国民所得》估计的1933年各项产品产值,乘以1933—1936年的产量指数和价格指数,得出1936年产值,见乙表七。

产量指数:(1)—(5)项分别用大豆、花生、芝麻、菜籽、棉的产量代替,这5种作物的产量见《农业统计》第160—177页、第203—208页。原资料除棉外,均不包括东北,因将1933年豆饼豆油中东北部分补充为(10)项。东北产量据Kungtu C.Sun前引书第58页。

乙表七　1936年榨油业产值估算

项目	1933年产值（万元）	1933—1936年		1936年产值（万元）
		产量指数	价格指数	
(1)豆油	2723	81.05	144.8	3196
豆饼	5102	81.05	122.4	5061
(2)花生油	8636	88.27	146.5	11168
花生饼	1382	88.27	122.4	1493
(3)芝麻油	2766	89.63	146.5	3632
芝麻饼	442	89.63	122.4	485
(4)菜油	18005	115.04	105.0	21748
菜子饼	5512	115.04	105.0	6658
(5)棉油	2566	102.29	105.0	2756
棉子饼	1650	102.29	105.0	1772
(6)茶油	1400			1400
(7)桐油	2998			7269
(8)其他油	1500			1500
(9)小计	54682			68138
(10)东北豆油	3564	90.13	111.5	3582
东北豆饼	6365	90.13	117.0	6712
(11)合计	64611			78432
(12)机器工厂生产	4415			5359
(13)手工生产	60196			73073

价格指数：据《物价汇编》，唯花生油、麻油、花生饼和芝麻饼无价格记录，分别以花生仁、豆油、豆饼代替。又菜油、菜饼、棉油、棉饼亦无价格记录，用物价总指数105代替。

(7)桐油的1933年、1936年产值均按海关报告的出口值计。(6)茶油、(8)其他油的产值增长数按其他各项总增长率即(11)推出。(12)机器工厂生产的产值增长数亦按(11)比例推出。

商品生产的估算：(1)—(5)中的各种饼、(7)桐油、(8)其他油（均非食用）产值共24238万元，均作商品生产。(1)—(5)的各种油设一半为商品,产值 21950 万元。(10)东北豆油、豆饼全部作商品,产值 10294 万元。以上商品值共 56482 万元。此数减去机器工厂的产值,为 51123 万元,即 1936 年的手工商品生产值。余数 21950 万元为自给生产值。榨油为产值居第二位之手工业。

资本主义生产:依第二章第四节(二),关内手工油产量中约 21.5%为油坊所产,设 80%的油坊具有工场手工业规模,即以(9)关内产值的 17%作为资本主义生产,计 11583 万元。(10)东北产值 10294 万元全为工场手工业生产。两项合计 21877 万元,减除(12)机器工厂产值,得 16518 万元,作为手工业中的资本主义生产。

(十一)酿造

《国民所得》估 1933 年产值 44450 万元。其产量系按人均消费量计出,1936 年应无变化,仅按物价总指数 105 修正价格,1936 年产值为 46673 万元。其中设 80%为商品生产,即 37338 万元。按第二章第四节(二),资本主义生产占全部产量的 38%,即 17736 万元。

(十二)碾米

《国民所得》估 1933 年产值 19243 万元。据《统计选辑》,1933—1936 年稻产量指数为 99.99;据《物价汇编》,同期米价指数为 124.46。1936 年碾米业产值为 19243×99.99%×124.46% = 23947 万元。设商品率为 30%,商品值为 7184 万元。设砻坊有 1/3 为资本主义经营,产值为 2395 万元。

(十三)制烟

《国民所得》估 1933 年产值为 17185 万元。据《农业统计》第 214—219 页,1933—1936 年产量指数为 100.89;据《物价汇编》,同期价格指数为 74.69。1936 年产值为 17185×100.89%×74.69% = 12950 万元。按原估计为烤烟、雪茄、烟丝产值之和,故全属商品生产。依第二章第四节(二),可全作资本主义生产。

（十四）制茶

《国民所得》估 1933 年产值 14794 万元。1933—1936 年设产量不变，价格指数据《物价汇编》为 65. 99，1936 年产值为 9763 万元。设 90%为商品生产，即 8787 万元。依第二章第四节（二），约 70%为资本主义生产，即 6151 万元。

（十五）制盐

《国民所得》估 1933 年产值 6610 万元，系按场价。1936 年产量、价格均可作无变化。全属商品生产。依第二章第四节（二），资本主义生产以 60%计，即 3966 万元。

（十六）制糖

《国民所得》估 1933 年产值 4975 万元。据《农业统计》第 221 页，1933—1936 年产量指数为 131. 99，据《物价汇编》，同期糖价指数为 100. 13。1936 年产值为 4975×131. 99%×100. 13% = 6575 万元。全属商品生产。依第二章第四节（二），连同机制糖，约 80%为资本主义生产。依《国民所得》，机制糖产值 607 万元。手工生产中资本主义部分为 5139 万元。计算式为（6575+607）×80%−607 = 5139。

（十七）其他食品

包括制蛋、汽水、糖果、乳品等，《国民所得》估 1933 年产值 13567 万元。1936 年设产量无变动，仅用物价总指数 105 修正为 14255 万元。资本主义生产按 1/2 计，即 7128 万元。

（十九至二十三）出口手工业品

以海关报告的 1936 年出口值的 90%作为产值，并按第二章第四节（三）所述情况估定资本主义比重，见乙表八。

上述 1—23 的纺织、食品、出口三大目以外，尚有手工行业 20 余个，按《国民所得》估1933年产值共86548万元。该书曾用1933—1936年的生产指数和价格指数,即125%×105%=131.25%来推算1936年产值。我们按130%计,即1936年产值为86548×130%=112512万元。这些行业大多是铺坊手工业,包括加工和修理,可全作商品生产,并以1/2作为资本主义生产,即56256万元。

乙表八　1936年出口手工业品出口情况

项目	出口值(万元)	产值(万元)	资本主义产值(万元)
草帽	32.5	29.2	
金丝草帽	366.1	329.5	329.5
草帽辫	229.1	206.2	89.3
草席	527.3	474.6	474.6
合计	1155.0	1039.5	893.4
花边、抽花、挑花	2709.3	2438.4	2438.4
发网	120.7	108.6	108.6
猪鬃	2470.1	2223.1	2223.1
裘、皮、皮制品	795.3	715.8	644.2

三、近代化工厂制造业产值估计

刘大钧主持的1933年工业调查是旧中国唯一的一次工业普查。《国民所得》作者据该项调查加以补充和修订,作出比较完整的工厂总产值和净产值的估计(包括东北);该书作者又于1947年再作修正,更臻完备。所称工厂,大体指雇工30人以上并使用机械动力者。该书并用1933—1936年的生产指数(125)和价格指数(105)推算出1936年的工厂总产值。我们即用这项估计,但有9个较大行业做了修正;这9业占全部工厂制造业产值的60%以上,故与原书颇有出入。估计结果见乙表九。

乙表九　1936 年近代化工厂制造业产值估计

项目	1933 年（万元）	1933—1936 年		1936 年（万元）
		生产指数	价格指数	
棉纺	66486	89.72	106.06	63266
棉织	8623	129.89	102.09	11435
缫丝	4824			3357
丝织	4183			6144
榨油	5191			5359
面粉	18614			42723
电力	21438	147.50	100.00	31621
火柴及梗片	4133	88.00	103.31	3757
水泥	2696	153.16	89.20	3683
小计	136188			171345
其他工业	85126	125.00	105.00	111728
总计	221314			283073

1933—1936 年，棉纱、厂丝、火柴的产量是下降的，价格也上升不大，甚至下降（厂丝）。电力和水泥产量增长较大，而价格并未上升或下降。这都与《国民所得》所用一般趋势不同，故作修正。

乙表九中棉纺、棉织、电力的 1933 年、1936 年产量据《统计选辑》第 130 页，唯电力加上东北发电量 13.5 亿度。火柴、水泥的这两年产量据表 2—38，唯水泥加上东北产量 57.9 万吨。东北数均据 Kungtu C.Sun 前引书第 90 页。据这两年产量计算生产指数。各产品的价格指数均据《物价汇编》的这两年价格算出，唯电力无价格记录，设无变动。

乙表九中 1936 年缫丝、丝织、榨油业的工厂产值，已见前目手工制造业的第 1、2、10 节。缫丝以生产厂丝 7.7 万担、每担价 436 元计。丝织即乙表五中电力织机的产值。榨油即乙表七中（12）。

需要考虑的是面粉业。据《中国近代面粉工业史》统计，1936 年有面粉厂 170 家，内华商 153 家，外商 17 家（不包括机器磨坊）；而《国民所得》1933 年仅列 106 家，显然偏小。唯《面粉史》第 106 页所列 1936 年产值 41501 万元系用上海绿兵船粉价，每包 3.368 元；《国民所得》是用刘大钧调查的出厂价，为当年绿兵船市价的 93.6%。因此，我们用 3.368×93.6% = 3.152 元价格计算。《面粉史》估计 1936 年产量为 12322 万包,按上价计值 38839 万元,再加麸皮产值为粉值 1/10,共 42732 万元。

四、矿冶业产值估计

矿冶产品产量在历次《中国矿业纪要》中均有估计,《国民所得》曾依此作出 1933 年的估值,并按一般指数 123.7 推算出 1936 年的产值。我们将该估计中水泥一项移入工厂制造业,食盐一项移入手工业;又 1936 年鞍钢已有相当数量的轧钢,因增列钢材一项。同时,将煤、铁等 9 项产品按第七次《中国矿业纪要》的 1936 年产量重新估值,这 9 项占全部矿冶产值的 80%左右,故实际等于重估。其他 34 项产品在第七次纪要中无载,仍按《国民所得》的一般指数推算。估算结果见乙表十。

乙表十　1936 年矿冶业产值估计

项目	1933 年产值(万元)	1936 年产量(吨)	价格(元/吨)	1936 年产值(万元)
煤	14189	39902985	6.9	27533
铁矿石	925	3359830	5.0	1680
生铁	3094	809996	46.6	3775
钢	250	414315	93.2	3861
钢材	—	17400	139.8	243
钨砂	310	9763	963.8	941
纯锑	223	15600	263.3	411
锡	1945	12810	2443.4	3130
汞	1	85	3372.5	29
小计	20937			41603
其他矿产	6502	指数 123.7		8042
总计	27439			49645

乙表十所列 1936 年产量,钢材据解学诗等:《鞍钢史》,冶金工业出版社 1984 年版,第 296 页,其余均据《统计选辑》第 103 页、第 140 页、第 142 页。

价格方面颇费踌躇。1936 年,天津开滦煤每吨 9.56 元,上海开滦煤每吨 10.56 元，东北 8 城市抚顺煤平均每吨 10.3 元（据《伪满统计》第 5—2 页，原为 1937 年价，按物价指数 118 折成基期年 1936 年价）。兹以天津、东北平均价扣除 30%运销费用，即 6.9 元作为出厂价。

铁矿石主要输往日本，大冶矿江边交货每吨 5.6 元，但按日金计仅 3.5 元；兹按 5 元计（东北铁矿是由鞍钢等收购，内部价未详）。生铁，上海市场六河沟铁每吨 73.25 元，但主要产量在东北，东北 8 城市平均价 62.1 元，扣除 25%的运销费用，作 46.6 元。钢、钢材主要是东北所产，未见价格记录，只好以生铁价加 1 倍作钢价，以钢价加 50%作钢材价。

钨砂因欧洲备战，涨价甚速。兹以 1936 年 1—5 月资源委员会在江西的收购价平均每吨 963.8 元计（见该会《各项会计报告及统计图表》1940 年油印本，原称“产销成本”）。纯锑，按长沙发售之成本价每吨 263.3 元计（见《工业史料》第四辑，第 979 页）。锡及汞，按《国民所得》修正之 1933 年价格用一般物价指数 105 申算。

五、交通运输业产值估计

交通运输业的总产值，也就是它们的总收入。本目包括近代交通运输和传统运输，均指营业性的行业，诸如机关、个人自用车船等不包括在内。又市内生活服务的公共汽车、电车、人力车等也未包括在内。通信业中传统的民信局在 1920 年时有估值，1936 年时已甚少，免计。估计结果见乙表十一。

（一）铁路运输

乙表十一　1936 年交通运输业产值估计

项目	收入（万元）	项目	收入（万元）
1. 铁路运输	48342	6. 电信	2661
2. 汽车运输	7102	7. 木帆船运输	48800
3. 轮船运输	19140	8. 人畜力运输	7222
4. 航空运输	514	9. 车站码头搬运	3600
5. 邮政	4278	合计	141659

据表2—32,1936年关内国有铁路的运输收入为17109万元。又国有铁路里程占关内全部铁路里程的88.5%,以此估关内全部铁路收入为19332万元。又据《伪满统计》第9—26页,1937年东北铁路运输收入为29590万满元,合法币29010万元,即作为1936年数。关内东北合计为48342万元。

(二)汽车运输

《国民所得》估1933年关内有公路63406公里,登记汽车32283辆,内公路汽车5214辆,营业收入3479万元。据《交通概况》及《统计年鉴》,抗日战争前夕关内有公路10.95万千米,登记汽车58344辆,分别为1933年的173%和181%。按177%计,1936年公路汽车营业收入为6158万元。东北公路由满铁经营,据《伪满统计》第9—37页,1937年有汽车1128辆,营业收入351万满元,合法币344万元。又有商营汽车约2000辆,比照满铁统计,按每车收入3000元计,共收入600万元。东北合计944万元。关内东北合计7102万元。

(三)轮船运输

《国民所得》统计,1930—1935年28家华商轮船公司营业收入,平均每吨为100元。依第五章第二节(三)之表,抗战前夕关内有华籍轮船57.6万吨,按每吨100元计,产值为5760万元。在华外商轮船无统计。按附录甲之关内水运投资,外资为官民华资的2.25倍,依此比例估外商轮船产值达12960万元。以上关内共18720万元。东北内河航运亦由满铁经营,约有轮船7万吨,据《伪满统计》第9—41页,1937年收入约200万满元,合法币196万元,平均每吨仅28元,盖因东北冬季封江之故。又有商营轮船约8万吨,按每吨28元计,产值224万元。东北海洋运输为在日本的轮船公司垄断,不计。以上东北共420万元。关内东北合计19140万元。

(四)航空运输;(五)邮政;(六)电信

采用《国民所得》上册第98页整理后之1936年收入统计,计航空运输514万元;邮政4278万元;电信2661万元。

（七）木帆船运输

《国民所得》下册第181页估1933年关内和东北有木帆船98.8万只,收入4.88亿元,查所用资料不少为1934年、1935年的,即以此数作1936年估值。

（八）人力畜力运输

本项以畜力大车为主。《国民所得》无估计。Thomas G.Rawski在所著Economic Growth in Prewar China,University of California Press,1989,p.140中估计1936年人畜力运量约有40亿吨千米,为木帆船运量543亿吨千米的7.4%。按畜力大车运费约为木帆船的2倍。依此估人畜力运输收入约为48800×7.4%×2=7222万元。

（九）车站码头搬运

《国民所得》下册第223页估全国30万人,每人每月收入10元,全年共收入3600万元。所用资料涉及整个20世纪30年代,即以此作1936年估值。

六、抗日战争后国统区生产指数

抗日战争后资料甚缺,我们还不能作全面产值估计,仅就国统区生产最高的1947年,以若干主要产品为代表,与抗日战争前1936年比较,估出一个生产指数。所选产品,都占到1936年本业产值一半以上,但仍不免有个别突出情况。抗日战争后币制混乱,估价一律用1936年不变价格。因而,所得指数实际是产量的指数,不过以不变价格加权综合而已。又对于手工制造业,我们尚未能估出一个生产指数。

（一）农业生产指数

估计结果,1947年的产值约为1936年的88.38%,见乙表十二。其

1947 年的产量据《统计选辑》第 360 页。此数与本书第五章第三节(一)所计算的不尽相同,尤其小麦相差较大。这是一个争论的问题。为保持原统计系列,并提出另一种资料,我们不作调整,读者取用时可自行判断。所用价格见乙表一。

乙表十二　1947 年战后农业生产指数

项目	1947 年产量(万担)	1936 年生产价(元/担)	1947 年产值(1936 年币值万元)
稻	94279	2.647	249557
小麦	43057	4.381	188633
玉米	21544	2.828	60926
高粱	20303	2.910	59082
小米	19860	4.335	86093
大豆	15918	3.892	61953
花生	4476	5.537	24784
油菜籽	7450	6.358	47367
棉	1074	29.354	31526
烟叶	1344	12.660	17015
10 种农作物合计			826936
10 种农作物 1936 年产值			935710
1947 年生产指数			88.38

(二)近代化工厂制造业生产指数

表 5—10 已做了战后两年产量产值与 1936 年的比较,不过该表为表现民族资本,1936 年的数字不包括外商和东北。现在我们尽量予以补充,唯东北产量中多数是伪满 1937 年的统计,有偏高倾向。1947 年的产量包括国/公营和民营生产,连同不变价格,均据表 5—25。估计结果见乙表十三。表中的 1936 年产值不同于乙表九,因本表是一种产品的产值,而乙表九是一个行业的产值,除主产品外还包括副产品和下脚的价值。又因本表 1936 年的机纱、机布、厂丝产量所用资料与乙表九不同,以见计量估计之不可拘泥。再则乙表九是推算 1936 年价格,本表系用 1933

年不变价格，仅起产量指数综合中的加权作用。

乙表十三　1947 年战后近代化工厂制造业生产指数

（用 1933 年不变价格）

项目	1936 年		1937 年	
	产量	产值（万元）	产量	产值（万元）
机纱	2543739 件	52910	1704000 件	35443
机布	3734 万匹	35249	4763 万匹	44963
面粉	15189 万包	34175	5565 万包	12521
厂丝	141942 担	6529	29552 担	1359
火柴	1212038 箱	6060	846000 箱	4230
机纸	85033 吨	2976	190656 吨	6673
水泥	1109909 吨	4440	725585 吨	2902
酸	246053 吨	11908	26146 吨	1267
碱	81543 吨	1957	60500 吨	1452
电力	307431 万度	30743	373519 万度	37352
10 项合计		186947		148162
指数		100		79. 25

乙表十三中 1936 年的产量：机纱据丁昶贤：《中国近代机器棉纺工业设备、资本、产量、产值的统计和估量》，《中国近代经济史研究资料》1987 年版，第 6 集。计商品纱 2369655 件，加东北 174084 件。机布亦据丁文，计 3476 万匹，加东北 258 万匹。面粉据上海粮食局等：《中国近代面粉工业史》1987 年版，第 106 页，计 12322 万包，加东北 2867 万包。厂丝据徐新吾主编：《中国近代缫丝工业史》1990 年版，第 661 页，无东北数。火柴据表 5—25 加东北 401724 箱。机纸据表 5—25 加东北 19586 吨。酸据表 5—25 加东北 235753 吨。碱据表 5—25 加东北 1. 1 万吨。以上东北数均为 1937 年产量，见《伪满统计》第 2—81 至 2—83、2—88 至 2—89 页。水泥据表 5—25 加东北 57. 97 万吨。电力据《十年经济》第 J16 页，为 172431 万度，加东北 135000 万度。以上东北数为 1936 年产量，见 Kungtu C.Sun 前引书第 90 页。

(三)矿冶业生产指数

矿冶业7种产品的1947年生产指数见乙表十四。其中1936年煤、生铁产量据《统计选辑》第124、128页。钢据解学诗等:《鞍钢史》1984年版,第247页。铜据表5—25加东北3918吨,见《伪满统计》第3—1页,为1937年数。其余均据表5—25。

乙表十四　1947年战后矿冶业生产指数(用1933年不变价格)

项目	1936年		1947年	
	产量(吨)	产值(万元)	产量(吨)	产值(万元)
煤	3739万	16895	1949万	9745
生铁	669696	3415	35733	182
钢	380000	3800	63000	630
钨砂	9763	526	6404	348
纯锑	15600	328	1909	40
锡锭	12810	2981	3970	924
铜	4401	257	1070	63
7种合计		28202		11932
指数		100		42.31

乙表十五　1947年战后交通运输业生产指数

项目	关内 1937年	东北 1937年	合计 1937年	国统区 1946/1947年	指数
铁路					
货运(万吨千米)	550807	1290300	1841107	461360	25.06
客运(万人千米)	430475	413003	843478	1472792	174.61
公路					
货运(万吨千米)	3146*	402	3548	8630	243.24
客运(万人千米)	108052*	4342	112394	40618	36.14
轮船					
货运(万吨)	2287	55	2342	848	36.21
客运(万人)	1634	47	1681	1390	82.69

续表

项目	关内 1937年	东北 1937年	合计 1937年	国统区 1946/1947年	指数
			民航		
货运(万吨千米)	34*		34	1834	5394.12
客运(万人千米)	1723*		1723	18430	1069.65
			邮政		
国内函件(万件)	76878		76878	103800	135.02
国内包裹(吨)	68791		68791	35343	51.38
			电信		
电报(万字)	26121		26121	51414	196.83
长途电话(万次)	278		278	1502	540.29

注:战后统计至1947年6月止,故以1946年的半数加1947年1—6月数作为战后国统区数字,唯邮政一项是1947年全年统计。*为估计数。

(四)交通运输业生产指数

交通运输业的战后生产指数以其业务量指数代替,见乙表十五。用该表指数,可从乙表十一求得战后产值;从运输力上说,一般可以3人千米折合1吨千米,但从收益上说,也可用两指数的算术平均,因客运价高。关内统计见《统计年鉴》(1948),其吨千米、人千米统计自1937年起,至1947年6月止,故用1946年半数及1947年1—6月数字作为战后最高运量。唯邮政有1947年全年数字,见《中国邮政统计汇辑》1955年台北版。东北据《伪满统计》第9—1、9—34、9—41页。